Alexandre Werneck
Letícia Ferreira
[ORG.]

QUESTÕES DE MORAL, MORAL EM QUESTÃO

estudos de sociologia e antropologia das moralidades

mórula
EDITORIAL

FAPERJ

REVISÃO
Milene Couto (português)
André Lima (espanhol)

CIP-BRASIL. CATALOGAÇÃO NA PUBLICAÇÃO
SINDICATO NACIONAL DOS EDITORES DE LIVROS, RJ
Elaborado por Gabriela Faray Lopes — CRB 7/6643

Q54

Questões de moral, moral em questão: estudos de sociologia e antropologia das moralidades / organização Alexandre Werneck, Letícia Ferreira. – 1. ed. – Rio de Janeiro: Mórula, 2023.

496 p. ; 21cm

Inclui bibliografia
ISBN 978-65-81315-56-6

1. Sociologia – Aspectos morais. 2. Antropologia – Aspectos morais. 3. Ética. I. Werneck, Alexandre. II. Ferreira, Letícia.

23-83018 CDD: 301
CDU: 316

Rua Teotônio Regadas 26 sala 904
20021_360 _ Lapa _ Rio de Janeiro _ RJ
www.morula.com.br _ contato@morula.com.br
/morulaeditorial /morula_editorial

SUMÁRIO

INTRODUÇÃO

A moral, uma questão de valor

ALEXANDRE WERNECK • LETÍCIA FERREIRA

Os textos reunidos neste volume representam uma parcela consistente do atual esforço de pesquisadores do Brasil e de outros países para consolidar os estudos sobre a moral e as moralidades nas ciências sociais como uma área autônoma e analiticamente sustentada. Muito embora essa temática tenha sempre estado no horizonte da sociologia e da antropologia desde sua fundação, a última década experimentou um interesse renovado por essa discussão, no horizonte de novas ferramentas e modelos teóricos (inclusive o diálogo com a neurociência e novas psicologias, além de com a semiótica) e novos problemas empíricos, e atualmente esse interesse vem cada vez mais se consolidando mundialmente como uma área temática em si. Várias das sociologias e antropologias, como as do conflito e da violência, das desigualdades e das construções e representações identitárias, consideradas outrora áreas isoladas, passaram em muitos casos a ser tratadas por vários pesquisadores como elementos de uma abordagem mais geral sobre as moralidades. E mesmo temas clássicos fundamentais, como a dicotomia agente x estrutura ou conflito x consenso, passam a ser revistos nessa chave.

E essa atenção é dada tanto na sociologia e na antropologia (que cada vez mais relativizam objetos vistos como naturalizadamente negativos, como ocorre, por exemplo, no horizonte de correntes ditas "críticas") quanto na sociedade de maneira geral, sobretudo por meio do interesse midiático e por esses temas não apenas ocuparem as atenções de debates de políticas públicas (como em estudos ligados à questão da "segurança pública", da "igualdade" ou da "universalização de direitos") como também desempenharem papel central nas diferentes cruzadas que têm caracterizado a atual conjuntura política nacional. Desse modo, eis aqui um retrato de abordagens suficientemente abertas para apreender diversas visões e orientações para a ação, sem renunciar ao esforço em compreender seus sentidos e justificativas ou seus esforços de legitimação. Os textos deste livro, então, resultam de um convite, especialmente a sociólogos e antropólogos, para um passo no grau de abstração por meio de uma abordagem compreensiva. Em suma, tratou-se de reunir trabalhos que se provocassem a problematizar a moral, a colocá-la *em questão*, isto é, *como questão*.

Notadamente, o surgimento de uma "nova sociologia da moralidade" no mundo anglo-saxônico, de uma "sociologia da crítica" e de uma abordagem "antiutilitarista" a partir da dádiva na França, das discussões sobre reconhecimento implementadas pelas novas gerações da teoria crítica, de uma "antropologia das questões humanitárias" e da chamada "virada ética" no campo da antropologia, além de uma nova historiografia dos direitos humanos e do retorno do tema clássico dos problemas públicos, vêm movimentando as ciências sociais com novas abordagens para esse tema.

No Brasil, o tema igualmente trilha um movimento pendular entre ser tratado como componente de outras temáticas e ser visto como operador fundamental da análise nas ciências sociais. Nesse sentido, na teoria antropológica, os trabalhos, primeiramente, de Roberto Cardoso de Oliveira e, depois, de Luís Roberto Cardoso de Oliveira são referência fundamental, no que diz respeito a sua fecundidade tanto na antropologia da política quanto na antropologia do direito e das demandas por direitos, assim como as abordagens sociológicas sobre o crime e a violência inspiradas na rotulação e que passaram a se dedicar a como os atores sociais são construídos e estigmatizados socialmente, em especial como sujeitos criminais. Uma revisão bibliográfica ampla dos empreendimentos para a construção de uma área de estudos compreensiva da moral não caberia aqui, mas a publicação transacional de *The Anthropology of Moralities* (2009), organizado por Monica Heintz, uma das autoras deste livro; do

Handbook of the Sociology of Morality (2010), nos EUA, compilado por Steven Hitlin e Stephen Vaisey — que em breve ganha seu segundo volume —, e, no Brasil, de *Pensando bem: Estudos de sociologia e antropologia da moral* (2014), com organização de Cardoso de Oliveira e Werneck (2014), além dos dossiês publicados nas prestigiosas *Revista Brasileira de Sociologia da Emoção* (2013), *Sociologias* (2015) e em *Política e Trabalho* (2021), são todos diagnósticos da potencialidade realizada na área.

Em todos esses casos, fica explicitada e sublinhada a percepção da centralidade da moral não mais como tema acessório, mas como questão central, em trabalhos de uma multiplicidade empírica gigantesca. Desse modo, temos proposto uma antropologia e uma sociologia da moral e das moralidades compreensivas e de forma isolada de movimentos de uma disciplina moral. Da mesma forma, também gostaríamos de evitar abordagens meramente descritivas, conformadas por um relativismo acrítico, que privilegiem a perspectiva do observador externo, e que não se engajem no esforço de compreensão das prestações de conta dos atores, que operam para conferir sentido a suas práticas e sustentação a suas pretensões de legitimidade e efetividade, seja a partir de uma abordagem notadamente sociológica, seja de uma leitura antropológica, seja em uma inflexão analítica mista das duas disciplinas.

Esse movimento no Brasil, em sua versão atual, remonta à criação do grupo Sociologia e Antropologia da Moral, em 2010, inicialmente nos encontros anuais da Associação Nacional de Pós-Graduação e Pesquisa em Ciências Sociais (Anpocs). Criado originalmente por Alexandre Werneck e Luís Roberto Cardoso de Oliveira, e desde então ativo no encontro (seja como Seminário Temático, Grupo de Trabalho, Simpósio de Pesquisa Pós-Graduada e/ou Mesa Redonda) e fora dele (especialmente em encontros menores e bancas), o grupo, em suas várias modalidades, tem empreendido o trabalho de estabelecer um debate sobre as possibilidades de a moral e a moralidade serem objeto de estudo pelas ciências sociais, especialmente no Brasil. Ao longo desse período, consolidou-se toda uma nova agenda de discussões sobre como diferentes dimensões da vida social podem ser lidas sob a ótica da moralidade ou de questões de ordem moral, no sentido amplo do termo, e de maneira dissociada de perspectivas moralistas ou normativistas, orientadas por parâmetros predefinidos sobre a moral e o dever ser. Foi na continuidade desse movimento que o grupo organizou o I Seminário Internacional Questões de Moral, Moral em Questão: Sociologia e Antropologia do Bem em Tempos Desafiadores em 2021. Pensado originalmente para reunir colegas do Brasil e de vários países no Instituto de Filosofia e Ciências Sociais (IFCS) da Universidade Federal do Rio de Janeiro (UFRJ), o evento acabou por ser realizado em modalidade on-line, por conta da pandemia de Covid-19, mas isso não alijou o entusiasmo de seus participantes, que durante três dias apresentaram suas contribuições inéditas ao debate sobre moralidades.

Este livro reúne os textos produzidos exclusivamente para o evento, a maior parte deles inédita.[1] Quando concebemos o seminário, ainda em 2019, chamávamos de "tempos desafiadores" o horizonte de conflitualidade política em que nos encontrávamos. Não fazíamos, então, ideia de que os desafios envolveriam a monumental crise sanitária que enfrentamos ou o grotesco quadro de recuo civilizatório que restaria de saldo dos quatro anos da última gestão presidencial, mas a boa luta estava colocada diante de qualquer um que se ponha o desafio dos estudos sobre moral: encontrar a dimensão das moralidades em qualquer fenômeno para que se olhe, isto é, ver em qualquer ocorrência no social a dimensão dos valores em ação e reflexão. Por isso mesmo, o seminário envolvia, e este livro igualmente, contemplar tanto pesquisas voltadas para a compreensão das ideias de correção normativa e noções de justiça e outros elementos de sustentação de direcionamento do bem, como aquelas que privilegiam o estudo dos ideais do bem viver ou da "vida boa". Interrogações analíticas em torno de como atores e coletivos diversos concreta e diariamente configuram princípios avaliativos e a compreensão de seus sentidos e efeitos

[1] A publicação deste livro foi financiada com recursos do edital Jovem Cientista do Nosso Estado (JCNE) da Fundação Carlos Chagas Filho de Amparo à Pesquisa do Estado do Rio de Janeiro (Faperj), no âmbito do projeto coordenado por Letícia Ferreira (processo E-26/203.244/2017).

na produção da vida política e social eram de grande interesse. Assim, o painel aqui traçado busca dar conta de uma série ampla de pesquisas, privilegiando formas de ultrapassar a dicotomia entre abordagens preocupadas com o correto ou justo, de um lado, e aquelas preocupadas com o bom, de outro. O passeio envolve trafegar de questões humanitárias amplas à experiência de pessoas em situação de rua, da questão da democracia à da prática de cismar com os outros, das práticas estatais às rotinas cotidianas mais comuns, do sofrimento à alegria. Questões de moral.

* * *

A primeira seção do livro, *Discussões*, reúne duas das conferências de convidados do seminário. A primeira, "Desembaraçando a complexidade moral em sociedades rapidamente cambiantes: discursos e ações", é apresentada por Monica Heintz, professora do Departamento de Antropologia da Université Paris Nanterre (UPN) e codiretora do Laboratoire d'Ethnologie et de Sociologie Comparative da UPN, e organizadora do citado *The Anthropology of Moralities* (2009) e autora de *The Anthropology of Morality: A Dynamic and Interactionist Approach*, que, no momento do seminário, havia acabado de ser lançado. No texto, a antropóloga romena radicada na França parte das histórias de mães em um hospital público infantil em Bucareste para mapear os principais elementos a serem mobilizados para se operar uma antropologia da moral, especialmente em contextos de profundas transformação.

Em seguida, temos a contribuição de Laurent Thévenot, *directeur d'études* da École des Hautes Études en Sciences Sociales (EHESS) e um dos fundadores do antigo Groupe de Sociologie Politique et Morale (GSPM), e autor, juntamente com Luc Boltanski, de *A justificação: sobre as economias da grandeza*, obra fundamental da chamada sociologia pragmática, publicado em 1991 na França, mas recém-publicado no Brasil no momento do seminário. Em seu texto, "Os passivos da humanidade comum", Thévenot ensaia uma ampla discussão sobre as sociedades democráticas contemporâneas a partir de uma apropriação da ideia de "descentralização", de Jean-Paul Sartre, mostrando como a alteridade e o estranhamento "dos outros" (o inferno?) se tornaram desafios gigantescos para se pensar o comum em nosso tempo, apresentando as diferentes gramáticas por eles mapeadas em pesquisas comparativas internacionais, inclusive no Brasil (que passou a desempenhar um horizonte importante de seu trabalho).

Na seção seguinte, três capítulos oferecem contribuições preciosas sobre o lugar d'*A moral na teoria social*. Em "Direitos ético-morais e a administração de conflitos", Luís Roberto Cardoso de Oliveira nos brinda com uma reflexão que avança os debates da sociologia e da antropologia críticas sobre a moral em pelo menos duas frentes: no plano conceitual, com uma discussão sobre o papel dos direitos ético-morais na vida coletiva, pensado a partir do nexo entre direitos, valores e elo social; e no plano etnográfico, com uma análise comparada da administração de conflitos em juizados de pequenas causas nos EUA, das demandas por reconhecimento no Québec, Canadá, e dos padrões de desigualdade no Brasil. Não obstante, o autor ainda discute um dos temas centrais de suas obras anteriores, o chamado "insulto moral", em sua incidência em cada uma das três situações etnográficas examinadas.

Mais adiante, no capítulo "Qual é a moral da sociologia da moral? Teoria da ação, ética da virtude e moralidade moderna", Frédéric Vandenberghe interroga-se sobre uma questão fundacional de debates teóricos, éticos e políticos em torno da moral: de que maneira a "autorrealização de cada um" pode se combinar com a "autodeterminação de todos"? Ou, nos termos exatos do autor: "o que há de bom na boa vida?" De modo tão denso quanto provocativo, Vandenberghe analisa a ética da virtude de Aristóteles, tomando-a como teoria da ação, e argumenta pela prioridade da autodeterminação sobre a autorrealização. Ele aponta, assim, para as vicissitudes da vida coletiva em sociedades pluralistas desprovidas de consenso sobre valores e para os perigos da ascensão de forças populistas que impõem a todos sua visão particularista do que seja a "boa vida" — perigos esses bastante palpáveis na atualidade.

Já "O 'lugar comum' da cisma: notas antropológicas sobre o advento de uma cismocracia na era Bolsonaro", de Fábio Reis Mota e Gabriel Bayarri Toscano, avança nas proposições analíticas sobre "regime de cisma" e "razão cismática" desenvolvidas anteriormente por Mota, assim como nas discussões sobre "lugar comum" oriundas de obras de Luc Boltanski e Laurent Thévenot, para analisar o fenômeno "Bolsonaro e bolsonarismo", como designam os autores, no Brasil. O capítulo sustenta-se em rica pesquisa de campo e nos provoca a refletir sobre a eficácia ímpar do método etnográfico para os estudos da moral e para o que os autores chamam de "desmantelamento" de aparelhos normativos.

A terceira seção, *Moral e Política*, traz três capítulos que tematizam articulações, tensões e deslocamentos entre esses dois objetos a partir de interesses e modalidades de pesquisa específicos, bem como de propósitos também específicos em termos da natureza de suas contribuições. Em "Uma sociologia pragmática da moral da política: crítica, 'bem de todos'/'bem comum' e 'comparecimento'", Alexandre Werneck apresenta uma reflexão teórico-metodológica que propõe uma sociologia da política centrada precisamente em sua dimensão moral. Trata-se de um desdobramento da já longeva contribuição do autor para a sociologia pragmatista da moral, aqui particularmente concentrada no tema da política. A unidade de análise sugerida é o que Werneck chama de "situação política". Desvendar a fenomenologia de dadas "situações políticas" é algo passível de ser feito, como mostra o capítulo a partir de produtivas proposições conceituais e ferramentas analíticas.

Adentrando uma "situação política" recente vivida no Brasil, em "Sobre petralhas, bolsominions e isentões: a dimensão moral de conflitos políticos", Maria Claudia Coelho também contribui com uma reflexão de natureza teórica-metodológica, desenvolvida a partir da literatura pertinente e de entrevistas realizadas com eleitores brasileiros que tiveram desavenças com amigos e/ou parentes em razão de escolhas eleitorais para o pleito de 2018. Especialmente interessada nos imbricamentos entre cognição, afeto e moral, dimensões da vida sobre as quais vem refletindo desde há muito em sua produção intelectual, a autora constrói um arcabouço conceitual preciso para dar conta de um dos trânsitos que têm desafiado as sociedades e as ciências sociais contemporâneas: o transbordamento de divergências políticas fomentadas por processos macrossociais para o plano íntimo (mas não menos social) dos sentimentos.

Em seguida, Patrice Schuch, Calvin Furtado, Daniela Bianchi e Caroline Sarmento, em "População de rua, a pandemia da Covid-19 e as políticas da vida e da morte", também adentram um contexto recente, vivido não só no Brasil, mas no mundo todo de modo simultâneo: a pandemia do coronavírus. A partir de uma perspectiva etnográfica e de seu engajamento coletivo e diversificado com movimentos, mobilizações, políticas e experiências de pessoas em situação de rua na cidade de Porto Alegre, os autores discutem a relação entre moral, tecnologias de governo e infraestruturas de vida e morte, demonstrando, com toda a vivacidade que as boas etnografias têm, como práticas e políticas de atenção voltadas a determinados segmentos diferenciam populações, materializam hierarquias e operações morais e concedem ou desfazem a legitimidade de vidas e de mortes.

Os quatro capítulos subsequentes, reunidos na seção *O Moral e o Institucional*, refletem, cada um a seu modo, sobre o lugar e os possíveis enquadramentos da moral em práticas e dinâmicas institucionais, notadamente no âmbito do Estado. Lucía Eilbaum, em "De direitos, vítimas e humanos: moralidades e categorias em disputa em torno da 'violência de Estado'", tira proveito da enorme produtividade da pesquisa etnográfica para reflexões que intersectam as antropologias do direito, do Estado e das moralidades. Autora de outros trabalhos dedicados à compreensão das moralidades imbricadas em práticas estatais, sobretudo no âmbito de sistemas de Justiça criminal e segurança pública, Eilbaum analisa o caráter antagônico e excludente de certas moralidades, avançando sua argumentação para demonstrar o caráter contraditório de cenários em que se disputa reconhecimento de direitos e de certos indivíduos como pessoas. Isso é realizado por meio de uma reflexão etnográfica sobre a chacina do Jacarezinho, ocorrida no Rio de Janeiro, que atenta especialmente para o discurso corporativo de agentes e instituições públicas enunciado após o episódio e para disputas de sentido em torno da noção de "vítima" ali contidos.

Se Lucía Eilbaum ilumina a dimensão moral de um discurso corporativo acerca de um episódio de extrema violência, no capítulo seguinte, "Detalhes infernais: intensas e minúsculas poéticas de indignação", Adriana Vianna realiza movimento semelhante, mas diante de falas de familiares de vítimas de violência institucional, também no Rio de Janeiro, com quem realiza pesquisa de campo já há longo tempo. A violência de Estado, na reflexão da autora, se mostra não só nos episódios extraordinários e espetaculares das chacinas, massacres e assassinatos que mobilizam familiares, mas também e especialmente no tratamento posterior dispensado a esses sujeitos por agentes estatais. De modo ao mesmo tempo pungente e delicado, Vianna nos mostra que esse tratamento, em seu caráter mais rotineiro e ordinário, consiste muitas vezes em um acumulado de "detalhes infernais", elementos que transpõem o limite moral do intolerável e que eventualmente surgem em falas de familiares no contexto de relações longevas de interlocução em pesquisa etnográfica.

Em "Além da fiscalização: lógicas de auditoria e combate à corrupção na economia moral do Estado", Simone Brito descortina um universo de práticas estatais ao mesmo tempo pouco conhecido em seus meandros e muito enaltecido no cenário atual: as práticas de auditoria, associadas ao valor da transparência e às cruzadas anticorrupção que têm tido lugar central na economia moral do Estado contemporâneo. A partir de um conjunto rico e consistente de entrevistas com auditores públicos das áreas de controle e gestão, a autora reflete sobre os dilemas morais e a subjetividade política desses agentes e ilumina não só as rotinas de legitimação dos valores que organizam o Estado presentes em suas falas e práticas, mas também a forma como a auditoria opera um imaginário que atualiza, no âmbito do Estado, o que a autora chama do "sonho moderno de verdade e controle".

Em "Crise ou reparação: narrativas político-morais em torno da pensão indenizatória para crianças com Síndrome Congênita do Vírus Zika no Brasil", Letícia Ferreira analisa a gestão do pós-epidemia de zika no Brasil, atentando-se especificamente para a pensão vitalícia destinada a crianças acometidas pela Síndrome Congênita do Vírus Zika (SCZ), instituída no país por uma lei federal de 2020. Analisando documentos e pronunciamentos públicos de parlamentares brasileiros e de mães de crianças atingidas pela SCZ, a autora descreve as duas narrativas político-morais acionadas em arenas públicas para demandar e justificar a pensão — uma que enfatiza a "crise" e outra centrada na necessidade de "reparação". A partir da noção de "desamparo", Ferreira ilumina o caráter ambivalente do direito à pensão e do próprio processo de disputa por ele, protagonizado por mães que têm se reunido em coletivos e associações desde a eclosão da epidemia de zika.

Finalmente, os quatro últimos capítulos contribuem para a sociologia dos problemas públicos e os estudos antropológicos sobre sofrimento e vitimização. Em "Territorios moralizados frente a las muertes violentas: conmemoraciones, desplazamientos y disputas (Córdoba, Argentina)", mantido aqui em espanhol, Natália Bermudez soma ainda a preocupações com esses grandes temas a questão da materialização e espacialização do luto, da memória e das lutas por justiça em contextos atravessados pela violência. Partindo do longo engajamento etnográfico de Bermudez com familiares e vizinhos de jovens vítimas de morte provocada por policiais na cidade argentina de Córdoba, o capítulo é especialmente precioso por nos provocar a incorporar a dimensão territorial e o tema das materialidades em investigações interessadas em moralidades, tão comumente restritas aos aspectos discursivos, abstratos e/ou especulativos dos fenômenos examinados.

Em seguida, em "Sentimentos morais: o papel das emoções nas formas de mobilização coletiva e constituição de problemas públicos", Neiva Viera da Cunha reflete sobre o caso de contaminação humana e ambiental ocorrido na Cidade dos Meninos, na região metropolitana do Rio de Janeiro, após o fechamento, no ano de 1960, de uma fábrica de inseticidas que esteve em funcionamento no local por mais de uma década. A autora interroga-se sobre os modos de organização coletiva, demanda por responsabilização e reparação, e gestão de sentimentos morais por parte dos moradores afetados pelas substâncias tóxicas abandonadas na Cidade dos Meninos após o fechamento da fábrica, descrevendo seu longo processo de luta por reconhecimento, que já atravessa décadas e acumula poucos ganhos e muitas derrotas. Trata-se de uma contribuição exemplar para o estudo dos problemas públicos a partir de uma pesquisa engajada com o passado e a história, na forma do que Vieira da Cunha chama de uma "etnografia retrospectiva", que se debruça sobre as muitas formas de contaminação que assolaram a região e seus efeitos morais.

A noção de contaminação é central também no capítulo seguinte, mas nesse caso em relação ao vírus SARS-COV-2, causador da Covid-19. Em "La Hoguera de las Responsabilidades: imputaciones morales y tensiones sociales en dos localidades de la provincia de Buenos Aires (Argentina) durante la pandemia de Covid-19", Gabriel Noel apresenta uma análise etnográfica perspicaz de modalidades de acusação, adjudicação e imputação de responsabilidades pela circulação do vírus no primeiro ano da pandemia de Covid-19. Detendo sua atenção sobre duas cidades argentinas localizadas na província de Buenos Aires, o autor desvela as complexas tensões subterrâneas constitutivas da morfologia social e das dinâmicas identitárias e morais vigentes naquelas localidades, antes ocultas sob uma aparente tranquilidade, mas remexidas pela eclosão da pandemia e dos processos de responsabilização por ela acionados.

Encerrando esta coletânea de modo brilhante e desafiador, o capítulo "As hierarquias da desgraça: a produção social de vítimas e os dilemas morais em torno do merecimento", de Virginia Vecchioli, também desvela uma realidade mais tensa e complexa do que se supõe ao examiná-la à superfície: o universo das vítimas da ditadura argentina, pensado majoritariamente como espaço social homogêneo, distinto única e exclusivamente de seu par de oposição — as Forças Armadas daquele país. Descrevendo cenas públicas protagonizadas por parentes de desaparecidos políticos, a autora ilumina o quão diferenciado, desigual e mesmo excludente pode ser o lugar e o valor atribuídos a um sujeito no universo das "vítimas". Com isso, nos leva a refletir sobre a importância de nos interrogarmos, por um lado, sobre as hierarquias morais e o espectro social do merecimento em situações de vitimização, e, por outro, sobre as formas pelas quais o sofrimento das vítimas é não só produzido e instituído em arenas públicas, como também muitas vezes negado e desacreditado.

* * *

Esperamos que este painel sirva ainda de inspiração e convite a pesquisadores para enfrentar conosco o tema dos estudos da moral e das moralidades. Trata-se de olhar para os valores dos outros e de radicalmente os levar a sério, lembrando que os compreender contribui para entender a vida social em sua carne mesma, em seus elementos mais propriamente sociais de conexão, os elementos que levam os atores a se perguntar sobre o bem. Eis uma questão de grande valor.

PARTE 1

DISCUSSÕES

Desembaraçando a complexidade moral em sociedades rapidamente cambiantes: discursos e ações

MONICA HEINTZ

TRADUÇÃO DE **ANA PAULA LIMA RODGERS**

Introdução

Como todos os antropólogos e sociólogos — e talvez também seu público — precisam "pensar através" de uma história, não serei nenhuma exceção. Começarei esta conversa com uma velha história de enfermeiras e mães em um hospital infantil romeno durante a transição do socialismo para o capitalismo.

Há cerca de vinte anos, quando as estatísticas provaram ter sido o pior (e o último) ano de um processo de dez anos de constante declínio econômico após a queda do regime comunista na Romênia, eu estava fazendo uma longa pesquisa etnográfica em Bucareste, capital do país. O foco de minha pesquisa era ética de trabalho, o que na verdade consistia em discursos e práticas de trabalho em instituições e empresas públicas e privadas. Havia sido claramente apontado para mim que as práticas são observáveis, os discursos são graváveis, mas que a "ética" é um conceito um pouco nebuloso para ser diretamente analisável. Esse foi um sábio conselho, embora refletisse o não reconhecimento da ética e dos valores morais como objeto de possível investigação etnográfica à época. Como resultado, de um lado, eu estava no campo ocupada trabalhando todos os dias em uma empresa privada, coletando alguns dados etnográficos "reais", mas, de outro lado, além do trabalho, havia a vida cotidiana de uma mãe com dois filhos.

E é precisamente com minha experiência cotidiana de vida ética (ou não ética) que gostaria de começar. Minha vida me levou a passar dez dias em um hospital público infantil, compartilhando as vidas e os medos de outras mães que acompanhavam seus filhos e se perguntavam se eles sobreviveriam à experiência hospitalar. Não que as doenças de seus filhos fossem particularmente assustadoras (meu próprio bebê, por exemplo, tinha bronquiolite), mas a reputação dos hospitais era especialmente ruim — filmes como *A morte do Sr. Lazarescu* (2005), aclamado internacionalmente, são inspirados em casos reais desse período. As mães eram obrigadas a ficar no hospital 24 horas por dia para cuidar de seus filhos (os pais não eram permitidos), e eu tive que dividir com duas outras mães um pequeno quarto com três camas-berços e três bancos por dez dias. As mães tinham de dormir com seus filhos em suas camas-berços (de cerca de 60 cm por 120 cm) da meia-noite às seis horas da manhã, quando não havia visitas médicas, mas com três crianças doentes no quarto eram raros os momentos tranquilos, com as visitas das enfermeiras, todas as luzes acesas e o medo da temperatura de crianças já febris subirem ainda mais, impedindo que mães descansassem. Durante o dia, elas se sentavam em um banco e tomavam conta de seus filhos, contando umas com as outras por alguns minutos, quando iam ao banheiro ou à cantina. Enfermeiras, e por vezes médicos, iam e vinham, examinavam as crianças, mas não forneciam nenhuma explicação para as mães sobre a gravidade do caso ou a duração da doença (e, portanto, sobre o tempo de permanência no hospital). Enquanto os médicos eram raros e relativamente educados, as enfermeiras estavam constantemente repreendendo as mães por não estarem alertas o bastante e por não manterem o quarto suficientemente arrumado, embora, para além das fraldas de pano lavadas à mão e secadas no aquecedor, não havia muito mais o que pudesse criar desordem. Sem dúvida, a densa população de um quarto sem janelas e o cheiro das fraldas sujas podem ter sido uma experiência irritante, mesmo para enfermeiras.

Para as mães, esse pesadelo não era nada comparado ao medo constante de que algo ruim pudesse acontecer aos seus filhos, então elas obedeciam incondicionalmente à equipe médica, além de tentarem constantemente suavizar as relações: um pequeno suborno no bolso de uma enfermeira visando a algum ato médico que pudesse aliviar a respiração de seus filhos, ou ovos frescos para uma secretária que pudesse explicar a escrita dos médicos (uma das mães vinha de uma fazenda nos arredores de Bucareste). Por sua vez, as enfermeiras eram submetidas a más condições de trabalho, e quando jogavam sobre as mães a culpa por não terem ministrado propriamente a medicação de seus filhos, talvez agissem assim para não se sentirem tão culpadas por não terem feito um bom trabalho.

Mas será que se trata apenas disso? O que fazia com que essas mulheres (mães, enfermeiras), em princípio unidas por uma causa comum — o cuidado das crianças —, estivessem sob constante tensão e (do lado das enfermeiras) chegando ao conflito aberto umas com as outras? Enfermeiras são mal pagas em hospitais públicos, decerto. Mas será que a extorsão dessas mães relativamente pobres era indispensável? Elas sempre teriam agido assim durante sua vida profissional ou isso era algo específico dos tempos de crise econômica que estavam atravessando? Teriam elas alguma vez imaginado fazer aquilo de modo diferente — elas que reclamavam em alto e bom som que suas condições de trabalho e remuneração não eram "como no exterior" (Europa Ocidental ou EUA, os únicos termos de referência utilizados naquele momento)? Será que as mães se deram conta de que estavam alimentando um sistema de corrupção e que tinham sua cota de responsabilidade na manutenção do sistema que elas denunciavam? Não havia ninguém para policiar o sistema (o Estado, ONGs)?

Esse exemplo etnográfico vem da transição pós-1989 na Romênia, quando mudanças políticas e econômicas que se desenrolavam rapidamente geraram crises de ordem econômica e social: inflação, desemprego, pobreza e o surgimento de novas desigualdades. Não apenas a situação era degradante, mas também tudo acontecia muito rapidamente, privando de sentido a transformação que se desenrolava e que havia sido inicialmente endossada pela maioria da população. A contestação do passado, as necessidades prementes de sobrevivência no presente e a incerteza do futuro caracterizaram o período. Gerações foram divididas, desigualdades sociais cresceram e reivindicações étnicas periodicamente geravam agitação civil e política prestes a constituir uma ameaça à paz e à soberania dos países envolvidos. Embora a complexidade moral não seja exclusiva desses casos, uma sociedade rapidamente cambiante é um laboratório para a observação de valores, pois suas mudanças e conflitos os tornam mais evidentes, mesmo que o desembaraçamento neste caso seja mais difícil. A lente da antropologia da moralidade, por não esgotar o modo como uma sociedade rapidamente cambiante pode ser vista, contribui para a compreensão de fenômenos sociais de maneira promissora e ainda a ser explorada.

Vou começar com uma apresentação do campo da antropologia da moralidade como diferente da "etnoética". Passarei depois em revista alguns desafios e possíveis métodos que podem ser usados para explicar casos de campo nos quais a dimensão moral desempenha um papel importante. Por fim, discutirei criticamente as escolhas sociais e políticas dos antropólogos ao lidarem de forma neutra ou engajada com valores por meio de contextos culturais, avaliando assim os termos éticos nos quais a antropologia da moralidade pode ser aplicada aos conflitos ao nosso redor, da insidiosa burocracia estatal à violência aberta.

Além da "etnoética": estudando discursos e ações morais

UMA BREVE HISTÓRIA DA ANTROPOLOGIA DA MORALIDADE

No final do século XX, à medida que as normas estritas das eras anteriores estavam desaparecendo, o mundo ocidental viu o nascimento de uma hipersensibilidade ética; ao menos é assim que Zygmunt Bauman (1993) diagnostica os tempos pós-modernos. A consciência ética floresceu e tornou-se a única barreira à crescente libertação das normas tradicionais. Essa liberdade de pensamento foi contrabalançada por uma autovigilância ética, enquanto o autocontrole substituiu o controle coletivo. Não à toa, esse movimento também encontrou eco na antropologia, em que, nos últimos quinze anos, escritos que lidam explicitamente com a antropologia das moralidades floresceram (Howell, 1997; Zigon, 2008; Heintz, 2009; Lambek, 2010; Fassin, 2012; Laidlaw, 2013; Keane, 2016). Antes disso, os valores morais estavam entrelaçados com o social, e viram sua influência diminuir ao longo do tempo concomitantemente à diminuição do poder coercitivo da comunidade. Na era pós-moderna, os valores morais assumiram fortes contornos discursivos pessoais e, mais uma vez, se tornaram visíveis, ainda que de uma forma diferente. Além disso, se Durkheim, com sua visão holística da sociedade, via a moralidade como um manto flutuando sobre a sociedade e em harmonia com sua estrutura (a moral era o próprio social, a capacidade de viver e crescer junto), em uma era pós-moderna dominada por uma visão individualista, há uma tendência em ver a moral como parte da estrutura da pessoa (em virtude ética, como em Van Hooft, 2014, mas também na ciência cognitiva das moralidades — Baumard, 2010, Haidt, 2012 e Greene, 2013). A construção social da pessoa, a antropologia da virtude e os retratos biográficos de figuras exemplares constituem uma nova tendência nas análises do social. Ao se afastarem da perspectiva de que a *moral equivale ao social*, as abordagens atuais propõem frequentemente que *a moral equivale ao eu virtuoso*. Nenhuma dessas duas abordagens poderia explicar sozinha a complexidade da realidade social. Mais que isso, dividir o campo de pesquisa de acordo com a dicotomia ocidental do social e do eu, ou abraçar a distinção da tradição filosófica ocidental entre "ética" e "moralidade", provavelmente não é um passo em direção à precisão científica, mas antes um obstáculo.

O esforço sistemático visando à constituição de um campo separado de reflexão por Didier Fassin e seu grupo "Rumo a uma Antropologia Moral Crítica" permitiu resgatar de uma forma intencionalmente abrangente o trabalho antropológico que precedeu o nascimento do campo, o qual lidou em filigrana com questões morais (Fassin; Lézé, 2013). Mesmo que o apelo de Edel e Edel (1968) por uma abordagem antropológica e filosófica conjunta à ética parecesse não receber nenhuma resposta, a atenção aos valores morais espreitava por trás dos estudos do social ou do cultural durante todo o século XX. O *A Companion to Moral Anthropology*, obra organizada por Fassin (2012) no âmbito do mesmo projeto, teve como objetivo fornecer um estado da arte completo da pesquisa da "antropologia moral". A diversidade dos verbetes mostra a heterogeneidade, o ecletismo e a necessidade de diálogo dentro desse novo campo. Uma vez que os antropólogos pensam através de seus campos e sujeitos, a maioria das generalizações destinadas a serem universalmente aplicáveis não são nada além de um reflexo da particularidade dos locais de campo escolhidos pelos pesquisadores. No entanto, uma conclusão poderia ser extraída dessa importante visão geral: a normatividade *a priori* não poderia enquadrar a pesquisa sobre ética dentro da antropologia, e, além disso, a principal contribuição desta disciplina para o estudo de valores morais consiste em seu compromisso com um esforço descritivo (em oposição a um esforço normativo). A antropologia da moralidade não é uma abordagem moral dos fatos sociais.

Considero aqui a "moral" uma dimensão da vida social e pessoal, não um campo separado da realidade social[1]. Michael Lambek considera a ética uma dimensão de todas as ações humanas, "uma propriedade da fala e da ação, como a mente é propriedade do corpo" (2010, p. 61), e James Laidlaw insiste na dimensão irredutível da ética e no fato de que "a teoria social precisa ser formulada para tornar nossas análises de fenômenos e situações mais conscientes disso" (2013, p. 44-45). Não vou tão longe quanto afirmar a presença da ética em todos os aspectos da vida

---

1 Isso também significa que Fassin não afirma haver — ontologicamente falando — "fatos morais", como dizem as teses de realismo moral. Mas ele também não contradiz essa posição. Em vez disso, simplesmente não se envolve mais com o estatuto ontológico da moralidade no nível social e só o discute ao nível individual nos últimos capítulos deste livro, quando segue posições cognitivistas.

social[2], mas defendo a ética na explicação da realidade social como um contrapeso necessário ao poder e às estruturas que tanto pesaram nas análises sociais desde a década de 1960. Mudar a lente pode ajudar os antropólogos a ver outros aspectos da realidade social e reinterpretá-los de novas maneiras, e foi isso que os autores que contribuíram para o volume *A Antropologia da Moralidade* (Heintz, 2009) fizeram ao propor um novo ângulo de investigação ou um novo método capaz de revelar a importância da dimensão moral na sociedade.

Há alguns anos, quando me interessei pela fundação de um campo separado chamado "antropologia das moralidades", meu argumento foi que questões e preconceitos encontrados no estudo das moralidades instam os pesquisadores a desenvolver uma área reflexiva de investigação na qual os aspectos metodológicos são abertamente debatidos. O objetivo era calibrar a lente, de modo a torná-la mais poderosa e relevante. Esse campo distinto corresponderia não a um fragmento separado da realidade social, mas a um campo separado de reflexão, no qual a "problematização" da "questão moral" se torna possível (Fassin, 2013, p. 3). No entanto, esse campo pode não ter mais razão para existir uma vez que os valores morais foram solidamente colocados no mapa das investigações antropológicas reflexivas. Quando a lente estiver pronta para uso, sua legitimidade virá da relevância das observações que ela permitir fazer e das interpretações que ela puder gerar. Por enquanto, porém, e apesar das contribuições auspiciosas e de alta qualidade para o campo, muito mais é preciso ser feito para estabelecer o estudo da moralidade/ética criticamente dentro da antropologia social. Assim, esta conferência é uma contribuição promissora e necessária para um tal campo emergente.

2 De fato, uma das questões que tentei responder utilizando as ciências cognitivas concerne aos limites do domínio moral, ou seja, o que é moral/imoral e o que é moralmente neutro.

DEFININDO A MORALIDADE EM CONTEXTOS CULTURAIS TRANSVERSOS: POR QUE A DIVERSIDADE LINGUÍSTICA NÃO AJUDA

Estudar a moralidade transculturalmente não é uma tarefa fácil, dada a falta de definição universal do termo. Se a "moralidade" em inglês define um conjunto de princípios e julgamentos baseados em conceitos culturais e crenças pelos quais os seres humanos estabelecem se determinadas ações são certas ou erradas, em algumas línguas o termo "moralidade" nem sequer existe (Humphrey, 1997, traz um contraexemplo), o que não significa que a avaliação moral é desconhecida nessas sociedades. Assim, no caso da moralidade, a terminologia não pode ser determinada e fixada de uma vez por todas, com uma reivindicação de relevância universal, constituindo assim um empecilho à tradução e comparação antropológicas. A dificuldade colocada pela tradução e comunicação dos fatos morais pelo antropólogo encontra o problema das expressões locais de moralidade. Como podemos contornar a ambiguidade levantada pela tradução, reconhecendo ainda o lugar central da linguagem no processo de *elaboração* dos valores morais?

No nível local, as declarações verbais explícitas não são a única forma pela qual as moralidades são *expressas*, e isso leva os pesquisadores a procurar métodos alternativos de apreensão da realidade sem depender apenas da linguagem como o principal veículo de comunicação de valores morais entre as culturas. Maurice Bloch (1991) argumenta contra o lugar central dado pelos antropólogos às declarações verbais coletadas no campo com os habitantes locais, alegando que algumas culturas podem não ser "linguagem-centradas" e que se eles recorriam a racionalizações verbais *pós-hoc*, estas não teriam conexões diretas com seus pensamentos. A pesquisa neurocientífica sobre emoções morais (Sinnott-Armstrong, 2008) busca delimitar um núcleo universal (biológico), e isso poderia nos dar pistas sobre expressões não linguísticas de envolvimento moral (expressões faciais, atividade cerebral etc.). Da mesma forma, a prática antropológica consiste em olhar para o que as pessoas fazem, além daquilo que dizem, a fim de que se possa avaliar a moralidade em ação. A inclusão das observações das práticas complementa as declarações gravadas de vários atores e levanta novas questões que concernem ao imperativo de alcançar correspondência entre discursos e práticas em uma dada sociedade. O famoso artigo de Gilsenan sobre a mentira no Líbano (Gilsenan, 1976) e a pesquisa de John Barnes sobre mentira (Barnes, 1994) trazem exemplos da variação cultural presente nas ligações aceitas e valorizadas entre discursos e ações. De fato, torna-se agora impossível postular a existência de uma cultura da verdade na qual discursos e práticas correspondem uns aos outros.

Voltando à nossa definição de "moralidade", a única opção que consigo pensar é me aproximar de uma versão "de trabalho" capaz de dar conta da moralidade ou "do que é certo ou errado" em relação ao que é aceito ou rejeitado em uma sociedade, em vez de refletir sobre os cognatos linguísticos do termo "moralidade" em uma determinada cultura. A rejeição de ações morais pode tomar diversas formas, da advertência à desaprovação, da punição leve à exclusão da comunidade, do exílio imposto à execução capital. A forma da rejeição não é diretamente proporcional à ofensa moral, uma vez que outros fatores além da moralidade regem a gestão de uma comunidade. Além disso, ao olharmos para fora da interseção entre os domínios moral e legal, entre valores morais e normas (valores "implementados", regras que são socialmente aplicadas e sancionadas dentro da sociedade), constatamos que existem normas que ou não mais se beneficiam ou ainda não se beneficiam do endosso moral, bem como valores morais que não foram traduzidos em normas sociais. Normas e valores morais, normatividade (legalidade) e moralidade são interdependentes, mas de um modo complexo. Embora o estudo das normas em antropologia legal seja uma fonte de inspiração e conhecimento, ele não fornece um guia rigoroso para o campo da moralidade.

Não é por acaso que, quando tentamos definir moralidade, acabamos olhando mais para as formas de rejeição do que de aceitação. Enquanto a rejeição é ruidosa e a desobediência visível, a aceitação de normas raramente é mencionada, e consequentemente é menos afeita à observação científica. As violações morais são mais facilmente identificáveis do que o conformismo moral.

Aplicar a definição de aceitação/rejeição da comunidade não permite a diferenciação entre fatos morais/imorais, de um lado, e moralmente neutros, de outro, ou seja, fatos rejeitados por motivos outros que a falta de respeito aos valores morais (por exemplo, sua legalidade). Essa é uma grande dificuldade na pesquisa transcultural (Baumard; Sperber, 2007), em que os antropólogos são submetidos ao viés da tradução. Ao começarem com um assunto favorável a julgamentos de certo ou errado em uma sociedade, os pesquisadores traduzem as declarações e, em seguida, coletam informações sobre atitudes de aceitação/rejeição de uma outra sociedade, sem perguntar se o assunto se enquadra no campo ou na convenção moral (Turiel, 1983). A maior parte das permissões ou interdições tem algum equivalente em outras culturas, mas nem todos os equivalentes carregam o mesmo peso. Por outro lado, há ações que são julgadas de forma neutra em nossa sociedade, mas que podem ser levadas a julgamentos morais em outras.

Mas a observação etnográfica direta, complementada pelas justificativas e debates posteriores dos atores, me levou a observar que quando os debates são aquecidos, quando os atores buscam ativamente por soluções — eventualmente em uma maior escala de tempo —, um componente moral está envolvido. No hospital infantil, as mães passavam o dia reclamando do comportamento das enfermeiras e das melhores estratégias de suborno, embora nenhuma delas descrevesse abertamente seus "sentimentos". Esse reconhecimento intuitivo da moralidade em ação depende do reconhecimento das emoções pelo pesquisador, o que, novamente, não é uma tarefa fácil na pesquisa transcultural, exigindo uma grande familiaridade com o local de campo (o que, naturalmente, foi o meu caso ao compartilhar as mesmas preocupações e medos sobre os cuidados recebidos pelo meu bebê com as outras mães). Em uma abordagem naturalista do julgamento moral, Nichols (2004) vê as emoções como elemento central para o sucesso dos valores morais na sociedade. Seja qual for a origem da regra, um valor moral tem mais chances de sobreviver ao longo do tempo se associado a uma forte resposta emocional. Embora a psicologia moral não tenha provado que as emoções são um componente necessário do julgamento moral (Huebner; Dwyer; Hauser, 2009), um argumento semelhante vem de uma disciplina radicalmente diferente. O historiador marxista Edward Palmer Thompson interpreta os tumultos por comida do século XVIII na Inglaterra como tendo sido causados mais por um forte sentimento de injustiça diante das especulações de preços do que por um cálculo utilitarista racional ou um por instinto primário de sobrevivência (Thompson, 1971). Os tumultos surgiram quando a economia moral camponesa se viu ameaçada por novas práticas especulativas, e não como "rebeliões da barriga" apolíticas, como alguns historiadores haviam explicado anteriormente. Em um contexto histórico diferente, no sudeste da Ásia do século XX, James Scott chega à mesma conclusão. Emoções e indignação diante de um comportamento ultrajante, em vez de pura necessidade econômica, levaram os camponeses a se revoltarem (Scott, 1976).

A ligação entre expressão de emoções e valores morais permite uma definição *cum* reconhecimento destes últimos. Uma "definição de trabalho" da moralidade ou "do que é certo ou errado" deve considerar o que é aceito ou rejeitado em uma sociedade como manifestado por meio de um alto grau de envolvimento emocional. Esse último aspecto só pode ser identificado e avaliado etnograficamente e comparativamente.

DIFICULDADES NA COLETA DE DADOS: POR QUE OLHAR ALÉM DOS DISCURSOS TORNA-SE NECESSÁRIO

A necessidade de superar dificuldades na coleta de dados na pesquisa sobre moralidades leva os pesquisadores a irem além da "etnoética" — o estudo das regras morais explícitas de uma sociedade —, em direção a uma antropologia da moralidade mais abrangente.

A primeira dificuldade empírica que ela enfrenta é a diferenciação entre um fato moral/imoral e um fato moralmente neutro, quando a compreensão transcultural pode ser limitada pelo viés de tradução. Isso equivale à questão fundamental da definição transcultural (limites) do fenômeno moral, a qual evoquei acima.

A segunda dificuldade na coleta de dados vem da pluralidade de quadros morais em muitas culturas ao redor do mundo e sua interseção com relações de poder específicas para cada contexto. Na Romênia, na época do meu primeiro trabalho de campo, o domínio das relações de trabalho era atravessado por valores coletivistas/socialistas, cristãos e capitalistas provenientes de experiências reais e elementos imaginados da ética de trabalho protestante. Diferentes gerações, classes sociais, origens rurais *versus* urbanas e experiências passadas de trabalho levaram as pessoas a aderir a um certo conjunto de valores e não a outro. Essa heterogeneidade impossibilitou as generalizações sobre os valores existentes, exceto pela conclusão geral de que os valores tinham de ser continuamente interpretados, aplicados e negociados em casos particulares de vida pelos atores sociais. Discursos não significavam nada sem sua "aplicação" ou prática.

A terceira dificuldade da coleta de dados no campo da moralidade é gerada por inconsistências entre declarações locais de moralidade e certas práticas desviantes observadas. Os valores morais não são artefatos fáceis de coletar; são fatos sociais recriados cientificamente pelo cientista — às vezes afirmados espontaneamente por informantes ou em resposta a uma solicitação (como no caso muito comum de certas respostas morais sendo provocadas para entrevistas), e às vezes reconstruídos exclusivamente com base nas ações ou nos gestos corporais observados. A primeira questão é que somos forçados a exercer alguma cautela quanto à realidade e objetividade das declarações coletadas. Uma declaração moral fornecida por um entrevistado não tem o mesmo significado se é solicitada pelo pesquisador ou se surge espontaneamente, se é uma reação a um evento em vez de outro, se é sobre um evento no passado ou no presente, se envolve uma pessoa ou outra. O antropólogo deve fornecer algum contexto mínimo, mas significativo, que possa situar até mesmo uma simples declaração feita pelo entrevistado, de modo a ajudar a interpretá-la dentro de um quadro moral ou outro; tomá-la pelo seu valor nominal, tão provocativa ou tão resistente quanto este. No entanto, as práticas formam o contexto ainda maior no qual os discursos devem ser considerados. Se não nos colocamos em uma ética de intencionalidade na qual apenas intenções e princípios (como eles são expressos) importam, precisamos também levar em conta o que as pessoas realmente fazem, para ir além da "etnoética". Finalmente, essa tensão entre discursos e práticas ajuda a "ética real" a se desdobrar.

A quarta dificuldade vem da progressividade e criatividade do fenômeno moral, que evolui sob a pressão do tempo e das circunstâncias. Há uma complexa "negociação" entre a ação individual e os valores morais da sociedade: a importância das deliberações morais, a interação entre as subjetividades de diferentes atores e o impacto que as ações podem ter sobre os valores. Os valores mudam sob a pressão de novas práticas e a observação destas últimas em conjunto com os primeiros é tarefa indispensável para a explicação dessas mudanças.

Desafios metodológicos no estudo de configurações morais complexas

Se eu consegui convencer o leitor de que situações morais complexas não poderiam ser entendidas simplesmente olhando para o que as pessoas dizem acerca do que fariam ou deveriam fazer, isso não quer dizer que o caminho à frente para uma abordagem da moralidade seja fácil. A nova configuração da pesquisa nos coloca diante de grandes desafios.

LEVANDO EM CONTA A QUESTÃO DA LIBERDADE DE EXPRESSÃO E AÇÃO

Explicar a realidade social pela sua dimensão ética poderia trazer uma nova perspectiva e constituir uma alternativa às explicações em termos de poder e estruturas. Isso não nega a existência de relações de poder em uma comunidade, apenas as examina na perspectiva da liberdade e da vontade. De fato, observar a ação e buscar os valores que sustentam a ação só é algo significativo se a relação entre valor e ação for livre, se as pessoas estiverem livres e dispostas a agir de acordo com seus valores morais. Esta é a razão pela qual Laidlaw (2002) argumenta em sua "Aula Memorial Malinowski" de 2001 pelo desenvolvimento de uma antropologia da liberdade como pré-requisito para o desenvolvimento de uma antropologia da ética, e Keith Murphy e Jason Throop (2010) para o desenvolvimento de uma antropologia da vontade. A primeira tarefa do antropólogo é levar em conta as consequências metodológicas do elo intrínseco entre ética e liberdade e vontade.

Voltemos ao caso das mães no hospital e perguntemo-nos se elas eram livres para agir de forma diferente, de modo a não subornar a equipe médica a fim de chamar a atenção para seus filhos e atrair sua solidariedade e cuidado: talvez o fossem (eu mesma não dei subornos), mas não queriam correr o risco para seus filhos. E quanto às enfermeiras, eram livres para agir de forma mais atenciosa em relação às mães, mesmo que sobrecarregadas com o trabalho? Provavelmente sim, mas em tempos de extrema escassez, ao negociar subornos, elas negociavam sua sobrevivência financeira.

O problema com a liberdade é que ela não é afeita a uma avaliação precisa. Ninguém é completamente livre para escolher, assim como ninguém está totalmente sem liberdade de escolha. Em uma escala imaginária entre a liberdade completa e sua completa falta, onde estavam situadas as enfermeiras para nos fazer concluir que seu comportamento abusivo era um reflexo de seus próprios valores morais? Houve boatos de que elas estavam compartilhando os subornos com os médicos, que havia todo um sistema de redistribuição desses fundos privados entre a equipe médica, de acordo com as hierarquias hospitalares.

A questão da responsabilidade tem sido colocada nos tribunais de direitos humanos desde os Julgamentos de Nuremberg. Quando são as "mãos" e não a "cabeça" do genocídio que estão em julgamento, a questão da responsabilidade individual é difícil de ser respondida. E nas sociedades não ocidentais, a mesma importância deve ser dada à liberdade individual como valor? As novas questões que a liberdade de agir traz para a discussão de valores levam à inevitável obrigação etnográfica de observar as ações locais, complementarmente à observação dos discursos locais expressos, mas também a aprofundar a escolha da escala na qual as observações devem ser conduzidas (individual, familiar ou outro tipo de organização, comunidade local, sociedade etc.).

ROMPENDO A DICOTOMIA ENTRE VALORES INDIVIDUAIS E COMUNITÁRIOS

Assim, um segundo desafio é trazer de volta as análises conjuntas do social e do individual com relação à definição de dimensões morais de ações, discursos e pensamentos. Comecemos aqui com a ligação explícita que James Laidlaw (2002) faz entre ética e liberdade e seu convite implícito ao individualismo metodológico. Laidlaw nos lembra da tensão implícita entre valores sociais e desejos individuais contidos na denúncia de Nietzsche da moralidade opressiva judaico-cristã. Mais recentemente, Laidlaw (2013) continua a argumentar que a liberdade individual de raciocínio moral e escolha é essencial tanto para a constituição da ética individual quanto para a formação do *eu virtuoso*, vistas como um caminho alternativo para o florescimento humano — nisso ele segue o princípio ético da virtude reconsiderado na segunda metade do século XX pelo ensaio de Elisabeth Anscombe, de 1958, "Filosofia Moral Moderna", combinado com uma leitura posterior da noção de liberdade em Foucault. Certamente o individualismo de Laidlaw é metodológico, e não metafísico; ele critica claramente as oposições artificiais entre a sociedade e o indivíduo, afirmando que este último é apenas uma parte da primeira (2013, p. 179). Por exemplo, quando ele se envolve com contribuições da literatura antropológica dos EUA, embora critique com razão alguns "conceitos desnecessários de agência", é perceptível que ele permaneça vinculado a uma leitura exclusiva da realidade social através dos olhos do indivíduo (modelado pelo Ocidente).

Uma saída dessa dicotomia metodológica é oferecida pela antropologia linguística, que inspirou muitos dos contribuintes por um volume intitulado *Ética Ordinária*, editado por Lambek (2010), e que leva a uma abordagem interacionista e dinâmica. A ação ética (incluindo o ato da fala) é aplicada por meio de interações humanas e é analisada pela observação dessas interações, com atenção cuidadosa dada a detalhes, nuances, micromudanças e níveis de metapensamento. O volume editado mostra que a ética faz parte da condição humana — presente em todas as experiências sociais e humanas, desde a conversa comum até as cosmologias. A localização da ética entre o dito e o não dito, entre objetificação e personificação, com sua atenção para revelar o tácito e o implícito, bem como sua sensibilidade à diferença entre "é" e "deveria ser", é a força da "ética ordinária". A variedade dos aspectos abordados ajuda a trazer o ponto importante de que as sensibilidades éticas devem ser procuradas sob cada ação. E, embora essa afirmação também tenha sido a de Durkheim (com o risco implícito de diluir o ético no social), a implicação extraída aqui é diferente: se cada fato social pode ser moralmente carregado (às vezes neutro), isso não deriva diretamente da equiparação entre sociedade e compromissos morais, mas é algo que deve ser analisado e comprovado em todo o seu complexo entrelaçamento entre "deveria ser" e "é", que está presente em todos os aspectos da vida humana. Mais recentemente, o trabalho de Webb Keane (2016) também confronta explicitamente a dicotomia indivíduo/sociedade e afirma claramente que a ética está situada na interação entre eles. A abordagem linguística inspira essa posição, e a literatura psicológica que sustenta o trabalho de Keane está cheia de promessas para uma abordagem naturalista da moralidade. O que ainda não foi plenamente assumido é um engajamento além dos discursos para uma consideração mais holística dos fatos, juntamente com discursos e pensamentos/intenções, o que certamente se deve ao objetivo de sua visão geral da ética como uma realidade ontológica.

Voltando ao nosso caso do hospital infantil: a questão não é se enfermeiras ou mães estavam livres para agir de acordo com seus valores e se deveriam ser responsáveis pelas relações perversas entre a equipe médica e os pacientes estabelecidos no hospital, mas como a dinâmica engajada durante suas interações levou a essas relações, que papel o poder estrutural, em oposição a personagens específicos, desempenhou nas relações observadas e, mais geralmente, como ações médicas concretas surgiram durante as interações, perguntas respondíveis por meios etnográficos.

LEVANDO EM CONTA A MUDANÇA

O terceiro desafio para o antropólogo é acompanhar a constituição e a reconstituição dos valores por meio de discursos e ações de indivíduos que compartilham tanto um terreno cultural comum quanto aspirações individualistas pessoais, ou seja, a dinâmica dos valores morais, ou seu desenvolvimento no tempo. Para invocar Nietzsche (1897) novamente, em sua *Genealogia da Moral*, o filósofo se concentra não apenas nas origens da moral judaico-cristã, mas também na constante reinterpretação e reformulação dessa moralidade. Seu projeto de reavaliação da moralidade judaico-cristã, necessário porque "Deus estava morto", afinal, não era revolucionário, mas estava inscrito na esperada evolução da ética. Nos últimos anos, os valores ocidentais penetraram nas sociedades mais tradicionais devido à circulação de pessoas e imagens: a perturbação que eles causam assume diferentes formas dependendo do momento a que estamos nos referindo, da escala, das contraforças presentes. Ignorar esse contexto potencial de conflito ao analisar fatos "tradicionais"/"-culturais" é impedir a interpretação objetiva dos fatos observados. As relações hospitalares perversas que crescem em um hospital público não são indiferentes a um contexto cultural no qual o capitalismo está em processo de substituição de valores socialistas (coletivos).

Uma abordagem notável para a dinâmica da mudança é a de Joel Robbins (2004) em seu relato das lutas morais dos cristãos recém-convertidos na Papua-Nova Guiné. Baseando-se na teoria da mudança cultural de Sahlins (1985) e na teoria dos valores de Dumont (1983) como aspectos da estrutura cultural, Robbins tenta explicar a rápida e definitiva conversão dos Urapmin da Papua-Nova Guiné ao cristianismo, e sua autopercepção paradoxal e endêmica como pecadores. É o conflito entre os Urapmin e os valores culturais cristãos que traz a questão da moralidade, porque a moralidade fornece uma janela através da qual os Urapmin veem contradições preenchendo suas vidas. O sistema moral tradicional Urapmin tinha em seu cerne um conflito entre a "vontade" egoísta e o desejo de manutenção da sociabilidade, que exigia um comportamento altruísta. Para facilitar escolhas morais, um sistema de tabu adicional fornecia aos Urapmin diretrizes claras de comportamento. Com todas as crenças tradicionais (incluindo o sistema tabu) descartadas em face do cristianismo, os Urapmin ficam agora apenas com o conflito entre a "vontade" (cuja existência é indispensável para o trabalho de sua estrutura social tradicional organizada em torno do ato de "vontade" dos "grandes homens") e as ideias cristãs de altruísmo e renúncia. Não conseguindo reconciliar os dois sistemas, os Urapmin se percebem como pecadores. A incorporação da dinâmica da mudança por Robbins, mantendo-se etnograficamente convincente, abre caminho para a busca de uma teoria abrangente e estruturada de mudança.

RETRATANDO A ÉTICA EM SOCIEDADES DE RÁPIDA MUDANÇA

O quarto desafio que vou reportar aqui é o de descrever valores morais em tempos excepcionais. A dimensão moral transpassa a realidade social através de eventos "comuns" e "excepcionais", e a primeira questão que surge é se se deve fazer uma distinção analítica: a "ética ordinária" deve ser analisada de forma diferente dos "dilemas morais"? São necessárias diferentes abordagens da moralidade em diferentes realidades sociais? Se há diferentes formas de capturar o ordinário (observação do acompanhamento constante) e o extraordinário (investigação de um estudo de caso completo), há também mais fatores a serem considerados na análise de eventos excepcionais: urgência, efeitos determinantes sobre as vidas das pessoas, trauma e assim por diante. Mudanças radicais são caracterizadas por um grau de incerteza que provoca comportamentos descontrolados e imprevisíveis. Uma vez que a direção da mudança e seu significado não são claros (ou seja, o sentido da história raramente é percebido em tempo real por pessoas que a vivenciam), essas incertezas também derivam de vida em tempos excepcionais (de crise) durante os quais os marcos habituais não se aplicam mais. Mas os tempos de crise também são tempos de excesso e urgência, quando as pessoas são vítimas de um "efeito entorpecente" criado pela velocidade da transformação — um subproduto da mudança. Uma etnografia recente do comportamento moral de soldados israelenses mostra, por exemplo, como a banalização, a pressão e a urgência envolvidas nas atividades dos soldados induzem um entorpecimento moral (Grassiani, 2013). Seria possível haver uma intensidade de mudança que provocasse não apenas uma aceleração dos eventos, mas também uma quebra de valores? A pesquisa sobre a heurística da tomada de decisões, mesmo em sua forma "racionalidade limitada"/"sensibilidade aos vieses psicológicos" (Kahneman, 2011), ignora os fatores específicos ligados a tempos excepcionais. O tratamento de Kahneman a situações de risco ou eventos raros é como o dos tempos normais, com uma forte crença na previsibilidade das situações e apenas alguns fatores adicionais a serem levados em conta em casos extraordinários. No entanto, casos de campo sugerem que pode ser necessário um tratamento diferente a dados coletados em condições extremas.

Se o estudo da moralidade pelo desvio das normas morais é uma forma válida de análise em contextos estáveis, o que o etnógrafo pode aprender sobre normas morais quando toda uma comunidade muda em tempos de crise? Mudanças radicais, especialmente quando envolvem uma súbita recessão, provocam decepção e, na busca pelo rápido restabelecimento do equilíbrio, muitas vezes levam à fraude: corrupção, desvios e estratégias de sobrevivência culposas (veja, por exemplo, o notório relato dos Ik, atingidos pela fome em Uganda, por Turnbull, 1972). Observei a situação no hospital em 2000, durante o pior ano da crise econômica após a queda do comunismo na Romênia, quando atos e decisões não puderam ser enquadrados e considerados "culturalmente" representativos. As particularidades da mudança radical recomendam extremo cuidado na manipulação de "contextos", uma vez que a adaptação ao comportamento "desviante"[3] pela população local é maior do que o habitual, devido ao aspecto coletivo do desvio. As enfermeiras agiram individualmente de forma predatória porque todas agiam dessa forma.

LIDANDO COM A HIERARQUIA DE VALORES INSCRITOS EM CONVENÇÕES INTERNACIONAIS

Um último desafio surge da tensão e da hierarquia entre os sistemas de valores ocidentais e de outras sociedades, inscritos em várias declarações e códigos das Nações Unidas originados no Ocidente e que muitos países já assinaram. No caso do hospital infantil, ambas as categorias de mães e enfermeiras estavam sob o fascínio imaginado de melhores relações de cuidado no Ocidente. É claro que é controverso ilustrar vários quadros morais coexistentes por meio desse exemplo. Mas as justificativas morais coletadas no campo não tomam caminhos simples apenas para ganhar a simpatia do público. Quanto ao antropólogo, este caminha em terreno instável ao ecoar tais justificativas locais ou dar informações de contexto que abram caminho para interpretações que mais se parecem com desculpas para um ato imperdoável (pelos padrões ocidentais).

Reflexões críticas sobre a ética de pesquisa

Se minha descrição desse hospital soar banal ao leitor como indivíduo ou se, por outro lado, soar terrível; se o choque cultural levar a julgar as pessoas mal como seres humanos ou pelo contrário desculpá-las, imaginemos como seria para o leitor antropólogo ou sociólogo. Se o choque cultural causado pelo Outro pressiona o público em geral a fazer declarações morais e produzir reações morais, que tipo de reação ou engajamento um antropólogo deveria ter? Quão neutra e puramente descritiva nossa posição poderia e deveria

---

[3] "Desviantes" evidentemente em termos de padrões localmente estabelecidos.

ser? A antropologia da moralidade ajuda a reforçar o relativismo cultural por sua atenção à pluralidade e seu desembaraçamento da complexidade moral que se resume quase ao nível da idiossincrasia ou da lógica individual? Ou ela incita o engajamento em nome dos direitos humanos universais e dos padrões morais? Finalmente, seria esse tipo de abordagem antropológica não neutra no escopo, mas política na prática?

ANTROPOLOGIA MORAL X ANTROPOLOGIA POLÍTICA

Se deixarmos de lado as análises da realidade social em termos de poder e nos voltarmos para análises em termos de valores, será possível pensar que a antropologia está realmente mudando e oferecendo uma visão alternativa (mais clara?) acerca da realidade à medida que ainda permanece engajada com o social?

Sem ser programático ou normativo, e sem abraçar as novas formas de militantismo global, Michael Lambek destaca, na introdução ao seu volume sobre a ética ordinária, a relevância contemporânea das questões éticas: "uma das questões implicitamente levantadas é se, e como, as sensibilidades éticas ordinárias são afrouxadas ou intensificadas em relação a amplas forças sociais, como o capitalismo de consumo, a publicidade midiática, a desigualdade, a violência e certas formas específicas de disciplina, como campos de treinamento do exército" (2010, p. 3). As contribuições para o volume de Lambek tentam evitar os debates relativistas/universalistas envolvidos em julgamentos morais transculturais (notadamente nos debates sobre direitos humanos), visando ficar longe de julgamentos normativos e evitar explicações reducionistas. Não se pode deixar de apoiar essa postura, embora surjam duas questões: primeiro, se é possível manter a intenção de evitar as implicações normativas de uma análise etnográfica; segundo, se se eliminar da análise os termos racionalistas de explicação, isso não nos cegará totalmente aos fatos científicos. Com foco em ações ordinárias *versus* extraordinárias, o fenômeno desviante alivia o problema da neutralidade do observador, reduzindo o peso das questões em jogo. Mas essa posição neutra pode ser mantida quando é confrontada com eventos excepcionalmente desviantes? Homens-bomba? Limpeza étnica? Fassin (2012) aborda esses problemas mais abertamente. Ele se coloca em um projeto que tem ecos políticos, o que nos faz pensar que, apesar da mudança de foco do político para o moral, talvez estejamos de volta com análises em termos de poder pelo uso político do poder dos discursos morais.

SOBRE A DIFICULDADE DE MANTER A NEUTRALIDADE CIENTÍFICA

A antropologia pode manter sua função descritiva e neutralidade ética ao abordar conflitos em escala global? Nancy Scheper-Hughes afirma que não pode, e por isso ela defende uma antropologia militante. Para ela, o silêncio é uma forma de colaboração, uma suspensão do julgamento ético, uma falha humana, senão profissional (Scheper-Hughes, 1995, p. 409). Seu engajamento ético foi crucial na denúncia de redes de vendedores de órgãos, e a coragem de sua posição pessoal só pode ser aplaudida. No entanto, sua posição é incompatível com a adoção de uma perspectiva científica positivista que requer neutralidade.

Seria uma nova forma de abuso impor exigências éticas ocidentais e condenar a sociedade e as tradições dos outros sem considerar o passado e as crenças de mulheres e homens dessa sociedade? O caráter coletivo dos valores sustentados por essas sociedades deveria dar-lhes peso e levar o antropólogo a questionar o que gerou esses valores há milhares de anos e o que os levou a sobreviver ao longo do tempo. É interessante notar a distância que Saba Mahmood (2005) toma em relação tanto aos seus escritos anteriores quanto ao feminismo secular na introdução de seu livro *Políticas da Piedade*, escrito após ter estudado movimentos pietistas no Egito. Apesar de nossos votos de objetividade como antropólogos, não podemos deixar de ficar ancorados em nossos próprios valores e, como resultado, não podemos aderir simultaneamente a diferentes conjuntos de valores contraditórios. Portanto, nossa capacidade de permanecer neutros é questionável. Apenas um profundo respeito por todas as manifestações da vida e da cultura humana poderia nos ajudar a manter algum princípio de neutralidade, e somente a atenção destinada à metodologia é capaz de garantir que conduzamos nosso trabalho com a intenção de revelar a verdade.

Longe dos mandamentos abstratos anteriores, Unni Wikan (2008) responde ao desafio por meio de uma densa análise do caso Fadime, um crime de honra que ocorreu em uma família curda na Suécia. Com a precisão de um julgamento judicial, como uma advogada representando os dois mundos morais que ela conhece igualmente bem, Wikan tenta entender o crime de honra, o crime de um pai que matou sua filha, Fadime, anos após seu controverso namorado sueco ter morrido em um acidente. Conhecendo o trabalho anterior da antropóloga, o qual revelou a incapacidade do Estado norueguês de proteger meninas imigrantes de seu destino "tradicional", conforme decidido pelos homens (Wikan, 2002), pode-se entender o esforço árduo que ela empregou para permanecer neutra contra suas próprias posições morais. Wikan deixa aos filósofos a tarefa de decidir como gerenciar o relativismo cultural e delimita sua tarefa de revelar todas as questões em jogo em um estudo de caso real.

Se a vontade de relativizar os valores ocidentais nos afasta de uma posição militante, ela não deve necessariamente levar ao desengajamento. A escolha dos objetos da pesquisa, se sintonizada com os interesses da sociedade estudada, é uma escolha ética, porque ajuda a revelar contradições e conflitos que poderiam informar decisões normativas subsequentes nessas sociedades. O que pode parecer uma escolha ética minimalista para um antropólogo militante ainda é difícil de concretizar e requer o esforço cognitivo e emocional do antropólogo para criar alguma distância de seus próprios julgamentos de valor. E dada a impossibilidade de haver uma posição geral final sobre a questão da melhor escolha ética para o antropólogo, eu diria que toda teoria do engajamento antropológico deve permanecer local e parcial. Longe de consistir em declarações éticas gerais, a posição de Unni Wikan me parece exemplar.

Conclusão

Nesta apresentação, comecei com o caso do hospital infantil para destacar alguns dos desafios metodológicos enfrentados pelos antropólogos da moralidade e, assim, nos permitir navegar mais facilmente pelas afirmações teóricas, sem pretensão de analisar em profundidade o contexto ou chegar a conclusões sobre a natureza das relações profissionais em hospitais romenos. Nosso tempo aqui e o material que mostrei não são suficientes para permitir fazer isso. Os limites do "contexto etnográfico" que sustenta a explicação de um único fato moral são muito grandes, na verdade são tão grandes quanto costumavam ser cobertos por uma monografia tradicional. O quanto de "contexto" está disponível e é utilizado poderia mudar a interpretação de uma controvérsia moral.

Assim, a mensagem que gostaria de deixar agora é que uma massa crítica de dados etnográficos é necessária antes de embarcar em análises e interpretações das dimensões morais da vida social em qualquer cenário ou domínio da atividade local. Isso também significa que a posição "engajada" que um antropólogo poderia ter nesse campo deve ir na direção da seriedade, objetividade e neutralidade da literatura, todas as consequências já derivando diretamente a partir daí. Produzir uma literatura acadêmica de peso é um engajamento moral que podemos assumir como estudiosos; é o engajamento que nos traz aqui e o mais precioso engajamento da cidadania mundial para se ter.

REFERÊNCIAS

ANSCOMBE, G. E. M. Modern Moral Philosophy. *Philosophy*, v. 33, n. 124, p. 1-19, 1958.

BARNES, J. A. *A Pack of Lies*. Cambridge: Cambridge University Press, 1994.

BAUMAN, Z. *Postmodern Ethics*. Oxford: Blackwell, 1993.

BAUMARD, N. *Comment nous sommes devenus moraux*: Une histoire naturelle du bien et du mal. Paris: Odile Jacob, 2010.

BAUMARD, N.; SPERBER, D. La morale. *Terrain*, n. 48, p. 5-12, 2007.

BLOCH, M. Language, Anthropology and Cognitive Science. *Man* (New Series), v. 26, n. 2, p. 183-198, 1991.

DUMONT, L. Essai sur l'individualisme. *Une perspective anthropologique sur l'idéologie moderne*. Paris: Le Seuil, 1983.

DURKHEIM, E. *Les formes élémentaires de la vie religieuse*. Paris: PUF, 2003.

EDEL, M.; EDEL, A. *Anthropology and Ethics*: The Quest for Moral Understanding. Cleveland: The Press of Case Western Reserve University, 1968.

FASSIN, D. (ed.). *A Companion to Moral Anthropology*. New Jersey: Wiley-Blackwell, 2012.

FASSIN, D.; LÉZÉ, S. *La Question Morale*: Une anthologie critique. Paris: PUF, 2013.

GILSENAN, M. Lying, Honour and Contradiction. In: KAPFERER, B. (ed.). *Transaction and Meaning*: directions in the anthropology of exchange and symbolic behaviour. Philadelphia: Institute for the Study of Human Issues, 1976.

GRASSIANI, E. *Soldiering Under Occupation*: Moral Numbing among Israeli Conscripts during the Al-Aqsa Intifada. Oxford: Berghahn, 2013.

GREENE, J. *Moral Tribes*: Emotion, Reason, and the Gap Between Us and Them. London: Penguin Books, 2013.

HAIDT, J. *The Righteous Mind*: Why Good People Are Divided by Politics and Religion. New York: Pantheon Books, 2012.

HEINTZ, M. Why there should be an anthropology of moralities. In: HEINTZ, M. (ed.). *The anthropology of Moralities*. Oxford: Berghahn, 2009.

HOWELL, S. *Ethnographies of Moralities*. London: Routledge, 1997.

HUEBNER, B.; DWYER, S.; HAUSER, M. The role of emotions in moral psychology. *Trends in cognitive science*, v. 13, n. 1, p. 1-6, 2009.

HUMPHREY, C. Exemplars and rules. In: HOWELL, S. (ed.). *The Ethnography of Moralities*. London: Routledge, 1997. p. 25-47.

KAHNEMAN, D. *Thinking, Fast and Slow*. New York: Straus and Giroux, 2011.

KEANE, W. *Ethical Life*: Its Natural and Social Histories. Princeton: Princeton University Press, 2016.

LAIDLAW, J. For an Anthropology of Ethics and Freedom. *Journal of the Royal Anthropological Institute*, v. 8, n. 2, p. 311-332, 2002.

LAIDLAW, J. *The subject of virtue*: An anthropology of ethics and freedom. Cambridge: Cambridge University Press, 2013.

LAMBEK, M. (ed.). *Ordinary Ethics*: Anthropology, Language, and Action. New York: Fordham University Press, 2010.

MAHMOOD, S. *Politics of Piety*: The Islamic Revival and the Feminist Subject. Princeton: Princeton University Press, 2005.

MURPHY, K.; THROOP, J. (ed.). *Toward an Anthropology of the Will*. Stanford: Stanford University Press, 2010.

NICHOLS, S. *Sentimental Rules*: On the Natural Foundations of Moral Judgment. New York: Oxford University Press, 2004.

NIETZSCHE, F. *The Genealogy of Morals*. Translated by Alexander Tille. New York: Macmillian, 1897.

ROBBINS, J. *Becoming Sinners*: Christianity and Moral Torment in a Papua New Guinea Society. Berkeley: University of California Press, 2004.

SAHLINS, M. *Islands of History*. Chicago: University of Chicago Press, 1985.

SCHEPER-HUGHES, N. The Primacy of the Ethical: Propositions for a Militant Anthropology. *Current Anthropology*, v. 36, n. 3, p. 409-420, 1995.

SCOTT, J. *The Moral Economy of the Peasant*: Rebellion and Subsistance in Southeast Asia. New Haven: Yale University Press, 1976.

SINNOTT-ARMSTRONG, W. (ed.). *Moral Psychology: Volume 3. The Neuroscience of Morality: Emotion, Brain Disorders, and Development*. Cambridge: MIT Press, 2008.

THOMPSON, E. P. Moral Economics. *Past and Present*, n. 50, p. 76-136, 1971.

TURIEL, E. *The development of social knowledge*: Morality and convention. Cambridge: Cambridge University Press, 1983.

TURNBULL, C. *The Mountain People*. London: Simon and Schuster, 1972.

VAN HOOFT, S. (ed.). *The Handbook of Virtue Ethics*. Durham: Acumen, 2014.

WIKAN, U. *Generous Betrayal*: Politics of Culture in the New Europe. Chicago: University of Chicago Press, 2002.

WIKAN, U. *In Honor of Fadime*: Murder and Shame. Chicago: University of Chicago Press, 2008.

ZIGON, J. *Morality*. Oxford: Berg, 2008.

Os passivos da humanidade comum

LAURENT THÉVENOT

TRADUÇÃO DE **SAMANTHA SALES**

Introdução: a grande descentralização[1]

A INQUIETAÇÃO DOS CENTROS PERDIDOS

O ideal democrático está em questão em muitos países, inclusive naqueles cujas histórias ajudaram a forjá-lo. Esse antigo tema da política, revivido e renovado pelos iluministas em busca da universalização de uma humanidade comum, está mais uma vez obscurecido. À ascensão ao poder, muitas vezes por meio das urnas, de partidários de políticas autoritárias, somam-se outras perturbações decorrentes do ambiente, seja ele vivente ou não, com a pandemia de Covid-19 sendo sentida mais imediatamente que o aquecimento global. Proponho-me a compreender aqui esses diversos descentramentos a partir do movimento que anima minha sociologia desde *A justificação* (Boltanski e Thévenot, 2020[1991]a; 1987). No prefácio à edição brasileira (*Idem*, 2020[1991]b), eu e Luc Boltanski caracterizamos o contexto histórico francês de relativa pacificação em que a obra foi escrita, em relação a períodos anteriores e posteriores de tensões civis agudas. Esse momento foi favorável à modelização de um elemento central do ideal democrático, o senso de justiça que fundamenta as críticas e justificações visando à legitimidade em nome do bem

---

1 Esta contribuição retoma alguns elementos do artigo publicado em francês "La grande décentration" (Thévenot 2020b), acrescentando a ela novos desenvolvimentos.

comum. Constatamos que essa busca de legitimidade implicava atenuar a tensão entre, de um lado, um princípio de humanidade comum e, de outro, uma ordem exigida para um julgamento que permitisse ordenar os elementos de uma situação em termos de generalidade, de pertinência para o comum. Cabe, então a pergunta: como aquela pesquisa, incongruente com as ciências sociais da época por reconstruir sobre novas bases a ponte rompida com a filosofia política, resiste aos diversos descentramentos que hoje experimentamos?

AS ALTERAÇÕES DO COMUM E O SURGIMENTO DE ALTERIDADES DEIXADAS DE FORA

Demonstrar a inquietação dos centros perdidos não é uma tarefa simples. Pensemos na violência da "descentralização" que, nas palavras de Sartre, resulta da aparição do Outro no mundo: "Assim, de súbito, apareceu um objeto que me roubou o mundo. Tudo está em seu lugar, tudo existe sempre para mim, mas tudo é atravessado por uma fuga invisível e fixa rumo a um objeto novo. A aparição do outro no mundo corresponde, portanto, a um deslizamento fixo de todo o universo, a uma descentralização do mundo que solapa por baixo a centralização que simultaneamente efetuo"[2] (Sartre, 1984[1943], p. 295). O novo objeto que descentra ao minar é o outro. Mas hoje o outro não é mais apenas o outro do social, de uma sociedade que define a ciência de mesmo nome. Ele não é mais apenas o estrangeiro que chega, sob o risco de ser tido como inimigo. O outro foi estendido a todos aqueles deixados de fora da contabilidade social, política e econômica, cuja ausência há muito distorceu cálculos, balanços e previsões. Em princípio, esses outros fariam parte da humanidade se a revelação de sua condição subalterna não mostrasse uma constituição jamais alcançada de humanidade comum, sempre adiada por

2 As citações a *O ser e o nada* foram extraídas da tradução de Paulo Perdigão publicada pela editora Vozes em 2011. (N. do T.)

regimes de exceção. Não mais esquecidos nem marginais, esses outros aparecem em novas narrativas de histórias revisadas que os revelam na fundação de mundos nos quais um ideal de humanidade igual e de crítica emancipatória foi elaborado. Apropriando-se dessa crítica, suas vozes sabem desqualificar os "centros" como piores que imperiais, coloniais ou dominantes: provinciais. Ademais, o outro não é mais apenas humano, mas vivente, e nem sempre tem um rosto que nos ajude a reconhecê-lo. Os viventes estão mesmo dentro de nós, biótopos constitutivos do corpo humano vivente ou agentes de sua destruição. Finalmente, há ainda uma alteridade inanimada que não deslancha a descentração de que fala Sartre, mas agora nos obriga a uma descentração ainda mais radical para acertar as contas com essa alteridade, a terra.

Tudo contra o estrangeiro

Para além dos limites da comunidade[3], encontra-se, por definição, o estrangeiro. Não é preciso lembrar a relevância que ganhou a questão dos migrantes, cujos movimentos forçados pelos conflitos irão aumentar, intensificados pelo fluxo de refugiados climáticos. Nesta primeira parte, vamos transformar a marginalidade do estrangeiro em nossa entrada na humanidade comum.

AS REVELAÇÕES PELO CHOQUE COM O ESTRANGEIRO

A análise da comunidade a partir da chegada do estrangeiro é das mais esclarecedoras, como mostrou Joan Stavo-Debauge (2014, 2017) ao adotar uma abordagem radicalmente recíproca do encontro entre o estrangeiro e as pessoas que já fazem parte da comunidade. De minha parte,

---

3 Por *comunidade* não me refiro à distinção pela qual Tönnies a opôs à sociedade, mas a uma noção genérica que coloca em destaque a operação de colocação em comum, sempre hipotética e tensionada pelas diferenças e controvérsias que constituem a política.

explorei metodologicamente o tipo de descentração induzida por esse choque ao desenvolver um "método do estrangeiro" (Thévenot, 2017a) nos programas internacionais de pesquisa. Mais do que comparativos, eles se baseiam nas vantagens heurísticas de tal choque para o trabalho crítico e reflexivo recíproco de pesquisadores de mundos culturais e políticos distintos. Os antropólogos, familiarizados com o estrangeiro por excelência, nem sempre consideraram essa reciprocidade, até que a recente moda das "ontologias" plurais levou alguns a apresentarem os dois lados de uma confrontação simétrica, sem, contudo, realizá-la de fato. Em sua pesquisa comparativa sobre cidadania e demanda de reconhecimento no Brasil e na França, Fabio Mota (2014a, 2014b) desenvolveu um "processo de estranhamento não apenas das outras pessoas (...) mas do estranhamento de mim, levando-me à condição de uma 'estrangeirização de si'" (Mota, 2021b).

Um dos primeiros e benéficos efeitos da descentração pelo choque com o estrangeiro é revelar os fundamentos normativos dissimulados, e muitas vezes irrefletidos, das categorias das ciências sociais, econômicas e políticas com pretensões transnacionais e transculturais. Andrew Abbott (2016) evidenciou tais fundamentos a partir de uma leitura do pensamento social de autores do mundo não ocidental do século XX. Ele relaciona a normatividade das ciências sociais, que se ocupam de atividades humanas que sempre implicam "uma busca de valores", a uma "ontologia do liberalismo contratualista" em quatro pontos: 1) uma nação de cidadãos iguais; 2) a separação das esferas pública e privada; 3) "o estabelecimento de uma lista comum de particularidades proibidas ou protegidas (em outras palavras, particularidades reconhecidas)"; e 4) "a ausência de uma teoria das instituições intermediárias ou mesmo de solidariedades internas de qualquer tipo" (*Ibid.*, pp. 584-586). Essas particularidades, observa Abbott, situam-se no coração da "literatura feminista, pós-colonial, *queer*, bem como de vários outros *corpus* de trabalhos polêmicos", pois "esses escritos se inscrevem em grande parte na lógica própria do contratualismo" e seu objetivo é reorganizar a lista de particularidades protegidas e as modalidades dessa proteção, ou modificar a lista de elementos proibidos e as modalidades dessa proibição (*Ibid.*, p. 588). Abbott reconhece o lugar dos antropólogos de nos ajudar a "aceitar a não mais ver o resto do mundo como um simples resquício da virtude metropolitana", mas acrescenta que "seus trabalhos estão presos às ontologias normativas do Ocidente". Aos teóricos pós-coloniais que o criticam, ele responde que "de forma bastante paradoxal, [*eles*] têm se apoiado fortemente nas mesmas noções contratualistas que o *corpus* normativo dominante nas ciências sociais" (*Ibid.*, pp. 588, 591).

O ESTRANHAMENTO INVERTIDO DOS HUMANOS DIMINUÍDOS

Converter o menos, que muitas vezes caracteriza o estrangeiro ou o estranhamento, em mais é a inversão operada por um movimento das humanidades críticas engajadas no reconhecimento de uma lista crescente de vítimas de diminuições dominantes. Esse movimento, sustentado pelos *minorities-*, *gender-*, *queer-*, *subaltern-*, *postcolonial- studies*, tem muitas vezes se somado às sociologias existentes ou as substituído, em vez de contribuir para modificar seus quadros de análise. Abbott (2016) argumenta que a pluralidade radical não é capturada pelo multiculturalismo nem pelo conceito de "diferença cultural", que, "depois de 1980, foi domesticado em uma espécie de extensão limitada da mesma velha — e limitada — ontologia normativa do liberalismo" (p. 592). Observemos que as posições dos autores desses *studies* diferem no que diz respeito à herança do pensamento ocidental. Em *Pode o subalterno falar?*, Gayatri Chakravorty Spivak (1988) insiste na "restrita violência epistêmica do imperialismo"[4] (p. 287). Por sua vez, o não menos célebre *Provincializing Europe*, de Dipesh Chakrabarty (2000), não poderia ser, segundo o autor, uma rejeição do pensamento europeu, pois com o fim do imperialismo

---

4 As citações a *Pode o subalterno falar?* foram extraídas da tradução de Sandra Regina Goulart Almeida, Marcos Pereira Feitosa e André Pereira Feitosa publicada pela editora Civilização Brasileira em 1968. (N. do T.)

europeu esse pensamento é um presente reivindicado "em um espírito de gratidão anticolonialista" (p. 255). O Franz Fanon de *Os condenados da Terra*[5] que "se agarra à ideia iluminista do humano — mesmo sabendo que o imperialismo europeu havia reduzido essa ideia à figura do homem branco colonizador — faz agora ele mesmo parte da herança global dos pensadores pós-coloniais" (Chakrabarty, 2000, p. 5). De fato, o próprio Fanon escreveu: "Trata-se, para o Terceiro Mundo, de recomeçar uma história do homem que tenha em conta ao mesmo tempo as teses às vezes prodigiosas sustentadas pela Europa e também os crimes da Europa", pois "[*f*]oi em nome do Espírito, do espírito europeu, entenda-se, que a Europa justificou seus crimes e legitimou a escravidão na qual conservava quatro quintos da humanidade" (Fanon, 2002[1961], pp. 302-304). Mohamed Harbi, que colaborou com Fanon nas instâncias do Governo Provisório da República Argelina (GPRA), escreveu no posfácio à edição de 2002 que "Fanon não podia, por sua situação — ele vivia em contato com militantes bastante agnósticos —, ter ideia do lugar irrisório que o pensamento dos iluministas ocupava nos espaços culturais argelinos. Esse pensamento não era mais que um pequeno afluente do rio que estava na origem da adesão à FLN [*Frente de Libertação Nacional*] de uma maioria mais sensível à influência da religião" (Harbi no posfácio a Fanon, 2002, p. 308). Antecipando a literatura pós-colonial, Sartre prefaciou o diagnóstico de Fanon em *Os condenados da Terra*, situando-o contra a exploração dos trabalhadores por uma burguesia que teve o cuidado de incluí-los em nossa espécie para que pudessem "vender livremente sua força de trabalho"[6] (Sartre, 2002[1961], p. 23); o trabalho forçado sem contrato, "[*rechaçando*] o universalismo metropolitano", só pode espoliar, escravizar ou matar dando por assente que "o colonizado não é o semelhante do homem" (*Idem*).

---

5 As citações a *Os condenados da Terra* foram extraídas da tradução de José Laurênio de Melo publicada pela editora Civilização Brasileira em 1968. (N. do T.)

6 As citações ao prefácio de Sartre a *Os condenados da Terra* foram extraídas da tradução de José Laurênio de Melo publicada pela editora Civilização Brasileira em 1968. (N. do T.)

A ESTRANHEZA NA PROXIMIDADE, À FLOR DA PELE

É possível construir uma coabitação com uma estranheza inscrita em um passado colonial de exploração? A contradição com a humanidade comum, desde o assujeitamento até a escravidão, dissimulada pela racialização e diminuição racial operada pelos colonos brancos, não os condena para sempre em sua pretensão de viver junto? Respostas contrastantes a essa pergunta permitiram desenvolver abordagens descentradas dessas questões prementes sobre a coexistência próxima, "à flor da pele", para ecoar o trabalho seminal de Fanon (2015[1952]).

Uma primeira resposta foi dada por antropólogos. Eles são muitos e eu mencionarei duas que tive o prazer de conhecer para além de seus escritos. Embora sejam herdeiras desse passado colonial branco, essas duas mulheres fizeram pesquisas aprofundadas e corajosas sobre as relações de proximidade entre colonizados e colonizadores, não tendo caído nas graças do cânone dos guardiões dos *post-colonial studies*[7]. A partir de suas pesquisas sobre a Indonésia colonial, Ann Stoler (2006b) argumenta que os "limiares de pertencimento racial, acesso sexual e status colonial não eram espaços 'privados' de descanso ou retiro", mas ocasiões em que "a raça foi colocada à prova" conforme os "'laços tensos e ternos' do império", em que "relações de poder eram atadas e apertadas, afrouxadas e cortadas, emaranhadas e desfeitas" (p. 3). Fanny Colonna, herdeira de um passado duplo, *pied noir* e militante pela independência argelina, e marcado pela violência extrema do assassinato de seu pai aos 47 anos pela FLN, produziu uma imensa e singularmente esclarecedora obra sobre os Aurés, a Cabília e o Saara (Colonna, 1995, 2010; Colonna e Le Pape, 2010)[8], inscrevendo em sua abordagem "uma desconfiança definitiva diante de

---

7 Sobre a recepção na França dos *subaltern* e *postcolonial studies* — sua crítica somando-se a outras através do Atlântico e do outro lado do Canal da Mancha — e as razões pelas quais eles "não pegaram", ver Bayart (2010) e Pouchepadass (2000).

8 O cineasta argelino Jean-Pierre Liedo escreveu na ocasião de sua morte: "os pesquisadores argelinos terão um dia que prestar homenagem a Fanny por lhes ter deixado um tesouro de conhecimentos" (Liedo 25/11/2014).

uma percepção excessivamente esquemática da relação de coerção exercida de cima para baixo na sociedade e refletida em um sistema binário simplista (dominação/submissão, autoridade/resistência, e para antecipar o seguinte: islamismo erudito/islamismo popular, cultura escrita/cultura oral, mundo urbano/mundo rural" (Breviglieri, 2013). Marc Breviglieri (2001, 2003, 2010b, 2012), cujo próprio trabalho foi construído a partir da análise dos vínculos, sublinha a distância entre o paradigma indiciário da micro-história de Carlo Ginzburg (1980, 1989[1986]), que Colonna também reivindica, e a pesquisa que ela conduz sobre os "laços de proximidade entre lugares, pessoas, maneiras de viver", buscando identificar o que aqueles próximos entre si trocam e atribuem uns aos outros (Colonna, 2004, p. 23).

Um segundo tipo de resposta é encontrado em pesquisas realizadas por antropólogos de um país outrora colonizado e construído a partir da coabitação resultante, o Brasil. Afastando-se ao mesmo tempo da posição subalterna de fornecedores de campos para a antropologia ocidental e do risco de esquematismo das "epistemologias do Sul" (de Sousa Santos, 2011), os antropólogos e sociólogos brasileiros nos apresentam um quadro de combinações complexas entre civismo igualitário e ordem de consideração desigual conforme "substâncias morais" (ver principalmente Cardoso de Oliveira, 2005; DaMatta, 1983[1978]; Kant de Lima, Eilbaum e Pires, 2007; Lobão, 2011; Mota, 2014a; Simões, 2010). Essas contribuições permitem descentrar, a partir de uma perspectiva crítica, o tratamento de uma pluralidade étnica e cultural que luta para ser levada em consideração na França (Mota, 2014a, 2014b, 2017).

SIMETRIZAR A ESTRANHEZA PELA 'GRAMÁTICA LIBERAL DE INTERESSES' DE INDIVÍDUOS QUE ESCOLHEM E NEGOCIAM

Um terceiro tipo de resposta é dado pela tradição política liberal que propõe certa fórmula do comum aberta à diferença. Em vez de fazerem suas vozes serem ouvidas à custa de uma transformação considerável do que lhes diz respeito, a fim de *engrandecê-las* até o formato de um bem comum e conferir-lhes legitimidade em uma ordem de *grandeza* (Boltanski e Thévenot, 1987, 2020[1991]a), as pessoas compõem um comum no plural à custa de uma transformação menor, embora ainda exigindo o sacrifício do que as afeta mais intimamente. Elas ultrapassam essa intimidade para adotar o formato de indivíduos que participam do público por meio da expressão de *preferências*, opiniões ou "interesses" expostos como *escolhas* pelas quais cada indivíduo é responsável de maneira autônoma, sendo a composição das diferenças e das discordâncias, nessa *gramática liberal de interesses individuais*, garantida pela *negociação* entre escolhas individuais entre opções abertas a todos (Thévenot, 2008, 2014, 2015a). A naturalização das noções de "interesse" e "negociação" nas ciências sociais e políticas, acentuada pela crescente influência da ciência econômica, impede o reconhecimento de um formato público do comum no plural e, consequentemente, a explicitação do sacrifício dos apegos mais íntimos exigido por esse formato.

Nossa pesquisa comparada sobre a aprendizagem da vida em comum e as políticas de coabitação em residências estudantis, realizada com a colaboração de Janna Tsinman, para a Rússia, e Ariane Zambiras, para a Califórnia, evidenciou a exigência e o custo desse formato do comum no plural de preferências individuais e negociação entre interesses (Thévenot *et al.*, 2017b). Na residência californiana, os conselhos de coabitação sugerem que os habitantes, desde o nível do quarto, "devem discutir abertamente suas necessidades e preocupações e negociar [*entre si*]". Entre os temas que os colegas de quarto "devem discutir", são mencionados: "a manutenção do quarto, o volume dos aparelhos de som, as preferências musicais, a utilização de objetos pessoais, a comunicação". Moradores de origens culturais não estadunidenses — notadamente asiática e europeia — exprimem seu incômodo e sua relutância em passar por esse formato liberal de comunicação de interesses divergentes explicitados e negociados.

Os sacrifícios dos apegos íntimos exigidos para acessar o formato das escolhas voluntárias

Nina Eliasoph (2011) mostrou brilhantemente os constrangimentos e sacrifícios que o formato dessa gramática impõe à expressão de preocupações íntimas e ao tratamento de diferenças, em sua pesquisa sobre o voluntariado que substitui nos EUA a falta de serviços públicos do Estado de bem-estar social. O título do livro, *Making Volunteers*, já enfatiza um elemento importante da gramática liberal dominante nesses programas "voluntários". As pessoas — sobretudo estudantes — que oferecem acompanhamento extracurricular a alunos de meios desfavorecidos, em particular de populações afrodescendentes, servis e segregadas, devem aparecer nesse público liberal sob esse formato de indivíduos "voluntários". Mas, além disso, receosos de qualquer dependência que ameace a autonomia dos indivíduos, os alunos que essas pessoas acompanham não aparecem senão no mesmo formato de "voluntário", sem distinção formal das anteriores, já que ambas se expressam somente por suas escolhas individuais voluntárias entre opções conhecidas por todos. Embora Eliasoph deseje discutir em sua participação — também como "voluntária" — a questão das necessidades alimentares dos beneficiários, ela é constantemente lembrada do formato de "escolha" que deve substituir o de "necessidade" (*Ibid.*, p. 152). Considerando, além da equivalência funcional e cívica de uma "necessidade" a ser satisfeita, a familiaridade íntima implicada no apetite que impele uma pessoa ao que ela gosta de comer, Eliasoph examina as transformações exigidas por essa familiaridade e esse "conforto" próprio ao *engajamento familiar*. Nenhum dos programas que ela acompanhou, observa a autora, recebeu financiamento para abordar o que ela chama de *hominess*, referente ao conforto que se sente em um ambiente muito familiar, em casa (*home*). As coisas familiares para diferentes pessoas resistem à colocação em comum: "o que tem cheiro de casa para uma pessoa pode ter um odor nauseante para outra" (*Ibid.* p. 158). Por isso é difícil, nota Eliasoph, elaborar uma lista de coisas que em geral fazem as pessoas se sentirem em casa. A "codificação" do conforto não é possível sem a redução dessa intimidade pessoal. A discussão sobre a modalidade aceita da aproximação de corpos na civilidade liberal, o abraço, é exemplar do sacrifício exigido da familiaridade: "O próprio fato de os organizadores terem que falar de seus abraços de forma tão objetiva fez com que os abraços saíssem parcialmente do domínio da total familiaridade, natureza, encanto e intuição e entrassem no domínio dos planos e das leis" (*Ibid.* p. 162).

As 'opções' da 'escolha' no formato do 'plano', a redução 'multicultural', seus sacrifícios e seus retornos benéficos

Como mostramos a partir da pesquisa sobre o governo por padrões (Cheyns e Thévenot 2019), a construção "*multi-stakeholder*" deriva da *gramática liberal de interesses* e requer, para além da representação de interesses (*stakes*) por categorias, que as opções sejam formuladas e negociadas no regime do plano. Eliasoph (2011) identifica esses traços nos Projetos de Empoderamento (*Empowerment Projects*) que acompanhou. É preciso não apenas agradar os diferentes públicos, mas também não desagradar as "famílias dos participantes", as "empresas doadoras", os "especialistas" (*Ibid.*, pp. 154-158), todos *stake-holders* desse comum no plural. Todas as opções discutidas, observa Eliasoph, devem ser formuladas como "meios para um fim" (*Ibid.*, p. 152), em uma versão instrumental reduzida do *engajamento no plano*, sendo o "projeto" geral ele mesmo parte importante desse engajamento.

Em sua variação multicultural, a gramática liberal de interesses individuais obriga a transformar os apegos culturais em "opções" publicamente identificáveis para serem escolhidas individualmente. Ela resulta em uma esquematização pública obrigatória desses apegos que não os deixa intocados e suscita críticas à sua redução "estereotipada". Na pesquisa internacional comparada sobre coabitação estudantil, pudemos observar a questão da alimentação também abordada por Eliasoph. A cozinha é um espaço comum (ver adiante, na terceira parte deste texto, a gramática dos espaços comuns) da residência de São Petersburgo, e considerada como tal apenas pelos membros italianos e espanhóis da residência da Cité Internationale Universitaire de Paris. Um prato que consiste em um espaço comum, mas também *civicamente* solidário, é elaborado em um quarto russo para consolidar o comum. Em contraste, cozinhar e comer junto conforme a gramática liberal multicultural deve obedecer a um protocolo voluntário de expressão individual de preferências totalmente diferente, com os pratos estilizando as culturas envolvidas na extensão *multicultural* dessa gramática e sua preparação permanecendo individualizada, bem como sua exibição em um formato público acessível a todos (Thévenot, 2017b).

Se os constrangimentos e sacrifícios exigidos pela gramática liberal de interesses individuais precisam ser explicitados, em vez de dissimulados pela ideia aparentemente simples e sedutora de liberdade, é igualmente importante destacar seus benefícios. Muito esclarecedora a esse respeito é a história, reconstruída a partir de uma etnografia de longa duração, da coabitação em uma comunidade militante que vive em uma ocupação, cujos membros foram *a priori* orientados para uma comprovação de solidariedade de *grandeza cívica* — portanto, contrária ao individualismo possessivo —, mas também reflexiva e crítica diante da herança do passado pós-colonial (Stavo-Debauge, 2012). Stavo-Debauge evidenciou as virtudes da *gramática liberal multicultural* ao observar que ela é redescoberta por essa comunidade militante aberta, por civismo igualitário e solidário, à estranheza dos africanos negros. A fim de apaziguar um comum dilacerado pela religião, a comunidade reconstrói na prática essa gramática tão afastada do espírito de solidariedade *cívica* que anima a comunidade de origem.

O humano em suas dependências: apegos ao ambiente vivente ou não

A descentração que hoje nos subverte vai além da inversão que os *studies* fazem da posição subalterna das minorias. O próprio humano é descentrado em relação ao seu ambiente. Esta segunda parte considera a maneira como a sociologia que desenvolvemos procede desse movimento ao tratar o humano em suas diversas dependências em relação a esse ambiente. Ela inicia com uma confrontação com um dos poucos *corpus* de trabalhos que prestam atenção a tais dependências, na literatura feminista.

GÊNESE AMBIENTAL DAS 'ORDENS DE GRANDEZA' QUALIFICADORAS EM NOME DO 'BEM COMUM'

Ultrapassaria os limites deste texto retomar em toda a sua extensão a maneira como temos considerado o ambiente do humano. Um artigo publicado há quase 30 anos por Claudette Lafaye e eu mesmo (Lafaye e Thévenot, 1993, 2017) suscitou debates com o movimento pioneiro de Bruno Latour em direção às "políticas da natureza" (Barbier, 1992; Blok, 2013; Latour, 1995, 1999). A partir de uma revisão dos conflitos ambientais e de nossos próprios campos de pesquisa (Lafaye, 1989; Thévenot, 1996a, 1996b), buscamos compreender como "a invocação da natureza modifica as construções do coletivo e do bem comum" (Lafaye e Thévenot, 1993). Contentar-me-ei aqui em ressaltar que as *ordens de grandeza*, assim como os *regimes de engajamento*, podem ser relacionadas a uma gênese ambiental. Elas são consideradas como valorações de dependências moldadas em razão das capacidades que podem conferir ao ser humano. "A generalização sistemática de uma determinada maneira pela qual os seres humanos se apropriam de seu ambiente é um processo histórico. Mas ela depende também das capacidades potenciais oferecidas pelo corpo humano, pela natureza ou pelos artifícios humanos. (...) Uma vez generalizada, certa relação com as coisas torna comparáveis situações particulares. (...) Tal comparação abre então caminho para um questionamento sobre o tipo de bem [*comum*] para o qual tais capacidades contribuiriam e sobre as formas de injustiça em sua distribuição efetiva. (...) Assim, a elaboração ao mesmo tempo material e ideológica de um novo sistema de relações [*dos seres humanos com seu ambiente natural ou artefatual*] pode levar à definição de um novo tipo de bem comum" (Thévenot, 2001). A ênfase nos vínculos sistemáticos dos humanos com seu ambiente se afasta das considerações estritamente críticas de Jürgen Habermas quanto à sua participação no "agir comunicativo" (Habermas, 1987[1981]). A gênese ambiental das grandezas, relacionada à generalização e à valoração de dependências capacitárias do humano em relação ao ambiente, foi delineada para as várias grandezas (Thévenot, 2001, 2015a). A grandeza *industrial*, que associamos à filosofia política de Saint-Simon, figura importante para o desenvolvimento de um pensamento social dependente de um ambiente técnico produtivo, bem como para aquele da sociologia (Boltanski e Thévenot, 1987, 2020[1991]a), está diretamente relacionada à modernidade dita extrativista. Devido ao seu modo de exploração, essa modernidade é destrutiva de um ambiente humano trabalhador e colonial e de uma natureza fóssil de carbono e petróleo, ao mesmo tempo que produz ideais democráticos e seus equipamentos (Mitchell, 2011). A gênese capacitária se fundamenta na utilização de ferramentas e técnicas, mas a valoração de uma grandeza *industrial* exige ainda: "Uma formatação generalizada de coisas e pessoas estabelecida com base em capacidades técnicas padronizadas e mensuráveis, em vez de destrezas personalizadas ou localizadas e do artesanato (...). As palavras usadas para descrever suas qualidades funcionais [*das pessoas*] podem igualmente ser usadas para qualificar as coisas. Elas são engrandecidas quando são eficazes, produtivas, operacionais" (Thévenot, 2001). Temos, assim, a gênese ambiental de um domínio produtivo que, longe de ser uma virtude da natureza humana, resulta de uma ecologia específica. Em sua história ambiental, Christophe Bonneuil e Jean-Baptiste Fressoz (2016[2013]) mostraram que a "cité industrial" e sua grandeza serviram de apoio, no fim do século XIX e começo do século XX, a um polo "conservacionista" da crítica ao desperdício da natureza, que deveria ser remediado "por um aumento da lógica industrial: cultivar a natureza, otimizar os fluxos, limitar as perdas, ajustar as colheitas, padronizar para gerir melhor a longo prazo. Podemos elencar aqui a 'silvicultura científica', a política do presidente Theodore Roosevelt ou ainda o higienismo urbano" (*Ibid.*, p. 296).

A inversão da perspectiva sobre as construções políticas e morais — e, portanto, também sobre as sociologias que são suas herdeiras —, tornada possível graças à nossa inscrição de filosofias políticas em "naturezas" ou "mundos" (Boltanski e Thévenot, 1987, 2020[1991]a) que constituem a base ambiental das grandezas, é trabalhada na recente "história ambiental das ideias" de Pierre Charbonnier (2020), elaborada a partir de uma síntese de trabalhos históricos que abordam o ambiente e os seres humanos negligenciados em sua exploração e de uma releitura de textos de autores clássicos da filosofia política e moral. Em sua história do antropoceno, Bonneuil e Fressoz (2016[2013]) já haviam argumentado contra "a narrativa do despertar ecológico, segundo a qual nossa geração seria a primeira a reconhecer as alterações ambientais e a questionar a modernidade industrial", narrativa essa que, "obliterando a reflexividade das sociedades passadas", "despolitiza a longa história do Antropoceno" (p. 195). Buscando explicar "a prudência (*phronêsis* em grego) ambiental dos modernos", os autores elaboraram retrospectivamente seis "gramáticas da reflexividade ambiental": "os *circunifiisa* e o ambiente, o clima, a economia da natureza, os metabolismos sociedade-natureza, a termodinâmica e o esgotamento" (*Ibid.*, p. 197). Sua definição dessas gramáticas é similar àquela das *ordens de grandeza* que permitem dessingularizar visando à ascensão em generalidade em nome de um bem comum: "dessingularizar as lutas particulares ou locais relacionando-as à definição de um bem público que mistura usos sociais e seres naturais" (*Idem*). No entanto, em vez de construções políticas de uma comunhão com a natureza, Bonneuil e Fressoz caracterizam as temáticas de agenciamento que produzem regras de conduta.

GÊNESE AMBIENTAL DOS ENGAJAMENTOS PESSOAIS CONSTITUINDO 'PERSONALIDADES'

Em uma inversão de perspectiva comparável àquela que consiste em relacionar as fórmulas de composição de *comunidades* a uma gênese ambiental, a composição de *personalidades* pode ser relacionada a diversas dependências do ambiente valorizadas em *engajamentos* constitutivos de uma consistência pessoal. Essa descentração ecológica subverte as concepções de "ator", "sujeito" ou "agente".

As variações do humano que comumente chamamos de "culturas" são iluminadas por diferentes relatos dessas dependências. O Ocidente não está na melhor posição para compreendê-las. É na antropologia de culturas outras que os autores ocidentais que trabalham com essa descentração têm adquirido seus saberes, como o geógrafo Augustin Berque (1996), que elaborou uma "mesologia" com base em sua pesquisa de campo no Japão, ou François Jullien (1992), que se baseou na cultura chinesa para destacar a "propensão das coisas" que vai de encontro à "teleo-lógica" do agente instrumental. Esses deslocamentos tiraram proveito de duas tradições filosóficas ocidentais distintas, a fenomenologia continental e a herança pragmatista norte-americana. Essas tradições tomam caminhos diferentes ao tratar da inscrição do humano no mundo, a primeira enfatizando a intencionalidade e a segunda adotando uma perspectiva naturalista sobre a adaptação dos organismos ao ambiente.

Em uma direção muito diferente dos *sciences studies*, a chamada "teoria ator-rede" (ANT) imerge o ser humano em um tecido de relações em rede que constitui seu ambiente. No entanto, essa teoria não permite diferenciar as formas de relação nem sua valoração. Tampouco permite especificar o que distinguiria um vínculo de proximidade de outras relações com o ambiente, ou analisar as tensões resultantes dessa pluralidade de *modos de engajamentos* e as avaliações a eles associadas. Latour adotou o termo "vínculo" para designar indistintamente todos as relações em rede, a fim de estabelecer uma "via média" nem ativa nem passiva (Latour, 1999). Ele cita o autor do *regime de familiaridade*, mas não apresenta um quadro de análise da pluralidade dos modos de relação e de suas valorações, o que explicaria as tensões suscitadas pela composição de compromissos ou de híbridos[9]. É somente na última versão da política que ele desenvolve para o governo dos territórios naturais que Latour introduz o tipo de relação de proximidade com os entornos que nós elaboramos, sendo

9 O pluralismo só viria com a introdução posterior de diversos "modos de existência" (Latour, 2012) em uma profunda remodelação que apresenta problemas de compatibilidade com o modelo original de rede.

a noção de vínculo então especificada como uma relação com a terra e engrandecida no imperativo político de "aterrar" (*Idem*, 2017).

A gênese de cada um dos *regimes de engajamento* (Thévenot, 2006) que compõem a identidade dinâmica de uma *personalidade* é esclarecida por um descentramento ambiental que relaciona cada um dos regimes a um tipo distinto de dependência do vivente de seu ambiente. Essa dependência, incompatível com qualquer noção de bem, é objeto de uma metamorfose que a valora como propriamente humana para constituir um *modo de engajamento* do ser humano. O engajamento é definido como um modo de coordenação temporal consigo mesmo, comumente tido como benéfico, sustentado por certa dependência de um ambiente apropriado. Enquanto os críticos ambientalistas costumam se concentrar no controle da natureza implicado na ideia de racionalidade instrumental e em sua contribuição para uma ideologia produtivista, eu propus uma caracterização diferente do *regime de engajamento no plano*, invertendo sua relação com o ambiente. A capacidade humana de planificação é associada à confecção de artefatos, mas vai além da simples relação entre meios e fins; ela diz respeito a uma forma de adiar no tempo a resposta a um estímulo. O *engajamento* humano no *plano* não se baseia tanto em uma racionalidade instrumental, mas nessa capacidade de projetar-se em um porvir, garantida por um ambiente preparado para ser captado funcionalmente. Completamente diferente dessa dependência funcional do ambiente, a dependência etológica de um território demarcado, criada pelos humanos em seus usos e habitações dos espaços pessoais, está na origem do *regime de engajamento familiar*. Essa metamorfose constitui o bem de um "conforto", de uma confiança pessoal garantida por um ambiente preparado pela habituação familiar (Breviglieri, 2012). Esse bem e o engajamento que o assegura contribuem para uma coordenação consigo mesmo que, diferentemente do engajamento precedente, é menos propício à coordenação com os outros; a colocação em comum, aqui, exige uma copresença atenciosa. Tal bem do conforto familiar é oprimido pelo engajamento no plano e seus engrandecimentos políticos em uma gramática liberal de indivíduos interessados. Por outro lado, o bem investido no comum do próximo oprime o formato das opções exigidas para a escolha do indivíduo do público liberal.

Laura Centemeri iniciou com Gildas Renou (Renou, 2010) uma pesquisa sobre um *engajamento em ressonância* (Centemeri e Renou, 16/04/2014) após observar tal relação de dependência do mundo em modos de resistência ou de protesto que apelam para a experiência pessoal *in loco* e para a emoção esperada de se estar presente nos lugares, como na comunidade de Seveso invadida pela dioxina (Centemeri, 2011) ou em uma natureza ameaçada pelo projeto de expansão do aeroporto de Malpensa (*Idem*, 2015b). Em nossa pesquisa sobre os protestos contra um projeto de barragem em um vale selvagem da Califórnia, uma mulher do povo Miwok nos explicou que o apego ao lugar só poderia ser comprovado "estando-se lá presencialmente" (Thévenot, Moody e Lafaye, 2000). Para resistir a uma extensão do porto de Copenhagen, os depoimentos recolhidos em uma pesquisa pública variam desde engajamentos públicos pela "justiça, pelo desenvolvimento sustentável e pela tolerância" até um engajamento de proximidade respondendo a "demandas por sensações, à possibilidade de experiências e a usos dos sentidos", notadamente pela "absorção" nos lugares (Block e Meilvang, 2015). Estudando as relações com o ambiente em um parque urbano de Moscou, Olga Koveneva (2011b) observou um apego íntimo a uma fonte natural, um espaço comum, expresso por um poema afixado cujos versos recomendam ao transeunte que "escute atentamente para que as consonâncias invadam a alma em uníssono" (Koveneva, 2011a, I.3.2). Na região costeira da Bretanha francesa, a manifestação de habitantes contra um plano estatal de prevenção de riscos de inundação costeira evidencia o lugar da barragem como um espaço comum que suscita tal consonância, lugar esse ignorado pelos *experts* planificadores (Thévenot, 2019b).

DEPENDÊNCIAS CONTRA O LIBERALISMO: CONFRONTAÇÕES FEMINISTAS

A sociologia desenvolvida em *A justificação*, e depois nos *regimes de engajamento* e nas *gramáticas do comum no plural*, se distingue de outras teorias e abordagens das ciências sociais e políticas por abordar o humano a partir das múltiplas dependências que o vinculam a um ambiente vivente ou não. Eu gostaria de esboçar uma confrontação entre essa sociologia e um impressionante *corpus* de obras que também conferem um lugar importante às dependências dos seres humanos. Os feminismos plurais constituem um domínio particularmente maciço de *studies* que têm contribuído para a grande descentração que hoje afeta as humanidades. Sem, é claro, abarcar esse enorme acervo de escritos, me concentrarei em autoras feministas hoje consideradas clássicas. O que essas autoras entendem por dependências e o que fazem com elas em suas críticas aos limites do liberalismo, à luz do que nossa sociologia traz para essas questões?

A independência das mulheres em questão na tradição liberal

Os feminismos estão longe de serem uma mera oposição crítica ao liberalismo. Em sua emancipação, as mulheres do mundo inteiro utilizam a linguagem do liberalismo (autonomia, direito, dignidade) para fazer uma crítica radical das tradições de suas sociedades, como assinala Martha Nussbaum na introdução do capítulo dedicado à crítica feminista ao liberalismo em *Sex and Social Justice* (Nussbaum, 1999, cap. 2). Mesmo Simone de Beauvoir, que não pertencia ao mundo acadêmico anglo--saxão, muito mais marcado que o francês pelo liberalismo político, vê na mulher, "como [*em*] todo ser humano, uma liberdade autônoma"[10] e se pergunta: "[*c*]omo encontrar a independência no seio da dependência?" (Beauvoir, 1949, introdução). Sem dúvida, essa liberdade autônoma

---

10 As citações a *O segundo sexo* foram extraídas da tradução de Sérgio Milliet publicada pela editora Nova Fronteira em 2009. (N. do T.)

se inscreve, para a sua realização, no "projeto" existencial sartreano, distante do liberalismo e entendido como transcendência: "Cada vez que a transcendência cai na imanência, há degradação da existência em 'em si', da liberdade em facticidade" (*Ibid.*). Para a mulher, escreve Beauvoir, "a transcendência será perpetuamente transcendida por outra consciência essencial e soberana", sendo sua queda devida ao fato de que ela "descobre-se e escolhe-se num mundo em que os homens lhe impõem a condição do Outro" porque "[*a*] humanidade é masculina, e o homem define a mulher não em si, mas relativamente a ele; ela não é considerada um ser autônomo (...). O homem é o Sujeito, o Absoluto; ela é o Outro" (*Ibid.*). A esse respeito, Beauvoir cita Emmanuel Levinas, para mostrar o ponto de vista do homem sem reciprocidade que a torna outra, no trecho em que o autor de *Le Temps et l'Autre* diz que "[*a*] alteridade realiza-se no feminino. Termo do mesmo quilate, mas de sentido oposto à consciência". A isso, Beauvoir responde ironicamente que supõe que "Levinas não esquece que a mulher é igualmente consciência para si" (*Ibid.*). Trabalhando, por sua vez, em um enquadramento liberal, a jurista Catharine MacKinnon (1987, pp. 32-34) distingue na diferença — e não na alteridade — uma "tensão incorporada" entre, de um lado, a exigência de tratamento igualitário — em particular no direito — baseado na equivalência e, de outro, a distinção de sexo que leva à via alternativa de uma "abordagem da diferença" em busca de proteção especial, como na ação afirmativa. MacKinnon se soma à crítica de Beauvoir ao apontar que em ambas as vias, a do "padrão de similitude" e a do "padrão de diferença", "a masculinidade é o referente" (*Ibid.*).

A falta de independência das mulheres está presente em toda a história do liberalismo político e de seu contratualismo, como mostra Nussbaum em *Frontiers of Justice* (2006). A autora sublinha que "a referência a uma ideia sumária de igualdade de poder e de força" impede o tratamento da "cidadania das mulheres e das pessoas com capacidades físicas e mentais desiguais" (*Ibid.*, p. 53). Kant, por exemplo, excluiu as mulheres da elaboração do contrato social argumentando que elas se enquadrariam, juntamente com outras pessoas, na categoria de cidadãos "passivos", que ele distinguia dos cidadãos "ativos" por serem dependentes de outros para a sua subsistência (*Ibid.*, p. 51). Susan Moller Okin, outra grande figura histórica do feminismo, também desenvolve sua crítica no coração do liberalismo e busca, em *Justice, Gender, and the Family* (1991), voltar John Rawls contra ele mesmo. Ela se propõe a aplicar a teoria de justiça de Rawls no interior mesmo da família, em vez de considerar, como ele, que as pessoas que formulam os princípios de justiça são não indivíduos, mas "chefes de família" ou "representantes de famílias" — forma indireta de Rawls levar em consideração as futuras gerações —, o que acaba por "banir uma importante esfera da vida humana — uma esfera particularmente importante da vida da maioria das mulheres — do campo de aplicação da teoria" (*Ibid.*, pp. 92, 95).

Apesar das críticas a ele dirigidas, a marca do liberalismo se mantém proeminente na ideia de que o indivíduo autônomo se libera de dependências antes de tudo hierárquicas, como a autoridade de um chefe de família ou de suas extensões patronais e paternalistas. Na sociologia das *gramáticas do comum*, essa crítica emancipatória é analisada como uma crítica dirigida particularmente à *grandeza doméstica* — podendo ser estendida a toda hierarquia de grandeza — a partir da *gramática liberal de indivíduos interessados*. Sem negar o potencial particularmente libertador dessa crítica na causa das mulheres, nossa sociologia, entretanto, deslocou significativamente a questão da hierarquia, desde a primeira conceituação dos *investimentos de forma*, de seu custo e de seu retorno (Thévenot, 1986). Ela estabelece que os seres humanos só podem ser e fazer coisas juntos quando mobilizam *formas comuns* que permitem a *equivalência* entre situações. Eles se distinguem de outros viventes, inclusive daqueles mais semelhantes, pela extensão do equipamento artificial dessas formas que estendem seus próprios corpos. Assim, tais formas de generalidade estabelecem uma ordem hierárquica *vis-à-vis* o que é considerado particular para eles. As formas investidas na *gramática liberal* não são exceções. O estado de indivíduo independente, que o liberalismo político pressupõe e cuja *gramática liberal* do comum em disputa explicita as exigências pragmáticas, é também resultado de investimentos de forma necessários para expressar publicamente a diferença por meio da escolha interessada e para participar da *negociação* com outros indivíduos independentes. A hierarquia inerente à gramática liberal situa essa independência do indivíduo que escolhe acima de um estado desqualificado pela expressão emotiva de apegos íntimos que minam sua independência e a de outros, uma desqualificação dirigida em particular às mulheres. Em vez de opor liberalismo a hierarquia, é preciso, portanto, distinguir os tipos de hierarquias que resultam dessas formas investidas e que variam conforme as gramáticas que dependem delas para a colocação em comum e em diferença.

Que dependências são reconhecidas no cuidado e que compreensão das tensões ele suscita?

Uma orientação importante da literatura feminista enfatiza, com a noção de cuidado (*care*), as dependências *a priori* desqualificadas ou ao menos diminuídas pelos investimentos nas formas liberais. Essa discussão, portanto, é importante para a nossa sociologia, que se distinguiu ao fazer um desvio pelo próximo, notadamente o próximo *familiar* de quem o cuidador cuida.

A literatura sobre o cuidado se apoia historicamente em alguns autores — e não os menos importantes — da tradição liberal que deram alguma atenção às dependências. David Hume é um deles. Ele não é contratualista, mas convencionalista, o que já supõe o reconhecimento de certa dependência. Os "iluministas escoceses" (incluindo Hume, Adam Smith e Frances Hutcheson) deram um lugar significativo às dependências relacionais e aos sentimentos. Em *The Commons of the Mind*, Annette Baier (1997) se inspira neles para propor uma definição ampliada da razão e do raciocínio que inclui uma conversa reflexiva, sagaz e zombeteira, como enfatizado por Shaftesbury. Joan Tronto (1993), autora da "ética do cuidado", relê os três autores escoceses citados para estabelecer uma nova ordem espacial em que "a questão de o quanto os valores morais poderiam se basear no familiar se tornou central", e que suscita uma "distância social e o declínio dos sentimentos morais" (p. 38, e mais amplamente o cap. 2

"Universalistic Morality and Moral Sentiments"). Enquanto a simpatia em Hume opera apenas para com as pessoas próximas a nós, na *Teoria dos sentimentos morais* de Smith ela se apoia na noção de "espectador imparcial" que especifica o "senso de conveniência" (*the sense of proprierty*) e o autocontrole (*self-control*) necessários para os sentimentos em relação a pessoas distantes (Boltanski e Thévenot, 2020[1991]a, pp. 146-154). Esse estado apropriado para uma troca mercantil com pessoas não próximas contribui para o retorno dos sentimentos à esfera da casa e ao domínio das mulheres, em um duplo movimento de "contenção das mulheres e de generificação do sentimento moral" (Tronto, 1993, pp. 52-59), levando à confecção de uma "família sentimental" (Okin, 1982). Os "sensos de conexão, sensibilidade moral, apego aos outros e à comunidade" (Tronto, 1993, p. 57), que os iluministas escoceses reconheceram nos seres masculinos, tornou-se prerrogativa das mulheres quando a ideia de humanidade foi "purgada de todo sentimentalismo" (Arendt *apud* Tronto, 1993, p. 59).

A fim de fazer valer hoje uma "ética do cuidado" sem recorrer às concepções dos iluministas escoceses, Tronto apresenta uma espécie de "engajamento" que delimita a princípio pela negativa, pelo "eu não me importo" (*I don't care*), bem como pela negação do "tipo de engajamento que caracteriza uma pessoa movida por seus interesses" (Tronto, 1993, p. 102). Sua delimitação é muito mais ampla que outras porque a autora deseja "utilizar o conceito estrategicamente", o que vai de encontro, ela reconhece, a muitos autores e autoras que "têm justaposto o cuidado com abordagens instrumentais do pensamento"; Tronto espera objeções da parte de quem "entende o cuidado em termos fenomenológicos" e o limita estritamente a uma relação não instrumental (*Ibid.* e nota 1). A definição positiva que ela elaborou com Berenice Fisher é muito inclusiva, pois compreende "tudo o que fazemos para manter, continuar e reparar nosso 'mundo' para que possamos viver nele da melhor maneira possível. Esse mundo inclui nossos corpos, nossos *selves* e nosso meio ambiente, que buscamos entrelaçar em uma teia complexa que sustenta a vida" (Fischer e Tronto, 1991 *apud* Tronto, 1993, p. 103). Tronto ressalta que, definido desse modo, o cuidado pode ser com o ambiente e com outros humanos. Ela esclarece que ele não é apenas diádico ou *a fortiori* restrito à relação entre mãe e filho, relações que vê como individualistas, uma vez que, para ela, o cuidado "opera social e politicamente em uma cultura" e "varia entre diferentes culturas" (Tronto, 1993, p. 103). Finalmente, a autora afirma que o cuidado se realiza continuamente, em uma única atividade ou em um processo: "o cuidado é tanto uma prática como uma disposição" (*Ibid.*, p. 104).

Nas várias composições do cuidado, vemos a contribuição de uma sociologia que não se detém nas dependências entre humanos — nem projeta esse tipo de dependência em um ambiente não humano —, mas se debruça sobre as diversas dependências desse ambiente. Antes mesmo de conceber as dependências interindividuais, a noção de *engajamento* descentra as abordagens do ator ou do agente e considera que suas capacidades residem em tais dependências ecológicas aproveitadas em modos de garantia de si assegurados por um ambiente apropriado. A complexidade de uma relação de cuidado torna-se então evidente, pois pressupõe um desvio pelo familiar engajado pela pessoa A por parte de outra pessoa B que busca cuidar de A. Entretanto, o acesso ao familiar engajado por A é particularmente difícil para a pessoa B que lhe é estranha, mesmo que B esteja disposta a um engajamento familiar. Essa decomposição nos permite analisar a tensão interna do cuidado que surge quando B, especialmente quando é um(a) profissional, se encontra engajado(a) no *plano* e corre o risco de manter uma relação estratégica ou mesmo instrumental com o familiar de A. A tensão é ainda mais acentuada nas políticas sociais reformatadas de acordo com a *gramática liberal de interesses individuais*, quando B pretende fazer com que A se engaje em um *plano*, em um projeto voluntário, como nos "Projetos de Empoderamento" estudados por Eliasoph. Uma tensão considerável pesa sobre o cuidado nas transformações que buscam institucionalizá-lo para que responda às "necessidades genéricas" e proporcione um indivíduo autônomo em um enquadramento contratual, como mostrou Luca Pattaroni (2005) ao acompanhar o trabalho social que cuida de populações vulneráveis buscando oferecer um "*care* que não se apegue".

Juntos na terra

Na segunda parte deste texto, vimos que a descentração exigia reconsiderar o humano em suas dependências, afastando-se da tradição liberal. A sociologia que desenvolvemos opera esse deslocamento em sua análise das transformações dessas dependências do ambiente em *engajamentos* espaciais e temporais constitutivos de *personalidades* e de *comunidades* compósitas. A atenção às dependências nos obriga a considerar o comum e o diferente dessas comunidades não apenas como o espaço público destacado no qual a política se concentra, mas relativo aos apegos mais próximos dessas dependências. Como se configura uma vida em comum que preserve esses apegos? Ela não traz a ameaça de um retrocesso em relação às comunidades fechadas em si mesmas e enrijecidas nos costumes? Observe-se que a palavra francesa *ensemble* deriva do latim *insimul* uma simultaneidade temporal, enquanto o português *juntos* designa uma junção, o inglês *together*, uma reunião (*to gather*, reunir) e o russo *vmestie* situa ainda mais localmente, "no mesmo lugar". O junto, no sentido da simultaneidade temporal, reconfigurado pela descentração toma outra direção, a de estar junto em uma terra em uma coabitação expandida. Que formas de estar e viver junto, arranjadas de que maneiras, podem ser configuradas em resposta a uma descentração que leve em conta, além de seres humanos até então diminuídos, viventes humanos e uma terra que, ainda menos que os humanos entre si, não tem motivos para evoluir em harmonia e sem violência?

MAIS PRÓXIMOS JUNTOS: DA ESTRANHEZA À COMUNICAÇÃO POR MEIO DOS ESPAÇOS COMUNS

Ainda que apenas entre seres humanos, o estar junto e o viver junto não se dão sem ruídos. A fim de apreender as dificuldades encontradas, a análise não pode partir de um agrupamento humano já constituído, seja ele social, coletivo ou público. Ela deve lançar luz ao movimento árduo para se ficar mais próximos juntos, em uma aproximação que pode ser deslanchada por uma preocupação sensível, mas também causar constrangimento ou humilhação, como na escola (Resende, Gouveia e Beirante, 2016), ou mesmo prejudicar alguém de forma violenta. Na obra de José Manuel Resende e no espaço coletivo de pesquisa que ele anima, há uma grande preocupação com o corpo vulnerável na sexualidade, na procriação, na doença, na abordagem da morte, o que exige renovados registros de observação e compreensão (Resende e Martins, 2015; Breviglieri e Delaunay, 2018). Outra área sensível que requer uma sociologia ampliada em sua capacidade de apreender a aproximação e suas ameaças de hostilidade é a dos migrantes que se lançam ao estrangeiro. Comumente tratados como menos comuns que os outros, eles são acusados de suscitar reações de introversão, fechando-se em uma identidade comum que oferece um terreno fértil para poderes autoritários antidemocráticos. A partir do *engajamento familiar*, das maneiras de ser humano em um entorno familiar, habitado e usado ao alcance, e de sua junção em uma coabitação, podemos apreender o deslocamento na vida do migrante (Breviglieri, 2010a) no que diz respeito ao alcance do apego a seu lugar de origem (*Idem*, 2001), entre habitação e convicção comunitária (*Idem*, 2010b). De forma mais ampla, a fim de analisar as formas de aproximação em uma comunhão próxima que dá lugar à pluralidade sem se fechar em elementos supostamente idênticos e similares, precisamos de um quadro de análise que se distancie das construções liberais dos espaços públicos.

A *gramática das afinidades pessoais com os espaços comuns plurais* se distingue das duas anteriormente mencionadas pela menor transformação que ela requer dos apegos pessoais para que eles sejam levados em conta no comum. Esse comum não impõe o destacamento de um espaço público em relação ao mais pessoalmente próximo, que, para ser colocado em comum, requer uma afinidade pessoal com um espaço comum. Entendido sem nuances pejorativas, o espaço comum é constituído por uma base material concreta, que pode ser espacial no caso dos espaços no sentido literal. Oriundo de um romance, uma canção ou um filme "*cult*", ele media a comunicação em um comum de geometria variável.

Para servir de intermediário, o espaço comum deve ser ajustado à situação e dar origem a uma ressonância entre as pessoas em presença (Brahy, 2019; Thévenot, 2014, 2019b) que juntas investem nele seus profundos apegos pessoais. O curto-circuito entre a intimidade do apego pessoal e o comum do espaço produz uma descarga emocional intensa, ainda mais amplificada pelo encontro de afinidades de outras pessoas investindo no mesmo espaço comum. Não há garantia, entretanto, de que todos invistam nele da mesma maneira, nem de que o espaço comum seja o mesmo para todos. O "mesmo" do idêntico só é encontrado quando essa *comunicação* (colocação em comum) falha, quando o espaço comum é reduzido à superficialidade de um clichê. As controvérsias nessa gramática se devem à pluralidade de espaços comuns e de suas diversas associações, bem como à ironia de os espaços comuns serem descartados como clichês.

Essa gramática permite apreender as construções do comum no plural que se afastam da ancoragem original *liberal* que enviesa as ciências políticas, econômicas e sociais desenvolvidas nos países do Ocidente e do Norte. Não que essa *gramática dos espaços comuns* esteja ausente nesses países, longe disso, mas a modernidade ocidental — com a compreensão limitada do Iluminismo que ela muitas vezes implica —, assim como as ciências humanas nascidas de seu movimento, tem dificultado sua consideração. Ela favorece um descentramento em relação à "ontologia contratualista do liberalismo" que fundamenta a normatividade das ciências sociais segundo Abbott, ou à "perspectiva normativa liberal-comunitária e social-democrática" fundada sobre a "autonomia do indivíduo e a autorrealização do coletivo", compartilhada apesar da oposição entre "liberais" e "comunitários" ou entre redistribuição e reconhecimento (Vandenberghe, 2020, p. 186). O espaço comum não procede do tipo de equivalências implícitas nas gramáticas do público, como aquelas implicadas nas convenções de qualificação em nome de um bem comum (*grandezas*), ou das opções abertas a indivíduos interessados de um público *liberal*.

REUNIR-SE EM TORNO DE VÁRIOS 'ESPAÇOS COMUNS' E CONFERIR UM 'LUGAR' AOS APEGOS PRIMORDIAIS

A *gramática dos espaços comuns* lança luz sobre os modos de ação de protesto ancorados em lugares. Ao comoverem-se e moverem-se a partir de apegos a serem defendidos em um comum no plural sentido conjuntamente, os participantes muitas vezes se expressam contra a representação política, e mesmo contra a política, enquanto na verdade vão no sentido da politização. A controvérsia requerida pela política se manifesta porque os participantes são investidos em uma multiplicidade de espaços comuns comunicados (colocados em comum) por sua presença *in loco*, suas conversas e suas ações em conjunto. Temos podido seguir esses modos de ação por meio de uma série de pesquisas internacionais sobre as formas de "criticar e agir na Rússia" (Clément, 2015a, 2015b; Gabowitsch, 2016; Thévenot, Rousselet e Daucé, 2017; Thévenot, 2019b; Zhuravlev, Savelyeva e Erpyleva, 2019). Elas nos permitiram analisar a metamorfose da ação de protesto e a ascensão de populismos por meio da composição de espaços comuns *in loco*, como vimos também mais tarde na França, no movimento dos coletes amarelos (*gilets jaunes*) e sua ocupação duradoura de rotatórias e cruzamentos ([Anônimo], 2020). Nossa análise descentra o espaço público destacado e segue a politização a partir desses lugares (Luhtakallio, 2012; Luhtakallio e Tavory, 2018; Luhtakallio e Thévenot, 2018), produzindo uma abordagem renovada da política. Uma abordagem similar fez com que Jussara Freire (2017) escrevesse, com base em suas pesquisas sobre o "processo de publicização das causas de mães de vítimas da violência policial no Rio de Janeiro", que somente "em casos muito excepcionais vemos o trabalho de dessingularização relacionado a uma exigência de justificação", pois "vemos se afirmarem verdadeiras competências expressivas em que a manifestação emotiva imprime uma dinâmica de publicização que se substitui inteiramente à intervenção linguageira" (*Ibid.*).

No exame desse tipo de encontro que "politiza" e "publiciza" a partir de comunicações em presença nos lugares, nossa sociologia encontra novamente os estudos feministas. O livro de Judith Butler (2015) sobre a política da rua e as assembleias por ela implicadas faz conexões com a filosofia continental, desta vez com dois autores da tradição intelectual judaica, Hannah Arendt e Michael Levinas, por suas "visões (...) sobre a coabitação que exige um afastamento do comunitarismo"[11] (pp. 106-122) ao mesmo tempo que se afasta da tradição liberal. Butler sublinha a insistência de Levinas sobre o fato de que "estamos vinculados àqueles que não conhecemos, e mesmo àqueles que não escolhemos, nunca poderíamos ter escolhido", em uma "relação que precede a individuação" e é evitada "[*s*]e eu possuo a mim mesma com muita firmeza". Diferentemente do filósofo, contudo, Butler considera que somos "ligados uns aos outros e a processos vivos que vão além da forma humana". Em Arendt, a autora também encontra "o caráter compulsório da convivência na terra, condição de nossas existências como seres éticos e políticos", bem como a ideia emprestada de Heidegger da habitação da terra. Butler, entretanto, substitui o antropocentrismo de Arendt ao acrescentar "um compromisso não apenas com cada habitante da terra, mas [*também*] um compromisso com a preservação da própria terra" (*Ibid.*, p. 113). A autora se afasta ainda mais de Arendt ao considerar que as "necessidades" de reprodução da vida material não podem ser situadas na esfera privada, mas devem ser objeto, como necessidades corporais expostas à precariedade, de uma consideração política. Apesar das convergências com nossa abordagem da descentração do sujeito e da consideração de suas dependências, a noção de performatividade de Butler não permite analisar as diversas modalidades de *engajamentos* nem suas colocações em comum e em diferença, tampouco permite, por consequência, dar conta das tensões estruturais geradas por essa diversidade. Butler conclui: "Na verdade, não estou certa se já fomos capazes de pensar sobre a inexequibilidade da dependência no nível da política — sobre o medo, o pânico, a repulsa, a violência e a dominação a que ela pode levar (*Ibid.*, p. 120).

---

11 As citações a *Corpos em aliança e a política das ruas: Notas para uma teoria performativa de assembleia* foram extraídas da tradução de Fernanda Siqueira Miguens publicada pela editora Civilização Brasileira em 2018. (N. do T.)

A noção de performatividade, cuja definição Butler admite ter mudado várias vezes, desloca-se entre várias concepções contrastantes: aquelas originais de John Austin e depois de John Searle, que enfatizam as convenções da situação de enunciação necessárias para o sucesso do enunciado performativo; aquela de Pierre Bourdieu, que trata a convenção como um rito de instituição mantenedor da dominação; aquela de Jacques Derrida, que se opõe à distinção de performativos de Austin e Searle para enfatizar a "iterabilidade", ou seja, uma repetição singular pela qual o que é repetido (a "marca") permanece identificável, mas deslocado, modificado, parasitado por um novo contexto; e, enfim, uma compreensão ligada à performance teatral.

O que é compartilhado por todas essas concepções — e que as conecta àquela do *engajamento* tal como eu o desenvolvi — é a tensão antropológica que elas buscam compreender, no sentido de as elucidar mas também de as conter. Observo essa tensão na relação entre os *investimentos de formas* particularmente equipadas entre os humanos, a começar pela linguagem, mas indo muito além desse artefato, e as imensuráveis pessoas e situações de ativação dessas formas. Caracterizei essa tensão como "as duas faces" do engajamento: aquela fixa e identificada da forma, a mesma da *letra* (palavra, convenção, marca, incluindo dado pessoal sensível etc.), e aquela, comovente e duvidosa, da pessoa em suas dependências do ambiente que se esforça para manter o engajamento ao mesmo tempo que descobre o sacrifício exigido pela forma. Um dos interesses da noção de engajamento e da diversidade de seus regimes reside no fato de que ela não se limita a captar engajamentos em comum. A tensão entre as duas faces se encontra também nos engajamentos mais pessoais.

Em várias publicações recentes (Thévenot, 2019c, 2020c, 2021), considerei a relação entre essa concepção de engajamento e o teatro. A ideia não era recuperar a noção de papel, nem ver no palco o paradigma da performance, tampouco encontrar no palco e nos bastidores um modelo de interações humanas, como fez Erving Goffman. Em vez disso, eu buscava as operações fundamentais transversais aos domínios da política e do teatro, aquelas necessárias para participar ou não das colocações em comum e para se diferenciar.

A REDUÇÃO DO COMUM NO PLURAL PELO ENTRELAÇAMENTO DE ESPAÇOS COMUNS NOS POPULISMOS

Em sua análise da "razão populista"[12], Ernesto Laclau (2005) opõe as "reivindicações democráticas", absorvidas de maneira diferencial pelo sistema institucional, às "reivindicações populares", que, "por meio de sua articulação equivalencial" ou "cadeias de equivalência", "constituem uma subjetividade mais ampla"; elas produzem "significantes vazios" que não "*expressam passivamente* o que está inscrito na cadeia, mas na verdade *constituem*" a identidade popular (pp. 73-75, 95-96, 99). Além das operações significantes que podem explicar "*as formas* que o investimento assume", Laclau ressalta "a *força* de que o investimento consiste", que é da "ordem do afeto" (*Ibid.*, pp. 110-111, grifos no original). Sua análise se concentra no segmento superior da transformação que estamos considerando aqui, quando a pluralidade de espaços comuns se funde em "significantes vazios" que englobam e homogeneízam ou em "significantes flutuantes" porque se deparam com a heterogeneidade na construção de fronteiras antagônicas que "o povo" pressupõe (*Ibid.*, p. 153). Laclau não presta atenção ao nível inferior dos espaços comuns comunicativos. Longe de serem significantes vazios ou flutuantes, eles permitem exprimir diferenças e discordâncias. Uma fonte de diferença é o jogo oferecido pelo espaço comum que não é rigorosamente identificado e idêntico para todos aqueles que se comunicam por meio dele — sem ser tão difuso e flutuante como Laclau o considera. Tornar um espaço comum explícito e bem definido vai contra o tipo de comunicação desejado e leva à sua reificação como um clichê objetivo e reprodutível (Colin Lebedev, 2017). Tal reificação é favorecida pela imitação reproduzida que a internet permite. Contudo, mesmo os "memes" que se espalham de pessoa para pessoa nas redes sociais são sujeitos à ironia. Outra fonte de diferença provém da diversidade de associações ou dissociações de diversos espaços comuns

---

[12] As citações a *A razão populista* foram extraídas da tradução de Carlos Eugênio Marcondes de Moura publicada pela editora Três Estrelas em 2013. (N. do T.)

que exprimem concordância e discordância. Ao abarcá-los, em um único, todos esses lugares — à maneira das bonecas russas —, obtemos um significante tão amplo que se torna vazio no sentido de Laclau, adequado para servir a uma política populista em que as diferenças e discordâncias se reduzem à única polaridade agonística entre “nós” e “eles” (Thévenot, 2014), enquanto os espaços comuns podem continuar participando, em um nível inferior, de uma comunicação (colocação em comum) de diferenças segundo a gramática.

Em sua pesquisa sobre os participantes do Tea Party intitulada *Strangers in Their Own Land*, Arlie Hochschild (2016) analisa uma política desse tipo. Ela observa que a “estratégia sulista” de Richard Nixon de buscar mobilizar os brancos temerosos com a ascensão dos negros se estendeu no século XXI por meia da “estratégia nortista”, por meio da qual os conservadores do norte seguiram aqueles do sul em um movimento de ricos — e daqueles que se identificavam com eles — para se liberarem do fardo de ajudar os desfavorecidos: “Os mais ricos da nação se libertarão dos mais pobres. Eles vão se separar” (*Ibid.*, p. 220). Trata-se de uma profunda inversão do pacto firmado entre capitalismo e liberalismo político, como expresso por Latour (Charbonnier, Latour e Morizot, 2017). Essa inversão é confirmada pela prosperidade do capitalismo nos regimes autoritários da China e da Rússia. Na Europa, a campanha a favor da separação da Grã-Bretanha foi financiada pela segunda financeirização do capitalismo (a dos *hedge funds* especulativos), cujo “libertarismo” climatocético se opõe às regulações interestatais neoliberais da União Europeia, bem como a qualquer noção de bem comum, acomodando poderes populistas e autoritários que sustentam a ideia de unidade identitária de um povo cercado por inimigos (Benquet e Bourgeron, 2021).

Em *A justificação*, apontamos que o princípio de humanidade comum, na ausência de qualquer diferenciação, por si só, levou a uma metafísica política grosseira, de um único nível lógico, que denominados pelo termo Éden, em referência à fórmula genética da humanidade que remonta a Adão. Nesse Éden perene reina um acordo perpétuo de todos com todos e todas as coisas, como em algumas utopias. Nos momentos edênicos cerimoniais mais fugazes, tudo está em seu lugar até que uma falha expulse os seres desse Éden e deslanche uma comprovação crítica diferencial (Boltanski e Thévenot, 2020[1991]a, II, 3 "O modelo da cité"). Em *A justificação*, estávamos interessados nas construções envolvendo uma diferenciação interna após a "queda". Permanecendo no horizonte de uma humanidade comum, não consideramos uma comunidade circunscrita que se mantém no tempo e no espaço *vis-à-vis* uma exterioridade constituída por um conjunto de outras comunidades políticas.

Note-se que a definição de sociedade central nas ciências sociais, possivelmente universal para os sociólogos, nos impede de enxergar as variedades de comunidades, notadamente as nacionais, bem como suas relações possivelmente hostis. Essa comunidade política é muitas vezes ocultada pela onipresença da sociedade, mesmo que todo o social seja considerado político. Vimos isso nas críticas ao trabalho de Raymond Aron, que foi uma exceção na sociologia por tratar da *Paz e guerra entre as nações*[13] (1962). Alain Touraine (1963) se opôs a ele na questão de saber se a sociologia deveria analisar uma sociedade como se ela estivesse sozinha ou em uma relação de soberania tensa, agonística e bélica, posição avançada por Aron em seu livro. Touraine, defensor da primeira concepção da sociologia, tentou englobar a segunda argumentando que, em virtude da extensão mundial do modelo de sociedade industrial, havia agora apenas uma grande sociedade, a industrial (*Ibid.*). Aron, por sua vez, argumentou

---

13 Título extraído da tradução de Sergio Bath publicada pela editora WMF Martins Fontes em 2018. Original: de *Paix et guerre entre les nations*. (N. do T.)

que a sociologia havia esquecido a soberania e as tensões entre soberanias, posição particularmente relevante hoje em dia, quando elas estão voltando ao primeiro plano[14].

A soberania da nação marca uma fronteira potencialmente conflituosa com um inimigo, e essa diferença dual entre um interior e um exterior não é geralmente analisada com os mesmos modelos que as diferenças e disputas internas. É por isso que *A justificação* não trata dessa diferença, nem da questão da soberania. O resgate da obra do jurista Carl Schmitt, ao mesmo tempo reconhecido por seus trabalhos sobre a soberania e condenado por seu envolvimento com o nazismo, veio de sua utilização para tratar de conflitos internos à comunidade nacional, bem como da territorialização do direito em O nomos *da Terra no direito das gentes do* jus publicum europaeum[15]. Seguindo uma sugestão de Schmitt, Chantal Mouffe (1999) elaborou sua concepção de uma "democracia agonística", que, contudo, tem demasiados componentes democráticos institucionais para corresponder ao pensamento de Schmitt. O fato é que, mesmo fora dos momentos de guerra civil aberta, as políticas frequentemente procedem de um simples antagonismo com o estrangeiro, designando um inimigo a partir de dentro. A dissolução de um pluralismo interno em um apelo à unidade é, assim, muitas vezes acompanhada de uma bipolaridade agonística entre "nós" e "os outros".

Mota (2018) caracterizou como *cisma* a divisão bipolar baseada apenas na autoridade — mesmo aquela mantida por armas — daqueles que a implementam. Os policiais afirmam ter um "faro"; os traficantes, com suas armas nas mãos, acreditam reconhecer "alemães" (expressão usada

---

14 Esse debate foi suscitado por Marc Ferro, então secretário dos *Annales*, que convidou François Chatelet, Bertrand de Jouvenel, Annie Kriegel, Victor Leduc e Pierre Renouvin nos números 18-1 e 18-3 dos *Annales E.S.C.* em 1963. Sobre esse assunto, ver sua última entrevista, a ser publicada nos *Annales* (Ferro, no prelo).

15 Título extraído da tradução de Alexandre Guilherme Barroso de Matos Franco de Sá publicada pelas editoras Contraponto e Editora PUC-Rio em 2014. Original: *Der Nomos der Erde im Völkerrecht de Jus Publicum Europaeum*. (N. do T.)

para designar um inimigo) entre os funcionários do serviço público; influenciadores digitais se proclamam autorizados a essa cisma (Mota e Pelaez, 2021). Mota e Pelaez se referem ao que Roberto Kant de Lima (2008) escreveu sobre a lógica do contraditório "aplicada num sistema de debate que não procura o consenso, mas que se baseia na tentativa de desqualificar sistematicamente o discurso da outra parte e que pode utilizar todos os meios à sua disposição para o fazer" (Mota e Pelaez, 2021, p. 223). Os autores enfatizam o contraste com a desconfiança comum: "Enquanto na desconfiança a suspeita é efêmera e passível de ser negociada entre as partes concernentes à interação, na *cisma*, pelo contrário, se suspende a negociação e se imprime unilateralmente uma visão enrijecida sobre as coisas e pessoas, propiciando com que a *cisma* se alimente de elementos antifactuais, perenes e imutáveis aos olhos do 'cismador'" (*Ibid.*, p. 219). Mota (2021) diz ter começado a refletir sobre a cisma em Paris, após o atentado ao Charlie Hebdo, quando realizava sua pesquisa comparada sobre o Brasil e a França e observou que "olhares e corpos informados pela postura da indiferença e distância cívica pareciam dar lugar a olhares atentos, amedrontados e fortemente cismados nos espaços públicos" (Mota e Pelaez, 2021, p. 222).

EXTENSÃO DO COMUM NO PLURAL: COABITAÇÃO E COMUNICAÇÃO COM O AMBIENTE VIVENTE OU NÃO

A descentração ecológica deveria conduzir a pesquisas sobre a extensão de um comum no plural para além do recuo em um "nós", em busca da coabitação e comunicação com um ambiente vivente ou não.

Uma terra ambígua

O desenvolvimento de uma história ambiental permitiu retraçar as relações variáveis do capitalismo com o solo, entendido tanto como terra — cujos modos de predação e exploração estão no coração da descentração ecológica e da crítica à mercantilização generalizada da terra —, quanto como território, aquele dos Estados com os quais o capitalismo está relacionado e aquele dos coabitantes, humanos ou não, para os quais ele é o lugar de subsistência e de existência (Charbonnier, 2020). O solo também se tornou o novo equivalente geral usado para avaliar as atividades humanas a partir de seus vestígios, contabilidade necessária para uma economia cujos cálculos são distorcidos por não levarem em conta esses vestígios. Desde os anos 1970, os principais autores da ecologia também conferiram dignidade ao local, à comunidade, ao enraizamento (Gorz, 1977; Illich, 1973), não sem correr o risco, como Latour, ao convocar a terra, de cruzar o caminho do enraizamento da tradição barresiana de extrema direita. Em *Les Déracinés*, Maurice Barrès (1967[1897]) narra o encontro de um de seus heróis "desenraizados" de Lorena, na França, com Hyppolyte Taine em frente ao plátano "amado, amigo e conselheiro" deste último (p. 210), um encontro que não deixa de evocar relações ecologicamente magnificadas entre o homem e a árvore. Estendendo as críticas explícitas de Sartre ao pensamento de Barrès, o castanheiro de *A náusea*[16] (Sartre, 1965[1938]) responde ao plátano de *Les Déracinés*, embora sua fenomenologia corresponda a uma "operação de desenraizamento metafísico".

Latour busca se proteger contra esse risco em *Onde aterrar?*[17] (2017). Em sua conversa com Charbonnier e Morizot sobre "Redescobrir a terra", ele retorna a "esse veneno, desenvolvido ao mesmo tempo que esse solo barresiano, que fez dos desenraizados, dos sem-pátria, dos desterrados o alvo de toda a crítica de direita contra os apátridas, evidentemente os judeus" (Charbonnier *et al.*, 2017).

---

16 Título extraído da tradução de Rita Braga publicada pela editora Nova Fronteira em 2019. Original: *La Nausée*. (N. do T.)

17 Título extraído da tradução de Marcela Vieira publicada pela editora Bazar do Tempo em 2020. Original: *Où atterrir?*. (N. do T.)

Compor com os terrestres

Uma vez analisada e diferenciada a pluralidade de valorações das dependências dos humanos em relação ao ambiente e aos seres não humanos, animados ou não, surge a delicada questão da *composição* dessas relações plurais.

A pesquisa que realizamos no Vale de Aspe, nos Pirineus, mostrou que "a noção de habitat também pode permitir extensões ecológicas [*do comum*] com outros seres viventes não humanos. Por meio de seu habitat e de uma possível dependência daquele do humano, o urso pode ser entendido como um 'urso integrador': 'digamos que o urso é um integrador. Não podemos nos interessar pelo urso sem nos interessarmos pela floresta, sem nos interessarmos pelo pasto, pois o urso tem exigências. Ele é um animal muito exigente em termos de qualidade de habitat, de disponibilidade de alimentos e de espaço. Querer proteger o urso implica interessar-se pelo todo do ambiente montanhês'. Assim se exprime o representante da organização Fiep [Fundo de Intervenção Eco-Pastoral], criada no Vale de Aspe para promover a coabitação de pastores e ursos: 'para que o urso e o pastor possam viver juntos nos Pirineus" (Thévenot, 1996a)[18].

Ao tratar das "novas alianças com a terra", Baptiste Morizot (2017), aproveitando suas pesquisas sobre lobos e outros seres viventes (*Idem*, 2016), retomou o tema da coabitação, cada ser vivo tendo sua maneira de "estar em casa [*chez soi*]", como também observa Tim Ingold (2000, p. 172). Esses autores reúnem os temas centrais da sociologia do habitar desenvolvida por Breviglieri e esclarecida pelo *engajamento familiar*. Morizot (2017) aponta a dificuldade de analisar nossas relações com "esses coabitantes cuja alteridade permanece irredutível [*enquanto*] nós somos compostos de abelhas polinizadoras, de pulgas de jardim, de lobos e de ovelhas, somos

---

18 Pesquisa realizada Vale de Aspe dos Pirineus com a contribuição de Eric Doidy, Marie-Noël Godet e Claudette Lafaye e posteriormente completada, em uma perspectiva comparativa, pela pesquisa realizada no Vale do Rio Clavey, na Califórnia, com Michael Moody. Resultados e análises publicadas em Moody e Thévenot (2000), Thévenot (1996a, 1996b) e Thévenot, Moody e Lafaye (2000).

integrados com eles, quer queiramos ou não" (p. 83). Como as pesquisas empíricas sobre as coabitações humanas se baseiam em um quadro analítico aberto a uma variedade de *engajamentos*, dos mais íntimos ao mais comum, uma pesquisa etnográfica, etológica, botânica deve contribuir para conceber as coabitações estendidas, como Breviglieri demonstra em "Fertilités" (Breviglieri, 2020). Essa coabitação com a terra animada exige compor com uma pluralidade de relações valoradas, cujo conteúdo e incomensurabilidade radical entre modos de valoração foram examinados por Laura Centemeri (2015a, 2015b, 2015c). Com Gildas Renou (Centemeri e Renou, 2017), ela discutiu a importante contribuição da economia ecológica de Joan Martinez Alier sobre os conflitos de valoração da crítica à hegemonia do econômico (Martinez Alier, 2002), não sem apontar os limites de sua concentração na subsistência, que a impede de examinar as diversas maneiras de submeter à testagem e de atestar o valor dos apegos ao ambiente. As pesquisas, especialmente aquelas sobre permacultura, permitiram revelar as práticas e os modelos de composição entre esses apegos variados (Centemeri, 2018). Morizot observa que a coabitação já está presente em Martinez Alier e na ecologia dos primeiros povos, envolvendo o "ambiente doador" mencionado por Ingold (2000, pp. 61-76). O autor se coloca ainda contra um retorno à terra experimentado como "abdicação ou resignação" e a favor de um "retorno exploratório" que substitua o inexplorado de terras distantes pela "curiosidade pelo comportamento complexo e ignorado dos vegetais, dos solos e de suas relações, e por um desejo de trabalhar com, e não contra"; ele menciona a permacultura em meio à exploração das "tramas eco-eto-evolucionárias inteligentes dos viventes conosco" (Charbonnier *et al.*, 2017). Essa curiosidade está no coração do *engajamento exploratório* que Nicolas Auray (2007, 2011, 2016; Auray e Vetel, 2014) analisou empírica e analiticamente.

Não é evidente que a metáfora da "diplomacia", mobilizada por Isabelle Stengers (2006) com um uso muito frouxo, seja adequada para definir precisamente a coabitação, tampouco a retomada do vocabulário de interesse, cujo uso não menos frouxo impossibilita a análise diferenciada das gramáticas do comum no plural e dos engajamentos pessoais.

A "coabitação diplomática" aberta a uma alteridade que "se torna um interlocutor com um interesse particular" não é, portanto, uma construção suficientemente precisa para permitir "qualificar de outro modo as questões, os atores e as relações" (Morizot 2017, p. 83).

HOSTILIDADES E VIOLÊNCIAS, HUMANAS E OUTRAS

A referência à diplomacia tem o mérito de introduzir a ameaça de hostilidade que assola as "relações externas" das comunidades humanas, bem como seus problemas internos, estendendo o horizonte da agressividade à coabitação na terra com outros seres viventes. Como abordar a violência deixada de fora dos modelos *pluralistas de um comum em disputa* que visam substituí-la por comunicações pacíficas que não estejam em disputa?

Violências desconcertantes para as ciências sociais

A antropologia e a sociologia brasileiras acumularam um trabalho tão rico sobre a violência que não posso fazer a ele uma referência completa, tampouco avançar sem cautela em um terreno tão extraordinariamente ocupado. A diversidade de maneiras de apreender a violência nesses trabalhos exige uma distância reflexiva para a compreensão de um objeto que suscita entre seus analistas posições muito variadas e até mesmo contraditórias. A acusação de que os pesquisadores apresentam desculpas para a violência também se espalhou na França desde Nicolas Sarkozy e Manuel Valls. Portanto, um esclarecimento se faz necessário, e ele não é tão simples, dadas as múltiplas combinações observadas, a menos que se adote simplesmente uma ou outra das posições em conflito. Uma tipologia recente de "sociologias da violência", tanto nativas como analíticas, distingue cinco qualificações: substantivista (etiologia), construtivista, política (ordens de dominação legítima de Weber ou processo civilizador de Elias), crítica (legitimidade da resistência violenta) e praxiológica (etnografias de violências e crimes) (Werneck, Teixeira e Talone, 2020). Ela destaca a tensão entre construtivismo radical e substantivismo que atravessa a literatura brasileira. Os autores consideram que a sociabilidade sugerida como emergente por Luiz Antonio Machado da Silva (2004) envolve o efeito coordenado de três gramáticas identificadas por eles como uma sociologia substantivista da violência, uma sociologia crítica da violência e uma sociologia construtivista da violência (Werneck, Teixeira e Talone 2020, p. 291). Consideram ainda que a abordagem de Michel Misse (2008) da "sujeição criminal" e da "acumulação social da violência" pode ser descrita como uma combinação de sociologia construtivista e sociologia crítica (Werneck, Teixeira e Talone, 2020, p. 293).

Essas posturas epistemológicas distintas comumente se chocam ou se combinam nas ciências sociais. Em razão dos fundamentos normativos que as dominam, explícita ou implicitamente, a violência coloca tensões extremas sobre as pesquisas a ela dedicadas. O objeto é de difícil apreensão também porque participa de uma das maiores forças de descentração do social aqui apresentadas: aquela proveniente do vivente que entra na constituição do humano e que nada tem de humano, no sentido das normatividades subjacentes às humanidades, ou muito pouco. Sejamos claros: não se trata de retomar a ideia obsoleta de que os seres humanos simplesmente caem na animalidade em suas explosões de violência, já que foi estabelecido que sua intensidade e sistematicidade nunca foram igualadas por outras espécies. Ademais, todas as qualificações das "sociologias da violência" mencionadas anteriormente mostram o trabalho feito para conferir um lugar à violência na humanidade. O fato é que a confrontação dos seres viventes uns com os outros e com seu ambiente traz consigo algo da relação que nós humanos consideramos como violento, nem que seja apenas por predação ou hostilidade em um território. Por isso, vale a pena olhar para as espécies mais próximas da nossa.

À luz de um comparatismo evolucionário

A distância reflexiva desse objeto desconcertante exige, portanto, um passo a mais. Não estaria essa violência já constituída em outras espécies próximas que não têm a linguagem para qualificá-la? A resposta lançaria luz sobre a agressividade com a qual estamos lidando.

Apesar da descentração ecológica operada pela sociologia que desenvolvemos, o encontro com o evolucionismo não é tão simples. A dificuldade não está em seu naturalismo, mas em sua contaminação por modelos derivados das ciências sociais, econômicas e políticas que buscamos precisamente superar e descentrar. O naturalismo de John Dewey tende a confundir o movimento de adaptação do organismo ao seu ambiente com uma relação entre meios e fins. Ao precisar o que o humano faz com os diversos modos de dependência de seu ambiente sem recorrer à figura demasiado ampla da adaptação, a análise dos *regimes de engajamento* foi elaborada a fim de evitar a redução à relação entre meios e fins — que aparece apenas no *engajamento no plano* — associada à sua naturalização. Ao lidar com a violência em sua relação com o direito, Dewey (1916) vincula a relação entre meios e fins ao exercício de uma força, seja ela implicada na construção de uma ponte, em uma discussão ou em uma lei: "uma vez que a consecução de fins requer o uso de meios, o direito é essencialmente uma formulação do uso da força" (p. 366). A fim de justificar uma "força coerciva" que ele situa entre o poder como energia e o poder como violência (*Ibid.*, pp. 360-361), Dewey rejeita as referências à vontade geral ou superior (*common will*, *supreme will*) para distinguir essa força coercitiva da violência somente em virtude de sua "eficácia", pois "a coerção indevida é uma dependência de meios desperdiçados e destrutivos para alcançar resultados" (*Ibid.*, p. 367). A redução é pior no modelo de interesse do gene ao qual os evolucionistas se referem e que os leva a conluiar com um economicismo simplista que promove esse mesmo modelo sumário de interesse para caracterizar todas as condutas humanas.

A comparação evolucionária torna-se valiosa quando é feita por pesquisadores com ricos campos de observação de comportamentos e quando permite aproximações benéficas com pesquisas e análises de violências humanas. Em *Demonic Males: Apes and the Origins of Human Violence*, Richard Wrangham e Dale Peterson (1996) nos encorajam a "suprimir nossas inibições de analisar o comportamento animal como uma técnica para pensar o comportamento humano" (p. 125), citando como exemplo as feministas evolucionárias. Os grandes primatas machos estupram as fêmeas, mas os gorilas que vivem em grupos são poupados disso, enquanto os orangotangos, vivendo sozinhos, ficam vulneráveis: os estupradores podem ser neutralizados por alianças, mesmo entre os orangotangos e entre os humanos (*Ibid.*, p. 142). Essas comparações "fazem os humanos parecerem membros de um grupinho esquisito que escolheu um caminhozinho estranho" (*Ibid.*, p. 231). As pressões ecológicas teriam impedido as fêmeas de formarem alianças eficazes e de contarem umas com as outras: "Com as fêmeas incapazes de contar umas com as outras, elas ficaram vulneráveis aos machos interessados em protegê-las" (*Ibid.*, p. 232). Esse "patriotismo" na "defesa masculina da comunidade" nada tem de natural, pois difere do "matriotismo" da "defesa da terra-mãe [*motherland*]" observada entre as hienas-malhadas, entre as quais "os principais guerreiros nos confrontos de clãs rivais são as mulheres, unidas através de gerações de mães, não de pais" (*Idem*). As observações dos autores mostram que, muito além da defesa agressiva do território em que muitas espécies animais se envolvem, os chimpanzés se lançam em "ataques" por meio de "patrulhas de fronteira" que levam a matanças organizadas, sendo esses episódios de violência aguda acompanhados de emoções agressivas intensas, geralmente dissimuladas nos momentos de paz, nos quais os machos adultos compartilham amizade, generosidade e diversão (*Ibid.*, pp. 17, 63-82). Quando ainda era um estudante, nos anos 1970, Wrangham observou a separação progressiva em duas comunidades inimigas daquilo que Jane Goodall tinha tomado como uma comunidade unida, a partir de ataques mortais a ex-parentes. Ele e Peterson observam que "quando os animais são suficientemente inteligentes para aprender sobre as personalidades uns dos outros (...), eles ampliam a gama de táticas que indivíduos podem usar para interagir e manipular uns aos outros. Algumas dessas táticas são afetuosas e outras são violentas. (...) Longe de serem a expressão sem sentido de algum traço ancestral profundo e bizarro, a violência intensa dos primatas surge em parte do próprio desenvolvimento de suas habilidades cognitivas" (*Ibid.*, pp. 153).

Wrangham e Peterson ajudaram a desconstruir as imagens edênicas, tanto as das comunidades de grandes primatas (Jane Goodall já se mostrava chocada ao descobrir os infanticídios, estupros e assassinatos cometidos por chimpanzés), como as das comunidades humanas de bons selvagens que Paul Gauguin e Herman Melville figuraram ao "retratarem uma sociedade violenta como inocente" após terem vivido no Taiti e nas ilhas Marquesas, onde "a paz do Éden é interrompida regularmente por guerras intercomunitárias" (Wrangham e Peterson, 1996, pp. 91-92 e cap. 5 "Paradise Imagined"). Em um livro mais recente, *The Goodness Paradox: The Strange Relationship between Virtue and Violence in Human Evolution*, Wrangham (2019) lança luz sobre a combinação humana aparentemente paradoxal de amabilidade e agressividade extremas, em relação a espécies próximas, duas tendências privilegiadas por Jean-Jacques Rousseau e Thomas Hobbes, respectivamente, em suas concepções da natureza humana[19]. O exame desse paradoxo levou o autor a afastar-se da posição de seu colega Frans de Waal, cuja "teoria do verniz" (de Waal, 2006) concebe a moralidade humana como um sistema puramente regulador, fundamentado em antigos comportamentos de origem animal desprovidos de moralidade, como uma camada fina de verniz aplicada em uma caixa de madeira (Wrangham, 2019, cap. 10 "The Evolution of Right and Wrong"). Wrangham estabelece uma demarcação importante para o estudo da violência humana ao distinguir a agressão reativa, do "tipo 'quente', como perder a calma e atacar" (*Ibid.*, s/p) — menos comum entre os humanos e chamada por Wrangham de "tolerância" — da agressão proativa, "'fria', planejada e deliberada" (*Idem*), particularmente alta entre os humanos. Evocando uma "domesticação" dessa diferença com um ancestral comum aos hominídeos e aos chimpanzés, o autor sugere que a agressão proativa e suas execuções participam de um controle social e passam por uma "sensibilidade à crítica" (*Ibid.*, cap. 10). Essa sensibilidade

---

19 É por esse motivo que Werneck chamou minha atenção, com razão, para esse livro.

sustenta uma moralidade que não é apenas cooperativa e altruísta, mas principalmente autoprotetora, e que mantém baixa a violência reativa. Wrangham ressalta que esse processo leva a relações muito mais despóticas do que em outras espécies (*Ibid.*, cap. 11 "Overwhelming Power").

Essa abordagem evolucionária, descentrada pela observação das violências de espécies próximas, nos ensina que, por meio de um processo de "autodomesticação" para o qual contribuíram o desenvolvimento das capacidades cognitivas e o artefato da linguagem, os humanos desenvolveram duas modalidades distintas de violência. Elas combinam uma baixa propensão à agressão reativa — muito intensa entre os chimpanzés — e uma alta propensão à agressão proativa, levando a uma espécie de "quimera" meio rousseauniana, meio hobbesiana (*Ibid.*, cap. 13 "Paradox Lost"). Wrangham relaciona a primeira a um sentido moral — sem reciprocidade direta — que procede de uma autoproteção e não aparece em outros primatas. É nessa primeira direção que puderam ser desenvolvidas, eu acrescentaria, a ideia de humanidade comum e as construções normativas nela baseadas. A segunda direção, conforme Wrangham, é a anterioridade da caça coletiva por emboscada, que exige estratégias e "agressões proativas em coalizão" (*Ibid.*, s/p). A linguagem e o plano teriam possibilitado a matança de machos dominantes particularmente violentos. Em uma formulação quase-nietzschiana, Wrangham escreve que "as brutalidades e intimidações perpetradas pelo macho alfa foram substituídas pela tirania mais sutil dos outrora oprimidos" (*Ibid.*, s/p). É nessa segunda direção que se desenvolve uma autoridade soberana mobilizadora de uma violência que reivindicará legitimidade.

Conclusão: os passivos da humanidade comum

Em uma louvável revisão da história da ideia de humanidade comum em *The Invention of Humanity*, de Siep Stuurman, Michael Walzer declara sua única discordância com o autor: não, a humanidade comum não foi "inventada", mas "descoberta", pois ela "já estava lá" (Walzer, 2017). Concordo plenamente com Walzer e espero que muitos também concordem. Mas essa afirmação não é a postura mais favorável a uma pesquisa que requer uma consideração mais circunspecta e cética sobre a questão. Ainda assim, é importante não recair no simples construtivismo social implícito na formulação "a invenção de...". Mas desse pecado Walzer absolve Stuurman, combinando construção social e desconstrução pós-moderna: "Ele realmente não é, e nós também não deveríamos ser, um prisioneiro da 'construção social' pós-moderna" (*Ibid.*). E Walzer concorda com Stuurman que não foi a humanidade que progrediu ao longo dos séculos, mas a ideia de humanidade.

O senso do justo que sustenta as críticas e justificações modelizadas em *A justificação* é orientado por esse "princípio de humanidade comum". Esse princípio é uma norma para muitas construções políticas e morais e se encontra em outras gramáticas de colocação em comum e em diferença que não comportam o mesmo senso do justo respaldado por um bem comum. Como assinalamos várias vezes no livro, outras construções não satisfazem esse princípio. Isso é evidenciado pela realidade duradoura da escravidão, com as tentativas de branquear concepções de humanidade em múltiplos graus, ou mais amplamente pela realidade do "trabalho forçado" que produz seres humanos à parte (Stanziani, 2020). O questionamento das violações do princípio acompanha a história de seu desenvolvimento, assumindo hoje uma amplitude sem precedentes. Continuamos revelando os sofrimentos de uma humanidade que não consegue ser reconhecida em sua comunidade, que permanece "em sofrimento" (*en souffrance*), no sentido de "em sursis" (Grenouilleau, 2012).

Nossa empreitada não teve apenas o objetivo de identificar essas violações. A abordagem que adotamos evidenciou as forças de descentração que afetam o sujeito humano e seu suposto domínio com o qual essa humanidade se confundiu: elas revelam os passivos dessa humanidade[20]. Descartes contribuiu muito para o desenvolvimento de uma ideia laicizada de humanidade comum, fundamentando sua equivalência na autonomia da razão do sujeito. François Poulain de La Barre se inspirou nessa ideia para convencer seus leitores, uma vez que são dotados de razão por natureza, a usá-la sem sacrificá-la cegamente a quem quer que seja (Poulain, 1674, p. 311 *apud* Stuurman, 2017; Stuurman, 2004). Essa humanidade magnífica apresenta hoje um paradoxo. O sujeito — o masculino é aqui significativo — promovido em seu domínio e autonomia é chamado a responder por todas as diminuições que suscitou para afirmar sua realização individual e promover o ideal de igualdade. Ele é assim capturado por suas dependências rebeldes: escravizados e assujeitados, mulheres, minorias e, ainda, um mundo vivente que também o constitui em seu corpo, bem como a terra da qual ele é um anfitrião em movimento.

Longe de paraísos perdidos ou descobertos, a humanidade deve ser reconstituída em uma terra possivelmente hostil. Sobretudo porque a exigência de aproximação e a consideração de outras espécies viventes, a partir das interdependências dos viventes, ameaça colocar em perigo o trabalho de unificação ideal de uma humanidade comum. O tratamento dos escravizados já ultrapassou os limites da humanidade de tal forma que, como escreveu Olivier Grenouilleau em sua introdução a *Esclaves: Une humanité en sursis* (2012), eles "nunca foram percebidos *nem* como coisas, *nem* como animais, *nem* como homens". O trabalho atual de aproximação dos humanos com outros viventes não implica a ameaça, em sua descentração do sujeito humano majestoso, de também

20 Diante da impossibilidade de traduzir diretamente para o português o duplo sentido de *en souffrance* — a comprovação a que se submete e a expectativa de realização —, Werneck propôs traduzir o título deste texto (*Une commune humanité en souffrance*) como "Os passivos da humanidade comum". Na conclusão, retomo essa fórmula, que designa não apenas o negativo de uma humanidade sempre por fazer, mas também sua dívida em razão de suas dependências não reconhecidas ou desconhecidas.

corroer a humanidade comum? Especialmente porque o despotismo dos humanos atacados pelas forças de descentração acima mencionadas é, por outro lado, defendido por movimentos reativos e reacionários suscitados pelo medo de questionamento da supremacia e soberania derrotadas. Humilhação e ressentimento, vingança e revanche, raiva assassina furiosa: temos ideia de algum projeto de governo que, salvaguardando uma humanidade comum descentrada, poderia domar esses demônios da atualidade? Mais efetivo que o belo "Teatro das negociações"[21] realizado no Théâtre des Amandiers, na França, em 2015, e apresentado por Bruno Latour in *Diante de Gaia*[22] (2015), há outro que já existe, transnacional e muito real, cuja política podemos questionar. Mas essa é uma outra história...

---

21 Conforme apresentado por Latour em *Diante de Gaia: Oito conferências sobre a natureza no Antropoceno* (2020), o "Teatro de negociações" foi uma simulação que integrou a peça *Make It Work*, realizada no Théâtre Nanterre-Amandiers, na França, entre 26 e 31 de maio de 2015, e dirigida por Philippe Quesne e Frédérique Aït-Touati. A simulação contou com a participação da École d'Affaires Publiques da Sciences Po e foi realizada por iniciativa de Laurence Tubiana e Bruno Latour (Latour, 2020, oitava conferência, nota 1). Conferir (on-line): https://nanterre-amandiers.com/evenement/le-theatre--des-negociations/. (N. do T.)

22 Título extraído da tradução de Maryalua Meyer publicada pela editora Ubu em 2020. Original: *Face à Gaïa*. (N. do T.)

REFERÊNCIAS

ABBOTT, Andrew. "L'avenir des sciences sociales: Entre l'empirique et le normatif". *Annales. Histoire, Sciences Sociales*, vol. 71, n. 3, pp. 575-596, 2016.

[ANÔNIMO]. *Le rond-point de Saint-Avold:* Nous, gilets jaunes, nos premiers 600 jours. Paris: Syllepse, 2020.

ARON, Raymond. *Paix et guerre entre les nations*. Paris: Calmann-Lévy, 1962.

AURAY, Nicolas. "Les agrandissements politiques de la jeunesse: Jeu, Internet et citoyenneté". *In*: BREVIGLIERI, Marc; CICHELLI, Vincenzo (orgs). *Adolescences méditerranéennes*: L'espace public à petits pas. Paris: L'Harmattan, 2007, pp. 113-126.

AURAY, Nicolas. "Les technologies de l'information et le régime exploratoire". *In*: VAN ANDEL, Pek; BOURSIER, Dominique (orgs). *La serendipité dans les arts, les sciences et la décision*. Paris: Hermann, 2011, pp. 329-343.

AURAY, Nicolas. *L'alerte ou l'enquête*. Paris: Presses des Mines, 2016.

AURAY, Nicolas; VETEL, Bruno. "L'exploration comme modalité d'ouverture attentionnelle: Le cas d'un jeu freemium". *Réseaux*, n. 182, pp. 153-186, 2014.

BAIER, Annette. *The Commons of the Mind*. Chicago: Open Court Publishing, 1997.

BARBIER, Rémi. *Une cité de l'écologie?* Paris: CSI, 1992.

BARRÈS, Maurice. *Les Déracinés*. Paris: Plon, 1967[1897].

BAYART, Jean-François. *Les études postcoloniales, un carnaval académique*. Paris: Karthala, 2010.

BEAUVOIR, Simone de. *Le Deuxième sexe*. Paris: Gallimard, 1949.

BENQUET, Marlène; BOURGERON, Théo. *La finance autoritaire:* Vers la fin du néolibéralisme. Paris: Raisons d'agir, 2021.

BERQUE, Augustin. *Êtres humains sur la Terre*. Paris: Le Débat-Gallimard, 1996.

BLOK, Anders. "Pragmatic Sociology as Political Ecology: On the Many Worths of Nature(s)". *European Journal of Social Theory*, vol. 16, n. 4, pp. 492-510, 2013.

BLOK, Anders; MEILVANG, Marie Leth. "Picturing Urban Green Attachments: Civic Activists Moving between Familiar and Public Engagements in the City". *Sociology*, vol. 49, n. 1, pp. 19-37, 2015.

BOLTANSKI, Luc; THÉVENOT, Laurent. *Les économies de la grandeur*. Paris: Presses Universitaires de France; Centre d'Etude de l'Emploi, 1987.

BOLTANSKI, Luc; THÉVENOT, Laurent. *De la justification*: Les économies de la grandeur. Paris: Gallimard, 1991.

BOLTANSKI, Luc; THÉVENOT, Laurent. *A justificação:* Sobre as economias da grandeza. Rio de Janeiro: Editora UFRJ, 2020[1991]a.

BOLTANSKI, Luc; THÉVENOT, Laurent. "Prefácio à edição brasileira: Criíticas e justificações de A justificação". *In*: *A justificação:* Sobre as economias da grandeza. Rio de Janeiro: Editora UFRJ, 2020[1991]b, pp. 29-83.

BONNEUIL, Christophe; FRESSOZ, Jean-Baptiste. *L'événement Anthropocène:* La Terre, l'histoire et nous. Paris: Seuil, 2016[2013].

BRAHY, Rachel. *S'engager dans un atelier-théâtre:* Vers une recomposition du sens de l'expérience. Mons (Belgique): Editions du Cerisier, 2019.

BREVIGLIERI, Marc. "L'étreinte de l'origine: Attachement, mémoire et nostalgie chez les enfants d'immigrés maghrébins". *Confluences Méditerranée*, n. 39, pp. 37-47, 2001.

BREVIGLIERI, Marc. "La résistance au rapprochement: Cohabitations pérennes dans un squat". *In*: BREVIGLIERI, Marc; CONEIN, Bernard (orgs). *Tenir ensemble et vivre avec:* Explorations sociologiques de l'inclination à cohabiter. Rapport de l'action financée par le programme Habitat et vie urbaine (Puca), Groupe de Sociologie Politique et Morale, 2003.

BREVIGLIERI, Marc. "De la cohésion de vie du migrant : Déplacement migratoire et orientation existentielle". *Revue Européenne des Migrations Internationales*, vol. 26, n. 2, pp. 57-76, 2010a.

BREVIGLIERI, Marc. "L'attachement au lieu d'origine. Entre tonalités d'habitation et convictions communautaires, le sol glissant de l'appartenance". *In*: COLONNA, Fanny; LE PAPE, Loïc (orgs). *Traces, désir de savoir et volonté d'être:* L'après-colonie au Maghreb. Arles: Actes Sud, 2010b, pp. 330-350.

BREVIGLIERI, Marc. "L'espace habité que réclame l'assurance intime de pouvoir: Un essai d'approfondissement sociologique de l'anthropologie capacitaire de Paul Ricœur". *Études Ricoeuriennes / Ricoeur Studies*, vol. 3, n. 1, pp. 34-52, 2012.

BREVIGLIERI, Marc. "Peut-on faire l'histoire d'un attachement?". *SociologieS*, 2013. DOI: https://doi.org/10.4000/sociologies.4403

BREVIGLIERI, Marc. "Fertilités: Sur les chemins de collecte des femmes oasiennes (univers végétal, résonateurs cosmiques, soins collectifs)". *Anthropologie et Sociétés*, vol. 44, n. 1, pp. 25-52, 2020.

BUTLER, Judith. *Notes Toward a Performative Theory of Assembly*. Cambridge, Mass.: Harvard University Press, 2015.

CARDOSO DE OLIVEIRA, Luís Roberto. *Droit légal et insulte morale:* Dilemmes de la citoyenneté au Brésil, au Québec et aux États-Unis. Laval: Les Presses de l'Université Laval, 2005.

CENTEMERI, Laura. "Retour à Seveso. La complexité morale et politique du dommage à l'environnement". *Annales, Histoire, Sciences Sociales*, vol. 66, n. 1, pp. 213-240, 2011.

CENTEMERI, Laura. "Reframing Problems of Incommensurability in Environmental Conflicts through Pragmatic Sociology: From Value Pluralism to the Plurality of Modes of Engagement with the Environment". *Environmental Values*, vol. 24, n. 3, pp. 299-320, 2015a.

CENTEMERI, Laura. "Entre expertises et émotions. Les conflits relatifs à l'extension de l'aéroport de Milan Malpensa". *In*: TRAÏNI, Christophe (org). *Émotions et expertises*. Rennes: PUR, pp. 127-146, 2015b.

CENTEMERI, Laura. "L'apport d'une sociologie des attachements pour penser la catastrophe environnementale". *Raison Publique*, dossier "Au-delà du risque. Care, Capacités et résistance en situation de désastre", 2015c.

CENTEMERI, Laura. "Commons and the New Environmentalism of Everyday Life: Alternative Value Practices and Multispecies Commoning in the Permaculture Movement". *Rassegna Italiana di Sociologia*, ano. 59, n. 2, pp. 289-313, 2018.

CENTEMERI, Laura; RENOU, Gildas. *Incapacité de raisonner et capacité de résonance*: Premiers jalons d'une exploration sociologique. Communication à la journée: "L'incapacité dans la philosophie et dans les sciences sociales", Fonds Ricœur/EHESS, 16 abr. 2014.

CENTEMERI, Laura; RENOU, Gildas. "Jusqu'où l'économie écologique pense-t-elle l'inégalité environnementale? Autour de l'oeuvre de Joan Martinez-Alier". *In*: LARRÈRE, Catherine (org). *Les inégalités environnementales*. Paris: PUF, 2017, pp. 53-72.

CHAKRABARTY, Dipesh. *Provincializing Europe*: Postcolonial Thought and Historical Difference. Princeton: Princeton University Press, 2000.

CHARBONNIER, Pierre. *Abondance et liberté*: Une histoire environnementale des idées politiques. Paris: La Découverte, 2020.

CHARBONNIER, Pierre; LATOUR, Bruno; MORIZOT, Baptiste. "Redécouvir la terre". *Tracés. Revue de Sciences humaines*, n. 33, pp. 227-252, 2017.

CHEYNS, Emmanuelle; THÉVENOT, Laurent. "Le gouvernement par standards de certification consentement et plaintes des communautés affectées". *La Revue des droits de l'homme*, n. 16, 2019. DOI: 10.4000/regulation.18470

CLEMENT, Karine. "From 'Local' to 'Political': The Kaliningrad Mass Protest Movement of 2009-2010 in Russia". *In*: JACOBSSON, Kerstin. *Urban Grassroots Movements in Central and Eastern Europe*. Farnham, En.: Ashgate, 2015a, pp. 163-193.

CLÉMENT, Karine. "Unlikely Mobilisations: How Ordinary Russian People Become Involved in Collective Action". *European Journal of Cultural and Political Sociology*, vol. 2, n. 3-4, pp. 211-240, 2015b.

COLONNA, Fanny. *Les versets de l'invincibilité:* Permanence et changements religieux dans l'Algérie contemporaine. Paris: Presses de Sciences Po, 1995.

COLONNA, Fanny. *Récits de la province égyptienne:* Une ethnographie sud/sud. Arles: Actes Sud, 2004.

COLONNA, Fanny. *Le Meunier, les moines et le bandit:* Des vies quotidiennes dans l'Aurès du XXe siècle. Arles: Actes Sud, 2010.

COLONNA, Fanny; Le Pape, Loïc (orgs). *Traces, désir de savoir et volonté d'être:* L'après-colonie au Maghreb. Arles: Actes Sud, 2010.

COLIN LEBEDEV, Anna. "La protestation postsoviétique et les grammaires de l'action collective: Une comparaison entre la Russie et l'Ukraine". *Revue d'études Comparatives Est-Ouest*, vol. 48, n. 3-4, pp. 95-124, 2017.

DAMATTA, Roberto. *Carnaval, bandits et héros:* Ambiguïtés de la société brésilienne. Paris: Seuil, 1983[1978].

DEWEY, John. "Force and Coercion". *International Journal of Ethics*, vol. 26, n. 3, pp. 359-367, 1916.

ELIASOPH, Nina. *Making Volunteers:* Civic Life After Welfare's End. Princeton: Princeton University Press, 2011.

FANON, Franz. *Peau noire, masques blancs*. Paris: Seuil, 2015[1952].

FANON, Franz. *Les damnés de la terre*. Paris: La Découverte (prefácio de Jean-Paul Sartre [1961], prefácio de Alice Cherki e posfácio de Mohamed Harbi [2002]), 2002[1961].

FERRO, Marc. "Entretien" par L. Thévenot. *Annales*, 2021 (no prelo).

FREIRE, Jussara. "Des émotions aux revendications: Voix et souffrance de 'mères de victimes de violence policière' à Rio de Janeiro", *SociologieS*, 2017. DOI: https://doi.org/10.4000/sociologies.6267

GABOWITSCH, Mischa. *Protest in Putin's Russia*. Berlim; Cambridge: Polity Press, 2016.

GINZBURG, Carlo. *Le Fromage et les vers*. Paris: Flammarion, 1980.

GINZBURG, Carlo. "Signes, traces, pistes: Racines d'un paradigme de l'indice". *In*: GINZBURG, Carlo. *Mythes, emblèmes, traces*. Paris: Ed. de l'EHESS, 1989[1986].

GORZ, André. *Ecologie et liberté*. Paris: Galilée, 1977.

HABERMAS, Jürgen. *Théorie de l'agir communicationnel*. Paris: Fayard, 1987[1981].

HOCHSCHILD, Arlie. *Strangers in Their Own Land:* Anger and Mourning on the American Right. Nova York: The New Press, 2016.

ILLICH, Ivan. *La Convivialité*. Paris: Seuil, 1973.

INGOLD, Tim. *The Perception of the Environment:* Essays on Livelihood, Dwelling and Skill. Londres: Routledge, 2000.

JULLIEN, François. *La propension des choses*. Paris: Seuil, 1992.

KANT DE LIMA, Roberto; EILBAUM, Lucia; PIRES, Lenin. "'Ici, c'est différent': Espace, conflits et techniques d'accueil policiers dans les commissariats de Rio de Janeiro". *Outre-Terre*, vol. 5, n. 18, pp. 323-334, 2007.

KOVENEVA, Olga. *Vivre ensemble dans la nature et dans la ville:* Regards comparés sur les grammaires de la mise en commun en France et en Russie. Tese (Doutorado em Sociologia) — EHESS e Instituto de Sociologia da Academia de Ciências da Rússia, Paris e Moscou, 2011a.

KOVENEVA, Olga. "Les communautés politiques en France et en Russie: regards croisés sur quelques modalités du 'vivre ensemble'". *Annales, Histoire, Sciences Sociales*, vol. 66, n. 3, pp. 787-817, 2011b.

LACLAU, Ernesto. *On Populist Raison*. Londres: Verso, 2005.

LAFAYE, Claudette. "Praticiens de l'Equipement et légitimités quotidiennes", *Les annales de la recherche urbaine*, n°44-45, pp.94-100, 1989.

LAFAYE, Claudette; THÉVENOT, Laurent. "Une justification écologique? Conflits dans l'aménagement de la nature". *Revue Française de Sociologie*, vol. 34, n. 4, pp. 495-524, 1993.

LAFAYE, Claudette; THÉVENOT, Laurent. "An Ecological Justification? Conflicts in the Development of Nature". *In:* CLOUTIER, C., GOND, J.-P. and LECA, B. (orgs). *Justification, Evaluation and Critique in the Study of Organizations:* Contributions from French Pragmatist Sociology. Bingley, U.K.: Emerald, 2017, pp. 273-300.

LATOUR, Bruno. "Moderniser ou écologiser? A la recherche de la 'septième' cité". *Ecologie Politique*, n. 13, pp. 5-27, 1995.

LATOUR, Bruno. *Politiques de la nature:* Comment faire entrer les sciences en démocratie. Paris: La Découverte, 1999.

LATOUR, Bruno. *Enquête sur les modes d'existence:* Une anthropologie des modernes. Paris: La Découverte, 2012.

LATOUR, Bruno. *Face à Gaïa:* Huit conférences sur le nouveau régime climatique. Paris: La Découverte, 2015.

LATOUR, Bruno. *Où atterrir?* Comment s'orienter en politique. Paris: La Découverte, 2017.

LIEDO, Jean-Pierre. "Fanny Colonna vient de nous quitter". *Huffington Post*, Les Blogs, 25 nov. 2014. Disponível em: https://www.huffingtonpost.fr/jean-pierre-lledo/fanny-colonna-vient-de-nous-quitter_b_6216936.html

LOBÃO, Ronaldo. "The Political Economy of Resentment: A Result of Public Policies That Become Government Policies". *In*: PINEDO-VASQUEZ, Miguel; RUFFINO, Mauro L.; PADOCH, Christine; BRONDÍZIO, Eduardo S. (orgs). *The Amazon Várzea:* The Decade Past and the Decade Ahead. Dordrecht: Springer, 2011, pp. 277-286.

LUHTAKALLIO, Eeva. *Practicing Democracy:* Activism and Politics in France and Finland. Basingstoke: Palgrave Macmillan, 2012.

LUHTAKALLIO, Eeva; TAVORY, Iddo. "Patterns of engagement: Identities and social movement organizations in Finland and Malawi". *Theory and Society*, vol. 47, n. 2, pp.151-174, 2018.

LUHTAKALLIO, Eeva; THÉVENOT, Laurent. "Politics of Engagement in an Age of Differing Voices". *European Journal of Cultural and Political Sociology*, vol. 5, n. 1-2, pp. 1-11, 2018.

MACHADO DA SILVA, Luiz Antonio. "Sociabilidade violenta: por uma interpretação da criminalidade contemporânea no Brasil urbano". *Sociedade e Estado*, Brasília, vol. 19, n. 1, pp. 53-84, 2004.

MACKINNON, Catharine. *Feminism Unmodified:* Discourses on Life and Law. Cambridge, Ma.: Harvard University Press, 1987.

MARTINEZ ALIER, Joan. *The Environmentalism of the Poor:* A Study of Ecological Conflicts and Valuation. Cheltenham: Edward Elgar, 2002.

MISSE, Michel. "Sobre a acumulação social da violência no Rio de Janeiro". *Civitas*, vol. 8, n. 3, pp. 371-385, 2008.

MITCHEL, Timothy. *Democracy:* Political Power in The Age of Oil. Londres: Verso, 2011.

MOODY, Michael; THÉVENOT, Laurent. "Comparing Models of Strategy, Interests, and the Public Good in French and American Environmental Disputes". *In*: LAMONT, Michèle; THÉVENOT, Laurent (orgs). *Rethinking Comparative Cultural Sociology:* Repertoires of Evaluation in France and the United States. Cambridge: Cambridge University Press, 2000, pp. 273-306.

MORIZOT, Baptiste. *Les Diplomates:* Cohabiter avec les loups sur une autre carte du vivant. Marselha: Wildproject, 2016.

MORIZOT, Baptiste. "Nouvelles alliances avec la terre. Une cohabitation diplomatique avec le vivant". *Tracés. Revue de Sciences humaines*, vol. 33, 2017.

MOTA, Fabio Reis. *Cidadãos em toda parte ou cidadãos à parte?* Demandas de direitos e reconhecimento no Brasil e na França. Rio de Janeiro: Consequência, 2014a.

MOTA, Fabio Reis. "Os limites da 'identidade': uma etnografia das demandas de reconhecimento na França e no Brasil". *In*: CARDOSO DE OLIVEIRA, Luís Roberto; WERNECK, Alexandre (orgs). *Pensando bem:* Estudos de sociologia e antropologia da moral. Rio de Janeiro: Casa da Palavra, 2014b, pp. 220-240.

MOTA, Fabio Reis. "Les arènes publiques identitaires: des Antillais de Paris aux *Quilombos* de Rio de Janeiro, une comparaison France/Brésil", *SociologieS*, 2017. DOI: https://doi.org/10.4000/sociologies.6177

MOTA, Fabio Reis. "Do indivíduo blasé aos sujeitos cismados: Reflexões antropológicas sobre as políticas de reconhecimento na contemporaneidade". *Antropolítica: Revista Contemporânea de Antropologia*, vol. 44, pp. 124-148, 2018.

MOTA, Fabio Reis. "The Category of 'Schism' in Brazil and Elsewhere: A View of Today's Construction of the Political in the Pragmatic Perspective [Kategoriia skhizmy v Brazilii i v mire: vzgliad na sovremennoe konstruirovanie politicheskogo v pragmaticheskoi perspektive]". *Etnograficheskoe obozrenie*, vol. 2, pp. 61-73, 2021a.

MOTA, Fabio. "Uma crítica à razão cismática: explorações antropológicas sobre problemas contemporâneos". 2021b (no prelo).

MOTA, Fabio; PELAEZ, Daniela Velasquez. "'Entre travessas e travessias': uma análise antropológica sobre a cisma e o lugar-comum". *Terceiro Milênio: Revista Crítica de Sociologia e Política*, vol. 17, n. 2, pp. 216-227, 2021.

MOUFFE, Chantal. "Deliberative Democracy or Agonistic Pluralism?". *Social Research*, vol. 66, n. 3, pp. 745-758, 1999.

NUSSBAUM, Martha. *Sex and Social Justice*. Oxford: Oxford University Press, 1999.

NUSSBAUM, Martha. *Frontiers of Justice:* Disability, Nationality, Species Membership. Cambridge, MA: Harvard University Press, 2006.

OKIN, Susan Moller. "Women and the Making of the Sentimental Family". *Philosophy and Public Affairs*, vol. 11, n. 1, pp. 65-88, 1982.

OKIN, Susan Moller. *Justice, Gender, and the Family*. Nova York: Basic Books, 1991.

PATTARONI, L. "Le *care* est-il institutionnalisable ? Quand la 'politique du *care*' émousse son éthique". *In*: PAPERMAN, Patricia; LAUGIER, Sandra (orgs). *Le souci des autres*. (Raisons Pratiques, n. 16). Paris: Ed. de l'EHESS, 2005, pp. 177-200.

POUCHEPADASS, Jacques. "Les 'Subaltern Studies' ou la critique postcoloniale de la modernité". *L'Homme*, n. 156, pp. 161-185, 2000.

RENOU, Gildas. "'Quelque chose comme un sujet': La sociologie de la pratique face à l'inscription sensible de la personne". *In*: LE BART, Christian; CORCUFF, Philippe; DE SINGLY, François. *L'individu aujourd'hui:* Débats sociologiques et contrepoints philosophiques. Rennes: PUR, 2010, pp. 331-344.

RESENDE, José Manuel; Martins, Alexandre Cotovio (orgs). *The Making of the Common in Social Relations*. Newcastle upon Tyne: Cambridge Scholars Publishing, 2015.

RESENDE, José Manuel; GOUVEIA, Luís; BEIRANTE, David. "Les jugements moraux sur l'humiliation et l'insulte morale: une méthodologie pragmatique sur l'analyse de la sociabilité scolaire". *Sciences & Actions Sociales*, vol. 1, n. 3, pp. 169-189, 2016.

RESENDE, José Manuel; MARTINS, Alexandre Cotovio; BREVIGLIERI, Marc; DELAUNAY, Catarina (orgs). *The Challenges of Communication in a Context of Crisis*. Newcastle upon Tyne: Cambridge Scholars Publishing, 2018.

SARTRE, Jean-Paul. *La nausée*. Paris: Gallimard, 1965[1938].

SARTRE, Jean-Paul. *L'être et le néant*. Paris: Gallimard, 1984[1943].

SARTRE, Jean-Paul. "Préface". *In*: FANON, Franz. *Les Damnés de la terre*. Paris: La Découverte, 2002[1961], pp. 17-36.

SIMÕES, Soraya Silveira. *Histoire et ethnographie d'une cité à Rio:* la Cruzada São Sebastião do Leblon. Paris: Karthala, 2010.

SOUSA SANTOS, Boaventura de. "Épistémologies du Sud". *Études rurales*, n. 187, pp. 21-50, 2011.

SPIVAK, Gayatri Chakravorty. "Can the subaltern speak?". *In*: CARY, Nelson; GROSSBER, Lawrence (orgs). *Marxism and the Interpretation of Culture*. Houndmills, Hampshire; Londres: Macmillan, 1988, pp. 271-313.

STANZIANI, Alessandro. *Les métamorphoses du travail contraint:* Une histoire globale (XVIIIe-XIXe siècles). Paris, Presses de Sciences Po, 2020.

STAVO-DEBAUGE, Joan. "L'idéal participatif ébranlé par l'accueil de l'étranger. L'hospitalité et l'appartenance en tension dans une communauté militante". *Participations*, vol. 9, n. 2, pp. 37-70, 2014.

STAVO-DEBAUGE, Joan. *Qu'est-ce que l'hospitalité?* Recevoir l'étranger à la communauté. Montréal: Liber, 2017.

STENGERS, Isabelle. *La vierge et le neutrino:* Les scientifiques dans la tourmente. Paris: La Découverte, 2006.

STOLER, Ann (org). *Haunted by Empire, Geographies of intimacy in North American History*. Durham; Londres: Duke University Press, 2006a.

STOLER, Ann. "Intimidations of Empire: Predicaments of the Tactile and Unseen". *In*: STOLER, Ann (org). *Haunted by Empire, Geographies of intimacy in North American History*. Durham; Londres: Duke University Press, 2006b, pp. 1-22.

STUURMAN, Siep. *François Poulain de la Barre and the Invention of Modern Equality*. Cambridge, MA: Harvard University Press, 2004.

STUURMAN, Siep. *The Invention of Humanity:* Equality and Cultural Difference in World History. Cambridge, MA: Harvard University Press, 2017.

THÉVENOT, Laurent. "Les investissements de forme". *In*: THÉVENOT, Laurent (org). *Conventions économiques*. Paris: PUF,1986, pp.21-71.

THÉVENOT, Laurent. "Mettre en valeur la nature; disputes autour d'aménagements de la nature en France et aux Etats-Unis". *Autres Temps. Cahiers d'éthique sociale et politique*, n. 49, pp. 27-50, 1996a.

THÉVENOT, Laurent. "Stratégies, intérêts et justifications. à propos d'une comparaison France—Etats-Unis de conflits d'aménagement". *Techniques, territoires et sociétés*, n. 31, pp. 127-149, 1996b.

THÉVENOT, Laurent. "Justifying Critical Differences; Which Concepts of Value Are Sustainable in an Expanded Coordination?". *In*: SIU-TONG, Kwok; CHAN, Sin-wai. *Culture and Humanity in the New Millennium:* The Future of Human Values, Hong-Kong: Hong-Kong University Press, 2001, pp. 45-65.

THÉVENOT, Laurent. *L'action au pluriel:* Sociologie des régimes d'engagement. Paris: La Découverte, 2006.

THÉVENOT, Laurent. "Sacrifices et bénéfices de l'individu dans un espace public libéral". *Cahier d'éthique sociale et politique*, n. 5, pp. 68-79, 2008.

THÉVENOT, Laurent. "Voicing Concern and Difference: From Public Spaces to Common-Places". *European Journal of Cultural and Political Sociology*, vol. 1, n. 1, pp. 7-34, 2014.

THÉVENOT, Laurent. "Making commonality in the plural, on the basis of binding engagements". *In*: DUMOUCHEL, Paul; GOTOH, Reiko (orgs). *Social Bonds as Freedom:* Revising the Dichotomy of the Universal and the Particular. Nova York: Berghahn, 2015a, pp. 82-108.

THÉVENOT, Laurent. "'Des liens du proche aux lieux du public': retour sur un programme franco-russe pionnier". *Revue d'Etudes Comparatives Est-Ouest*, vol. 48, n. 3-4, pp. 7-43, 2017a.

THÉVENOT, Laurent (com a colaboração de Janna Tsinman et Ariane Zambiras). "En commun, en différend: Politiques comparées dans l'apprentissage de la vie ensemble en foyer étudiant". *Revue d'Etudes Comparatives Est-Ouest*, vol. 48, n. 3-4, pp. 45-93, 2017b.

THÉVENOT, Laurent. "Endiguer les transes d'un péril prochain: La transition d'un Plan de Prévention de Submersion et la vague de réactions locales contre l'État". *In*: PADOVANI, Florence; LYSANIUK, Benjamin (orgs). *Les gestions des transitions*: Anticiper, subir, réagir, planifier. Paris: L'Harmattan, 2019b, pp. 31-66.

THÉVENOT, Laurent (com a colaboração de Paul Biot). "Des arts de prendre part : théâtre et politique". *In*: BRAHY, Rachel. *S'engager dans un atelier-théâtre: Vers une recomposition du sens de l'expérience*. Cuesmes (Mons): Éditions du Cerisier, 2019c, pp. 203-224.

THÉVENOT, Laurent. "How does Politics Take Closeness into Account? Returns from Russia". *International Journal of Politics, Culture, and Society*, vol. 33, n. 2, pp. 221-250, 2020a.

THÉVENOT, Laurent. "La grande décentration". *Revue du MAUSS*, n. 56, pp. 77-91, 2020b.

THÉVENOT, Laurent. "Complément du n. 56: La grande décentration". *Journal du MAUSS*, Complément du n. 56, 17 nov. 2020. Disponível em: http://www.journaldumauss.net/?Complement-du-no56-La-grande-decentration

THÉVENOT, Laurent. "Faire entendre des voix muettes: Un engagement corporel en présence et sa mise en commun politique et critique". *SociologieS*, 2020c. DOI: https://doi.org/10.4000/sociologies.15483

THÉVENOT, Laurent. "La teoría y la encuesta para la cual 'social'? El arte de participar". *In*: NARDACCHIONE, Gabriel (org). *Calibrando el foco*: Estudios sobre la formación de categorías conceptuales y empíricas. 2021 (no prelo).

THÉVENOT, Laurent; MOODY, Michael; LAFAYE, Claudette. "Forms of Valuing Nature: Arguments and Modes of Justification in French and American Environmental Disputes". *In*: LAMONT, Michèle; THÉVENOT, Laurent (orgs). *Rethinking Comparative Cultural Sociology*: Repertoires of Evaluation in France and the United States. Cambridge: Cambridge University Press, 2000, pp. 229-272.

THÉVENOT, Laurent; ROUSSELET, Kathy; DAUCE, Françoise (orgs). "Critiquer et agir en Russie". *Revue d'Etudes Comparatives Est-Ouest*, vol. 48, n. 3-4, pp. 5-244, 2017.

TOURAINE, Alain. "Pour ou contre une politicologie scientifique". *Annales ESC*, ano 18, n. 3, pp. 475-491, 1963.

TRONTO, Joan C. *Moral Boundaries:* A Political Argument for an Ethic of Care. Nova York, Routledge, 1993.

VANDENBERGHE, Frédéric. "La sociologie comme ontologie du présent". *Revue du MAUSS*, n. 56, pp. 175-198, 2020.

WALZER, Michael. "Discovering What's Already There". *Nation*, vol. 304, n. 14, pp. 32-34, 2017.

WERNECK, Alexandre; TEIXEIRA, Cesar Pinheiro; TALONE, Vittorio da Gamma. "An Outline of a Pragmatic Sociology of 'Violence'". *Sociologias*, Porto Alegre, ano 22, n. 54, pp. 286-326, 2020.

WRANGHAM, Richard. *The Goodness Paradox:* The Strange Relationship Between Virtue and Violence in Human Evolution. Nova York: Pantheon Books, 2019.

WRANGHAM, Richard; PETERSON, Dale. *Demonic Males Apes and the Origins of Human Violence*. Boston: Mariner Books, 1996.

ZHURAVLEV, Oleg; SAVELYEVA, Natalia; ERPYLEVA, Svetlana. "The Cultural Pragmatics of an Event: The Politicization of Local Activism in Russia". *International Journal of Politics, Culture, and Society*, vol. 33, n. 2, pp. 163-180, 2020.

PARTE 2

A MORAL NA TEORIA SOCIAL

Direitos ético-morais e a administração de conflitos[1]

LUÍS R. CARDOSO DE OLIVEIRA

Em 1986, três anos após o aparecimento da versão original de *Consciência Moral e Agir Comunicativo*, Habermas (1989[1983]) publica um texto importante procurando responder a pergunta sobre em que medida as objeções de Hegel à noção de moralidade em Kant se aplicariam à Ética Discursiva (Habermas, 1986, p. 16-37). Em outras palavras, a questão era se a separação radical entre normas e valores enfatizada por Kant não eliminaria a possibilidade de compreensão de vidas éticas ou eticidades concretas, em que normas e valores apareceriam sempre de forma articulada. Habermas argumenta que a ética discursiva pretende resgatar a importância desta articulação contida na noção hegeliana de eticidade (*Sittlichkeit*), mas que o faz com meios kantianos, dando precedência à dimensão normativa, para não renunciar a fortes pretensões de validade nesta área. Como já indiquei em outro lugar, a meu ver, a formulação de Habermas fica em um plano excessivamente abstrato para viabilizar a compreensão adequada de demandas de legitimidade e equidade feitas pelas partes em processos de administração de conflitos empiricamente dados (Cardoso de Oliveira, 2019[1996]).

---

1 Uma versão anterior deste texto foi publicada em *Anuário Antropológico*/2022, seguido de comentários com resposta do autor.

De certa forma, o foco na compreensão de demandas por reparação de direitos ético-morais em minha atividade de pesquisa tem sido uma tentativa de contemplar a crítica hegeliana, a partir da perspectiva esboçada na ética-discursiva. Mas, em vez de privilegiar o significado das normas, tenho dado precedência, por um lado, à análise das pretensões de equidade de acordos ou de decisões judiciais em processos de administração de conflitos (Cardoso de Oliveira, 1989, 2019[1996]) e, por outro, à importância da equidade da relação e da qualidade do elo social entre as partes nestes mesmos processos ou em demandas de direitos associados à ideia de igualdade cidadã, a partir de um diálogo com as contribuições de Mauss e dos maussianos, reunidos no MAUSS[2]. Assim, meus esforços estariam em sintonia com a ideia de uma sociologia ou antropologia crítica (Cardoso de Oliveira, 2018a, p. 39-52, p. 216) com foco na pesquisa etnográfica e que, a rigor, compartilharia várias preocupações com a crítica da crítica proposta por Boltanski e Thévenot (2020[1991]) em *A Justificação*, recentemente traduzido para o português.

No que se segue, apresentarei inicialmente a importância da articulação entre direitos, valores e elo social para a compreensão do lugar dos direitos ético-morais no plano conceitual. Passarei então a discutir como tal articulação permite uma melhor apreensão dos direitos ético-morais em situações etnográficas específicas, começando pela exposição do impacto destes direitos na administração de conflitos em um juizado de pequenas causas nos EUA. Abordo também como as demandas de reconhecimento no Quebec ajudam a entender aspectos importantes desses direitos, passando depois a enfocar padrões de desigualdade de tratamento no Brasil à luz do significado dos direitos ético-morais para a cidadania. Finalmente, concluo o texto com uma observação geral sobre a presença do insulto moral no desrespeito a esses direitos nas três situações etnográficas, assinalando um aspecto da singularidade brasileira neste contexto.

---

[2] *Mouvement anti-utilitarisme dans les sciences sociales*, criado sob a liderança de Alain Caillé no início dos anos 1980, tendo *La revue du M.A.U.S.S.* como o principal canal de divulgação de sua produção.

Direitos, valores e elo social

De fato, quando analisamos processos de administração de conflitos interpessoais ou demandas de reconhecimento — que na contemporaneidade estão sempre voltadas para o resgate da igualdade cidadã —, verificamos que sua compreensão exige a articulação de direitos, valores e visões sobre a qualidade da relação na interação entre as partes, observando a ideia de tratamento digno, conforme a sensibilidade cívica local (Cardoso de Oliveira, 2018b). Creio que tal articulação se expressa bem nas demandas de sentido constitutivas destes processos do ponto de vista dos atores, cuja orientação para a ação tem sempre como referência a indagação sobre o que é adequado, correto ou justo. Esta abordagem realça, por um lado, a importância da noção de eticidade e, por outro, a necessidade de contextualizar adequadamente o evento no universo de sentidos que dão vida e suporte à qualidade das interações sociais etnograficamente dadas. Assim procedendo, parece ser possível retomar com maior concretude e profundidade no plano sociológico a proposta de Habermas de enfrentar o desafio hegeliano com meios kantianos.

Aqui, a precedência da dimensão normativa se expressaria na conjugação das pretensões de validade dos direitos acionados, tendo como referência o contexto em tela, com a análise da qualidade da interação entre as partes ao longo do desenrolar da ação equacionada a partir da lógica da dádiva e das três obrigações: de dar, receber e retribuir (Mauss, 2003[1924]). Pois, nas relações de troca descritas por Mauss no "Ensaio sobre a dádiva", os atos de troca implicam o reconhecimento não só dos direitos das partes, mas também da dignidade ou mérito (valor) dos parceiros, que os habilitaria a participarem das relações recíprocas (Cardoso de Oliveira, 1996a, p. 152-154). A proposta recente de Caillé (2019) de acrescentar uma quarta obrigação de demandar, estendendo o domínio da dádiva, também ajuda a articular a importância da qualidade da relação entre as partes na administração de conflitos.

A principal característica dos direitos ético-morais é o fato de não poderem ser plenamente positivados. Além disso, quando agredidos ou desrespeitados, os respectivos atos de agressão não podem ser adequadamente traduzidos em evidências materiais e envolvem a desvalorização ou negação da identidade do interlocutor (Cardoso de Oliveira, 2008, p. 136). No caso das disputas judiciais há uma dificuldade de incorporar as demandas de reparação destes direitos no âmbito das lides, devido ao processo de filtragem na recepção das demandas, bem expresso na *redução a termo* das causas, a qual exclui os aspetos do conflito que não podem ser enquadrados em categorias jurídicas pré-definidas. Nesse sentido, a importância da distância entre o enquadramento jurídico e a percepção sociológica-antropológica dos conflitos tem sido abordada por vários pesquisadores, tais como Kant de Lima (2008, 2010) e Simião (2014, 2015) no Brasil, assim como nos trabalhos de Thévenot (2019) e de Champeil-Desplats, Porta e Thévenot (2019) no exterior, para citar apenas alguns exemplos.

Se a dificuldade de positivação dos direitos ético-morais, por um lado, está marcada pela exigência de expressões de apreço e consideração que não encontram fundamento normativo para se constituírem como obrigações legais de caráter impositivo, por outro, demanda uma dimensão de dialogia entre as partes que requer a aceitação mútua do respaldo substantivo às respectivas expressões de apreço e consideração. No primeiro caso, não há como fundamentar a obrigação legal de uma parte (pessoa ou coletividade) atribuir valor ou qualidade positiva aos modos de vida, às práticas ou às concepções de mundo da outra parte envolvida na interação. No segundo caso, as expressões de apreço e consideração têm que refletir convincentemente o valor efetiva e genuinamente atribuído à parte demandante por aquele que atende a demanda de reconhecimento. Isto é, o reconhecimento do valor em tela não pode ser motivado apenas pela eventual obrigação legal.

Ainda no plano geral, assim como a dádiva analisada por Mauss, a observação desses direitos é simultaneamente livre, espontânea e obrigatória. Isto é, a demanda destes direitos só é adequadamente contemplada quando o demandante tem convicção de que a recusa do interlocutor é uma possibilidade real e que a observação efetiva dos referidos direitos só ocorre quando o receptor da demanda manifesta convincentemente a aceitação do mérito da demanda e identifica no demandante a substância moral da dignidade (Cardoso de Oliveira, 2011a, passim). Da mesma forma, tomando como referência a observação de Caillé[3] de que a dádiva teria uma dimensão intrínseca e outra extrínseca, para caracterizar melhor o caráter da obrigação em tela, argumentei que:

> No que concerne à dimensão intrínseca do valor ou mérito que se quer reconhecido, gostaria de propor a ideia de que tal demanda teria pelo menos duas características: 1) ela reivindica a disponibilidade do interlocutor em compreender e aprender a apreciar a singularidade do grupo demandante, em situações nas quais a recusa em fazê-lo é tomada como uma manifestação de desapreço e, portanto, como um insulto; 2) embora o valor ou mérito aqui reivindicado não seja concebido como algo mensurável, e sujeito a uma avaliação externa, ele é vivido como algo demonstrável a terceiros, pelo menos àqueles dispostos a estabelecer relações de respeito e atenção recíprocos, a única modalidade de interação considerada legítima nessas circunstâncias (Cardoso de Oliveira, 2018a, p. 217)

Esta formulação se distancia um pouco da visão de Honneth, que associa a estima social (solidariedade) — como uma de suas três esferas de reconhecimento (afeto e respeito seriam as outras duas) — à avaliação social das realizações ou do desempenho (*Leistung* no original e *achievement* na tradução para o inglês) de ego (Honneth, 2003, p. 237-267). Desse modo, passa inteiramente ao largo da dimensão intrínseca do reconhecimento do mérito ou valor do grupo demandante, o que o distancia também das formulações de Taylor (1994, p. 25-73) em sua análise sobre a importância do reconhecimento do valor (*worthiness*) no caso do Quebec. Como Taylor argumenta, o reconhecimento genuíno, calcado em demonstração substantiva de apreço pelas qualidades do outro, demanda uma fusão de horizontes e, portanto, uma dimensão de transformação da visão original do ator (Idem, p. 70).

---

3 Observação feita durante um colóquio realizado em dezembro de 2006 por A. Caillé e C. Lazzeri que resultou na publicação da coletânea *La quête de reconnaissance*, organizada por Caillé (2007).

Evidentemente, não se deve supor que as demandas de reconhecimento ou de observação dos direitos ético-morais, quando bem fundamentadas, terão sempre sucesso nos respectivos processos políticos ou judiciais. Entretanto, a alternativa a uma definição satisfatória da demanda seria a negociação de uma composição ou acordo aceitável que redefinisse os termos da interação entre as partes, de modo a viabilizar uma convivência futura sem agravar o conflito. Além disso, não devemos esquecer que, quando mal administrados, conflitos motivados por agressões a direitos ético-morais podem se desenvolver para a área criminal, como no caso envolvendo Anselmo, Natalício e Denílson em um Juizado no Gama (DF), descrito por Gomes de Oliveira (2005, p. 90) e retomado em meu artigo sobre a relação entre violência e agressão moral (Cardoso de Oliveira, 2008, p. 140-141).

Demandas de reparação por insulto nas pequenas causas

A pesquisa sobre pequenas causas nos EUA (Cardoso de Oliveira, 1989) me chamou atenção pela primeira vez, e de forma particularmente incisiva, para a importância dos direitos ético-morais, cujo desrespeito era vivido pelas partes como um insulto moral, provocando revolta contra o agressor, ainda que a parte agredida tivesse dificuldades de formular sua demanda de reparação como um direito e fosse totalmente invisibilizada durante a audiência judicial. Os Juizados de Pequenas Causas nos EUA atuam só na área civil, e todas as causas devem pleitear uma indenização monetária por quebra de contrato (por exemplo, relação de compra e venda) ou por ilícito civil (*tort* — por exemplo, um vaso cai do parapeito da janela no capô de um carro e causa prejuízo ao dono do veículo). Tanto em um caso como no outro o querelante deve apresentar documentação comprobatória, demonstrando factualmente a extensão do prejuízo e a responsabilidade do querelado pelo ocorrido.

Quando a reparação por insulto fazia parte da demanda, constituía-se um aspecto de difícil comprovação, como um prejuízo material que respaldasse indenização de acordo com os critérios vigentes para apresentação de evidências, sendo sistematicamente excluído do horizonte do juiz. Além disso, as causas demandando indenizações não superiores a 50 dólares estadunidenses não faziam sentido se supuséssemos que a principal motivação para a sua formalização fosse a obtenção da indenização pleiteada. Pois, como o custo mínimo para o processamento de uma causa até o seu desfecho judicial girava em torno de 50 dólares, nas causas até este valor um querelante bem-sucedido obteria no máximo o reembolso pleno por todos os custos despendidos para levar a causa adiante (Cardoso de Oliveira, 2011a, p. 49-68)[4]. Assim, esta era uma forte sinalização de que a reparação pleiteada ia além da indenização demandada no processo, ainda que o juizado não conseguisse reduzi-la a termo e que o querelante não conseguisse formular adequadamente a demanda.

Frequentemente a percepção de insulto era acionada pela identificação de tratamento indevido em episódios ocorridos durante a interação das partes desde o início do conflito, nos quais pelo menos uma delas atribuía atos de desconsideração ou desrespeito à outra. Ainda que a revolta motivada pela experiência do insulto fosse mais clara nas causas inferiores a 50 dólares, quando constituíam o cerne da disputa, como no caso "O Refrigerador Suspeito", no qual os autores demandavam uma indenização de 40 dólares (caso nº 10, em Cardoso de Oliveira, 1989, p. 425-437)[5], as demandas de reparação por insulto apareciam também em muitos outros casos como um aspecto importante do conflito. No caso "As Camisas Perdidas" (caso nº 7, idem, p. 383-398), por exemplo, o querelante

---

4 Somando-se taxas, custo de transporte para visitas ao Juizado, correio e horas de trabalho não remuneradas.

5 O Juizado oferecia a possibilidade das causas serem negociadas em sessão de mediação, para as partes que assim desejassem, e os casos de nº 10 e 7 mencionados neste parágrafo foram assim administrados. Já os casos de nº 3, 5 e 6 referidos adiante foram decididos em audiência judicial.

processa a lavanderia que perdeu suas camisas por um valor significativo e consensualmente superior ao preço de mercado dos produtos (camisas velhas avaliadas como se fossem novas) porque o dono da lavanderia tentou se esquivar da responsabilidade com desculpas esfarrapadas, fazendo com que o autor do processo se sentisse ofendido.

Da mesma forma, no caso "O Serviço de Saúde Desrespeitoso" (caso nº 3, idem, p. 304-308), a querelante demanda 750 dólares pelo que talvez pudéssemos traduzir como "danos morais" (*pain and suffering*), além do ressarcimento de seus gastos médicos em outra clínica (450 dólares), devido às dificuldades que o Serviço de Saúde havia colocado para ela, à falta de disponibilidade e ao desrespeito ou desconsideração, não levando a sério suas alegações de que o primeiro tratamento não estava funcionando e que ela continuava sentindo as mesmas dores[6]. A percepção ou sentimento de desconsideração também constitui aspecto importante no caso "Frustrante compra de carro" (caso nº 5, idem, p. 321-327), em que o autor demanda uma indenização de 500 dólares pelos gastos com a compra e o conserto do veículo, que não lhe parecia estar nas condições anunciadas, mas a principal motivação para o litígio teria sido a percepção de ter sido enganado. Em todos esses casos, a falta de atenção ou de consideração ostensiva ao interlocutor era vivida como uma negação do valor da parte agredida e como tentativa de uma das partes colocar a outra parte em uma condição de inferioridade, inaceitável no plano da cidadania (Cardoso de Oliveira, 2018b, p. 37).

Mas, gostaria de mencionar brevemente agora o caso "O Insatisfatório Muro de Pedra" (caso nº 6, idem, p. 327-339), que indica a potencial incidência de demandas de reparação por desrespeito a direitos ético-morais em quase todo tipo de conflito de caráter interpessoal, mesmo quando a

---

6 Essa parte da demanda foi imediatamente rejeitada pelo juiz, na medida em que o juizado não comportava demandas que exigissem avaliação pericial (para fundamentar a extensão da *pain and suffering* e sua relação com o conflito), mas eu quero chamar a atenção aqui para a motivação da querelante, que se sentiu ultrajada com o comportamento recebido do Serviço de Saúde.

formalização do processo pela quebra de um direito positivo, previsto em lei, é facilmente reduzida a termo. Casos como esse levaram-me a caracterizar o "reconhecimento" como uma das três dimensões temáticas constitutivas dos conflitos judiciais, ao lado dos "direitos" e dos "interesses" (Cardoso de Oliveira, 2004, p. 122-135; Cardoso de Oliveira, 2008, p. 135-146). Trata-se de um caso de caráter contratual em que o autor do processo havia sido contratado para construir um muro de pedra interno na casa do querelado. O serviço foi contratado para ser realizado em três partes, com pagamentos ao final de cada etapa, e quando a segunda parte foi concluída, o querelado não aprovou o serviço e recusou-se a pagar por esta parte, terminando, em seguida, unilateralmente, a relação contratual por meio de uma carta. O autor então dá entrada nas pequenas causas assim que recebe a carta, o que motiva a formalização de uma contrademanda por parte do querelado. O caso foi facilmente enquadrado pelo juiz nos parâmetros legais da disputa, os quais contaram com a anuência explícita das partes, cuja divergência se limitava a melhor maneira de interpretá-los na disputa em tela. O juiz que presidia a audiência foi excepcionalmente claro e explícito nas razões que davam sustentação à sua decisão em favor do querelante na demanda principal — o pagamento de 600 dólares pela construção da segunda etapa do muro —, ainda que tenha aceitado parte da contrademanda do querelado, no valor de 100 dólares, para ressarci-lo por parte do equipamento comprado para a tarefa, que havia sumido, tendo o querelado assinado um cheque de 500 dólares para o querelante ao final da audiência, encerrando a causa.

Embora houvesse consenso em relação ao enquadramento da causa, e compreensão no que concerne aos argumentos do juiz, a audiência não deu oportunidade para a discussão das alegações de má-fé e comportamento indevido de parte a parte após a quebra da relação contratual. De fato, tais alegações tinham importância secundária para as partes, não obstante a ênfase com que foram articuladas durante a audiência, demonstrando clara insatisfação com as atitudes de um e de outro, e a impossibilidade de vê-las esclarecidas ou sancionadas pelo juizado deixou um déficit nas respectivas demandas de reparação. Como indicado acima, tenho situado este tipo de demanda no âmbito da dimensão temática do reconhecimento, em associação com a expectativa das partes de serem tratadas com respeito e consideração por seus interlocutores, como portadoras da substância moral da dignidade que, nas democracias ocidentais, se expressa no mérito de desfrutar da igualdade cidadã, o que estava sendo cobrado por ambas as partes. Nas sociedades com sistema judiciário estatal, os tribunais estão usualmente bem equipados para avaliar as demandas de reparação no que concerne às dimensões temáticas dos direitos e dos interesses (relativas ao desrespeito a direitos positivos e aos prejuízos daí decorrentes), mas têm dificuldades de lidar com a dimensão temática do reconhecimento.

Entretanto, a dimensão temática do reconhecimento é absolutamente central para a observação dos direitos ético-morais, e uma das razões pelas quais o desrespeito a esses direitos é de difícil tradução em evidências materiais, como indicado acima, se deve ao fato de os respectivos atos de desrespeito se expressarem com maior nitidez nas atitudes e nas intenções do agressor, sem que apareçam com a mesma clareza no comportamento em sentido estrito. Cheguei a esta formulação em diálogo com a discussão de Strawson (1974, p. 5) sobre a fenomenologia do fato moral, que caracteriza bem o ressentimento como um sentimento provocado por este tipo de agressão (Cardoso de Oliveira, 2011a, p. 114-116). No exemplo acionado por Strawson, o ressentimento é provocado pela dor de uma pisada intencional na mão do ego, evento que teria um caráter distinto da dor física que uma pisada acidental provocaria. Strawson (1974, p. 15) chama a atenção ainda para o seguinte fato: quando tal intenção ou atitude agressiva é identificada por terceiros, estes experimentariam um sentimento de indignação moral, consolidando assim o caráter objetivo da agressão em tela.

Se os direitos ético-morais constituem um aspecto importante em muitas disputas judiciais, associados à dimensão temática do reconhecimento, eles também têm um impacto significativo nas demandas de reconhecimento expressas pelos movimentos sociais, em que são mais aparentes e mais bem explicitadas, como no caso das minorias étnico-raciais, nacionais e de gênero, ou nas reivindicações de direitos sociais motivadas pela percepção de tratamento desigual no plano da cidadania.

As demandas de reconhecimento do Quebec e a noção de igualdade cidadã

As demandas de reparação motivadas pela percepção do insulto moral nas pequenas causas em Cambridge, Massachusetts, me levaram a refletir sobre o contraste entre a ênfase no respeito aos direitos do indivíduo nos EUA e a preocupação com a consideração à pessoa no Brasil (Cardoso de Oliveira, 1996b, p. 67-81). Sugeri então que este contraste indicaria que as duas sociedades tinham déficits de cidadania em direções opostas, provocados, por um lado, pela dificuldade em universalizar direitos no Brasil e, por outro, por certa invisibilidade dos direitos que demandam expressão de consideração à pessoa nos EUA (Idem), já fazendo referência à discussão de Taylor (1994) sobre "a política de reconhecimento" no Quebec. Pois, assim como a consideração à pessoa no Brasil, as demandas de reconhecimento no Quebec traziam à tona a importância de se observar o *valor* singular do interlocutor no espaço público, ainda que no Brasil esta singularização tenha frequentemente um caráter seletivo e excludente, colaborando para a confusão entre direitos e privilégios, enquanto no Quebec a demanda de apreciação da singularidade *québécoise* é percebida como condição para a inclusão plena e igualitária dos atores no plano da cidadania. Desse modo, a pesquisa realizada na sequência colaborou muito para uma melhor compreensão dos direitos ético-morais e para uma melhor elaboração do conceito de insulto moral, assim como para um equacionamento mais abrangente de ambos em relação à problemática da cidadania e da igualdade cidadã (Cardoso de Oliveira, 2011a). Pois, nos três casos, as respectivas demandas de reparação envolvem melhor equacionamento de direitos ético-morais, ocupando um lugar proeminente nos conflitos.

O debate público em relação às demandas do Quebec tinha como pano de fundo o enfrentamento de divergências no que concerne a concepções de igualdade, como eu vim me referir ao tema mais tarde, com olhos voltados para o Brasil (Cardoso de Oliveira, 2018b, p. 34-63). No contexto canadense, autores como Charles Taylor (1994, p. 25-73) se referiam a este embate envolvendo duas concepções de democracia liberal como liberalismo 1 e liberalismo 2. Enquanto a primeira forma de liberalismo se caracterizaria por uma ênfase radical na ideia de direitos uniformes e nos procedimentos formais da democracia, a segunda contemplaria a possibilidade de relativizar a uniformização de direitos em certos casos para contemplar ideais de vida boa (projetos de sociedade) específicos. No caso do Quebec, tais ideais estariam expressos na demanda da província de ser reconhecida como uma "sociedade distinta", com implicações para processos constitucionais de revisão judicial, que permitiriam relativizar a Carta de Direitos e Liberdades instituída no Canadá em 1982 sempre que esta ameaçasse a preservação da língua e da cultura francesas no Quebec. A Lei nº 101 (promulgada em 1977), visando à proteção da língua francesa, percebida como um direito coletivo, estava no centro dos debates e da preocupação em limitar o alcance da Carta de Direitos e Liberdades. Pois a limitação do acesso às escolas de língua inglesa de crianças cujos pais tivessem frequentado escola de língua inglesa no Canadá restringia os direitos individuais das demais crianças, podendo constituir-se em afronta à referida Carta[7].

Assim, a exigência de tratamento estritamente uniforme na aplicação dos referidos direitos era vivida na província como uma negação da dignidade da identidade *québécoise* e, portanto, como uma negação de direitos, proporcionando um novo contraste com o Brasil, agora por ângulo inverso ao contraste com os EUA. No caso brasileiro, a dificuldade de implementar um tratamento uniforme no acesso a direitos, diferenciando ou desigualando direitos conforme a condição e o status social da pessoa, nega a igualdade cidadã a segmentos expressivos da população, percebidos como não portadores da substância moral da dignidade (Cardoso de Oliveira, 2011a, passim).

---

[7] A necessidade de as empresas com mais de 50 empregados funcionarem em francês, assim como a limitação ou proibição de cartazes bilíngues ou em outras línguas no comércio, em um país constitucionalmente definido como tendo duas línguas oficiais (inglês e francês), constituíam outros dois aspectos polêmicos da lei (Cardoso de Oliveira, 2011a, p. 96).

Segundo Taylor, "uma sociedade com fortes objetivos coletivos pode ser liberal" desde que respeite pontos de vista diversos de suas minorias e que possa garantir o acesso a direitos fundamentais para todos (1994, p. 60). Este tipo de sociedade caracterizaria o liberalismo 2 de Taylor, aceitando a precedência do valor de sobrevivência da cultura (e da língua) francesa no Quebec, atitude que seria inaceitável nos termos do liberalismo 1, que representaria a concepção de democracia dominante no resto do Canadá[8]. Embora Taylor discuta a razoabilidade do direito à sobrevivência cultural de minorias para além do caso do Quebec,[9] é verdade que, neste caso, trata-se de um valor particularmente acentuado e reiteradamente articulado no discurso nativo, com fortes conexões com a história da relação entre francófonos e anglófonos no Canadá (Cardoso de Oliveira, 2011a). Não posso retomar a discussão deste processo histórico no momento, mas gostaria de chamar a atenção para dois pontos que ajudam a entender a demanda do Quebec: (1) entre 1840 e 1867, o Canadá viveu sob o regime do Ato da União, que implementou políticas explícitas de assimilação, retirando os direitos culturais do Quebec, obtidos da Coroa Inglesa no final do século XVIII (Ato do Quebec em 1774), em relação à manutenção da língua francesa, da religião católica e do código civil francês como instituições oficialmente reconhecidas na província; e (2) a lembrança deste período, vivido como um tempo de repressão e sofrimento, é recorrentemente cultivada na tradição e na frase *Je me souviens* ("Eu me lembro"), estampada na placa de todos os veículos da província.

A frase remete a este sofrimento, mas também às glórias do Quebec e à sua singularidade. Trata-se da luta contra a negação da sua identidade

---

8 Habermas (1994, p. 107-148) faz uma crítica interessante à distinção proposta por Taylor entre os dois tipos de liberalismos e à dificuldade de fundamentar o direito à sobrevivência cultural de um grupo ou segmento qualquer, ainda que, a meu ver, sua crítica não chegue a captar adequadamente o cerne da demanda de reconhecimento.

9 O direito à garantia de sobrevivência cultural no âmbito do liberalismo, com forte ênfase na igualdade de direitos individuais, é particularmente problemático nos casos em que o grupo resistente à mudança requer o direito de reprimir iniciativas de seus membros nesta direção, como argumenta Kymlicka (1995, p. 34-78).

e, simultaneamente, pela afirmação de sua maneira de ser, ainda que só a partir dos anos 1960, com a Revolução Tranquila, esta afirmação tenha começado a ser feita de forma explícita. Embora a luta pela sobrevivência da língua (e da cultura) francesa seja uma marca importante da demanda por reconhecimento do Quebec, não me parece o melhor caminho para fundamentar esta demanda como um direito (ético-moral). A meu ver, o objetivo da sobrevivência como um valor estaria subordinado a uma articulação mais abrangente entre direitos e valores no plano da cidadania. Refiro-me a relação entre direitos e status na conformação da igualdade cidadã na sociedade moderna, pós *Ancien Régime*, que acaba com a divisão da sociedade em estamentos. A Revolução Francesa talvez seja o principal marco desta transformação que cria igualdade de direitos e de status no interior do mundo cívico das respectivas sociedades. O status de cidadão substitui os estamentos, agora englobados pela cidadania, constituindo um espaço de interação e de interlocução em que o tratamento igualitário passa a ser imperativo no plano normativo-conceitual. Autores como Berger (1983, p. 172-81) e Taylor (1994, p. 25-73) descrevem este processo como tendo desembocado na transformação da noção de honra em dignidade, chamando a atenção de que, enquanto o primeiro termo era distribuído de forma diferenciada e desigual na sociedade antiga, a dignidade poderia ser igualmente compartilhada por todos os cidadãos.

A criação de um universo de interação em que todos os atores teriam os mesmos direitos e status é bem descrita por Marshall para o caso inglês (Marshall, 1950, p. 5-8), em que o objetivo do novo status era que todos os cidadãos poderiam viver como *gentlemen* (cavalheiros, no sentido de homens de valor), compartilhando a mesma dignidade e criando, assim, uma relação indissociável entre normas e valores no plano da cidadania. Isto significa que a noção de dignidade tem uma dimensão substantiva incontornável, cuja identificação requer uma apreciação de mérito. É neste quadro que o diálogo com o "Ensaio Sobre a Dádiva" é particularmente esclarecedor, pois, assim como as relações de reciprocidade lá descritas, o envolvimento nas práticas de interação cidadã articula o respeito aos direitos compartilhados e a apreciação do mérito ou valor do parceiro de interação, expresso na percepção da substância moral da dignidade dos atores (Cardoso de Oliveira, 2011a, passim). Como as trocas nos termos da dádiva discutida por Mauss estão presentes em todo tipo de sociedade, inclusive nas não igualitárias, a lógica que articula direitos, valores e dignidade também permite entender melhor a legitimação de situações e contextos em que vigoram relações assimétricas na sociedade moderna, fora do mundo cívico, onde há espaço para legitimação de privilégios (como aqueles exercidos pelos nobres nas monarquias, como a Inglaterra, por exemplo).

A meu ver, dada a força da língua inglesa e da cultura anglo-americana no Canadá, somada à percepção de desvalorização da cultura e da língua francesas no resto do país, a legislação que protege a língua francesa no Quebec deve ser vista não apenas como um esforço para garantir a sobrevivência cultural da população *québécoise*, mas como condição para resguardar a sua dignidade na igualdade de direitos e status com seus concidadãos anglófonos. Como indicado acima, a desvalorização do legado francês no Canadá tem implicações diretas na percepção do status de cidadania dos francófonos e foi por vezes ostensiva, como durante a vigência do Ato da União, ou quando, ainda nos anos 1960, grandes lojas de departamento no centro de Montreal se recusavam a atender a população em francês, se dirigindo rispidamente aos consumidores com a expressão: *Speak White!* (fale como branco, fale inglês!).

Na mesma direção, o embate do Quebec com o resto do país sobre como entender e implementar o acordo que desembocou na Constituição de 1867—viabilizando a criação do Domínio do Canadá—, que foi alterada com a inclusão da Carta de Direitos e Liberdades na "patriação" (translado da constituição do parlamento inglês) em 1982, se dá como forma de garantir a igualdade de direitos e status por meio da autonomia recíproca[10] e da visão de que anglófonos e francófonos teriam contribuído

10 Tendo como referência a divisão do território canadense, em 1791, em duas províncias: Alto Canadá (Ontário) e Baixo Canadá (Quebec), respectivamente ocupadas por anglófonos e francófonos.

igualmente para a formação do país. Desse modo, a falta de preocupação no resto do Canadá com a preservação da língua francesa, que, aos olhos do Quebec, estaria sendo tratada de fato como apenas mais uma dentre as várias línguas das comunidades de imigrantes no país, apesar do bilinguismo oficial, seria mais um sinal de minorização (entendida como inferiorização). No resto do Canadá, as línguas estrangeiras dos imigrantes são cultivadas no ambiente doméstico, mas colocadas de lado no mundo do trabalho, onde o inglês é tratado como língua instrumental, servindo igualmente a todos. Além de a ideia de que o inglês seria *apenas* uma língua instrumental não fazer sentido para os quebequenses (para os quais língua e cultura são indissociáveis), a possibilidade de ver tal situação se instalar no Quebec seria absolutamente inconcebível. Esse conjunto de situações e atitudes faz com que os quebequenses se vejam colocados na condição inaceitável de inferioridade frente aos seus compatriotas anglófonos.

Embora eu não possa elaborar mais sobre a demanda do Quebec neste contexto, é verdade que, para parte significativa do mundo anglófono no resto do Canadá, o status de sociedade distinta reivindicado pelo Quebec aparece como uma demanda de privilégio, o que de certo modo inverteria a percepção de inferiorização, mesmo que os argumentos deste lado da equação não tenham os mesmos fundamentos e a mesma força de persuasão. Há de fato muitos aspectos mal discutidos e mal compreendidos dos dois lados[11], e alguns esforços de esclarecimento e composição no plano interpretativo foram feitos após o Referendum de 1995, como na coletânea editada por Roger Gibbins e Guy Laforest (1998). De todo modo, como quer que olhemos para o conflito, o cerne do problema está na alocação e melhor administração dos direitos ético-morais das partes.

---

11 A dificuldade de diálogo e compreensão de parte a parte é tema recorrente na literatura sobre o Canadá, simbolizado na expressão clássica cunhada por Hugh MacLennan sobre "as duas solidões" (1995[1945]).

Direitos ético-morais e desigualdade de tratamento no Brasil

A rigor, a importância dos direitos ético-morais na administração de conflitos tem uma abrangência para além do que ocorre no âmbito do judiciário, ou nas demandas de reconhecimento de minorias diversas. O padrão de desigualdade de tratamento vigente em instituições públicas brasileiras, assim como em interações na sociedade civil, é frequentemente assinalado por pesquisadores e percebido pelos próprios sujeitos prejudicados nestes contextos como atos de desrespeito ou desconsideração, entendidos aqui como afrontas a direitos ético-morais.

Como eu tenho procurado argumentar em várias publicações (2010, 2011b, 2015, 2018b, 2020), a sociedade brasileira convive com uma tensão entre duas concepções de igualdade, tornando confusa a distinção entre direitos e privilégios, bem como o exercício da igualdade cidadã nos diversos domínios de interação na sociedade civil e na relação com o Estado. Ao lado da concepção que define a igualdade como tratamento uniforme, orientada pela ideia de isonomia jurídica, característica das sociedades modernas no Ocidente, vigora também outra concepção bem representada em frase de Rui Barbosa, segundo a qual "a regra da igualdade não consiste senão em quinhoar desigualmente aos desiguais, na medida em que se desigualam" (Barbosa, 1999, p. 26). Nesta última acepção, a realização da igualdade no plano da justiça requer alocação desigual ou diferenciada de direitos de acordo com a condição social e o status do cidadão[12]. Se, como vimos acima, esta concepção não observa os princípios da igualdade cidadã, os quais não permitem distinção de status e de direitos no plano da cidadania, ao ser acionada de forma intercambiável com a primeira, ela também provoca incerteza e arbitrariedade.

---

12 O instituto da prisão especial, garantindo acesso a acomodações diferenciadas na prisão (antes da condenação do acusado) para portadores de diploma em curso superior, talvez seja o melhor exemplo de tratamento jurídico desigual em nossa estrutura normativa, conforme o status e a condição social do acusado.

No âmbito de nossas instituições públicas, este padrão de desigualdade aparece inicialmente descrito de forma mais incisiva no livro de Kant de Lima (1995) sobre a polícia no Rio de Janeiro, em que a tensão mencionada acima é apresentada como um paradoxo entre princípios constitucionais igualitários, de um lado, e um sistema judicial hierárquico, de outro, viabilizando práticas policiais discricionárias, especialmente abusivas para com a população de baixa renda, sistematicamente sujeita à suspeição e à interpelação policial (Idem, p. 56-63). No que concerne aos direitos ético-morais, esta duplicidade de tratamento da polícia entre segmentos de alta e baixa renda indica que o último segmento não é composto por cidadãos plenos, sendo estes não merecedores da mesma deferência cívica demonstrada em relação ao primeiro segmento. Aliás, a importante pesquisa de Marcus Cardoso sobre a atuação policial em favelas no Rio de Janeiro não apenas descreve a forma abusiva pela qual a polícia aborda os moradores, mas também chama a atenção para a revolta destes últimos com este tipo de tratamento, muito diferente do que eles presenciam em relação à população dos bairros de classe média a sua volta. Ainda que não defendam uma visão universalista sobre os direitos, alegam ser trabalhadores e pessoas de bem, também merecedores de respeito e consideração (Cardoso, 2010, 2014).

Tal quadro revela também déficits na institucionalização do papel de cidadão entre nós, como já havia assinalado Roberto DaMatta (1991, p. 72). Ao definir o Brasil como uma sociedade relacional, DaMatta (1979, p. 139-193; 1991, p. 71-102) reflete sobre as dificuldades de institucionalização do papel de cidadão num universo em que operam duas lógicas classificatórias que orientam a ação dos atores em sentidos inversos: a lógica individualista da igualdade e da impessoalidade, tendo como referência o *mundo da rua*; e a lógica tradicional das relações pessoais e hierárquicas, tendo como referência *mundo da casa*. Em que medida o papel de cidadão, com foco no indivíduo com direitos e status igualitários, seria adequadamente ensinado por nossas instituições neste contexto?

A formulação de DaMatta sobre a conjugação das duas lógicas classificatórias foi fonte de inspiração para a identificação do paradoxo assinalado por Kant de Lima em nossas instituições de justiça, assim como para o meu diagnóstico sobre a existência de uma tensão entre duas concepções de igualdade vigentes em nossa esfera pública. As três formulações mantêm grandes áreas de intersecção entre si e compartilham a visão de que a relação entre os pares dicotômicos é de grande porosidade, fazendo com que em muitas circunstâncias os respectivos pares se expressem de forma articulada (não polarizada) e não apareçam para os atores como alternativas excludentes. Esta porosidade me parece particularmente clara nas ideias de paradoxo ou de tensão e torna mais complexa a crítica ao tratamento desigual no campo da cidadania.

O problema aqui não se resume à existência de tratamento desigual no universo da cidadania, em que a tradição ocidental reza que o tratamento igualitário seria imperativo, mas também à falta de clareza sobre quem, onde, quando e em que circunstâncias deveria ter acesso a tratamento diferenciado. Se tomarmos o mundo cívico como o universo de interações no qual o tratamento igualitário deve ter precedência nas democracias ocidentais, isto significa que no Brasil nós não temos um mundo cívico bem conformado, que demarcaria bem a diferença entre direitos e privilégios. Ainda que o mundo cívico possa se apresentar em configurações diversas, conforme as sensibilidades cívicas locais, como tenho argumentado (Cardoso de Oliveira, 2011b, 2018b), este demarca com clareza as fronteiras entre os campos semânticos de direitos e privilégios. Nas democracias em que a cidadania é um valor consolidado, o papel de cidadão é bem internalizado no processo de socialização dos atores. Isso não significa que inexistam privilégios; há sim, mas sua ocorrência é registrada fora do mundo cívico[13].

Se a prisão especial é um exemplo claro de tratamento desigual implementado de forma sistemática e coerente com a legislação, o que em si

---

13 Estados Unidos e Canadá seriam bons exemplos destas democracias, ainda que os respectivos mundos cívicos tenham características próprias e os casos de desrespeito a direitos ético-morais discutidos acima não passem pela confusão entre direitos e privilégios que encontramos no Brasil.

fere a ideia de igualdade cidadã vigente no Ocidente, em muitas outras circunstâncias a razão e o mérito do tratamento desigual não são claros, como mencionado acima em relação à abordagem abusiva da polícia aos moradores da favela. As deliberações judiciais no âmbito das audiências de custódia seriam outro exemplo, para focarmos agora em práticas institucionais altamente formalizadas. Estas audiências avaliam a necessidade de manter em privação de liberdade os acusados que foram presos em flagrante e se eles sofreram tortura ou maus-tratos na abordagem policial. A maioria das prisões em flagrante são executadas na repressão ao consumo, tráfico de drogas e pequenos roubos ou furtos. Além de o juiz (assim como o promotor) raramente levar a sério os relatos de tortura e maus-tratos (Brandão, 2021, p. 35-52; Wuillaume, 2022), ele também costuma enquadrar o acusado em uma categoria ou outra conforme seu status e condição social, sendo os negros e pobres frequentemente enquadrados no tráfico, sujeitos a penas maiores, sem ter a prisão relaxada. Em sua dissertação, Wuillaume (2022, p. 64) descreve o caso do relaxamento da prisão de uma moça jovem de classe média alta "com boa aparência" — segundo a magistrada que presidia a audiência — em férias no Rio de Janeiro. Apesar de ser presa em flagrante na praia de Ipanema com "quantidade significativa de comprimidos de ecstasy e erva seca de maconha", situação similar neste aspecto a outros acusados que foram mantidos encarcerados, a juíza não titubeou em declarar que uma menina como ela não poderia estar envolvida com o tráfico (?!).

Ainda sobre as audiências de custódia, Brandão chama a atenção de que, além de os juízes e promotores não darem muita atenção às reclamações de maus-tratos feitas pelos acusados, há casos em que estes mesmos não reclamam das agressões, achando que levar "tapa na cara", por exemplo, faz parte do padrão a ser esperado (Brandão, 2021, p. 44). O caso traz à tona a situação que eu descrevi em outro trabalho (Cardoso de Oliveira, 2020) como internalização da condição de sujeição civil, quando a exclusão discursiva imposta aos segmentos mais pobres da população, caracterizados como duplamente hipossuficientes — sem recursos financeiros e ignorantes sobre seus direitos —, é aceita como o padrão a ser observado.

Como indiquei no mesmo texto, esta é apenas uma das manifestações possíveis em reação à exclusão discursiva e sujeição civil[14].

Há, evidentemente, muitas reações de contestação a esta condição de exclusão com sujeição, como vimos acima na reação dos moradores das favelas pesquisada por Cardoso (2010, 2014). Os exemplos são tão abrangentes quanto o universo da população excluída. Um caso que merece destaque é o da revolta dos camelôs da Central do Brasil, que entendiam a repressão dos Vigilantes da Supervia, mas não aceitavam a humilhação do "esculacho", como nos mostra a etnografia de Pires (2011). Da mesma forma, a etnografia de Lemos (2017) sobre presídios no DF também mostra como as internas e os internos reagem a esta situação de exclusão e sujeição frente às arbitrariedades na alocação de *direitos* e *regalias*. O mesmo fato se verifica na mobilização contra a intolerância religiosa descrita nas várias contribuições da coletânea organizada por Miranda, Mota e Pires (2019) ou na etnografia de Morais Lima (2020) sobre a atuação *probono* das advogadas da *TamoJuntas* na Bahia, ONG que representa mulheres negras em causas feministas e antirracistas, elas mesmas sujeitas à discriminação e à exclusão. A propósito, o tema da sujeição civil lembra a discussão de Fonseca e Cardarello (1999, p. 83-121) sobre "direitos dos mais ou menos humanos" e a observação de Eilbaum e Medeiros (2015, p. 420-421) de que a violência policial obedeceria a uma escala, conforme a classificação do alvo da ação como mais ou menos humano.

Antes de concluir com duas observações sobre a importância dos direitos ético-morais na administração de conflitos, não poderia deixar de mencionar os recentes episódios de "carteiradas" amplamente divulgados pela mídia durante a pandemia no ano passado. Ambos os casos se

---

14 Exclusão discursiva nem sempre implica sujeição civil. Trata-se de problema mais abrangente, que marca a dificuldade de o Estado moderno ouvir adequadamente seus cidadãos do ponto de vista destes. Movimentos como o "*Podemos*" na Espanha ou o *Occupy Wall Street* nos EUA são bons exemplos desta situação. A peculiaridade da sujeição civil no contexto brasileiro se refere ao fato de a voz excluída ser vista como não merecedora de ser ouvida (Cardoso de Oliveira, 2020).

baseiam na evocação de identidades e status particulares para a fruição diferenciada de direitos no mundo cívico. Em Santos, um desembargador se apresentou como tal para recusar a multa que recebia de um guarda municipal por não utilizar máscara. O desembargador humilhou o guarda e ameaçou ligar para o secretário de Segurança Pública. O outro caso ocorreu no Rio de Janeiro: ao serem abordados por um fiscal que cobrava a observação das regras de distanciamento na área de um bar, um casal se irritou. Ao ver o marido ser interpelado como cidadão pelo fiscal, a esposa exclamou: "Cidadão não! Engenheiro Civil, formado. Melhor do que você". Os dois casos reforçam, simultaneamente, a resiliência das práticas e demandas de tratamento desigual e as dificuldades para a institucionalização do papel e do valor do cidadão ordinário.

Conclusão

Assim como nos casos de desrespeito a direitos ético-morais nas pequenas causas nos EUA e nas situações que motivam a demanda de reconhecimento no Quebec em relação ao resto do Canadá, as práticas de tratamento desigual no Brasil também têm como referência a percepção da imposição indevida de uma relação abusiva, desembocando no insulto moral. Na mesma direção, se nas três situações etnográficas trata-se de agressões objetivas a direitos, no caso brasileiro o tratamento desigual impede a universalização de direitos e desrespeita incisivamente uma série de direitos positivos, legalmente instituídos, que não enfrentam as mesmas dificuldades nos dois outros casos. A propósito, como vimos em relação ao caso do Quebec, a universalização de direitos e a igualdade cidadã às vezes impõem a relativização do tratamento uniforme.

Vale ressaltar ainda que a concepção de igualdade que prevê tratamento diferenciado, desigualando direitos conforme o status e a condição social do cidadão, dando precedência ao todo em relação ao indivíduo, está marcada por certo holismo artificialista ou *pseudo-holism*, como diria

Dumont (1986)[15], pois tal concepção aciona uma ideia de sociedade que subordina os interesses e anseios da cidadania à preservação de relações tradicionais de caráter hierárquico, que não encontram mais o mesmo respaldo nas demandas sociais vigentes por maior institucionalização da igualdade cidadã, mesmo que não haja clareza quanto à melhor conformação do mundo cívico ou sobre a demarcação da fronteira entre direitos e privilégios. De fato, a visão tradicional persiste em alguma medida, mas não tem possibilidades de alcançar hegemonia na contemporaneidade.

Finalmente, é importante salientar que o empreendimento comparativo, por contraste, aqui realizado, somado à preocupação em articular a análise de processos de administração de conflitos com questões sobre cidadania e desigualdade de tratamento é uma característica da Antropologia do Direito produzida no Brasil, bem expressa na produção do meu grupo de pesquisa, o CAJU,[16] e na rede de pesquisadores que compõe o InEAC.[17] Neste sentido, o diálogo com os pesquisadores em diferentes níveis de formação vinculados ao CAJU e ao InEAC tem sido central para o aprimoramento das ideias aqui desenvolvidas, e é muito mais amplo do que pude indicar nas citações ao longo do texto.

AGRADECIMENTOS

Gostaria de agradecer aos vários comentários e sugestões de Roberto Kant de Lima, Daniel Schroeter Simião, Luiz Eduardo de Lacerda Abreu, Kelly Silva, e Daniel Mendonça Lage da Cruz, lembrando que as eventuais limitações do texto são de responsabilidade exclusivamente minha.

---

15 Dumont (1986, p. 158) fala em *pseudo-holism* em sua análise dos limites dos ideais nazistas na Alemanha de Hitler ao tentar subordinar o individualismo já enraizado à precedência da sociedade como uma totalidade.

16 Laboratório de Estudos da Cidadania, Administração de Conflitos e Justiça — CAJU.

17 Instituto Nacional de Ciência e Tecnologia de Estudos Comparados em Administração de Conflitos — INCT-InEAC.

REFERÊNCIAS

BARBOSA, Rui. *Oração aos moços*. Rio de Janeiro: Edições Casa Rui Barbosa, 1999.

BERGER, P. On the obsolescence of the concept of honor. In: HAUERWAS, S.; MACINTYRE, A. (org.). *Revisions*: changing perspectives in moral philosophy. Indiana: University of Notre Dame Press, 1983.

BOLTANSKI, L.; THÉVENOT, L. *A justificação*: sobre as economias da grandeza. Tradução: Alexandre Werneck. Rio de Janeiro: Editora UFRJ, 2020[1991].

BRANDÃO, N. A prevenção e o combate à tortura nas audiências de custódia: reflexões sobre as práticas e discursos dos operadores do direito sobre tortura. *Revista Campo Minado*, n. 2, Niterói, p. 35-52, 2º sem. 2021.

CAILLÉ, A. (org.). *La quête de reconnaissance*: nouveau phénomène social total. Paris: Éditions la Découverte/Mauss, 2007.

CAILLÉ, A. *Extensions du domaine du don*: demander-donner-recevoir-rendre. France: Actes Sud, 2019.

CARDOSO, M. *Como morre um projeto de policiamento comunitário, o caso do Cantagalo e do Pavão-Pavãozinho*. Tese (Doutorado em Antropologia Social) — Universidade de Brasília (UnB), Brasília, 2010.

CARDOSO, M. Confusões e desrespeito: uma (re)interpretação possível das falas dos moradores de favelas. *Anuário Antropológico/2013*, Brasília, UnB, v. 39, n. 2, p. 261-282, 2014.

CARDOSO DE OLIVEIRA, L. R. *Fairness and communication in small claims courts*. (PhD dissertation in Anthropology) — Harvard University, University Microfilms International, Ann Arbor, 1989.

CARDOSO DE OLIVEIRA, L. R. Justiça, Solidariedade e Reciprocidade: Habermas e a Antropologia". In: CARDOSO DE OLIVEIRA, R.; CARDOSO DE OLIVEIRA, L. R. *Ensaios Antropológicos Sobre Moral e Ética*. Rio de Janeiro: Tempo Brasileiro, 1996a.

CARDOSO DE OLIVEIRA, L. R. Entre o justo e o solidário: Os dilemas dos direitos de cidadania no Brasil e nos EUA. *Revista Brasileira de Ciências Sociais*, v. 11, n. 31, p. 67-81, 1996b.

CARDOSO DE OLIVEIRA, L. R. Honra, dignidade e reciprocidade. In: MARTINS, P. H.; NUNES, B. F. (org.). *A nova ordem social*: perspectivas da solidariedade contemporânea. Brasília: Paralelo 15, 2004. p. 122-135.

CARDOSO DE OLIVEIRA, L. R. Existe Violência Sem Agressão Moral?. *Revista Brasileira de Ciências Sociais — RBCS*, v. 23, n. 67, p. 135-146, jun. 2008.

CARDOSO DE OLIVEIRA, L. R. Concepções de Igualdade e (Des)Igualdades no Brasil. In: LIMA, Roberto Kant de; EILBAUM, Lucia; PIRES, Lenin (org.). *Conflitos, Direitos e Moralidades em Perspectiva Comparada*. Volume 1. Rio de Janeiro: Garamond, 2010. p. 19-33.

CARDOSO DE OLIVEIRA, L. R. *Direito legal e insulto moral*: dilemas da cidadania no Brasil, Quebec e EUA. 2. ed. Rio de Janeiro: Garamond, 2011a.

CARDOSO DE OLIVEIRA, L. R. Concepções de igualdade e cidadania. *Contemporânea: Revista de Sociologia da UFSCar*, São Carlos, n. 1, p. 35-48, 2011b.

CARDOSO DE OLIVEIRA, L. R. Cidadania, direitos e diversidade. *Anuário Antropológico/2014-I*, Brasília, UnB, v. 40, n. 1: 43-53, 2015.

CARDOSO DE OLIVEIRA, L. R. *Desvendando Evidências Simbólicas*: compreensão e conteúdo emancipatório da Antropologia. Rio de Janeiro: Editora da UFRJ, 2018a.

CARDOSO DE OLIVEIRA, L. R. Sensibilidade Cívica e Cidadania no Brasil. *Antropolítica: Revista Contemporânea de Antropologia*, n. 44, Niterói, p. 34-63, 1º sem. 2018b. Rio de Janeiro.

CARDOSO DE OLIVEIRA, L. R. Da moralidade à eticidade via questões de legitimidade e equidade. In: RIFIOTIS, T; SEGATA, J. (org.) *Políticas etnográficas no campo da moral*. Editora. UFRGS/ABA, 2019[1996]. p. 89-118.

CARDOSO DE OLIVEIRA, L. R. Exclusão Discursiva e Sujeição Civil em Tempos de Pandemia no Brasil. *Blog Ciência & Matemática — O Globo*, 8 jun. 2020.

CHAMPEIL-DESPLATS, V.; PORTA, J.; THÉVENOT, L. Introduction: une expérience de recherche coopérative et transverse entre droit et sciences sociales. *La Revue des droits de l'homme*, 16, abr. 2019.

DAMATTA, R. Você sabe com quem está falando? um ensaio sobre a distinção entre indivíduo e pessoa no Brasil. In: DAMATTA, Roberto. *Carnavais, malandros e heróis*: para uma sociologia do dilema brasileiro. Rio de Janeiro: Zahar Editores, 1979. p. 139-193.

DAMATTA, R. Cidadania: a questão da cidadania num universo relacional In: *A casa & a rua*. Rio de Janeiro: Guanabara Koogan, 1991.

DUMONT, L. The Totalitarian Disease: Individualism and Racism in Adolf Hitler's Representations. In: *Essays on Individualism*: Modern Ideology in Anthropological Perspective. Chicago, IL: The University of Chicago Press, 1986.

EILBAUM, L.; MEDEIROS, F. Quando existe 'violência policial'? Direitos, moralidades e ordem pública no Rio de Janeiro. *Dilemas: Revista de Estudos de Conflito e Controle Social*, v. 8, n. 3, 2015.

FONSECA, C.; CARDARELLO, A. Direitos dos mais ou menos humanos. *Horizontes Antropológicos*, Porto Alegre, ano 5, n. 10, p. 83-121, maio 1999.

GIBBINS, R.; LAFOREST, G. *Beyond the Impasse*: toward reconciliation. Ottawa: Institute for Research on Public Police (IRPP), 1998.

GOMES DE OLIVEIRA, C. *Saber calar, saber conduzir a oração: a administração de conflitos num Juizado Especial Criminal do DF*. Dissertação (Mestrado em Antropologia) — Universidade de Brasília (UnB), Brasília, 2005.

HABERMAS, J. Moralität und Sittlichkeit. Treffen Hegels Einwände gegen Kant auch auf die Diskursethik zu?. In: KUHLMANN, W. (org.). *Moralität und Sittlichkeit*: Das Problem Hegels und die Diskursethik. Frankfurt: Suhrkamp, 1986.

HABERMAS, J. *Consciência Moral e Agir Comunicativo*. Rio de Janeiro: Tempo Brasileiro, 1989[1983].

HABERMAS, J. Struggles for Recognition in the Democratic Constitutional State. In: GUTMANN, A. (org.). *Multiculturalism*: Examining the Politics of Recognition. Nova Jersey: Princeton University Press, 1994. p. 107-148.

HONNETH, A. The Point of Recognition: A Rejoinder to the Rejoinder. In: FRASER, N.; HONNETH, A. *Redistribution or Recognition? A Political-Philosophical Exchange*. London: Verso, 2003. p. 237-267.

KANT DE LIMA, R. *A Polícia da Cidade do Rio de Janeiro*: seus dilemas e paradoxos. 2. ed. rev. Rio de Janeiro: Forense, 1995.

KANT DE LIMA, R. *Ensaios de Antropologia e Direito*. Rio de Janeiro: Editora Lumen Juris, 2008.

KANT DE LIMA, R. Sensibilidades jurídicas, saber e poder: bases culturais de alguns aspectos do direito brasileiro em uma perspectiva comparada. *Anuário Antropológico/2009-2*, p. 25-51, 2010.

KYMLICKA, W. *Multicultural Citizenship*: A Liberal Theory of Minority Rights. Oxford: Claredon Press, 1995.

LEMOS, C. Puxando Pena: Sentidos Nativos da Pena de Prisão em Cadeias do Distrito Federal. Tese (Doutorado em Direito) — Universidade de Brasília (UnB), Brasília, 2017.

MACLENNAN, H. *Two Solitudes*. Toronto: General Paperbacks, 1995[1945].

MARSHALL, T. H. *Citizenship and Social Class and other essays*. Cambridge University Press, 1950.

MAUSS, M. Ensaio sobre a dádiva: forma e razão da troca nas sociedades arcaicas. In: *Sociologia e Antropologia*. São Paulo: Cosad & Naify, 2003[1924]. p. 184-314.

MIRANDA, A. P.; MOTA, F.; PIRES, L. *Crenças na Igualdade*. Rio de Janeiro: Editora Autografia, 2019.

MORAIS LIMA, A. L. *Azul Profundo*: Etnografia das práticas de advocacia feminista e antirracista na Bahia. Tese (Doutorado em Antropologia) — Universidade de Brasília (UnB), Brasília, 2020.

PIRES, L. *Esculhamba, Mas Não Esculacha! Uma etnografia dos usos urbanos dos trens da Central do Brasil*. (Coleção Antropologia e Ciência Política; 50). Niterói: Editora da UFF, 2011.

SIMIÃO, D. Sensibilidades jurídicas e respeito às diferenças: cultura, controle e negociação de sentidos em práticas judiciais no Brasil e em Timor-Leste. *Anuário Antropológico/2013*, Brasília, UnB, v. 39, n. 2, p. 237-260, 2014.

SIMIÃO, D. Reparação, justiça e violência doméstica: perspectivas para reflexão e ação. *Vivência: Revista de Antropologia*, v. 46, p. 53-74, 2015.

STRAWSON, P. Freedom and Resentment. In: *Freedom and Resentment, and Other Essays*. Londres: Methuen & Co. LTD, 1974. p. 1-25.

TAYLOR, C. The Politics of Recognition. In: GUTMANN, A. (org.). *Multiculturalism and the Politics of Recognition*. Nova Jersey: Princeton University Press, 1994. p. 25-73.

THEVENOT, L. Ce qui engage : la sociologie des justifications, conventions et engagements, à la rencontre de la norme. *Revue des droits de l'homme*, n. 16, abr. 2019.

WUILLAUME, A. *"A Custódia e a Tortura" Uma Etnografia Sobre Relatos de Tortura nas Audiências de Custódia do Estado Rio de Janeiro, Moralidades e Práticas Institucionais*. Dissertação (Mestrado em Justiça e Segurança) — Universidade Federal Fluminense (UFF), Niterói, 2022.

Qual é a moral da sociologia moral? Teoria da Ação, Ética da Virtude e Moralidade Moderna

FRÉDÉRIC VANDENBERGHE

Não seria bom se, tal como no nascer do verão, todos nós pudéssemos estar plenamente florescendo. De fato, seria muito bom. A questão que eu quero levantar neste artigo é, no entanto, um pouco diferente. Quero indagar o que resta da ética da virtude nos tempos modernos e refletir se a perspectiva da boa vida pode ser imposta a todos, quase como um imperativo moral. Minha resposta será negativa. Argumentarei que todos devem de fato tentar levar uma vida virtuosa e aspirar à excelência, mas que não se pode mais assumir que a própria versão da boa vida assumida por cada um é a correta. Ela pode ser válida para mim e para aqueles que compartilham minha visão do mundo, dentro ou fora da minha comunidade, mas não para todos. Embora a autorrealização de cada um seja louvável, nenhuma versão particular de autenticidade pode aspirar à universalidade em sociedades contemporâneas plurais e polarizadas. A tentativa de impor a própria visão da boa vida a todos leva, em tempos mais tranquilos, ao paternalismo benevolente ou, em tempos ruins, ao populismo autoritário.

Trabalhando na intersecção da sociologia moral, da antropologia moral e da filosofia moral, quero contornar o debate da filosofia política que no passado opôs comunitaristas a liberais (Forst, 1993). Embora eu concorde com os liberais (como Habermas) e com os socialistas (como

Bhaskar) quando afirmam que o justo tem prioridade sobre o bom, não quero desistir totalmente da busca da eudemonia, isto é, do florescimento pessoal. Se eu faço a pergunta "Qual é a moral da sociologia moral?" ou, ainda, "O que há de bom na boa vida?", é porque quero limitar seu alcance e restringi-la à vida pessoal. Pegando minhas sugestões da teoria crítica de Jürgen Habermas e do realismo crítico de Roy Bhaskar, não quero opor o justo ao bom, mas explorar como a "autorrealização de cada um" pode ser combinada com a "autodeterminação de todos". Desta perspectiva social do perfeccionismo normativo, o livre e pleno desenvolvimento do potencial humano de cada um pressupõe uma ordem social justa — uma "estrutura básica da sociedade" (Rawls, 2001) — que dá a todos o acesso às pré-condições materiais do desenvolvimento humano, que permitem a todos desenvolver e exercer suas capacidades humanas (Ferdman, 2019).

O artigo está dividido em duas partes. Na primeira parte, vou adotar o ponto de vista da teoria de ação e investigar as propriedades da "postura ética". Exporei algumas características básicas do ponto de vista ético (liberdade, reflexividade, desinteresse e alteridade) e apresentarei a dialética das posturas como uma ascensão do *self* através do(s) outro(s) para uma comunidade ilimitada de comunicação que coincide com uma humanidade consciente de si mesma. Na segunda parte, vou analisar a ética da virtude de Aristóteles, que leio como teoria da ação, e defender a prioridade da autodeterminação (autonomia) sobre a autorrealização (autenticidade). Vou sugerir que, devido à falta de um consenso sobre os valores nas sociedades pluralistas, o projeto de autorrealização tem que ser, a partir de agora, um projeto pessoal. Politicamente, porém, temos que ter cuidado com as forças populistas que querem impor a todos sua visão da boa vida que só serve para alguns.

A postura ética

UMA ABORDAGEM TEÓRICA DA AÇÃO

Os cientistas sociais têm uma fixação no social. Mesmo quando se concentram no indivíduo, eles privilegiam o social. Ao contrário dos psicólogos, os sociólogos e antropólogos não separam o indivíduo do social. Tampouco separam o social do individual. Eles concebem o eu que cria, reproduz e transforma a sociedade como um *self* social e geralmente exploram a relação entre agência, cultura e estrutura como um processo dialético de reforço de *loops* morfogenéticos. Na medida em que o foco na ética os força a adotar uma abordagem teórica de ação e a analisar princípios, normas e valores a partir da perspectiva performativa dos participantes da vida social, a dialética da estrutura e da agência assume necessariamente uma inflexão prática. Enquanto admitimos que os indivíduos são produtos sociais, devemos considerar que os indivíduos que produzem, reproduzem ou transformam a sociedade também têm que se produzir como atores de suas próprias vidas em condições que não escolheram livremente.

Se a oposição entre moralidade social e ética pessoal parece repetir o debate estrutura-agência, ela na verdade a desloca, porque mesmo quando os sistemas morais parecem prescrever, regular e impor ações de fora, ainda assim eles pressupõem a agência histórica dos indivíduos aos quais apelam. Sua capacidade de seguir injunções por consentimento pode estar implícita, mas ainda assim é real. Mesmo quando eles parecem seguir um código moral imposto por uma comunidade ou religião, os seres humanos são supostamente sujeitos éticos livres. A perspectiva ética pressupõe e exige dos indivíduos uma capacidade básica para julgar, avaliar e decidir sobre um curso de ação e, muitas vezes, até mesmo sobre todo um modo de vida. Se eles fazem uma escolha, por mais tênue que seja, é porque eles têm uma escolha. Quando decidem "promover" um código moral, seja "dentro de uma vida ou entre vidas", ou quando optam por "honrá-lo" "em qualquer ocasião em particular", presumivelmente o fazem porque e na medida em que são agentes (Brink, 2019).

Os sociólogos negligenciam demasiadas vezes a antropologia da liberdade (Laidlaw, 2014, p. 4-6). Confrontando a questão da liberdade com a da eficácia transformadora, eles reduzem significativamente a margem de ação para ações que transformam as estruturas sociais que limitam as capacidades dos atores. O problema é que, na sociologia, a agência reflete essencialmente o ponto de vista do observador. Apesar de a sociologia interpretativa assumir o ponto de vista do ator, ao amarrar a agência na estrutura, ela só considera ações que são estruturalmente significativas. O que é verdade para a política, isto é, que o político é pessoal, é fato consumado para a ética, porque a ética sempre pressupõe uma capacidade básica de agência, entendida aqui com Giddens (1984, p. 14) como a "capacidade de agir de outra forma e fazer a diferença".

Embora a missão da ética não deva de forma alguma ser restrita à questão da autonomia e da liberdade, nenhuma ética é possível sem liberdade. Isso vale não apenas para as principais correntes da filosofia moral contemporânea (ética da virtude, utilitarismo, deontologia, comunitarismo, ética do cuidado), mas também para a ética heterônoma que está ancorada nas principais religiões do mundo. Quer se defina o normativo com referência à moral social (seguindo princípios gerais, normas, obrigações, regras etc.) ou à ética pessoal (escolhendo virtudes, valores e exemplos), há sempre o pressuposto de que as pessoas são reflexivas e que suas ações são orientadas por normas, valores e fins que subscrevem e com os quais concordam, explícita ou implicitamente, e que estes, por sua vez, não podem ser definidos como os meios para outros fins.

Se fosse pedido aos atores uma justificativa para sua conduta, por seus companheiros ou por um cientista social visitante, eles dariam um relato ou relatório (*account*) de si mesmos para prestar contas. Para isso, eles se refeririam a um "repertório moral" amplamente compartilhado que transcende a ocasião e usariam um "vocabulário de motivos" aceitável para seus companheiros (Boltanski; Thévenot, 2000). Esta é, definitivamente, uma "racionalização", em todos os sentidos do termo. É um relato que explicita os motivos da ação. Ao invocar publicamente as razões da ação, o ator as coloca em público diante dos outros. Mesmo que ele invente motivos, junto com uma história que esconde os verdadeiros motivos, ele também será mantido pelos motivos que inventou, e assim se tornará pessoalmente responsável. Isto é, sem dúvida, o que La Rochefoucauld (e talvez Foucault também) quis dizer quando definiu a hipocrisia como um vício que presta homenagem à virtude.

Para a ética, as ações são sempre realizadas em um reino ideal de princípios e valores normativos transpessoais que não são um impedimento, mas sim uma condição do compromisso pessoal. A orientação para normas, valores e fins considerados óbvios, justificados ou justificáveis, torna possível a avaliação de si mesmo, dos outros e dos coletivos. A avaliação normativa dos elementos que compõem a situação da ação (eu, outros, o entorno) em termos de bom ou mau, justo ou injusto, digno ou indigno, e a conclusão que se tira dela em um silogismo prático, é precisamente o que torna ética a ação. Assim, a ação não é meramente autointeressada e restrita a um cálculo de utilidade, mas leva em conta outros critérios que não a conveniência, a eficácia e a utilidade na orientação da própria conduta, critérios esses aos quais os atores, implícita ou explicitamente, subscrevem quando julgam a si mesmos e aos outros e agem em conformidade. O ponto de vista ético, portanto, não só assume *capacidade de ação* e *reflexividade*, mas também *desinteresse* e *alteridade*. Se deixarmos um dos elementos de fora e analisarmos a postura da pessoa do ponto de vista do observador, recairemos em uma visão sociológica do ator determinada de fora pelas estruturas, cultura ou interesse próprio.

A DIALÉTICA DAS POSIÇÕES

O que importa em sociologia e antropologia são "os próprios atores". As análises da ação normativa que os cientistas sociais propõem são, em grande parte, derivativas. Os próprios atores são atores morais. Eles julgam, avaliam, criticam a si mesmos, aos outros e às instituições o tempo todo. Os sistemas éticos que os cientistas sociais derivam dos livros são algumas dentre tantas formalizações da conduta ética comum que eles encontram no campo (Boltanski; Thévenot, 1991). À moda pragmática, os cientistas sociais não assumem que os atores tenham lido Aristóteles, Kant ou Rawls. Ao contrário, eles assumem que os grandes autores explicitam, formalizam e sistematizam os julgamentos, avaliações, justificações e críticas que os atores fazem em sua vida cotidiana. Pois os sistemas morais vêm da vida cotidiana.

Quando pensamos em ética e moralidade, assumimos que os indivíduos são livres, ou pelo menos capazes de mudar sua conduta, suas práticas e, em última análise, si mesmos também de acordo com os padrões normativos aos quais assentem. Em outras palavras, a ética pressupõe a "causalidade da liberdade" (Kant, 1968). Isso não significa que abstraímos as condições prévias históricas, sociais e culturais da boa vida e assumimos que a boa vida é possível sem o bem-estar social. Pelo contrário, a referência à universalidade e à humanidade que caracteriza a reflexão moral conecta o bem-estar do indivíduo com o bem-estar da comunidade.

O que define a ética não é apenas a liberdade, mas também um descentramento de si mesmo e a adoção de uma postura normativa, desinteressada e antiutilitária. A postura da primeira pessoa (*Ego*) é essencial, mas sua abertura para a outra (*Alter*) também. Com a abertura para o outro em pensamento, mas sobretudo na e pela comunicação e interação, *Ego* e *Alter* formam um "Nós" (*Nos*). A princípio, o "Nós" se opõe a um "Eles", mas graças a um maior descentramento e a uma maior troca de perspectivas, que é incorporada à linguagem como pressuposto e *telos*, entra em jogo uma tendência universalizadora, e os sujeitos consideram suas ações a partir da perspectiva transcendente de uma "comunidade ilimitada de comunicação" (Apel, 1973; Habermas, 1981).

A vida ética é de fato animada, como Webb Keane (2015, 2016) demonstrou brilhantemente em sua reconstrução das histórias naturais e sociais da conduta ética, por uma dialética de posturas interligadas — da perspectiva da primeira à segunda e da terceira pessoa a um "Nós" abrangente que, no limite, coincide com a perspectiva de uma humanidade autoconsciente dentro do *self*. A ética vive, antes de tudo, na comunicação intersubjetiva e na interação social. Na medida em que pressupõe um *self* reflexivo que liga o pessoal ao universal, a interação é o lugar onde "o Eu que é um Nós" e "o Nós que é um Eu" (Hegel) se encontram e se cruzam.

Enquanto a interação e a comunicação expandem progressivamente os laços de amizade entre mim e você para nossos vizinhos, transformando os laços interpessoais em uma solidariedade que eventualmente engloba todos os membros anônimos de uma "comunidade imaginada", a conversa interna transpõe esta comunidade solidária de volta ao *self* (Vandenberghe, 2014, p. 100-153). Desta forma, graças à reflexividade e aos diálogos de posturas interligadas, o imperativo de universalidade de Kant pode ser unido à busca de Aristóteles pela boa vida, mas sem suas restrições comunitárias e com uma ênfase mais forte no bem-estar social.

A conexão interna e mútua entre o Eu e o Nós, o Eu e a comunidade, imprime uma posição normativa na ação que rompe com o axioma do interesse próprio que marca o utilitarismo (Caillé, 1994). A mera invocação de princípios e valores normativos é suficiente para superar a ação estratégica. A escolha racional não é a base da ação nem é o modo original de estar no mundo. É o que resta quando a ação é despojada de sua referência a princípios, normas e valores (Parsons, 1937). Quando a ação é assim reduzida a uma relação calculista e manipuladora com o meio ambiente, os interesses materiais ganham prioridade. O outro não é mais encontrado como outro sujeito, mas como um objeto. A ação não passa mais por um ambiente ideal que configura a ação de acordo com valores e normas. Ao contrário, ela é diretamente determinada pelas condições materiais do meio ambiente. Embora a ação racional seja geralmente considerada como o epítome da liberdade, ela é, de fato, o seu oposto (Vandenberghe, 2012). Quando as condições materiais são dadas e um objetivo é estabelecido, o cálculo dos meios é automático. Um logaritmo simples determina a melhor causa da ação. Idealmente, o ponto de vista do observador que calcula a relação entre fins e meios coincide com o ponto de vista do ator que segue seus interesses. Isto não é liberdade, mas exatamente o oposto. Quando a agência é reduzida à ação estratégica, a estrutura realmente determina a ação.

Quando os cientistas sociais adotam uma postura ética, eles não olham para as condições materiais em primeiro lugar. Eles partem do ponto de vista do ator, e investigam as condições sociais, culturais e históricas que tornam a agência possível. Eles assumem que estas condições são propícias ao arbítrio e, se não o são, eles as julgam, em vez de julgar os indivíduos incapazes de agir por causa da dominação (Nietzsche-Weber), alienação (Hegel-Marx) e repressão (Freud-Elias). Quando a agência é constrangida por condições materiais e culturais que impedem o livre e pleno desenvolvimento do ator, eles não julgam o ator, mas tentam descobrir que critérios normativos eles podem usar para julgar sua situação difícil. É óbvio que os critérios que eles utilizam para julgar a situação têm que ser acessíveis aos atores. Os critérios podem ser mais explícitos e formais, mas, de uma forma ou de outra, eles têm que satisfazer o "postulado de adequação" (Schütz, 1962, p. 42). Ao contrário da atual paixão pela crítica imanente, especialmente em Frankfurt e arredores (Stahl, 2013), o postulado fenomenológico de adequação não implica que nenhuma crítica transcendente seja possível. Ao contrário, significa que os critérios que os cientistas sociais e filósofos utilizam têm que ser capazes de ser reconhecidos e validados pelos atores.

Os critérios normativos que os cientistas sociais e filósofos utilizam para julgar e avaliar ações, pessoas e instituições são social, histórica e culturalmente variáveis. Eles fazem parte de um repertório moral que os atores herdaram de sua tradição. Eles podem tomá-los como dados, aderir conscientemente a eles ou examiná-los, criticá-los e rejeitá-los. As transições entre a reflexividade e o hábito são fluidas. No longo prazo, a reflexividade tende a sedimentar as estruturas de caráter, as disposições e os hábitos, mas também pode reavivá-los. As convulsões no ambiente social, o ativismo político e as crises existenciais podem levar à formação de um hábito reflexivo. Os exercícios espirituais, a psicanálise e a diligência moral também podem fazê-lo.

Em outro lugar, tenho argumentado que dentro da tradição ocidental, nossas intuições morais atuais consistem em uma mistura de concepções teleológicas clássicas de eudemonia (a "boa vida"), ética judaico-cristã de amor, cuidado e solicitude ("com e para os outros") e concepções deontológicas modernas de justiça ("em instituições justas") (Vandenberghe, 2015). Aproveitando o incrível talento de Paul Ricoeur para compactar materiais complexos em uma frase mnemônica, caracterizei nosso horizonte moral em termos de uma "visada da boa vida com e para os outros em instituições justas" (Ricoeur, 1990, p. 199-236, p. 202). Para desfazer essa frase, olhei a ética eudemoniana de Aristóteles, a concepção do amor de Agostinho e a concepção secular de benevolência do Iluminismo escocês, o imperativo categórico de Kant e o sistema de moral de Hegel. Esta excursão à filosofia moral não foi feita por mera erudição, mas para mapear os recursos normativos que os atores comuns usam na vida cotidiana quando julgam a si mesmos, avaliam os outros e avaliam as instituições existentes. Pesquisas empíricas mostram que, na maioria das vezes, os atores simultaneamente invocam Deus, invocam virtudes e valores, apoiam o amor e a benevolência, apelam para as normas morais, recorrem às convenções e defendem a justiça e os direitos humanos quando praticam a reflexão ética.

Se eu pinto uma tela tão ampla de ética e moralidade, é porque tenho algumas reservas quanto ao florescimento humano (*human flourishing*). Não sou contra o florescimento, mas acho que precisamos de um espectro ético maior e não devemos arriscar tudo nessa única mão. Embora receba de bom grado o foco na ética pessoal e na boa vida, acho que não podemos simplesmente estar satisfeitos com a autorrealização pessoal. A dialética das posturas impulsiona a busca da autorrealização para frente, da primeira para a segunda e terceira perspectiva, e para trás. A dialética da reciprocidade que se constrói na linguagem introduz uma demanda de autodeterminação, autonomia e universalidade. O bem-estar pessoal e o bem-estar social estão unidos em um novo tipo de perfeccionismo normativo que, por meio de uma recusa de princípio da heteronomia, coloca algumas restrições nos antigos conceitos de autorrealização e os empurra, pelo desvio dos Outros, na direção de um conceito moderno de autodeterminação (Brink, 2019). A boa vida só é boa na medida em que foi alcançada pelo desenvolvimento e exercício das capacidades reflexivas que fazem de um ator um ator moral. Embora as capacidades reflexivas sejam incorporadas à natureza humana pela linguagem, não quero fundá-las na natureza humana, porque a natureza da reflexão é transcender a natureza, e porque as próprias capacidades que devem ser desenvolvidas são elas mesmas social, cultural e historicamente variáveis.

Seguindo a revisão cuidadosa de Bhaskar (1993, p. 663) da eudemonia de Marx, eu gostaria não só de argumentar que "o livre desenvolvimento de todos é uma condição prévia para o livre desenvolvimento de cada um", mas também, com Habermas, gostaria de resgatar "a perspectiva de uma prática autoconsciente na qual a autodeterminação solidária de todos deve ser unida à autorrealização autêntica de cada um" (Habermas, 1985, p. 391). Em vez de opor o Kantismo a todas as outras vertentes da filosofia moral contemporânea para formar uma aliança ontológica, tentarei na verdade recuperar a deontologia e investigar as pré-condições sociais, culturais e históricas do florescimento humano. Embora aceite o foco na autorrealização, gostaria de retomar parte da herança kantiana e defender sua insistência na liberdade, autodeterminação coletiva e universalismo sem abrir mão, entretanto, da perspectiva do desenvolvimento pessoal. Em vez de me opor ao legado aristotélico de reflexões sobre a virtude e à tradição kantiana de reflexões sobre o dever, tentarei combiná-las em uma investigação sociológica sobre o desenvolvimento do *self* moral. Meu projeto de combinar a deontologia kantiana com a ética aristotélica é um projeto liberal (no sentido esquerdista da palavra). Dada minha crítica ao utilitarismo, não há como eu defender um *self* pontual egocêntrico. O conceito de *self* que desenvolvi na primeira parte deste artigo é totalmente intersubjetivo e aberto para os outros. É tão profundamente dialético que a abertura aos outros leva o *self* para, através e além da comunidade à qual ele pertence. No espírito da teoria crítica e do realismo crítico, passarei agora à segunda parte do artigo e explorarei as condições sociais prévias que eliminariam os impedimentos estruturais ao florescimento e assim abririam o caminho para uma versão crítica, pluralista e social do perfeccionismo normativo.

Depois da virtude

O RETORNO DA ÉTICA DA VIRTUDE NA TEORIA CRÍTICA

Dentro das ciências sociais, notamos recentemente um interesse renovado em sociologia moral (por exemplo, Hitlin; Vaisey, 2010) e antropologia moral (por exemplo, Fassin, 2012). As fontes deste interesse renovado pela ética e moralidade são variadas, mas dentro do campo da teoria social, podemos distinguir pelo menos quatro correntes que estão de acordo com a virada ética: a teoria crítica alemã (Habermas, Honneth e Forst), o pragmatismo francês (Boltanski, Thévenot e Heinich), o realismo crítico britânico (Bhaskar, Archer e Sayer) e o comunitarismo americano (MacIntyre, Taylor e Walzer). Enquanto a teoria da ação que apresentei na primeira parte do artigo é inspirada no pragmatismo francês e na segunda geração da Escola de Frankfurt, as reflexões sobre eudemonia que apresentarei na segunda parte deste artigo se baseiam no realismo crítico e na teoria crítica para peneirar através do retorno comunitário à ética da virtude.

O realismo crítico é um movimento filosófico nas ciências sociais que se inspira no trabalho de Roy Bhaskar (Archer et al., 1998). Embora a crítica revolucionária do positivismo nas ciências naturais de Bhaskar tenha chamado mais a atenção, vou focar aqui suas contribuições para a filosofia das ciências sociais. Bhaskar uniu uma teoria aristotélica do florescimento humano com uma teoria marxiana da emancipação humana em um modelo transformador de ação social. Ele não só incorporou a ideia de florescimento humano em seu sistema, especialmente em seu trabalho posterior sobre a metarrealidade e a realização do "eu alético" (Bhaskar, 2002), mas desde o início, ele teve um forte interesse no marxismo e concebeu o realismo crítico como uma exploração ontológica das condições de possibilidade de emancipação a partir de estruturas generalizadas de dominação e repressão, exploração e alienação. A dialética transformadora de agência e estrutura que ele propôs como alternativa à teoria de estruturação de Giddens, girou em torno da integração de dois conceitos de poder — poder1 como "capacidade transformadora intrínseca ao próprio conceito de ação" e poder2 como "relações mestre-escravo generalizadas" (Bhaskar, 1993, p. 143, passim) — em uma teoria de ação social transformadora. De acordo com o interesse emancipatório das ciências sociais, a ideia era investigar criticamente os poderes causais e as características degenerativas das estruturas sociais e descobrir como elas funcionam, não simplesmente para aumentar nosso conhecimento do mundo social, mas para abri-las à prática coletiva, para que o desenvolvimento livre e pleno de todos pudesse finalmente ser realizado como uma condição necessária, mas insuficiente, para a autorrealização de cada um.

Em termos mais marxistas, poderíamos dizer que Bhaskar pretendia analisar as estruturas e funções de exploração que definem os sistemas capitalistas a fim de superar a alienação não apenas da mão-de-obra, mas também de práticas mais gerais. Como no jovem Marx, a investigação da alienação pressupõe tanto uma análise estrutural de suas causas sistêmicas quanto uma determinação normativa das capacidades essenciais dos atores que são reais, mas não realizadas ou atualizadas no presente. A conjunção de uma análise sociológica da realidade de uma sociedade ruim foi, portanto, premissa na investigação normativa da possibilidade de uma boa vida. Por meio de uma inversão irônica do famoso ditado de Adorno de que "não há vida boa em uma sociedade ruim" (Adorno, 1995, p. 44, aforismo 18), poderíamos assim dizer que para Bhaskar a "vida boa" só é possível em uma "sociedade ruim", ou seja, se houver uma boa análise causal dos poderes causais e dos mecanismos degenerativos da sociedade ruim que impedem estruturalmente o florescimento humano. A análise das condições sociais do "não florescimento" é, portanto, uma propedêutica ao florescimento pessoal, entendido aqui como a plena realização ou perfeição de seus poderes e capacidades essenciais como um ser autotransformador.

O conceito de eudemonia é de origem aristotélica. Desde os anos 1950, tem havido um constante renascimento da ética da virtude, tanto na filosofia continental (Arendt, Gadamer, Spaemann e Ricoeur) quanto na filosofia analítica (Anscombe, MacIntyre, Taylor e Nussbaum). Como resultado, após dois mil anos de latência, o conceito de florescimento está florescendo mais uma vez. Promovido por filósofos cristãos, o renascimento de Aristóteles é, no entanto, tem algo de uma restauração. No limite, vem com um retorno ao neotomismo. Dentro da sociologia, encontramos ecos do neoescolasticismo na teoria da prática de Bourdieu e do comunitarismo na sociologia da religião de Bellah. Mais recentemente, ele também reapareceu no realismo crítico (Archer, Sayer e C. Smith) e na teoria crítica (Tugendhat, Honneth e Jaeggi). Enquanto os realistas críticos são atraídos por ela devido a seu naturalismo, disposicionismo, perfeccionismo e espiritualismo, os teóricos críticos oferecem uma leitura hegeliana de esquerda para desenvolver uma teoria de ação pós-marxista.

A conjunção de uma teoria de práticas e uma teoria de valores está ancorada em uma teoria normativa do sujeito. Ser sujeito significa ser reflexivo sobre os objetivos da própria vida e organizar narrativamente sua conduta em um sistema coerente de ação que é regulado a partir de dentro por uma visão de "a boa vida com e para os outros em instituições justas" que estrutura sua ação de acordo com os valores em que se acredita. Embora esses valores façam parte de um patrimônio histórico, social e cultural, eles têm que ser internalizados e justificados pelos próprios atores para obter tração e estruturar suas práticas em situações de ação e interação com os outros. Isto soa muito como a teoria geral de ação de Talcott Parsons (Parsons; Shils, 1951), e, de fato, é, desde que se leia seu funcionalismo normativo do ponto de vista ético e permita uma reflexão crítica dos julgamentos normativos e, portanto, também uma transmissão reflexiva da cultura.

A cultura implica tradição e transmissão de seu conteúdo, mas, na modernidade, as reivindicações de validade da cultura tradicional têm que ser testadas e justificadas em público e *no foro interno* (Habermas, 1981). Neste sentido, os sistemas morais pressupõem indivíduos reflexivos e autônomos que possam julgar criticamente por si mesmos o que é válido e o que não é, de acordo com critérios de validação que não são particulares à sociedade em que se vive, mas que a transcendem e são contrafactualmente válidos para todos. Graças ao jogo das posturas, que reconstruímos na primeira parte do artigo, a reciprocidade de perspectivas decodifica progressivamente o Eu e o Nós. O tribunal da razão é destranscendentalizado e vem ao mundo pela linguagem. Ele julga atos e condutas de acordo com o critério metaético de imparcialidade e universalidade. A exigência de universalidade supera o paroquialismo da ética da virtude e do comunitarismo.

A questão agora é se podemos manter a promessa de autorrealização de cada um e nos unirmos a ela com a perspectiva de autodeterminação de todos em uma sociedade solidária e justa. Podemos integrar o florescimento humano, os valores comuns e as normas universais em uma única estrutura analítica? Podemos combinar justiça com solidariedade e florescimento humano, ou temos que assumir que a justiça pode ser feita, mas somente ao preço da felicidade? Ou, inversamente, que a autorrealização de cada um é possível, mas que não podemos impor nossa visão da boa vida a todos? Para responder a estas perguntas, temos que voltar à fonte em Aristóteles, investigar suas promessas de agência e considerar seus limites sociológicos para a ética contemporânea.

VOLTAR PARA ARISTÓTELES

A *Ética* a Nicômaco *de* Aristóteles é realmente uma teoria de ação que articula reflexivamente práticas a um projeto de vida que é regulado pelo caráter moral (*hexis*) e pela sabedoria prática (*fronésia*). Ela visa à realização de uma vida virtuosa, boa e feliz: ser bom fazendo o bem ou agindo bem. O conhecimento prático intervém neste projeto de vida não como *episteme* (ciência ou conhecimento teórico) nem como *técnica* (arte ou conhecimento técnico), mas precisamente como uma deliberação racional sobre a relação entre fins e meios que direciona as práticas para seu fim: *eudemonia*, geralmente traduzida como felicidade, mas entendida como florescimento humano em, através e como autorrealização.

Para Aristóteles, a felicidade não é transitória, mas permanente; não é um estado, mas uma prática que implica uma fusão bem-sucedida de virtude moral (*hexis*) e virtude intelectual (*phronesis*) em um modo de vida — "mas devemos acrescentar: em uma vida completa, pois uma andorinha só não faz um verão" (1979, 1098a, p. 10-15). As virtudes, como a coragem, a moderação, a generosidade e a justiça, não são dadas pela natureza, mas adquiridas pelo exercício e treinamento. É fazendo a coisa certa com o motivo certo, da maneira certa, sem excesso e sem déficit, que se torna virtuoso, que a virtude se torna uma disposição arraigada, e sedimentos em estado de caráter. A excelência moral como estado de caráter é o resultado de práticas virtuosas — "pois nós mesmos somos de alguma forma parcialmente responsáveis por nosso estado de caráter" (1979, 1114b, p. 20-25). Mas é também uma condição, porque nos tornamos virtuosos por meio da repetição, do treinamento e do hábito. É por meio do cultivo das virtudes morais pela prática, fazendo continuamente o bem e agindo bem, e exercendo a virtude intelectual da prudência, deliberando bem sobre os fins certos e os meios de ação para se tornar bom que, eventualmente, quando tudo estiver dito e feito, a pessoa será boa e virtuosa e, portanto, feliz.

Se lermos a virtude ética de Aristóteles como teoria da ação, torna-se imediatamente óbvio que não se trata de uma teoria da ação instrumental e estratégica. Em termos da tipologia clássica de ação de Weber (1972, p. 11-13), definitivamente não é *Zweckrationales Handeln (ação racional em relação a fins)*. A ação razoável não é uma ação racional. A fronésia não é uma escolha racional. Nem os fins são dados, nem o cálculo é limitado aos meios. A reflexão engloba a determinação racional tanto dos fins quanto dos meios. Para Aristóteles, a atividade é seu próprio fim. É autotélica. O bem que ela procura realizar é intrínseco ao ato. Quando se age bem e com honestidade, a satisfação não vem do resultado, mas do mero prazer de fazer bem o trabalho. Excelência na execução do ato e realização de suas capacidades são dois lados de uma mesma atividade autorrecompensadora.

Ao contrário da teoria de ação de Weber, que apresenta atos sem duração, a teoria de ação de Aristóteles toma como sua unidade não o ato, mas a busca vitalícia do indivíduo dedicado a fins honrosos perseguidos de acordo com a virtude. Os fins escolhidos intermitentemente são inseridos em uma busca teleológica da felicidade que dura toda uma vida. Só no final, quando tudo é dito e feito, é que se pode avaliar adequadamente se se viveu uma vida verdadeira, boa e bela, digna de ser lembrada e emulada.

Para Aristóteles, a ação é uma mistura da ação tradicional da Weber e da ação racional em relação a valores. É tradicional, porque quando as virtudes são exercidas regularmente, elas se tornam habituais e incorporadas. Mas é também reflexiva e racional, porque os fins são escolhidos conscientemente e perseguidos reflexivamente ao longo da vida. É também axiológico, porque os valores que determinam os fins e os meios não são pessoais, mas transpessoais e sociais. Embora a ação virtuosa seja autorrecompensadora, ela não é autointeressada. Ela tem seu fim em si mesma, mas também é dirigida ao outro, seja diretamente (como na amizade) ou indiretamente (como na democracia), quando visa à realização do bem comum de acordo com os valores comuns da comunidade. A autorrealização tem, assim, por necessidade, uma dimensão tanto pessoal quanto comunitária. Um vive uma boa vida com e para os outros em uma sociedade democrática decente que é coletivamente autodeterminada e voltada para a realização de valores compartilhados coletivamente. O pessoal e o coletivo coincidem em uma sociedade bem ordenada.

CREPÚSCULO DO BEM

Tudo considerado, o principal problema com a visão de Aristóteles da boa vida não é tanto que ela é elitista e exclusiva, mas que pressupõe uma ordem harmoniosa. Ao contrário dos antigos, nós, modernos, não acreditamos mais na existência de uma ordem cósmica que sustente nossa busca pela vida verdadeira, boa e bela. A ordem nômica das coisas entrou em colapso, e ela entrou em colapso bem antes do advento da modernidade. Com o colapso do Império Romano, o Cristianismo tornou-se hegemônico, pelo menos no Ocidente. A Renascença tentou reviver os ideais de Atenas e Roma, mas com o advento da modernidade, os princípios da subjetividade e da liberdade foram entronizados para sempre. Como afirma Hegel: "O princípio do mundo moderno é liberdade e subjetividade [...].

A grandeza de nosso tempo é o fato de que a liberdade, a posse particular da mente pela qual ela está em casa consigo mesma, é reconhecida" (apud Habermas, 1985, p. 27). O "princípio da subjetividade" implica o reconhecimento do individualismo, o direito de criticar a própria cultura, a autonomia de ação e a reflexividade da própria filosofia idealista, que agora é capaz de captar conceitualmente seu próprio tempo no pensamento e desenvolver suas próprias normas a partir de si mesma. O "princípio da liberdade" não é meramente negativo ("liberdade de"). Entendido corretamente, ele compreende um conceito positivo de liberdade ("liberdade para") que não é individual, mas coletivo e orientado para a realização democrática de uma forma de vida que garanta as condições materiais e culturais de florescimento dos indivíduos na sociedade. Se seguirmos a reconstrução normativa de Axel Honneth (2011) da *Filosofia de Direito* de Hegel, podemos traçar a implantação histórica e conceitual do conceito de liberdade — de um conceito negativo de liberdade meramente contratual (Hobbes) por meio de um conceito reflexivo de direitos (Kant) para um conceito positivo de vida ética (Hegel) em uma sociedade democrática que institucionaliza a liberdade de tal forma que a autodeterminação de todos torna possível a autorrealização de cada um.

Não há como voltar ao passado com seu coletivismo imposto, moralidade heterônoma, tradicionalismo e falta de historicidade. Isso não significa que não haja resquícios do passado no presente, mas com o desencantamento do mundo, as ordens cósmicas não podem mais se impor a todos, embora, é claro, elas possam manter seu domínio sobre alguns a nível individual e até mesmo comunal, mas não a nível universal. Deste ponto de vista, o retorno a Aristóteles é equivalente a um retorno a Confúcio, Buda, Mahomé ou Jesus. Eles ainda são exemplares, mas, apesar de todas as aparências em contrário, a religião não é mais uma forma absoluta e coletiva do Espírito, mas uma forma subjetiva. A religião se transformou em religiosidade e espiritualidade.

Nossos tempos são, de fato, seculares (Taylor, 2007). Enquanto a religião é, e continua sendo, "uma forma contemporânea do espírito objetivo", como argumenta Habermas em sua genealogia do pensamento pós-metafísico (2019, p. 75-109), sua competência tem sido progressivamente reduzida de um todo que estrutura todos os aspectos da vida para tornar-se uma parte da cultura entre outras partes (como filosofia, ciência e arte) que permanece significativa, mas não tem mais supremacia sobre a sociedade, a cultura e a subjetividade. No nível individual, a religião tornou-se uma opção, uma opção pessoal que pode ser manipulada por forças coletivas, mas uma opção, no entanto. O humanismo, por outro lado, não é uma opção; é a linha de base que estrutura nossas sociedades e nossa existência. Por necessidade, os sujeitos modernos se tornaram pluralistas; as visões de mundo se tornaram pós-metafísicas; enquanto as sociedades, por sua vez, são agora compostas por uma multiplicidade de comunidades que coexistem em seu meio. Atualmente, a única maneira de compatibilizar as diferenças das visões de mundo é pela troca de perspectivas e pelo exercício do diálogo-na-tolerância. Sobrevalorizando meu caso, gostaria de sugerir que o "humanismo pós-secular" é a única "doutrina abrangente" que permanece em um mundo pluralista, pós-metafísico, com múltiplas transcendências.

Nas sociedades modernas, não se pode mais manter que existe apenas um curso de ação correto que leva à boa vida. Isso não significa que o niilismo prevaleça e que todas as escolhas sejam arbitrárias. Somente significa que na modernidade ninguém pode impor sua concepção particular da boa vida e da boa sociedade a ninguém mais sem cortejar o paternalismo ou o autoritarismo.

A tentativa de reavivar a ética da virtude em grande escala, e não em escala pessoal, é problemática. MacIntyre (1984) estava certo quando sugeriu que a linguagem das virtudes, dos fins e da autoridade moral são apenas fragmentos de um esquema conceitual outrora coerente, que agora perdemos completamente. Receio, no entanto, que ele tenha tirado as conclusões erradas. Ao forçar uma escolha difícil entre Aristóteles e Nietzsche para seus leitores (MacIntyre, 1984, cap. 9), ele desconsiderou Kant, o Iluminismo, a autonomia e a modernidade ao todo. Consequentemente, ele apelou para um retorno à Tradição. Em nível coletivo, não há retorno à Tradição, embora todos sejam, é claro, livres para retornar aos braços abertos da Igreja, para se clausurar em mosteiros, para se juntar a *ashrams* e outras comunidades voluntárias de pequena escala.

Da mesma forma, quando Nussbaum (2000) tenta concentrar a visão de Aristóteles e Marx sobre os poderes humanos essenciais em uma lista de dez capacidades centrais (vida, saúde corporal, filiação, imaginação, jogo etc.) de funcionamento verdadeiramente humano como base necessária para um possível florescimento, ela sem dúvida tem boas intenções, mas dificilmente pode evitar a reprovação do paternalismo tecnocrático benevolente. Em vez de proclamar do alto, com o dedo no ar, dez mandamentos (e algumas emendas), eu me pergunto por que ela não perguntou às mulheres que encontrou na Índia o que elas consideram essencial para seu desenvolvimento humano?

A filosofia moral precisa de sociologia e antropologia tanto quanto a sociologia e a antropologia precisam de filosofia moral. Somente quando o julgamento prático dos atores comuns é levado em conta é que os filósofos podem ir para níveis mais altos de generalidade, sem elitismo ou, talvez melhor, por meio de uma democratização radical dos poderes de julgamento, de modo que as visões essencialistas das capacidades de autorrealização de cada um sejam condicionadas, na prática, pela possibilidade de autodeterminação de todos.

Historicamente, o bem veio antes do justo, mas com o advento da modernidade e a descoberta dos princípios da subjetividade e da liberdade, a ordem de prioridade foi invertida. A mudança não é apenas histórica; ela é normativa e tem implicações filosóficas. Desde que não se identifique a liberdade e a subjetividade com individualismo e atomismo (Wellmer, 1993), mas os conceba como princípios coletivos que estruturam a vida pública e condicionam a vida pessoal, a modernidade traz o crepúsculo do bem. A justiça tem prioridade sobre o bem e, também, o mal. Isso não significa que a vida boa desaparece do quadro da moralidade nem que as virtudes não têm nenhum papel a desempenhar. Ao contrário, como os deuses, elas se tornaram pessoais, internas e íntimas. Elas ainda podem ser válidas para mim e, talvez, para cada um de nós que estamos buscando uma autorrealização autêntica, mas não podem mais ser impostas a todos.

A mudança de Kant para Aristóteles, Agostinho e Aquino está de acordo com a virada ética nas ciências sociais, mas para que a virada seja mais do que um retorno e uma restauração, ela precisa levar em conta a herança kantiana com sua ênfase na autonomia, universalidade e autodeterminação de todos. O último tem prioridade sobre o primeiro.

Quando Bhaskar disse que o desenvolvimento livre e pleno de cada um é uma condição prévia para o desenvolvimento livre e pleno de todos, ele estava reintroduzindo a perspectiva ética dentro da teoria moral. Recusando a perspectiva de uma sociedade industrial-capitalista superdesenvolvida e sem justiça, ele enfatizou que a felicidade de cada um não poderia ser paga como o preço da justiça. Enquanto houver sofrimento e injustiça no mundo, não se pode ser feliz. Essa é uma visão budista, e é profundamente compassiva. Como Kant e Marx, ele também dizia, entretanto, que a construção de uma sociedade justa é uma prioridade. Somente em uma sociedade livre que se determina coletiva e democraticamente sem exclusão é que a liberdade, entendida aqui como a autodeterminação de cada um, é possível. É por isso que a autodeterminação de todos é uma condição prévia para a autodeterminação de cada um. Note que esta última, por sua vez, é também uma pré-condição para a autodeterminação de cada um, porque a busca da própria felicidade ao longo da vida só faz sentido quando ela não é imposta, mas escolhida livremente.

MÍNIMA MORALIA

Minhas críticas a MacIntyre e Nussbaum não se destinam a diminuir suas conquistas, mas a indicar que na modernidade não se pode mais proclamar uma *magna moralia* para todos. O que precisamos, em vez disso, é de uma *minima moralia*, uma base moral que explicite os princípios básicos (universalismo, pluralismo e individualismo) e os procedimentos basais (democracia, diálogo e discurso) que permitam a formulação das regras mais elementares de uma sociedade razoavelmente ordenada que torne possível a vida social em conjunto. Mais do que nunca, em nível coletivo, para evitar a descida para uma guerra civil e a realização do "mal comum", precisamos de um acordo sobre as regras básicas. Embora seja bom sonhar com utopias da boa vida planetária e do florescimento humano universal, não podemos esperar um consenso sobre qualquer forma de vida ideal que seja válida para todos. O que precisamos, em vez disso — e precisamos urgentemente —, é de um acordo para evitar o pior e traçar linhas vermelhas institucionais que não podem e não devem ser atravessadas por ninguém (nem mesmo pelo homem mais poderoso da Terra, ainda menos por um Bolsonaro). Este é um requisito mínimo para salvaguardar a humanidade da humanidade. No momento atual, pode parecer demais (o humanismo aproxima-se do humanitarismo) ou muito pouco (e o florescimento humano?). Em todo caso, uma rápida olhada nos jornais indica que também vem tarde demais.

As sociedades modernas são, por definição, sociedades complexas. Estruturalmente, elas são funcionalmente diferenciadas e, culturalmente, são pluralistas. Elas são ao mesmo tempo "sem centro" (Luhmann) para dirigi-las em sua totalidade e "sem dossel" (Berger) para integrar a verdade, o bem e o belo numa visão abrangente do mundo. Tecnicamente falando, a moralidade é apenas um subsistema do sistema cultural, que é em si mesmo apenas um subsistema entre os outros subsistemas da sociedade, como a economia, o direito, a ciência etc. Do ponto de vista da teoria de sistemas, a moralidade é um atavismo funcional. Ela pertence a outra época e, como o paraíso, sobrevive dentro da linguagem como um lembrete de uma totalidade que foi dilacerada. A ideia de que a ética e a moralidade podem reunificar a bela totalidade de antigamente expressa a nostalgia de um "paradigma perdido" (Luhmann, 1990). A moralidade não é apenas marginal, é também sem função social. A análise sociológica da ética de Luhmann é certamente desmoralizante, mas ele está apenas radicalizando a análise de Marx sobre o capitalismo, a análise de Weber sobre o racionalismo e a análise de Durkheim sobre a divisão do trabalho. A moralidade já foi a cola que manteve as sociedades tradicionais unidas. Em uma sociedade funcionalmente diferenciada, os subsistemas seguem suas próprias "leis" (Weber) e seus próprios "códigos" (Parsons), contornando a moralidade e a ética para coordenar as ações de todos pelo tempo e espaço.

Seria bom se pudéssemos mudar a sociedade para torná-la mais justa, igualitária e solidária. Infelizmente, não podemos. Tudo indica que deixamos para trás a modernidade tardia e que estamos entrando agora em uma "segunda pós-modernidade". A civilização moderna está perigosamente fora dos trilhos. Este é o fim do mundo como o conhecemos (Danowski; Viveiros de Castro, 2016). Estamos enfrentando simultaneamente algo completamente novo (o "deserto ecológico" do antropoceno) e o retorno do velho (o "inferno sociológico" da barbárie). A conclusão que quero tirar, contudo, não é necessariamente negativa.

A moralidade perdeu algumas de suas funções no nível social. Ela não é uma alternativa funcional à religião. Sem possibilidade de uma visão de mundo abrangente (além do humanismo pós-secular vazio mencionado acima) que une todos os sistemas, todas as comunidades e todas as pessoas em uma comunidade social, não podemos mais confiar em valores substantivos compartilhados para realizar a síntese social. As sociedades contemporâneas são pluralistas e individualistas. Daí em diante, temos que buscar a unidade tanto em um nível superior de abstração quanto na concretude da vida pessoal. Com Habermas (1992) e Rawls (2001), temos que buscar princípios formais (universalismo, pluralismo e individualismo) e procedimentos (democracia e discurso) que permitam a formulação de um forte "consenso sobreposto" que possa garantir direitos humanos, sociais e culturais para todos e impedir o advento do pior. Enquanto a unidade da sociedade só pode ser garantida pela consequente institucionalização de princípios normativos abstratos válidos para todos, em nossa vida pessoal, cada um de nós também tem que buscar uma síntese, coerência e unidade sob o sistema.

À nossa maneira, como indivíduos idiossincráticos e socializados, conduzimos nossa vida diária. Sem pensar muito, entramos e saímos de um sistema para outro. Em nossas ações, interpretamos continuamente o mundo por meio de símbolos e sinais, seguimos regras, normas e valores, e nos expressamos também esteticamente. Praticamente, recompomos, como é natural, a totalidade que se divide. Fazemos isso normalmente sem pensar muito, mas pensar nisso, perseguir nossas vidas de acordo com nossas crenças e valores mais pessoais é o que, em última análise e autenticamente, nos define. O que resta da fronésis em tempos pós-metafísicos em sociedades pluralistas com visões de mundo competitivas e abrangentes é uma concepção narrativa e normativa da identidade como uma busca incessante de autenticidade (Ferrara, 1994).

Não podemos mais confiar no "bem comum", mas ainda é possível impor normas institucionalizadas contra o "mal comun"? Eu gostaria que pudéssemos fazer mais, e, no nível pessoal, definitivamente deveríamos; mas, no nível coletivo, não deveríamos pedir menos. Não podemos forçar as pessoas a se tornarem santas, mas devemos ser capazes, como Kant sugeriu em uma famosa passagem da *Paz Eterna*, de implementar normas e fazer cumprir regras que até mesmo vinculariam "um povo de demônios (se fossem racionais)" (Kant, 1968, p. 337). Moralidade e ética não fazem parte do sistema. Elas mantêm, entretanto, sua validade para a conduta prática da vida. Se este for o caso, podemos combinar Kant e Aristóteles, *phronesis* e *Vernünft*, normas e valores, direitos e virtudes em uma nova síntese. Não podemos prescrever como cada um de nós deve viver. Isso seria autoritário, paternalista ou maternalista. Podemos, entretanto, formular critérios formais que sejam válidos para tudo aquilo que constrange a busca da boa vida de cada um e de todos. Sendo mais audaciosos, superando o rigor das visões de mundo perfeccionistas e doutrinas abrangentes, poderíamos até mesmo ir mais longe e transformar o apelo a todas as almas boas deste mundo em uma defesa espirituosa do humanismo pós-secular como uma fina forma de pluriversalismo contemporâneo.

Como sociólogos, podemos explicar claramente as condições sociais e culturais que devem ser realizadas para que o florescimento pessoal seja possível nas sociedades contemporâneas. Em colaboração com filósofos, podemos também explorar os contornos de uma antropologia filosófica normativa. Indo contra os rigores do pós-estruturalismo e da desconstrução, os filósofos podem até tentar especificar algumas capacidades e poderes essenciais que fazem com que um ser humano seja devidamente humano e a vida valha a pena ser vivida. Se pedirmos aos próprios atores que explicitem suas crenças básicas, suas intuições normativas e os valores a que aderem, podemos compreender suas diversas concepções da boa vida e dar aos filósofos a oportunidade de formalizá-las para nós, para que possamos mapear adequadamente os marcos normativos que orientam sua conduta. Antecipando os resultados de tal pesquisa, acho que vamos descobrir que os atores misturam livremente posições que os filósofos tendem a considerar como oposições. A ética virtuosa, a deontologia e o consequencialismo tornaram-se agora parte integrante do vocabulário contemporâneo de motivos e aspirações: "Na maioria das vezes os sujeitos levam em conta simultaneamente as normas morais, praticam a reflexão ética e consideram as consequências de seus atos" (Fassin, 2014, p. 433).

Conectando a filosofia moral e a sociologia moral à teoria crítica e ao realismo crítico, talvez devêssemos tentar uma formulação negativa. Se os sociólogos não podem estipular para os outros como devem viver, podem, no entanto, fazer duas coisas: por um lado, descobrir injustiças estruturais e patologias sociais e, por outro lado, apontar os perigos das tentativas autoritárias que impõem sua visão da boa vida a todos. A um nível mais geral, podem indicar as condições sociais de exploração, as estruturas degenerativas de dominação e outras "relações senhor-escravo generalizadas" que levam à alienação, à repressão e às vidas fracassadas sem liberdade, sentido ou solidariedade. A remoção das condições de "não florescimento" abre automaticamente o espaço para formas alternativas de vida que estimulam o florescimento humano, entendido aqui como a realização e a perfeição dos poderes agenciais e das capacidades transformadoras que se tornam possíveis pela realização e liberação coletiva dos poderes e possibilidades da sociedade. No nível mais concreto, os cientistas sociais podem se juntar à luta e mostrar que as atuais tentativas de forçar a autorrealização de alguns sobre todos só podem levar ao desastre. Ao fazer seu trabalho, eles também podem oferecer um consolo em tempos sombrios e apontar para a crescente solidariedade mundial entre aqueles que resistem a governos autoritários que tentam impor à força sua visão da boa vida sem se importarem com a justiça.

REFERÊNCIAS

ADORNO, T. W. *Mínima Moralia: Reflexionen aus dem beschädigten Leben.* Frankfurt: Suhrkamp, 1995.

APEL, K. O. Das Apriori der Kommunikationsgemeinschaft und die Grundlagen der Ethik. In: *Transformation der Philosophie*, Band 2. Frankfurt: Suhrkamp, 1973. p. 259-363.

ARCHER, M. et al. Critical Realism. Essential Readings. Londres: Routledge, 1998.

ARISTÓTELES. *Éthique à Nicomaque*. Tradução: J. Tricot. Paris: Vrin, 1979.

BHASKAR, R. Dialectics. The Pulse of FreedomLondres: Verso, 1993.

BHASKAR, R. *From Science to Emancipation: Alienation and the Actuality of the Enlightenment.* Nova Deli: Sábio, 2002.

BOLTANSKI, L. *L'amour et la justice comme compétences: Trois essais de sociologie de l'action.* Paris: Métaillié, 1990.

BOLTANSKI, L.; THÉVENOT, L. *De la justification: Les économies de la grandeur*. Paris: Gallimard, 1991.

BOLTANSKI, L.; THÉVENOT, L. The Reality of Expectations: A Sociology of Situated Judgment. *Philosophical Explorations*, v. 3, p. 208-231, 2000.

BRINK, D. Normative Perfectionism and the Kantian Tradition. *Philosopher's Imprint*, v. 19, n. 45, p. 1-28, 2019.

CAILLÉ, A. *Don, intérêt et désintéressement*: Bourdieu, Mauss, Platon et quelques autres. Paris: Découverte, 1994.

DANOWSKI, D.; VIVEIROS DE CASTRO, E. *Há mundo por vir? Ensaio sobre os medos e os fins*. Florianopolis: Cultura e barbárie, 2016.

FASSIN, D. (ed.). *A Companion to Moral Anthropology*. Oxford: Blackwell, 2012.

FASSIN, D. The Ethical Turn in Anthropology. *Hau. Journal of Ethnographic Theory*, v. 4, n. 1, p. 429-435, 2014.

FERDMAN, A. A Perfectionist Basic Structure. *Philosophy and Social Criticism*, v. 45, n. 7, p. 862-882, 2019.

FERRARA, A. Authenticity and the Project of Modernity. *European Journal of Philosophy*, v. 2, n. 3, p. 241-273, 1994.

FORST, R. Kommunitarismus und Liberalismus: Stationen einder Debatte. In: HONNETH, A. (ed.). *Kommunitarismu: Eine Debatte über moralischen Grundlagen moderner Gesellschaften*. Frankfurt: Campus, 1993. p. 181-212.

GIDDENS, A. *The Constitution of Society. Outline of the Theory of Structuration*. Cambridge: Polity Press, 1984.

HABERMAS, J. *Theorie des kommunikativen Handelns*. Frankfurt: Suhrkamp, 1981.

HABERMAS, J. *Der Philosophische Diskurs der Moderne*: Zwölf Vorlesungen. Frankfurt: Suhrkamp, 1985.

HABERMAS, J. *Faktizität und Geltung*. Frankfurt: Suhrkamp, 1992.

HABERMAS, J. *Auch eine Geschichte der Philosophie*. Vol. I. Berlim: Suhrkamp, 2019.

HITLIN, S.; VAISSEY, S. (ed.). *Handbook of Moral Sociology*. Nova York: Springer, 2010.

HONNETH, A. *Das Recht der Freiheit: Grundrifs einer demokratischen Sittlichkeit*. Berlim: Suhrkamp, 2011.

KANT, I. Zum ewigen Frieden: Ein philosophischer Entwurf. In: *Werke*. Vol. 6. Darmstadt: WBG, 1968. p. 195-251.

KEANE, W. Varieties of Ethical Stances. In: LAMBEK, M.; DAS, V.; KEANE, W.; FASSIN, D. *Four Lectures on Ethics. Anthropological Perspectives*. Chicago: Hau Books, 2015. p. 127-174.

KEANE, W. *Ethical Life. Its Natural and Social Histories*. Princeton: Princeton University Press, 2016.

LAIDLAW, J. The Subject of Virtue. Na Anthropology of Ethics and Freedom. Cambridge: Imprensa da Universidade de Cambridge, 2014.

LUHMANN, N. *Paradigm Lost: Über die ethische Reflexion der Moral.* Frankfurt: Suhrkamp, 1990.

MACINTYRE, A. *After Virtue. A Study in Moral Theory*. Notre Dame: University of Notre Dame Press, 1984.

NUSSBAUM, M. *Women and Human Development. The Capabilities Approach.* Cambridge: Cambridge University Press, 2000.

PARSONS, T. *The Structure of Social Action.* Glencoe: Free Press, 1937

PARSONS, T. e SHILS, E. *Towards a General Theory of Action.* Cambridge: Harvard University Press, 1951.

RAWLS, J. *Justice as Fairness.* A Restatement. Cambridge: Harvard University Press, 2001.

RICOEUR, P. *Soi-même comme un autre.* Paris: Seuil, 1990.

SCHUTZ, A. *Collected Papers.* Volume I. *The Problem of Social Reality.* Haia: Martinus Nijhoff, 1962.

STAHL, T. *Immanente Kritik. Elemente einder Theorie sozialer Praktiken.* Frankfurt: Campus Verlag, 2013.

TAYLOR, C. *The Secular Age.* Cambridge: Harvard University Press, 2007.

VANDENBERGHE, F. *Uma história filosófica da sociologia alemã. Alienação e reificação. Volume 1: Marx, Simmel, Weber e Lukács*. São Paulo: Annablume, 2012.

VANDENBERGHE, F. The Internal Conversations that We are In: *What's Critical about Critical Realism?Essays in Reconstructive Social Theory.* Londres: Routledge, 2014. p. 100-153.

VANDENBERGHE, F. A Sociologia como Filosofia Prática e Moral (e *vice versa*), Sociologias (UFRGS), v. 17, p. 60-109, 2015.

WEBER, M. *Wirtschaft und Gesellschaft. Grundriß der verstehenden Soziologie.* Tübingen: Mohr, 1972.

WELLMER, A. Freiheitsmodelle in der modernen Welt. In: *Endspiele*: Die Unversönliche Moderne. Frankfurt: Suhrkamp, 1993. p. 15-53.

O "lugar comum" da cisma: notas antropológicas sobre o advento de uma Cismocracia na era Bolsonaro[1]

FÁBIO REIS MOTA • GABRIEL BAYARRI TOSCANO

Este capítulo é o resultado de um esforço em rede e é igualmente consequência de uma série de projetos de pesquisa realizados por ambos os autores no decorrer de suas carreiras acadêmicas no Brasil e no exterior. Trata-se de uma etnografia realizada pelos dois autores em situações e circunstanciais diferenciadas. Um dos autores conduziu uma profunda imersão etnográfica durante os meses de julho e novembro de 2018 no universo dos apoiadores da campanha presidencial de Jair Messias Bolsonaro. Seu trabalho de campo foi conduzido no estado do Rio de Janeiro, com uma margem de algumas semanas antes e depois do início e do fim da campanha eleitoral, material que servirá de norte para nossas formulações analíticas.

Nosso principal objetivo neste capítulo é fazer desvelar na substância etnográfica de nosso trabalho de campo as dimensões do que chamamos de "regime de cisma" ou "razão cismática" elaborada em outras publicações (ver Mota, 2018, 2021a, 2021b; Mota; Pelaez, 2021), com base em outros universos empíricos. A este respeito, deve ser enfatizado que nosso propósito não é manualizar, formatar e enquadrar a ferramenta analítica

---

1 Gostaríamos de agradecer o apoio recebido do International Macquarie University Research Excellence Scholarship (iMQRES), concedido a Gabriel Bayarri Toscano, bem como do Projeto Capes PRINT International Research Network on Conflict Management in Plural Public Spaces: Desigualdades, Justiça e Cidadania numa Perspectiva Comparativa e do Programa Directeurs d'Études Associés (DEA) da Fondation Maison des sciences de l'homme, Paris-França, 2021, coordenados por Fabio Reis Mota.

em uma espécie de "manual da cisma". Pelo contrário, acreditamos que o trabalho antropológico de moldar a ferramenta analítica também pode ser composto com outras referências interpretativas que nos permitem olhar para os fenômenos sociais. Nossa exegese antropológica[2] é, neste sentido, compósita, ou seja, às vezes é articulada harmoniosamente, outras vezes não, com outras peças que nos ajudam a vislumbrar as evidências simbólicas (Cardoso de Oliveira, 2002) que aparecem diante dos olhos do etnógrafo. Assim, olhamos para o fenômeno "Bolsonaro e bolsonarismo" a partir da perspectiva de nossas ferramentas analíticas desenvolvidas em torno da noção de "regime de cisma" ou "razão cismática", buscando articulá-la com a categoria analítica desenvolvida por Thévenot: a de "lugar comum" (2017, 2021).

É muito importante para o leitor compreender que, do nosso ponto de vista, os seres humanos são constituídos por uma multiplicidade de formas, modos de agir e de pensar que nos impedem de encapsular explicações sociológicas e antropológicas acerca do que passa na mente humana e no mundo social. A "razão" como a conhecemos — pelo menos desde 1619, quando René Descartes lançou algumas pedras fundamentais para a "razão das luzes" em seus *Discours de la méthode* — tornaria-se nos últimos dois séculos um terreno sólido para os percursos e caminhos trilhados pelos "ocidentais". Entretanto, no século XXI da era cibernética e tecnológica, a dimensão "arenosa" da mente humana e suas fraturas internas parecem emergir. Assim, nos referimos à "razão cismática" ou "regime cismático" como uma propriedade da ação e do discurso humano que está revestida de elementos cognitivos e simbólicos distintos das propriedades da "razão iluminista". Se considerado a partir de uma atitude individual, a "cisma" pode ser interpretada como o produto de uma ruptura entre o nível de raciocínio lógico e racional e a loucura ou fantasia figuradas em certezas que podem contradizer os fatos/realidades.

No entanto, do ponto de vista antropológico, a "cisma" é uma boa maneira de entrar na arquitetura do pensamento dos atores cujos fundamentos são

---

2 Veja, por exemplo, as publicações de Pinheiro-Machado e MuriScalco (2020).

consolidados por lógicas produzidas em um mundo no qual as certezas e fundações sobre elas preexistem a interação. Isto ocorre pois existe um descompasso entre a "ação comunicativa" própria de um mundo liberal, no qual a desconfiança opera em um ambiente democrático, e a ação forjada pelo regime cismático, com certezas absolutas, forjando, como discutiremos mais adiante, os fundamentos de uma "Cismocracia"[3].

Metodologicamente, optamos por iniciar este texto com uma descrição etnográfica a fim de reforçar a importância e o potencial atual do método etnográfico tal como tem sido constituído ao longo da história da antropologia. A etnografia é, assim, o recurso pelo qual desmantelamos os aparelhos normativos que tendem a tratar a vida humana sob o escrutínio da homogeneidade monótona, da mesmice e da perenidade. Deve-se ressaltar que nosso texto se baseia em uma extensa tradição sociológica e antropológica que deu um tratamento às categorias, como formulado na França por Marcel Mauss, nos Estados Unidos por Margaret Mead e Ruth Benedict, e revisado e reformulado por antropólogos e sociólogos contemporâneos (Desorieres; Thévenot, 1988; Bolstanski; Thévenot, 2020; Thévenot, 2016, 2019; Kant de Lima 2011; Cardoso de Oliveira, 2002; Peirano, 1995; Mota, 2021; Pires, 2011). Entrar pelas categorias, como no caso da "cisma", é um meio de permitir desdobrar, decodificar e ampliar as formas emprestadas à mente e à razão humana, deixando que nos conduzam à visibilidade dos *icebergs* do pensamento. E por razões acadêmicas e de cooperação científica internacional coletiva[4], optamos explicita e conscientemente pelo diálogo com um estilo sociológico

---

3 Agradecemos ao nosso colega Felipe Berocan Veiga pela sugestão de usar o neologismo para pensar sobre o fenômeno do regime da cisma.

4 Esta cooperação internacional foi realizada inicialmente por meio de duas Convenções Capes Cofecub, coordenadas pelo antropólogo da UFF Roberto Kant de Lima, do lado brasileiro, e pelos sociólogos Isaac Joseph e Daniel Cefai, do lado francês, em 1998. Esta cooperação se desenvolveu posteriormente em mais um projeto da Capes Cofecub em 2010, coordenado pelo antropólogo da UFF Marco Antonio da Silva Mello, do lado brasileiro, e pelo sociólogo Laurent Thévenot, do lado francês. Esta cooperação com sociólogos pragmáticos foi renovada em 2017 com a aprovação do Projeto Capes PRINT, coordenado por Fabio Reis Mota.

comumente conhecido como "pragmático", a fim de fazer avançar um diálogo internacional que tem dado bons frutos tanto para brasileiros como para estrangeiros[5].

Ritos do "lugar comum"

Era a manhã de 28 de outubro de 2018 numa escola primária no bairro nobre da Barra da Tijuca, no Rio de Janeiro. Nas últimas semanas, a ideia de que Jair Messias Bolsonaro era perigoso e agressivo tinha se fortalecido, pelo que ainda havia esperança para os setores progressistas, o que culminou na estratégia difundida pelas redes de, no dia da votação, levar um livro para as urnas. A intenção era transmitir uma imagem que se contrapunha aos vídeos gravados durante o primeiro turno de votação das pessoas que votaram fotografando armas, forjando o *slogan* "mais livros e menos armas". Esse era mais um dos elementos de uma atmosfera que permitia endurecer as arquiteturas de uma razão cismática diante da forte polarização apresentada neste ritual eleitoral: livros *versus* Armas ou "Ele não *versus* Ele sim", entre outros.

---

5 Devido a limitações espaciais, deixaremos para outro artigo as obras muito importantes e originais que incorporamos parcialmente a este texto. Quando olhamos para o caso do Sul global, e especialmente o caso brasileiro no contexto latino-americano, o *boom* dos estudos após a vitória de Bolsonaro foi liderado por uma série de autores: os trabalhos desenvolvidos por Solano, Rocha, Medeiros, Ortellado, Kalil, Pinheiro-Machado e Caldeira são centrais, suas pesquisas nos permitem compreender as motivações de vários segmentos da população, assim como o trabalho de Nicolau sobre os perfis dos eleitores bolsonaristas. O trabalho de Goldstein constrói esta ponte entre o PT e o novo fenômeno, mas também se baseia em elementos estruturais. Além disso, o trabalho de Moreira faz uma conexão entre o fenômeno bolsonarista e o evangelismo brasileiro. Um dos principais debates acadêmicos na América Latina, e especificamente no Brasil, é sobre a reformulação das teorias populistas para novas formas digitais. Neste sentido, o recente trabalho de Cesarino (2020) é fundamental, pois ela desenvolve o conceito de "populismo digital" no Brasil.

Uma enorme fila atravessava as calçadas em direção ao posto de votação, com as pessoas esperando pacientemente pela sua vez de votar. Várias delas usavam a camisa amarela da seleção brasileira de futebol, com cores amarelas e verdes com frases do tipo "Meu partido é o Brasil", uma clara referência ao componente patriótico e antipartidário do "discurso bolsonarista"[6]. Fomos conversar com pessoas vestindo essas cores relacionadas à bandeira brasileira. "No Brasil gostamos de vir votar com a camisa da seleção, meu partido é o Brasil, e meu candidato é Bolsonaro", disse um homem na fila; "Eles estão dizendo que Bolsonaro já ganhou", disse outro homem. Um grupo de jovens nos disse que o Brasil era um país rico onde reinava a corrupção, a desordem, a violência e a falta de serviços básicos, como educação e saúde. Eles culparam o PT de Lula e afirmam que "o povo estava cansado da grande elite e da grande imprensa" e que Bolsonaro, embora não fosse perfeito, poderia mudar a situação.

Ao longo da fila, as pessoas reproduziam a ideia de que havia fraude eleitoral e que a eleição já poderia ter sido consumada, mostrando fortemente o vínculo dos julgamentos com a perspectiva cismática. O "espírito de suspeita" continuou a circular sob o céu do dia das eleições com os ares de uma cisma que perseveravam nas palavras e nos gestos dos apoiadores de Bolsonaro.

A campanha eleitoral estava em seu clímax, e o seu desenlace foi testemunhado em uma narrativa construída em termos bélicos e arraigado de um teor emocional, em uma vitória do "Bem *versus* Mal". Para alcançar esta situação excepcional que o "Bem" venceria, e sem muita consideração pelos dados de votação, as pessoas recorreram a orações, objetos totêmicos ou práticas esotéricas que poderiam contribuir para seu candidato nos últimos momentos do ritual deste tempo da política eleitoral (Palmeira; Heredia, 1995), em uma demonstração da intensidade do "regime da cisma" (Mota, 2018, 2020, 2021).

---

6 Ao longo deste capítulo, vamos nos referir ao conceito de "bolsonarismo" para nos referirmos ao projeto político-ideológico compartilhado por vários setores da população que estão unidos em torno da figura de Jair Messias Bolsonaro.

Uma passagem para "Cismocracia"

E o clímax chegou à noite. Por volta das 18 horas, um homem gritou "16 anos esperando! Brasil acima de tudo, Deus acima de todos! O Brasil é nosso!" e inundou a porta da residência de Bolsonaro na Avenida Lucio Costa, nº 3300, no nobre bairro da Barra da Tijuca, com champanhe. Milhares de pessoas se reuniam lá fora para celebrar a vitória do novo presidente do Brasil, Jair Messias Bolsonaro, com 55,13% dos votos válidos (57.796.986). Naquele dia do segundo turno das eleições presidenciais no Brasil, mais de 147 milhões de brasileiros haviam sido chamados a votar para escolher se o futuro presidente da República, em que Bolsonaro venceria contra Fernando Haddad, substituto do ex-presidente Lula após sua inelegibilidade.

Os resultados foram projetados em uma tela enorme, era oficial. Um negro, vestido de paraquedista militar, nos disse: "100% decidido, presidente Bolsonaro!". Todas as pessoas começaram a agitar suas bandeiras em voz alta. E então chegou o momento crucial: a multidão em verde e amarelo começou a cantar o hino brasileiro, eufórica e, pela primeira vez na campanha, sem a necessidade de música de fundo, pois eram eles os protagonistas que orgulhosamente gritavam o hino nacional, realizando uma saudação próxima à romana. Para os presentes, foi a passagem para uma nova era, que foi selada no canto do hino nacional *a capella*. Bolsonaro ganhou entre todos os perfis de estudo — fundamental, médio e superior (Nicolau, 2020); para nós, foi a representação de como a "Cismocracia" tomou forma e corpo. Os fogos de artifício inundaram o céu, as palmeiras e o oceano da praia da Barra. As multidões encheram a enorme avenida com apitos e gritos. Havia crianças, idosos, negros, famílias inteiras chorando nos braços uns dos outros. Os apoiadores usavam camisetas, chapéus e vários objetos de corporalização do "mito", que também eram vendidos nos pavimentos sob os guarda-chuvas dos vendedores de cerveja e pipoca. Um vendedor de rua nos disse, alegremente: "Nunca vendi tantas bandeiras brasileiras em minha vida".

Durante a campanha eleitoral, houve um constante recurso à deslegitimação dos fatos, como no caso do "kit gay" e da "mamadeira de piroca", diluindo um mundo supostamente governado pelo princípio da confiança. Os simpatizantes de Bolsonaro desenvolveram um princípio de cisma profunda, longe dos argumentos factuais, e muitos deles baseados nas crenças destes símbolos, como a bandeira e o hino, sem questionamentos sobre a base empírica e suas fontes de formação de opinião.

Todos esperavam o discurso de seu presidente. Bolsonaro, por razões de segurança após a tentativa de assassinato, falaria ao vivo no *Facebook*. As pessoas gritavam fora de controle todos os *slogans* que haviam estrelado na campanha eleitoral "Oooh o capitão chegouuu", "Fora PT!", "Ele sim!", "Nossa bandeira jamais será vermelha!", "1, 2, 3, 4, 5, mil, temos Bolsonaro presidente do Brasil!" ou "Eu vim de graça!"[7]. Um pai agarrou o braço de seu jovem filho e a criança repetiu junto com a multidão "mito, mito, mito". O discurso de Bolsonaro seria um apelo à unidade após uma campanha caracterizada pela construção do inimigo a partir da cisma, ou seja, a partir de uma ruptura extrema entre polos comunicacionais distintos. Ao mesmo tempo, indicava uma cisão na qual os argumentos e as representações estavam sujeitos a uma convicção consolidada e rígida em torno do antipetismo (Bayarri Toscano, 2022). Esta convicção levou os bolsonaristas a uma compreensão imutável dos fatos. O presidente exibiu três livros à sua frente: o livro do autor Olavo de Carvalho, falecido em janeiro de 2022, intitulado *O mínimo que você precisa saber para não ser um idiota*, um livro de culto para simpatizantes bolsonaristas; a *Bíblia*, em homenagem ao crente, cristão e evangélico, este último de grande peso no resultado das eleições; e a *Constituição*, uma referência ao "punho de ferro" de aplicação da lei, com seu *slogan* de "colocar ordem na casa". Mais uma vez, estes três livros demonstraram o uso que o próprio presidente fazia dos objetos cismáticos, capazes de articular retórica e crença entre os "tipos cismáticos".

---

7 Sobre o *slogan* "Eu vim de graça", os entrevistados disseram em vários encontros que "a esquerda" estaria pagando aos participantes com "um pouco de dinheiro e um sanduíche de mortadela".

Perguntamos a um homem de 80 anos sobre o significado destes três livros, e ele respondeu, entusiasmado: "Estes três livros são os que constroem o projeto Bolsonaro, este dia é histórico para o Brasil, nunca pensei que veria algo assim, vamos beber para comemorar!".

O som da multidão mal permitia que o discurso do presidente fosse compreendido, mas sua imagem projetada parecia ser mais importante do que suas próprias palavras, pois os "cismáticos" não precisavam ouvir o discurso em uma crença já cristalizada. Sob sua imagem totêmica (Durkheim, 1915), os apoiadores tinham se organizado, tinham sido comovidos, várias correntes ideológicas tinham convergido e, em resumo, sua imagem tinha restaurado a ilusão de "eleitores cismáticos". "O que eu mais quero é seguir as linhas de Deus... e a missão não é escolhida ou discutida, ela é cumprida. Nós, juntos, cumpriremos a missão de resgatar nosso Brasil", concluiu Bolsonaro, vindicando a função heroica, militar e divina que seu mandato possuía.

Após seu discurso, conversamos com vários apoiadores. As pessoas brincavam, comparando os resultados com a liga nacional de futebol, e repetiam: "Estamos felizes, felizes, felizes"; "O Brasil precisava de uma mudança"; "Não queremos o mal, queremos o bem"; "Bolsonaro representa uma nova maneira de viver, temos que mudar nossos corações". Um homem de cabelos compridos e gorro verde exclamou euforicamente: "Estamos aliviados, recuperamos o Brasil, o comunismo acabou, o PT nunca mais, partido de bandidos, partido de assassinos, de vagabundos, associados às ditaduras da Venezuela, Nicarágua, Cuba, lixo, lixo humano, a humanidade quer a democracia, o Brasil é democrático, nós o recuperamos, amém, nós somos Jesus Cristo ressuscitando!". Outro homem de bigode fino e camisa da seleção brasileira explicou: "Ele (Bolsonaro) resgata nossa esperança de liberdade, com ele nos libertamos do socialismo, do comunismo que a esquerda queria implantar em nosso país". "Graças ao Bolsonaro, vamos nos livrar disso e da corrupção. Ele vai lavar o Congresso com ácido. Ele é nosso herói!", concluíram dois adolescentes. Outro adolescente, um jovem negro caminhando sem camisa e com adesivos do Bolsonaro em seu corpo, exclamou: "Mito, lenda, Bolsonaro é o melhor presidente do Brasil! Pampampampampam", gritando enquanto simulava uma metralhadora com seus braços. As diversas cenas mostraram não apenas como, desde 2013, uma "guerra cultural" vinha tomando forma no espaço público, na qual o antipetismo tornou-se a principal característica da extrema direita bolsonarista e assimilou o padrão político do tradicionalismo conservador brasileiro (Solano; Ortellado; Moretto, 2017; Pinheiro-Machado, 2020); mas tais cenas também mostraram a capacidade de absorção das diversas interpretações que os atores deram ao próprio significado do bolsonarismo (Rocha; Solano; Medeiros, 2021).

Uma *épreuve* cismática

Marshal Sahlins (2003), em *Islands of History*, salienta que os eventos — fenômenos, ações, situações e catástrofes que nos acometem — podem sofrer inúmeras alterações dentro do quadro das interpretações e significados que os agentes emprestam a eles. Este evento, por meio do trabalho da linguagem simbólica, é transmutado em um acontecimento, adquirindo assim uma multiplicidade de significados presentes no pensamento e na prática das pessoas. Nestes termos, o dia da eleição foi forjado por certas exigências morais, políticas e simbólicas que adquiriram um emaranhado de novos significados através do exercício explicativo e interpretativo concedido pelas pessoas inscritas em uma *épreuve*. Afinal, situações como essa violenta campanha eleitoral trouxeram consigo incertezas e preocupações que levaram a uma série de justificativas para o que até então era assumido como princípios constitucionais, apresentando um complexo universo de justificativas que permitiu aos apoiadores e simpatizantes bolsonaristas passar por uma série de componentes discursivos, normalizando a violência e a "crença cismática", mas práticos, para atribuir um significado mais ou menos generalizável entre aqueles que faziam parte do fenômeno bolsonarista (Boltanski; Thévenot, 2020[1991]).

Neste sentido, em nosso prisma, procuramos fazer um exame sistemático de um pluralismo que divide a vida em sociedade, sem ser reduzido a uma divisão entre classes ou grupos de interesse. De fato, a divisão corresponde a regimes variáveis de seu envolvimento no mundo. Nossa abordagem é política e moral, no sentido de que a delimitação de cada regime leva em conta o tipo de valorização e desvalorização que o orienta. Também é realista, porque cada regime é especificado por uma forma de perceber a realidade envolvida (Thévenot, 2016).

Seguindo estas prerrogativas analíticas, e olhando para estes eventos-acontecimentos na política contemporânea, no Brasil de Bolsonaro e nos EUA de Donald Trump (entre outros casos internacionais), procuramos considerar a pluralidade de formas que cercam as democracias sem deixar de considerar outras variáveis e fatores que contribuem para a compreensão do bolsonarismo e de outros movimentos de extrema direita no mundo. Nesses termos, podemos considerar diferentes grandezas:

> En la grandeza cívica el bien común es una solidaridad colectiva que contribuye a la igualdad. Se reconoce esa grandeza al representante elegido, al portavoz, así como al colectivo constituido. En la grandeza industrial, el bien común es la eficacia técnica del profesional que "vela" los otros pueda arrogarse (Thévenot, 2016, p. 233).

Entretanto, gostaríamos de concentrar nossa análise nos processos em que a "grandeza cismática" se expressa e cujo bem comum é a agregação de valores compartilhados entre aqueles que são semelhantes e homogeneamente iguais. O eleito é reconhecido como tendo uma capacidade suprema para fazer política. Neste regime de cisma, a confiança é diluída. A desconfiança é um aparelho cognitivo que vem da herança do liberalismo político. Como um dispositivo cognitivo e moral, a desconfiança, como a conhecemos, tem tido um lugar no mundo liberal, ordenado pelo primado da razão, pela centralidade dos direitos individuais e pela capacidade de forjar argumentos consensuais. Em um período do pré-Iluminismo europeu, caracterizado por uma compreensão e lógica holística do mundo (Dumont, 1983) em que a confiança era externa ao indivíduo, ou seja, as respostas eram externas às pessoas, toda a verdade sobre as representações do mundo vinha da mão de um "ser onipresente". Sob estas condições, não foi garantida a legitimidade e competência às pessoas para que elas pudessem construir suas próprias verdades (Eco, 1983).

No liberalismo, a confiança — com a emergência da noção do *self* — dá origem à criação de um espaço público no qual o binômio confiança-desconfiança desempenha um papel central no desenvolvimento do capitalismo e dos sistemas democráticos nos países ocidentais. O liberal Adam Smith, em *A Riqueza das Nações*, chama a atenção para a centralidade da confiança no mercado em uma economia liberal (*trust*). Rousseau desenvolve uma concepção de política por meio da representação da voz dos cidadãos, que dá a alguém a legitimidade para falar em nome da vontade geral e do bem comum. Confiamos ao outro a legitimidade para falar em nome de um coletivo. No entanto, estas bases da política baseada na confiança pareciam corroer diante da vitória do Capitão Bolsonaro.

Apesar de seus 27 anos como deputado federal, Bolsonaro se apresentou com sucesso como um estranho ao sistema político, como um "homem do povo". Pela primeira vez na jovem democracia brasileira, um militar seria o presidente do Brasil, um militar que tinha sido controverso por questões como seu ataque a grupos afrodescendentes, imigrantes, mulheres e comunidade LGTBI.

Bolsonaro também se declarara a favor da tortura, polemizando com frases como "o erro da ditadura não foi torturar, foi não matar" (uma frase reiterada em entrevistas em 2008 e 2016). Em sua carreira política, o novo presidente brasileiro também havia proposto em várias ocasiões fechar o Congresso e recuperar o controle político dos militares. Em 1999, o então deputado exclamou no programa *Câmara Aberta* que para mudar o Brasil seria necessário iniciar uma guerra civil, e que "pelo menos 30 mil teriam que ser mortos, a começar pelo ex-presidente Fernando Henrique Cardoso (1995-2003)". Nesse mesmo ano, 1999, foi-lhe perguntado sobre a possibilidade de fechar o Congresso se fosse eleito presidente, ao que ele respondeu que como presidente promoveria a intervenção das Forças Armadas: "Não tenha dúvidas, sou a favor de uma ditadura, de um regime de exceção". Bolsonaro defendeu agressivamente o trabalho da Polícia

Militar, como depois do Massacre de Carandiru, quando a Polícia Militar entrou na prisão de Carandiru (São Paulo) em 1992 e matou 111 prisioneiros que haviam iniciado uma rebelião; nessa ocasião, Bolsonaro disse que "poucos morreram, a polícia deveria ter matado mil". No mesmo ano das eleições, ele declarou que "a violência é combatida com mais violência" e que "o policial entra, resolve o problema e, se ele mata 10, 15 ou 20, com 10 ou 30 tiros em cada um, ele tem que ser decorado, não denunciado"[8]. Bolsonaro tinha sido até então um deputado federal do "baixo clero", ou seja, fazia parte de um grupo considerado de baixa influência e que defendia uma retórica e uma política difusa e agressiva. Agora, porém, seu projeto havia vencido nas urnas, um projeto para um país militarizado que defendia e reconhecia o uso e a organização da violência pelo Estado com base principalmente na produção de uma cisma.

Após a vitória da extrema direita, surgiu a pergunta: estamos então a caminho de uma Cismocracia?

Mobilizar o "lugar comum"

A categoria "cisma" tem diferentes declinações semânticas em português, espanhol, inglês e francês. Nessas três últimas línguas, existe somente o seu uso como substantivo masculino que se refere à separação dos seguidores de uma religião (a cisma de Oriente), à divisão ou ruptura de um grupo. No cotidiano brasileiro — e também nos dicionários de português — esta categoria também pode ser usada como substantivo feminino (a cisma) para designar, segundo o dicionário Michaelis: 1) pensamento fixo sobre algum assunto ou ideia, fixação, mania, obsessão; 2) opinião errônea, sem fundamento, intuição, palpite, sentimento; 3) ideia vaga ou quimérica, devaneio, divagação, delírio; 4) falta de confiança, medo

---

8 Veja o artigo da revista Carta Capital sobre as frases mais controversas de Bolsonaro. Disponível em: https://www.cartacapital.com.br/politica/bolsonaro-em-25-frases-polemicas/. Acesso em: 24 jul. 2021.

de ser enganado, medo, desconfiança, descrença; 5) opinião equivocada, ideia ou convicção que carece de fundamento; 6) sentimento desfavorável que não tem base ou fundamentação, implicação, prevaricação; e 7) impulso súbito que surge sem razão aparente, birra, capricho, entre outros significados, que se referem à construção de uma explicação fortemente formulada como certeza absoluta sobre uma coisa, sobre um fenômeno, sobre uma representação ou uma ideia do mundo ou sobre uma definição unilateral e não dialógica da "identidade" ou "papel" social de uma pessoa que é objeto de uma cisma.

No mundo dos algoritmos da Internet que nos confinam em nossas bolhas de informação, da disseminação e consolidação do *fake news*, das formas modernas de comunicação como o *WhatsApp*, do próprio mundo do fechamento como resultado dos efeitos sociais do isolamento social devido à pandemia do vírus Sars-Cov-2 na dinâmica interativa, com o surgimento de movimentos de extrema direita, o "regime da cisma" (Mota, 2018, 2021b) tem sido um dos suportes centrais das ações humanas no Brasil e em outros países. No mundo contemporâneo da Internet e das redes sociais, os argumentos de autoridade passaram para as mãos de *influencers*, indivíduos que, dado o enorme volume de informações disponíveis nas redes e a óbvia dificuldade de verificar sua fonte, tornaram-se eles mesmos "arautos da verdade" condensados em suas próprias opiniões e testemunhos, os únicos que substanciam e validam o conhecimento que transmitem. Vemos o surgimento de "gurus", indivíduos influentes cuja base de autoridade é autoproclamada, pois rejeitam a validação de seus conhecimentos pelas instituições do campo do conhecimento, ou pela ciência há muito estabelecida, fortalecendo os movimentos de terraplanistas, antivacinas e teorias conspiratórias que dominam as mentes de muitos em todo o mundo. A pandemia do vírus Sars-Cov-2 trouxe à tona esses modos cismáticos de operação em detrimento do aparelho cognitivo de desconfiança, abalando alguns fundamentos centrais dos sistemas democráticos, como a argumentação consensual, a confiança e o uso de atributos racional-lógico-cartesianos. Esta correlação das redes sociais com as novas formas autoritárias da extrema direita recebeu várias conceptualizações que ajudam a sintetizar esta articulação, tais como "pop extrema direita" (Goldstein, 2019) ou "populismo digital" (Cesarino, 2020).

Entre os instrumentos cognitivos e morais mais importantes para a existência coletiva no mundo das revoluções pós-burguesas, destacamos a alteridade, bem como a diferença e estranheza do outro, em que nossa subjetividade na sociedade é realizada e fundamenta nosso trabalho de singularização e diferenciação do "eu" no mundo do eu (Lévi-Strauss, 1976; Mead, 1934; Ricoeur, 2004). Como já dissemos antes, a desconfiança é um legado do liberalismo político. Nesse contexto, o reconhecimento do outro torna-se imperativo para a formação do autorreconhecimento, como postulado nos escritos filosóficos de Hegel. Na desconfiança, a suspeita é efêmera e pode ser negociada entre as partes envolvidas na interação, enquanto na "cisma", ao contrário, a negociação é suspensa, e uma visão rígida das coisas e das pessoas é imposta unilateralmente. Isto permite que a cisma se alimente de elementos antifactuais, perenes e imutáveis aos olhos do "cismático", como no caso do já mencionado "kit gay" e outros recursos constituídos pelos bolsonaristas para reafirmar certezas e convicções bem consolidadas.

A diferença entre cisma e desconfiança tem fortes repercussões sobre como fazer uma "Democracia" (aquele espaço de indivíduos liberais que participam do mundo da argumentação consensual e justificável) e, para arriscar o neologismo, uma "Cismocracia", o universo no qual os indivíduos constroem suas opiniões em uma base muito rígida e hermética sobre uma coisa, um fenômeno ou sobre a identidade de uma pessoa. Em vez de elaborar um espaço interativo no qual as pessoas se envolvem no processo de construção consensual de fatos e coisas, em que a autoridade do argumento racional, lógico e cartesiano tem seu lugar, a "Cismocracia" opta pela elaboração da "verdade" sobre fatos e coisas com base em uma infinita dissidência, na qual prevalece o argumento da autoridade da pessoa autorizada a definir "fatos", "coisas" ou "pessoas", mesmo em detrimento do empírico. Se "Democracia" tende a dar legitimidade ao acordo e aos argumentos factuais e consensuais, "Cismocracia", por sua vez, tende a criar espaços nos quais há uma forte ruptura comunicativa entre as partes envolvidas nas relações sociais.

O trabalho etnográfico proporcionou vislumbrar como o "raciocínio cismático" tomou conta e reforçou a polaridade de opiniões e discursos e como a disseminação de concepções fortemente cismáticas sobre numerosos tópicos informaram os processos decisórios e o julgamento dos votantes.

No processo de construção de lugares comuns (Thévenot, 2021), várias pessoas dançavam com músicas que alternavam entre as versões de "Let it be" dos Beatles e "Tropa de Elite" do Tihuana; nesta última apontavam seus braços como se estivessem carregando um fuzil. "Você é Bolsonaro ou PT?", perguntou um homem sorridente a cada carro que passava, apontando uma barra de madeira. Uma mulher beijou um taco de beisebol inflável com um desenho de Bolsonaro, que ela usava para bater nos carros que atravessavam a avenida, enquanto sua amiga desenhava um coração com as mãos. Além disso, ao encenar a heroicidade, um homem vestido do super-herói Homem de Ferro ficou no meio da estrada, parando os carros e gritando "Brasil acima de tudo, Deus acima de todos, eu vim de graça". Os apoiadores haviam projetado um carro automático para Bolsonaro, um conversível representando "o mito", no qual estava escrito 007, uma arma e o rosto do novo presidente, demonstrando novamente a messianização a que Bolsonaro estava sujeito.

Em segundo plano, continuava a música da campanha, que todos conheciam e que agora era o reconhecimento de um sucesso que eles chamavam de "histórico". As pessoas continuavam dançando e filmando com seus celulares até tarde da noite, e entre elas havia um enorme "Pitxuleco", um boneco inflável representando Lula vestido de prisioneiro, com o crachá número 13-171, de aproximadamente 5 metros de altura, que as pessoas costumavam espancar. Uma mulher chutou o boneco, gritando com raiva: "Lula, ladrão, você pertence à prisão!". O "inimigo petista" tinha sido fundamental na identificação política dos campos opostos na campanha de Bolsonaro, e os vendedores ambulantes ofereceram com sucesso pequenos Pitxulecos de Lula e da ex-presidente do PT, Dilma Rousseff. "O boneco representa a Pitxuleco. Pitxuleco é o dinheiro perdido no esquema do petrolão. Não lhe chamavam dinheiro, chamavam-lhe Pitxuleco", diz um vendedor ambulante. Um homem que trabalhou na organização de voluntários bateu numa Dilma Pitxuleco e nos disse: "hoje Bolsonaro ganhou por causa do PT, não aguentamos mais, o Partido dos Trabalhadores só roubou aos trabalhadores".

Quando a festa terminou, um grupo de pessoas trouxe vários instrumentos, como uma trombeta e um pandeiro, e continuou cantando a música da campanha. Essa série de símbolos, construída numa linguagem violenta e antipetista, mas também festiva e influenciada pelo carnaval, representava o rito de passagem de um estado para outro na vida das pessoas, um novo estado no qual os eleitores bolsonaristas sentiam que haviam "recuperado o Brasil", cristalizando a nova "Cismocracia".

Todo esse ritual efusivo e festivo demonstrou que "Democracia" e "Cismocracia" se encontravam sob as vozes e corpos presentes ali. Essa tensão entre princípios e valores pôs em questão o colapso da "Democracia" e o advento da "Cismocracia". A "Democracia" tende a dar legitimidade a argumentos e consensos concertados e factuais (é o mundo da produção da dissidência em consenso, como diria Bourdieu), enquanto a "Cismocracia" tende a construir espaços nos quais há uma forte ruptura comunicativa e a produção de argumentos polarizados baseados em convicções absolutas e praticamente imutáveis, como vimos nos diversos testemunhos. É o lugar para o exercício de uma espécie de contraditório (Kant de Lima, 2008; 2009; Iorio Filho; Duarte, 2015) em que "verdades" e "fatos" só podem ser revelados pela presença de uma autoridade interpretativa autorizada a definir o "real". Naquele dia, a presença de Bolsonaro e dos três livros mencionados anteriormente representavam a autoridade interpretativa dos cismáticos.

Na lógica do contraditório, há uma supressão da possibilidade de os participantes chegarem a um acordo, sejam eles partes do conflito, operadores legais ou doutrinadores, o que sugere a ausência de consenso interno ao conhecimento produzido no próprio campo, e na limitada falta de consenso externo, manifestada na distribuição desigual da justiça (Amorim, 2006 apud Iorio Filho; Duarte, 2015).

Nesse sentido, são produzidas "bolhas de verdade" que, fechadas em si mesmas, se confrontam e se contradizem, sem permitir a ponte do diálogo ou mesmo um consenso mínimo sobre os fatos. Se fosse elaborada uma crítica a Bolsonaro, por exemplo, seus apoiadores seriam rápidos em responder abruptamente "e Lula... e o PT", produzindo um mundo no qual os argumentos só fazem sentido nesse trabalho de argumentação polarizada e fechada. O dia das eleições mostrou o acordo institucional da "Cismocracia ao estilo brasileiro".

O fenômeno do bolsonarismo revela esta faceta da "razão cismática" na medida em que a opinião sobre desempenho do presidente Bolsonaro parece imutável para boa parte de seus eleitores, mesmo diante de ações atentas aos fatos e à dimensão empírica. Atualmente, mesmo com mais de 20 milhões de desempregados, com um PIB insignificante, com quase meio milhão de mortos pela pandemia de Sars-cov2, devido à total falta de articulação política para enfrentar os problemas brasileiros, uma porcentagem significativa dos bolsonaristas ainda estão convencidos de sua *cisma* e, aparentemente, assim continuarão independentemente dos fatos.

Apesar de ter um espaço eleitoral limitado na mídia pública (nove segundos, duas vezes por dia)[9], Bolsonaro tinha uma poderosa rede de distribuição orgânica de imagens e informações[10]. De acordo com dados do IBGE, em 2019, 71% da população brasileira já tinha acesso à Internet. Desse percentual, 64% utilizavam redes sociais.

Analisamos brevemente como cada uma das principais redes sociais é utilizada no Brasil, que extraímos do estudo realizado pela empresa *Digital* (em 2019) e enriquecido pela *Semiocast* (em 2020): a rede *Youtube* seria a mais utilizada no Brasil, com 54,9 milhões de usuários registrados. A rede *Facebook* seria a segunda maior, com 130 milhões de usuários,

---

9 Os tempos para cada candidato foram estabelecidos pelo Tribunal Superior Eleitoral (TSE). O candidato Geraldo Alckmin (PSDB), por exemplo, recebeu dois blocos diários de cinco minutos e 32 segundos, em comparação com os nove segundos de Bolsonaro.

10 Disponível em: https://www.huffpostbrasil.com/2018/11/04/bolsonaro-o-fenomeno-de--whatsapp-que-desbancou-3-decadas-de-campanha-de-tv_a_23573607/?guccounter=-1&guce_referrer=aHR0cHM6Ly93d3cuZ29vZ2xlLmNvbS5ici8&guce_referrer_sig=AQA-AALV0kVXfvjJvzldvmKGrGfUs3MHKrHbDkdsqairM0nIhdAu-grB8aCe7OyX2BH7L-qJ9BfpWs31K9_RTD4B-aseqa2C_4CgNcP2D2svFcB0vN-8AudqL8YL106hGEd6SLq03Mdg4JFDfcZ4NrJiAvswyF5_Ch1W3h7f2ROYKWH21q. Acesso: 11 de abril de 2022

atrás apenas da Índia e dos Estados Unidos. O *Whatsapp* é a forma mais usada de envio de mensagens. Para 89% dos entrevistados, o *Whatsapp* é a própria Internet. A quarta rede que analisamos foi a *Instagram*, com 69 milhões de usuários, duas vezes mais do que em 2017. As formas de utilização desses meios de comunicação encorajaram a informação a não ser verificada, mas a ser diretamente assimilada pelos "cismáticos", que viam os políticos e *influencers* como a autoridade interpretativa de seu sistema de justificação e produção de verdades.

Os *influencers*, portadores de autoridade nesses espaços digitais, são indivíduos que, dado o enorme volume de informações disponíveis nas redes e a óbvia dificuldade de verificar sua base, se tornaram arautos da verdade condensados em suas próprias opiniões e testemunhos, os únicos legitimados para validar o conhecimento que transmitem por meio do *WhatsApp*, *Instagram* e *Twitter*. Entrando especificamente no período eleitoral a técnica mais utilizada pelos *influencers* de extrema direita foi a descontextualização, construindo novos significados por meio de objetos concretos (por exemplo, livros que supostamente diziam coisas que não dizem, filmes, material educativo etc.). Esses números propagam mensagens construídas sob a forma de verdades absolutas e indiscutíveis, tais como a premissa de que "no Brasil nunca teve racismo" ou "o Holocausto nunca existiu", que corroboram com a produção e reprodução do "Regime da cisma" para justificar a adaptabilidade desses mecanismos ao fenômeno bolsonarista.

Estudos do *Datafolha* afirmam que 81% dos eleitores bolsonaristas se comunicavam pelas redes sociais, principalmente pelo *Whatsapp*[11]. Em um país com mais telefones do que pessoas e 60% da população com acesso à rede, o *Whatsapp* tornou-se uma das principais fontes de informação durante a campanha eleitoral brasileira de 2018. Além disso, 97% dos smartphones naquele ano incluíram a aplicação com "tarifa zero", ou seja, os consumidores poderiam ter uso ilimitado da aplicação, mesmo

---

[11] Fonte: Datafolha https://veja.abril.com.br/politica/datafolha-eleitor-de-bolsonaro-e-o-que-mais-se-informa-por-redes-sociais/. Acesso: 10 de novembro de 2018

não tendo dados ilimitados. Sem uma conexão à Internet ou planos de dados, muitas pessoas só tinham acesso às informações compartilhadas diretamente pelo *Whatsapp*, sem poder abrir links na Internet para qualificar as informações ou para contrastar com outras notícias, sendo vítimas da esquematização do próprio modelo econômico-digital.

Além disso, é importante ressaltar que a inteligência artificial é um dispositivo criado com o objetivo de construir algoritmos que buscam selecionar e definir informações de acordo com as preferências do usuário, ou seja, quanto mais "cliques" fizermos sobre uma base concentrada de informações — por exemplo, aqueles relacionados ao Bolsonaro —, mais dados serão canalizados e filtrados aos usuários. É um sistema de informação que a direciona e restringe nossa compreensão do mundo por meio de "bolhas" que nos absorvem em verdades fechadas, especialmente nos casos em que as pessoas não têm mecanismos para verificar a veracidade da informação devido à falta de dados para acessar as páginas *web* disponíveis.

Conclusões: sobre como um "clichê" se torna um "lugar comum"

Bolsonaro foi um congressista que sustentou seu capital político durante décadas sobre o clichê "bandido bom é bandido morto", que foi sua porta de entrada para o universo legislativo brasileiro. Mesmo com um desempenho legislativo inexpressivo do ponto de vista de uma inexistência de liderança partidária e com poucas ou quase nenhuma lei aprovada, tal clichê o levou a edificar lugares comuns, como aponta Laurent Thévenot:

> Estos lugares comunes dotados de una base material concreta que es objeto de una frecuentación ordinaria (posiblemente espacio para lugares en el sentido literal) a menudo están imbuidos de referencias poéticas y literarias, canciones o películas llamadas "de culto". Para servir a esta comunicación, su convocatoria debe ajustarse a la situación y crear una resonancia entre las personas presentes (Brahy, 2019; Thévenot, 2020, p. 15).

O trajeto entre a intimidade do apego pessoal e o lugar comum produz uma intensa liberação emocional, ampliada ainda mais pela ressonância com as afinidades de outros que investem no mesmo terreno comum. Entretanto, não há garantia de que todos invistam da mesma maneira nem que a base comum seja a mesma para todos. Essa é a fonte das diferenças manifestadas pelas diversas associações entre estes lugares, que é precisamente o que expressa as diferenças e o que permite a linha tênue entre o lugar comum e o clichê. No caso de Bolsonaro, o que era superficial, ou seja, o clichê, se converte na argamassa do pensamento da "razão cismática". Nesse sentido, Thévenot aponta:

> Esta gramática es muy importante para estudiar la construcción de lo común en diversas culturas sin sufrir el sesgo de los marcos de análisis de las ciencias políticas y sociales demasiado sesgados por su anclaje original a los países noroccidentales. No es que esta gramática esté ausente, pero la modernidad occidental (limitada por las demandas de las Luces) así como por las ciencias sociales y políticas nacidas en su seno, ha dificultado su consideración (2019, p. 19).

Assim, Thévenot articula esta ideia da seguinte forma: pode-se ouvir uma expressão intimamente pessoal na comunicação por meio de lugares comuns. Nessa gramática de afinidades pessoais a lugares comuns, a autoridade de uma forma comum é conferida à pessoa por meio de investimento em tais lugares (Thévenot, 2017). Eles conferem reconhecimento legítimo às emoções expressas por esse investimento que estabelece um curto-circuito entre o privado e o comum. Devido às suas formas variáveis, esses lugares, que se misturam, reforçam uma uniformidade de tamanhos muito diferentes. Além disso, a possibilidade de vários vínculos entre esses lugares proporciona diferenças e diferenciais, sem dar lugar a um espaço de argumentação no que pese as articulações críticas dos atores. Desse modo, seguindo o raciocínio do autor, se

> [...] permite profundizar el análisis de modos de autoritarismo que emergen nuevamente incluso en países con una tradición democrática. Algunos casos extremos recuerdan la principal figura de la autoridad encarnada por hombres fuertes, cuya forma invertida se confunde fácilmente con el cuerpo animado por una energía vital y sexual expuesta físicamente (Oleynik 2010). El culto a la personalidad borra la tensión producida por dicha configuración, al precio de una renuncia a la humanidad común: la distinción del superhombre va de la mano de la existencia de sub-humanos. En sus formas contemporáneas, el autoritarismo no es un simple retorno al absolutismo. Incluye la caracterización del pueblo, lo que lo hace hablar sobre populismo. Aquí es donde la tercera gramática hace una valiosa contribución. Ella ayuda a comprender el apoyo popular del líder, que se basa en las inversiones personales de los lugares comunes que el líder convoca. También muestra las formas en que se reducen estos diversos lugares comunes, que este líder opera para afirmar una autoridad única e indivisa contra todo pluralismo, al cual lo define como enemigo. Por lo tanto, el mecanismo de construcción y mantenimiento de tal autoritarismo no depende solo de una ascendencia carismática. Estas autoridades hacen uso de lugares comunes para combinar la poderosa masa de una multitud que invierte un lugar al ocuparlo, con redes de personas involucradas a distancia dentro de un ámbito de afinidades de rápida expansión que equipa el poder de herramientas de comunicación de manera única. Estos autoritarismos reúnen a solo uno todos los lugares comunes que convocan (Thévenot, 2019, p. 22).

Neste capítulo tentamos refletir sobre como as relações cismáticas do fenômeno bolsonarista são marcadas por uma racionalidade que suspende critérios lógicos, racionais e cartesianos em favor de uma razão cismática que abala os fundamentos da confiança, do reconhecimento e da dignidade, dando novos formatos às dinâmicas interativas no mundo moderno. Além do bolsonarismo e outros extremismos internacionais de direita, recentemente encontramos tais relações cismáticas nos movimentos antivacinas, ou nos debates sobre a eficácia de certos medicamentos (como a cloroquina) para tratar a infecção por Sars-Cov-2 (Mota; Kant de Lima, 2022).

Esses lugares comuns aos quais Thévenot se refere, associados ao surgimento da racionalidade cismática que temos problematizado, são formas alternativas de lançar luz sobre o fenômeno da "Cismocracia contemporânea". É um caminho entre outros para lidar com questões que afetam todas as pessoas no planeta hoje em dia. Os fenômenos que surgiram nos últimos anos no Brasil e no mundo mostram as grandes mutações simbólicas, morais e políticas que produzem graves tensões entre os valores e as práticas provenientes da razão iluminista (do período da chamada "Era das Luzes") e aqueles que se disseminam na velocidade propiciada pelas redes sociais, com o advento da "razão ilusionista": Esta razão se alimenta de margens distorcidas da realidade, como a "mamadeira de piroca" ou o "kit gay", anteriormente citado, assim como outras imagens, discursos e dados que fazem da realidade "egocêntrica" um espaço comunicativo próprio e tornam inviável alguns dos exercícios centrais das sociedades contemporâneas, como o diálogo, o debate e o próprio exercício da reflexão crítica e fundada em fatos e argumentos compartilhados amplamente.

REFERÊNCIAS

ABRANCHES, Sérgio. et al. *Democracia em risco? 22 ensaios sobre o Brasil hoje.* São Paulo: Companhia das Letras, 2019.

BAYARRI TOSCANO, Gabriel. The rhetoric of the Brazilian far-right, built in the streets: The case of Rio de Janeiro. *The Australian Journal of Anthropology*, v. 33, n. 1, p. 18-33, 2022.

BOLTANSKI, Luc; THÉVENOT, Laurent. *A justificação*: sobre as economias da grandeza. Rio de Janeiro: UFRJ, 2020[1991].

CALDEIRA NETO, Odilon. Neointegralismo: do debate historiográfico a uma possível definição . *L'Ordinaire des Amériques*, n. 226, 2021.

CARDOSO DE OLIVEIRA, Luís. *Direito legal e insulto moral*: dilemas da cidadania no Brasil, Quebec e EUA. Rio de Janeiro: Garamond, 2002.

CESARINO, Leticia. How social media affords populist politics: remarks on liminality based on the Brazilian case. *Trabalhos em Linguística Aplicada*, n. 59, p. 404-427, 2020.

DA MATTA, Roberto. *Carnavais, Malandros e Heróis*. Rio de Janeiro: Zahar, 1979.

DESROSIÈRES, Alain; THÉVENOT, Laurent. *Les catégories socio-professionnelles*. Paris: Editions La Découverte, 1988.

DUMONT, Louis. *Essaissu rl'individualisme*: une perspective anthropologique sur l'idéologie moderne. Paris: Seuil, 1983.

DURKHEIM, Émile. *The Elementary forms of the Religious life*. London: Allen andunwin, 1915.

ECO, Umberto. *O nome da rosa*. Rio de Janeiro: Nova Fronteira, 1983.

FERNÁNDEZ-VILLANUEVA, Concepción; BAYARRI TOSCANO, Gabriel. Legitimizing hate and political violence through meme images: the Bolsonaro campaign. *Communication and* Society, v. 34, n. 2, p. 449-468, 2021.

GOFFMAN, Erving. *A representação do eu na vida cotidiana*. Petrópolis: Vozes, 2001.

GOLDSTEIN, Ariel. *Bolsonaro*: La democracia de Brasil en peligro. Buenos Aires: Marea, 2019.

HABERMAS, Jürgen. *L'espace public*. Paris: Payot, 1993.

HEGEL, Georg Wilhelm Friedrich. *Fenomenologia do Espírito*. Petrópolis: Vozes, 1999.

HONNETH, Axel. *La lutte pour la reconnaissance*. Paris: Le Cerf, 2000.

IOIRO FILHO, Rafael Mario; DUARTE, Fernanda. *A lógica do contraditório*: ainda somos medievais. Florianópolis: CONPEDI, 2015.

KALIL, Isabela Oliveira. Notas sobre 'Os Fins da Democracia': etnografar protestos, manifestações e enfrentamentos políticos. *Ponto Urbe: Revista do núcleo de antropologia urbana da USP*, n. 22, 2018.

KANT DE LIMA, Roberto. Sensibilidades jurídicas, saber e poder: bases culturais de alguns aspectos do direito brasileiro em uma perspectiva comparada. *Anuário Antropológico*, v. 35, n. 2, p. 25-51, 2009.

KANT DE LIMA, Roberto; MISSE, Michel. *Ensaios de Antropologia e de Direito*: acesso à justiça e processos institucionais de administração de conflitos e produção da verdade jurídica em uma perspectiva comparada. Rio de Janeiro: Lúmen Júris, 2008.

KANT DE LIMA, Roberto. *A antropologia da academia*: quando os índios somos nós. Niteroi: Eduff, 2011.

LÉVI-STRAUSS, Claude. *Raça e História*. Rio de Janeiro: Tempo Brasileiro, 1976.

MEAD, George Herbert. *Mind, self and society*. Chicago: University of Chicago Press, 1934.

MIGUEL, Luis Felipe. A reemergência da direita brasileira. In: SOLANO, Esther (org.). *O ódio como política*: a reinvenção das direitas no Brasil. São Paulo: Boitempo, 2018.

MOREIRA, Alberto da Silva. From religious diversity to political competition: the differentiation process of Pentecostalism in Brazil. *Religions*, n. 9, p. 1-14, 2018.

MOTA, Fabio Reis. Kategoriia skhizmy v Brazilii i v mire: vzgliad na sovremennoe konstruirovanie politicheskogo v pragmaticheskoi perspektive (The Category of "Schism" in Brazil and Elsewhere: A View of Today's Construction of the Political in the Pragmatic Perspective). *Ètnograficeskoe Obozrenie* (Moskva. 1992), n. 2, p. 61- 83, 2021a.

MOTA, Fabio Reis. The Category of "Schism" in Brazil and Elsewhere: A View of Today's Construction of the Political in the Pragmatic Perspective [Kategoriiaskhizmy v Braziliii v mire: vzgliadnasovremennoekonstruirovaniepoliticheskogo v pragmaticheskoiperspektive]. *Etnograficheskoeobozrenie*, n. 2, p. 61-73, 2021b.

MOTA, Fabio Reis. *Cidadãos em toda parte ou cidadãos à parte?* Demandas de direitos e reconhecimento no Brasil e na França. Rio de Janeiro: Consequência, 2014.

MOTA, Fabio Reis. Do indivíduo blasé aos sujeitos cismados: reflexões antropológicas sobre as políticas de reconhecimento na contemporaneidade. *Revista Antropolítica*, n. 44, 2018.

MOTA, Fabio Reis. Cisma do Brasil e o cisma do mundo. *Jornal O GLOBO*, 6 jan. 2020. Disponível em: https://blogs.oglobo.globo.com/ciencia-matematica/post/cisma-do-brasil-e-o-cisma-do-mundo.html. Acesso em: 22 jul. 2022.

MOTA, Fabio Reis; PELAEZ, Daniela Velásquez. Entre travessas e travessias: uma análise antropológica sobre a cisma e o lugar-comum. *Terceiro Milênio: Revista Crítica de Sociologia e Política*, v. 17, n. 2, p. 216-227, 2021.

MOTA, Fabio Reis; KANT DE LIMA, Roberto. Pega na mentira: notas antropológicas sobre tempos inquietantes, Reciis — Revista Eletrônica de Comunicação, Informação & Inovação em Saúde, Rio de Janeiro, v. 16, n. 2, p. 227-246, abr.-jun. 2022.

NICOLAU, Jairo O *Brasil dobrou à direita*: uma radiografia da eleição de Bolsonaro em 2018. São Paulo: Editora Schwarcz- Companhia das Letras, 2020.

NOUITIGAT, Vincent. *Notre Cerveau Adore*. SEV 72-75. 2018.

PALMEIRA, Moacir; HEREDIA, Beatriz. Os Comícios e as Políticas de Facções. *Anuário Antropológico*, n. 19, p. 31-94, 1995.

PEIRANO, Marisa. *A favor da etnografia*. Rio de Janeiro: Relume-Dumará, 1995.

PINHEIRO-MACHADO, Rosana; SCALCO, Lucia Muri. From hope to hate: The rise of conservative subjectivity in Brazil. *HAU: Journal of Ethnographic* Theory, n. 10, p. 21-31, 2020.

PIRES, Lenin. 2011. *Esculhamba, mas não Esculacha — uma etnografia dos usos urbanos dos trens da Central do Brasil*. Niterói: EDUFF.

RICOEUR, Paul. *Parcours de la reconnaissance*. Paris: Gallimard, 2004.

ROCHA, Camila; SOLANO, Esther; MEDEIROS, Jonás. *The Bolsonaro Paradox*: The Public Sphere and Right-Wing Counterpublicity in Contemporary Brazil. Springer, 2021.

SAHLINS, Marshal. *Ilhas de História*. Rio de Janeiro: Jorge Zahar, 2003.

SOLANO, Esther; ORTELLADO, Pablo; MORETTO, Marcio. 2016: O ano da polarização. *Friedrich Ebert Stifung Brasil—Análise*, n. 22, 2017.

TAYLOR, Charles. *Multiculturalism*: examining the politics of recognition. New Jersey: Princeton University Press, 1994.

TAYLOR, Charles. *Argumentos filosóficos*. São Paulo: Loyola, 2000.

THÉVENOT, Laurent; PELÁEZ, Daniela Velásquez. Governar pelas Normas. *Revista Antropolítica*, v. 52, p. 36-69, 2021.

THÉVENOT, Laurent. Les investissements de forme. In: THÉVENOT, Laurent. *Conventions économiques*. Paris: PUF, 1986. p. 21-71.

THÉVENOT, Laurent. *La Acción en Plural*: Una Introducción a la sociologia pragmática. Buenos Aires: Siglo Veintiuno, 2016.

THÉVENOT, Laurent. Des liens du proche aux lieux du public: retour sur un programme franco-russe pionnier. *Revue d'Etudes Comparatives Est-Ouest*, v. 48, n. 3-4, p. 45-93, 2017.

THÉVENOT, Laurent. Reconhecimentos: com Paul Ricoeur e Axel Honneth. In: MOTA, Fabio Reis. *Dossiê Pragmatismo e reconhecimento: formas plurais de fazer o comum*. Rio de Janeiro: Antropolitica 44, 2019.

THÉVENOT, Laurent. Metamorfosis de la autoridad y "gobierno por estándares". Aportes de la sociología pragmática de las grandezas, las convenciones y los involucramientos. In: RIVERA, Enrique (org.). *Las ciencias sociales en el Siglo XXI*: Miradas diferentes y convergentes. Puno: l El Altiplano, 2021. p. 53-77.

WEBER, Max. *Economía y Sociedad*. México: Fondo de Cultura Económica, 1984.

PARTE 3

MORAL E POLÍTICA

Uma sociologia pragmática da moral da política: crítica, "bem de todos"/"bem comum" e "comparecimento"[1]

ALEXANDRE WERNECK

> Estava sozinho em uma mesa quando um senhor se aproximou, sentou-se diante dele e disse depressa:
> — O senhor já leu?
> — Não li.
> — Está sabendo?
> — Não sei de nada.
> — Não sabe do que se trata?
> — Não sei, não me preocupo com isso.
> — Mas isso deveria interessá-lo.
> — Não sei por que deveria me interessar. Eu fumo um charuto, bebo algumas canecas de cerveja, janto e não leio jornais. Os jornais mentem. Por que vou me aborrecer?
> — Então não lhe interessa o assassinato de Sarajevo?
> — Nenhum assassinato me interessa, quer aconteça em Praga, em Viena, em Sarajevo ou em Londres. Para isso existem as autoridades, os tribunais e a polícia. Se um dia qualquer em algum lugar alguém é morto, bem-feito para ele, porque foi burro e imprudente e permitiu que o matassem.

---

[1] Este texto contém análises relativas à pesquisa *Moralismo e Valorações: a crítica ostentatória nas dimensões política e econômica*, financiada pelo Conselho Nacional de Desenvolvimento Científico e Tecnológico (CNPq) por meio de sua bolsa de produtividade (processo 312417/2018-7). Uma primeira versão foi publicada em *Política & Trabalho: Revista de Ciências Sociais*, v. 38, n. 55, p 113-128, 2022. Agradeço aos debatedores do I Seminário Internacional Questões de Moral, Moral em Questão e a Simone Britto por diferentes contribuições no processo de elaboração deste texto.

> Estas foram suas últimas palavras naquela conversa. A partir de então, limitou-se a repetir a cada cinco minutos:
> — Sou inocente, sou inocente!

Nesse inusitado diálogo do romance épico-satírico *As aventuras do bom solado Švejk*, do tcheco Jaroslav Hašek (2014[1921], p. 27), o protagonista-título confessa sua completa desinformação e seu enorme desinteresse a respeito de um crime. Homicídios são problema do morto, ele parece querer dizer. Essa seria a olhos externos apenas uma posição "egoísta" qualquer, não fosse um detalhe: estamos diante do "assassinato de Sarajevo", o atentado ao arquiduque Franz Ferdinand que serviria de desculpa para o início do que viria a ser a Primeira Guerra Mundial. Não é um crime insignificante, portanto. Trata-se, antes, de um crime *político*. E isso se refletirá em toda a história do "inocente" (e simplório) Švejk, que trafegará por centenas de páginas no universo da Grande Guerra e sua *realpolitik* sem entender muita coisa, mas sempre com opiniões. Uma leitura materialista histórica mais tradicional poderia concluir que esse é um livro sobre a passagem da alienação à consciência. Entretanto, a sanfona entre a cena particular e a grande narrativa da (inacabada) obra-prima de Hašek (publicada no começo da década 1920), ali qualificada como "aventura", lança luz sobre um outro ponto que quero destacar aqui como um importante componente para uma sociologia da política: na tensão entre as estruturas em seus grandes movimentos históricos e a pequenez decisional de dois atores, temos ali uma *situação*, um recorte no espaço e no tempo. Nela, está em pauta justamente se o que está acontecendo ali é ou não *político*, e isso se mostra como algo profundamente *moral*.

Na cena, dessa forma, o (ainda não) "bom soldado" tem a atenção chamada porque "deveria" se interessar por um homicídio, uma vez que (fica implícito) este *é do interesse de todos*. Afinal, diferentemente de um assassinato comum, o tal crime *terá consequências sobre as vidas de milhões*. Mas Švejk se recusa a reconhecer esses efeitos tanto do ponto de vista de se incluir nesse "todos" atingível pelo ocorrido — "Nenhum assassinato me interessa [...]. Para isso existem as autoridades, os tribunais e a polícia" — quanto de admitir agência sobre o mundo a partir dessa decisão — "Sou inocente". Disso, decorre um deslocamento raramente levado a sério: *politizar* uma situação *dá trabalho*, isto é, os atores sociais não necessariamente tratam como óbvio que o que esteja acontecendo seja uma questão política, não necessariamente partilham dessa impressão e dependem incontornavelmente de um conjunto de operações para essa definição ser *efetiva* (Werneck, 2012a, 2022), ou seja, para que o que esteja acontecendo ali seja *na prática* uma *questão de política*[2], o que significa ela produzir consequências sobre a realidade objetiva das ações de si e dos outros — em suma, que, nela, se *aja politicamente*[3].

Este ensaio propõe uma reflexão teórico-metodológica sobre a possibilidade de se fazer uma *sociologia pragmática da moral da política* — isto é, uma sociologia da política cujo centro seja sua dimensão moral, tratada como *objeto* e não como fundamento normativo da análise. A proposta é tomar o mapeamento da dimensão dos valores atuante naquilo que, imbuído de uma abordagem pragmatista/pragmática, chamarei de *situação política* e nela reconhecer uma forma de dar conta de uma fenomenologia incontornável desse objeto, a de suas disputas e coordenações valorativas. E, na continuidade desse argumento, valorizo aqui a ideia de *comparecimento*, a forma como *elementos* dessa situação nela *se colocam* como *actantes* (Greimas, 1976[1966]; Latour, 1997[1987]), como variáveis *determinantes* em sua efetivação — como nela *comparecem*. Trata-se de um trabalho de reflexão teórica, mas alimentado por uma série de

---

2 Não que isso importe para o argumento, mas o próprio Hašek mostrou-se atento a essa dificuldade de definição, ao mobilizar um viés seu característico, a ironia — o que pressupõe uma postura de superioridade moral (Colebrook, 2004). Militante de esquerda, foi editor de um jornal anarquista e, depois da Guerra, tornou-se comunista de linha soviética. Entre esses dois momentos, fundou uma agremiação política cujo nome parece um manifesto de seu gaiato distanciamento desconstrutivo: Partido do Progresso Moderado Dentro dos Limites da Lei.

3 Nessa galeria de ações possíveis, inclui-se a recusa de participação justamente porque a situação é percebida como política. É preciso que faça parte dessa sociologia como objeto a recusa a se relacionar com a politização.

pesquisas na área da sociologia pragmática da moral e da crítica empreendida na última década e meia em diversas frentes, sempre com ênfase na análise do diálogo entre a dimensão concreta das ações e a abstrata dos valores morais[4].

O argumento se desenvolve da seguinte forma. Como tenho mostrado em vários trabalhos, já citados, a discussão tem início com a ideia proposta por William I. Thomas (1966, p. 42) de definição da situação, "um estágio de exame e deliberação [...] preliminar a qualquer ato comportamental autodeterminado", e que diz *o que está acontecendo ali* (Werneck, 2012a). O tratamento é baseado na filosofia pragmatista, especialmente no olhar de seu fundador, Charles S. Peirce, para o pensamento, segundo o qual para se entender um objeto é preciso "avaliar que efeitos, que possam ter certos comportamentos práticos, [*o*] percebemos apresentar [...]. O resultado é que nossa concepção desses efeitos constitui o conjunto de nossa concepção do objeto" (Peirce, 1992[1878], p. 132). Esse *consequencialismo*, essa ênfase nos efeitos, permitiria a William e a Dorothy Thomas, sua parceira de pesquisa e esposa, enunciar sua clássica afirmação: "[S]e os homens definem as situações como reais, elas são reais em suas consequências" (Thomas; Thomas, 1938, p. 572), isto é, aquilo que permite aos humanos definir situações de alguma forma é a observação de consequências objetivas dessa definição. E como eu disse em outro texto (Werneck, 2022, p. 4), sublinhando o caráter anticartesiano do argumento, isso não corresponde a "uma mecânica psicológica e/ou idealista — segundo a qual podemos definir previamente a situação como o que quisermos e ela assim será". Em vez disso, tem a ver com um

4 Essa galeria compreende trabalhos sobre manifestações críticas em situações que vão das interações cotidianas (Werneck, 2009, 2011a, 2011b, 2015a, 2020a) a protestos e discursos políticos (Werneck, 2004a, 2004b, 2008, 2016a, 2019b, 2020b, 2021a, 2021b; Werneck; Loretti, 2018), passando por uma concentração específica na ideia de crítica acusatorial (Misse; Werneck, 2012; Werneck, 2012b, 2015b, 2019b; Werneck; Talone, 2019; Werneck; Teixeira; Talone, 2020; Werneck et al. 2021), além de algumas discussões de teoria (Werneck, 2014, 2016b, 2019a, 2022).

imperativo ao mesmo tempo de *ação* e de *sociabilidade*: de um lado, a definição não é apenas linguageira, tendo que se haver com a prática, com a realidade objetiva, manifestada ao conformar as ações; de outro, ela não é obra de uma racionalidade individual, e sim de um processo de escrutínio e testagem *comunitário* — o que se manifestará em todo o pragmatismo, mas também na sociologia dele oriunda a partir da chamada Escola de Chicago (Pogrebinschi, 2005; Werneck, 2014): uma situação definida socialmente como de algum tipo é assim porque *funciona* como tal ao ser testada como tal por aqueles que assim se questionam sobre sua definição; ao mesmo tempo, ela tem que funcionar objetivamente (independentemente dos envolvidos), e isso tem que poder ser percebido de maneira partilhada pelos envolvidos. Na chave do que John Dewey (1938) chamou de *processo investigativo*, então, os atores empreendem movimentos para definir praticamente as situações e fazer andar a realidade. No mesmo texto (Werneck, 2022), mostrei como isso tudo reorienta a análise *situacionista metodológica* (Cicourel, 1964; Collins, 1981; Joseph, 1984) epistemologicamente: uma vez que "[o] grau [*de efetividade*] de uma situação é medido por sua capacidade de produzir efeitos [...], se observamos um efeito, ele é um *índice* (Peirce, 1977[1897]) da definição da situação em que está inserido (e que só pode ser determinada a posteriori)". Assim, todo fenômeno situado passa a ser pensado como consequência de algo, e o objetivo da pesquisa se torna justamente compreender seu processo de produção a partir desse algo.

O passo seguinte consiste em levar a sério a ênfase depositada no detalhamento das situações proposto pela chamada *sociologia pragmática da crítica* (Boltanski; Thévenot, 2020[1991]). Segundo essa abordagem, chamada pelos autores de *economias da grandeza* (EG), uma situação é uma circunscrição no espaço e no tempo em que se dá uma distribuição de grandezas, posições agenciais distintas entre determinantes ("grandes", nos termos do modelo) e determinados ("pequenos"), distribuição essa fundada necessariamente em uma *prestação de contas* (Scott; Lyman, 2008[1968]) em termos de justiça, de modo que se demonstre que a diferença entre grandes e pequenos possa ser tratada/compreendida por ambos os lados como *equivalência*. Não avançarei muito mais na descrição do modelo[5]. O importante para meu argumento aqui é que essa situação é lida pelos atores como um *setting* de ajustamento entre, de um lado, uma configuração pragmática de elementos, notadamente atores sociais ocupando posições de grandeza, e, de outro, quadros valorativos abstratos fundamentadores dessa configuração — quadros morais, diria eu — por meio de coisas do mundo, organizadas como dispositivos (isto é, elementos concretos capazes de representar no mundo aqueles valores abstratos)[6]. E é nesse ponto que mobilizo as EG para tratar de *comparecimento*: segundo Boltanski e Thévenot, o elemento constitutivo das situações é a relação entre uma "multiplicidade de seres que, por vezes humanos, por vezes coisas, não se apresentam sem que ao mesmo tempo sejam qualificados os estados segundo os quais *intervêm*" (2020[1991], p. 85, grifo meu). E os "estados segundo os quais eles intervêm", correspondentes ao nível da grandeza em jogo, são radicalmente situados, isto é, tratados como uma condição experimentada na situação discreta (e não como uma disposição incorporada). *Intervir*, nos termos deles, corresponde a uma operação de qualificação da forma como o ser participa da situação, de como toma parte em sua definição, isto é, como esse ser *comparece*[7] na efetivação (Werneck, 2012a, 2022). Dissecar uma situação nessa chave

---

5 Apresento uma síntese desse modelo em Werneck (2012a, p. 77-115). Sua apresentação completa está em Boltanski e Thévenot (2020[1991]) e uma síntese dos próprios autores, em Boltanski e Thévenot (1999).

6 Para mais sobre dispositivos, ver Peeters e Charlier (1999) e o dossiê que organizam a partir do texto.

7 A escolha do substantivo *comparecimento* implica ainda uma decisão analítica: embora o verbo *intervir* não passe de imediato todo o peso desse sentido, o substantivo *intervenção* explicita e sublinha um caráter de agência externa sobre outra agência, ao passo que falar em *comparecimento* permite deslocar a conversa para a dimensão de ingresso na situação, de qualificação da forma como algo aparece, se manifesta, notadamente atua e atua significativamente, determinantemente para a definição/efetivação (e, veremos, depuração/resolução) da situação.

consiste, então, em mapeá-la e colocar em balanças, por vezes de precisão, esses vários seres, ponderando suas participações, observando os papéis que desempenham — ou, em termos mais adequados, os actantes que se tornam —, os dispositivos que constroem, o que fazem, o que dizem, o que mobilizam. Isso corresponde a analisar em uma situação o *comparecimento* das coisas que a definem.

Assim, para dar um exemplo aclimatado a nossa discussão, se alguém se candidata a um cargo eletivo — à Presidência, por exemplo —, está em jogo habitualmente a oferta de si como grande em termos *cívicos* (isto é, sua capacidade de representar a vontade geral) (Boltanski; Thévenot, 2020[1991]) diante do universo de pequenos chamados cidadãos que a ele entregariam a agência das decisões do governo — e de uma condição de maior grandeza nesses mesmos termos do que outros candidatos ao mesmo cargo. Isso só pode ser feito por meio de um conjunto de situações em que esse candidato se *comprova* (Boltanski; Thévenot, 2020[1991]) como tal por meio da apresentação de coisas do mundo — digamos, elementos de campanha, peças publicitárias, palavras de ordem, narrativas biográficas, demonstrações de serviços prestados, números, projetos utópicos, alinhamentos ideológicos, discursos carismáticos etc. — que o qualifiquem como melhor candidato. Igualmente, se uma agência governamental sugere que a melhor maneira de resolver um problema social — o enfrentamento de uma epidemia? — é uma campanha nacional de medidas profiláticas e ampla vacinação e outra sugere que é a administração de um medicamento, a disputa de grandeza, isto é, da figura determinante está em torno de que método se provará mais *eficiente*, o que é feito por meio da apresentação de evidências objetivas dessa justificativa *industrial* (Boltanski; Thévenot, 2020[1991]) — implicando a apresentação de relatórios de pesquisa, falas de especialistas, pareceres de agências reguladoras etc. Em ambos os casos, está em operação a explicitação de como pessoas e coisas *comparecem* para tornar efetiva a situação de comprovação.

Evidentemente, não poderia ser meu objetivo aqui promover uma digressão sobre uma definição fundamental de *política* em si, algo que poderíamos chamar de uma definição substantivista — o que me faria viajar de Aristóteles a Foucault ou Proudhon, de Maquiavel a Rawls, de Platão a Bobbio, de Santo Agostinho a Dewey, de Marx a Rancière e sabem os colegas da teoria política mais por que caminhos. Há uma disciplina inteira para esse conceito, e não tenho qualquer pretensão de esgotar sua multissemia. Basta dizer que as próprias ciência e filosofia políticas reconhecem essa complexidade e nela investem — ver, por exemplo, os textos compilados por Leftwich (2004)[8] ou os intricados esforços de figuras como, entre vários outros, Hannah Arendt (2006[1992]), Carl Schmitt (2007[1932]) ou, mais recentemente, Francis Wolff (2003) e Chantal Mouffe (2005), além de pensadores brasileiros (Lessa, 2012). Nesse diapasão, a política vem sendo pensada como aquilo que concerne à polis/ao Estado (Vernant, 1972; Bobbio, 1998[1983]) — o que qualificaria também uma *sociologia política* (Weber, 2011[1919]), que também não é meu objetivo; apresentada como arte pacífica de resolução de conflitos centrada nas decisões coletivas (Weale, 2004); revelada, mesmo denunciada como mantenedora de um conflito social sub-reptício ou como a mera forma de operacionalizar interesses (Calinicos, 2004); teorizada como a operacionalização/exercício do poder (Foucault, 1990[1979]); descrita como nome de qualquer ação pública/cívica, de qualquer operação prática a serviço de qualquer um desses movimentos ("uma política") ou ainda de toda a dinâmica eleitoral (Wolff, 2003); etc.

---

8 De fato, na apresentação do livro, Leftwich (2004, p. 2) sugere dois grandes modelos para caracterizar as várias e distintas definições de política: a abordagem dimensional — a rigor, ela a chama de "abordagem da arena ou do local", mas tomo a liberdade aqui de promover seu paralelismo sintático —, segundo a qual a política é um espaço em que se dão determinados fenômenos; e a abordagem processual, segundo a qual a política é um processo, algo que acontece, uma forma de fazer ou de se comportar. Essa distinção, conquanto seja já um mergulho em uma discussão que não pretendo fazer, ajuda a iluminar justamente o quanto a dimensão moral atravessa qualquer definição: quer seja pensada como arena, quer seja como processo, isso que é a política precisa ser efetivado como tal pelos atores sociais, isto é, validado em termos de sentidos e valores como algo (arena ou processo) que eles reconheçam como capaz de direcionar o bem a alguém — definição que explorarei adiante.

Pois sem desqualificar nenhuma dessas interpretações/abordagens, o tratamento pragmatista/pragmático aqui adotado me leva a buscar essa definição nos atores, no sentido de, como vimos, reconhecer em seus movimentos que tipo de situação eles definem como política e *como* a definem. E, na continuidade desse projeto, coloco entre parêntesis qualquer definição discreta de política *em si* para me concentrar em uma *sociologia pragmatista/pragmática da moral*[9] das situações definidas pelos atores como políticas (independentemente do que seja política para eles). Para isso, adoto como marco de uma definição heurística a operação moral incontornável de qualquer que seja a forma de política em jogo: sua *tradução* em termos do *bem de todos*. Nesse sentido, seja qual o for o objetivo intrínseco da política, esta precisa ser sempre pensada, em uma camada valorativa, como a administração de um bem idealizado como capaz de alcançar uma abstração de totalidade relativa a um universo; e com isso adquirimos, por decorrência lógica, uma definição operativa: uma situação política é aquela em que se dá uma disputa em torno de como se obter/chegar a esse bem[10]. Esse tratamento é condizente com uma perspectiva produtiva da moral que venho adotando em todo o meu trabalho, já citado, segundo a qual ela seja pensada menos como forma de impedimento de ações e mais como uma incontornável dimensão constitutiva da efetivação

---

9 Estou plenamente consciente de que Dewey (1938), com toda sua tematização da política e da teoria democrática — ver, sobre isso, por exemplo, Pogrebinschi (2004, 2005) —, discordaria de uma neutralização total dessa interpretação. Mas coloco esse tratamento como investimento à parte em relação ao investimento pragmatista em uma teoria da ação consistente com os comportamentos efetivos dos atores sociais (Werneck, 2022).

10 Estou consciente também de que essa definição amplia a dimensão de política para o lado de fora do ambiente público/cívico e das consequências dessa ampliação, que permite pensar a politização de situações privadas, familiares, ou, em sentido mais analítico, domésticas (Boltanski; Thévenot, 2020[1991]).

dessas ações (Werneck, 2014)[11]. Nesse sentido, adotar a moral da política como objeto pressupõe analisar os elementos valorativos implicados no funcionamento efetivo das situações politizadas na prática. Ao mesmo tempo, a ênfase nas situações como unidade analítica permite observar, por meio da dimensão moral apontada, uma dupla articulação contida nessas situações políticas: elas consistem em circunscrições ao mesmo tempo a serem actancialmente definidas pelos atores como tais e a serem *depuradas*, uma vez que, como vimos, uma situação como essa é marcada pela *disputa* em torno do que seja o bem de todos. E a ênfase na ideia de *comparecimento* permite observar sua dinâmica *actancial* no que diz respeito a essa depuração: analisar a moral da política, ao fim e ao cabo, corresponde a se perguntar como uma situação se politiza por meio desses elementos objetivos e o peso deles nesse processamento e, na continuidade da análise, a estudar como ela "se resolve", isto é, como ela depura a seleção dos bens amplamente generalizáveis. Isso significa detalhar: os diferentes personagens envolvidos, humanos e não humanos, explícitos e implícitos, tratados como actantes; os quadros valorativos mobilizados por esses diferentes actantes em seus investimentos práticos de ação como formas efetiváveis do bem de todos; os dispositivos construídos por esses personagens a fim de ajustar a pragmática implementada à forma de bem de todos abstratamente mobilizada; os elementos, formais e de conteúdo, da disputa objetiva em jogo na situação, os elementos definidores dos "melhores bens"; etc.

---

11 Do ponto de vista dessa abordagem, não se trata de se perguntar que fenômeno social é moral ou não — como em certas interpretações simplistas segundo as quais seriam objetos privilegiados da sociologia da moral "imoralidades" gritantes (como, digamos, o genocídio, o canibalismo nas sociedades complexas, o crime ou certos comportamentos sexuais) ou ações "bondosas" ou "generosas" (como as ações humanitárias, o *care*, a doação de órgãos ou a abnegação) —, e sim de indagar como funciona a dimensão moral de cada fenômeno social discreto. Claro, todos aqueles objetos são bons para pensar a moral e são recorrentes nessa linhagem sociológica, especialmente porque explicitam situações em que os atores se colocam especialmente a refletir sobre o bem, mas não exclusivamente. São tão bons para pensar a moral uma transação da bolsa de valores ou uma eleição presidencial, as escolhas de objetos de arte ou decisões em um videogame.

A moral da política como experiência de tradução e o problema do "na verdade"

Em meu trabalho de modelização de uma *sociologia (pragmatista/pragmática) da moral* (Werneck, 2012a), caracterizei-a como a dimensão dos fenômenos sociais na qual se dá a *gestão do bem*, isto é, em que os atores definem o sentido para o qual o (que consideram ser o) bem se desloca (ou seja, para *quem* ele se destina) e, por meio da qual tem lugar a *efetivação* desses fenômenos. Nesse tratamento, mapeei cinco diferentes regimes de orientação do bem: bem de si, bem do outro, bem comum, bem de todos e "tudo bem"[12]. Esse último regime se refere a um estado de crença (Peirce, 1977[1893]) no qual os atores não problematizam esse direcionamento. Acredito que as outras direções sejam evidentes, salvo pela distinção central em meu argumento aqui: diferentemente do que pode parecer ao senso comum, *bem de todos* e *bem comum* não são sinônimos automáticos. O primeiro corresponde a um bem direcionado a uma entidade abstrata superior concebida como uma representação de totalidade: "todos" me inclui, mas o bem de todos me atinge apenas inicialmente de forma difusa. Por sua vez, o bem comum, da forma como é modelizado nas EG, diz respeito a *partes*, a polos discretos que auferem bem *em equivalência, tanto* um *quanto* o outro. Essa diferença, como acabo de dizer, será fulcral em meu argumento. Por ora, para um avanço na definição, retornemos heuristicamente ao bom soldado Švejk: o assassinato de Sarajevo é relevante (para seu interpelador) por sua capacidade de tocar a muitos. O exemplo, então, é paradigmático por sua capacidade de sintetizar um

---

12 Esses regimes se compõem em uma matriz com uma outra série, essa de pontos em uma escala da maior equalização (o universal) à maior peculiarização (o singular absoluto), permitindo aos atores avaliar o mais efetivo como uma composição adequada entre um direcionamento do bem (ou uma composição entre dois ou mais) e uma posição dimensional desse outro eixo. Uma discussão mais aprofundada desse modelo ultrapassa os limites deste texto. Para ela, ver Werneck (2012a, p. 267-316), especialmente o esquema na página 308.

corte transversal na dimensão moral de qualquer modelo de definição de política: seja qual for o objeto/objetivo da política adotado — pelos atores e/ou pelo analista —, esse objeto/objetivo terá que se haver com uma dimensão em que é preciso efetivar isso que acontece *em termos do bem de todos*[13]. Pois como mostram Boltanski e Thévenot (2020[1991]), um dos traços marcantes da vida moderna é um *imperativo de justificação* na ordem de fundamentação de uma *tendência ao acordo* característica do ambiente de concórdia reinante nessas sociedades[14]. Esse imperativo expressa uma hegemonia da justiça como valor preferencial de avaliação das ações e insere uma economia da passagem entre bem comum (para eles a forma distributiva de bem característica dessa competência) e bem de todos de forma automática: como esse primeiro imperativo implica um outro, de negociação (Thuderoz, 2010), os acordos entre partes seriam considerados uma imagem do bem geral — como a forma mais realizada de sua utopia realizável (Boltanski, 1990). Nesse quadro, a vida política é habitualmente pensada a partir da forma *cívica* da justiça — aquela segundo a qual o justo é definido em referência à representatividade em relação à vontade geral capaz de tornar equivalentes os bens entre os grandes (os que representam) e os pequenos (os representados), garantido que o bem

---

13 Mesmo em modelos conflitualistas, como, por exemplo o marxista, o horizonte é também (traduzidos em termos d)o bem de todos — digamos, a abolição das classes pela revolução (e, portanto, pela derrocada da classe dominante) ao fim e ao cabo produziria uma sociedade benéfica para todos —, mesmo que essa totalidade seja construída a longo prazo e por um longo processo de adaptação e à custa de violência (que será justificada por esse bem).

14 Isso não significa que não haja (ou que o modelo feche os olhos para o) conflito social e menos ainda que eles estejam dizendo que as ordens sociais modernas são ambientes dominados pela paz e pela generosidade. O argumento é que, nas sociedades modernas típicas, o conflito social é gerido mais habitualmente de forma negociada, na ordem das prestações de conta mútuas e mais habitualmente sem se chegar ao uso da força (por mais que esses momentos raros sejam profundamente significativos). Ao mesmo tempo, o imperativo de acordo é um traço das sociedades críticas: ele expressa não um altruísmo simplista, mas uma consciência do direito de exigência de bem comum inscrito em cada ator na ordem de sua capacidade crítica (Boltanski; Thévenot, 1999).

de um lado e do outro sejam comuns (Boltanski; Thévenot, 2020[1991]). Pois argumento que, na situação política, esse imperativo se desloca rumo à conversão de um tratamento em termos de partes para um em termos de ente superior idealizado "todos" — em formas como "a sociedade", "o país", "nós", "o povo", mesmo "os pobres" — que impele os atores a se pronunciarem no sentido de ajustar suas ações a essa exigência. Isso é consistente com toda uma tradição sociológica que evidencia um imperativo de *accountability* como traço constitutivo da vida social (Wright Mills, 1940; Scott; Lyman, 2008[1968]).

Como mostrei em outros trabalhos (Werneck, 2019a; Porto; Werneck, 2021), o ponto de partida para o entendimento desse imperativo está na reflexão de Weber (1947[1922]) sobre a relação entre valor (*Wert*) e sentido (*Sinn*). Para o autor, a *compreensão* (*Verstehen*) tem início em uma informação consideravelmente niilista: nada faz sentido *a priori*, isto é, nada tem permissão automática para ser incluído no mundo (a parcela da existência intermediada pelo pensamento) e ser considerado cabível — em sua visão, interpreto, os humanos parecem ser movidos por algo que poderíamos chamar de uma *vontade de sentido*, uma, digamos, *semiofilia*, por um imperativo para sanar esse niilismo, o que insere o pensador não apenas na tradição neokantiana de Rickert (Ringer, 2004) como ainda em um campo de influência do pragmatismo de Peirce (1992[1878]) e James (1907). Isso delega aos humanos o processo de preenchimento das coisas objetivas com um espírito (*Geist*), matéria abstrata que, ao ocupar os corpos despidos de significado, permite a eles a factibilidade. É como se Weber estivesse propondo uma *semiótica social*: as coisas, para terem com os homens, precisam fazer sentido, o que não podem aprioristicamente, e precisam, então, se tornar como que significantes e serem preenchidos com significados, cuja substância é metafísica. Ora, esse fenômeno, no autor, é iminentemente social. Embora a operação seja de definição de um "sentido subjetivamente visado", esse só pode ser operado a partir de uma perspectiva objetiva, a da intersubjetividade: nenhum sentido é cabível, se não for resultado de uma interpelação comum. E disso decorre que as formas, ao serem interpeladas, precisam sê-lo *vis-à-vis* os humanos, motivo pelo qual esta é uma sociologia da ação: as coisas fazem sentido para nós na medida em que *fazem algo*, e seria esse *fazer* o cerne da vida social — e é disso, das ações uns dos outros, que se ocupam basicamente os atores em suas discussões sobre o sentido em termos da vida social.

Ao mesmo tempo, no entanto, essa operação não pode ser pensada como mera semiótica subjetivista nem pode ser reduzida a uma adequação fundamentalista entre objetos (formas) e fundamentos (conteúdos) (Peirce, 1977[1893]): a ligação entre um sentido e uma coisa não é apriorística. Ela decorre de uma seleção, uma vez que aquilo que algo ou alguém faz pode não ter a mesma importância para uns que para outros, o que torna ainda o sentido não apenas um preenchimento, mas um preenchimento *valorativo*, isto é, um designativo capaz de dizer que aquilo ali é congruente no que diz respeito à determinada grandeza (poderá ser feito aquilo que importar). Donde a sociologia compreensiva/interpretativa de Weber estar ancorada nos *valores*, naquelas grandezas mobilizadas pelos agentes para preencher de sentido as ações diante de si, ingressando em um jogo de troca de interpelações e ofertas de sentido que adiante fará a abordagem weberiana se desdobrar em sociologia das prestações de contas (*accounts*) (Wright Mills, 1940; Scott; Lyman, 2008[1968]).

Nesse sentido, uma abordagem compreensiva da política, então, adota como objeto os valores mobilizados pelos atores para dar conta de suas ações em um âmbito politizado e, com isso, estuda como esses mesmos atores promovem a operação de traduzir esses mesmos valores em termos do bem de todos, valor superior universalizado pelos imperativos da politização. Como vimos, esse bem de todos pode ser buscado em diversos bens mobilizados em situação, como, por exemplo, o bem-representatividade ou o bem-eficiência, mas também outros, como o bem-emancipação, o bem-correção-das-desigualdades-econômicas, o bem-correção-das-desigualdades-sociais (de raça, de gênero etc.), e é o complexo processo dessa tradução o desafio do pesquisador: essa sociologia axiológica (Heinich, 2017) demanda, por um lado, uma especial atenção à neutralidade analítica

(Weber, 2001[1904]; Black, 2013; Heintz, 2020) — já fundamental para qualquer pesquisador que se prese, mas no caso da sociologia da moral ainda mais determinante (Abend, 2010)[15], a fim de evitar moralismos analíticos que eclipsem a compreensão do quadro empiricamente apresentado — e, por outro lado, um monumental esforço de mapeamento de todos os (possivelmente presentes quadros de) valores e elementos envolvidos na situação, o que, por sua vez, exige o cuidado de identificação de grandezas em vários planos e em um painel por vezes agigantado de fontes, materiais e registros (discursivos, documentais, actanciais, experienciais, institucionais, entre outros).

Um tratamento como esse coloca entre parênteses (pelo menos por ora e para efeitos analíticos) tanto o normativismo apriorístico da chamada sociologia crítica, centrada na ideia de que a dominação é o fenômeno central da realidade social e que a tarefa da disciplina é compreender os mecanismos segundo os quais os dominados são levados a agir conforme desejam os dominadores — o que implicaria uma definição substantivista de política ela própria — quanto a manobra retórica da chamada nova "crítica não normativa" (Triantafillou, 2012; Hansen, 2016; Staricco, 2019), que propõe que a questão da política é uma economia da despolitização dos fenômenos sociais e que a tarefa da análise consiste em "repolitizá-la", isto é, devolver a ela um caráter não naturalizado. Adotando-se

---

15 Isso não implica um descompromisso cidadão da parte da pessoa que é o sociólogo. Pelo contrário, a seriedade analítica produzida pela postura compreensiva pode até mesmo melhor municiar as atitudes críticas dos atores, sejam eles analistas ou não. O que é implicado por essa impressão é uma valiosa múltipla personalidade, em que o pesquisador desempenha seu papel como tal no máximo de sua pujança, assim como o ator crítico, sem que eles precisem confundir suas intervenções em termos de análise. Dessa forma, não basta que, como propõe Fassin (2008) em seu inusitado artigo sobre "o desconforto da antropologia com a moral", o pesquisador com a tarefa de estudar essa dimensão da vida social exponha seus valores como forma de tornar os outros conscientes de suas escolhas. A tarefa analítica vai além disso e implica um esforço de desenviesamento analítico, proporcionado justamente pela adoção do par metodológico mapeamento/ análise do comparecimento municiada pela abordagem compreensiva.

uma postura radicalmente compreensiva, pragmatista e pragmática, segundo a qual o objeto da análise é a forma como os atores eles próprios constroem/operam a dimensão moral da política — ou seja, como determinam o que é "bem" e o que é "todos" —, a análise dos fenômenos políticos torna-se mais complexa, na medida em que se estuda aquilo que efetivamente comparece nas situações *politizadas* para defini-las como tal e para definir e resolver as controvérsias nelas trazidas à baila, restituindo-se a essa complexidade inclusive a dimensão agencial das operações críticas dos atores como objeto, elemento central da passagem de uma sociologia crítica a uma *sociologia da crítica* (Boltanski, 2016[1990]).

Essa complexificação se prova especialmente relevante para escapar a um viés/simplismo que chamarei de *o problema do "na verdade"*. Trata-se da atitude analítica segundo a qual, sob um imperativo de se evitar ingenuidades, busca-se olhar para a moral como "na verdade" alguma outra dimensão. Nessa chave, toda atitude moral é lida "na verdade" como, por exemplo, interesse ou ação do poder e consistiria em uma mecânica de "escamoteamento" desse "verdadeiro" fundamento — um substantivismo aparentado àqueles segundo os quais qualquer achado da sociologia corresponde "na verdade" a um achado da neurociência ou da física das partículas. Assim, seja qual for o projeto de fundo dos empreendedores de ações moralizadas (ou as intenções ocultas nos corações, mentes, índoles, DNAs, subpartículas, espíritos, ou seja lá qual for o recôndito explicativo mobilizado), para certas correntes críticas, o que está em jogo é uma operação segundo a qual "na verdade" há o bem de si (o interesse) e, em oposição a (ou melhor, por sobre) ele (muitas vezes como mera estética), a moral. E, no caso das situações políticas, esses tratamentos traduziriam essa oposição como uma antinomia entre política e moral: a primeira seria substantivamente o território do bem de si, e a outra, uma dimensão "estética" ou "retórica" com a função de eufemismo do que "na verdade" ocorreria. O tratamento aqui proposto, por outro lado, reconhece a pujança empírica da dimensão moral como fenomenologia ela mesma — em vez de como ferramenta do que quer que seja senão as efetivações de situação elas próprias. Ao evitar o "na verdade", valoriza-se a moral *como objeto*, e isso permite estudar efetivamente seus elementos próprios, o que se perde completamente quando ela é rebaixada a aparato de outros princípios, tomados a priori[16].

---

16 Isso não quer dizer que, por exemplo, Elias (1990), ao fazer sua sociologia historiográfica sociogenética dos costumes, apontando o papel das (auto)interdições comportamentais na dinâmica dos poderes de Estado e da vida social em sentido amplo, ou que Foucault (2008[1978]), ao traçar suas várias genealogias de processos moralizadores da cultura ocidental (a prisão, o cuidado de si etc.) como formas de governamentalidade, estejam errados. Pelo contrário, o exemplo deles justamente comprova a indissociabilidade entre a moral e quaisquer outras dimensões da fenomenologia social, uma vez que sublinha a complexa operação de vai e vem entre as duas dimensões, sem necessariamente reduzir uma à outra. Evidentemente, isso também não quer dizer que as pessoas não possam usar — e usem — a dimensão moral da vida estratégica e conscientemente como retórica em favor de seus interesses — o que é um investimento da parte deles a ser levado em conta em qualquer análise, seja do poder, seja da moral. O argumento aqui, repito, é que uma dimensão não pode ser reduzida à outra.

REFERÊNCIAS

ABEND, Gabriel. What's New and What's Old about the New Sociology of Morality. In: HITLIN, Steven; VAISEY, Stephen (org.). *Handbook of the Sociology of Morality*. Londres/Nova York: Springer, 2010. p. 561-582.

ARENDT, Hannah. *O que é Política*: fragmentos das obras póstumas compilados por Ursula Ludz. Rio de Janeiro: Bertrand Brasil, 2006[1992].

BLACK, Donald. On the almost inconceivable misunderstandings: Concerning the subject of value-free social science. *The British Journal of Sociology*, v. 64, n. 4, p. 763-780, 2013.

BOBBIO, Norberto. Política. In: BOBBIO, Norberto; MATTEUCCI, Nicola; PASQUINO, Gianfranco (org.). *Dicionário de política*. Vol. 1. Brasília: Editora UnB, 1998[1983]. p. 954-962.

BOLTANSKI, Luc. *L'amour et la justice comme compétences*: Trois essais de sociologie de l'action. Paris: Métailié, 1990.

BOLTANSKI, Luc. Sociologia crítica e sociologia da crítica. In: VANDENBERGHE, Frédéric; VÉRAN, Jean-François (org.). *Além do habitus*: teoria social pós-bourdieusiana. Rio de Janeiro: 7Letras, 2016[1990]. p. 129-154.

BOLTANSKI, Luc; THÉVENOT, Laurent. *A justificação*: sobre as economias da grandeza. Rio de Janeiro: Editora da UFRJ, 2020[1991].

BOLTANSKI, Luc; THÉVENOT, Laurent. The Sociology of Critical Capacity. *European Journal of Social Theory*, v. 2, n. 3, p. 359-377, 1999.

CALINICOS, Alex. Marxism and Politics. In: LEFTWICH, Adrian (org.). *What is Politics*: The Activity and its Study. Cambridge: Polity, 2004. p. 53-66.

CICOUREL, Aaron V. *Method and Measurement in Sociology*. Nova York: The Free Press, 1964.

COLEBROOK, Claire. *Irony*: The New Critical Idiom. Londres; NovaYork: Routledge, 2004.

COLLINS, Randall. On the Micro-Foundations of Macro-Sociology. *American Journal of Sociology*, n. 86, p. 984-1014, 1981.

DEWEY, John. *Logic*: The Theory of Inquiry. Nova York: Henry Holt, 1938.

ELIAS, Nobert. *O processo civilizador*: uma história dos costumes. Vol. 1. Rio de Janeiro: Zahar, 1990.

FASSIN, Didier. Beyond Good and Evil? Questioning the Anthropological Discomfort with Morals. *Anthropological Theory*, v. 8, n. 4, p. 333-344, 2008.

FOUCAULT, Michel. *Segurança, território, população*: curso dado no Collège de France (1977-1978). São Paulo: Martins Fontes, 2008[1978].

FOUCAULT, Michel. Omnes et singulatim: Por uma crítica da "razão política". *Novos Estudos Cebrap*, n. 26, 1990[1979]. p. 77-99.

GREIMAS, Algirdas J. *Semantique structurale*: Recherche de methode. Paris: Larousse, 1976[1966].

HANSEN, Magnus Paulsen. Non-normative critique: Foucault and pragmatic sociology as tactical re-politicization. *European Journal of Social Theory*, v. 19, n. 1, p. 127-145, 2016.

HAŠEK, Jaroslav. *As aventuras do bom solado Švejk*. Rio de Janeiro: Alfaguara, 2014[1921].

HEINICH, Nathalie. *Des valeurs*: Une approche sociologique. Paris: Gallimard, 2017.

HEINTZ, Monica. *The Anthropology of Morality*: A Dynamic and Interactionist Approach. Londres: Routledge, 2020.

JAMES, William. *Pragmatism*: A new name for some old ways of thinking. Cambridge, MA: Harvard University Press, 1907.

JOSEPH, Isaac. *Le passant considérable*. Paris: Librairie des Méridiens, 1984.

LATOUR, Bruno. *Ciência em ação*: como seguir cientistas e engenheiros sociedade afora. São Paulo: Unesp, 1997[1987].

LEFTWICH, Adrian (org.). *What is Politics*: The Activity and its Study. Cambridge: Polity, 2004.

LESSA, Renato. Filosofia política: Para quê?. *A Folha do Gragoatá*, 12 dez. 2012. Disponível em: http://afolhadogragoata.blogspot.com/2012/12/renato-lessa-filosofia-politica-para-que.html. Acesso em: 28 jul. 2021.

MISSE, Michel; WERNECK, Alexandre (org.). *Conflitos de (grande) interesse*: estudos sobre crimes, violências e outras disputas conflituosas. Rio de Janeiro: Garamond, 2012.

MOUFFE, Chantal. *On the Political*. Londres; Nova York: Routledge, 2005.

PEETERS, Hugues; CHARLIER, Philippe. Contributions à une théorie du dispositif. *Hermès*, n. 25, p. 15-23, 1999.

PEIRCE, Charles S. How to make our ideas clear. In: *The Essential Peirce*: Selected Philosophical Writings (1867-1893). Vol. 1. Bloomington: Indiana University Press, 1992[1878]. p. 124-141.

PEIRCE, Charles S. Algumas consequências de quatro incapacidades. In: *Semiótica*. São Paulo: Perspectiva, 1977[1893]. p. 259-282.

PEIRCE, Charles S. Divisão dos signos. In: *Semiótica*. São Paulo: Perspectiva, 1977[1897]. p. 45-61.

POGREBINSCHI, Thamy. A democracia do homem comum: resgatando a teoria política de John Dewey. *Revista de Sociologia e Política*, n. 23, p. 43-54, 2004.

POGREBINSCHI, Thamy. *Pragmatismo*: teoria social e política. Rio de Janeiro: Relume Dumará, 2005.

PORTO, Camille; WERNECK, Alexandre. O valor de uma existência: uma análise pragmática de valorizações da vida humana em situações envolvendo dinheiro. *Sociedade & Estado*, v. 36, n. 2, p. 57-83, 2021.

RINGER, Fritz. *A metodologia de Max Weber*: unificação das ciências culturais e sociais. São Paulo: Edusp, 2004.

SCHMITT, Carl. *The Concept of the Political*. Chicago: The University of Chicago Press, 2007[1932].

SCOTT, Marvin B.; LYMAN, Stanford M. Accounts. *Dilemas: Revista de Estudos de Conflito e Controle Social*, v. 1, n. 2, p. 139-172, 2008[1968].

STARICCO, Juan Ignacio. Reclaiming critique in social sciences — or why "non-normative critique" constitutes a contradiction in terms. *Distinktion: Journal of Social Theory*, v. 21, n. 2, p. 195-213, 2019.

THÉVENOT, Laurent. *L'action au pluriel*: Sociologie des régimes d'engagement. Paris: Decouverte, 2006.

THOMAS, William I. *Unadjusted Girl*: With Cases and Standpoint for Behavior Analysis. Nova York: Harper and Row, 1966[1923].

THOMAS, William I.; THOMAS, Dorothy Swaine. The Child in America: Behavior Problems and Programs. Nova York: A.A. Knopf, 1938[1928].

THUDEROZ, Christian. *Qu'est-ce que négocier*? Sociologie du compromis et de l'action reciproque. Rennes: PU Rennes, 2010.

TRIANTAFILLOU, Peter. *New Forms of Governing*: A Foucauldian Inspired Analysis. Basingstoke: Palgrave Macmillan, 2012.

VERNANT, Jean-Pierra. *As origens do pensamento grego*. São Paulo: Difel, 1972.

WEALE, Albert. Politics as Collective Choice. In: LEFTWICH, Adrian (org.). *What is Politics*: The Activity and its Study. Cambridge: Polity, 2004. p. 86-99.

WEBER, Max. A "objetividade" do conhecimento na ciência social e na ciência política. In: *Metodologia das ciências sociais*. São Paulo: Cortez, 2001[1904]. p. 107-154.

WEBER, Max. A política como vocação. In: *Ciência e política*: duas vocações. São Paulo: Cultrix, 2011[1919]. p. 53-124.

WEBER, Max. The Theory of Social and Economic Organization. Glencoe: The Free Press, 1947[1922].

WERNECK, Alexandre. *Comunicação e cinismo:* A razão cínica na esfera pública observada na cobertura do Primeiro de Maio em jornais. Dissertação (Mestrado em Comunicação) — Escola de Comunicação, Universidade Federal do Rio de Janeiro, Rio de Janeiro, 2004a.

WERNECK, Alexandre. *A "eventização" do Primeiro de Maio*: a atuação da razão cínica sobre a apreensão do Dia do Trabalho pelos jornais. Trabalho apresentado no XXVII Congresso Brasileiro de Ciências da Comunicação (Intercom), Porto Alegre, 2004b.

WERNECK, Alexandre. *Culpabilidade pública e circunstâncias*: casos de desculpas dadas por figuras públicas diante de acusações de corrupção e incompetência em jornais. Trabalho apresentado no 32º Encontro Anual da Anpocs. Caxambu, Minas Gerais, 2008.

WERNECK, Alexandre. Moralidade de bolso: a "manualização" do ato de dar uma desculpa como índice da negociação da noção de bem nas relações sociais. *Dilemas: Revista de Estudos de Conflito e Controle Social*, v. 2, n. 3, p. 81-95, 2009.

WERNECK, Alexandre. A velhice como competência de efetivação de ações moralmente questionadas: situações em supermercados no Rio de Janeiro. *Revista Brasileira de Sociologia da Emoção*, v. 10, n. 28, p. 11-44, 2011a.

WERNECK, Alexandre. O "egoísmo" como competência: um estudo das desculpas dadas no âmbito das relações de casais como forma de negociação entre bem de si e moralidade. *Revista de Antropologia*, v. 54, n. 1, p. 133-190, 2011b.

WERNECK, Alexandre. *A desculpa*: as circunstâncias e a moral das relações sociais. Rio de Janeiro: Civilização Brasileira, 2012a.

WERNECK, Alexandre. A contribuição de uma abordagem pragmatista da moral para a sociologia do conflito. In: MISSE, Michel; WERNECK, Alexandre (orgs). *Conflitos de (grande) interesse*: estudos sobre crimes, violências e outras disputas conflituosas. Rio de Janeiro: Garamond, 2012b. p. 337-354.

WERNECK, Alexandre. Sociologia da moral, agência social e criatividade. In: WERNECK, Alexandre; CARDOSO DE OLIVEIRA, Luís Roberto (org.). *Pensando Bem*: estudos de Sociologia e Antropologia da Moral. Rio de Janeiro: Casa da Palavra, 2014. p. 25-48.

WERNECK, Alexandre. Dar uma zoada, botar a maior marra: Dispositivos morais de jocosidade como formas de efetivação e sua relação com a crítica. *Dados: Revista de Ciências Sociais*, v. 58, n. 1, p. 187-222, 2015a.

WERNECK, Alexandre. O ornitorrinco de criminalização: A construção social moral do miliciano a partir dos personagens da "violência urbana" do Rio de Janeiro. *Dilemas: Revista de Estudos de Conflito e Controle Social*, v. 8, n. 3, p. 429-454, 2015b.

WERNECK, Alexandre. Uma sociologia da compreensão a partir do par crítica e jocosidade. *Civitas: Revista de Ciências Sociais*, v. 16, n. 3, p. 482-503, 2016a.

WERNECK, Alexandre. A força das circunstâncias: sobre a metapragmática das situações. In: VANDENBERGHE, Frédéric; VÉRAN, Jean-François (org.). *Além do habitus*: Teoria social pós-bourdieusiana. Rio de Janeiro: 7Letras, p. 155-192, 2016b.

WERNECK, Alexandre. O milagre da multiplicação: valores, situações e circunstâncias. Sobre "A lenda do santo beberrão", de Joseph Roth. Trabalho apresentado no seminário Ficção e Ciências Sociais, IFCS, UFRJ, 2019a.

WERNECK, Alexandre. Política e ridicularização: uma sociologia da "graça" da crítica em cartazes das Jornadas de Junho. *Interseções: Revista de Estudos Interdisciplinares*, v. 21, n. 3, p. 611-653, 2019b.

WERNECK, Alexandre. Obstáculos na "pista livre": algumas considerações sobre a pragmática dos dispositivos da "lei do trânsito" no Rio de Janeiro. *Antropolítica: Revista Contemporânea de Antropologia*, n. 50, p. 327-355, 2020a.

WERNECK, Alexandre. Graça em tempos de desgraça? A jocosidade como operador da crítica nos memes na pandemia. *Dilemas: Revista de Estudos de Conflito e Controle Social*, 2020b. Disponível em: https://www.reflexpandemia.org/texto-2. Acesso em: 30 mar. 2021.

WERNECK, Alexandre. Covid para bater boca: o moralismo ostentatório na "disputa de marra" entre o presidente e governadores sobre o enfrentamento da pandemia. *Dilemas: Revista de Estudos de Conflito e Controle Social*, 2021a. Disponível em: https://www.reflexpandemia2021.org/texto-94. Acesso em: 15 abr. 2021.

WERNECK, Alexandre. Viral Jokes: Humour and Grace as Critical Devices in Memes about The Covid-19 Pandemic in Brazil. In: MPOFU, Shepherd (org.). *Digital Humour in the Covid-19 Pandemic*: Perspectives from the Global South. Londres: Palgrave MacMillan, 2021b. p. 47-73.

WERNECK, Alexandre. Apontamentos para uma sociologia da efetivação (isto é, uma sociologia pragmática). In: NEVES, Fabrício; CORRÊA, Diogo; PETERS, Gabriel (org.). *Construção conceitual nas ciências sociais*. Rio de Janeiro: Telha, 2022 (no prelo).

WERNECK, Alexandre; LORETTI, Pricila. Critique-Form, Forms of Critique: The Different Dimensions of the Discourse of Discontent. *Sociologia & Antropologia*, v. 8, n. 3, p. 973-1.008, 2018.

WERNECK, Alexandre; TALONE, Vittorio. A "sociabilidade violenta" como interpretante efetivador de ações de força: uma sugestão de encaminhamento pragmático para a hipótese de Machado da Silva. *Dilemas: Revista de Estudos de Conflito e Controle Social*, v. 12, n. 1, p. 24-61, 2019.

WERNECK, Alexandre; TEIXEIRA, Cesar Pinheiro; TALONE, Vittorio da Gamma. An Outline of a Pragmatic Sociology of "Violence". *Sociologias*, v. 22, n. 54, p. 286-326, 2020.

WERNECK, Alexandre; TEIXEIRA, Cesar Pinheiro; TALONE, Vittorio da Gamma; Caminhas, Diogo. *Forças em forma*: um estudo sobre a "violentização" da força em diferentes modalidades. Trabalho apresentado no 20º Congresso Brasileiro de Sociologia, Belém (on-line), 2021.

WOLFF, Francis. A invenção da política. *Artepensamento*, 2003. Disponível em: https://artepensamento.com.br/item/a-invencao-da-politica/. Acesso em: 12 abr. 2021.

WRIGHT MILLS, Charles. Situated actions and vocabularies of motive. *American Sociological Review*, v. 5, n. 6, p. 904-913, 1940.

Sobre petralhas, bolsominions e isentões: a dimensão moral de conflitos políticos

MARIA CLAUDIA COELHO

A urdidura deste texto é o entrelaçamento de três discursos e três problemas teóricos. Os discursos são de (*atenção: contém ironia*) dois eleitores de Fernando Haddad (dois "petralhas"), dois eleitores de Jair Bolsonaro (dois "bolsominions") e um eleitor que anulou o voto (um "isentão") no segundo turno das eleições presidenciais brasileiras de 2018. Os problemas teóricos provêm de três áreas do saber: a Ciência Política, a Sociologia e a Antropologia. Da primeira, trago a tese de Chantal Mouffe sobre as origens e consequências da "moralização da política"; na segunda busco, entre clássicos e contemporâneos, modelos teóricos que articulam as relações entre afeto, cognição e moral; com a terceira, tento estabelecer um diálogo com a defesa da *nuance* como compromisso simultaneamente teórico, ético e político da disciplina, tal como proposto por Rosana Pinheiro-Machado e Lucia Scalco a partir das repercussões, junto à academia, de sua etnografia sobre o eleitorado bolsonarista de camadas populares.

* * *

> Eu coloquei meio que um trato com os meus principais colegas, né, se em algum momento dessas eleições a gente brigasse seriamente por discordância política, é porque aquela amizade não merecia se manter, não merecia resistir. Se você não consegue se entender com seu colega por causa de uma divergência política, você não merece ter esse cara como um colega.

Isto me foi dito por um rapaz de 19 anos, estudante de uma carreira da área de humanidades de uma universidade particular no Rio de Janeiro. O contexto foi uma entrevista que versava sobre conflitos com parentes e amigos provocados por votos divergentes nas eleições presidenciais brasileiras de 2018. A declaração sintetiza a questão que orientou as entrevistas: *por que brigar com amigos ou parentes por causa das suas escolhas como eleitor?*

O acirramento dos ânimos devido a divergências políticas parece estar em curva ascendente pronunciada no Brasil, no mínimo desde o segundo turno das eleições de 2014, com a disputa entre Aécio Neves e Dilma Rousseff, prosseguindo para o *impeachment* da presidente, em 2016, a decisão judicial em favor da inelegibilidade do ex-presidente Luís Inácio Lula da Silva, em setembro de 2018, e chegando a seu ápice (ao menos até o momento) com a disputa entre Fernando Haddad e Jair Bolsonaro no segundo turno das eleições de 2018, com repercussões que ainda se fazem sentir, vigorosas, três anos depois.

Impressionada com a escalada da tensão e da agressividade que via por toda parte, resolvi aproveitar o momento (novembro de 2018) e realizar entrevistas a respeito destes conflitos. Meu critério para a escolha dos entrevistados foi um só: ter brigado com alguém em razão da sua escolha como eleitor. Realizei oito entrevistas no espaço de algumas semanas, com pessoas que me foram indicadas por amigos e parentes. A princípio, pretendia equilibrar o número de entrevistas entre eleitores de Bolsonaro, eleitores de Haddad e eleitores que haviam optado pela anulação do voto, como forma de distinguir entre a escolha eleitoral em si e o conflito decorrente desta escolha. Meu receio era de que, se as entrevistas se concentrassem em algum dos três segmentos, o conteúdo substantivo da opção eleitoral se sobrepusesse ao problema que desejava abordar, qual seja: o que havia, naquele momento da curta história da redemocratização brasileira, que fazia com que as diferenças de posicionamento político transbordassem para a esfera dos afetos e da sociabilidade, ocasionando conflitos e até mesmo o rompimento de relações?

Entretanto, logo após a primeira entrevista, decidi abandonar o critério da "representatividade" entre as três opções por conta de um dado que surgiu já no processo de indicação do entrevistado. A amiga que me sugeriu entrevistá-lo me disse que se tratava de um eleitor de Bolsonaro, e que seu círculo de amizades estava chocado com sua opção. Comecei a entrevista, assim, certa de estar entrevistando um bolsonarista. Ao longo de seu depoimento, contudo, fui surpreendida pela seguinte declaração: "me ameaçaram falando que se eu votasse no Bolsonaro, eu ia ser agredido, sendo que em nenhum momento eu cogitei isso, eu anulei meu voto".

A entrevista já durava quase vinte minutos quando ele disse isso. Fiquei perplexa, porque eu o estava escutando desde o início certa de que ele era um eleitor de Bolsonaro. Fiquei então me perguntando por que ele me havia sido indicado nesta "categoria", se seus amigos não sabiam que ele havia anulado o voto. Minha hipótese: a indicação viera de uma rede de eleitores de Haddad, os quais, diante de sua rejeição ao candidato petista, o teriam simbolicamente "empurrado" para o lado do *eles* — se não está comigo, está contra mim, seguindo a lógica destes tempos de polarização extrema. O voto nulo, assim, seria uma espécie de "duplo outro", o outro dos dois lados, e não uma asserção independente.

A polarização havia, a meu ver, encampado uma dimensão da própria metodologia da pesquisa. Decidi, então, entrevistar "pessoas que houvessem brigado com alguém por causa do seu voto". Quando os amigos a quem pedia indicações perguntavam se eu queria bolsonaristas ou petistas, minha resposta era que não fazia diferença: bastava que tivessem brigado com alguém por causa do voto. Alguns me indicavam entrevistados já dizendo suas escolhas eleitorais; outros perguntavam se eu queria que me dissessem qual era a escolha política, ao que eu respondia que não. Assim, houve entrevistas em que só fiquei sabendo a escolha eleitoral do entrevistado no decurso do relato[1].

---

1 No total, entrevistei oito pessoas: cinco eleitores de Haddad, dois eleitores de Bolsonaro e um eleitor que votou nulo. Foram três homens e cinco mulheres, com idades variando de 19 a 54 anos. Havia dois estudantes de carreiras das humanidades, dois economistas, uma pedagoga, uma professora, uma farmacêutica e um advogado. Todos são moradores de bairros da Zona Sul carioca ou da Barra da Tijuca. Utilizo aqui, como *corpus* analítico, cinco delas, conforme exposto na abertura do texto.

O texto está estruturado em duas seções. Na primeira, exponho a tese de Chantal Mouffe, desenvolvida em *Sobre o Político*, a respeito da "moralização da política" como chave analítica para explicar a ameaça à democracia representada pela ascensão, em tantas cenas nacionais contemporâneas, do chamado "populismo de direita". Em seguida, analiso os relatos de conflitos em torno do voto nas eleições presidenciais brasileiras de 2018, buscando responder à seguinte pergunta: como explorar essa tese além do plano macro? Como trazê-la para o plano da experiência individual? Para tanto, adoto uma perspectiva interdisciplinar, acoplando à tese de Mouffe, oriunda da filosofia política, teses sociológicas sobre o fenômeno moral. A ideia é construir um arcabouço conceitual capaz de explicar o transbordamento das divergências políticas para o plano dos sentimentos e das formas de sociabilidade por meio do entrelaçamento aí estabelecido entre cognição, afeto e moral. Nas considerações finais, busco estabelecer um diálogo com um problema central com que se deparam os antropólogos que tomam a extrema direita como objeto: como lidar com a contaminação desta empreitada intelectual pela ojeriza frequentemente provocada pelo tema em si?

O "outro" como adversário, o "outro" como inimigo: a "moralização da política" e os riscos para a democracia

A "moralização da política" é a maneira como Chantal Mouffe se refere àquele que considera um traço distintivo da polarização atual das posições políticas em diversos contextos nacionais e internacionais. O fenômeno a que se refere como "moralização", contudo, passa longe dos efeitos benéficos pretendidos por aqueles que a envergam como bandeira, como sinônimo de boas práticas políticas associadas à busca do bem comum de forma idônea. Para Mouffe, a "moralização da política" é um fenômeno nefasto que diz respeito à inviabilidade do debate democrático autêntico, na medida em que a divergência, em convicções e projetos, seria demonizada. Adversários se tornariam, assim, inimigos, destituídos de seu lugar legítimo como interlocutores na cena política do debate democrático; seriam, antes, representantes do "mal".

Este fenômeno, cujas raízes a autora examina com base no caso austríaco, estaria intrinsecamente ligado à emergência do chamado "populismo de direita". A ascensão dos partidos assim alcunhados estaria relacionada, para Mouffe, à diluição da diversidade de projetos democráticos, tornados indistintos, permitindo assim que estes partidos os reunissem, apresentando-os em suas plataformas sob a rubrica comum das "elites do consenso", o que abriria caminho para um processo de identificação do "povo".

Na base de sua argumentação, estão dois pares de conceitos. De um lado, o político *versus* a política: o primeiro, de natureza ontológica, diz respeito à essência do político, às bases que fundam a vida social; o segundo, de natureza ôntica, se refere ao conjunto de práticas e instituições historicamente circunscritas. Para Mouffe, o conflito seria inerente ao político, um fenômeno inerradicável, e a questão, do ponto de vista histórico, seria a construção de canais para sua expressão. O segundo par conceitual está aí: modelo agonístico *versus* modelo antagonístico de lidar com as diferenças. No primeiro, o outro é um adversário, interlocutor legítimo em um processo democrático; no segundo, é um inimigo, uma representação do mal.

A visão "pós-política", como a autora se refere a teóricos como Ulrich Beck e Anthony Giddens, saudaria os novos tempos de "consenso". A crença na possibilidade de uma democracia de consenso, contudo, seria a raiz dos novos males, pois seria incompatível com a natureza conflituosa do político a nível ontológico. Como fazer política se um atributo constitutivo do político é negado?

A "moralização" da política — o adversário demonizado, tratado como inimigo — é tida, em sua argumentação, como a porta de entrada das paixões provocadas pelas identidades coletivas, que os teóricos do pós-político julgaram poder erradicar por meio do debate racional, e que hoje constituem a base afetiva de sustentação da adesão ao "populismo de direita". Mas estas paixões não são exclusividade dos adeptos deste populismo. Podem ser reconhecidas também entre quem o recusa e denuncia, uma vez que denunciar as "forças nocivas" produz no denunciante uma gratificação virtuosa, o que, para Mouffe, é tão-somente outra forma de paixão:

> Naturalmente, essa mobilização de paixões não era reconhecida como tal, mas entendida como a reação racional de seres humanos morais que queriam defender valores universais. Dessa forma, ela se tornava compatível com a perspectiva racionalista dominante (Mouffe, 2015, p. 72).

Nesta reação moralista, haveria um mecanismo perverso:

> Esse mecanismo consiste em assegurar a própria bondade por meio da condenação do mal existente nos outros. Denunciar os outros sempre foi uma forma eficaz e indolor de ter um alto conceito do próprio valor moral. É uma forma de autoidealização examinada de maneira bem penetrante por François Flahaut sob o nome de "puritanismo dos bons sentimentos", o qual ele descreve da seguinte maneira: "estender-se longamente sobre a prática do bem, simpatizar com as vítimas, manifestar indignação a respeito da maldade dos outros" (Mouffe, 2015, p. 73).

Finalmente, esta dinâmica inviabilizaria, ao fim e ao cabo, até mesmo sua própria análise, pois:

> Na verdade, quando os oponentes não são definidos em termos políticos, mas em termos morais, eles não podem ser encarados como "adversários", mas unicamente como "inimigos". Com o "eles do mal" nenhum debate agonístico é possível: é preciso exterminá-los (Mouffe, 2015, p. 75).

Este é o contexto em nível macro. Voltemo-nos agora para o exame da forma assumida, no cotidiano de tantos brasileiros, por esta maneira antagonística de vivenciar a política que tomou conta das eleições presidenciais de 2018.

A moralização da política no cotidiano

Os conflitos relatados envolvem parentes, amigos, colegas; aconteceram presencialmente ou por redes sociais; provocaram mágoas ou ofensas, decepções ou irritações; e tiveram desfechos variados, muitos com rupturas drásticas.

Organizo esta seção em três partes. Na primeira, narro os conflitos, em suas linhas gerais, na terceira pessoa; em seguida, discuto o modo como os entrevistados comentam as posições políticas daqueles com quem tiveram atritos; e, finalmente, discuto o entrelaçamento entre suas convicções políticas, seus afetos e suas sociabilidades, procurando apontar um caminho para compreendermos a forma como a "moralização da política" acontece na experiência cotidiana de sujeitos de carne e osso.

OS CONFLITOS

a. Magali brigou com seus primos em conversas por *Whatsapp*. Os primos, moradores de outros estados, postavam muitas *fake news*, por ela contestadas. Suas intervenções eram recebidas muitas vezes com críticas, sendo chamada de "sabe tudo". Depois de algum tempo, saiu do grupo da família.

b. Magali brigou com o professor com quem tinha aulas em um curso livre de uma atividade artística. As escolhas eleitorais de ambos divergiam, e houve um momento, durante uma aula, em que ambos se exaltaram ("elevaram a voz"). Em dado momento durante a discussão, Magali parou de falar, permanecendo na aula, mas sem se manifestar. A discussão continuou com os outros colegas. Ela faltou às aulas seguintes, mas depois continuou indo à aula. Perdeu a admiração que tinha por ele e se tornou uma "pedra de gelo" — ia às aulas somente para "aprender a técnica".

c. Denise brigou com dois amigos de infância por conta de um *post* que fez no *Facebook* declarando seu voto no segundo turno. Os dois amigos eram eleitores do outro candidato e reagiram publicamente ao seu *post* na rede social. Ela os chamou no privado e propôs que se afastassem nas redes sociais por algum tempo. A amiga reagiu muito mal à proposta e, ao final, Denise a bloqueou no *Facebook* e no *Whatsapp*; o amigo aceitou sua proposta, mas a relação "esfriou" depois disso, reduzindo-se a mensagens breves de "bom dia" e "boa noite".

d. Fernando brigou com uma amiga por causa de um *post* que fez no *Facebook* imitando jocosamente uma imagem muito conhecida de seu candidato. A amiga ficou revoltada e o admoestou. Ele ficou muito aborrecido com a interpretação equivocada de suas intenções jocosas e com a intromissão em sua vida pessoal.

e. Fernando brigou com sua filha. No segundo turno, fizeram escolhas eleitorais divergentes e ela se recusou, a partir de um dado momento, a conversar com ele sobre política. Ele aceitou a decisão dela com a condição de que, passadas as eleições, conversassem qualquer que fosse o resultado. Ficou muito aborrecido com a atitude intolerante da filha.

f. Adriana intermediou um conflito entre sua filha e seu marido, que tinham escolhas eleitorais divergentes. A filha não compreendia que era possível conviver com pessoas que tinham outras opiniões políticas.

g. Adriana se desentendeu com um colega de trabalho em um grupo de *Whatsapp*. O colega fez um comentário apresentando um dado da economia favorável a seu candidato, ao que ela reagiu postando outro dado que era desfavorável ao mesmo candidato. O colega ficou muito ofendido.

h. Vicente cortou relações com um grupo de amigos que o censuraram por causa de uma postagem jocosa que fez, no primeiro turno, em relação a um candidato. Tinha o costume de "zoar" todos os candidatos e ficou muito ofendido com os epítetos que lhe foram dirigidos pelos amigos em razão desta postagem.

O OUTRO: IGNORANTE, IMATURO, INTOLERANTE

No decorrer dos relatos, os entrevistados expressam com frequência seu espanto diante das escolhas eleitorais dos outros com quem se desentenderam e sua dificuldade para compreendê-las. Em seus esforços para encontrar explicações, tanto para as divergências em si, como para sua escalada rumo a um conflito, estão a atribuição de ignorância/estupidez, a suposição de imaturidade, a dificuldade de escutar e a acusação de intolerância. Alguns exemplos:

> (*falando sobre os primos com quem se desentendeu por conta das fake news em que acreditavam*) fez sentido para mim no grupo da família, né, até por serem assim, é, principalmente essas pessoas, né, são mais simples [...] (Magali).
>
> Eu até falava assim antes das eleições, o que aconteceu que zeraram o QI das pessoas, como assim? (Magali).
>
> Agora me incomodou bastante em alguns momentos a animosidade. Me incomodou bastante como as pessoas se posicionavam. Às vezes, eu achava que eu estava falando com pessoas adultas. [...] Olha, eu vi um amigo, um colega de colégio, falar alguma coisa do tipo, "não, se precisar a gente dá porrada!" Como assim? Entendeu? (Adriana).
>
> [...] ele é uma pessoa muito radical, ele é muito radical, e ele também tem uma certa dificuldade na escuta [...] (Magali).
>
> A (*minha filha*) mais nova vinha discutir comigo e a mais velha não, ela intolerantemente pediu para não postar mais nada e não queria conversar, ao ponto de, chegou num almoço, estávamos nós e aí ela falou "pai, não quero mais falar disso, se a gente for falar disso novamente eu vou me levantar e vou embora, não quero mais falar sobre política com você" (Fernando).
>
> Eu fiz questão de me desvincular em todas as esferas dessas pessoas por causa desse trato prévio que eu tinha feito com o meu grupo de amigos, que se alguém brigasse seriamente por causa de política, era para acabar a amizade ali, porque era um sinal de que não havia o básico de tolerância naquela relação [...] (Vicente).

Chama a atenção também a convivência entre esta condenação da intolerância — e o consequente clamor por "diálogo", "conversa", "escuta" — e o uso recorrente de termos como "esclarecer", "explicar", "informar", "mostrar" e correlatos para se referir ao que tentavam fazer nas interações com os outros de quem divergiam:

> E eu também via, por exemplo, assisti aqui em casa mesmo, a minha filha, ela se ressentia muito, ficava muito complicado às vezes eu *explicar* para ela que as pessoas têm posições diferentes (Adriana, grifo meu).

> De vez em quando eu tentava *esclarecer*, né [...] e aí a coisa foi crescendo, foi crescendo e aí as discussões foram aumentando, né, e eu fui perdendo a paciência porque eu tinha a maior paciência de *explicar*, aí eles começaram a ironizar porque eu era professora, a sabe tudo (Magali, grifos meus).

> Ele ficou ressentido porque eu *dei um número*, eu não falei que ele estava falando besteira, não, não, não, não falei, ele falou (*um dado estatístico*) e eu coloquei (*outro dado estatístico*). Ponto. Isso foi o estopim para ele, é, [...] ele se sentiu extremamente ofendido por alguma coisa (Adriana, grifo meu).

> Eu fui para o privado e pedi a ela que tivesse *bom senso* (Denise, grifo meu).

> [...] Como ela (*a filha*) não queria conversar, com a intolerância dela, eu cheguei para ela e falei o seguinte: "está bom, você não quer *conversar*, a gente não conversa agora, mas passadas as eleições, independente de quem ganhar, você vai sentar comigo e vai *me ouvir*" (Fernando, grifos meus).

Os atos de fala "esclarecer" ou "explicar" supõem, de um lado, um sujeito que sabe, conhece, e, de outro, alguém que ignora. Não custa aqui lembrar a observação de Mouffe, já citada acima: "essa mobilização de paixões não era reconhecida como tal, mas entendida como a reação racional de seres humanos morais que queriam defender valores universais" (2015, p. 72). Já "mostrar" ou "informar" são termos que realizam um trabalho ao mesmo tempo mais sutil e mais contundente: já não se trata de emitir uma opinião, mas sim de comunicar uma verdade que existe por si mesma (como afirmam Latour e Woolgar (1997) ser o efeito desta supressão do lugar da enunciação).

Essa tensão — essa ambiguidade, essa contradição, esse paradoxo? — entre o apelo por uma conversa e o ditame "você vai me ouvir" encontra, nesses depoimentos, duas versões paroxísticas. Na primeira, Adriana relata que a princípio brincava com um colega que postava em um grupo "teorias da conspiração", até o momento em que "começou a parar porque a gente viu que era sério, que ele estava de uma tal forma que ele acreditava naquilo que ele estava falando" — aqui, chama a atenção o espanto da entrevistada ao perceber que seu interlocutor acredita no que diz, dificuldade esta que é, por si só, emblemática da destituição do outro de seu lugar como sujeito. Na segunda, Magali expressa seu espanto com o apoio de tantos ao candidato que rejeita: "o que aconteceu, foi uma lavagem cerebral?".

DIVERGÊNCIAS POLÍTICAS E O "PESSOAL": COMO TRAÇAR A FRONTEIRA?

Um entrevistado principia assim seu relato:

> Elas (*as brigas*) acontecem por brincadeira, uma pessoa postou uma piada, postou um meme, postou um comentário com alguma ironia no meio e daí surge uma discussão que ela acaba *indo pro pessoal* no momento em que as pessoas a partir das suas divergências ideológicas passam a ver no outro tudo aquilo que eles consideram de ruim e de inimigo pro país deles (Vicente, grifo meu).

"Ir para o pessoal" é a pista que gostaria de seguir aqui: o que é o "pessoal", que a princípio seria, pela própria formulação do argumento, um domínio extrínseco às convicções políticas? Ou, colocando de outra forma: qual o lugar das posições políticas na definição da *pessoa* nestes conflitos?

Este problema aparece sob outras formas em outros relatos, interferindo com o afeto, com a admiração pelo outro, com a sociabilidade, provocando mágoas ou ofensas:

Ainda compreendo as pessoas que têm menos acesso, mas não compreendo [...] duas coisas mais difíceis, né, de perdoar mesmo a pessoa, é o acesso que ele tem, né, e a proximidade, porque a gente se encontra uma vez por semana, então assim, é mais difícil de perdoar, de voltar a se relacionar. Assim, talvez eu consiga, é, continuar as aulas, mas *aquela admiração que eu tinha já era, não tem mesmo*, assim, apesar de todo o conhecimento artístico dele, então assim virou uma coisa meio pragmática, vou lá, vou aprender a técnica e acabou (Magali, grifo meu).

E, assim, mistura um pouco do meu *acreditar* ou do meu voto com *a pessoa que eu sou*, né? (Denise, grifo meu).

Essas coisas a gente não esquece (*referindo-se a momentos difíceis em que o amigo a ajudou*), não, eu quero saber o que que isso tem a ver com o que está acontecendo no Brasil, eu não consigo perceber uma coisa com a outra. "Não, eu acho um absurdo, *uma pessoa como você ter uma opinião dessa, eu tinha uma outra ideia sobre você*", então isso me magoou profundamente (Denise, grifo meu).

E talvez assim *se decepcionar comigo como pessoa* porque eu estou disposto a (*inferência feita pela amiga a partir de uma postagem do entrevistado*), qual o problema? [...] Ela passou uma lição de moral para mim, que eu não sou nenhum menino, não sou nenhum moleque, tenho 53 anos de idade [...], que ela está preocupada porque eu estou fazendo (*inferência*), qual o problema, eu que pago as minhas contas. [...] Entendeu, então se eu quero (*inferência*), problema meu, então eu acho que nesse caso, nessa história dessa pessoa, houve *uma intromissão muito grande na minha vida pessoal* [...] aquilo que eu estava fazendo era uma brincadeira [...] e mesmo que fosse (*que sua intenção fosse aquela que a amiga supôs*), é um direito meu, é um problema meu, e não vou, isso não vai mudar *o meu caráter como um ser humano* (Fernando, grifos meus).

E eu também via, por exemplo, assisti aqui em casa mesmo, a minha filha, ela se ressentia muito, ficava muito complicado às vezes eu explicar para ela que as pessoas têm posições diferentes. O fato do pai ter uma posição e ela outra, isso não quer dizer que eles estejam em lados opostos. Isso não quer dizer que ele possa, é, ser uma figura, ela disse "não, imagina, *como é que eu vou conviver com uma pessoa que pensa assim*? [...] É, mas é, eu sentia que para

> ela era muito difícil. Pra ela era muito difícil aceitar que tivesse pessoas dentro da casa dela que pensassem diferente, que tinham uma outra visão de mundo (Adriana, grifo meu).
>
> E nesse caso pessoal meu que estou narrando, é, me encaixaram no perfil de um, de um (*acusação*), isso é, pelo menos para quem não é (*acusação*) mesmo, dói você ser chamado de (*acusação*) e eu não gosto de ser chamado disso. Uma discussão boba, começou com uma piada, um simples meme sobre alguma fala do (*candidato*), se eu não me engano, e a partir daí a discussão tomou tons [...], postei de brincadeira, eu não costumo ter muito, muito filtro com o tipo de político que eu zôo, assim, pra usar uma palavra bem informal, eu acabo sendo bem democrático nisso, faço piada com Bolsonaro, com Ciro Gomes, com gente do PSOL, do PSTU, gente do PSDB, do Novo, é, e eu sempre fiz isso perto desse grupo de pessoas, só que no momento que eu toquei em alguma coisa que (*candidato*) fez, é, *a coisa descambou pro pessoal*, é, eu fui chamado de (*acusação*) [...] mas assim, a discussão chegou nesse nível, é, eu acabei me desvinculando dessas pessoas com as quais eu mantinha uma amizade de dois, três anos (Vicente, grifo meu).

Essas histórias todas, exceção feita às relações entre pais e filhas, terminaram em rupturas ou em redefinições radicais dos relacionamentos (amigos que já não fazem mais do que trocar mensagens de bom dia ou reduzem um relacionamento marcado por trocas e admiração a um aprendizado "técnico"). Mas por que é assim? O que há, nestes conflitos em torno da escolha eleitoral, neste momento particular da história da redemocratização no Brasil, que faz com que divergências de posicionamento político comprometam histórias afetivas e formas de sociabilidade? Por que algo que, em um primeiro momento, parece ser da ordem da *cognição* — o apreço por valores e princípios, pertencentes ao domínio da racionalidade na tipologia clássica de Max Weber —, transborda essa dimensão do sujeito e transforma seus *afetos* e sua *sociabilidade* — domínios esses apartados nesta mesma tipologia da ação social, que, lembremos, separa as motivações para a ação em "racionais" e "não racionais"?

Para esboçar uma resposta, creio ser preciso retornar a Chantal Mouffe e sua ideia de "moralização da política". Para ela, tratar o adversário como inimigo é transferir o debate de ideias do plano político para o plano moral — quem pensa diferente é a encarnação do mal. Mas — e este é o ponto para o qual o problema que construo aqui pretende oferecer uma contribuição — como se dá, no plano das relações entre pessoas reais, de carne e osso, essa transposição do debate de ideias do domínio político para o domínio moral?

Dois sociólogos, um clássico, outro contemporâneo, teceram reflexões sobre o fato moral que podem nos apontar um caminho. O primeiro é, naturalmente, Émile Durkheim e seu entendimento do fato moral como composto por duas dimensões: o dever e o bem. Para Durkheim, a moral seria um sistema de regras de conduta investido de uma "autoridade especial": o *dever*. Entretanto, para que estas regras sejam acatadas, é preciso que, além de obrigatórias, sejam desejadas. E esta "desejabilidade" da norma moral seria, para ele, da ordem da *sensibilidade*: o *bem*. Para o autor, bem e dever se interpenetram e são indissociáveis no fato moral. A definição kantiana da moral seria, assim, insuficiente, sendo necessário postular uma relação distinta entre razão e sensibilidade:

> A hipótese kantiana, segundo a qual o sentimento de obrigação seria devido à heterogeneidade radical entre Razão e Sensibilidade, é dificilmente conciliável com o fato de que os fins morais são, por um de seus aspectos, objetos de desejos. Ainda que a sensibilidade tenha, em certa medida, o mesmo fim que a razão, ela não se humilha submetendo-se a esta última (Durkheim, 2018, p. 93).

O que Weber separou, Durkheim juntou. Para Weber, a ação social racional é aquela na qual o sujeito age a serviço de sua convicção "sobre o que parecem ordenar-lhe o dever, a dignidade, a beleza, as diretivas religiosas, a piedade ou a importância de uma 'causa' de qualquer natureza" (2000, p. 15). Este tipo de ação — "racional" — seria orientada, assim, por mandamentos ou exigências que "o agente crê dirigidas a ele" (Idem). Em que pese a ressalva feita pelo autor logo a seguir — de que esta separação tipológica está a serviço da análise sociológica, sendo rara a ação social orientada exclusivamente por um ou outro destes fins —, ainda assim há uma diferença entre estes dois projetos sociológicos clássicos que tem relevância para os propósitos deste artigo. Pois Durkheim reconheceu também que o equilíbrio entre as dimensões do bem e do dever varia não só entre os distintos códigos morais, mas também entre as consciências individuais, nas quais "um ou outro elemento é sentido mais ou menos vividamente, e é muito raro que ambos tenham a mesma intensidade" (2018, p. 94). A estas variações do equilíbrio entre bem e dever nas consciências individuais, Durkheim deu o nome inspirado de "daltonismo moral particular". Mas sua solução para o que fazer com essa diversidade individual no plano do projeto teórico é distinta da solução weberiana dos "tipos ideais": Durkheim, em consonância com a postura basilar encontrada nas suas "regras do método", a relega ao domínio disciplinar da psicologia.

Encontramos, assim, um modelo teórico da sociologia clássica que postula, justamente, a indissociabilidade entre razão e emoção no domínio da moral. Articulação semelhante pode ser encontrada em um conceito da teoria sociológica contemporânea: a noção de "choque moral", proposta por Jasper (1997). O autor define assim o conceito de "choque moral": "quando um acontecimento ou uma informação inesperada provoca um tamanho senso de ultraje que impele a pessoa para a ação política" (p. 106, tradução minha). Para Jasper, cognição, moral e emoção se entrelaçam nos "choques morais": "[...] os aspectos cognitivos dos choques morais e outras dinâmicas de recrutamento são inexplicáveis sem os lados moral e emocional. O enquadramento como injustiça, por exemplo, é tão importante para a raiva e o ultraje quanto para a compreensão cognitiva" (p. 180, tradução minha).

Nestes eventos, assim, cognição, emoção e moral se entrelaçam, em uma forma de articulação que impulsiona o indivíduo para o engajamento em formas de ação política. É para isto que Jasper propõe o conceito: para explicar o impulso para agir politicamente, sob a forma do engajamento em movimentos sociais.

Trata-se, assim, de uma motivação de natureza política ocasionada pela infusão de ideias por afetos e moralidades. O poder desta associação entre valores, emoções e moral vai além, contudo, sendo capaz de totalizar a representação que o sujeito faz de si e/ou do outro, como na dinâmica descrita por Katz (2013) para explicar assassinatos a princípio motivados por razões "fúteis". Nestes episódios, a atitude da vítima é acionada pelo agressor para explicar seus atos, sendo descrita como algo que coloca em xeque valores (o "bem supremo", nos termos de Katz) que definem a identidade do agressor, provocando nele uma dinâmica emocional que passa da humilhação à raiva. Estas agressões seriam, assim, uma forma de ação pautada por uma leitura da situação na qual o indivíduo não vê outro caminho de preservação de sua identidade e de sua autoestima que não a aniquilação do outro.

O modo como afetos, valores e moral se entrelaçam seria, assim, um caminho para compreendermos as ofensas e mágoas relatadas pelos entrevistados, que se veem compreendidos, em sua integralidade como *pessoas*, a partir de algo que entendem ser apenas parte de quem são: suas opiniões sobre política. Entretanto, se os entrevistados se ofendem e se magoam por serem totalizados (e criticados, e rejeitados) a partir de suas posições políticas, cristalizadas em suas escolhas eleitorais pelo candidato X, Y ou por candidato nenhum, há ambivalências em seus discursos. A mesma lógica parece oscilar entre quando se fala de si e quando se fala do outro, em uma espécie de "jogo especular". É assim que Magali perde a admiração por seu professor e não consegue perdoá-lo em razão de sua escolha eleitoral; ou que Fernando fica muito zangado com o que entende como intromissão de sua amiga em sua "vida pessoal", afirmando que suas decisões políticas "não mudam seu caráter como ser humano". Adriana, por sua vez, aponta de forma crítica para essa mesma forma de "totalização" da pessoa, quando comenta sua preocupação com a filha que "não podia conviver" com o pai por pensar diferente.

Essa ambivalência é particularmente nítida no depoimento de Denise, que, por um lado, fica magoada com a mistura entre seu "acreditar" e "a pessoa que é"; mas, por outro, explica desta forma a razão por que se aborreceu tanto com alguns amigos:

> São ideologias muito polarizadas, então isso fala muito de mim, e o outro lado fala muito do outro, né, revela muito de mim, e revela muito do outro. Quando toca na essência do outro, por exemplo, se o cara tá falando do (*intelectual que admira*), não tá falando dele, tá falando das coisas que eu acredito [...] então, quando ele tá esculachando ele, tá esculachando a mim.

Diante disso, o que fazer? Alguns entrevistados redefinem a relação (Magali como uma "pedra de gelo" diante de seu professor, reduzido a uma fonte de aprendizado técnico); outros rompem a amizade, como Vicente ("eu falei que não tinha mais interesse em participar de nenhum tipo de atividade daquele grupo, que tava me desvinculando mesmo, que eu ia seguir meu próprio caminho").

Há ainda quem tente soluções que lhe parecem ser de conciliação, mas que têm por efeito acirrar ainda mais o conflito. É o caso de Denise, que propôs a uma amiga interromperem o contato pelas redes sociais durante algum tempo, como forma de preservar a amizade. A amiga fica "muito magoada" com a proposta e, após algum tempo, o resultado é ainda mais drástico: depois de receber várias indiretas relativas à sua escolha política, Denise a bloqueia nas redes sociais.

Por quê? E aqui a pergunta pode ser desdobrada em duas: por que Denise acredita que o afastamento temporário pode ser uma forma de preservar a amizade? E, contrariamente à sua intenção, por que sua amiga fica tão magoada com essa proposta? Duas ideias muito conhecidas da teoria antropológica clássica podem nos dar uma pista.

Radcliffe-Brown, em artigo no qual discute a etiqueta que deve presidir as relações entre tipos de parentes, propõe a existência de dois tipos de relações: "gracejo" e "evitação", associados, respectivamente, à familiaridade e ao respeito. Trata-se de prescrições que visam preservar "a delicada relação entre pessoas que estão unidas por um conjunto de vínculos, mas divididas por outros" (apud Kuper, 1978, p. 79). Falando especificamente sobre as "relações de evitação", discute a explicação que lhe é dada por um nativo australiano para sua preocupação em evitar sua sogra: "ela é minha melhor amiga no mundo: ela me deu a minha mulher" (Idem).

Mauss, no "Ensaio sobre a Dádiva", diz haver no mundo duas formas básicas de relação: a troca e a guerra. Mutuamente excludentes, ou avessos lógicos, a guerra é aquilo que se instaura na impossibilidade da troca: "Dois grupos de homens que se encontram podem fazer apenas duas coisas: ou afastar-se — e, caso suspeitem um do outro ou se desafiem, lutar — ou tratar-se bem" (1974, p. 182).

Ora, a convivialidade é uma forma da troca. Se a luta é a alternativa lógica à troca/ao convívio, quando nossa entrevistada, no melhor espírito radcliffe-browniano, propõe à sua amiga de infância que evitem provisoriamente o convívio em razão das divergências políticas ("totalizando-a", de certa forma, da mesma maneira que entende ter sido por outros amigos — aquela mistura entre "seu acreditar" e "sua pessoa"), a empurra, no plano lógico, para a luta, pois a recusa do convívio e da troca é, como nos dizia Lévi-Strauss (1982), a opção pela hostilidade em detrimento da cordialidade. Suas intenções "brownianas" se chocam, assim, com a reação "maussiana" de sua amiga.

"O pessoal", assim, parece ser feito desta mistura de ideias, afetos e moralidades, com a escolha eleitoral tendo a capacidade de sintetizar quem *o outro* é. Talvez seja a isto que Vicente se refere quando expõe o "pacto civilizatório" que celebrou com seus amigos: "se alguém brigasse seriamente por causa de política, era para acabar a amizade ali, porque era um sinal de que não havia o básico de tolerância naquela relação". E prossegue: "esse debate empobrecido que acaba levando ao ódio, acaba levando à intolerância, porque não se debate mais propostas, não se debate mais ideias, passou-se a debater as pessoas".

"Tolerar", aqui, parece ser uma recusa da totalização do outro a partir de seu voto, em uma rejeição daquela "moralização da política" diagnosticada por Mouffe como a grande ameaça contemporânea à democracia, moralização essa a qual sugiro aqui se traduzir, no plano das relações interpessoais entre indivíduos de carne e osso interagindo em seu cotidiano, como este amálgama entre princípios e sentimentos, entre valores e emoções ou, ainda, entre as dimensões cognitiva e afetiva da vida individual.

À guisa de conclusão: nuances teóricas e repugnâncias intelectuais

Em discussão hoje já clássica, Crapanzano (1994) comentou sobre as dificuldades que sentiu para entrevistar brancos sul-africanos favoráveis ao *apartheid*. Trata-se de fenômeno análogo àquele que Harding (1991) já havia definido como o "outro repugnante", com base em uma análise do fundamentalismo como construção discursiva da modernidade.

É neste veio que se insere a discussão proposta por Pinheiro-Machado e Scalco (2021). As autoras discutem as hostilidades de que foram alvo após publicarem resultados da etnografia realizada junto a eleitores de Jair Bolsonaro provenientes das camadas populares de Porto Alegre. O interesse maior destas hostilidades reside no fato de que não vieram apenas, como já esperado, da extrema direita, mas também dos círculos acadêmicos e progressistas mais alinhados à esquerda. O cerne da crítica a elas dirigida: estudar o fenômeno da popularidade de Bolsonaro junto a estes segmentos da população seria, em última instância, "humanizar os fascistas".

As autoras reagem a esta crítica trazendo-a para o bojo do debate teórico antropológico: como conciliar o estudo daqueles de quem os antropólogos tendem a não gostar (por seus ataques à diversidade e aos direitos humanos, entre outras razões) com a vocação humanizadora e antiessencialista — em última instância, relativista — que é constitutiva da disciplina?

Um ponto é central em sua argumentação: a distinção, estabelecida por Pasieka (2019), entre entender e desculpar, ou entre compreender e gostar. Pinheiro-Machado e Scalco formulam assim esta diferença:

> Defendemos os duradouros valores metodológicos que estruturaram nossa disciplina, a saber, o relativismo, que diz respeito a colocar os fatos em perspectiva. Não se trata de niilismo ou defesa. "Humanizar fascistas" (*sic*), assim, não implica transformá-los em sujeitos adoráveis, mas sim inteligíveis (2021, p. 2, tradução minha).

E concluem: “a nuance é uma responsabilidade antropológica em tempos de colapso democrático” (Idem).

Pasieka, cuja pesquisa tomou como objeto a juventude de extrema direita na Polônia, na Hungria e na Itália, comenta que ouviu muitas vezes de colegas, espantados com seu “objeto”, a pergunta “como você conversa com eles?”. Este foi um espanto com o qual me deparei também algumas vezes ao comentar com colegas das Ciências Sociais que estava realizando estas entrevistas: “eu nunca poderia fazer isso” era uma formulação comum.

Por que não? Penso que a ideia de “repugnância”, presente na forma como Harding (1991) intitulou seu estudo — “Representando o fundamentalismo: o problema do outro cultural repugnante” —, pode nos oferecer uma pista.

Comecemos voltando a Chantal Mouffe. Falando sobre o adversário demonizado e tornado inimigo, o “eles do mal”, a autora afirma:

> Além do mais, como eles geralmente são considerados como a manifestação de um tipo de “doença moral”, não se deve nem mesmo tentar dar uma explicação para seu surgimento e êxito. É por essa razão que, como vimos no exemplo do populismo de direita, a condenação moral substitui uma análise política adequada [...] (2015, p. 75).

E prossigamos com Durkheim, refazendo o percurso interdisciplinar com outro traçado temático. Dizia ele sobre o estudo da moral:

> Prova disso é a repugnância que ainda sentimos nos dias de hoje em aplicar à moral o método científico comum; parece que assim se *profana* a moral, quando se ousa concebê-la e estudá-la com procedimentos das ciências profanas. Parece que assim se atenta contra sua dignidade. Nossos contemporâneos ainda não admitem sem resistência que a realidade moral, como todas as outras realidades, seja entregue às controvérsias dos homens (Durkheim, 2018, p. 95).

Miller (1997) discute a dimensão moral do nojo, a intrincada articulação aí existente entre cognição, moral e a própria fisiologia, afirmando ser possível sentir nojo diante da transgressão de valores morais. O autor expõe a existência de dois tipos de normas: aquelas que são aceitas discursivamente e aquelas que submetem o indivíduo. Em suas palavras: "As normas que aceitamos são mantidas por meio de conversas e discussões, através de diversas práticas discursivas, ao passo que aquelas que nos subjugam simplesmente dominam nossas vontades" (p. 201, tradução minha). Os dois tipos de normas seriam sustentados por dois sentimentos distintos, a culpa no primeiro caso, o nojo no segundo: "Nada atesta mais a força de uma norma do que literalmente se sentir enjoado diante da ideia de violá-la" (p. 201, tradução minha).

O nojo seria, assim, uma forma de atestar a força de determinadas normas. Como tal, seria culturalmente prescrito, um pouco à maneira das regras emocionais descritas por Arlie Hochschild (2013). Estas regras constituem uma gramática, configurando, interditando e prescrevendo reações emocionais específicas para situações particulares. A gramática do nojo, assim, não só o cria ou faculta, mas também o exige, o que, no limite, faz com que possamos sentir nojo de quem não sente nojo, quando aquelas regras assim o prescrevem. Assim, o estudo do "outro repugnante" pode suscitar repulsa por quem o estuda, como já implícito na repugnância apontada por Durkheim como um resultado possível do estudo científico da moral.

Mas, dizia ele, há dois pontos de vista diferentes segundo os quais se pode estudar a moral: para conhecê-la e compreendê-la ou para julgá-la. E postula: "o primeiro desses problemas, que é totalmente teórico, deve preceder necessariamente o segundo" (Durkheim, 2018, p. 86).

As reações a iniciativas intelectuais como as de Harding, Pasieka e Pinheiro-Machado e Scalco nos sugerem que a categórica afirmação de Durkheim estava mais para uma forma de *wishful thinking* do que para uma premissa consensual. Se assim é, analisar conjuntamente relatos de conflitos políticos em que se envolveram eleitores de Bolsonaro, eleitores de Haddad e eleitores que anularam seu voto, em busca de uma resposta para o problema comum de "por que brigar por isso?", periga provocar reações semelhantes.

A esta altura, imagino que o leitor já tenha entendido o porquê de, na construção discursiva deste texto, impedir a associação de cada entrevistado a sua escolha eleitoral. Para além de evitar que o problema do transbordamento destas escolhas para a totalização da pessoa submergisse diante das razões substantivas que orientaram o voto, essa estratégia é uma maneira de afirmar que, aqui, enquanto objetos da reflexão que proponho, não há "outros repugnantes".

É estranho que eles acreditem no que dizem? Uma entrevistada fala de sua surpresa ao constatar que seu "outro político" de fato acreditava no que dizia. Ora, não é justamente isto o que faz o "outro", acreditar naquilo que acho estranho? Não é exatamente esta a definição de Geertz (1997) para o entendimento antropológico — traduzir categorias de "experiência próxima", nas quais as coisas são simplesmente vividas como sendo *em si mesmas*, para categorias de "experiência distante", nas quais elas são como são *para alguém*?

Enxergar a diferença como alteridade talvez tenha exatamente nisso o seu âmago: se espantar com o fato de que o outro acredita no que diz (como se ele pudesse fazer diferente). Mas a entrevistada não é antropóloga e tem direito ao seu quinhão de etnocentrismo. Já nós, cientistas sociais, não podemos nos dar a esse luxo, ao menos não sem resistência.

A reflexividade pode ser muito incômoda. Mas, em tempos de ameaça à democracia, é um dever moral, pois é ela que nos permite refinar o debate, tentando levar as reflexões até suas últimas consequências, como faz Harcourt (2012) ao discutir a relação entre as acusações de incivilidade na política e a ocupação de um lugar de privilégio e poder por parte de quem acusa.

Mas a moral, nos diz Durkheim, não é só dever: é também um bem. E o debate intelectual é, ou ao menos quero crer que seja, uma forma da troca e, portanto, alternativa lógica à luta: uma opção pela cordialidade, pelo estar em relação, um não à hostilidade e à guerra. Por isso, concluo estas reflexões na expectativa de que o compromisso ético, teórico e político que orienta a defesa da nuance como responsabilidade antropológica, advogado por Pinheiro-Machado, Scalco, Harding e Pasieka, ao qual as reflexões aqui propostas pretendem se somar, seja capaz de suplantar aquela repugnância diante da análise da moral contra a qual há quase um século Durkheim já nos alertava.

REFERÊNCIAS

CRAPANZANO, Vincent. Kevin: on the transfer of emotions. *American Anthropologist*, v. 96, n. 4, p. 866-885, 1994.

DURKHEIM, Émile. A Determinação do Fato Moral. In: FASSIN, Didier; LÉZÉ, Samuel (org.). *A Questão Moral*: uma antologia crítica. São Paulo: Editora da UNICAMP, 2018.

GEERTZ, Clifford. Do Ponto de Vista do Nativo: a natureza do entendimento antropológico. In: *O Saber Local*: novos ensaios em antropologia interpretativa. Petrópolis: Vozes, 1997.

HARCOURT, Bernard. A política da incivilidade. *Interseções*, v. 14, n. 2, p. 299-334, 2021.

HARDING, Susan. Representing fundamentalism: the problem of the repugnant cultural Other. *Social Research*, n. 58, ,p 373-393, 1991.

HOCHSCHILD, Arlie. Trabalho Emocional, Regras de Sentimento e Estrutura Social. In: COELHO, Maria Claudia (org.). *Estudos sobre Interação*: textos escolhidos. Rio de Janeiro: EdUERJ, 2013.

JASPER, James M. *The Art of Moral Protest*. Chicago; London: University of Chicago Press, 1997.

KATZ, Jack. Massacre Justo. In: COELHO, Maria Claudia (org.). *Estudos sobre Interação*: textos escolhidos. Rio de Janeiro: EdUERJ, 2013.

KUPER, Adam. Radcliffe-Brown. In: *Antropólogos e Antropologia*. Rio de Janeiro: Editora Francisco Alves, 1978.

LATOUR, Bruno; WOOLGAR, Steve. *A Vida de Laboratório*. Rio de Janeiro: Relume-Dumará, 1997.

LÉVI-STRAUSS, Claude. *As Estruturas Elementares do Parentesco*. Petrópolis: Vozes, 1982.

MAUSS, Marcel. Ensaio sobre a Dádiva: forma e razão da troca nas sociedades arcaicas. In: *Sociologia e Antropologia*. São Paulo: EPU, 1974.

MILLER, William I. *The Anatomy of Disgust*. Cambridge: Harvard University Press, 1997.

MOUFFE, Chantal. *Sobre o Político*. São Paulo: Editora WMF Martins Fontes, 2015.

PASIEKA, Agnieska. Anthropology of the far right: what if we like the "unlikeable" others?. *Anthropology Today*, n. 35, p. 3-6, 2019.

PINHEIRO-MACHADO, Rosana; SCALCO, Lucia. Humanising Fascists: nuance as an anthropological responsibility. *Social Anthropology*, p. 1-8, 2021.

WEBER, Max. *Economia e Sociedade*. Brasília: Editora Universidade de Brasília, 2000.

População de rua, a pandemia da Covid-19 e as políticas da vida e da morte[1]

PATRICE SCHUCH • CALVIN DA CAS FURTADO

DANIELA BIANCHI • CAROLINE SILVEIRA SARMENTO

Joan Miró, Paisatge, 1968 — Fundació Joan Miró, Barcelona[2]

---

1 Este capítulo foi publicado anteriormente como artigo no dossiê Moral e Política da *Revista de Ciências Sociais — Política & Trabalho*, organizado por Alexandre Werneck e Simone Brito. Ver: SCHUCH, P. et al. População de rua, a pandemia da Covid-19 e as políticas de vida e morte. *Revista de Ciências Sociais — Revista Política & Trabalho*, n. 55, p. 63-76, jun./dez. 2021.

2 Ver no catálogo de obras da Fundação Joan Miró. Disponível em: https://www.fmirobcn.org/en/colection/catalog-works/5442/p-landscape-p. Acesso em: 25 jul. 2021.

Paisagens

Passando pelas ruas silenciosas da cidade em que residimos, Porto Alegre, nos meses iniciais da pandemia da Covid-19, uma tela de Miró teimosamente fazia-se lembrar, para uma de nós, a pesquisadora Patrice Schuch. A pintura intitulava-se "Paisagem", foi produzida em 1968 e é composta por um único ponto azul sob a tela branca. Patrice conheceu a obra quando visitou a Fundação Joan Miró, em Barcelona, ao final de 2018, e foi lá que percebeu que, ao lado da obra, estava escrito:

> "O silêncio é uma negação do ruído, mas acontece que o menor ruído no silêncio se faz enorme!", comenta Miró. Um ponto difuso como único elemento referencial adquire uma grande relevância, mas também faz ressoar o espaço. Este ponto, então, torna o espaço presente ao tempo em que enfatiza a trama, a materialidade da superfície.

Por que pensar nessa "Paisagem"? Talvez porque, tal como na tela, em que um ponto difuso como único elemento referencial adquiria grande importância, a presença solitária da população em situação de rua, durante os meses iniciais da pandemia, fazia-se notar, na cidade silenciosa. Assim como na obra de Miró, em que o ponto como único referencial também fazia ressoar o espaço, a presença solitária daquelas pessoas repercutia o espaço vazio, numa dinâmica em que as presenças e ausências interrogavam sobre a relação entre o ordinário e o extraordinário no contexto da pandemia da Covid-19, sobre urgências e permanências, sobre a materialidade das tramas, nos termos de Miró. Interroguemo-nos sobre isso.

Interrogações

Este texto tem por objetivo refletir sobre a pandemia da Covid-19 e as políticas de vida e morte, tentando evidenciar o caráter produtivo da moral na constituição de novos cenários e questões para o nosso mundo, especialmente relacionadas, em nossas pesquisas, com a configuração de figuras de pensamento e de ação associadas às pessoas em situação de rua. Realizaremos tais reflexões a partir de um engajamento etnográfico das formas de mobilização em torno da proteção da população em situação de rua no cenário da pandemia da Covid-19 feito por ativistas e profissionais da área, via rede de *Whatsapp*, em que Patrice Schuch, Calvin Furtado e Caroline Sarmento participaram ao longo de 2020 e de 2021, bem como por meio da experiência prática e reflexiva de Daniela Bianchi, como trabalhadora e pesquisadora do Serviço de Abordagem Social de Rua na cidade de Porto Alegre, no Sul do Brasil.

Nesse coletivo de *Whatsapp*, realizamos o que Leitão e Gomes (2017) descreveram como um "acompanhamento" produzido no meio digital, ele próprio possibilitado pelos contatos *offline* anteriormente realizados na área do ativismo e no estudo das políticas para população em situação de rua. O grupo de *Whatsapp* recebia em média dez postagens ao dia e estava formado por cerca de 40 participantes, de diversos posicionamentos no campo de atenção à população em situação de rua em Porto Alegre. Para fins deste artigo, não nos deteremos na especificação de cada sujeito ou associação que compõe o grupo, bastante diverso. Mas podemos dizer que no grupo realizamos participações variadas, desde a inserção em redes de ajuda no recolhimento e entrega de bens e materiais de proteção, passando pela participação em pronunciamentos públicos para sugestão de políticas de atendimento, até a divulgação de textos, poadcasts e seminários em que participamos como comunicadores sobre o tema. Todas essas ações foram realizadas em sintonia com a ideia de criação do coletivo, de apoiar, dar visibilidade e ampliar as preocupações sociais e políticas sobre a situação de rua no contexto da pandemia da Covid-19.

Nossa participação foi possibilitada pela inserção de pesquisa que temos já há dez anos sobre o tema. Tais estudos abrangeram a temática das práticas de governo à população em situação de rua no Brasil, por meio de pesquisas quali-quantitativas sobre a rede de serviços à população em situação de rua em Porto Alegre[3]. Adiciona-se ao grupo de *Whatsapp* e às pesquisas na área, a perspectiva vivencial da trabalhadora social e pesquisadora Daniela Bianchi, que efetuou suas atividades como trabalhadora do serviço de abordagem às pessoas em situação de rua durante a pandemia, possibilitando acompanhar situações importantes do desenrolar das maneiras de governar esse público durante o período de exceção sanitária.

A partir dessa associação entre metodologia de trabalho em redes de *Whatsapp* e formas de inserção profissional e de pesquisa no campo de estudo que são de mais longo prazo, nosso interesse é compreender as tecnologias de governo empregadas durante a pandemia da Covid-19 como práticas burocráticas em que programas e projetos de atendimento à população em situação de rua ganham corpo. Tomamos tais elementos não apenas como técnicas e procedimentos neutros de ação, mas como materialidades de operações morais onipresentes, mas por vezes invisíveis, em que o valor e a legitimidade das vidas e das mortes encontram-se evidenciadas. Seguindo tal proposta, a moral torna-se um elemento fundamental de produção de distinções, especificações e modos de desigualar coisas, princípios e pessoas, sendo as tecnologias e as infraestruturas de

---

3 O engajamento de pesquisa com a população em situação de rua vem formando uma rede de estudos antropológicos sobre o tema. Em termos mais diretamente vinculados ao nosso próprio trabalho, temos: Patrice Schuch, que coordenou estudos quali-quantitativos sobre as características sociais e a relação com serviços públicos da população de rua na cidade de Porto Alegre nos anos de 2007 (Schuch et al, 2008), 2012 (Dornelles, Obst e Silva, 2012) e 2016 (Schuch; Gehlen; Silva, 2017), tendo orientado diversas dissertações de mestrado e tese de doutorado sobre o tema; Calvin Cas Furtado, que realizou sua dissertação de mestrado em Políticas Públicas sobre a institucionalização da luta dos direitos humanos da população em situação de rua (Furtado, 2017) e atualmente finaliza pesquisa de doutorado sobre a produção política das mortes da população de rua no Brasil; Daniela Bianchi, que é mestranda em Antropologia Social e desenvolve uma pesquisa sobre as práticas de governo dos trabalhadores no Serviço de Abordagem Social de Rua, em que também é uma profissional do atendimento; Caroline Silveira Sarmento, que desenvolveu sua dissertação de mestrado a partir do estudo da retirada de filhos de mulheres em situação de rua (Sarmento, 2020) e atualmente avança na pesquisa com esse tema em seu doutorado, em andamento.

governo instrumentos de diferenciação de populações. Há, portanto, uma relação importante entre moral, tecnologias de governo e infraestruturas de vida e morte.

Em nossa perspectiva, valores morais não podem ser entendidos exclusivamente como guias de comportamento e/ou princípios abstratos normativos do "deve ser" e tampouco possuem o valor simplesmente integrativo (Baumard; Sperber, 2007). A partir de um entendimento contrastivo e diferenciador em relação a perspectivas normativas sobre o assunto, temos trabalhado na esteira das análises de Didier Fassin (2009, 2010a, 2010b, 2012) sobre o tema — que, como ele mesmo afirma, não tem a ver nem com o *descritivo* (costumes e hábitos de um grupo social), nem com o *prescritivo* (conformidade às normas superiores), mas tem uma perspectiva na qual a moral ganha uma compreensão eminentemente produtiva. Isto é, a moral trabalha para diferenciar, avaliar, especificar e desigualar princípios, coisas e pessoas, no imbricamento das esferas da vida (Fassin, 2009, 2010a, 2010b, 2012). É nessa direção que argumentamos que estudar tecnologias de governo não é compreender apenas o funcionamento de técnicas e procedimentos, mas também envolve a problematização dos valores e dos sentidos associados às vidas e às mortes humanas.

A partir desse ponto de vista, recuperamos inicialmente uma pesquisa sobre os modos de funcionamento dos abrigos e albergues na cidade de Porto Alegre, para mostrar como seu cotidiano se realiza a partir de uma hierarquia de *causas* e *modos* de estar na rua que operava cotidianamente, nas burocracias dos serviços, para conformar o atendimento a esse público, contrastando com as narrativas soberanas de aquisição de direitos. Na sequência, mostramos como a pandemia da Covid-19 pode ser entendida simultaneamente como uma espécie de "evento crônico agudizado" que coloca em cena formas de governo necropolíticas, implicando na gestão da pandemia definições sobre o valor e o sentido da vida e da morte de determinadas populações, como a população em situação de rua. Por fim, atentamos para as mobilizações e solicitações de proteção à população em situação de rua no período da pandemia para mostrar que a pandemia parece provocar a (re)introdução de gramáticas morais associadas ao sofrimento individualizado para compor a vivência de rua, contrastando com o ativismo da área que, nos últimos anos, baseou-se na linguagem dos direitos e na denúncia das desigualdades sociais como forma de luta política e construção da legitimidade moral das pessoas em situação de rua.

Hierarquias

> O pessoal compara muito morador de rua com pombos. Como eles querem se livrar dos pombos, eles querem se livrar do morador de rua da mesma forma. Tem muito pretexto para acabar com a vida do pombo. "Olha, as fezes do pombo trazem doenças que estão matando". "Olha, por onde os pombos passam eles trazem praga, podem matar você, a sua família, você vai morrer por isso". O pessoal na rua tá sem banheiro, faz coco aqui, urina ali, a cidade querendo ou não fica com um cheiro forte de urina, especialmente nos centros, então isso, para eles, são pombos mesmo, tanto que tem gente que distribui comida envenenada. O Estado tem essa ideia.

Esse é o depoimento de Sebastião, ativista dos direitos das pessoas em situação de rua. A sua fala foi recolhida por um de nós, o pesquisador Calvin Furtado, durante o acompanhamento da "Marcha da População de Rua e ato público na Esplanada dos Ministérios", realizados em agosto de 2019, em Brasília. Assim como Sebastião — que expõe com ênfase o processo de desumanização sofrido pela população em situação de rua —, a denúncia da violência sofrida e motivada pela simples possibilidade de existir tem sido constantemente efetivada por movimentos sociais e lideranças políticas da área no Brasil (ver, entre outros: Fernandes; Schuch, 2015; Furtado, 2017, 2018; Jaenisch, 2007; Melo, 2013; Sarmento, 2020; Schuch, 2015; Silva, 2014, 2017).

Recusando perspectivas assistencialistas e caritativas que são históricas nesta área de intervenção, desde a sua criação, em 2004, o Movimento Nacional da População de Rua (MNPR) tem denunciado com veemência frequentes ações de extermínio frente à população em situação de rua e a negligência estatal na prevenção e apuração de crimes realizados contra pessoas em situação de rua. Essa população, no Brasil, em sua maioria, é composta por homens, negros, extremamente vulnerabilizados socialmente em termos de acesso ao trabalho, de vínculos relacionais e de políticas de saúde (Schuch; Furtado; Sarmento, 2021). Segundo o Cadastro Único para Programas Sociais do Governo Federal (Cadastro Único), havia, em fevereiro de 2020, em torno de 146.802 pessoas que indicaram se encontrar em situação de rua no Brasil (Brasil, 2020). Manifestações coletivas como marchas, audiências públicas e vigílias em relação aos mortos têm reivindicado a inscrição política das violências sofridas a partir da vida nas ruas. Tais eventos reforçam a noção de que mesmo abarcando um número crescente de pessoas e sendo alvo de programas e políticas para sua atenção, como a Política Nacional da População em Situação de Rua (2009), as percepções sobre as suas formas de vida estão longe de afirmarem a sua legitimidade social e política.

Isso evidencia-se também nas formas de organização burocrática do atendimento em abrigos e albergues para essa população, que, em Porto Alegre, seguiam um plano sugestivamente intitulado de "Plano de Enfrentamento à Situação de Rua", o qual ordinariamente operava para filtrar e diferenciar os sujeitos das políticas. Em pesquisa sobre o tema junto à rede de serviços como abrigos, albergues e casas de convivência de Porto Alegre, Schuch et al. (2017) perceberam uma terceirização progressiva dos serviços que diminuía a responsabilização estatal sobre a questão, bem como uma limitação das possibilidades de acesso não mediado aos espaços e um número de vagas manifestadamente menor em relação ao número de pessoas em situação de rua, o que acabava produzindo variados processos rotatividade entre usuários, baseados numa acentuada seletividade na recepção e permanência de pessoas usuárias. Tais critérios de diferenciação acionavam dimensões morais associadas ao trabalho, bem como às justificativas relacionadas ao estar em situação de rua — seja por uma questão de doença, imigração, ou falta de vínculos sociais.

Assim, a pesquisa apontou que pessoas que estavam trabalhando poderiam não apenas ter prioridade na aquisição da vaga, como também permanecer até o dobro do tempo prescrito em relação aos demais usuários no abrigo, podendo também ter flexibilidade nos horários de acesso ao equipamento (Schuch et al., 2017). Outras categorias eram os doentes, os imigrantes e os idosos, que passaram a ocupar os equipamentos para população em situação de rua de forma prioritária, numa hierarquia moral de legitimidade de causas de estar na rua que acabava sendo percebida como excludente para aquelas populações mais classicamente associadas à situação de rua, causando, inclusive, formas de tratamento diferenciados das pessoas dentro do mesmo equipamento, como nos disse Ivo, usuário entrevistado:

> Os que mais utilizam os albergues agora, no momento, sem ser as pessoas que são velhas e as pessoas que não são daqui de POA é esse pessoal que trabalha na Cootravipa, empresa de limpeza pública. Esses acessam bem mais, está entendendo? Não que quem está na rua não possa. Os que estão na rua não acessam porque eles são, como o cara falou, humilhados. Por isso que eles estão na rua. E lá é horário para tudo. Tem que calar a boca, tem que tirar o boné, tem que fazer o que eles querem e na rua não (Schuch et al, 2017:45).

Temos aqui uma forma de engajamento moral associado à legitimidade de *causas* e *modos* de estar na rua que operava cotidianamente nas burocracias dos serviços para conformar o atendimento a esse público, contrastando com as narrativas soberanas de aquisição de direitos. A compreensão dessa forma de engajamento pode contribuir para responder uma pergunta interessante que o antropólogo Akhil Gupta (2012) se faz quando estuda os projetos de desenvolvimento e combate à pobreza na Índia, em que observa a proliferação dos programas de inclusão, mas a permanência das mortes por pobreza: afinal, como essa violência é rotinizada e naturalizada nas ações estatais?

A morte em cena

Em tempos de pandemia da Covid-19, esta situação de vulnerabilidade social, política e burocrática dificulta o acesso às políticas de prevenção à contaminação e faz com que essa população fique à margem de políticas generalistas, as quais uniformizam o risco, excluem as desigualdades das condições de vida e focam-se no combate às ameaças biológicas do vírus (Biehl, 2021; Caduff, 2020; Das, 2020; Schuch; Victora; Siqueira, 2020; Segata, 2020; Segata et al, 2021). Como sabemos, a gestão da pandemia no Brasil tem sido realizada em meio a uma heterogeneidade em termos de posições e possibilidades de gestão, as quais produzem um cenário de incerteza e desconfiança — cenário esse propício para, no que se refere à população em situação de rua, haver a produção de inúmeros rumores, como, por exemplo, de que o álcool em gel e as máscaras distribuídas estariam contaminados. Mais do que pensar em termos de "realidade" em oposição à "imaginação", preferimos tomar tais narrativas como modos de inscrição pública de uma memória política sobre os riscos da vida na rua, das desconfianças em relações às doações de bens e das formas estatais de produção e invisibilidade das violências — já explícitos nas narrativas de envenenamento de pessoas vítimas de doações de alimentos em cenários anteriores à pandemia —, como trouxemos anteriormente no depoimento do ativista Sebastião. Tais narrativas revelam o espaço moral em que a população em situação de rua se vê sujeita, marcado pela percepção da falta de reconhecimento social, pela violência e pelas tentativas de extermínio, as quais ressurgem em novas formas neste cenário de incerteza e medo produzido pela pandemia.

De outro lado, também chama a atenção no conjunto das estratégias de gestão da pandemia no país o seu caráter biomédico e um tanto quanto generalista em termos de pensar o risco da contaminação como advindo do encontro singular de corpos orgânicos e vírus. Isto porque, à exceção da população de idosos, gestantes, lactantes e pessoas com certas doenças crônicas, tais como doença cardiovascular, doença respiratória crônica, hipertensão, diabetes, insuficiência renal e câncer, há pouco espaço para o dimensionamento das desigualdades sociais, políticas e culturais presentes nas dinâmicas de vidas de populações específicas.

A grande parte das políticas contra o contágio pelo novo coronavírus no Brasil excluiu sistematicamente as desigualdades de acesso às infraestruturas de cuidado e negligenciou as realidades locais das populações marginalizadas, como as pessoas em situação de rua — foco deste artigo — e a população de indígenas, por exemplo, cujos movimentos organizados têm apontado para a ação genocida das políticas de atendimento (Wagner; Acevedo; Aleixo, 2020). Essas e outras mobilizações das comunidades marginalizadas no Brasil — tal como no caso da criação de painéis comunitários em favelas cariocas, destinados a informar sobre a expansão e a intensificação das mortes por Covid-19 em tais comunidades (Menezes; Magalhães; Silva, 2021) — podem ser vistas como tentativas de visibilização da inscrição política das mortes por Covid-19 em grupos socialmente vulnerabilizados, chamando a atenção para a realidade das populações marginalizadas e a importância de se refletir sobre outros marcadores, além daqueles puramente orgânicos, na produção da pandemia.

Em sintonia com tais movimentos, variados pesquisadores das ciências humanas têm mostrado que a pandemia da Covid-19 é um espelho da desigualdade (Biehl, 2021; Caduff, 2020; Das, 2020; Segata, 2020; Schuch; Victora; Siqueira, 2020). O vírus encontra na desigualdade social as condições ideais para abater populações historicamente menos favorecidas. Por suas condições precárias de vida, tais populações têm maior dificuldade de acessar políticas de prevenção — como, por exemplo, obter água, sabão, álcool em gel e uma casa que permita o distanciamento social, para o caso da Covid-19. Essas dificuldades fazem com que populações vulneráveis, como as pessoas em situação de rua, fiquem à margem de políticas globais generalistas, muitas vezes focadas no combate às ameaças biológicas do vírus.

Como temos notado, a ameaça da Covid-19 não é apenas viral, mas coproduzida pelas condições desiguais de vida das pessoas. Se isso é verdade, o combate à pandemia implica necessariamente enfrentar uma *urgência* (o aparecimento do vírus da Covid-19) e uma *permanência* (a desigualdade entre as condições de vida de indivíduos e populações); é neste relacionamento entre *urgências* e *permanências* que tem sentido utilizar a ideia da pandemia da Covid-19 como um "evento crônico agudizado", tal como Paul Farmer (2012) propôs para a análise do terremoto no Haiti, o qual acentuou vulnerabilidades e violências estruturais ora presentes na sociedade haitiana.

Levar em conta a associação entre *urgências* e *permanências* implica reconhecer que as perspectivas biomédicas generalistas podem ser necessárias, mas são insuficientes para proteger populações marginalizadas. A boa estruturação do sistema de saúde, o investimento em políticas científicas, a expansão da testagem, a democratização da vacinação e um aparato eficiente de gerenciamento de populações precisam estar associados a políticas específicas, visando ao combate da permanência da situação de precariedade social e política em que certas populações se encontram. Para populações social e politicamente vulneráveis — como as pessoas em situação de rua —, as políticas podem fazer diferença decisiva entre a vida e a morte.

No caso da população em situação de rua em Porto Alegre, como já afirmamos (Schuch; Furtado; Sarmento, 2020a, 2020b), a política generalista de gestão da pandemia pode ser percebida como uma *necropolítica*, nos termos propostos por Achille Mbembe (2006). Chamar a atenção para a noção de *necropolítica* é importante não apenas porque enfatiza o caráter relevante das políticas na produção da vida e da morte, mas também porque oportuniza reflexões acerca da própria constituição da relação entre soberania, comunidade e política. Mbembe (2006) sugere que as teorias normativas de democracia tomaram como expressão máxima da soberania a produção de normas gerais por um corpo composto por homens e mulheres livres e iguais, capazes de autoconhecimento, autoconsciência e autorrepresentação. Ao contrário, a proposta do autor Mbembe (2006) está dirigida à consideração de categorias da política menos abstratas do que a razão como a verdade do sujeito, destacando a centralidade das definições em torno da vida e da morte de populações, que também — poderíamos acrescentar — são definições que implicam o valor e o sentido da vida e da morte de determinadas populações.

Em um capítulo de sua dissertação de mestrado em andamento sobre o Serviço de Abordagem Social de Rua, uma de nós, a pesquisadora e trabalhadora do serviço Daniela Bianchi relata um atendimento que realizou em março de 2020. A narrativa de Daniela descreve uma cena de morte produzida institucional e politicamente na rotina das burocracias de atendimento à população em situação de rua:

> Assim que fomos identificadas com nossos clássicos coletes verdes e o carro com a placa, a pessoa que acionou a Central de Abordagem, moradora de uma das casas da rua onde a Margarete estava deitada, nos chamou desde sua janela. Estava preocupado com a saúde dela. Refere que ligou para a SAMU, mas mandaram ligar para a Central de Abordagem (o SAMU não leva muito a sério quando o destinatário do atendimento é portador do rótulo Pessoa em Situação de Rua, nem mesmo numa pandemia, quando uma das queixas verbalizadas eram dor nas costas e dificuldades para respirar). Após conversarmos com a "*solicitante*", nos aproximamos de Margarete, bem devagar, chamamos ela, pedimos licença para chegar perto. Seu discurso estava confuso, umas das tantas frases foi "aceito ir num lugar que tenha TV", mas ela não conseguia se levantar, estava sem roupa, apenas usava um "tomara que caia" e de resto, completamente nua, queixava-se de dor nas costas e sintomas respiratórios. A nossos olhos primava um atendimento em saúde. Minha colega ligou para SAMU e, após algum tempo negociando com o médico (sim, tem processo de convencimento em cada ligação feita para Emergência Hospitalar quando se trata de Pessoa em Situação de Rua), um automóvel se deslocaria, porém não sabiam informar o tempo de demora. Estrategicamente pedimos ao vizinho que ligasse de novo, a experiência nos ensinou que quanto mais ligações para a mesma ocorrência mais chances de demorarem menos. Uma hora esperando e nada do SAMU vir. Ligamos novamente e fomos informadas que uma ambulância já estava a caminho. A ambulância chegou, levaram ela para o Pronto Atendimento mais próximo, e nós ficamos na torcida para que ela não fosse só avaliada e liberada, pois estava muito frio na rua e claramente ela estava em uma situação de extrema fragilidade. Para nossa surpresa, na segunda-feira recebemos nova solicitação de abordagem: a Margarete estava deitada nas mesmas condições que sexta, porém em uma outra esquina do

> bairro. Novo processo, aciona SAMU, negocia, ambulância vem e a Margarete vai novamente para emergência. O Serviço de Abordagem Social de Rua tem plantão centralizado aos finais de semana e no domingo tinham recebido uma "*solicitada*" para Margarete também. Mesma situação, mesmo encaminhamento: SAMU e translado para Emergência Hospitalar. "*Qualificamos*" com o Serviço Social do Pronto Atendimento e, tanto na sexta-feira como no domingo, a Margarete deu entrada, mas foi liberada em seguida. Não sabemos exatamente o que aconteceu depois da mobilização e tensionamento com o Serviço Social, mas provavelmente acharam critérios clínicos para transferência e internação num Hospital. Margarete veio a falecer uma semana depois, apenas com hipóteses diagnósticas e sem teste de COVID-19, pois não foi considerada a possibilidade que ela pudesse ter coronavírus (Bianchi, 2021, p 17-18).

Pensamos no ponto da tela de Miró, com a qual iniciamos este artigo; pensamos na questão de Gupta (2021) — como a violência é rotinizada e naturalizada nas ações estatais? —; pensamos sobre a questão de Mbembe (2016) — sob quais condições práticas se exerce o direito de matar, deixar viver ou expor à morte? —; pensamos na Margarete.

Mobilizações

Mas não pensamos sozinhos. Na última seção de nosso artigo, gostaríamos de trazer alguns aspectos de uma rede de mobilização social em proteção à população em situação de rua que emergiu na cidade de Porto Alegre no início de abril de 2020. Formado por ativistas, pesquisadores, trabalhadores sociais da área e filantropos, esse coletivo produz um engajamento moral com a questão da população em situação de rua que reivindica o valor e o sentido de suas vidas, embora trabalhem com gramáticas morais distintas em relação às formas de atendimento. Patrice Schuch, Calvin Furtado e Caroline Sarmento acompanharam esse coletivo durante todo o ano de 2020 e início de 2021, por meio de um grupo de *Whatsapp* criado para informar e gerir tais formas de mobilização.

Além da inscrição da memória das formas de mobilização e resistência política frente ao descaso do poder público em relação à população em situação de rua, manifestado pela falta de materiais de higiene, pela diminuição das vagas para acolhimento institucional e pelo fechamento de pias e banheiros públicos na cidade — fundamentais nas dinâmicas de vida da população em situação de rua —, ao longo de sua existência, o grupo também passou a funcionar como uma maneira de controle social das próprias transformações sociais na vida de sujeitos e populações marginalizadas provocadas pela pandemia da Covid-19. É neste sentido que tais práticas podem ser vistas como formas de inscrever politicamente os efeitos da pandemia no agravamento das desigualdades sociais e seus impactos na vida de determinados sujeitos. Possibilitam compreender, também, que a pandemia se torna um evento que suscita a consideração da indissociável relação entre a desigualdade social e a configuração da situação de rua, rompendo com a visão usual que a toma como um problema individual. Essa percepção fez com que o trabalho desenvolvido pela rede acabasse abarcando não apenas os sujeitos em situação de rua, mas as populações marginalizadas na cidade — ligando o ponto às tramas da tela, se quiséssemos usar os termos inspirados em Miró.

Por outro lado, é interessante perceber que a acentuação da situação de desigualdade trazida à tona no cenário da pandemia foi um mote para os clamores de engajamentos morais motivados pela própria urgência da ação devido à mais básica necessidade de sobrevivência: a fome. Variadas foram as doações motivadas pela temática da fome, que reverberou para além das pessoas do coletivo, as quais traziam ao grupo, nos meses iniciais da pandemia (abril e maio de 2020), oferecimentos de doações que chegavam até nós advindos de pessoas e grupos sem proximidade direta com o ativismo na área. Tais agentes estavam interessados em "ajudar" as pessoas em situação de rua, mostrando-se afetivamente comovidos com o sofrimento individual daqueles que permaneciam na rua em um contexto de pandemia. Esse modo de mobilização é relevante porque chama a atenção não apenas para os determinantes biológicos do risco frente à Covid-19, mas também para os efeitos da pandemia nos corpos vulnerabilizados.

Por outro lado, também convida a pensar sobre a sua excepcionalidade, seus efeitos e sobre o tipo de relação de aproximação e distanciamento com a situação de rua. Nesta via, sugerimos que tal dimensão possa ser aproximada ao que Luc Boltanski (1999 denominou de *política de piedade*, operada pela sensibilização dos espectadores provocada pelo sofrimento à distância, muitas vezes configurado a partir de situações singulares de tragédias, desastres e epidemias. As reflexões de Boltanski (1999) contribuem ao chamar a atenção para um engajamento moral que se faz numa dupla via, a qual implica tanto o distanciamento do espectador/doador quanto a condição de excepcionalidade do evento causador — neste caso, a pandemia da Covid-19. É estratégico lembrar, neste sentido, o contraste entre a grande solidariedade frente à fome na época da *emergência* sanitária e a *permanência* da vulnerabilidade social e política da população em situação de rua, tão denunciada pelo ativismo. Ou, em termos artísticos, pensar em como o ponto difuso como único elemento referencial faz ressoar o espaço, na tela de Miró.

Também as produções de Didier Fassin (2001, 2010a e 2010b) sobre as *políticas de compaixão* e as *políticas de justiça* trazem nuances importantes à nossa reflexão. Analisando as solicitações de asilo por razões humanitárias e os pedidos de concessão de auxílio para desempregados e sem documentos na França (Fassin, 2001), o autor percebe a importância do que denomina de *política da compaixão*, em que a retórica do sofrimento individual e dos sentimentos morais associados à variabilidade das situações de sofrimento sobrepõe-se a da *política da justiça* (da equidade, dos direitos), raramente mencionada pelos solicitantes. Como já afirmamos (Schuch; Furtado; Sarmento, 2021), a análise de Fassin (2001) é especialmente interessante para o caso das mobilizações em questão, pois as perspectivas assistencialistas e caritativas são históricas nesta área de intervenção aos outrora chamados "sofredores de rua" (Gaboriau, 2011; Melo, 2013; Schuch, 2015). Nos últimos anos, o Movimento Nacional da População de Rua (MNPR) tem recusado tais engajamentos e insistido que é preciso passar da "ajuda" aos "direitos" — veja-se o slogan frequentemente usado no ativismo: "A população de rua tem fome. Tem fome de direitos" (Melo, 2013; Schuch, 2015).

Ficamos pensando nesse slogan quando, a partir de 2020, começamos a perceber, na cidade, uma variedade de pessoas nas ruas e esquinas solicitando ajuda para suas necessidades. Em uma importante esquina do centro da cidade de Porto Alegre, encontrava-se um artista popular, uma estátua viva, todo prateado, que anunciava em um cartaz, solicitando uma esmola: "Não foi o vírus que me matou. A despensa vazia é que está me matando. Pai de 2 filhos pequenos sem trabalho". Ainda no centro de POA, podemos ver um homem vestido de palhaço, que escreveu em letras garrafais em seu cartaz: "Desempregado sim, parado nunca. 2 sacos de pipoca por R$2,00". No bairro Bom Fim, encontramos um casal que apelava para contribuições, escrevendo num cartaz: "Por favor, eu e minha mulher precisamos de ajuda. Deus abençoe". E assim continuamos a encontrar várias dessas formas de mobilização individualizada, que trabalham com os cartazes como formas de apelo à caridade, mantendo certa distância entre o solicitante e o possível doador, mas inscrevendo publicamente sua necessidade de auxílio numa gramática moral muito específica: do merecimento da ajuda em função da perda do trabalho durante a pandemia, da figura moral do provedor ou de uma gramática da dádiva divina, implicada como retribuição à doação.

Essas novas mobilizações nos fazem interrogar: o que a (re)introdução de gramáticas morais associadas ao sofrimento individual e à busca por caridade se refletirá na configuração dos engajamentos morais em torno da população em situação de rua, cujo ativismo reivindica uma inscrição coletiva do sofrimento e luta por direitos? Quais seus significados na produção dos sujeitos em situação de rua e nas práticas cotidianas de seu governo?

Interrogações finais

São perguntas para seguir pensando. Como um evento crítico que simultaneamente suscita mobilizações que trabalham *a partir* e *na relação* com as infraestruturas desiguais de vida das populações marginalizadas, a pandemia parece atualizar uma tensão moral estruturante desse campo de intervenção social, entre a individualização do sofrimento ou o seu relacionamento com as desigualdades das infraestruturas de vida das pessoas.

Neste artigo, trabalhando a partir dessa ambiguidade constitutiva entre individualização do sofrimento e visibilidade das desigualdades de vidas e mortes, chamamos a atenção para o fato de que a pandemia parece funcionar como um evento que simultaneamente acentua dinâmicas humanitárias marcadas pela urgência da ação em face aos "sofrimentos" individuais e renova ativismos cotidianos que acionam uma subjetividade política calcada na denúncia das desigualdades. Parece-nos importante seguir investigando, na medida em que, entre sofrimentos e desigualdades, ordinário e extraordinário, urgências e permanências, o ponto como único referencial e os espaços em branco da tela, tramas morais em torno do valor e da legitimidade das vidas das pessoas em situação de rua são constituídas e atualizadas.

REFERÊNCIAS

BAUMARD, Nicolas; SPERBER, Dan. La morale. *Terrain*, n. 48, p. 5-12, 2007.

BIANCHI, Daniela. *Da ação na rua*: (des)encontros e tensões no trabalho social com Pessoas em Situação de Rua no município de Porto Alegre. PPGAS/UFRGS, Porto Alegre, 2021 (no prelo).

BIEHL, João. Descolonizando a saúde planetária. *Horizontes Antropológicos*, v. 27, n. 59, p. 337-359, 2021. Disponível em: https://doi.org/10.1590/S0104-71832021000100017. Acesso em: 22 jul. 2021

BOLTANSKI, Luc. *Distant suffering: morality, media and politics*. Cambridge: Cambridge University Press, 1999.

BRASIL. *Nota Técnica n° 5/2020/CGRIS/DEPEDH/SNPG/MMFDH*. Orientações gerais sobre atendimento e acolhimento emergencial à população em situação de rua no contexto da pandemia do Covid-19. Brasília, DF: Secretaria Nacional de Proteção Global: Secretário Nacional dos Direitos da Criança e do Adolescente, 2020a. Disponível em: http://www.in.gov.br/en/web/dou/-/portaria-n-54-de-1-de-abril-de-2020-250849730. Acesso em: 12 ago. 2021.

CADUFF, Carlo. What Went Wrong: Corona and the World after the Full Stop. *Medical Anthropology Quarterly*, v. 0, n. 0, p. 1-21, 2020.

DAS, Veena. Facing Covid-19: My Land of Neither Hope nor Despair. *American Ethnological Society*, 1 maio 2020. Disponível em: https://americanethnologist.org/features/collections/covid-19-and-student-focused-concernsthreats-and-possibilities/facing-covid-19-my-land-of-neither-hope-nor-despair. Acesso em: 12 ago. 2021.

DORNELLES, Aline E.; OBST, Júlia e SILVA, Marta B (Orgs). A Rua em Movimento. Debates Acerca da População Adulta em Situação de Rua na Cidade de Porto Alegre. Belo Horizonte, Didática Editora do Brasil, 2012.

FARMER, Paul. *Haiti after the Earthquake*. New York: Public Affairs, 2012.

FASSIN, Didier. Another Politics of Life is Possible. *Theory, Culture and Society*, v. 26, n. 5, p. 44-60, 2009.

FASSIN, Didier. *La Raison Humanitaire*. Une histoire morale du temps présent. Paris: Seuil; Gallimard, 2010a.

FASSIN, Didier. Heart of Humaneness: the moral economy of Humanitarian Intervention. In: FASSIN, Didier; PANDOLFI, Mariela. *Contemporary States of Emergency*: The Politics of Military and Humanitarian Interventions. New York: Zone Books, 2010b. p. 269-293.

FASSIN, Didier. Introduction: towards a critical moral anthropology. In: FASSIN, Didier (ed.). *A companion to moral anthropology*. Oxford: Wiley-Blackwell, 2012. p. 1-17.

FASSIN, Didier. Quand le corps fait la loi. La raison humanitaire dans les procédures de régularisation des étrangers. *Sciences sociales et santé*, Toulouse, v. 19, n. 4, p. 5-33, 2001.

FASSIN, Didier. *La raison humanitaire*: une historie morale du temps présent. Paris: Seuil; Gallimard. 2010c.

FERNANDES, Adriana. Coronel vírus Chegou: notas etnográficas sobre a Covid-19 entre vulnerabilizados da cidade do Rio de Janeiro. *Sexualidad, Salud y Sociedad Revista Latino-americana*, n. 35, 2020. Disponível em: https://www.scielo.br/pdf/sess/n35/1984-6487-sess-35-7.pdf. Acesso em: 12 ago. 2021.

FERNANDES, Bruno; SCHUCH, Patrice. Enunciações, Intervenções e Tensões: a experiência do engajamento em coletivos vinculados à população em situação de rua em Porto Alegre/RS. *Novos Debates*, v. 2, n. 1, p. 38-44, 2015.

FURTADO, Calvin da Cas. *Políticas públicas e direitos humanos: o histórico de inserção da população em situação de rua no Disque Direitos Humanos*. Dissertação (Mestrado em Políticas Públicas) — Universidade Federal do Rio Grande do Sul, Porto Alegre, 2017.

FURTADO, Calvin da Cas. Mapeando silenciamentos: morte, biopoder e a gestão estatal de corpos de pessoas em situação de rua no município de Porto Alegre. Trabalho apresentado na 31ª Reunião Brasileira de Antropologia, Brasília, 2018.

JAENISCH, Samuel. Vozes de uma gente invisível: o jornal Boca de Rua como espaço de mediação. In: FLEISCHER, Soraya; SCHUCH, Patrice; FONSECA, Claudia. *Antropólogos em ação*: experimentos de pesquisas em direitos humanos. Porto Alegre: Editora da UFRGS, 2007. p. 121-131.

GABORIAU, Patrick. Sem domicílio em Paris, Moscou e Los Angeles, um etnólogo em três campos de pesquisa: tentativas de esclarecimento. *Antropolítica*, n. 29, 2011.

GUPTA, Akhil. Red Tape: bureaucracy, structural violence, and poverty in India. Durham: Duke University Press, 2012.

LEITÃO, Débora K; GOMES, Laura Graziela. Etnografia em ambientes digitais: perambulações, acompanhamentos e imersões. *Revista Antropolítica*, n. 42, p. 41-65, 2017.

MBEMBE, Achille, Nécropolitique. *Raisons politiques*, n. 21, fev. 2006.

MELO, Tomás. Memória, trauma e sofrimento: a construção de uma identidade militante no Movimento Nacional de População de Rua. In: *Anais da X Reunião de Antropologia do Mercosul*, Córdoba, 2013.

MENEZES, Paloma; MAGALHÃES, Alexandre; SILVA, Caíque Azael Ferreira da. Painéis comunitários: a disputa pela verdade da pandemia nas favelas cariocas. *Horizontes Antropológicos*, v. 27, n. 59, p. 109-128, jan./abr. 2021.

SARMENTO, Caroline Silveira. *Por que não podemos ser mães?*: tecnologias de governo, maternidade e mulheres com trajetória de rua. Dissertação (Mestrado em Antropologia Social) — Universidade Federal do Rio Grande do Sul, Porto Alegre, 2020.

SCHUCH, Patrice. A legibilidade como gestão e inscrição política de populações: notas etnográficas sobre a política para pessoas em situação de rua no Brasil. In: FONSECA, Claudia; MACHADO, Helena (org.). *Ciência, identificação e tecnologias de governo*. Porto Alegre: Editora da UFRGS/CEGOV, 2015.

SCHUCH, Patrice et al. População adulta em situação de rua em Porto Alegre: especificidades socioantropológicas. In: GEHLEN, Ivaldo; SILVA, Marta B; SANTOS, Simone R. (org.). *Diversidade e Proteção Social*: estudos quanti-qualitaivos das populações de Porto Alegre. Porto Alegre: Centhury, 2008. p. 31-70.

SCHUCH, Patrice et al. População adulta em situação de rua em Porto Alegre: uma síntese. In: SCHUCH, Patrice; GEHLEN, Ivaldo; SANTOS, Simone Ritta dos (org.). *População de Rua*: políticas públicas, práticas e vivências. Porto Alegre: Cirkula, 2017. p. 77-90.

SCHUCH, Patrice; FURTADO, Calvin; SARMENTO, Caroline. Covid-19 e a população em situação de rua: da saúde à segurança pública? *Jornal Sul 21*, 30 mar. 2020a. Disponível em: https://www.sul21.com.br/opiniaopublica/2020/03/covid-19-e-a-populacao-em-situacao-de--rua-da-saude-a-seguranca-publica-por-patrice-schuch-calvin-da--cas-furtado-e-caroline-silveira-sarmento/. Acesso em: 22 jul. 2021.

SCHUCH, Patrice; FURTADO, Calvin; SARMENTO, Caroline. População de rua, coronavírus e necropolítica. *Jornal da Universidade*, UFRGS, 2 abr. 2020b. Disponível em: https://www.ufrgs.br/jornal/author/patrice--schuch-calvil-furtado-caroline-sarmento/. Acesso em: 22 jul. 2021.

SCHUCH, Patrice; FURTADO, Calvin; SARMENTO, Caroline. População de rua, sofrimentos e desigualdades: exclusões e resistências face à Covid-19. *Revista Avá*, 2021 (no prelo).

SCHUCH, Patrice; VÍCTORA, Ceres; SIQUEIRA, Monalisa Dias de. Cuidado e controle na gestão da velhice. *Dilemas*, Rio de Janeiro, Reflexões na Pandemia, p. 1-14, 2020. Disponível em: https://www.reflexpandemia.org/texto-91. Acesso em: 22 jul. 2021.

SEGATA, Jean. Covid-19, biossegurança e antropologia. *Horizontes Antropológicos*, v. 26, n. 57, p. 275-313, ago. 2020.

SEGATA, Jean et al. A Covid-19 e suas múltiplas pandemias. *Horizontes Antropológicos*, v. 27, n. 59, p. 7-25, 2021. Disponível em: https://doi.org/10.1590/S0104-71832021000100001. Acesso em: 22 jul. 2021

SILVA, Tiago Lemões da. População em situação de rua e a linguagem dos direitos: reflexões sobre um campo de disputas políticas, definições de sentidos e práticas de intervenção. In: *Anais da 29ª Reunião Brasileira de Antropologia*, Natal, 2014.

SILVA, Tiago Lemões da. *De vidas infames à máquina de guerra*: etnografia de uma luta por direitos. Tese (Doutorado em Antropologia Social) — Universidade Federal do Rio Grande do Sul, Porto Alegre, 2017.

WAGNER, Alfredo; ACEVEDO, Rosa; ALEIXO, Eriki (org.). *Pandemia e Território*. São Luis: UEMA Edições, 2020.

PARTE 4

O MORAL E O INSTITUCIONAL

De direitos, vítimas e humanos: moralidades e categorias em disputa em torno da "violência de Estado"

LUCÍA EILBAUM

Introdução

De forma geral, esse texto buscar articular duas áreas a partir das quais venho desenvolvendo reflexões que, de uma perspectiva etnográfica, tem contribuído para a compreensão dos processos de configuração do Estado, das formas e lógicas de atuação das burocracias que o integram e das demandas por direitos e reconhecimento diante de violações, em especial aquelas cuja responsabilização se dirige ao Estado e/ou seus agentes. Essa articulação nasce da interseção entre o campo da Antropologia do Direito e do Estado, que me ocupa desde o início da minha formação como antropóloga e do interesse crescente pela Antropologia das Moralidades.

De forma mais específica, neste artigo, busco analisar, a partir de um caso específico — a "chacina do Jacarezinho"[1] — as disputas de sentidos em torno da categoria de vítima e dos direitos a ela atrelados. Essas disputas

[1] O trabalho a partir de "casos" não é só uma opção metodológica (Gluckman, 1975, 1987; Van Velsen, 1987), mas é uma opção feita no entendimento de que é *através* dos casos que se definem as formas de sua administração, pois as agências de Segurança Pública e da Justiça Criminal moldam suas práticas e referências de trabalho a partir dos casos que tratam ou trataram e as histórias e moralidades que evocam.

serão analisadas aqui a partir do discurso corporativo suscitado pela ação dos agentes de Estado envolvidos no evento. Em especial, a partir do confronto entre posições apresentadas por esse discurso como antagônicas. Busco demonstrar, assim, como a forma agonística do debate ao tempo que legitima certas pessoas como "vítimas", exclui e nega essa condição e os direitos a ela vinculados para outras.

Com esses objetivos, no primeiro apartado do texto, explicito brevemente a articulação entre meu interesse pela Antropologia do Direito e do Estado com uma Antropologia das Moralidades. Nos apartados seguintes, após apresentar o caso, descrevo o discurso corporativo em análise e a discussão dela derivada sobre as noções de vítima, direitos e humanos.

Antropologias: direito, Estado e moralidades

Não é o objetivo aqui apresentar um estado da arte sobre esses campos, mas apontar como a interseção dessas perspectivas tem contribuído para uma melhor compreensão dos fenômenos analisados, em especial no campo da administração judicial de conflitos (Eilbaum, 2008, 2012a). Como Baudouin Dupret tem chamado a atenção, "toda ação judicial é também uma ação moral" (2006, p. 78), tanto porque a atividade de julgar transforma questões morais em objetos de direito como porque o domínio da moralidade informa constantemente o direito e serve de base ao estabelecimento de um julgamento da normalidade (2006, p. 438)[2]. É nessa linha que, como ficará mais explícito a seguir, tenho abordado a dimensão moral no direito (e na ação do Estado de forma geral), procurando entender como, a partir do seu exercício são fixados, ou não,

---

[2] Na sua etnografia sobre o "direito, a moral e a justiça" no Egito, Dupret afirma que o objetivo de sua etnografia é observar e descrever: 1) a dimensão moral da atividade judiciária, no sentido de profissionais e profanos estarem engajados social e culturalmente na ação de produção de saber, e 2) o tratamento judicial de questões de moral, ao analisar, principalmente, casos judiciais relativos a questões sexuais (2006, p. 7).

sentidos morais que se tornam coercitivos e, por vezes, legítimos, provocando, por sua vez, a exclusão e a ilegitimidade de outros.

Nesse sentido, a Antropologia das Moralidades tem se mostrado um campo profícuo para o entendimento das formas políticas e jurídicas a partir das quais o Estado, suas agências e agentes produzem, legitimam, impugnam, incluem e excluem certos valores morais e interesses por meio de suas interações com diversos grupos sociais. Desse modo, a análise não toma os valores morais como um objeto de estudo *per se* nem acredita ser possível identificar uma moral imperante e homogênea nas esferas estudadas, mas busca entender como a atenção e análise da configuração e mobilização de certas moralidades — entendidas como a interseção entre valores morais e interesses — permitem compreender as racionalidades que orientam as decisões no fazer burocrático, em especial o judicial.

Nessa linha, tenho enfatizado o carácter contextual, situacional e relacional das moralidades. A escolha do termo no plural seguiu inicialmente a proposta de Signe Howell (1997), que abre a noção para a pluralidade como pré-requisito para a comparação antropológica e como ponte entre os valores, discursos e práticas. Como destaca Howell, trata-se de uma "relação dinâmica, na qual os valores estão mudando permanentemente e se adaptando às práticas e decisões concretas, enquanto ao mesmo tempo os valores continuam informando e formando práticas e decisões" (1997, p. 3-4).

Dessa forma, é possível superar as perspectivas abstratas ou metafísicas da moral ou da moralidade, bem como as visões normativas, tão comuns tanto no direito quanto em uma visão moralizante da vida social. Essas perspectivas acabam reduzindo os valores morais a um *dever ser* nem sempre, ou quase nunca, compatível com as práticas e, em especial, com as constantes contradições e disputas presentes nas interações sociais, que, como buscarei demonstrar, são centrais na compreensão das moralidades mobilizadas e dos sentidos outorgados a certas categorias nos processos de construção do Estado, nos casos que me interessa analisar.

Além da coletânea organizada por Signe Howell (1997), uma das precursoras entre os trabalhos antropológicos contemporâneos sobre as moralidades, minha abordagem nessa linha também foi inicialmente inspirada no trabalho do antropólogo argentino Fernando Balbi (2007). Apesar de compartilhar (ou simpatizar) com a proposta do livro organizado por Howell, Balbi não trabalha com a noção de moralidades, mas de valores morais[3]. Após um minucioso percorrido por autores clássicos da Antropologia em relação a problemas teóricos e metodológicos envolvidos na análise antropológica dos valores morais[4], Balbi os define como "conceitos dotados de um conteúdo moral e de uma carga emotiva que as pessoas internalizam no curso de sua experiência social" (2007, p. 83) e a partir dos quais "experimentam — cognitiva e emocionalmente — a realidade, isto é, a apreendem e, portanto, a constituem" (2007, p. 77). Nesse sentido, Balbi ressalta a importância da análise etnográfica dos valores morais em, pelo menos, dois sentidos: o carácter contingente dos valores morais, atrelados a determinados contextos historicamente dados, "instituições, tramas de relações sociais e processos sociais específicos" (2007, p. 68), e a necessidade de levar à sério as afirmações, motivações e justificativas dos atores sociais sobre suas próprias ações (2007, p. 67).

Essas leituras iniciais, na época da minha tese de doutorado, defendida em 2010, contribuíram para dar forma a uma inquietação derivada diretamente do meu trabalho de campo sobre como diversos agentes conduziam investigações criminais e orientavam suas decisões no âmbito dos

---

3 O trabalho do Balbi, resultado de sua tese de doutorado apresentada no PPGAS/MN/UFRJ, apresenta uma análise etnográfica do valor moral "lealdade" entre as pessoas que se identificam, na Argentina, como "peronistas".

4 A partir de Durkheim, Balbi identifica duas linhas extremas para se pensar a análise dos "valores morais": 1) aquela que tende a vê-los como variáveis independentes do comportamento, seja como sistemas abstratos e culturais que existem *per se*, seja como emanações mais ou menos mecânicas da sociedade, da estrutura social ou do sistema social (2007, p. 62), com autores como Radcliffe-Brown; Evans-Pritchard; Malinowski; Gluckman; Turner e a antropologia cultural norte-americana; e, no extremo oposto, 2) aquela que despoja os valores e a moral de seu peso específico, tratando-os como "ideologia" ("falsa consciência") (2007, p. 65), "meras aparências, epifenômenos de outras realidades, ou reflexos deformados de outros fatos" (2007, p. 70), com autores como Leach e Worsley, Bailey e, mais recentemente, Herzfeld (2007, p. 62-67).

processos judiciais sob sua responsabilidade (Eilbaum, 2012a). Após meses de convivência com os integrantes de uma promotoria criminal, conseguia perceber como os modos variados de condução dos casos se relacionavam com suas histórias e perspectivas de vida, trajetórias e linhagens profissionais, e ainda com a carga emocional que cada caso suscitava nos próprios agentes. Isso não eximia de modo algum a observância das regras e normas de procedimento que regulam o trabalho judicial — dimensão que chamei de *forma* —, mas essa *forma*, como já apontei em outros trabalhos (Eilbaum, 2012b; 2016), era regulada e/ou manuseada, de acordo com o conteúdo moral e emotivo — o que chamei de *fundo* —, que as histórias investigadas e administradas faziam ecoar em quem as conduzia no âmbito judicial.

Nessa linha, entendi que a análise da dimensão moral envolvida nos processos judiciais era fundamental, mas que essa moral não poderia ser derivada de uma estrutura abstrata, normativa e homogênea, mas que devia ser abordada como produto do que chamei, inspirada novamente em Balbi, de "moralidades situacionais" (2012a, p. 32). Com isso quis enfatizar o carácter contextual, relacional e situacional das moralidades, dirigindo a atenção e a reflexão aos espaços de interação entre diversos atores sociais que se posicionam em contextos de desigualdade, não apenas em relação ao processo judicial, mas à credibilidade e legitimidade das moralidades mobilizadas em torno dele.

A partir dessa perspectiva, foi possível dar conta de uma diversidade de decisões e formas de trabalho que nunca poderiam se reduzir nem aos códigos de procedimento, nem a princípios morais abstratos, e que, de fato, apresentam evidentes desigualdades nas formas de tratamento de casos formalmente semelhantes (Kant de Lima, Pires, Eilbaum, 2008).

Alguns anos depois, instigada pela crescente recorrência, em mesas redondas, grupos de trabalho e outras atividades acadêmicas no campo da antropologia e da sociologia, do termo moral e noções derivadas, recorri a outras abordagens e discussões que colocavam sob questão a própria escolha epistemológica de termos como moral ou ética (Oliveira, 1996; Oliveira, 2012; Laidlaw, 2014), moralidades (Howell, 1997; Zigon, 2008; Heintz, 2009), economias morais (Fassin, 2019), regimes, repertórios ou gramáticas morais (Honneth, 2003; Boltanski; Thevenot, 1991; Noel, 2011;

Werneck, 2013), entre outros. Aliada a essas discussões, a própria denominação do campo como uma Antropologia da Moral, das Moralidades, ou Moral tornou-se também tema dos debates nesse campo (Fassin, 2012; Schuch, 2014).

Se bem o termo moralidades continuou fazendo parte das minhas escolhas, a discussão proposta por Didier Fassin em torno de uma Antropologia Moral no sentido de contemplar a reflexão sobre o engajamento moral do(a) antropólogo(a) apontou questões significativas para a discussão dos temas por mim pesquisados[5]. Fassin ressalta a relevância, em especial nas Ciências Sociais, de descrever e refletir sobre as implicações morais do próprio pesquisador, pois:

> Nós não somos agentes neutros quando lidamos com problemas sociais. Quer reconheçamos ou não, há sempre uma forma de posicionamento moral nos objetos que escolhemos, o lugar que ocupamos no campo, a forma como interpretamos os fatos, a forma de escrita que elaboramos. Nossas investigações sobre Walmart ou Wall Street, nosso enquadramento na antropologia cultural ou na biologia evolutiva, nossa escolha por se dirigir à academia ou a públicos mais amplos envolve compromissos morais, que vão muito além de suas apresentações formais como prescrições deontológicas verificadas por comitês institucionais. Conhecer e trabalhar sobre esses compromissos é, portanto, uma necessidade epistemológica. De fato, a postura reflexiva que defendo deve incluir um questionamento mais amplo do nosso recente interesse por questões morais. Há duas ou três décadas, antropólogos não trabalhavam com violência e sofrimento, trauma e luto, prisões e campos, vítimas de guerras e desastres, humanitarismo e direitos humanos. Essas realidades existiam, mas recebiam pouca atenção da nossa disciplina. Outros objetos, como parentesco ou mitos,

---

[5] Segundo Fassin, considerar a "moralidade como objeto da antropologia pode levar a negligenciar o antropólogo como sujeito. A antropologia moral abrange o delicado tema da implicação moral do cientista social: é reflexivo tanto quanto descritivo" (2012, p. 5). Do meu ponto de vista, optar pela denominação de uma Antropologia das Moralidades não exclui essa reflexão, pelo contrário, abre a pluralidade de sentidos e posicionamentos também para se questionar não apenas o lugar que o(a) antropólogo(a) assume, mas que lhe é atribuído.

> feitiçaria ou rituais, campesinato ou desenvolvimento, eram vistos como mais relevantes para a compreensão das sociedades humanas. Esta transformação do nosso olhar e do nosso léxico tem sido acompanhada pelo desenvolvimento de um posicionamento frequentemente mais engajado. Uma mudança tão notável levanta a questão de por que ignorávamos ou éramos indiferentes às tragédias do mundo e, simetricamente, por que nos tornamos tão apaixonadamente envolvidos nelas. Também suscita uma interrogação sobre o que se ganhou e o que se perdeu nesta profunda mudança, ou, de outra forma, sobre como nossa apreensão da condição humana foi reconfigurada. A virada moral da antropologia é, portanto, um objeto de reflexão *per se* para uma antropologia moral (2012, p. 6).

Não busco dar respostas à questão levantada por Fassin, não pelo menos neste artigo[6], mas chamo a atenção, por um lado, sobre a necessidade de refletir sobre o posicionamento moral que nos instiga para a abordagem de certos problemas sociais e sociológicos e dos lugares decorrentes dele que, de formas mais ou menos explícitas, assumimos ao longo das nossas etnografias. Destaco também a importância dessa posição se constituir como objeto central das reflexões da análise etnográfica das moralidades, e não apenas como um apêndice metodológico, pois as posições que assumimos e aquelas que nos são atribuídas/impostas por nossos interlocutores definem não só as informações às quais temos, ou não, acesso, mas também os compromissos que estabelecemos e as perspectivas a partir das quais observamos certos fenômenos sociais. Isso não quer dizer que a etnografia resultante dessas experiências morais não tenha valor do ponto de vista das suas análises e/ou do seu carácter científico.

---

6 Considero particularmente instigante refletir sobre o que Fassin está chamando de "virada moral" da Antropologia, pelo menos no nosso contexto nacional acadêmico de formação e produção. Quais são os temas, debates, bibliografias e, especialmente, perfis dos estudantes e pesquisadores nos últimos anos? Quais são as expectativas, motivações e engajamentos adotados pelas gerações mais recentes, em termos não apenas socioeconômicos, mas das formas de exercer e praticar antropologia? Qual as implicações e características dessa "virada moral" no contexto brasileiro dos últimos anos?

A questão "não é se devemos ou não tomar partido, já que inevitavelmente o faremos, mas sim de que lado estamos" e como explicitamos esse "lado", em especial quando estamos em contextos de desigualdade e de "hierarquia de credibilidade" em relação aos grupos com os quais estudamos (Becker, 1977, p. 122). Nesses contextos, entendo a importância de situar social, moral e eticamente a Antropologia que fazemos, dando conta das disputas, tensões, valores morais e interesses que atravessam não só a nossos interlocutores nas suas lutas diárias, mas a nós mesmos quando nos vemos situados no campo.

Esse ponto, que evidentemente poderia ser muito mais desenvolvido inclusive do ponto de vista da ética em Antropologia[7], me interessa aqui porque buscarei dar conta de um contexto não apenas de desigualdade e disputas pela credibilidade das versões em jogo, mas do que venho chamando do carácter antagônico e excludente das moralidades em questão.

Buscando, então, condensar as linhas e inspirações de análise aqui brevemente colocadas, acredito que a articulação desse meu interesse inicial pela Antropologia do Direito e do Estado com uma Antropologia das Moralidades tem se sustentado na abordagem etnográfica de categorias centrais para o meu campo de pesquisa. Com essa perspectiva centrada nos significados locais que elas adquirem em contextos sociais e políticos situacionalmente produzidos, tenho abordado a dimensão moral dos processos burocráticos e políticos em torno do campo de debates sobre a "violência de Estado" e os "direitos humanos", tomadas elas mesmas como categorias etnográficas que condensam, mobilizam e produzem moralidades específicas, a partir da interação de diversos atores sociais em relações de disputa política e embate moral.

Nessa linha, neste artigo me interessa ressaltar como a abordagem etnográfica das moralidades permitiu dar conta do carácter antagônico de moralidades que se estabelecem não apenas situacional e relacionalmente,

---

7 Se, como aponta Patrice Schuch, a proposta do Fassin de uma "antropologia moral deve enfrentar reflexivamente as próprias implicações morais de sua existência como um projeto imanente a sua própria configuração, [...] o estudo da moral também é, portanto, uma reflexão sobre a própria antropologia e seus limites e desafios" (2014, p. 28).

como venho trabalhando; mas sobretudo pelo confronto e, especificamente, por meio da exclusão, da repressão e do aniquilamento de certos valores por outros. Ressalto, assim, o carácter não consensual e, ainda mais, contraditório de cenários onde o que está em disputa, pela legitimação ou impugnação de certas moralidades, é o alcance do reconhecimento de direitos e de certos indivíduos como pessoas.

A chacina em disputa

No dia 6 de maio de 2021, uma equipe de 250 policiais, quatro blindados e dois helicópteros da Polícia Civil do Rio de Janeiro (PCERJ) deflagraram, na comunidade do Jacarezinho, na Zona Norte do Rio, a autodenominada *Operação Exceptis*. A operação resultou na maior chacina por parte do Estado registrada na cidade do Rio de Janeiro e umas das maiores do estado. Durante a ação policial, 29 pessoas foram mortas. A motivação formal enunciada pela instituição e divulgada pela mídia para a realização da operação foi uma investigação sobre o aliciamento de crianças e adolescentes pelo chamado "crime organizado". No entanto, tal justificativa não foi constatada posteriormente no inquérito policial nem na denúncia do Ministério Público. O nome da operação também não faz referência a essa frente de ação.

A Operação aconteceu na vigência da Ação de Descumprimento de Preceito Fundamental (ADPF) nº 635[8], pela qual o Supremo Tribunal Federal (STF) restringiu, durante a pandemia Covid-19, a realização de

8 A ADPF 635 foi ajuizada pelo Partido Socialista Brasileiro (PSB) com a pretensão de que fossem reconhecidas e sanadas graves lesões a preceitos fundamentais constitucionais, decorrentes da política de segurança pública do estado do Rio de Janeiro marcada pela "*excessiva e crescente letalidade da atuação policial*". A ADPF 635, também conhecida como "ADPF das favelas", foi resultado da ação de diversos movimentos sociais, em especial daqueles integrados por familiares de vítimas de violência de Estado, de organismos de direitos humanos e pesquisadores da área. Disponível em: http://www.mprj.mp.br/adpf-635#. Acesso em: 21 jul. 2021.

operações policiais no estado do Rio de Janeiro à *exceção* de casos *excepcionais*. Segundo a decisão do STF, toda a operação teria que ser devida e oportunamente informada e justificada diante do Ministério Público, previamente a sua realização. A *Operação Exceptis* aconteceu exatamente dezessete dias depois do segundo dia da audiência convocada pelo ministro relator do STF para ouvir as partes sobre a pauta a ser julgada, com ampla e inédita participação nessa instância judicial de movimentos sociais e familiares de vítimas da letalidade policial[9].

Naquele dia, imediatamente após o acontecido, a ação policial foi amplamente divulgada pela mídia como "a chacina do Jacarezinho". Diversas instituições acadêmicas, de direitos humanos e coletivos sociais se manifestaram e se mobilizaram em denúncia do acontecido, apontando as evidências contundentes que o episódio trouxe para a verificação de uma política repressiva e militarizada de segurança pública e de genocídio da população pobre, preta e periférica que vige no estado do Rio de Janeiro historicamente.

Neste artigo, não busco me debruçar sobre essa análise, mas tomarei alguns desdobramentos da repercussão do caso[10] para discutir as disputas de sentidos e de direitos construídas em torno das pessoas envolvidas no evento. Proponho que se trata de disputas morais e políticas sobre os sentidos da configuração de certos atores como "vítimas" e a consequente exclusão de outros dessa categoria. Nesse sentido, tomo "vítima" como uma categoria nativa cuja atribuição, ou não, é resultado de um processo "social plural, heterogêneo e conflituoso" de produção da vítima (Zenobi; Marentes, 2020, p. 84). Ou seja, a condição de vítima não é uma atribuição dada pela natureza de um evento, pela participação ou sequer

9 As audiências foram realizadas de modo remoto nos dias 16 e 19 de abril de 2021. Disponível em: www.youtube.com/watch?v=rf3x9u6QQ5Y. Acesso em: 21 jul. 2021.

10 Tomo a categoria "repercussão" no sentido proposto por mim e Flavia Medeiros (2017) para pensar na ressonância e nos efeitos de um certo caso em esferas públicas e políticas distintas, e não apenas na mídia.

dano causado, mas é produto de um trabalho de classificação acionado por dispositivos, saberes e moralidades diversas[11].

Meu argumento é que a disputa de sentidos em torno da noção de vítima resulta em uma outra forma de violência de Estado que deslegitima a reivindicação de direitos e nega o acesso ao direito ao luto, à memória e à vida de certos grupos em detrimento de outros por meio da construção de uma lógica antagônica no debate. Em definitiva, trata-se de pensar sobre os sentidos e alcances do reconhecimento da humanidade de certos grupos em relação a outros ou, como já colocaram Fonseca e Cardarello (1999), dos mais ou menos humanos.

Nesse contexto, é importante mencionar que as reflexões aqui expostas se inserem em um projeto mais amplo, intitulado "De vidas e mortes: etnografias sobre moralidades, justiça e direitos humanos"[12], que propõe a realização de pesquisa empírica acompanhando casos de mortes violentas que envolvam agentes de segurança pública, seja como réus (pesquisa que desenvolvemos há mais tempo), seja também como vítimas. A partir dele, buscamos refletir sobre as formas de classificação dessas mortes e sobre os discursos políticos e morais a elas associados. É no âmbito desse projeto que a equipe de pesquisa vem sistematizando e acompanhando casos de mortes violentas de policiais.

A chacina do Jacarezinho chamou a atenção do projeto também nesse sentido porque entre os 29 mortos na Operação, 28 eram civis e um era

---

11 Essa afirmação está na linha do que Yannick Barthe tem chamado de um "processo de vitimização", por meio do qual certas pessoas se definem como vítimas ao mesmo tempo que são definidas ou impugnadas como tais por outras (Barthe, 2017).

12 O projeto encontra-se associado ao subprojeto "Moralidades, conflitos e justiça" que coordeno no âmbito do INCT-InEAC e ainda ao projeto aprovado no âmbito da Bolsa de Pesquisa Jovem Cientista do Nosso Estado/FAPERJ e à bolsa de produtividade do CNPq. O projeto mencionado é desenvolvido no âmbito do Grupo de Estudos e Pesquisa em Antropologia do Direito e das Moralidades (GEPADIM) que coordeno, na UFF, junto com Flavia Medeiros, atualmente professora da UFSC. Do projeto participam pesquisadores do GEPADIM, e as reflexões aqui colocadas são tributárias da pesquisa e de discussões produzidas no âmbito do grupo, a quem desde já agradeço.

policial integrante da ação. Essa distinção foi objeto de muitas manifestações públicas sobre o acontecido. Assim, o caso condensava, nas mesmas circunstâncias, as duas figuras dos agentes do Estado que estávamos trabalhando: como perpetradores e como vítimas[13], mas, como apontei acima, nenhuma das duas figuras estava *dada*, mas foi produto de processos classificatórios moral e politicamente definidos.

O discurso corporativo

Nesse contexto de análise, neste artigo, tomo relatos da chacina do Jacarezinho a partir da perspectiva de um discurso corporativo ligado ao que poderíamos chamar de uma certa versão policial do evento (Pita, 2010). Tomo esse discurso no sentido de analisar, de forma contrastiva, como a morte de um agente público foi apresentada, desse ponto de vista, em contraste e exclusão de legitimidade em relação às outras mortes produzidas. Com isso, argumento, negou-se a certas mortes o carácter de vítimas e o direito ao luto e contestou-se o direito à memória, como buscarei trazer no final do artigo.

No artigo "El relato del caído en cumplimiento del deber: cuando la falla se vuelve gloria", a antropóloga argentina Mariana Sirimarco (2017) propõe que a figura do herói morto em cumprimento do dever é um discurso institucional (no caso por ela analisado, da Policia Federal Argentina) que privilegia certos valores e identidades institucionais em detrimento de silenciar outras explicações possíveis, e se constitui, assim, enquanto instância de intervenção simbólica sobre o espaço político e

---

[13] Evidentemente não é um caso único em excepcional nesse sentido e, sobretudo, também não seria esse o motivo para seu estudo, pelo contrário, o que nos interessa é o caso como explicitação de lógicas presentes em situações diversas. Ao mesmo tempo, não é excepcional porque o envolvimento das duas figuras tem aparecido recorrentemente, em especial, nas chamadas "operações vingança", que reforçam meu argumento sobre o carácter antagônico do debate.

social (2017, p. 49). Para essa análise, Sirimarco explora relatos de mortes de policiais demonstrando como a morte particular e individual importa menos que a retórica com a qual é investida. Uma retórica que enuncia valores centrais do trabalho policial que se busca prestigiar: a abnegação, a coragem, a oferenda, a dor e o sofrimento (2017, p. 58). São valores não referidos às histórias individuais, mas à morte abstrata e coletiva de todo policial enquanto tal (2017, p. 56).

Aprofundando essa linha, proponho pensar como, no evento analisado, é possível analisar como a polícia do Rio de Janeiro, mais do que um discurso institucional, mobiliza um discurso corporativo. Esse discurso se expressa tanto nas manifestações das autoridades institucionais quanto em outros porta-vozes que defendem, apoiam e enaltecem à corporação. Assim, entendo que o relato corporativo produzido reforça uma dimensão institucional construída em torno das mortes produzidas no Jacarezinho e se constitui como uma instância de intervenção estatal não apenas simbólica, mas que dá continuidade a formas de violência de Estado que atingem, lembrando Luís Roberto Cardoso de Oliveira (2002), a substância moral de certas pessoas e grupos sociais — esse caso, as outras pessoas que foram assassinadas e a população negra moradora de favelas e periferias, de forma mais geral.

Imediatamente ao acontecido, a Secretaria da PCRJ se manifestou por meio do seu perfil institucional em rede social:

> A secretaria de polícia civil comunica, em luto, a morte do inspetor André Leonardo de Mello Frias no exercício da missão, protegendo a sociedade do crime organizado. #LUTO
>
> Com extremo pesar, a Secretaria de Polícia Civil informa o falecimento do inspetor de polícia André Leonardo de Mello Frias [nome completo novamente], nesta quinta-feira (06/05) durante operação de combate ao crime organizado na comunidade do Jacarezinho, Zona Norte do Rio. A ação foi baseada em informações concretas de inteligência e investigação. Na ocasião, os criminosos reagiram fortemente. Não apenas para fugir, mas com o objetivo de matar. Infelizmente o cenário de guerra imposto por essas quadrilhas comprova a importância das operações para que organizações

criminosas não se fortaleçam. A Sepol se solidariza com amigos e familiares, e sente muito a dor pela morte do inspetor que teve uma trajetória ilibada na instituição, sendo admirado e respeitado por todos. Ele honrou a profissão que amava e deixará saudade. Mas também deixa o sentimento de que o trabalho não pode parar. A Secretaria lamenta, ainda, pelas vítimas inocentes atingidas no metrô. Segundo informações, felizmente elas não têm risco de morte. Sempre que as informações de inteligência apontarem locais de paióis e de esconderijo de lideranças criminosas, a Polícia Civil estará presente para cumprir a missão de proteger a sociedade[14].

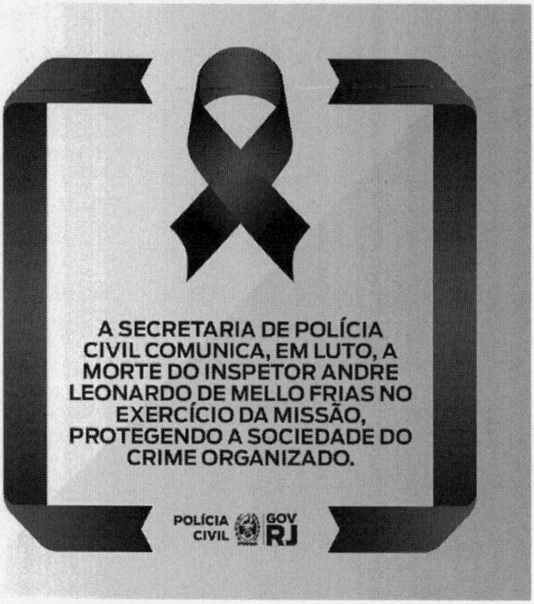

[14] Disponível em: https://www.facebook.com/pcivilrj/posts/3944621752271658/. Acesso em: 20 set. 2021

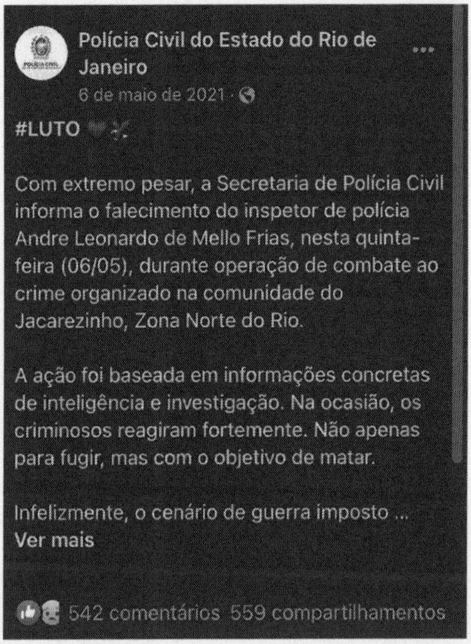

Por sua parte, uma jornalista reconhecida como apoiadora e próxima do meio policial, publicou sua narrativa. Também manifestou o pesar pela morte do inspetor, mas diferentemente da Sepol que nem fez menção às 28 pessoas assassinadas, ela mencionou essas mortes. Contudo, não como vítimas nem com sentimento de pesar, mas destacando os eventuais antecedentes criminais de algumas delas. Essa foi a chave que habilitou o confronto entre a morte do policial e as outras, negando a qualidade de vítimas a estas últimas:

> Cadê toda essa fúria nas 26 vezes em que profissionais de Segurança Pública foram mortos somente esse ano? [...] Bandidos com 6 fuzis, 16 pistolas e 16 granadas — fora os que conseguiram fugir — sendo tratados como pessoas de bem. Poupem-me! Continuem invertendo valores e nos afundaremos ainda mais em um caos maior que esse em que já estamos[15].

---

15 Disponível em: https://mobile.twitter.com/robertatrindade/status/1390445691680526341. Acesso em: 20 set. 2021.

Roberta Trindade @robertatrindade · 6 de mai

Quem não reagiu à prisão preferindo atirar contra os policiais está vivo. E preso.

Se morreu é porque preferiu trocar tiros.

O nome disso não é chacina, genocídio, nem nada diferente de AUTO DE RESISTÊNCIA.

Parem de tentar forçar a barra, parem de vitimizar criminosos.

1 5 22

Roberta Trindade @robertatrindade · 6 de mai

Cadê toda essa revolta nas centenas de ataques contra bases de UPPs?

Cadê toda essa fúria nas 26 vezes em que profissionais de Segurança Pública foram mortos somente esse ano?

1 1 9

A essa representação, somou-se a narrativa do heroísmo, que se tornou recorrente na construção moral de policiais enquanto vítimas. No caso, a jornalista ressaltou, ao postar um vídeo mostrando policiais da CORE contando uma história para distrair crianças durante a operação, que:

> Não são os policiais que são os homens "bobos, feios e maus" da história. Esses sim são os verdadeiros heróis. De carne e osso. Exemplos! @core_oficial #ValorizeQuemTeProtege

Por sua vez, em um outro espectro, parte das notas emitidas em denúncia à chacina pautavam a morte de 25 pessoas [número inicialmente informado] e um policial civil, distinguindo a qualidade de agente público desse último e o separando das outras mortes produzidas.

A confrontação de agentes públicos como autores e como vítimas de homicídios vem sendo apontada há algum tempo por setores bastante diversos e condensa-se em uma frase quase transformada em um bordão em manchetes de jornais, mas também em falas políticas: *A polícia do Rio é a polícia que mais mata e a polícia que mais morre*.

A recorrência dessa frase no campo no qual já vínhamos nos debruçando sobre os casos de violência de Estado deu origem à incorporação nas nossas análises dessa outra linha do projeto que trago como objeto de discussão neste artigo. Parecia-nos que aquela frase e a consequente tematização do tema das mortes de policiais tinha virado um discurso político comum, mas enunciado de formas distintas. De um lado, quando enunciada por políticos e autoridades identificadas com "os direitos humanos", a frase era mobilizada como defesa diante da acusação de que tais setores não se pronunciam em casos de mortes de policiais e só "defendem bandidos". De outro lado, a frase era enunciada como acusação não apenas da vitimização policial, mas do suposto não questionamento social, midiático e institucional com tais mortes.

Diante desse quadro de acusações e defesas em relação às mortes de policiais no Rio de Janeiro, interessou-nos identificar qualitativamente *como* a polícia morre e quais são as características e efeitos desse discurso no que se refere ao reconhecimento de direitos. Não vou me expandir aqui sobre isso, mas cabe mencionar que os policiais morrem na sua ampla maioria na folga e não em situações de suposto confronto ou exercício das funções. Ou seja, não necessariamente (ou majoritariamente) morrem quando matam, mas em outras circunstâncias.

Contudo, o que ficou claro é que a recorrência do discurso sobre a vitimização policial se apresenta como contraface e reação da letalidade policial. Essa dinâmica mostra, a meu ver, a bifurcação da questão da violência de Estado em duas discussões que se contrapõem e superpõem em discursos que têm os agentes de Estado ora como acusados, ora como vítimas. Assim, para pensar os efeitos desse discurso, gostaria de pautar algumas questões a partir das narrativas apresentadas acima pelo discurso corporativo acionado após a chacina do Jacarezinho.

Em primeiro lugar, retomando a discussão apresentada por Sirimarco (2017), reforço a ideia de se tratar, no caso aqui analisado, de um discurso corporativo e não, ou não apenas, institucional. Isso porque, a meu ver, tem sido acionada uma narrativa que defende a ação e os valores da polícia enquanto um corpo homogêneo em reação a outras alteridades e, em alguns casos, até à lei. Essas alteridades podem ser tanto outras instituições, como o Ministério Público e a Polícia Militar, como também aqueles grupos identificados como "direitos humanos". É nesse movimento de oposição a um "outro" que o corpo do policial morto durante a chacina do Jacarezinho foi acionado, defendido e reivindicado, menos a partir de canais institucionais, como os identificados por Sirimarco (2017) na sua pesquisa (revistas, livros e memórias da instituição), e mais a partir das redes sociais pessoais das autoridades, ou de porta-vozes da corporação, como a jornalista citada.

Da mesma forma, o discurso corporativo configurou-se a partir de um evento significativo logo após a chacina, que foi a rápida organização de uma coletiva de imprensa. A coletiva reuniu cinco delegados da Polícia Civil, três com uniformes operacionais pretos e dois com camisa social, todos homens, que apresentaram um discurso homogêneo e fechado em relação ao acontecido e replicaram, inclusive, com acusações implícitas os questionamentos de jornalistas e o que chamaram de um certo "ativismo judicial". Segundo análise detida da coletiva publicada por vários autores no *Le Monde Diplomatique*:

> [...] as falas dos policiais tiveram um tom agressivo, quando não debochado, e, segundo palavras dos mesmos, pretendiam, além de fazer um balanço da operação, "passar um recado para a sociedade".
>
> O recado viria adiante. No início de sua argumentação, porém, o que se manifestava era uma atitude cínica que esvaziava burocraticamente o sentido dos protocolos[16].

Interessa-me aqui ressaltar como a coletiva, como resposta, afirmou a ostentação da força pública por parte de um corpo de delegados que mais do que explicar ou justificar institucionalmente a operação policial, reagiu em tom confrontativo com aquilo que bem poderia ser visto como alvo da operação: o controle institucional e judicial da ação policial. Ao reagir dessa forma, a meu ver, a resposta da Polícia Civil consagrava a defesa de sua "ética corporativa", sustentada na lógica do confronto e oposição.

---

16 Disponível em: https://diplomatique.org.br/analise-da-coletiva-de-imprensa-da-policia-civil-sobre-o-jacarezinho/. Acesso em: 20 set. 2021.

Em segundo lugar, quero destacar como a construção das apresentações públicas do evento tem se dado em termos de uma disputa moral e política sobre quem são as vítimas, mais do que sobre o que o Estado fez (ou deixou de fazer). Moral, no sentido das atribuições de valores diferenciados a umas vidas e a outras, ou a umas mortes e a outras. Separando quem morreu por "defender a sociedade, os cidadãos de bem" e quem "merecia por estar atirando"; quem aparece como "verdadeiro herói, de carne e osso, exemplo" e quem como bandido, traficante, suspeito, os "bobos, feios e maus" da história. A distinção, classificação e hierarquização moral operou, como em outros casos, a partir de valores absolutos e antagônicos, como bem e mal, defesa e ataque, heróis e bobos. Operou também, como veremos, a partir de uma lógica de desumanização na qual, ao tempo que se afirma o "carne e osso" de uns, se apela ao carácter monstruoso de outros.

A disputa é também política, porque essa valoração moral diferenciada acontece de forma opositiva, sendo uns destacados e valorizados em detrimento e exclusão de outros. E, sobretudo, porque essa lógica antagônica do discurso me permite pensá-lo como a produção de uma forma de violência de Estado que nega a consideração moral de certos grupos e pessoas (Oliveira, 2002; Pires, 2011) — nesse caso, as outras pessoas que foram assassinadas e a população negra moradora de favelas e periferias, de forma mais geral. É nessa lógica antagônica que o debate sobre quem pode ser classificado como vítima, e, nesse sentido, como sujeito de direitos, vem se caracterizando como um objeto de antagonismos radicais.

Sugiro que essa forma de estabelecer o debate não é exclusiva desse campo, mas responde a uma característica que Roberto Kant de Lima (2013, p. 569) indica como central da tradição jurídica brasileira, que é a "lógica do contraditório". Segundo essa lógica, teses opostas se confrontam em um dissenso infinito até uma autoridade, por fim, declarar uma tese vencedora e a outra vencida.

Essa lógica se expande a vários âmbitos e, nesse caso, tem como um de seus efeitos um embate em um campo de disputa de narrativas, não sobre os fatos, mas sobre quem participa deles, em uma oposição radical entre vítimas e vitimários. O que me interessa marcar é que, nessa lógica, o que se coloca em jogo (e em risco) é o reconhecimento e acesso a direitos — entre eles, no próximo apartado foco, a partir de um outro embate no evento de Jacarezinho, no direito ao luto e à memória.

Luto e memória

Como apontado por diversos autores, o direito ao luto e à memória são constitutivos do reconhecimento dos mortos e seus entes queridos enquanto pessoas, ou seja, enquanto seres constituídos por feixes de relações sociais e afetivas (Butler, 2010; Federman, 2021; Medeiros; 2014; Pita, 2010). Contudo, no caso do Jacarezinho nem o luto, nem a memória parecem ter fugido aos embates em torno do reconhecimento das vítimas.

Em relação ao direito ao luto, quero pontuar que, desde os momentos iniciais do evento, a distinção entre a morte do agente público e as outras mortes teve um abismo central no relato: de um lado, a recorrente nomeação do policial com seu nome e sobrenome, foto em vida e referências familiares; e, de outro, a quantificação (inclusive incerta), a não identificação dos moradores mortos e a circulação indevida de fotos dos corpos sem vida. Para aferir a identidade das pessoas mortas, passaram-se dias de intenso acompanhamento da situação por parte de entidades de direitos humanos e de movimentos sociais. A nomeação permanente de um — o inspetor André — e a ausência de nome daqueles de quem só se falava o número, a unicidade de uma morte *versus* 25, 28, 30... opacava a natureza das mortes e as valorizava desigualmente, negando o direito ao luto e a qualidade de pessoas desses mortos.

Pierre Bourdieu (1998), em "A Ilusão Biográfica", assinala que o nome é o totalizador da identidade social que opera a partir de diversos ritos de instituição, que são ritos de nomeação, e que, por meio deles, opera a classificação em divisões nítidas, absolutas, indiferentes às particularidades circunstanciais e aos acidentes individuais, no fluxo das realidades biológicas e sociais. Esse poder de instituir por meio do nome também é analisado por Mary Douglas (1998), em *Como as instituições pensam*, ao atribuir às instituições o condão de nomear, identificar, classificar e, fazendo-o, impor aos indivíduos lembranças ou esquecimentos, marcar o sentido do mundo a sua volta, estabelecer limites, simbólicos ou materiais, para a vida e a morte.

Seguindo essas linhas, proponho que a nomeação de um morto e a quantificação dos outros dividia rigorosamente as vítimas entre aquele com direito ao luto e aqueles a quem nem isso cabe. O abismo entre o nome e número, ao mesmo tempo que individualizava o policial, fazia da sua morte uma abstração que levava a projetar sua perda a todo corpo policial, que "em cumprimento de uma missão" "protege a sociedade". Já aos números, cabia não apenas o anonimato, mas a indiferença (não foram sequer mencionados no relato da Sepol) ou a acusação (no relato da jornalista) como bandidos, suspeitos ou traficantes, como categorias ante tudo morais lançadas a um senso comum expectante. A divisão antagônica precisava ser feita para poder justificar a reação da corporação.

Em relação ao direito à memória, um outro embate se travou um mês após o evento, a partir de uma iniciativa de movimentos sociais e familiares das já 28 vítimas da operação policial para erguer um memorial em homenagem aos mortos. Uma matéria de jornal teria informado que estava prevista a inclusão no memorial do nome do policial. Diante dessa matéria, a viúva escreveu uma carta:

> Faço saber que rejeito veementemente inserir o nome do André entre esses possíveis suspeitos e traficantes, partícipes na morte de André. O André confrontou para libertar os oprimidos pelo tráfico naquele ambiente de criminalidade. *Um homem honesto, trabalhador e reconhecido policial.* Seria um insulto à memória do nome dele inserir seu sacrifício neste monumento com o nome de suspeitos e traficantes. A criação deste monumento é uma clara afronta ao cidadão de bem e a nós, familiares que perdemos nosso marido e pai no cumprimento do dever em uma ação legítima. Esta é minha opinião como esposa e cidadã brasileira[17].

[17] Disponível em: https://extra.globo.com/casos-de-policia/viuva-de-policial-morto-no-jacarezinho-pede-que-nome-do-marido-nao-seja-incluido-em-memorial-para-mortos-em-operacao-25056825.html. Acesso em: 16 set. 2021.

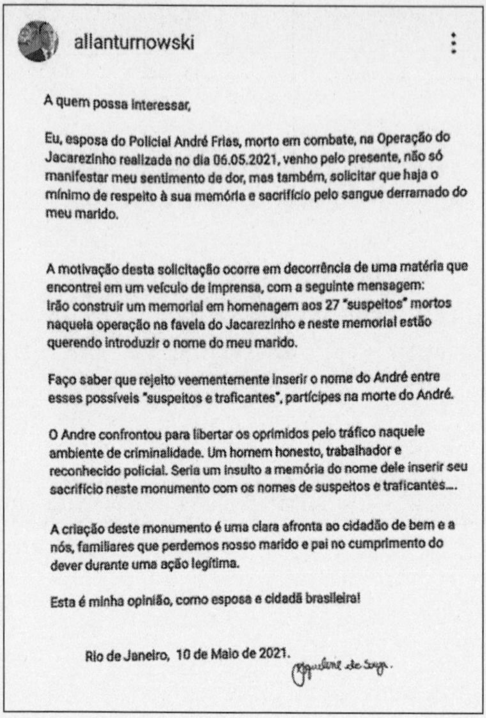

allanturnowski

A quem possa interessar,

Eu, esposa do Policial André Frias, morto em combate, na Operação do Jacarezinho realizada no dia 06.05.2021, venho pelo presente, não só manifestar meu sentimento de dor, mas também, solicitar que haja o mínimo de respeito à sua memória e sacrifício pelo sangue derramado do meu marido.

A motivação desta solicitação ocorre em decorrência de uma matéria que encontrei em um veículo de imprensa, com a seguinte mensagem:
irão construir um memorial em homenagem aos 27 "suspeitos" mortos naquela operação na favela do Jacarezinho e neste memorial estão querendo introduzir o nome do meu marido.

Faço saber que rejeito veementemente inserir o nome do André entre esses possíveis "suspeitos e traficantes", partícipes na morte do André.

O Andre confrontou para libertar os oprimidos pelo tráfico naquele ambiente de criminalidade. Um homem honesto, trabalhador e reconhecido policial. Seria um insulto a memória do nome dele inserir seu sacrifício neste monumento com os nomes de suspeitos e traficantes....

A criação deste monumento é uma clara afronta ao cidadão de bem e a nós, familiares que perdemos nosso marido e pai no cumprimento do dever durante uma ação legítima.

Esta é minha opinião, como esposa e cidadã brasileira!

Rio de Janeiro, 10 de Maio de 2021.

A carta foi repostada pelo secretário de Polícia Civil no seu perfil pessoal no Instagram. Solicitou o secretário que o nome do inspetor não fosse incluído no memorial, solicitando "respeito".

Novamente o nome aparece como um bem a ser preservado, mas fundamentalmente separado, afastado de outros. Essa demanda, colocada em termos morais, na chave da honra e do respeito, contra o insulto e a afronta, insere o direito à memória na lógica do antagonismo moral entre aquele que foi "um homem honesto, trabalhador e reconhecido policial", "sacrificado" por seu trabalho, e aqueles que seriam "possíveis suspeitos e traficantes", partícipes de um crime. Um antagonismo moral que separa vidas que merecem ser lembradas e homenageadas daquelas outras que não têm esse direito. Já dizia a jornalista "não são os policiais os homens bobos, feios e maus da história".

Considerações finais

Inicialmente busquei explicitar as articulações estabelecidas entre uma Antropologia do Direito e do Estado e a análise da dimensão moral desses fenômenos. A condução de etnografia no sistema de justiça me permitiu entender a relevância da identificação e consideração das moralidades mobilizadas por diversos atores diante de situações específicas para a compreensão dos fenômenos burocráticos; as formas de atuação das agências de Estado; as desigualdades e diferenças de tratamento; e os processos de constituição, classificação e definição daquilo que se reconhece (ou não) como violência de Estado.

Nesse entendimento, tenho buscado trabalhar a partir de uma perspectiva etnográfica com os significados e atribuições de sentidos locais de certas categorias e com a análise de "moralidades situacionais", isto é, mobilizadas e construídas partir da interação de diversos atores sociais em contextos, relações e situações particulares. Nesse sentido, nos contextos pesquisados no Rio de janeiro, em torno do campo da violência de Estado e dos direitos humanos, tem me chamado a atenção o carácter antagônico das moralidades. Isto é, o confronto e embate de sentidos a partir de posições que se apresentam como irreconciliáveis e excludentes[18].

Esses antagonismos são explicitados comumente[19] pelos casos que repercutem na cena pública (política, midiática, institucional), suscitando diversas reações. Neste artigo, foquei na reação corporativa da polícia diante da chacina do Jacarezinho, mostrando como a defesa de

[18] Se, na etnografia da administração de justiça na região metropolitana de Buenos Aires, a noção de "moralidades situacionais" me permitiu dar conta dos possíveis consensos entre agentes judiciais e pessoas envolvidas nos conflitos, nas pesquisas atuais no Rio de Janeiro tenho me debruçado sobre a disputa e não conciliação dos valores morais e interesses mobilizados.

[19] Podemos pensar que a violência de Estado no Rio de Janeiro, ao tempo que se configura em práticas cotidianas e rotineiras naturalizadas entre boa parte da população, se "faz ver" a partir de uma dimensão espetacular de deflagração de chacinas, massacres e outras tragédias.

interesses e a justificativa do acontecido, enunciada frente à denúncia de especialistas em segurança pública, pesquisadores, entidades de direitos humanos, movimentos sociais, organismos internacionais e também a mídia, se estabeleceu a partir de categorias de acusação moral e da exclusão de outros do carácter de vítimas.

Nessa linha, entendo que, especificamente o reconhecimento do direito ao nome, ao luto e à memória é fundamental não só para reconhecer e legitimar o carácter de vítimas da chacina, mas também a qualidade de pessoas e de humanidade. É nesse embate de inclusões e exclusões que se arriscam os limites do "humano", em uma economia moral contemporânea que, como argumenta Didier Fassin (2007, p. 520), desiguala vidas, não por seus riscos objetivos, mas pelo significado moral a elas atribuído. A chacina do Jacarezinho, assim como outras manifestações da violência de Estado, se configura desse modo não apenas pelo poder de matar, mas também de desencadear processos de ocultamento, invisibilização e naturalização das pessoas mortas. Nesses processos, nega-se o reconhecimento moral de certas pessoas por meio de uma ética corporativa que mais do que vítimas, enaltece heróis.

REFERÊNCIAS

BALBI, Fernando Alberto. *De leales, desleales y traidores*: Valor moral y concepción de política en el peronismo. Buenos Aires: Antropofagia, 2007.

BARTHE, Yannick. Elementos para uma sociologia da vitimização. In: RIFIOTIS, Theophilos; SEGATA, Jean (orgs.). *Políticas etnográficas no campo da moral*. Porto Alegre: UFRGS, 2017. p. 119-144.

BECKER, Howard. De que lado nós estamos. In: *Uma Teoria da Ação Coletiva*. Rio de Janeiro: Zahar Editores, 1977.

BOLTANSKI, Luc; THÉVENOT, Laurent. *De la justification*: Les économies de la grandeur. Paris: Gallimard, 1991.

BOURDIEU, Pierre. A ilusão biográfica. In: FERREIRA, Marieta de Morais; AMADO, Janaina. *Usos e abusos da história oral*. Rio de Janeiro: Editora da FGV, 1998. p. 183-191.

BUTLER, Judith. *Marcos de guerra:* Las vidas lloradas. México: Editorial Paidós Mexicana, 2010.

DOUGLAS, Mary. *Como as instituições pensam*. São Paulo: EDUSP, 1998.

DUPRET, Baudouin. *Le jugement en action*. Ethnométhodologie du droit, de la morale et de la justice en Egypte. Genève-Paris: Librairie DROZ, 2006.

EILBAUM, Lucía. *Los casos de policía en la Justicia Federal en Buenos Aires*. El pez por la boca muere. Buenos Aires: Antropofagia, 2008.

EILBAUM, Lucía. "*O bairro fala*": conflitos, moralidades e justiça no conurbano bonaerense. São Paulo: Editora Hucitec/ANPOCS, 2012a.

EILBAUM, Lucia. "Só por formalidade": a interação entre os saberes antropológico, jurídico e judicial em um juicio penal. *Horizontes Antropológicos*, v. 38, p. 313-339, 2012b.

EILBAUM, Lucia. "É que aqui não acontece nada": moralidades e direitos na administração de justiça na região metropolitana de Buenos Aires (Argentina). In: FONTAINHA, Fernando de Castro; GERALDO, Pedro Heitor Barros (org.). *Sociologia Empírica do Direito*. Vol. 1. 1. ed. Curitiba: Juruá Editorial, 2016. p. 113-132.

EILBAUM, Lucia; MEDEIROS, Flavia. Entre rotinas, temporalidades e moralidades: a construção de processos de repercussão em dois casos etnográficos. In: *Casos de repercussão*: perspectivas antropológicas sobre rotinas burocráticas e moralidades. Vol. 1. 1 ed. Rio de Janeiro: Consequência, 2017. p. 15-42.

FASSIN, Didier. Humanitarianism as a Politics of Life. *Public Culture*, v. 19, n. 3, p. 499-520, 2007.

FASSIN, Didier. Introduction: Towards a Critical Moral Anthropology. In: FASSIN, Didier (ed.). *Moral Anthropology*. Malden: Wiley-Blackwell, 2012. p. 1-17.

FASSIN, Didier. Além do bem e do mal? Questionando o desconforto antropológico com a moral. In: RIFIOTIS, T., Segata, J. (orgs.). *Políticas etnográficas no campo da moral*. Porto Alegre/Brasília, UFRGS/ABA Publicações, 2019.

FEDERMAN, Natalia. *Sobre desapariciones estatales y apariciones*: la trayectoria de Luciano Arruga en la burocracia de gestión de la muerte. Tese (Doutorado em Direitos Humanos) — Universidad Nacional de Lanús, Argentina, 2021.

FONSECA, Claudia; CARDARELLO, Andrea. Direitos dos mais e menos humanos. *Horizontes Antropológicos*, Porto Alegre, ano 5, n. 10, p. 83-121, maio 1999.

GLUCKMAN, Max. Análise de uma situação social na Zululândia moderna. In: FELDMAN-BIANCO, B. (org.). *Antropologia da Sociedade Contemporânea*: métodos. São Paulo: Global, 1987. p. 227-344.

GLUCKMAN, Max. O material etnográfico na antropologia social inglesa. In: ZALUAR, Alba (org.). *Desvendando máscaras sociais*. Rio de Janeiro: Francisco Alves, 1975.

HEINTZ, Monica. Introduction: Why There Should Be an Anthropology of Moralities. In: HEINTZ, Monica. *The Anthropology of Moralities*. New York: Berghahn Books, 2009. p. 1-19.

HONNETH, Axel. *Luta por reconhecimento*: a gramática moral dos conflitos sociais. São Paulo: Editora 34, 2003.

HOWELL, Signe (ed.). Introduction. In: HOWELL, S. *The Ethnography of moralities*. London; New York: Routledge, 1997.

KANT DE LIMA, Roberto. Entre as leis e as normas: éticas corporativas e práticas profissionais na segurança pública e na justiça criminal. *Dilemas: Revista de Estudos de Conflito e Controle Social*, v. 6, n. 4, p. 549-580, 2013.

KANT DE LIMA, Roberto; PIRES, Lenin; EILBAUM, Lucía. Constituição e segurança pública: exercício de direitos, construção de verdade e a administração de conflitos. In: *A Constituição de 1988 na vida brasileira*. 1. ed. São Paulo: Aderaldo & Rothschild Ed.; ANPOCS, 2008. p. 152-190.

LAIDLAW, James. *The subject of virtue*: An anthropology of ethics and freedom. Cambridge: Cambridge University Press, 2014.

MEDEIROS, Flavia Santos. O "Monstro" e o "Homem": aspectos da construção institucional de mortos no Instituto Médico Legal do Rio de Janeiro. *Dilemas: Revista de Estudos de Conflito e Controle Social*, v. 7, p. 347-365, 2014.

NOEL, Gabriel. Cuestiones disputadas. Repertorios morales y procesos de delimitación de una comunidad imaginada en la costa atlántica bonaerense. *Publicar — En Antropología y Ciencias Sociales*, n. XI, p. 99-126, 2011.

OLIVEIRA, Luís Roberto Cardoso. *Direito Legal e Insulto Moral*. Vol. 1. 1. ed. Rio de Janeiro: Relume Dumará, 2002.

OLIVEIRA, Luís Roberto Cardoso. Moral e Ética. In: SOUZA LIMA, A. C. *Antropologia e Direito*. Rio de Janeiro: Contracapa, 2012.

OLIVEIRA, Roberto Cardoso de. Antropologia e moralidade: Etnicidade e as possibilidades de ética planetária. In: OLIVEIRA, Roberto Cardoso de; OLIVEIRA, Luís Roberto Cardoso de. *Ensaios antropológicos sobre moral e ética*. Rio de Janeiro: Tempo Brasileiro, 1996.

PIRES, Lenin. *Esculhamba, Mas Não esculacha*: uma etnografia dos usos urbanos dos trens da Central do Brasil. Coleção Antropologia e Ciência Política, n. 50. Série Justiça Criminal e Segurança Pública. Niterói: EdUFF, 2011.

PITA, Maria Victoria. *Formas de morir y formas de vivir*: El activismo contra la violencia policial. Buenos Aires: Puerto; Cels, 2010.

SCHUCH, Patrice. A moral em questão: a conformação de um debate em antropologia. In: WERNECK, Alexandre; OLIVEIRA, Luís Roberto Cardoso de. (org.). *Pensando o bem*: estudos de sociologia e antropologia da moral. Rio de Janeiro: Casa da Palavra Ed., 2014.

SIRIMARCO, Mariana. El relato del caído en cumplimiento del deber: cuando la falla se vuelve gloria. In: GARRIGA ZUCAL, José (ed.). *Sobre héroes y tumbas*: Sacrificio, heroísmo y martírio en las fuerzas de seguridad. Buenos Aires: Godot, 2017.

VAN VELSEN, J. A análise situacional e o método de estudo de caso detalhado. In: FELDMAN-BIANCO, B. (org.). *Antropologia das Sociedades Contemporâneas*: métodos. São Paulo: Global, 1987. p. 345-374.

WERNECK, Alexandre. Sociologia da moral como sociologia da agência. *RBSE — Revista Brasileira de Sociologia da Emoção*, v. 12, n. 36, p. 704-718, dez. 2013.

ZENOBI, Diego; MARENTES, Maximiliano. Panorama sobre la producción social de las víctimas contemporáneas. In: PITA, M. V.; PEREYRA, S. (org.). *La movilización de los familiares de víctimas y los sentidos de justicia*. Buenos Aires: Teseo Press, 2020.

ZIGON, Jarrett. Morality: An Anthropological Perspective. London; New York: Routledge, 2008.

Detalhes infernais: intensas e minúsculas poéticas de indignação

ADRIANA VIANNA[1]

Acompanhando há alguns anos as ações de familiares de vítimas de violência letal do Estado, venho prestando atenção e escrevendo sobre seus repertórios de mobilização, suas poéticas de reconhecimento e o modo como sua *luta* se articula com diversas ordens de demandas e afetividades. Concentrados sobretudo na figura materna, cuja presença física e/ou simbólica acaba por condensar todos os demais familiares e militantes, estes movimentos se opõem de modo visceral às diversas formas de violência promovidas por agentes e agências de Estado sobre populações negras, faveladas e periféricas[2]. Em suas denúncias e reflexões, *mães* e *familiares* apontam para a regularidade e sistematicidade de formas entrelaçadas de violências que atingem corpos, espaços e relações.

Nesse cenário, junto à forma mais aguda de violência denunciada — o assassinato, usualmente sob forma de execução sumária —, são trazidas à tona outras agressões: a incriminação das vítimas e daqueles e daquelas

---

[1] Agradeço a Alexandre Werneck e Letícia Ferreira o convite para participar do I Seminário Internacional Questões de Moral, Moral em Questão: Sociologia e Antropologia do Bem em Tempos Desafiadores e a Lucía Eilbaum, Simone Britto, Letícia Ferreira e demais colegas do Seminário pelo excelente debate na mesa O moral e o institucional: Estado e Burocracia.

[2] Sobre os movimentos de familiares, ver, entre outros, Birman e Leite (2004); Movimento Mães de Maio (2011, 2012); Vianna e Farias (2011); Araújo (2014); Farias, Lago e Efrem (2020).

com quem essas vítimas se relacionavam, ofensas verbais, violações sexuais, invasão de casas, ações de intimidação, entre outras[3]. Não à toa, este conjunto de práticas tem sido nomeado em fóruns nacionais de articulação dos movimentos de familiares como "terrorismo de Estado"[4]. Com isso, os movimentos indicam, por um lado, que o enfrentamento político que se procura fazer vai além dos eventos dramáticos das mortes massivas promovidas por forças policiais e outros agentes de Estado e, por outro, que a experiência de quem é atingido diretamente por estas ações envolve vasta gama de emoções e temporalidades. Ao redor e junto da morte que motivaria o engajamento em coletivos de familiares de vítima, viriam também inúmeras situações vividas como desrespeitosas, ameaçadoras e mesmo traumatizantes. Relatos sobre momentos de intenso pavor durante as chamadas "operações policiais" ou de experiências continuadas de agressão moral compõem parte deste quadro que pode ser paradoxalmente excepcional e rotineiro, na medida em que sua repetição constante não é capaz de esvaziar a carga de horror que os informa.

Minha proposta aqui, porém, não é discorrer sobre a composição destes relatos variados ou das múltiplas e diversas experiências expressamente entendidas por minhas interlocutoras como parte da violência ou do terror de Estado. Em lugar disto, pretendo me concentrar na presença de elementos que eventualmente surgem nestas falas que indicam o tratamento dispensado por agentes estatais aos familiares ora como especialmente desrespeitoso, ora como a ultrapassagem de um limite moral intolerável em meio ao emaranhado de dor que sucede a morte de alguém próximo. Nunca colocados no centro da narrativa, estes elementos, que aqui denomino de detalhes infernais, revestem-se de grande carga emocional e se caracterizam por certa economia sintética que não requer descrições minuciosas. Ao mesmo tempo em que eles estabelecem uma

---

3 Ver Barros et al (2020); Farias (2021); Vianna e Farias (2021); Pierobon (2023, no prelo).

4 Encontros nacionais de familiares contra a violência de Estado acontecem desde 2016, mas passam a adotar a terminologia "Rede Nacional de Familiares contra o Terrorismo de Estado" a partir sobretudo do segundo encontro, em 2017.

relação de continuidade com o que está sendo narrado, parecem não caber plenamente na história ou suscitar desdobramentos explicativos. É como se desabassem sobre a história central — o assassinato, a execução, o desaparecimento forçado — a partir de suas margens, exigindo atenção por meio de mudanças no tom de voz ou na expressão facial, indicando também que há expectativas sobre a reação de quem ouve.

Se parte do corpo central das narrativas públicas de familiares tende a ser ocupada pela descrição das condições em que a morte ocorreu, pela biografia afetiva e moral da vítima ou mesmo por lembranças sobre o momento em que se soube ou pressentiu a morte, no caso destes detalhes, lidamos com algo que parece ser ao mesmo tempo mais e menos que a morte em si. Eles não têm a capacidade de produzir a empatia e a comoção que encontramos no rememorar da vida e da morte dos filhos e familiares, bem como não alcançam o combustível de indignação fornecido pelo esmiuçamento das ações violentas cometidas por policiais e demais agentes da violência armada de Estado. Em geral, dizem respeito a indignidades cometidas por outros agentes que não os que foram responsáveis diretamente pela morte, como funcionários de instâncias do judiciário, do Instituto Médico Legal, das unidades de saúde etc. Trata-se de uma miríade de práticas, atos e rotinas que se combinam, mas também se distinguem daquelas que encarnam mais dramaticamente o "Estado que mata", não deixando, porém, de integrar sua engrenagem, para usar a inspiradora imagem de Juliana Farias (2020).

Antes de discorrer sobre suas propriedades e sobre como configuram esta poética intensa e minúscula da indignação mencionada no título do artigo, apresento quatro pequenos extratos produzidos a partir de situações diversas de enunciação. Como se verá, nem todos se baseiam em falas ditas diretamente a mim ou em situações de que tomei parte presencialmente, mas compartilham marcas muito significativas entre si. Trata-se de situações que envolvem mães e outros familiares de pessoas mortas por agentes da polícia militar ou de milícias do Rio de Janeiro e que, na busca por informações ou já participando de processos judiciais visando à condenação dos responsáveis pela morte de seus filhos e parentes, interagem com diversas instâncias da administração de Estado. Da memória destas interações, surgem imagens e intensidades que também integram o processo de *luta por justiça*, mas que não necessariamente têm lugar em uma gramática de denúncia clara e contundente.

Extratos

O FORMOL

Converso com uma das mães mais antigas nos movimentos de familiares no Rio, que aqui chamarei de Elisa. Lembro-me de ter ouvido há muitos anos ela contar que um funcionário do Instituto Médico Legal disse que os familiares, se quisessem, deveriam comprar formol para preservar os corpos. Esta lembrança nunca saiu da minha cabeça, mas não tinha perguntado a ela sobre isto até agora. Pergunto então. Ela me conta que isto ocorreu com a mãe de um dos rapazes mortos na mesma ação policial que seu filho, mas que decidiu não integrar qualquer movimento de familiares. Explica-me o seguinte:

> Naquele ano, teve rebelião em presídio e foi uma carnificina. O prefeito [...] falou assim mesmo "meu bloco tá na rua. Se tiver que morrer que morra quem está do outro lado". Foi um sinal verde pra polícia matar. O IML era ali na Mem de Sá. Ficava lotado e às vezes não tinha gaveta. [Meu filho] foi sepultado na quinta-feira: ele morreu na quarta à noite, e o trabalho dele pagou. Mas a família do [Eduardo] teve que pagar o formol porque não tinha lugar na geladeira.

O ESQUECIMENTO DO NOME

Em um artigo que escrevi há alguns anos (Vianna, 2015), há uma cena de espera pelo início de uma audiência que acaba por ser adiada. Como descrevo no artigo, em dado momento, o assistente da promotoria, um defensor considerado aliado dos movimentos, se volta aos familiares da pessoa que havia sido morta pelos policiais e pergunta "qual o nome [dele] mesmo?". Esse esquecimento, que na hora provocou muxoxos de outros familiares e militantes, foi depois lembrado em meio às falas indignadas com o descaso e má fé que marcam os adiamentos das audiências — expediente mais do que corriqueiro e, ao mesmo tempo, terrivelmente penoso para os familiares.

ANDAR À TOA

Amélia [nome fictício] teve seu filho morto por milicianos, que também desapareceram com seu corpo[5]. Ela conta ao antropólogo Jeferson Scabio de sua peregrinação cotidiana por delegacias e IML em busca de notícias sobre o corpo do filho[6]. Diz ela a Jeferson: "Cheguei na [DP]: 'Ah tá, vamos procurar aqui...' — Procurar que nada! E eu só procurando, todo dia procurando, eu que procurava". Ela lembra ainda de ir no "negócio de nada consta" e que "cada hora mandava eu pra um canto, e eu andando, andando".

A UPA

> E a UPA foi negligente com meu filho, sabe por quê? Falaram que estavam tentando ressuscitar ele há uma hora. Meu filho já chegou morto. Eles não ressuscitaram nada, nada. E eu queria entrar com a minha nora pra ver meu filho, eles não deixavam. Só quem entrava era o cara da UPP. Toda hora entrava um cana, saía um, comunicava com outro, entrava outro, pra ver a merda que eles fizeram lá.

---

5 Os grupos e as práticas milicianas não são fenômeno recente. Eles apresentam composições diversas e são conhecidos por diferentes nomenclaturas ao longo do tempo. Mais recentemente, a diversificação de atividades destes grupos e sua expansão territorial têm sido objeto de debates acadêmicos, políticos e midiáticos. Ver, entre outros, Alves (2003); Cano e Duarte (2021); GENI/UFF (2021); GENI/UFF e Fogo Cruzado (2022).

6 Jeferson de Lara Scabio atualmente realiza sua pesquisa de doutorado no Programa de Pós-Graduação em Antropologia Social, no Museu Nacional/UFRJ.

Este é um trecho da fala de Fátima Menezes, mãe de Paulo Roberto, morto por agentes da Unidade de Polícia Pacificadora (UPP), em Manguinhos, em 2013[7]. A fala foi retirada do vídeo "Tá tudo errado", produzido pelo Laboratório Territorial de Manguinhos, da Fiocruz, em parceria com a TV Tagarela da Rocinha e o Instituto Raízes em Movimento[8].

Em meio e além da morte

Em todos os extratos trazidos, há algo que, mesmo figurando em meio às narrativas sobre a morte, parece não pertencer inteiramente à sua cena principal. Certos casos, como no relato de Fátima, descrevem uma situação que ocorreu em um momento contínuo ao assassinato. Levado à Unidade de Pronto Atendimento (UPA) pelos mesmos policiais que teriam sido responsáveis por sua morte, Paulo Roberto já teria chegado lá sem vida. Já o caso de Elisa envolve um momento brevemente posterior, quando os familiares tinham se encaminhado ao Instituto Médico Legal buscando pelos corpos sabidamente sem vida que para lá teriam sido levados. Amélia, por sua vez, não nos fala de uma ocasião ou de instituição precisas, mas de um peregrinar em busca de informações. Por fim, no extrato que fala do esquecimento do nome da vítima, já nos encontramos em uma etapa que tem lugar anos após a morte em si e que envolveu inúmeras instituições, algumas das quais presentes nos demais relatos. Em que pese a diferença temporal, todas as falas apontam para um evento que, sendo adjacente à morte em si, compõe parte da trama de violência moral complexa que a tem como centro dramático.

---

7 As Unidades de Polícia Pacificadora foram uma política implementada no Rio de Janeiro em 2008 e que durou cerca de 10 anos. Como muitas autoras apontam, esta é uma política que precisa ser entendida no bojo de processos mais amplos de militarização. Ver Leite (2012); Menezes (2015); Leite, Rocha, Farias e Carvalho (2018), entre outros.

8 O vídeo está disponível em: https://www.youtube.com/watch?v=vyPPcNxxZ40&t=612s. Acesso em: 21 jun. 2022.

Chama atenção também nessas falas, como já indicado no começo deste texto, que as cenas envolvem fundamentalmente funcionários da administração de Estado[9] que, guardadas as diferenças de suas marcas ocupacionais e de seus lugares em hierarquias de prestígio social, não podem ser considerados responsáveis diretos pela morte do familiar em questão. Um dos casos, inclusive, trata de alguém que é considerado aliado dos familiares na busca por reparação judicial.

Parte da indignação comum que perpassa esses relatos parece repousar justamente no jogo de relativa contiguidade temporal e relacional que guardam com o evento dramático da morte do familiar. Não tendo a mesma intensidade das narrativas sobre o momento e as condições da morte em si, eles agregam algo, como se dissessem "além de tudo, fizeram isso". O formol que precisa ser comprado pela família para conservar o corpo ou a entrada na UPA que é permitida aos assassinos e vetada à mãe implicam um tanto de cumplicidade entre os agentes responsáveis pela morte e aqueles que respondem por etapas imediatamente posteriores a elas, conectando-os temporal e posicionalmente.

Tal conexão, porém, não estabelece uma similitude de intensidades entre os dois momentos, impondo a ambos também uma diferença de valor. Se as descrições envolvendo os atos e as condições em que a morte se deu inserem-se diretamente em uma gramática da denúncia (nos termos de Boltanski, 1993; Boltanski; Thévenot, 2020), o mesmo não se daria com estes relatos. Eles parecem aproximar-se mais daquilo que Cardoso de Oliveira vem tratando como insulto moral, na medida em que a agressão experienciada "não pode ser traduzida em evidências materiais" e que implica "uma desvalorização ou negação da identidade do outro" (Cardoso de Oliveira, 2008, p. 136).

Aos componentes afetivos e morais diretamente relacionados à morte em si, portanto, as situações aqui trazidas acrescentariam a dimensão

---

9 A escolha pelo termo "administração" se faz seguindo a premissa weberiana que toma a administração como a forma de apresentação cotidiana da dominação (Souza Lima, 2002, p. 15).

do insulto que desconhece a natureza inerentemente válida e as ambições universalizantes do sofrimento e, em especial, do "sofrimento de mãe". Cada uma das interações narradas nos aponta, em suas evidências de "desconsideração" (Cardoso de Oliveira, 2008, p. 136), para o fato de que este lugar que está sendo ocupado de imediato, o da mãe que sofre, não é reconhecido. Se pensarmos que, de modo geral, as narrativas recordam algo que aconteceu tempos atrás, podemos tomá-las como parte de uma pedagogia do desrespeito, que vai se acumulando na medida em que mais etapas e fases da *luta por justiça* se fazem presentes. Neste sentido, é interessante notar que o único extrato que fala de algo vivido no presente imediato, o esquecimento do nome da vítima pelo defensor público, também é o que exibe a possibilidade de a desconsideração vir não de funcionários anônimos, mas de alguém com quem são mantidas relações continuadas e de aliança. A dimensão difusa do desrespeito e do não reconhecimento ultrapassa, portanto, linhas políticas mais claramente definidas, bem como as fronteiras da pessoalidade ou impessoalidade das relações. Ao esquecer o nome da vítima, o defensor parece revelar que, mesmo nesta quina mais amigável da trama estatal, é difícil a singularização plena daqueles que morrem em ações policiais nas favelas.

Para além de se concentrarem em algo que ocorreu tempos atrás ou que está se desenrolando de imediato, estas cenas nos falam de uma experiência reiterada, contínua e que, mesmo que se rearticule de acordo com elementos contextuais distintos, opera a partir de um fundo comum. Podemos pensar que à imagem citada antes de "além de tudo, fizeram isso", que representaria o agravo ofensivo e insultuoso ao drama da morte, se soma a de que "mesmo assim, fizeram isso". Ou seja, mesmo em um momento que exigiria respeito ao sofrimento singular e excepcional, foram recebidos de agentes e agências estatais o desrespeito e a desconsideração já experimentados em outras situações rotineiras.

É importante sublinhar que não há frieza no relato destes atos. Se eles se coadunam com práticas regulares com as quais se tem contato em diversas interações com a administração estatal, o fato de se darem no momento em que se dão os retira da dimensão do ordinário. O quanto agregam de sofrimento em situações de excepcionalidade — a ida ao IML, a busca pelo corpo do filho, a audiência legal — indica que trata-se de algo que se aproxima do absurdo e do impensável. É por isso que, em termos da dinâmica das conversas ou das escutas às falas públicas, os detalhes trazidos nestas conversas costumam ser marcados por um menear de cabeças, por muxoxos ou interjeições solidárias e espantadas. E, igualmente não sem razão, estes detalhes têm como propriedade a capacidade de voltarem constantemente às falas, como se convocados menos para descrever apenas o que ocorreu, e mais algo que sempre estará presente e que não pode ser plenamente decodificado em palavras.

Quando retomei uma informação que, escutada de passagem anos antes, tinha ficado em minha cabeça, recebi em resposta um entramado que localizava o absurdo da família ouvir que precisava comprar o formol para o corpo do próprio filho com os massacres em presídios e a política do prefeito da época. O detalhe infernal puxava como um anzol outros infernos que costumamos indexar mais diretamente à indignação política veiculada pelos movimentos de familiares. O elemento absurdo não paira, portanto, fora das tramas que permitem identificar perpetradores, acusados e responsáveis, constituindo todo um sistema inteligível de denúncia (Boltanski, 1993). Mas, ao mesmo tempo, não é por ele totalmente tragado, domesticado ou tornado inteligível. Ele sobra. E por isso me lembro dele anos depois e, também por isso, não há hesitação da parte da minha interlocutora em identificar o que eu estava falando e resgatar o que teria ocorrido.

As linhas imprecisas entre indiferença e maldade

Gostaria agora de explorar algumas implicações desta propriedade que os detalhes teriam de ultrapassar uma poética da denúncia mais linearmente organizada. Para além das interações com agentes estatais específicos, os detalhes contam-nos uma forma de interpelação frente àquilo que seria a dimensão inaceitável do "Estado", termo que uso nesta passagem não para falar de processos, agências e institucionalidades, mas de uma imagética coletiva[10]. No item anterior, procurei indicar que eles habitam o limite entre a continuidade dos destratos mesquinhos e a intensificação estarrecedora da crueldade em um momento de extrema dor, o que denominei de "mesmo assim, fizeram isso" e "além de tudo, fizeram isso". A mesma ambivalência pode ser estendida para a compreensão destas experiências como designativas dos contornos imprecisos entre a indiferença burocrática e a maldade, pensando na última como marcada por tonalidades de gratuidade e excesso.

Não estamos lidando, desse modo, com níveis ou formas de indiferença que possam ser consideradas completamente previsíveis na relação com agências estatais, algo em si já especialmente alargado quando levamos em conta as profundas desigualdades sociais e raciais em jogo nas cenas trazidas. A indignação encapsulada nos detalhes revela a transposição de um limite que desafia as acomodações que a "teodiceia secular" (Herzfeld, 2016, p. 15) permite realizar[11]. A sustentação precária da crença em alguma justiça possível frente ao inimaginável da morte do familiar desaba diante destes laivos ordinários, mas intensos, de desconsideração.

Na situação que envolve o esquecimento do nome da vítima pelo operador do direito que atendia à família, o deslize é uma surpresa especialmente indigesta, porque se dá justamente a partir daquele que seria o rosto do "Estado que se importa". Tratava-se, além de tudo, de um momento tenso pelo possível adiamento da audiência, expediente cravado

---

10 Trata-se de pensar que a ideia em si de Estado tem força singular, não sendo externa aos processos contínuos de constituição de Estado e tampouco de sua heterogênea e dinâmica institucionalidade. Esta relação complexa é abordada por Phillip Abrams (1988) pelas relações entre o que ele chama de Estado-sistema e Estado-ideia e explorada por diferentes autores, como Sharma e Gupta (2006); Souza Lima (2013); Vianna e Lowenkron (2017), entre outros.

11 Acompanho aqui a argumentação de Herzfeld sobre as relações entre teodiceia e desapontamento. Nos termos dele: "Onde Weber postula a teodiceia como um modo de sustentar a crença frente à evidência de um mundo falho, eu sugiro, em vez disso, que a teodiceia secular serve ao menos a um objetivo mais pragmático. Ela provê as pessoas de meios sociais para lidar com o desapontamento" (2016, p. 16).

na camada mais fina que separa a indiferença burocrática da artimanha proposital, da "tocaia de Estado" (Freire, 2019). O descuido com o nome aponta, assim, para a quebra do compromisso moral estabelecido ao longo de inúmeros encontros e reuniões anteriores entre o profissional, os familiares daquela vítima específica e os que integram o movimento de familiares de modo mais amplo. Outros poderiam esquecer ou não saber o nome, mas não ele. A impessoalidade e a pergunta protocolar expandem, assim, os desapontamentos previstos em direção aos imprevistos, destacando-se e recebendo a saraivada de muxoxos que lhes cabe. Estes, por sua vez, não comparecem como substitutos inferiorizados da palavra, mas sim como os únicos que podem realizar o trabalho propriamente expressivo que precisa ser feito para indicar, uma vez mais, que as decepções são infinitas nos corredores do Fórum.

Quando Amélia fala de uma peregrinação sem fim por delegacias, IML e outras agências de Estado, buscando informações e tentando produzir papéis, ela nos indica também que há muitos vaivéns não só nas pernas, mas nas palavras. Como saber o que é mero descaso e o que é mentira? Dizem eles que vão procurar, mas quem procura é ela. Todo dia, andando para lá e para cá. Fátima, por sua vez, nos conta como as portas fechadas da UPA para ela e sua nora entremeiam-se às mentiras ditas sobre como seu filho teria chegado lá e sobre as tentativas de ressuscitá-lo. Quem ultrapassa as portas são os policiais que o mataram ou que pertencem à mesma Unidade de Polícia Pacificadora. Entra um "cana", sai outro, entra mais um. E se comunicam. Entre a morte no beco e o corpo na UPA, vemos surgir um traçado de versões tramadas e uma cartografia de Estado. O substrato moral dela, por sua vez, é a composição volátil entre o descaso e a maldade, entre o "ver a merda que fizeram" e encobri-la nas narrativas falseadas na UPA.

O detalhe talvez possa ser pensado como este ponto em cruz que nos permite vislumbrar a densidade moral da potência de maldade entrevista situacionalmente nas rotinas e ações burocráticas: não apenas o policial que mata, mas a cumplicidade da UPA, a peregrinação forçada entre instituições que igualmente nada sabem informar, o IML abarrotado. Por isso mesmo, os policiais são sempre mencionados em seus nomes pelos familiares, e o próprio processo de acusação criminal, quando avança, assim corre, com a individualização das culpas. Já os funcionários que povoam esses relatos pelas margens, fazem aparições de figurantes, sem nomes próprios. Servem à cena, à mancha moral que desenha uma maldade que não lhes pertenceria individualmente, e sim às tramas institucionais.

A célebre expressão "banalidade do mal", cunhada por Hannah Arendt em sua análise sobre o julgamento de Adolf Eichmann, coloca-nos frente a um aparente paradoxo, na medida em que retira o mal de uma zona moral e cognoscível extrema, assentando-o no terreno da mediocridade. Como ela chama atenção em certo momento, "o problema com Eichmann era exatamente que muitos eram como ele, e muitos não eram nem pervertidos, nem sádicos, mas eram e ainda são terrível e assustadoramente normais" (Arendt, 1999, p. 299). Se, ao longo do julgamento, esperava-se a confirmação da excepcionalidade da maldade daquele que a encarnava, o que se revela para Arendt é o avesso disso, o que talvez siga ainda sendo o mais assustador de tudo.

A retirada de cena da maldade como atributo excepcional, porém, talvez não permita ainda acessar plenamente a ordinariedade que permeia atos brutais cometidos a partir de forças políticas coletivas e de aparatos administrativos. Revisitando o argumento de Arendt, Richard Rechtman (2021) destaca o quanto a expressão procura dar conta de uma contradição fundamental entre a monstruosidade da história do totalitarismo e a mediocridade daqueles que o serviam. Para ele, há um ponto decisivo a ser mais bem explorado e que reside em onde estaria localizado moralmente o mal para aqueles que acabam por ser seus agentes. Recuperando os argumentos mobilizados no próprio julgamento, Rechtman destaca como para Eichman e seu representante legal não se tratava de negar a existência do mal, mas do fato de que ela não se aplicava a alguém que não teria cometido crimes, e sim realizado "atos de Estado" (Rechtman, 2021, p. 60). Formulações como esta são cruciais para Arendt indicar a insuficiência do mal — que reaparece no subtítulo do livro — como motor explicativo do genocídio pelo qual Eichman era chamado a responder em lugar de destaque[12]. Rechtman avança, porém, em outra direção que me parece especialmente proveitosa. Por estar preocupado com a dimensão ordinária da vida dos perpetradores, o autor afirma que a questão que se apresenta é a de que práticas, afetos e rotinas tornariam possível a execução em bases cotidianas de atos tão brutais.

Resguardando as óbvias diferenças entre as "tarefas" de um massacre de grandes proporções e as cenas que trago aqui, gostaria de me valer de um ponto destacado e construído meticulosamente pelo autor ao longo do livro: o da possibilidade de uma separação quase absoluta de sentidos envolvida entre os que cometem e os que sofrem os atos violentos. Como Rechtman demonstra, muito do processo cotidiano dos genocídios implica, pela perspectiva dos perpetradores, um conjunto de arranjos práticos em torno não só dos assassinatos em si, mas do processo de eliminação dos corpos, de lidar com resíduos e de toda a gama de experiências físicas e emocionais de cansaço, repulsa e medo. Segundo ele, nesta trama de compartilhamentos cotidianos, mais e mais se fortaleceria a distinção entre aqueles que ocupam o lugar de outro a ser eliminado e aqueles que, identificados como companheiros de empreitada, seriam objeto de sentimentos de camaradagem e compromisso (2021, p. 24-5).

As cenas que trouxe reverberam algo desta distinção ou, palavra que prefiro para este caso, de uma incongruência de sentidos entre aqueles que interagem em cada "lado" da situação. Ressaltando uma vez mais que não procuro uma associação direta entre os casos envolvendo perpetradores de massacres, como no trabalho de Rechtman, e a miríade de funcionários com que nos deparamos ao longo dos extratos, proponho que a percepção de que há algo ali que reverbera um componente de maldade

---

12 A crítica que Rechtman faz a Arendt está na reintrodução da noção de mal, fortemente associada à banalidade, após ter demonstrado sua insuficiência explicativa. Como ele coloca: "In fact, Arendt remains dependent on a philosophical and moral understanding of the notion of evil that is ultimately incompatible with the rest of her work. Even as she seeks to demonstrate how this category of analysis does not pertain to the logic behind the functioning of genocide, she nevertheless subtly associates the idea of 'evil' with banality, re-introducing a degree of ambiguity" (2021, p. 59)

depende desta incongruência. Os detalhes marcados nos relatos extraem sua força justamente da dimensão excessiva ou gratuita dos atos, algo que os leva para além dos maus-tratos vividos em um contexto ordinário. Eles parecem incompreensíveis porque aconteceram ali, nas margens e ressonâncias do que era extraordinário: o filho, marido ou irmão assassinado. Nesse sentido, o potencial maldoso ou cruel não é um atributo do ato em si, mas uma percepção resultante de diferença relacional, tão mais forte justamente porque não há indícios do ato ter qualquer carga moral negativa para quem o comete.

O funcionário que fala do formol para a mãe desesperada em busca do corpo do filho parece exalar desprezo ou algo que ainda não conhece palavras adequadas, sendo necessário interromper a descrição da cena nesse ponto. Para o funcionário, porém, talvez a fala brusca que anuncia a falta do formol navegue por outra gama de sentimentos e experiências que passam por cansaço, indignação ou tédio. Isso não sabemos e não saberemos, porque seu lugar aqui é apenas o de personagem na invocação moral e afetiva de quem está "do outro lado do balcão"[13]. O que fica claro é que a mesma situação tem valências completamente distintas e que incapacitam qualquer comunicação sobre um terreno moral comum. A brusquidão do encontro denota, em verdade, a própria ruptura moral em curso. O vagar a esmo por instituições ou a traição na unidade de saúde, por sua vez, é a prova de que são intransponíveis as fronteiras e limites entre os que são vitimados pela ação letal das forças de Estado e os que participam de algum modo de sua gestão cotidiana. Percebida seja como descuido, indiferença ou cumplicidade, a incongruência de valor em torno daquele dia e daquela hora específicos é experimentada de forma especialmente aguda. De um lado, a intensidade emocional e moral das mães

---

[13] Valho-me aqui das sensíveis reflexões de Maria Gabriela Lugones sobre as implicações materiais, simbólicas e morais das divisões entre profissionais e público nos corredores e salas dos "tribunales prevencionales de menores" em Córdoba, Argentina. Como a autora demonstra, todo o espaço permeado por esperas, incertezas e forças desiguais desempenha importante papel na experiência da administração para aquelas que estão de um lado ou de outro do balcão (Lugones, 2012, p. 81-87).

que buscam informações sobre os filhos mortos e, de outro, o desenrolar de um dia de trabalho ordinário. A impossibilidade de reconhecimento da excepcionalidade do momento que está presente nos quatro extratos ultrapassa, porém, estas interações específicas. Para além das cenas singulares, estamos lidando com a reiteração de desigualdades fundamentais. É sobre este ponto que gostaria de me debruçar agora.

Detalhes de que, afinal?

Buscando a definição dicionarizada de detalhes, encontro: "1. ato ou efeito de detalhar"; "2. narração ou exposição circunstanciada ou minuciosa; pormenor, minudência, particularidade". Detalhes, então, indicam tanto o trabalho de avançar nas minúcias do que é descrito como o de se deter em uma particularidade, um pormenor. Dependendo de como os compreendemos, podemos nos aventurar ora a estender os relatos, ora a torná-los mais circunscritos a pontos que, a priori, não parecem ocupar lugar de relevância. Apenas um detalhe, meros detalhes: expressões que indicam o potencial irrelevante do particular.

Ao comentar a centralidade da atenção aos detalhes para a compreensão do que denomina como a "textura do ordinário", Veena Das nos alerta que o grande desafio etnográfico é saber quanto e que tipos de detalhes importam (Das, 2020b, p. 2). Considerando que a empreitada etnográfica implica a mobilização de recursos variados que produzam alguma compreensão sobre os universos sociais que nos interessam, não há de antemão como definir de onde virão estes elementos especialmente valiosos para nós. A sistematização de informações, a continuidade da convivência e a produção de dados que possam ser submetidos a escrutínios rigorosos caminham lado a lado com o espanto trazido por uma expressão ou uma frase elusiva (Das, 2020b, p. 3). Nesse sentido, aquilo que nos intriga e que não conseguimos encaixar a priori no *corpus* explicativo que já pacificamos sobre algum tema pode ser um chamado poderoso para ir além dos significados em si das palavras, perscrutando o que as tornaria vivas.

Os extratos que apresento neste artigo propõem, para mim, um conjunto de questões que não se limita ao que está expresso nas palavras enunciadas. Como indiquei nas partes anteriores, para além de descreverem uma interação, os relatos parecem estar marcados por uma combinação singular de indignação e perplexidade com o que foi vivido naquele momento tão significativo para os familiares. Gostaria agora de seguir por novas direções que perseguem, de modos diferentes, a dimensão elusiva que estaria presente nas cenas narradas em cada um dos extratos. O empréstimo do termo usado por Veena Das não é obviamente gratuito. Como seu trabalho há muito tempo vem nos ensinando, para ultrapassar a dimensão "congelada" que pode estar presente em certas narrativas, cabe-nos produzir indagações sobre como a linguagem é tornada própria por alguém ou, de outro modo, como alguém encontra sua voz em meio às palavras e ao silêncio (Das, 2020a, 2020b).

Uma primeira possibilidade envolve perseguir a encruzilhada entre a dimensão pública e doméstica da morte. Em cada uma das cenas, estamos diante da presença da morte violenta de alguém ou, no caso de Amélia, do desaparecimento forçado do corpo de seu filho, após seu assassinato por milicianos. As interações dizem respeito, assim, fundamentalmente a um aspecto dessa dimensão pública: correr às e pelas instituições, empreender a busca da reparação judicial com a condenação dos responsáveis, tentar ver, encontrar e conservar o corpo morto para poder realizar o funeral. O alcance da destruição doméstica não é senão entrevisto nas histórias contadas. Ele está na mãe exausta de ir de delegacia em delegacia, assim como na mãe que não consegue entrar na unidade de saúde para ter notícias e ver o filho, na família que assiste o nome de seu parente ser esquecido e, por fim, na mãe que recebe a resposta de que a responsabilidade pela conservação do cadáver do filho seria sua. São personagens aviltados publicamente, mas o que nos é contado ultrapassa a ofensa pública, indicando que há algo mais íntimo que é violado nestas interações.

Fiona Ross (2003), ao analisar testemunhos dados por mulheres em audiências da Comissão de Verdade e Reconciliação da África do Sul, mostra-nos como os indicativos da destruição mais abrangente de suas próprias vidas não encontram lugar nas violências a serem reparadas nos tribunais. É na linguagem das rotinas domésticas desfeitas, para as quais não é dada importância política, que algo desta destruição pode ser traduzido. Clara Han (2016), por sua vez, ao atentar para detalhes presentes em frases e gestos de Martita, sua interlocutora cujo filho foi morto por policiais em Santiago, Chile, chama atenção para as delicadas relações entre a pervasividade da morte na região e a singularidade de cada morte em particular. É nas tramas mais íntimas, que envolvem a lembrança sobre conversas, a repetição do hábito de beijar o filho antes de dormir ou as recordações sobre a infância de outros rapazes da vizinhança igualmente mortos pelas forças policiais, que vai se construindo um modo de viver em meio à perda. "Aprender a viver" é uma das expressões que sua interlocutora usa para traduzir algo deste processo que não se resume à morte de uma pessoa, mas à dissolução de toda uma vida como projetada e experimentada até então.

Nesse sentido, cada uma das desconsiderações retratadas nos extratos revela também o processo em aberto da perda. Esse processo obviamente não cabe na narrativa, mas ecoa pelos não ditos. A casa e o parentesco dramaticamente alterados e conspurcados assombram a saída da UPA, do IML, das delegacias, da sala de audiências do Fórum. O que acompanha cada uma destas mulheres no caminho de volta para a casa é a presença ausente com a qual ainda se vai ter que "aprender a viver", como registrado por Han (2016).

Retomando as elaborações sobre a voz, um dos pontos importantes a se considerar é o quanto ela depende da possibilidade de as palavras serem recebidas por alguém. Longe de se produzir unilateralmente, a voz se confecciona nas relações. Em diálogo com Cavell, Veena Das sublinha como é possível sentir que as palavras perderam seu sentido e que, por fim, não há uma voz que as anime se elas não forem recebidas (Das, 2020b, p. 5). Cada qual à sua maneira, os extratos nos apontam para esta negação primordial do valor de quem fala e, com isso, da futilidade e da insuficiência das palavras que possam vir a ser empregadas. Se a imensidão da perda é renegada em cada interação, como se pode acionar qualquer linguagem que de fato faça sentido? O relato que é interrompido, os muxoxos que tomam o lugar das palavras, a reiteração da inutilidade de tentar se comunicar com quem não vai ouvir de verdade o que está sendo pedido são signos dessa voz que se desmantela pela ausência de escuta.

A desproporção entre a perda sofrida — e vivida ao longo do tempo — e as respostas que as instâncias estatais eventualmente poderiam vir a dar, como a reparação civil ou criminal, transparecem mesmo em situações em que há raras e precárias vitórias, como procurei explorar em outro momento (Vianna, 2021). Nas situações que tratamos aqui, porém, não é com essa insuficiência de resposta estatal que estamos nos defrontando. Com exceção parcial da situação envolvendo a audiência judicial, em todos os casos estamos lidando com instâncias menos prestigiadas na arquitetura estatal do que o Judiciário. E em todos os casos, inclusive no da audiência judicial, tratamos de momentos pouco ritualizados, ao contrário do que ocorre nas fases mais formais das audiências e julgamentos. Paradoxalmente, é isso que talvez lhes conceda carga adicional em termos da negação do sofrimento vivido, levando ao que chamei acima de perda da voz.

A ritualização das fases formais dos julgamentos, bem como a explicitação das assimetrias raciais e de classe entre operadores do direito e familiares de vítimas, torna de certa forma mais previsíveis a falta de escuta e a validação da violência que se busca denunciar e, na medida do possível, reparar. Como demonstrado por Luciane Rocha (2020), a negação ao sofrimento negro nestes espaços leva à elaboração, pelos familiares, de tentativas de equivalência moral e emocional com hipotéticas vítimas brancas como recurso para fazer-se ouvir. Não parece ser o mesmo caso das situações que dão base aos extratos que estamos explorando aqui. Neles, a interação se dá sem tantas mediações ritualizadas, inclusive na cena envolvendo o defensor aliado, que ocorre fora do protocolo formal das audiências. A violência da interação parece assentar-se mais no rompimento da ética ordinária do que na excepcionalidade de uma demanda formal por reconhecimento, como presente nas etapas de um processo judicial[14].

As mentiras sobre as tentativas de ressuscitar o filho de Fátima na UPA ou sobre buscar o paradeiro do filho de Amélia são gestos de não reconhecimento da angústia destas mulheres, que podem ser postas a esperar do lado de fora ou a gastar seu tempo e energia indo de um lado a outro. A ordinariedade dos atos em si rebaixa e fere a demanda dessas mulheres, na medida em que as joga em um lugar de completa desimportância em meio às providências que estariam ou não sendo tomadas. No caso de Fátima, são os policiais que são recebidos e atendidos na unidade, enquanto, no caso de Amélia, o problema é repassado vagamente a alguma outra delegacia.

Estes atos diferem das ofensas maiores produzidas ao longo dos julgamentos criminais que são centradas sobretudo na destruição da reputação das vítimas, procurando jogar sobre elas a razão da própria morte por serem "bandidos" ou "traficantes". O esforço empreendido neste caso, então, envolve compartilhar parcialmente o mesmo terreno moral, provando a falsidade da acusação e a condição de "trabalhador" ou "estudante" de quem foi morto (Vianna; Farias, 2011; Rocha, 2020). A energia de combate moral que se instaura dá aos familiares e, em especial às mães, um lugar de protagonismo, por mais que a correlação de forças seja francamente desigual. O mesmo não acontece no mundo das portas fechadas de delegacias, IMLs ou UPAs. Não há a preocupação em produzir uma narrativa de desqualificação da vítima que exija sua defesa, apenas o gesto apressado de livrar-se de um problema.

---

14 Pensar em termos de ética ordinária implica, como aponta Michael Lambek, mover-se mais pelo espaço tácito das ações corriqueiras do que pelo mundo formalizado das regras, considerando também a fala e o silêncio enquanto atos (2010, p. 5). Nesse sentido, a reflexão etnográfica não estaria orientada pela busca de um sentido discreto e singular do que seja ética, levando em conta a pluralidade das dimensões éticas presentes nas relações e que estão frequentemente marcadas por ambivalências e incertezas (2010, p. 7). Veena Das, por sua vez, enfatiza a importância de entender o quanto a linguagem expressa compromissos éticos que estão embebidos na vida cotidiana (2020b, p. 101).

Contar estas experiências, para mim, para outros pesquisadores ou mesmo deixá-las registradas em uma filmagem, configura um ato de fala atravessado por sentidos éticos. Trata-se, antes de tudo, de combater a aparente irrelevância da situação, reinstaurando narrativamente a violência moral e simbólica presente nessas experiências. Em parte, já explorei isto ao marcar o quanto o momento tomado como extraordinário pelos familiares não era reconhecido em sua gravidade por aqueles com quem interagiram e como esta incongruência de sentidos representa uma dolorosa ruptura moral. Gostaria de indicar agora que este embate que se trava por meio do narrar, do contar e recontar as situações ultrapassa cada cena específica e remete a processos mais amplos e profundos de desumanização e apagamento de vidas negras.

Para tanto, é preciso pensar que todas estas interações se comunicam, de algum modo, com diferentes dimensões da constituição de um arquivo de Estado sobre as mortes cometidas por policiais ou, no caso do filho de Amélia, por agentes de milícia. Como qualquer outro arquivo, este não é completamente estável ou evidente[15]. Nele há documentos que têm como efeito produzir certas verdades, como o laudo de necropsia atestando a morte, e de engendrar causalidades que podem ou não vir a ser contestadas, tais como a causa da morte[16]. Boletins de ocorrência, em que serão registradas por policiais as condições em que a morte supostamente se deu e as eventuais categorias que a justificariam, como o célebre "auto de resistência" ou "resistência seguida de morte", também têm destaque

---

15 A noção de arquivo que está sendo mobilizada aqui não supõe apenas um arquivo físico, mas um processo de aglutinações e desagregações, capaz de instaurar ou consagrar classificações, mas também de contradizê-las. Ver, entre outros, Foucault (2008); Derrida (2001); Stoler (1996, 2010).

16 A complexidade dos processos de produção da morte e suas causalidades, bem como das inscrições físicas de violência, vem sendo demonstrada em cuidadosos trabalhos etnográficos. Ver, para tanto, Ferreira (2009); Medeiros (2016); Farias (2020) e Nadai e Veiga (2020).

neste arquivo[17]. A depender de se formar ou não um processo judicial, outros documentos vão sendo produzidos, tais como depoimentos de testemunhas e declarações de todo tipo que procuram afiançar a biografia moral dos que morreram e dos que mataram.

As cenas com as quais estamos dialogando aqui aparentemente não produzem nada disso. Não há queixa a ser formalizada sobre os destratos vividos em cada uma delas, mas todas participam espectralmente deste arquivo. Elas movimentam três componentes centrais da constituição dos arquivos, tanto em sua potência de registro, sedimentação e consagração quanto em sua capacidade de apagamento e produção de lacunas. A primeira camada delas, já mencionada, fala dos papéis. A segunda, de corpos. E, por fim, há uma terceira que agruparei aqui como a das violências. As três camadas se entrelaçam de alguma forma. Amélia, enquanto busca o corpo desaparecido do filho, persegue também papéis. Até mesmo os papéis do "nada consta", documento paradoxal que configura idoneidade civil e, portanto, permite atestar uma espécie de biografia burocrática moralmente válida. O nome esquecido pelo defensor no julgamento está escrito nos autos, mas ainda assim pode ser apagado momentaneamente, cabendo aos familiares reinstaurá-lo oralmente, em uma forma que não deixa de indicar certo rebaixamento da vida que deveria ocupar o lugar mais relevante no processo judicial.

Papéis e corpos se misturam, por sua vez, na antevisão que Fátima tem das versões dadas sobre a morte de seu filho. Ela não consegue acesso ao corpo, onde a verdade das condições de sua morte talvez fosse inegável. Teme, com as portas fechadas e as mentiras sobre ele ter chegado vivo à UPA, que dali saia uma versão que será difícil contestar e que constará de sabe-se lá quantos outros documentos com que sepultarão o nome de

---

17 Categorias como estas foram e são objeto de inúmeras críticas por integrarem um horizonte de efetiva autorização para a letalidade policial, algo que não apenas se mantém a despeito destas críticas, mas que se renova constantemente nas propostas de "exclusão de ilicitude" nos casos de mortes cometidas por policiais. Sobre autos de resistência, ver Misse et al (2013).

seu filho nos arquivos policiais e nos registros estatísticos. O corpo de Eduardo a se deteriorar no IML é devolvido à responsabilidade da família. Mesmo que guardado temporariamente em uma instituição da administração estatal, ele ali é o corpo excedente, sem lugar ou valor. A imagem deste corpo sem condições de ser conservado tem uma carga de horror que convoca a liminaridade e a assombração dos insepultos. O espanto e a incredulidade com que esta história é recebida não nos diz apenas de sua eventual implausibilidade — afinal, quem imaginaria ouvir isto? —, mas do excesso de significados e fantasmagorias que ela traz.

E é pelo plano das fantasmagorias que chego ao que chamei do terceiro vetor dos arquivos, as violências. Achille Mbembe, ao falar da relação entre arquivos e Estado, chama atenção para o paradoxo que lhe seria constituinte: ao mesmo tempo em que não há Estado sem arquivos, a própria existência de arquivos se apresenta como ameaça ao Estado (Mbembe, 2002, p. 23). Instaurados a partir da violência fundamental de negar as dívidas sobre as quais se constituíram, os Estados estariam obrigados ao mesmo tempo a sustentar e negar os arquivos em que tais dívidas se contabilizam[18]. De uma infinidade de registros, documentos e quantificações de que poderíamos nos valer para pensar este paradoxo, trago aqui uma das mais evidentes, a dos registros numéricos de mortes oficialmente cometidas por agentes de Estado no Rio de Janeiro. Nas últimas duas décadas, os números oscilaram de centenas a mais de mil mortes

---

18 Para que se tenha uma ideia mais detalhada do argumento, segue a citação: "The relationship between the archive and the state is just as complex. It rests on a paradox. On the one hand, there is no state without archives — without its archives. On the other hand, the very existence of the archive constitutes a constant threat to the state. The reason is simple. More than on its ability to recall, the power of the state rests on its ability to consume time, that is, to abolish the archive and anaesthetise the past. The act that creates the state is an act of 'chronophagy'. It is a radical act because consuming the past makes it possible to be free from all debt. The constitutive violence of the state rests, in the end, on the possibility, which can never be dismissed, of refusing to recognise (or to settle) one or another debt. This violence is defined in contrast to the very essence of the archive since the denial of the archive is equivalent to, stricto sensu, a denial of debt" (Mbembe, 2002, p. 23).

por ano, chegando perto de duas mil mortes no ano de maior letalidade[19]. Mesmo na produção objetificada destes números, há muito o que se considerar, como as formas de registro, a relação com outras categorias — como desaparecimentos ou mortes suspeitas —, além de dinâmicas envolvendo grandes mortes de uma só vez, como as chacinas ou as atuações de grupos milicianos, que não entram nesta classificação, por mais complexas que sejam suas relações com agentes estatais[20].

Guardadas estas ressalvas, o que a oficialidade dos números nos traz é o retrato mais evidente da "função assassina do Estado", nos termos de Foucault, e que depende fundamentalmente, no caso dos Estados modernos, do racismo para ser exercida (Foucault, 2000; Mbembe, 2018). Os arquivos são também, desse modo, aquilo que Mbembe chama de "uma cena racial", entendida como "espaço de estigmatização sistemática" (2018, p. 70). Neles, se depositam as categorias que marcam os que são descartáveis, bem como as que replicam as narrativas-indexações da "morte em confronto" ou dos que "têm passagem" pela polícia ou pelo cárcere, eliminando assim qualquer possibilidade a priori de sua morte ser entendida como tendo valor social (Araújo et al, 2021). Estamos diante novamente de corpos insepultos, como na imagem do cadáver de Eduardo fora da geladeira do IML. Mas também como tantos outros que, em uma genealogia mais profunda e dolorosa, nos remetem à desumanização da escravidão, do desterro, das covas coletivas.

O arquivo é também uma sentença de morte, nos ensina Saidyia Hartman (2020, p. 15). Entrever vidas que não podem ser narradas porque só constam dos arquivos por fragmentos violentos de seu encarceramento, morte ou tortura exige tanto contenção narrativa quanto capacidade de fabulação (2020, p. 28-29). De certo modo, os extratos que orientaram

---

19 Os dados do Instituto de Segurança Pública (ISP), sistematizados para os períodos entre 1998 e 2020, vão de 289 mortes em 1999, como número mais baixo, a 1.814, em 2019. Disponível em: http://www.ispdados.rj.gov.br/Arquivos/SeriesHistoricasLetalidadeViolenta.pdf. Acesso em: 3 fev. 2022.

20 Ver Musumeci (2020) e Geni/UFF (2022).

este texto estão constrangidos, não sei se positiva ou negativamente, por algo desta economia narrativa e imaginativa. São compostos por frases e esgares que sempre parecem falar menos do que poderiam, mas que também aludem a mais do que aquilo que foi dito. Se, por um lado, eles marcam claramente a insubordinação destas mulheres à capacidade do arquivo de Estado de encerrar todas as narrativas sobre seus filhos e familiares, por outro, também não deixam de evocar cenas de sujeição em que nomes, corpos e memórias foram desprezados de forma profunda.

O modo como as cenas de sujeição são narradas, porém, permite-nos extrair delas muito mais do que simplesmente sujeição, como nos mostraram brilhantemente Díaz-Benítez e Rangel (2022). A incompletude do que é dito conecta de maneira não óbvia as experiências de cada uma à reverberação de um sofrimento coletivo mais profundo, mas também indica possibilidades variadas de agência que são por elas acionadas. Uma destas possibilidades talvez resida justamente em não deixar desaparecer estes detalhes em meio às narrativas maiores sobre as mortes de seus familiares, sejam as que vão se depositar nos boletins de ocorrência e processos judiciais, sejam as que vão ser tecidas nos atos públicos dos movimentos de familiares. Esta poética intensa e minúscula de indignação diz-nos de atos, gestos e palavras com que se está demandando a escuta para além do relato sobre o evento brutal da morte. Nesse sentido, ela faz parte de uma insistência moral dirigida também ao cotidiano, o que a coloca no terreno da vida a ser vivida. É, assim, uma poética que não se dirige só ao passado, mesmo que feita de histórias que já aconteceram. Sua inconformidade a sustenta continuamente no presente e, talvez, murmure algo sobre o futuro.

REFERÊNCIAS

ABRAMS, Philip. Notes on the difficulty of studying the state. *Journal of Historical Sociology*, v. 1, p. 58-90, 1988.

ALVES, José Claudio S. *Dos barões ao extermínio*: uma história da violência na Baixada Fluminense. Rio de Janeiro: CAPPH-Clio, 2003.

ARAÚJO, Fábio. *Das técnicas de fazer desaparecer corpos*: desaparecimentos, violência, sofrimento e política. Rio de Janeiro: Lamparina/Faperj, 2014.

ARAÚJO, Fábio et al. Passar o recado para a sociedade: uma análise da coletiva de imprensa da Polícia Civil sobre o Jacarezinho. *Le Monde Diplomatique Brasil*, 24 maio 2021. Disponível em: https://diplomatique.org.br/analise-da-coletiva-de-imprensa-da-policia-civil-sobre-o-jacarezinho/. Acesso em: 20 maio 2022.

ARENT, Hannah. *Eichmann em Jerusalém*: um relato sobre a banalidade do mal. São Paulo: Cia das Letras, 1999.

BARROS, Rachel et al. *Violências de gênero em contextos militarizados: uma cartografia escrita por mulheres*. 1. ed. Rio de Janeiro: FASE, 2020.

BIRMAN, Patricia; LEITE, Márcia Pereira (org.). *Um mural para a dor*: movimentos cívico religiosos por justiça e paz. Porto Alegre: Ed. UFRGS, 2004.

BOLTANSKI, Luc. *La Souffrance à Distance*: Morale humanitaire, médias et politique. Paris: Éditions Métailié, 1993.

BOLTANSKI, Luc; THEVENOT, Laurent. *A justificação*: sobre as economias da grandeza. Rio de Janeiro: Ed. UFRJ, 2020.

CANO, Inacio; DUARTE, Thaís. "*No sapatinho*": a evolução das milícias no Rio de Janeiro (2008-2011). Rio de Janeiro: Fundação Heinrich Böll, 2012.

CARDOSO DE OLIVEIRA, Luís Roberto. Existe violência sem agressão moral? *Revista Brasileira de Ciências Sociais*, v. 23, p. 135-146, 2008.

DAS, Veena. *Vida e palavras*: a violência e sua descida ao ordinário. São Paulo: Editora da Unifesp, 2020a.

DAS, Veena. *Textures of the ordinary*: doing anthropology after Wittgenstein. Fordham Press, 2020b.

DERRIDA, Jacques. *Mal de Arquivo*: uma impressão freudiana. Rio de Janeiro: Relume-Dumará, 2001.

DÍAZ-BENÍTEZ, Maria Elvira; RANGEL, Everton. Evocações da escravidão: sobre sujeição e fuga em experiências negras. *Horizontes Antropológicos*, v. 63, p. 39-69, 2022.

FARIAS, Juliana. *Governo de mortes*: uma etnografia da gestão de populações de favelas no Rio de Janeiro. Rio de Janeiro: Papéis Selvagens, 2020.

FARIAS, Juliana. Gender Violence, State Violations. *Academia Letters*, Article 1831, jul. 2021.

FARIAS, Juliana; LAGO, Natália; EFREM, Roberto. Apresentação Dossiê Mães e Processos de Estado. *Sexualidad, Salud y Sociedad*, n. 36, p 139-145, 2020.

FERREIRA, Letícia. *Os autos da cova rasa: a identificação de corpos não-identificados no Instituto Médico-Legal do Rio de Janeiro*. Rio de Janeiro: E-papers, 2009.

FREIRE, Lucas. *A gestão da escassez*: uma etnografia da administração de litígios de saúde em tempos de "crise". Tese (Doutorado em Antropologia Social) — Programa de Pós-Graduação em Antropologia Social, Museu Nacional, Universidade Federal do Rio de Janeiro, 2019.

FOUCAULT, Michel. *Em Defesa da Sociedade*. São Paulo: Martins Fontes, 2000.

FOUCAULT, Michel. *A Arqueologia do Saber*. Rio de Janeiro: Forense Universitária, 2008.

GENI/UFF. 2022. *Chacinas Policiais*. Rio de Janeiro: Fundação Heinrich Böll/Faperj, 2022.

GENI/UFF; FOGO CRUZADO. *Mapa Histórico dos Grupos Armados no Rio de Janeiro*. Rio de Janeiro: Fundação Heinrich Böll, 2022.

GENI/UFF; OBSERVATÓRIO DAS METRÓPOLES. *A Expansão das Milícias no Rio de Janeiro*: uso da força estatal, mercado imobiliário e grupos armados. Relatório Final. Rio de Janeiro: Fundação Heinrich Böll, 2021.

HAN, Clara. Echoes of a death: violence, endurance and the experience of loss. In: DAS, Veena; HAN, Clara (ed.). *Living and Dying in the Contemporary World*: a compendium. Berkeley, EUA: University of California Press, 2016.

HARTMAN, Saidyia. Vênus em dois atos. *Revista EcoPós*, v. 23, n. 3, p 12-33, 2020.

HERZFELD, Michael. *A Produção Social da Indiferença*: explorando as raízes simbólicas da burocracia ocidental. Petrópolis: Vozes, 2016.

LAMBEK, Michael (ed.). *Ordinary Ethics*. anthropology, language and action. New York: Fordham University Press, 2010.

LEITE, Márcia Pereira. Da "metáfora da guerra" ao projeto de "pacificação": favelas e políticas de segurança pública no Rio de Janeiro. *Revista Brasileira de Segurança Pública*, v. 6, n. 2, p. 374-389, 2012.

LEITE, Marcia; ROCHA, Lia; FARIAS, Juliana; CARVALHO, Monique (org.). *Militarização no Rio de Janeiro*: da pacificação à intervenção. Rio de Janeiro: Mórula Editorial, 2018.

LUGONES, Maria Gabriela. *Obrando em autos, obrando em vidas*: formas y fórmulas de Protección Judicial em los Tribunales Prevencionales de Menores de Córdoba, Argentina a comienzos del siglo XXI. Rio de Janeiro: Laced/e-papers, 2012.

MBEMBE, Achille. The power of the Archive and its Limits. In: HAMILTON et al. (ed.). *Refiguring the Archive*. Dordrecht; Boston; London: Kluwer Academic Publishers, 2002.

MBEMBE, Achille. *Crítica da Razão Negra*. São Paulo: n-1 edições, 2018.

MEDEIROS, Flavia. *Matar o morto*: uma etnografia do Instituto Médico-Legal do Rio de Janeiro. Niterói: EdUFF, 2016.

MENEZES, Palloma. *Entre o fogo cruzado e o campo minado*: uma etnografia do processo de pacificação de favelas cariocas. Tese (Doutorado em Sociologia) — Universidade do Estado do Rio de Janeiro, 2015.

MISSE, Michel; GRILLO, Carolina; TEIXEIRA, César; NERI, Natasha. *Quando a polícia mata*: homicídios por "autos de resistência" no Rio de Janeiro (2001-2011). Rio de Janeiro: Necvu: Brooklink, 2013.

MOVIMENTO MÃES DE MAIO. *Mães de Maio: do Luto à luta*. São Paulo: Nós por nós, 2011.

MOVIMENTO MÃES DE MAIO. *Mães de Maio, Mães do Cárcere*: a periferia grita. São Paulo: Nós por nós, 2012.

MUSUMECI, Leonarda. Letalidade policial e pessoas desaparecidas no Estado do Rio de Janeiro, segundo os dados oficiais (2006-2018). *Boletim Segurança e Cidadania*, n. 25, 2020.

NADAI, Larissa; VEIGA, Cilmara. Fazer falar os pedaços de carne: comparações entre laudos periciais em casos seriais produzidos pelo Instituto Médico Legal (IML) de Campinas e de Juiz de Fora. In: FERREIRA, Letícia; LOWENKRON, Laura (org.). *Etnografias de documentos*: pesquisas antropológicas entre papéis, carimbos e burocracias. Rio de Janeiro: E-papers, 2020.

PIEROBON, Camila. Crime et châtiment, corps et esprit : la guerre dans les relations intimes d'une famille. *Brésil(s). Sciences humaines et sociales*, n. 24, 2023 (no prelo).

RECHTMAN, Richard. *Living in Death*: genocide and its functionaries. New York: Fordham University Press, 2021.

ROCHA, Luciane de Oliveira. Judicialização do Sofrimento Negro: maternidade negra e fluxo do Sistema de Justiça Criminal no Rio de Janeiro. *Sexualidad, Salud y Sociedad*, n. 36, 2020.

ROSS, Fiona. *Bearing Witness*: Women and the Truth and Reconciliation Commission in South Africa. London; Sterling-Virginia: Pluto Press, 2003.

SHARMA, Aradhana; GUPTA, Akhil. Introduction. Rethinking Theories of the State in an Age of Globalization. In: SHARMA, Aradhana; GUPTA, Akhil. *The Anthropology of the State, a reader*. Malden: Blackwell Publishing, 2006. p. 1-42.

SOUZA LIMA, Antonio Carlos. Introdução. Sobre gestar e gerir a desigualdade: pontos de investigação e diálogo. In: SOUZA LIMA, Antonio Carlos (ed.). *Gestar e gerir*: estudos para uma antropologia da administração pública no Brasil. Rio de Janeiro, Relume Dumará, 2002. p.11-22.

SOUZA LIMA, Antonio Carlos. Apresentação Dossiê Fazendo Estado: O estudo antropológico das ações governamentais como parte dos processos de formação estatal. *Revista de Antropologia*, USP, v. 55, n. 2, p. 559-564, 2013.

STOLER, Ann Laura. *Ethnography in the Archives*: Movements on the Historic Turn. New York: University of Rochester, 1996.

STOLER, Ann Laura. Archivos coloniales y el arte de gobernar. *Revista Colombiana de Antropologia*, v. 46, n. 2., p. 465-496, 2010.

VIANNA, Adriana. Tempos, dores e corpos: considerações sobre a "espera" entre familiares de vítimas de violência policial no Rio de Janeiro. In: BIRMAN, Patricia; LEITE, Marcia; MACHADO, Carly; CARNEIRO, Sandra (org.). *Dispositivos Urbanos e Trama dos Viventes*: ordens e resistências. 1. ed. Rio de Janeiro: Ed. FGV, 2015. p. 374-387.

VIANNA, Adriana. Disquiet. Words, times and relations along an ethnographic trajectory. *Revista Sociologia e Antropologia*, v. 11, n. 3, p. 793-815, 2021.

VIANNA, Adriana; FARIAS, Juliana. A guerra das mães: dor e política em situações de violência institucional. *Cadernos Pagu*, n. 37, 2011.

VIANNA, Adriana; FARIAS, Juliana. A violência policial não tem rosto de mulher. *NEXO*, 30 ago. 2021. Disponível em: www.pp.nexojornal.com.br/opiniao/2021/A-violência-policial-não-tem-rosto-de-mulher. Acesso em: 30 jun. 2022.

VIANNA, Adriana; LOWENKRON, Laura. O duplo fazer do gênero e do Estado: interconexões, materialidades e linguagens. *Cadernos Pagu*, n. 51, 2017.

Além da fiscalização: lógicas de auditoria e combate à corrupção na economia moral do Estado

SIMONE MAGALHÃES BRITO

Em meio a grandes conflitos sobre o papel do Estado, parece que um dos poucos pontos de concordância é a ideia de que suas ações devem ser transparentes e auditáveis. Com isso, a constelação de práticas e valores que constituem a auditoria pública se tornam determinantes na organização da economia moral do Estado. Quando Michael Power (1997) chama as auditorias de "sistema de verificação", parece que estamos diante de uma atividade corriqueira, quase banal. Contudo, a ideia de verificar está relacionada à tentativa de garantir justiça e produzir controle em ambientes de incerteza e risco. Quanto maiores as apostas, mais necessárias as formas de verificação. Desse modo, temos que a lógica de auditoria tem suas raízes numa ideia de produção da verdade. E a "verdade" que os apostadores desejam não é aquela da construção social da verdade... O fato é que se os filósofos contemporâneos se interessassem por auditorias (além de reclamar sobre como os rankings de produtividade — resultado de uma cultura de auditoria no ambiente universitário — tentam medir a produção de conhecimento de sua disciplina), estariam diante dela como paleontólogos na presença de filhotes de dinossauro. O imaginário da auditoria atualiza o sonho moderno de verdade e controle na economia moral do Estado contemporâneo.

A ideia de que ondas avassaladoras de corrupção drenam os recursos do Estado e impedem seu correto funcionamento é parte fundamental no recrudescimento do sentido de crise das democracias contemporâneas.

Ao mesmo tempo, os últimos 40 anos testemunharam o surgimento de amplas redes transnacionais de ativismo político, dos "guerreiros da integridade"[1], e a ampliação do engajamento estatal na construção de sistemas e políticas de combate à corrupção e ampliação da transparência. A mobilização do medo e da ansiedade a partir da ideia de corrupção teve papel significativo na política do século XX, todavia, essa onda mais recente, que compartilha o tempo histórico com a aparente eliminação do socialismo do horizonte utópico e o fortalecimento de um governo neoliberal, veio acompanhada de uma ampla organização de movimentos sociais e do desenvolvimento e da ampliação de setores da burocracia exclusivamente para garantir a fiscalização e boa aplicação dos recursos públicos.

Contudo, a estratégia da indústria do combate à corrupção direciona o olhar para a metade vazia do copo. Instituições e atores que compõem a rede de "guerreiros" contra a corrupção enfatizam ideias de metástase e degeneração, a luta contra o mal e os sentidos de guerra (Sampson, 2010), construindo um cenário propício ao fortalecimento de pânico e cruzadas morais, mecanismos de mobilização dos valores que não costumam fortalecer a esfera pública. A metáfora da guerra à corrupção traz riscos para a vida política: "o termo sugere que qualquer coisa pode ser feita para obtenção da vitória. Não há espaço para áreas cinzas, relativismo ou o direito dos acusados, talvez erroneamente, de associar-se com o inimigo — nesse caso a corrupção" (Sousa; Hindess; Larmour, 2010, p.

---

1 O termo "novos guerreiros da integridade" é o subtítulo da obra organizada por Luís de Sousa (Sousa; Hindess; Larmour, 2010) e deriva da pesquisa de Steven Sampson (Sampson, 2005; 2010). A ideia faz referência aos atores sociais (agência e ONGs) que trabalham no combate à corrupção, identificando uma certa ironia no fato de que o desenvolvimento de uma indústria de campanhas anticorrupção, um certo "anticorruptionism" que nem sempre oferece proteção aos oponentes dos casos de relação entre política e crime, produz mais vigilância e policiamento sem garantias efetivas de melhores formas de governo. No texto, uso o termo para enfatizar o problema moral da metáfora da guerra no campo democrático e para me referir aos interlocutores das agências públicas de controle, especificamente os organizadores e participantes das mobilizações anticorrupção no Brasil do período estudado.

3). Aqui, percebemos dois problemas específicos da atual sensibilidade à corrupção: (i) a percepção (resultado de formas culturais) da corrupção pode se tornar mais aguda quando se ampliam os sistemas de controle e (ii) o excesso de tematização não garante a diminuição das práticas de desvio. A partir de uma sociologia geral do crime, podemos apontar ainda para outros problemas mais fundamentais: primeiro, como forma de desvio, a corrupção é um fato social recorrente, de modo que podemos afirmar que corrupção e projetos anticorrupção são aspectos regulares da política estatal; segundo, as tecnologias de corrupção evoluem a partir dos projetos anticorrupção ou das tecnologias de controle. O incômodo que esses pressupostos causam e a possibilidade de serem tomados como defesa de práticas de desvio de recurso público demonstram que o aparato de combate à corrupção é ordenado no plano da moral. Seriam as formas altamente racionalizadas do gasto público e controle "resolvidas" no plano da moral?

Independentemente das redes de segredo, das práticas de desvio e do efetivo de seus montantes, a corrupção tem uma vida própria ou um caráter produtivo: mobiliza sentidos morais que, numa perspectiva eliasiana, amplia a relação de figurações que compõem a figuração maior do Estado. Essa centralidade da mobilização de valores na organização do Estado e o cotidiano da política nos levam a perceber a necessidade de compreender como normas e obrigações são empregadas para relacionar recursos públicos e bem público; e como se sustentam ou desenvolvem as operações entre regras econômicas e princípios de justiça, dignidade e respeito (Fassin, 2009, p. 6). Esse conjunto de processos compõe uma economia moral: um sistema de "produção, distribuição, circulação e uso de sentimentos morais, emoções e valores, normas e obrigações no espaço social" (Fassin, 2009, p. 16).

Neste artigo, analiso a experiência e os dilemas morais de um grupo específico de agentes que é central para a economia moral do Estado contemporâneo: os auditores públicos das áreas de controle e gestão. Para Herzfeld, "toda ação burocrática afirma a teleologia básica do Estado" (2016, p. 43). Essa ideia precisa de uma maior fundamentação sociológica, mas proponho pensar em uma versão suavizada com funções heurísticas: as ações burocráticas apontam ou indicam o sentido do projeto estatal, o mundo que está por ser construído. Os valores da transparência e da anticorrupção informam esse projeto na contemporaneidade, sendo necessário, portanto, compreender a composição de valores que orienta o trabalho cotidiano das políticas de combate à corrupção, o imaginário burocrático (Gupta, 2012), evitando o terreno do pânico moral produzido pela mídia, do discurso normativo (transnacional e homogeneizante) dos "guerreiros da integridade" e de agências classificadoras de risco. Como os dados vão mostrar, os rituais burocráticos e, especificamente, as técnicas de auditoria, marcadas por lógicas e práticas da produção científica, não impedem que cruzadas e escândalos produzidos no mundo da política afetem a gramática moral da burocracia. O imaginário da auditoria está em permanente relação com a moral dos guerreiros da integridade. Portanto, analisar a experiência das práticas de auditoria, bem como a subjetividade política dos auditores, permite compreender, de forma privilegiada, as rotinas de produção e legitimação dos valores que organizam o Estado e como interagem rotinas técnicas e o espírito da guerra à corrupção.

Após uma breve discussão sobre a cultura de auditoria, o artigo tenta apresentar os dilemas morais que compõem o imaginário burocrático das auditorias a partir de um conjunto de 32 entrevistas feitas com auditores públicos (de controle interno e externo), no período de 2014 a 2016[2], sobre os valores que organizam o cotidiano de seu trabalho. Com isso, procuro demonstrar uma virada nos sentidos e experiências de auditar, o "além da fiscalização", que relaciono com um projeto mais amplo de encantamento da burocracia e do Estado.

---

2 Como alguns auditores não quiseram ser identificados, todos os nomes foram substituídos. Do conjunto, nove entrevistas foram realizadas pelas bolsistas PIBIC: Keliene Bezerra e Idayane Gonçalves Soares. As questões se referiam a aspectos da formação e trajetória dos auditores, descrição e organização das principais atividades realizadas no trabalho, suas dificuldades e pontos positivos.

Cultura de auditoria

"Quando eu cheguei aqui, [na auditoria]
não tinha esse glamour de hoje"

[AUDITOR DE CONTAS PÚBLICAS PRÓXIMO DA APOSENTADORIA]

A noção de cultura de auditoria (Strathern, 2000; Shore, 2009; Shore; Wright, 2015) busca dar conta da constelação de sentidos e práticas que se estabelecem quando se fortalece o exercício do poder através de números, técnicas de ranqueamento e avaliação com fins de responsabilização (*accountability*). Ainda que a tentativa de mensurar as relações sociais como forma de controle das populações não seja algo novo, o que autores como Strathern (2000) e Shore (2009) destacam é a escala com que essas formas de organização e compreensão da realidade se estabeleceram para qualquer atividade da vida social, de modo a parecerem formas naturais de solução para todos os tipos de problemas de gerenciamento ou organização. Ao avançar por diversos espaços da vida social, esses processos de mensuração e ranqueamento próprios do mundo financeiro formam uma lógica de governo através dos números, privilegiando a competição sobre a cooperação, produzindo sujeitos dóceis e autoadministrados (Shore; Wright, 2015). Em outros termos, as lógicas e práticas de auditoria funcionariam como tecnologias políticas que introduzem e naturalizam formas liberais de poder (Shore, 2009).

A partir dessa breve apresentação, percebe-se que a ideia de uma cultura de auditoria se refere a um conjunto de experiências mais amplo que o trabalho dos auditores, englobando todo o complexo de atividades que produz os diversos sistemas de avaliação e ranqueamento. Para além das rotinas de auditoria, o conceito busca dar conta da ascensão de uma pluralidade de atividades que tem em comum uma lógica de regulação baseada em formas de responsabilização e transparência, prometendo a minimização do debate político em favor de soluções técnicas e administrativas. É um tipo de regulação que surge da crença de que quanto mais "dados", melhor será a organização da vida social, tornando desnecessárias as disputas. Além de prometer o fim do caráter agonístico das decisões políticas, as auditorias também se tornam um modelo importante porque encarnam de maneira clara um novo tipo de ética em que "o financeiro e o moral se encontram" (Strathern, 2000), apresentando um caminho para os problemas de justificação moral do capitalismo.

Se pensarmos na auditoria como um modelo de resolução de problemas, podemos entender por que ela representa tão bem os ideais da forma de governamentalidade em ascensão (Shore, 2009). Trata-se de um processo de verificação que propõe uma composição e um ritual claros: um objeto bem definido (as demonstrações financeiras); a independência da matéria que está sendo auditada; a exigência de um trabalho baseado em evidências; a garantia de que a expressão de um diagnóstico será baseada exclusivamente nas evidências e nos documentos coletados (Power, 1997, p. 5). Imaginando que esses processos devem ser organizados de modo que possam ser checados e reproduzidos em qualquer situação, temos que as auditorias são uma tradução do *ethos* científico para o tratamento dos desvios financeiros. Também precisa ser destacado que um dos objetivos principais da auditoria é a internalização da regulação: quando as instituições e seus agentes passam a incorporar em seu cotidiano o papel do auditor externo (Power, 1997, p. xviii). Ou seja, este é um conjunto de atividades mundanas que carregam um desejo que, ainda que o termo não agrade seus praticantes, podemos chamar de "revolucionário": transformar pessoas e instituições; indicar formas objetivas, verdadeiras e justas; e eliminar ambivalências e embates políticos. É muito difícil pensar em atividades que ainda guardem a razão moderna em tão perfeito estado de conservação.

Quando Power (1997, p. xii) afirma que a ideia de uma sociedade de auditoria sugere também uma "patologia da verificação excessiva", ele consegue apontar, de modo claro, um aspecto que não só distingue claramente entusiastas e críticos da auditoria, como também revela seus limites. Para os primeiros, não faz muito sentido pensar em excesso, pois as forma de mensuração e controle levadas adiante pelas auditorias garantem melhoria de performance, ganhos financeiros e fortalecimento do bem público (no caso das auditorias públicas). Por sua vez, os críticos enfatizam como a verificação excessiva dilui as bases de confiança e direciona todas as atividades para os objetivos especificados pela auditoria. Ao mesmo tempo, também argumentam que esses sistemas só conseguem observar ou medir aquilo para que foram projetados, sendo inerentemente "estreitos e inflexíveis, incapazes de tornar visível qualquer coisa diferente, nova ou criativa" (Winthereik; Jensen, 2017, p. 253). A verificação excessiva é uma patologia porque se torna uma compulsão: o desejo permanente de melhorar o funcionamento dos sistemas ameaça as bases da confiança e da solidariedade dos grupos. Uma parte significativa da crítica à cultura de auditoria vem da experiência nas universidades, onde as atividades de aprendizagem, o debate crítico e a convivência precisam se submeter aos rankings e às noções de qualidade impostas pelos critérios inspirados na contabilidade e no mercado.

Desse modo, o uso antropológico da noção de cultura de auditoria aponta para os seguintes problemas: (i) um caminho de controle das instituições baseado na comparação entre instituições e indivíduos muito diferentes; (ii) o direcionamento das atividades para as medidas pelas quais sua performance será julgada (Shore; Wright, 2015); (iii) o uso de valores baseados na contabilidade das corporações e mercados financeiros com a marginalização de outros valores como meios de vida sustentáveis, direitos trabalhistas, identidade cultural e justiça social (Brown; Dillard, 2015, p. 2).

Os críticos do conceito afirmam que falar em "cultura de auditoria" encobre as tensões e oposições entre os atores sociais, a diversidade de agendas e os tipos de auditorias (Winthereik; Jensen, 2017), apresentando uma lógica coesa e consistente que não existe na prática. O argumento se expande para chamar a atenção para o fato de que as auditorias também têm o potencial de produzir formas mais justas de organização e distribuição de recursos. Nesse sentido, a ideia de cultura de auditoria precisaria ser submetida, pelas etnografias, à diversidade de contextos institucionais locais e aos experimentos produzidos pelos membros das diversas organizações, principalmente nas situações em que auditores e auditados se dão conta das inconsistências e indeterminações do sistema (Winthereik; Jensen, 2017).

Na pesquisa que fundamenta este artigo, o diálogo com a noção de cultura de auditoria é central. Os críticos têm razão ao enfatizar as indeterminações na produção das lógicas de verificação. Investigar órgãos de auditoria interna e externa, por exemplo, permite perceber diferentes lógicas de controle e percepções da transparência (Brito, 2018); do mesmo modo, critérios regionais de geração e formação dos auditores também são responsáveis por distintos rituais de produção de conformidade e virtudes. Entretanto, a experiência do campo demonstrou pontos fortes para o uso da ideia de cultura de auditoria: (i) a possibilidade de caracterização das auditorias numa constelação de práticas que dialogam com regras e modelos de avaliação transnacionais; (ii) a utilização de uma retórica da objetividade que converge na invisibilização das formas de poder (Strathern, 2000); e (iii) a aproximação entre valores da auditoria e valores de legitimação da ordem do capital (Shore; Wright, 2015).

Por ser um modelo teórico, a noção de cultura de auditoria não faz muito sentido para os atores que compõem o campo. Em uma de minhas primeiras entrevistas com um auditor de um tribunal de contas estadual, em 2014, perguntei quais eram as críticas mais corriqueiras à cultura de auditoria. Minha pergunta tinha como pano de fundo a suposição incorreta de que os auditores daquele tribunal compartilhavam da ideia de que haveria riscos na rotinização e incorporação da mentalidade da auditoria, tais como limitação das capacidades criativas dos atores e da inovação nas instituições. O jovem auditor respondeu que não sabia que haveria alguém que pudesse criticar uma coisa tão boa. E completou que isso não era coisa do Brasil, ainda estávamos muito longe desse "padrão de civilização" que seria uma "cultura de auditoria" — "É coisa da Europa, não é?". Claramente, para os nativos do campo, possuir uma "cultura de auditoria" soa como algo positivo. Essa resposta revela um ponto nevrálgico da atual percepção da auditoria e do combate à corrupção: uma desconfiança e estranhamento sobre qualquer tentativa de problematizá-las, revelando a imersão das práticas de controle e a avaliação no mundo da moral, sobrepondo os ideais de técnicas e tecnologia enfatizados pelos "nativos". Como enfatiza Michael Power (1997), vai se tornando cada vez mais difícil apresentar abertamente algum tipo de ceticismo sobre as auditorias. Diante desse quadro, tentando encontrar um posicionamento metodológico adequado para o lugar da noção de cultura de auditoria em meu trabalho, recorro à perspectiva de Olivier de Sardan (1999) ao propor uma economia moral da corrupção na África. A ideia de uma "cultura da corrupção" na África impõe uma homogeneização excessiva do modo como as práticas são percebidas e reproduz preconceitos coloniais. Ao mesmo tempo, não é possível rejeitar a pressão de formas normativas sobre os atores e o compartilhamento de códigos que promovem inteligibilidade e reconhecimento (Olivier de Sardan, 1999, p. 44). Por isso, pensar em "lógicas" é mais útil analiticamente, superando os blocos de oposição explicativa ("tudo é cultura" ou o "fator cultural" não é importante) e se referindo às "configurações normativas que influenciam as estratégias dos atores" (Olivier de Sardan, 1999). Por esse caminho, a discussão deste artigo busca contribuir para a compreensão do papel das lógicas de auditoria e do combate à corrupção na economia moral do Estado.

Abaixo estão reunidas e organizadas falas representativas de como os sentidos morais são mobilizados na apresentação que os auditores fazem de seu trabalho. A reunião se deu a partir da aproximação entre os sentidos recorrentes nas entrevistas com os aspectos teóricos da ascensão da lógica de auditoria. Por sua vez, a organização apresenta um elemento arbitrário, dado que não é possível distinguir uma ordem de relevância entre os sentidos. O modo como as perguntas foram feitas permite apenas perceber que a angústia pela dimensão da corrupção e a necessidade de um outro povo (mais civilizado) são sentimentos morais que compõem o imaginário dessa parcela da burocracia — não há como hierarquizar esses sentimentos. Mesmo sabendo dos riscos de fetichizar e desconectar as entrevistas da geografia do campo (ver: Brito, 2018), o argumento se apoiará bastante nas citações das entrevistas para retratar melhor a construção das lógicas de ordenação dos valores, mas também por causa de sua preciosidade para a memória: os auditores circulam num ambiente de produção de segredo; o gravador é pouco aceito e apenas uma pequena parcela das entrevistas é registrada.

Angústia

Os auditores, especialmente os do controle externo estadual, recorreram às noções de desconfiança (sobre a utilidade do próprio trabalho) e angústia para descrever como se sentiam a respeito do estado das políticas de controle. O fundamento racional da compreensão do mercado da corrupção, a ideia de que os desvios se desenvolvem para superar as estratégias de controle, aparece como um problema que traz angústia: os desvios estão sempre "se especializando", os corruptos dispõem de "muitos recursos". Essa auditora, por exemplo, apresenta essa ideia para dizer que houve um grande investimento em sistemas de informação, mas eles logo ficarão defasados:

> Do mesmo jeito que a gente evoluiu na fiscalização [...], a gente sempre fala que o corrupto também é muito mais bem preparado, mais rápido do que a fiscalização, a gente normalmente corre atrás (Luíza, 48 anos, TCE, formada em Economia).

Por saber ("os mais realistas", segundo um deles) que as formas de desvio evoluem muito mais rápido que as técnicas de controle e por terem a experiência "na ponta", muitos auditores afirmavam que estavam "perdendo a batalha". Como Luíza, outros entrevistados argumentam que as leis (tratando da Lei de Responsabilidade Fiscal) são apenas uma espécie de "formalidade", um instrumento incapaz de garantir o bom uso dos recursos, já que poucos gestores são realmente punidos. Essa noção de mera formalidade das leis aparece na própria descrição que fazem do trabalho dos auditores nos tribunais de contas estaduais, uma vez que precisam se esforçar para criar argumentos técnicos consistentes, além de estudar e se manter sempre bem-informados sobre os processos no Brasil e no mundo; e, no final, tudo será decidido por conselheiros que ocupam uma posição por indicação política. Para muitos, é difícil realizar um trabalho sério quando "as próprias regras do jogo não são sérias", quando "as raposas tomam conta do galinheiro". Essas condições adversas fazem com que alguns afirmem que trabalham no limite, sem muita esperança de que possa haver alguma mudança substancial. Para este auditor, não é possível realizar os ideais da transparência, apenas se trabalha para evitar o pior:

> Nós somos, na realidade, hoje, eu diria pela experiência que a gente tem aqui, que nós somos um órgão que evita o pior, a gente basicamente, a gente tem uma auditoria profissional [...] é tentar melhorar alguns sistemas de gestão, mas a grande parte do nosso trabalho aqui e o dia a dia dos auditores é evitar o pior, a gente tá sempre tentando fazer com que os gestores andem próximo à linha, porque na linha é muito difícil (Gustavo, 36 anos, TCE, formado em Direito).

Uma das falas mais centrais para elucidar a subjetividade política dos auditores e, principalmente, a caracterização dessa angústia recorrente no trabalho é apresentada abaixo. É a única fala de um auditor da CGU/Ministério da Transparência utilizada neste artigo, mas o seu potencial de elucidação merece o risco. O trecho faz parte de uma fala relativamente longa em que um chefe de setor resolveu me explicar o quadro geral da auditoria, sintetizando e poupando o tempo dos outros auditores presentes que, ao final, não sei se com sinceridade, afirmaram que não precisavam dizer mais nada:

Você já viu a televisão: ela é formada por diversos pixels. Quando você olha de longe, você vê a imagem perfeitamente. Se você olhar bem de pertinho, você vai ver que são milhões de pontinhos — que, obviamente, você não vai enxergar dessa forma. Eu acho que a visão da sociedade é essa visão de longe da TV, a visão do auditor é minuciosa: em cima desses pontinhos que são milhões. Quando você tem, por exemplo, um programa como o Bolsa Família que transferia 15 bilhões e foi aumentando e, em 2015, chegou a, salvo engano, 28 bilhões... Se você for levantar de forma geral o que se tem de fiscalização, o que é feito, de transparência, para quem está de fora, realmente, é muita coisa. Mas quem atua com aquilo não enxerga esse todo, enxerga uma determinada área, e você tem um montante imenso de coisas que precisam ser analisadas... E quando você enxerga isso, parece que você está nadando no sentido contrário. [...]. As políticas sociais no Brasil só têm aumentado, tanto em quantidade quanto em valor. Isso significa que há mais áreas para serem fiscalizadas e auditadas. A angústia do auditor é essa: ele vê aquele montante de recurso, parece que a gente não está evoluindo, cada dia chega mais demanda, parece que a gente não consegue evoluir na melhoria do controle, do gestor atuar. [...] A gente caminhou um passo, só que tem um caminho imenso (Leandro, MT, 35 anos, formado em Direito).

Numa leitura atual, talvez o que chama mais atenção nessa fala é a ideia de excesso de recursos para as políticas sociais no Brasil. Porém, para o presente argumento, ela tem a vantagem de descrever aspectos fundamentais da experiência do auditor: a autoimagem (alguém que possui um olhar especial e único sobre a sociedade), a missão (não permitir que haja o mínimo de desvio) e a angústia (as demandas que nunca param). Os auditores "nadam contra a correnteza", "trabalham pela sociedade", tentam ser "os olhos técnicos da sociedade" (Ivone, TCE, 53 anos), mas esta segue no sentido de aceitar ou não reconhecer a prática dos desvios. Em minha pesquisa, essa agonística é estruturante das falas dos diversos auditores, de modo que também podemos traçar grandes afinidades com o discurso dos "guerreiros da integridade" nos movimentos de combate à corrupção. Os dois grupos se colocam no papel de despertar uma sociedade que dorme enquanto está sendo roubada. Deve-se perceber, contudo, que essa angústia não se caracteriza da mesma forma para todos no campo das auditorias: a pesquisa em andamento com auditados tem mostrado que, para estes, a angústia maior é saber que "a verdadeira corrupção está solta", "está livre", mas eles não merecem confiança e precisam "pagar" realizando tarefas muito difíceis e, algumas vezes, inúteis.

Por fim, o argumento naturalizado entre os auditores de que é angustiante lidar com a corrupção revela a natureza moral do imaginário burocrático e das lógicas de auditoria. Do ponto de vista da razão científica que ordena as práticas de auditar, a aceleração e complexificação das formas de desvio é um fenômeno natural, o próprio objeto dessa atividade. Pelo apelo moral do tema da corrupção, costuma-se aceitar que também se fale em angústia, mas a tessitura do argumento é a mesma daquela de uma médica que se angustia porque as pessoas continuam adoecendo ou de uma socióloga que está "perdendo a batalha" para as mudanças na vida social. Não faria sentido tratar essa angústia como um erro ou problema. Não pretendo argumentar que o julgamento profissional dos auditores está incorreto, mas que sua prática possui fundamentos morais e não são resultado de uma organização científica dos dados da experiência. Também precisa ser acrescentado que essa angústia pode ser uma força poderosa ao separar os auditores da indiferença produzida pela burocracia (Herzfeld, 2016).

Para além da fiscalização

Auditores e auditoras fazem referência aos imperativos morais de sua prática por meio da ideia de que se esforçam no trabalho por motivos "de consciência" e "de compromisso" que, ainda que não ofereçam as garantias necessárias, são fundamentais para fazer com que não desanimem e continuem na batalha contra os desvios. Uma das formas de se engajar nesse trabalho é combatendo a linguagem rebuscada que impede a compreensão do trabalho da auditoria. Nesta outra fala de Luíza, podemos perceber uma descrição da natureza do trabalho e o tipo de compromisso moral que ele impõe:

> Fiz o concurso e, quando fui chamada, estava gestante. Eu lembro que o meu chefe, para me poupar porque eu tava para ter menino, me deu uma impressora matricial pra fazer impressão dos relatórios. Não tinha uma letra, só tinha números! E eu, verdinha, fazia: Aí, (respira fundo) isso quer dizer o quê? Eram várias colunas com vários números (risos). E só depois que eu comecei a entender o que era. Eu entendi que nós somos os olhos da sociedade; porque

> se eu der isso para uma pessoa, como eu quando eu cheguei... Eu não entendia nada daquilo ali na prática, só entendia na teoria, mas na prática, não. A gente tem obrigação de evidenciar isso daqui. A questão da linguagem é como é que a gente deixa mais fácil. Essa história de linguagem rebuscada, isso para mim é ultrapassado demais (Luíza, 48 anos, formada em Economia).

A linguagem rebuscada foi diversas vezes apontada como um problema do trabalho de auditoria, um elemento do passado que precisa ser modificado. Nas entrevistas realizadas em 2014, havia muitas críticas ao trabalho da auditoria e ao fato de que alguns tribunais e colegas não estavam acompanhando as mudanças que vinham ocorrendo na auditoria no mundo. A opinião era que ainda havia uma grande centralidade da lógica de fiscalização, um foco antigo em apenas "conferir notas fiscais", quando a auditoria já possuía ferramentas para ir muito além tanto em termos de diagnósticos quanto de proposições. Hoje, esse argumento não se apresenta da mesma forma, especialmente porque já existe uma concordância muito mais profunda de que o paradigma da fiscalização não é central. Entretanto, é importante perceber o movimento de transformação dos sentidos da auditoria no Brasil. Essas percepções ajudam a demonstrar como a economia moral do combate à corrupção é situada, permitindo que se perceba o processo de incorporação dos valores da cultura de auditoria à burocracia nacional. As falas abaixo explicam essas diferenças entre projetos de auditar:

> Infelizmente, muito do trabalho hoje é, vamos dizer, punitivo. A gente sabe o que tá errado. A gente não precisa, assim, necessariamente procurar porque a gente sabe que está errado. E a gente não consegue, muitas vezes, combater isso, muitas vezes o que a gente queria, o que é o trabalho do auditor, é um trabalho de melhoria, né? Ou seja, eu deveria observar o processo (o processo que eu digo é alguma coisa na gestão) e dizer "olha, cara, melhora isso aqui desse jeito, melhora isso de outro jeito; isso é uma coisa nova, isso aqui você está fazendo errado; a gente tem as experiências de outros municípios e tal e lá deu certo, por que você não tenta aqui?" E na realidade não, o trabalho da gente acaba sendo muito

> punitivo, porque a gente sabe que os mesmos erros continuam sendo cometidos sempre pela administração. Infelizmente, a gente não vem conseguindo combater de uma forma muito eficaz, né, acho que também por isso a mudança de paradigma do próprio trabalho da gente, de tentar fazer esse acompanhamento e tal (Gustavo, 36 anos, formado em Direito).

> Eu vejo que o nosso dever não é só de fiscalização, mas de orientação, de forma positiva. Se isso diminui os casos de corrupção? Não podemos saber, mas é uma forma de orientar e prevenir, fazendo o que tem que ser feito (Clara, TCE, 41 anos).

> A minha visão é que, de fato a gente tem o dever não só de fiscalizar, mas também de orientar. E essas orientações elas são feitas através de treinamentos. Aqui ou nas próprias diligências, a gente tem a condição de pensar na dificuldade de um gestor por não saber como proceder, e você vai orientar o procedimento. E entendo que isso é muito positivo. Se é assim, se isso, de fato, tem minimizado, diminuído, os casos de corrupção, não posso te afirmar. O que eu posso te afirmar é que estamos atentos e de olhos bem abertos para que no menor direcionamento no sentido da corrupção nós estejamos lá pra fazer o que deve ser feito (Fabrício, TCE, 33 anos.

Esse conjunto de falas representa o que em 2014 era um dilema entre auditores jovens e antigos. Os mais jovens e, especialmente, aqueles que conseguiam estabelecer mais conexões com redes de formação e intercâmbio de auditores afirmavam que o trabalho tinha mudado: "não é mais só fiscalização". No contexto de complexificação das atividades burocráticas, o imperativo da auditoria se volta para a construção de um caráter superior ao que antes era "apenas fiscalização", se voltando para o aperfeiçoamento dos processos e do diálogo nas instituições auditadas. As novas práticas e demandas que "superam" a antiga lógica de fiscalização surgem como instrumentos importantes para a construção da imagem de relevância dos auditores e de sua necessidade para a ordem administrativa. A aplicação de "regras" e "prazos", junto com as "cobranças" que caracterizam a fiscalização, continuam sendo vistas como ações necessárias (na medida em que diminuem as margens de desvio e garantem um sentido forte de observação e concordância sobre o que deve ser feito).

No entanto, os auditores entrevistados apontavam para o fortalecimento de um novo sentido, muito superiora às atividades de fiscalização: a definição de prioridades, a orientação qualitativa sobre o que deve ser feito e as maneiras de produzir processos de mudança e qualidade. Um auditor do tribunal de contas definiu essa mudança nas expectativas da auditoria como a diferença entre os papéis de um legista e de um clínico geral. Antes, o papel do auditor era avaliar ações já realizadas: "você via quando já tinha passado, fazia uma necrópsia, hoje, assim como um clínico geral, o auditor acompanha e orienta" (Armando, TCE, 48 anos).

É evidente que essa nova lógica de auditoria amplia os poderes de ação dos auditores no campo da burocracia (Brito, 2019), mas aqui interessa destacar os valores que permitem uma lógica de aproximação ao sentido de bem público: ao se abandonar as formas de punição estrita para as lógicas de orientação e diálogo. No caso dos auditados[3], a ideia de que haveria uma nova forma de auditoria baseada no diálogo produz risos. O que lhes parece novo é o aumento na quantidade de trabalho, além do excesso de detalhes e requerimentos.

Outro povo

Ao descrever as causas da corrupção, os auditores entrevistados articulam um conjunto de explicações baseado nas características do Brasil que possuiria uma cultura da corrupção e seria pouco civilizado, além de um excesso de política. É interessante notar que, geralmente, esses profissionais são muito cautelosos em suas explicações, sempre tentando demarcar o que seu conhecimento técnico lhes permite afirmar. Nesse caso, a "cultura da corrupção" aparece como uma explicação válida, baseada no conhecimento desenvolvido pela experiência. Nas palavras do auditor André, temos:

---

3 Pesquisa em andamento: "Transparência e Responsabilidade: análise da experiência dos auditados na construção da economia moral da corrupção" (CNPQ/ Processo: 314742/2020-4).

> Acho que as estruturas atuais já são bem fundamentadas, só precisam ter efetividade técnica e menos política. Ainda existe pouca participação pública. Eu percebo que a população tolera a corrupção e normaliza os casos de corrupção. Sempre se desenvolvem estratégias de mais corrupção. Quando a gente atua muito de uma mesma forma, normalmente, ela é regularizada e surgem desvios em outros lugares porque a nossa cultura é de corrupção. Então, temos que parar de aceitar a corrupção, se não fazem aqui, surgem outros lugares, outros caminhos. Se você fecha um caminho, criam-se outros. É uma cultura de tolerância à corrupção por parte da sociedade. Eu não vejo num horizonte de curto prazo uma mudança (André, TCE, 38 anos).

Apesar dos grandes avanços técnicos e do empenho dos órgãos de fiscalização, a tolerância à corrupção permanece e os desvios estariam normalizados: os gestores acreditam que ser processado faz parte da vida política e que os eleitores não se importam com a avaliação das contas de seu candidato. A cultura dos gestores, especialmente dos mais antigos e de regiões distantes ("o Brasil profundo"), seria marcada por formas arcaicas de administração, organizada em torno de lealdades tradicionais e troca de favores, representando o modelo de Estado a que as auditorias se opõem. Aqui, emerge o conflito entre instituições que formam profissionais a partir de princípios internacionais de eficiência e um caráter nacional displicente, despreocupado com as regras e com o bom uso do dinheiro público. Nesse discurso, os gestores "são assim", mas permanecem desse modo por causa do "povo que não fiscaliza" e "nem se importa". Na verdade, as pessoas costumam votar nos piores candidatos:

> Isso não tem mais jeito. Só tem jeito se você educar as crianças desde cedo. Eu conheço prefeitos que são honestíssimos — são poucos, é verdade... Mas, quando você chega na cidade dele, a cidade é um brinco. Com os poucos recursos que ele tem, tudo é bem-feito. Não tem nada de luxo, mas tudo é bem-feito. A escola tá lá: tem um onibusinho, tem as turmas. Ele sai de lá, entra humilde e sai humilde. Não cresce nada no patrimônio, não compra um carro a mais, nada disso. Ele não é eleito de novo! Não, quem é eleito é um vigarista no lugar dele, um que promete mundos e fundos. E promete dar emprego para todo mundo (Aldo, TCE, 53 anos).

A corrupção crônica posiciona os auditores numa "luta" ou "batalha". Não há dúvida de que há virtude nos guerreiros, mas o problema é que só isso não é suficiente. Uma vez que a capacidade técnica já está estabelecida, é preciso haver um povo que participa e garante a efetividade do combate à corrupção. O "povo" que se espera e deseja precisa ser "sério", "educado", "civilizado". Nesse projeto/projeção de "povo" (necessário ou esperado), é possível perceber que diagnóstico fazem sobre a população realmente existente. Em outros termos, a partir do que lhes parece estar faltando, sabemos como percebem o "povo": sem educação, sem civilidade, sem ética. Nesse ponto, em meio a tantas novas tecnologias e atualizações das lógicas de controle, retorna uma imagem da população herdada da experiência colonial. O desconforto com as qualidades morais do povo que caracteriza as elites nacionais vai ganhando novos contornos com a emergência e incorporação de uma nova ética global de combate à corrupção (Sampson, 2005). Abaixo, duas visões de caminhos para o problema da corrupção no país que exemplificam essa discussão:

> Eu preciso de gente que me ajude a acompanhar, eu preciso de gente que denuncie, eu preciso de gente que faça acontecer, eu preciso de gente séria nesse país. Não que a gente não possa viver as coisas com bom humor, mas a gente tem que fazer as coisas com seriedade. E a transparência, pra mim, veio pra isso (Álvaro, TCE, 36 anos).

> Para mim, só a educação resolve isso. Educação maciça para todo mundo. Aula de ética para criança, aula de economia financeira para criança, aula de convivência social para ela saber que a vida não é matar ou morrer. Isso direto, para que a gente construa um cidadão. Eu não quero ninguém esperto, não. Eu acho que deve ter pessoas que têm o direito de lutar e conquistar o que quer. Mas tem que ter convivência para saber que a vida não é isso (Ivo, TCE, 58 anos).

Aqui, muitos concordam com a ideia de que a educação seria o caminho para construir o povo necessário. Não há exatamente uma descrição de que tipo de educação é essa, fala-se na compra de equipamentos para escola, nos recursos de modo geral, mas não há qualquer definição do tipo de educação que poderá produzir o povo que o Brasil precisa. Uma auditora diz:

> Educação e fiscalização seriam o importante para mudar o país, pra ajudar na fiscalização a população tem que ter conhecimentos, educação geral, civilizada... Tem a ver com a família, com a formação de pessoa honestas, íntegras, a forma como se dá o início da educação, formando pessoas que formarão o país, que farão o vestibular, viver a concorrência do mercado de trabalho... Acho que tem alguma coisa de errado com a educação, desde casa até a escola, que não nos prepara para a vida social (Vânia, TCE, 35 anos).

A educação garante as condições para que o povo fiscalize, única possibilidade de se dar conta da pluralidade de casos de desvio. Por esse caminho, vai se formando uma ideia de participação como fiscalização:

> Então, um dos grandes problemas é essa responsabilização dos gestores, porque recuperar um dinheiro é mais difícil ainda, aí isso desanima. Então, existe algumas alterações lá dentro que precisam ser feitas. Mas, enquanto isso não chega, aí eu acredito que é só mesmo com uma maior fiscalização e engajamento da população, nem que seja pra gerar o constrangimento e denunciar em outros órgãos (Sávio, TCE, 37 anos).

> É fundamental a participação popular. Eu digo sempre assim: não é o gestor do órgão de fiscalização que é fundamental, fundamental é o controle social. A sociedade ela entender que os órgãos públicos se movem para ela, por causa dela. E o que ela demandar a gente tem que se preparar para atender. Porque se a gente ganha dinheiro, é a sociedade que paga, eu me pago, você me paga. A gente tem que buscar sempre dar resposta, ou não tem sentido ter uma estrutura dessas, se não dá resposta (Luíza, TCE, 48 anos, formada em Economia)

O encontro desses aspectos diversos — educação, formação ética, participação e fiscalização — vai compor o sonho da auditoria, como descrito por uma das entrevistadas abaixo. É interessante notar que a atividade de fiscalizar volta a ser valorizada, mas como uma obrigação da população:

> Porque hoje a informação tá aqui! [aponta para o celular] Tá aqui! Hoje, nas redes sociais, as pessoas dizem: "olha, a prefeitura recebeu um lote de carteira escolar". O que a gente pode fazer, e que era um sonho da auditoria? Chegou um carregamento de carteiras, nós vamos lá ver o carregamento da carteira. Nesse sentido, é como se você fosse de trás para frente. Antigamente, a gente olhava a licitação, depois o contrato, a compra, depois que via a carteira. Agora não, quando ela chegou, o cidadão pode tirar uma foto e mostrar: chegou um carregamento de carteira. Como foi que ele comprou? Aí a auditoria vai ver: cadê a nota fiscal? Cadê o contrato? Teve indicação? De onde veio esse dinheiro? Esse dinheiro era para isso mesmo (Olga, TCE, 48 anos).

Percebemos que a descrição da cultura da corrupção como um dos empecilhos ao combate à corrupção tem o efeito duplo de produzir um diagnóstico da nação e o "sonho" dos que auditam, suas utopias. Como já foi demonstrado (Olivier de Sardan, 1999), o discurso da cultura da corrupção, geralmente aplicado às periferias do sistema global, mobiliza elementos da ordem colonial. Há muito esforço dos positivismos em tentar convencer que os índices de percepção de corrupção permitiriam o conhecimento objetivo da corrupção, tentando apagar o fato de que o que está sendo avaliado é o grau de inferiorização e dominação cultural ou, no máximo, a aderência às convenções do capital. Desse modo, a ideia de cultura da corrupção utilizada por parcelas da burocracia brasileira não pode ser entendida como um diagnóstico social a partir de bases objetivas. Antes, seu uso é resultado do lugar dos burocratas numa figuração de poder desigual, uma estratégia de deslocar o questionamento sobre o funcionamento do sistema, culpando suas vítimas. Associar "povo" e "cultura da corrupção" atualiza os mecanismos de hierarquização do evolucionismo e proporciona um modelo de justificação moral da desigualdade: as pessoas se tornam culpadas por criar estratégias para obter bens necessários à sobrevivência.

Em geral, as falas apresentam uma posição de submissão aos interesses do "povo" e, ao mesmo tempo, lhe nega a existência: é preciso um povo completamente diferente, novo, cultivado desde muito cedo com “aulas de ética” e “moral e cívica”. Em conexão com o imaginário burocrático brasileiro, a lógica de auditoria também apresenta afinidades com a ideia de produzir um outro povo e civilizar a nação.

Novos rumos da auditoria

A experiência dos entrevistados permite perceber os dilemas morais que afetam as rotinas de auditoria: (i) o conflito entre o desejo de combater todos os desvios e o reconhecimento de que a corrupção não tem fim; (ii) a tensão entre agir pelos sistemas antigos de punição e a tentativa de propor um diálogo como forma de resolver problemas da administração; e (iii) o problema de trabalhar para o bem comum enquanto o povo prioriza interesses particulares. Esse conjunto de dilemas mobiliza ideias distintas do que é correto e justo para a vida pública e termina por revelar a natureza da tensão entre os sentimentos morais que organizam as práticas de auditoria. Parte dessas tensões deve estar presente em outros setores do campo burocrático, mas cabe destacar aqui como a auditoria, em particular, responde diretamente às projeções utópicas do Estado moderno quando assegura um método (equivalente ao método científico) de ação. A partir das lógicas de auditoria, se procura garantir que: o conhecimento “técnico” e especializado prevaleça; e que práticas e valores estejam sempre “evoluindo” em consonância com os interesses do Estado. Como outros setores da burocracia, a auditoria se apresenta como um conjunto de práticas que sempre supera as mais antigas, e é a melhor possibilidade de solução das dificuldades de cada momento.

Auditoras e auditores se tornaram muito importantes para a economia moral do Estado contemporâneo. Além de garantir tecnologias sempre atualizadas de produção da objetividade, também constroem um espaço capaz de rotineiramente associar princípios de justiça e dignidade às atividades econômicas. Com a expansão das lógicas de auditoria pública, são produzidos, distribuídos e circulados importantes sentimentos morais (combate ao mal e à injustiça, punição dos corruptos, salvação dos bárbaros em seus rincões etc.) que prometem revitalizar as normas e fortalecer os valores compartilhados. O exemplo de como o trabalho da auditoria (i) associa recursos públicos a bem público (no sentido geral) e (ii) justifica ações particulares como a melhor associação entre os polos econômicos e moral pode ser visto no tratamento da educação. Tome-se todas as dificuldades do sistema educacional em produzir igualdade, as disputas sobre o melhor tipo de educação para esse fim como o problema e, especialmente, o subfinanciamento crônico desse setor. A lógica de auditoria simplifica a questão a partir da ideia de eficiência e fiscalização dos gastos: se a população fiscalizar, como se deve fiscalizar a chegada das cadeiras, o sonho do controle estará mais próximo. No terreno da justificação, a lógica da auditoria presta um serviço importante ao imaginário burocrático e ao Estado: retira da agenda a questão de como os baixos investimentos na educação reproduzem desigualdade para colocar em foco os problemas da fiscalização e propor caminhos que não são necessariamente acordados pelo debate no campo da educação. Há muitas variações para o tema da substituição da política por soluções técnicas.

O sentido geral desse processo em que auditoria e quantificação permitem o fortalecimento da lógica neoliberal já é bem definido pela ideia de cultura de auditoria (Strathern, 2000; Shore; Wright, 2015). Esse modelo teórico permite perceber que, apesar das distintas lógicas de auditoria (produzidas da tensão entre lógicas internacionais de avaliação e gramáticas morais nativas organizadas a partir do governo da desigualdade) e dos dilemas a respeito dos sentidos de povo, público e bem público, está em formação um ideal de práticas burocráticas que vai além do trabalho de fiscalização financeira ou verificação de conformidade com as regras. Esse novo ideal do Estado busca justificar moralmente suas ações por meio de valores que se opõem à frieza e indiferença que lhe são normalmente associadas.

A experiência apresentada também traduz um quadro dos valores burocráticos muito distante dos sentidos de distanciamento e frieza que normalmente lhe são atribuídos. O imaginário da auditoria produz operações de encantamento das práticas do Estado ao enfatizar como a produção de trabalhos técnicos encerra dilemas morais da nação. Desse modo, a angústia ou luta para transformar uma sociedade pouco civilizada é também o relato de indivíduos que se destacam pela capacidade de altruísmo num país marcado pelo vício e desvio. O zelo técnico se associa a compromissos e imperativos para produzir um sentido quase messiânico de possibilidades de transformação e civilização do país. Diante da impossibilidade de se confiar na política e nos políticos, auditoras e auditores também assumem a tarefa difícil de orientar o povo e os outros segmentos da burocracia estatal sobre gastos e gestão, além de sugerir novos caminhos para o investimento e solução de problemas. Quando a auditoria começa a ouvir os auditados, não faz mais sentido criticar a ampliação da desconfiança no ambiente de trabalho ou dizer que auditados são impedidos de encontrar soluções distintas daquelas pensadas pelos auditores. A ideia de diálogo, ao se sobrepor à mera fiscalização, faz com que as reticências ao processo de auditoria comecem a parecer confissão de culpa, ajudando na criação de uma divisão entre puros e impuros, honestos e corruptos, que só pode fortalecer uma imagem positiva dos auditores. Além disso, diante dos outros segmentos da burocracia, especialmente daqueles que têm poder de polícia, enfocar a capacidade de diálogo e negociação é importante, já que a produção de acordos e consensos políticos tem sido muito limitada. Nesse sentido, quando as auditorias deixam de simplesmente fiscalizar os gastos e começam a "dialogar" e orientar as ações estatais no sentido da produção de eficiência associada à integridade e transparência, sua importância no imaginário burocrático e, consequentemente, na economia moral do Estado é ampliada de modo significativo.

Conclusão

A partir de entrevistas realizadas com auditores públicos entre 2014 e 2016, o artigo buscou demonstrar um conjunto de mudanças que vinham ocorrendo nos sentidos e no imaginário da auditoria. De modo geral, o modelo centrado na prática de fiscalização vai cedendo lugar a um projeto que incorpora e mobiliza sentimentos morais de combate à injustiça, punição dos corruptos e civilização do país. A articulação desses sentimentos aos ideais de objetividade técnica e rejeição da política contribui para o encantamento do imaginário burocrático e coloca as lógicas de auditoria numa posição de destaque para a economia moral do Estado.

REFERÊNCIAS

ANECHIARICO, Frank; JACOBS, James. *The pursuit of absolute integrity*: How corruption control makes government ineffective. Chicago; Londres: University of Chicago Press, 1996.

AVRITZER, Leonardo et al. *Corrupção e Sistema Político no Brasil*. Rio de Janeiro: Civilização Brasileira, 2001.

BEAR, Laura; MATHUR, Nayanika. Remaking the Public Good: A New Anthropology of Bureaucracy. *The Cambridge Journal of Anthropology*, v. 33, n. 1, p. 18-34, 2015.

BRITO, Simone. Estados imaginados e novas virtudes: notas sobre a construção das políticas de transparência e combate à corrupção. *Horizontes Antropológicos*, v. 24, p. 25-52, 2018.

BRITO, Simone. Menos política, mais eficiência: uma análise sociológica das práticas de auditoria e produção de sentidos morais no campo burocrático. *Revista Brasileira de Sociologia*, v. 7, p. 215-234, 2019.

BRITO, Simone. Para além da técnica: experiência moral e combate à corrupção em processos de auditoria pública. *Política & Trabalho*, v. 46, p. 49-69, 2017.

BROWN, Judy; DILLARD, Jesse. Opening Accounting to Critical Scrutiny: Towards Dialogic Accounting for Policy Analysis and Democracy. *Journal of Comparative Policy Analysis: Research and Practice*, v. 17, n. 3, p. 247-268, 2015.

CHRISTENSEN, Lars; CORNELISSEN, Joep. Organizational transparency as myth and metaphor. *European Journal of Social Theory*, v. 18, n. 2, p. 132-149, 2015.

FASSIN, Didier (ed.). *A companion to moral anthropology*. Oxford: Wiley-Blackwell, 2012.

FASSIN, Didier. Les économies morales revisitées. *Annales:Histoire, Sciences Sociales*, v. 64, n. 6, p. 1.237-1.266, 2009.

FERGUSON, James; GUPTA, Akhil. Spatializing States: Toward an Ethnography of Neoliberal Governmentality. *American Ethnologist*, v. 29, n. 4, p. 981-1.002, 2002

FOUCAULT, Michel. *Microfísica do poder*. Rio de Janeiro; São Paulo: Paz e Terra, 2016.

GUPTA, Akhil. *Red tape*: bureaucracy, structural violence, and poverty in India. Durham: Duke University Press, 2012.

HALLER, Dieter; SHORE, Cris (ed.). *Corruption*: Anthropological Perspectives. London: Pluto Press, 2005.

HERZFELD, Michael. *A produção social da indiferença*: explorando as raízes simbólicas da burocracia ocidental. Rio de Janeiro: Vozes, 2016.

HETHERINGTON, Kregg. *Guerrilla Auditors*: the politics of Transparency in Neoliberal Paraguay. Durham; London: Duke University Press, 2011.

IVANOV, Kalin. The Limits of a Global Campaign against Corruption. In: BRACKING, S. (org.). *Corruption and Development*: The Anti-Corruption Campaigns. New York: Palgrave Macmillan, 2007.

OLIVIER DE SARDAN, Jean-Pierre. A Moral Economy of Corruption in Africa? *The Journal of Modern African Studies*, v. 37, n. 1, p. 25-52, 1999.

POWER, Michael. *The audit society*: rituals of verification. Oxford; New York: Oxford University Press, 1997

SAMPSON, Steven. Corruption and Anti-Corruption in Southeast Europe: landscapes and sites. In: SOUSA, Luís.; HINDESS, Barry; LARMOUR, Peter. *Governments, NGOs and anti-corruption*: the new integrity warriors. London: Routledge, 2010.

SAMPSON, Steven. Integrity Warriors: Global Morality and the Anti-corruption Movement in the Balkans. In: HALLER, Dieter; SHORE, Cris (ed.). *Corruption*: Anthropological Perspectives. London: Pluto Press, 2005.

SCOTT, James. *Seeing like a State*. How certains schemes to improve the human condition have failed. New Haven; London: Yale University Press, 1998.

SHARMA, Aradhana; GUPTA, Akhil (ed.). *The Anthropology of the State*: a reader. Malden; Oxford; Victoria: Blackwell Publishing, 2006.

SHORE, Cris. Cultura de auditoria e governança iliberal: universidades e a política da responsabilização. *Mediações*, Londrina, v. 14, n. 1, p. 24-53, 2009.

SHORE, Cris; WRIGHT. Susan. Audit Culture Revisited: Rankings, Ratings, and the Reassembling of Society. *Current Anthropology*, v. 56, n. 3, p. 421-444, 2015.

SIMMEL, Georg. The sociology of secrecy and secret societies. *American Journal of Sociology*, Chicago, v. 11, n. 4, p. 441-498, 1906.

SOUSA, Luís; HINDESS, Barry; LARMOUR, Peter. *Governments, NGOs and anti-corruption*: the new integrity warriors. London: Routledge, 2010.

STRATHERN, Marilyn. The Tyranny of Transparency. *British Educational Research Journal*, v. 26, n. 3, p. 309-321, 2000.

STRATHERN, Marilyn. *Audit cultures*: anthropological studies in accountability, ethics, and the academy. London: Routledge, 2000.

WEST, Harry; SANDERS, Todd (ed.). *Transparency and conspiracy*: ethnographies of suspicion in the New World Order. Durham: Duke University Press, 2003.

WINTHEREIK, Brit; JENSEN, Casper. Learning from experiments in optimization: post-critical perspectives on monitoring and evaluation. *Journal of Cultural Economy*, v. 10, n. 3, p. 251-264, 2017.

Crise ou reparação: narrativas político-morais em torno da pensão indenizatória para crianças com Síndrome Congênita do Vírus Zika no Brasil[1]

LETÍCIA FERREIRA

No final de 2015, a epidemia do vírus zika atingiu seu pico no Brasil. Em um processo caracterizado por importantes achados científicos (Diniz, 2016a; Freitas et al, 2018), foi estabelecida a relação entre o vírus e anomalias neurológicas de fetos e bebês nascidos de mulheres que contraíram o zika durante suas gestações, dentre as quais se destacava a alteração nas medidas e na formação do crânio dos bebês, configurando casos de microcefalia. O conjunto dessas anomalias logo se revelou mais complexo do que quadros comuns de microcefalia, passando a ser designado Síndrome Congênita do Vírus Zika (SCZ), doença sobre a qual ainda tem sido produzido conhecimento inédito à medida que as crianças da chamada "primeira geração" crescem. Entre novembro de 2015 e maio de 2017, o Brasil esteve em estado de "Emergência em saúde pública de importância nacional" (Espin) em função da doença, condição à qual se somou, em fevereiro de 2016, a "Emergência em saúde pública de importância internacional" declarada pela Organização Mundial da Saúde (OMS).

---

[1] Originalmente publicado no dossiê "Moral e Política", organizado por Alexandre Werneck e Simone Brito em *Política & Trabalho: Revista de Ciências Sociais*, n. 55, jun./dez. 2021.

Enquanto a Espin vigorou, o tratamento da SCZ como problema sanitário recebeu atenção e espaço significativos não só em noticiários e meios de comunicação de massa, mas também em editais e programas de fomento à pesquisa científica exclusivamente voltados para a questão, além de iniciativas diversas e investimentos de monta por parte do Ministério da Saúde. A sistematização do conhecimento rapidamente produzido a respeito da síndrome revelou de modo incontornável sua "geografia social" (Lesser; Kitron, 2016), iluminando sua relação com o quadro de desigualdades sociais de longa duração que marca o território e a população brasileiros. O enfrentamento da síndrome, nesse sentido, não só desvendou seus elementos de problema de saúde pública, como também colocou em relevo sua inegável faceta de problema social, tornando imperativo considerar os aspectos geográficos, econômicos, raciais, étnicos, de classe, de gênero e de geração determinantes das localidades, das mulheres e das crianças específicas que ela atingiu (Nunes; Nacif Pimenta, 2016). Tratava-se, afinal, de uma doença pouco conhecida que acometia majoritariamente fetos e bebês de mulheres nordestinas, jovens, pobres, identificadas como negras ou indígenas, que em sua maioria vivenciaram sua primeira gravidez ainda na adolescência (Anis, 2017) e que contraíram o vírus porque vivem em localidades com difícil acesso à água potável, desprovidas de infraestruturas de saneamento básico e excluídas de programas de combate ao mosquito *Aedes Egypt*, vetor de transmissão da zika e de outras doenças como a dengue e a febre amarela.

A produção antropológica brasileira sobre a SCZ vem analisando com propriedade sua faceta de problema social. Trabalhos etnográficos realizados no âmbito de grandes projetos de pesquisa coletivos[2], além

[2] Exemplos relevantes são as pesquisas "Etnografando cuidados e pensando políticas de saúde e gestão de serviços para mulheres e seus filhos com distúrbios neurológicos relacionados com zika em Pernambuco, Brasil", coordenado por Russell Parry Scott na UFPE; o projeto "Microcefalia, deficiência e cuidados: um estudo antropológico sobre os impactos da síndrome congênita do vírus zika no estado de Pernambuco", desenvolvido na UnB sob coordenação de Soraya Fleischer; e as pesquisas realizadas pelo Anis — Instituto de Bioética — sob coordenação da antropóloga Débora Diniz.

de um número crescente de dossiês dedicados ao tema em periódicos indexados[3] e de coletâneas[4], têm analisado principalmente a dimensão de gênero da questão e a "discriminação interseccional" (Diniz, 2016b, p. 3) que recai sobre as mães das crianças atingidas pela doença, analisando temas como o cuidado das crianças (Fleischer, 2017; Alves, 2018; Moreira; Mendes; Nascimento, 2018; Williamson, 2018); as relações entre cuidado, maternidade e deficiência nos casos de SCZ (Scott et al., 2017); as especificidades da maternidade vivida em famílias atingidas (Alves; Fleischer, 2018); e os direitos reprodutivos das mulheres e como eles têm sido mobilizados e/ou violados no âmbito da síndrome (Carvalho, 2017; Camargo, 2016). Também as especificidades de realizar pesquisa etnográfica sobre o tema no contexto da emergência (Lira; Scott; Meira, 2017) e acompanhar itinerários terapêuticos (Scott et al., 2018), bem como de acompanhar mulheres saturadas pelo excesso de pesquisadores interessados na condição de seus filhos (Lira; Prado, 2020; Matos; Silva, 2020) foram tema de análises pungentes, que adensaram o tratamento da questão como problema de saúde global[5]. Além disso, a produção de conhecimento científico sobre o vírus esteve no foco de recente dossiê organizado por Reis-Castro, Fleischer e Segata (2020).

A reflexão aqui proposta soma-se a essa rica produção antropológica sobre a SCZ, privilegiando uma dimensão que até o momento recebeu atenção menos sistemática: sua construção e tratamento não como

---

3 Exemplos desses dossiês são: "Zika Vírus e Síndromes Neurológicas Congênitas: contribuições do/para o campo de estudos de gênero", publicado nos *Cadernos de Gênero e Diversidade* (2017); o espaço temático "Zika e gravidez", nos *Cadernos de Saúde Pública* (2016); o dossiê "Zika vírus: uma epidemia em/e seu mundo social", da revista *Interface* (2018); e o dossiê "Antropologia e as outras Ciências da Epidemia do Vírus Zika", da revista *Ilha: Revista de Antropologia* (2020).

4 Em 2020, foram publicadas as coletâneas "Micro: contribuições da antropologia", organizada por Soraya Fleischer e Flávia Lima (2020) e "Práticas sociais no epicentro da epidemia do Zika", organizada por Russell Parry Scott, Luciana Lira e Silvana Matos (2020).

5 Sobre o entendimento da Síndrome Congênita do Vírus Zika como problema de saúde global, ver Nunes e Nacif Pimenta (2016) e Ventura (2016).

problema sanitário, social ou científico, mas como problema público. Baseando-se na ideia de que uma questão ganha estatuto de "problema público" se e quando se torna matéria de controvérsias, conflitos e denúncias na arena pública, constituindo-se como problema em relação a interesses, valores e crenças manifestos na forma de indignação moral e de demandas coletivas (Gusfield, 1980), o texto resulta de uma pesquisa em andamento que entende que identificar os agentes, disputas, linguagens e gramáticas morais por meio das quais a SCZ tornou-se matéria de controvérsias e demandas coletivas no Brasil é fundamental para conhecermos como ela tem sido governada e vivida no país. A pesquisa pretende contribuir para o crescente conjunto de estudos etnográficos sobre "ativismo das vítimas" (Vecchioli; Leal, 2017; Jimeno, 2010) e que discutem as relações entre laços familiares, sofrimento e formas de mobilização social (Leite, 2004; Freire, 2010; Vecchioli, 2018; Zenobi, 2014; Arosi, 2017; Araújo, 2007). Não obstante, pretende somar-se também ao universo das análises antropológicas dos direitos e de outras tecnologias de governo que têm enfatizado sua dimensão moral e performativa (Schuch, 2009; Vianna, 2015), em especial a partir de contextos de disputa, reivindicação e luta por justiça.

O artigo propõe uma reflexão sobre a iniciativa mais recente que congregou agentes públicos e familiares de crianças atingidas pela SCZ em torno da gestão do problema no Brasil: a pensão especial mensal, vitalícia e intransferível destinada a crianças portadoras da síndrome que foi instituída em abril de 2020 pela Lei Federal nº 13.985/20. A pensão é amplamente tratada em documentos, discursos e pronunciamentos públicos de diferentes agentes como "pensão indenizatória", e não raras vezes é apresentada como análoga a seus precedentes históricos no Brasil, como as pensões especiais concedidas a: vítimas da Talidomida[6]; familiares de

6 A talidomida é um medicamento que está fora de circulação desde 1962 por ter gerado importantes malformações em crianças cujas mães fizeram uso dela durante suas gestações. Houve nascimento de crianças com essas malformações no Brasil mesmo após a suspensão da circulação do medicamento. Em 1982, a Lei Federal nº 7.070/82 instituiu uma pensão especial para pessoas nascidas com deficiência decorrente da talidomida.

vítimas fatais da hemodiálise de Caruaru[7]; vítimas do acidente do Césio 137 em Goiânia[8]; e atingidos pela hanseníase submetidos ao isolamento e à internação compulsória no país[9]. Para analisar a pensão, referências fundamentais são Matos (2018) e Scott (2020), bem como as reflexões de Lacerda (2020) sobre indenizações como políticas de direitos humanos e de justiça social no Brasil.

A análise aqui apresentada é um primeiro resultado parcial da pesquisa iniciada em janeiro de 2020, quando comecei a levantar os dispositivos legais e as iniciativas oficiais voltadas para a gestão da SCZ que vigeram no Brasil entre 2016 e 2020 a partir do *website* oficial do Congresso Nacional e de páginas do governo federal na internet. Em uma segunda etapa da pesquisa, iniciada em abril de 2020, passei também a acompanhar a atuação de algumas associações de familiares de crianças atingidas pela síndrome por meio de seus perfis em redes sociais como *Instagram* e *Facebook*[10]. Embora as trajetórias militantes de algumas das mães de crianças com a SCZ já tenham sido analisadas em artigos e dossiês publicados recentemente

---

7 Em 1996, pacientes que realizaram hemodiálise em uma clínica na cidade pernambucana de Caruaru foram vítimas de uma intoxicação hepática. Dentre as vítimas, 60 pessoas faleceram em decorrência da intoxicação. Em 1996, a Lei Federal nº 9.422/96 concedeu pensão vitalícia para os dependentes das vítimas fatais.

8 Em 1987, o manuseio de um aparelho de radioterapia fora de funcionamento gerou um acidente com centenas de vítimas diretas e indiretas, conhecido como "acidente do Césio 137" — em referência à substância radioativa presente no equipamento. Em 1996, a Lei Federal nº 9.425/96 destinou pensão vitalícia às vítimas.

9 Em 2007, a Lei Federal nº 11.520/07 concedeu pensão vitalícia às pessoas atingidas pela hanseníase e que foram submetidas à política de isolamento e internação compulsória em hospitais-colônia, que esteve vigente no Brasil entre as décadas de 1930 e 1980.

10 O recurso às redes sociais foi uma alternativa ao projeto inicial de realizar trabalho de campo na sede de algumas dessas associações, suspenso em função da pandemia de Covid-19. Desde abril de 2020, tenho sistematizado quinzenalmente as postagens em redes sociais de quatro associações de familiares de crianças com SCZ: União Mães de Anjos (UMA), Associação das Famílias de Anjos do Estado de Alagoas (Afaeal), Associação Lotus, e Associação Mães de Anjos da Paraíba (Amap). Para a sistematização das postagens, conto com o apoio das bolsistas de Iniciação Científica Beatriz Dantas (Faperj) e Victoria Peters (Pibic/CNPq).

(Pinheiro; Longhi, 2017; Matos; Lira; Meira, 2018), suas estratégias de atuação e formas de mobilização ainda não foram alvo de reflexão antropológica mais sistemática. As condições sociais de emergência da militância em torno da síndrome, sua relação com os feminismos e suas disputas com outros ativismos são aspectos apontados na literatura que merecem atenção (Matos; Lira; Meira, 2018), assim como suas formas de protesto, seus principais pleitos e de que modos acionam uma linguagem emocional em suas reivindicações. Essas são questões que pretendo analisar futuramente. Aqui, o foco central é a pensão vitalícia garantida pela Lei nº 13.985/20.

O artigo recompõe as principais etapas do processo de demanda, disputa e concessão da pensão, tratando de iluminar dois aspectos centrais do processo e da pensão propriamente dita: primeiro, seu caráter ambivalente; e segundo, as duas narrativas político-morais evocadas para justificar sua relevância, seus termos e seus critérios de elegibilidade — a narrativa da reparação e a da crise. Busco demonstrar que a pensão representa ao mesmo tempo uma conquista para as mães de crianças acometidas pela síndrome e uma derrota nos termos principais de sua concessão, disputados por essas mulheres desde 2016, e convoco a noção de desamparo (*dereliction*) proposta por Hoag (2014) para tratar dessa ambivalência. Em seguida, demonstro como o desamparo experimentado por essas mulheres se relaciona, por um lado, com características inéditas da pensão em relação a outras pensões de natureza indenizatória instituídas no Brasil e, por outro, com a consolidação da narrativa da crise, em detrimento da narrativa da reparação, como justificativa dos termos de elegibilidade e do caráter restritivo da pensão.

Os (des)caminhos da pensão

Dois âmbitos de problematização da SCZ revelaram-se especialmente dinâmicos desde os momentos iniciais da epidemia de zika no Brasil: por um lado, a elaboração de dispositivos legais e iniciativas oficiais por parte de agentes e instituições públicas atuantes em instâncias jurídicas e legislativas estaduais e nacionais, em que leis, ações diretas, medidas provisórias, projetos de lei, portarias ministeriais e editais circularam desde o final de 2015; e, por outro, o processo de reunião de mães de crianças nascidas com a doença em associações sediadas em diferentes localidades do país. Essas associações têm reivindicado reconhecimento e direitos para as crianças acometidas pela SCZ, e o foco de minha pesquisa até o momento tem sido o acompanhamento de duas de suas frentes de atuação: (1) a denúncia de dificuldades no acesso a benefícios, recursos e serviços públicos necessários para o cuidado das crianças, feita por meio de seus perfis públicos em redes sociais e de sua inserção em matérias jornalísticas e meios de comunicação de grande circulação; e (2) a apresentação de demandas por meio da interlocução direta com agentes públicos, também relatada e divulgada sistematicamente nas redes sociais das associações, além de descrita na literatura antropológica sobre o tema (Matos; Lira; Meira, 2018; Matos; Quadros; Silva, 2019; Matos; Silva, 2020).

Essas associações, como a União de Mães de Anjos (UMA), em Pernambuco, a Associação Mães de Anjos da Paraíba (Amap), a Associação de Famílias de Anjos do Estado de Alagoas (Afaeal), a Associação Filhos de Benção, atuante no Ceará, a Associação de Pais de Anjos da Bahia (Apab) e a Associação Lótus, sediada no Rio de Janeiro, têm tido atuação local desde o ano de 2016, reunindo e prestando assistência mútua a famílias de crianças com SCZ. Elas têm propiciado: redes de troca de experiências entre mães, que em muitos casos geram estreitos laços de amizade; orientação técnica e efetiva provisão de tratamentos para as crianças por meio de parcerias com profissionais e instituições de saúde; e, ainda, distribuição de doações na forma de alimentos, fraldas, suplementos alimentares e outros insumos necessários para a manutenção das crianças. Essas associações têm também se articulado em nível nacional desde julho de 2017, quando se reuniram na Frente Nacional por Direitos das Pessoas com a Síndrome Congênita do Vírus Zika (FNDPSCZ). A atuação da Frente, até o momento, centrou-se justamente no pleito pela pensão especial sancionada pela Lei Federal de abril de 2020.

O pleito pela pensão remonta a dificuldades encontradas pelas mães ainda quando seus filhos eram recém-nascidos, o Brasil se encontrava em Espin e o pouco que se conhecia sobre a relação entre o vírus e os comprometimentos neurológicos das crianças já apontava para seu alto grau de dependência e para a gravidade continuada de seus quadros de saúde. Diante das muitas necessidades dessas crianças, as agências locais do Instituto Nacional de Seguridade Social (INSS) brasileiro receberam diretrizes formais[11] para conceder o Benefício de Prestação Continuada (BPC) a essas crianças em regime de "prioridade da prioridade" (Matos; Quadros; Silva, 2019). O BPC é um programa assistencial de transferência de renda no valor de um salário-mínimo destinado à proteção de idosos e de pessoas com deficiência de qualquer idade que tenham impedimentos de longo prazo e que comprovem não possuir meios de prover a própria manutenção ou tê-la provida por sua família.

A "prioridade da prioridade" implicou marcação acelerada das perícias médica e social necessárias para a concessão do benefício, o que, importa registrar, foi matéria de indignação da parte de movimentos de familiares de pessoas com outras deficiências, que se sentiram "esquecidas" (Matos, 2018, p. 7) ou viram o andamento dos tratamentos e demandas de seus filhos impactado pela priorização de crianças com SCZ (Matos; Lira; Meira, 2018, p. 147). Além disso, o regime de "prioridade da prioridade" se estendeu para além do campo da seguridade social, tendo o Ministério das Cidades publicado uma Portaria em julho de 2016 concedendo condições especiais para as famílias atingidas pela SCZ no programa habitacional Minha Casa, Minha Vida (MCMV). Essas famílias passaram a ser dispensadas do sorteio por meio do qual unidades habitacionais da primeira faixa do programa (destinada a famílias com renda mensal máxima de R$ 1,8 mil) são alocadas[12].

---

11 Portaria nº 58, de 3 de julho de 2016, do Ministério do Desenvolvimento Social e Agrário.

12 Portaria nº 321, de 14 de julho de 2016, do Ministério das Cidades. Disponível em: https://www.in.gov.br/materia/-/asset_publisher/Kujrw0TZC2Mb/content/id/23181077/do1-2016-07-15-portaria-n-321-de-14-de-julho-de-2016-23181030. Acesso em: 10 out. 2020.

Não obstante essas condições especiais no MCMV e a marcação acelerada de perícias no INSS, não foram poucas as mães de crianças com SCZ que enfrentaram dificuldades para fazer valer seu caráter prioritário, principalmente em relação ao BPC. O regime de prioridade não alterou as exigências formais feitas pelo INSS para concessão do benefício em outros casos de pessoas com deficiência, dentre as quais destacam-se: (a) o teto de renda familiar (o BPC só é concedido a beneficiários cuja renda familiar per capita seja menor que ff (um quarto) do salário-mínimo); (b) a impossibilidade de acumular o benefício com o salário-maternidade[13]; (c) a proibição da manutenção, pelas mães dos beneficiários, tanto de vínculo empregatício formal quanto de contribuição ao INSS como "dona de casa" para garantir sua futura aposentadoria; e (d) a extinção do benefício quando do falecimento do beneficiário.

Antropólogas que analisaram a percepção das mães de crianças com SCZ em relação ao BPC (Matos; Quadros; Silva, 2019) argumentam que essas exigências formais não só tornaram muitas crianças inelegíveis ao benefício, como afetaram de modo decisivo suas relações intrafamiliares e os projetos de futuro de suas mães. Há casos de mães de crianças com SCZ divorciadas que deixaram de demandar pensão alimentícia para seus filhos para garantir que o valor de sua renda familiar não ultrapassasse o teto exigido pelo INSS, e outras que temem os efeitos da extinção do benefício quando das mortes das crianças, já que deixaram seus trabalhos para assumir o intenso cuidado demandado pelas crianças e não têm fonte de renda. Ademais, há casos de mães que tiveram o benefício negado em função da perícia social obrigatória realizada pelo instituto, que avaliou suas condições materiais de vida e mesmo características físicas de suas casas como indícios de que seus filhos não precisariam do BPC. A despeito do regime de "prioridade da prioridade", portanto, as

---

13 Salário-maternidade é o benefício previdenciário garantido à gestante, adotante ou mulher que tenha realizado aborto legal no Brasil e que contribua para o INSS. O benefício é devido durante o período de afastamento da mulher de suas atividades laborais, no prazo de vinte e oito dias antes e noventa e um dias após o parto.

famílias atingidas pela SCZ foram submetidas a uma "armadilha" apontada por estudiosos do Serviço Social (Barbosa; Silva, 2003) como característica do BPC: a "armadilha da pobreza", engendrada pelo formato do próprio benefício. Em todos os casos de concessão do BPC para pessoas com deficiência, a unidade alocadora do benefício é a pessoa com deficiência, mas a unidade de comprovação da renda requerida é a família. Todos, portanto, têm que se manter abaixo do teto de renda, consideravelmente mais baixo em relação à média aplicada em outros benefícios no Brasil (Matos; Quadros; Silva, 2019, p. 243). Essa armadilha compromete não só a manutenção das crianças e de suas casas no presente, mas também inviabiliza os futuros das mães.

Foi diante da experiência concreta de dificuldades para obter o BPC, dos efeitos perversos das exigências formais do INSS e, principalmente, com a consolidação de seu processo de reunião e interação sistemática em associações locais que as mães de crianças com SCZ firmaram a narrativa central articulada pela Frente Nacional por Direitos das Pessoas com a Síndrome Congênita do Vírus Zika (FNDPSCZ) para levar adiante o pleito por uma pensão de caráter indenizatório: "o BPC destinado à pessoa com deficiência não atende às necessidades nem às especificidades de uma deficiência que foi gerada, segundo o discurso das famílias, por negligência do Brasil em promover políticas efetivas de saneamento básico, acesso à água potável e controle do vetor da zika" (Matos; Quadros; Silva, 2019, p. 229). Nota-se, então, que assim como em outros casos recentes de indenizações concedidas no Brasil, para o caso da SCZ, uma dimensão central da pensão seria "o reconhecimento da responsabilidade do 'Estado' que legitima anos de luta [...], e também produz uma narrativa sobre os fatos e sobre a própria posição ou identidade de 'vítima' ou 'familiar de vítima'" (Lacerda, 2020, p. 265).

Quando a Frente Nacional foi criada, quatro projetos de lei propondo a instituição de uma pensão especial para as crianças com SCZ já haviam sido apresentados por parlamentares no Congresso Nacional, dois na

Câmara dos Deputados e dois no Senado Federal[14]. Os dois propostos na Câmara previam a instituição da pensão e o pagamento de uma indenização para cada família atingida; já os dois propostos no Senado previam apenas a instituição da pensão, apresentando-a como uma pensão de caráter indenizatório, proposta no sentido de "mitigar o sofrimento dessas famílias e compensar parte das dificuldades que elas terão de enfrentar" (PL nº 255/2016) ou, em outros termos, de consistir em uma "indenização parcial":

> indenização, porque foi a negligência do Estado no combate ao mosquito que nos leva a atribuir-lhe responsabilidade pelas consequências. Mas indenização parcial, porque é evidente que o ônus material e espiritual que recai sobre as pessoas e as famílias não é passível de ser devidamente indenizado por qualquer dinheiro no mundo (Brasil, 2016).

A importância de propiciar a reparação de um dano irreparável é mobilizada nos quatro projetos de lei propostos no Congresso entre 2015 e 2017. Todos apresentam a necessidade de compensar as famílias e mitigar o sofrimento que lhes foi causado por "negligência do Estado", termos que começam a aparecer com regularidade também nos pronunciamentos públicos das lideranças de associações de mães que se articularam na FNDPSCZ a partir de julho de 2017.

---

14 São eles: PL nº 3974/2015, de autoria da deputada federal Mara Gabrilli (PSDB/SP); PL nº 4187/2015, de autoria do deputado federal Pompeo de Mattos (PDT/RS); PL nº 255/2016, de autoria do senador Eduardo Amorim (PSC/SE); e PL nº 452/2017, de autoria do senador Lindbergh Farias (PT/RJ).

Entre esperanças e frustrações

Lideradas por Germana Soares, mãe de Guilherme, portador da SCZ, e presidente da associação pernambucana União Mães de Anjos (UMA)[15], em março de 2018, algumas mães foram recebidas pelo ministro Osmar Terra, então à frente do Ministério do Desenvolvimento Social (MDS)[16], e por seu então secretário-executivo Alberto Beltrame. Conforme relata Silvana Matos (2018), que acompanhou a Frente na reunião, o encontro centrou-se em três temas: demandas por reformas nos termos de concessão do BPC; o estado atual da assistência social e em saúde em diferentes localidades do país; e o pleito por uma pensão indenizatória. Dois dos quatro PLs referentes à pensão acima mencionados foram debatidos com o ministro e o secretário, e as mães saíram da reunião "com a promessa, nunca cumprida, de uma nova reunião com cinco ministérios e diversos órgãos e secretarias, incluindo o INSS, para discutir os projetos de lei, a pensão indenizatória e a reformulação dos Protocolos de saúde, assistência social, seguridade e educação" (Matos, 2018, p. 10)

Não obstante o não cumprimento dessa promessa, o processo seguiu por outros caminhos ou, como afirmou Germana Soares no *Instagram* da UMA, em 5 de setembro de 2019, "pela porta ao lado, através da Ministra Damares no Ministério da Mulher, Família e Direitos Humanos", confirmando os

---

15 A UMA é sediada em Recife e assiste famílias de todo o estado de Pernambuco. O protagonismo de Germana e da UMA na atuação de mães de crianças com SCZ relaciona-se certamente ao fato de Pernambuco ser o estado com maior número de casos confirmados de SCZ no Brasil entre 2015 e 2019. Não obstante, Germana destaca-se também por seu carisma, articulação e evidente habilidade e domínio da cena em apresentações públicas, seja em programas de televisão de grande audiência, como o antigo "Caldeirão do Huck", apresentado por Luciano Huck na Rede Globo de Televisão (que recebeu Germana em abril de 2018 em um quadro sobre "histórias inspiradoras"), seja em entrevista publicada em um respeitado periódico da área de Antropologia (Matos; Lira; Meira, 2018).

16 O Ministério do Desenvolvimento Social (MDS) foi extinto em junho de 2019 e suas funções foram então atribuídas ao Ministério da Cidadania, que havia sido criado em janeiro do mesmo ano.

achados de Lacerda (2020) quanto à recorrente personificação da administração pública em casos de indenização por violações de direitos no Brasil. Nos termos de Lacerda, nesses casos "a administração pública brasileira é objeto de um processo de personificação em que se torna não apenas possível como desejável a transformação de governos e setores de serviços públicos em 'pessoas' capazes de se responsabilizar e de se desculpar" (2020, p. 270). Precisamente nesse sentido, em maio de 2019, um seminário aconteceu no Ministério da Mulher, Família e Direitos Humanos, contando com uma palestra da própria Germana e com a presença, considerada decisiva pelas mães, da primeira-dama Michelle Bolsonaro, que desde a posse do presidente Jair Bolsonaro apresenta-se publicamente como defensora da causa das pessoas com deficiência. Conforme consta na publicação do *Instagram* da UMA, em sua fala no seminário, Germana:

> focou na negligência, nas dificuldades básicas ainda persistentes de transporte para tratamentos cedidos pelas prefeituras e TFD [tratamento fora do domicílio, necessário para crianças que vivem em cidades desprovidas de serviços de saúde especializados e que se deslocam regularmente para as capitais de seus estados], transportes públicos, acessibilidade, assistência primária na saúde, omissão na educação. A 1ª Dama (sic) se comprometeu a empurrar esse pleito juntamente com a Ministra Damares e o Ministro Osmar Terra.

Para as mães, o seminário foi fundamental para os acontecimentos posteriores, por elas muito celebrados: quatro meses depois, em uma solenidade que contou com a presença de algumas delas, de seus filhos, do ministro Osmar Terra e da primeira-dama, o presidente Jair Bolsonaro assinou uma Medida Provisória (MP) que "institui pensão especial destinada a crianças com microcefalia decorrente do Zika Vírus, nascidas entre 1º de janeiro de 2015 e 31 de dezembro de 2018, beneficiárias do Benefício de Prestação Continuada" (MP nº 894/19). A MP foi imediatamente encarada pelas mães como uma vitória e comemorada em seus perfis de redes sociais com fotografias de algumas delas ao lado de Terra e de Michelle

Bolsonaro e textos emocionados. Embora fosse também vista como incompleta e restritiva, a MP foi investida de muita esperança na possibilidade de sua implementação e também da posterior reforma de alguns de seus termos no processo que teria início a partir daquele momento: as audiências públicas no âmbito da Comissão Parlamentar mista que apreciaria a possibilidade de sanção da Medida na forma de lei. No perfil da UMA no *Instagram*, em 5 de setembro de 2019, Germana publicou:

> o BPC é uma prisão sem grades, composto por vários pré-requisitos, a família tem que ter renda de até R$ 220,00 por pessoa, não pode trabalhar, não pode ter cerâmica em casa, não pode ter eletrodomésticos considerados de luxo, como geladeira de duas portas, microondas, ar-condicionado, máquina de lavar. Carro nem pensar [...] Queríamos uma portaria mais completa, como solicitamos, pois não tem décimo terceiro, são pra crianças nascidas de 2015 até 2018, não acumula por morte e permanece com um salário-mínimo dando continuidade a situação de vulnerabilidade dessas famílias. Porém, a mãe que tiver condições poderá trabalhar. Não haverá teto máximo de renda. A mulher se quiser poderá casar sem se preocupar que a renda do marido cause a suspensão desse dinheiro. Se tornou uma pensão para casos de tragédia pública e que será pago pela União.

A esperança, contudo, rapidamente cedeu lugar a uma análise mais detida dos termos da MP e a uma intensa frustração manifestada pelas mães por meio de uma nota oficial publicada pela FNDPSCZ, dois dias após a solenidade de assinatura da Medida. A publicação de notas é uma forma de atuação acionada pelas mães também diante de outras demandas, como, por exemplo, o pleito por transparência e participação na produção e divulgação de conhecimento científico sobre a doença (Lira; Prado, 2020; Matos; Silva, 2020). No caso da MP da pensão, a nota qualificava a Medida como "restritiva e injusta" e elencava uma série de pontos problemáticos: a abrangência limitada a crianças que já recebem o BPC, excluindo portanto todas aquelas que nunca acessaram esse benefício ou tiveram seu pedido negado pelo teto de renda, além de restrita a crianças nascidas até 31 de dezembro de 2018, excluindo possíveis vítimas nascidas depois dessa data[17]; a impossibilidade de acúmulo da pensão com eventuais indenizações pagas pela União em função da mesma matéria; a necessidade de perícia médica feita pelo INSS que ateste a relação entre a condição da criança e a contaminação anterior da mãe pelo vírus, exigência problemática em função da inexistência de protocolos de diagnóstico da zika no momento em que o Brasil viveu o surto epidêmico; e o fato da MP não prever qualquer tipo de reparação para mães que tiveram filhos com SCZ que faleceram em decorrência da doença antes da edição da MP. A nota publicada no *Instagram* da UMA, em 7 de setembro de 2019, é encerrada com a expressão da decepção das mães e o reconhecimento de que a pensão por elas tão celebrada consistia basicamente em um substituto do BPC, disponível apenas para crianças que já o recebiam e, portanto, desprovido de quaisquer especificidades de caráter propriamente reparatório:

> O Estado reconheceu a sua responsabilidade na epidemia que assolou o país, pela inexistência de controle eficaz do mosquito transmissor e na falta de saneamento básico. A pensão especial deverá ser a reparação mínima para tanta negligência. [...] As famílias vítimas dessa epidemia têm enfrentado diversos problemas ao longo de seus caminhos, além de toda dificuldade de acesso às políticas públicas e concessão de direitos, o esgotamento físico, psíquico e emocional, não bastasse tudo que passam, agora ela veem suas esperanças se esvaírem; [...] Ao criar a MP o governo não amplia o acesso à política pública, mas tão somente permite uma migração do BPC para a pensão vitalícia das crianças que já recebiam o benefício.

A decepção experimentada pelas mães diante da MP evidencia de modo exemplar o estado liminar entre política e prática a que Colin Hoag (2014) se refere a partir da noção de desamparo (*dereliction*). O autor propõe esse conceito para descrever "momentos em que observadores esperançosos

[17] Os boletins epidemiológicos do Ministério da Saúde contabilizam 55 casos confirmados de SCZ em 2019, que ficariam excluídos. Disponível em: http://www.saude.gov.br/boletins-epidemiologicos. Acesso em: 12 set. 2020.

(por exemplo cidadãos, antropólogos, burocratas) de processos burocráticos tornam-se céticos: quando sua perspectiva prospectiva sobre um documento que ainda não chegou desliza para uma perspectiva retrospectiva sobre fracasso burocrático" (Hoag, 2014, p. 411-412). Esse desamparo, argumenta Hoag, é uma condição de quase-cuidado e quase-abandono, e deve ser tematizada em análises antropológicas sobre precariedade legal e práticas burocráticas. Um exemplo de manifestação dessa condição foi a nota publicada no perfil do *Facebook* da UMA, em 7 de setembro de 2019, acompanhada de uma fotografia do momento em que o presidente da República assinou a MP, com o título "FARSA!" em letras vermelhas e o seguinte comentário: "Fomos enganadas, meus queridos, nos foi apresentado um documento que seria a Medida que o presidente iria assinar, dois dias depois da cerimônia o documento que foi pro Diário Oficial era totalmente outro. Fomos vítimas de um golpe".

Um mês depois da publicação da nota, já no processo de instauração da Comissão Mista designada para analisar a MP, a Procuradoria Federal dos Direitos do Cidadão do Ministério Público Federal (MPF) publicou uma Nota Técnica apontando inconstitucionalidades na MP. A Nota Técnica reconhece a relevância da pensão, mas aponta que a MP fere dois princípios constitucionais: (1) a isonomia, ao destinar a pensão "a crianças com microcefalia", já que a SCZ é uma doença mais abrangente que pode ou não provocar microcefalia, e também ao restringir-se a crianças "nascidas entre 1º de janeiro de 2015 e 31 de dezembro de 2018"; e (2) a inafastabilidade de jurisdição, ao condicionar o recebimento da pensão à desistência de ação judicial que tenha a mesma matéria. Para o MPF, condicionar o recebimento da pensão a esse tipo de desistência é negar às famílias acesso à justiça. Ademais, a Nota Técnica do MPF se posiciona contrária ao dispositivo da MP que estabelece que a pensão não pode ser acumulada com o recebimento do BPC, sublinhando a importância de marcar a natureza específica de cada um desses dispositivos, já que a pensão tem natureza indenizatória, ao passo que o BPC é um benefício assistencial. Diz o documento:

> Ao assim dispor, a medida provisória prevê, na verdade, mera substituição do benefício pela pensão, além do que, crianças que hoje não recebem o BPC, inclusive por falhas no sistema [do INSS], continuariam a não recebê-lo, agora sob a forma de pensão. Se a pensão especial tem cunho indenizatório e, portanto, é medida que tem em conta a negligência estatal e se propõe a superar o quadro de desigualdade por ela gerado, ela deve alcançar todas as crianças portadoras de referida moléstia, independentemente da situação financeira da família respectiva. Sua natureza, insista-se, é absolutamente distinta do BPC, de caráter assistencial, e não o substitui (Brasil, 2019a).

Evidenciando a temporalidade circular e a notável capacidade de orientar os sujeitos para o futuro, características de processos burocráticos (Hoag, 2014), as esperanças das mães foram renovadas com o início efetivo dos trabalhos da Comissão Mista, em outubro de 2019. Um dia antes do início das audiências públicas da Comissão, algumas delas foram recebidas novamente por Osmar Terra para "alinhar solicitações que tornem a MP 894/19 mais inclusiva de modo que atenda a todas as crianças que foram vítimas", conforme informado no perfil do *Instagram* da UMA, em 8 de outubro de 2019, ocasião em que apresentaram as alterações necessárias ao texto da Medida. Ao longo dos trabalhos da Comissão, porém, essa esperança mais uma vez se combinou com seu oposto: a frustração, o desgaste e o cansaço diante do adiamento e suspensão de algumas sessões, da ausência de convidados e especialistas esperados nas audiências, de pronunciamentos considerados decepcionantes, desnecessários e até perversos, além do fato de que todos os presentes nessas reuniões, com exceção dos parlamentares, tiveram que arcar por conta própria com sua ida a Brasília, o que implicou um custo muito alto para elas próprias, além de causar grande parte das ausências de especialistas. A frustração diante dessas questões foi ainda agravada pela decepção, por um lado, de verem a consolidação da vinculação da pensão ao recebimento prévio do BPC e, por outro, de perceberem que os ganhos efetivos de suas demandas por alteração nos termos da pensão estavam se reduzindo ao aumento dos marcos cronológicos de nascimento das crianças contempladas (para incluir as nascidas em 2019) e à possibilidade de acumularem o salário-maternidade do INSS com a pensão.

A frustração, o desgaste, o cansaço e a decepção das mães foram apresentados em um vídeo feito por Germana Soares no Plenário da Câmara dos Deputados e publicado em tempo real no perfil público da UMA em uma rede social em 15 de outubro de 2019. Mesmo o cansaço, contudo, foi apresentado no vídeo acompanhado de expressões de tenacidade e resistência, iluminando a imbricação entres esses afetos e a luta por justiça nos ativismos de vítimas em que a maternidade é elemento central (Vianna; Farias, 2011; Vianna, 2015):

> [...] estou aqui com a Alessandra, que é a presidente da AFAEAL, que é a Associação de Famílias de Anjos do Estado de Alagoas, e a gente tá com essa cara de defunto porque é muito desgastante, muito cansativo, muito cansativo conversar com esse povo. E a gente ainda escuta de um representante aqui do governo, lá do Ministério da Cidadania, que a gente quer arrancar demais do governo. Arrancar demais: viver de um salário-mínimo pra todos [da família], né? Isso é arrancar demais. Porque pra quem não sabe, vai ficar mais ou menos 700 casos sem incluir na pensão vitalícia porque não têm BPC, e a pensão está atrelada ao BPC. Entraram os casos de 2019, o salário-maternidade, que se a mulher trabalhasse ela não poderia acumular o salário maternidade junto com a pensão. Agora pode. Oh, meu Deus, devolveu um direito [com expressão de ironia]. Aí eles acham grande coisa, sabe? Além de ser um salário-mínimo que quase não dá pra nada, que não dá pra nada, quando vai tirar aluguel, sustentar uma casa, leite, fralda, suplemento, um remédio feito um Sabril, que é um anticonvulsivante que custa R$ 300,00, aí esse povo não vive, né? Sobrevive. Aí a gente fala e eles pensam que a gente está brincando, que a gente quer arrancar demais do governo. [...] A gente está aqui longe dos filhos, longe do lugar onde a gente vive, entendeu?, numa situação difícil por aqui, mas a gente está resistindo. A gente vai continuar. Vamos aguardar amanhã e a gente dá notícias, tá bom? A gente está cansada. Cansada de verdade. Cansada de estar aqui, cansada de bater de frente, cansada de exigir algo que é nosso, cansada de falar por todos e ninguém ouvir. E depois quando a gente fala que a gente é invisível é que eles falam assim: "poderia não ter acontecido nada". Como se isso fosse um favor

> do governo. Isso não é favor, é direito. E se é um erro, o governo sim precisa assegurar nossos direitos e precisa fazer uma reparação, que já é uma reparação mínima. Mínima, mínima, mínima. Mas pro governo já é muita coisa... Muita coisa é a forma como a gente vive e a vida que a gente leva, o estado de miserabilidade que essas famílias enfrentam. O abandono da família, o abandono do Estado, está demais.

No dia seguinte à publicação desse vídeo, o relatório final da Comissão Mista foi aprovado por unanimidade. O documento recomendava somente as alterações no texto da MP destacadas por Germana no vídeo, somando-se apenas a correção da qualificação das crianças a que a pensão se destina (não mais "crianças com microcefalia decorrente do zika vírus", e sim "crianças com Síndrome Congênita do Zika Vírus"). À parte essas mudanças, o texto da MP permaneceu o mesmo, garantindo a pensão exclusivamente a beneficiários do BPC, e assim seguiu para tramitação no Congresso Nacional. Um dia antes do vencimento do prazo de validade da MP, já em fevereiro de 2020, o Senado aprovou o texto da Medida e, em 7 de abril, quando o Brasil e o mundo já viviam uma nova epidemia, ela foi sancionada como lei.

Crise ou reparação

Em 8 de abril de 2020, no perfil do *Instagram* da UMA, Germana Soares celebrou a lei com um pequeno texto carregado da ambivalência também presente em suas postagens anteriores sobre todo o processo que precedeu a sanção:

> Tenho a honra de anunciar que no último dia prestes a vencer a MP 894/19 foi assinada e sancionada como Lei. Muitas coisas para melhorar, tantas crianças nem de perto são atingidas pelas regras desta agora lei, é necessário alterar tantas coisas para de fato uma qualidade de vida para essa família e para que essa reparação seja para todos que tiveram seus destinos traçados. Parabéns a todas as mães [...] Um direito conquistado na dor, no sofrimento e na coragem de todas. Avante para as próximas conquistas.

Ainda que tenha renovado as esperanças das mães, esperanças agora investidas na possibilidade de "melhorar" a lei, a pensão especial revela-se consideravelmente restrita não só diante do pleito inicial dessas mulheres, mas também em comparação com as pensões especiais de natureza indenizatória que a precederam no Brasil. A pensão concedida a pessoas acometidas pela Síndrome da Talidomida (Lei nº 7.070/1982), por exemplo, não impôs nenhum intervalo temporal de nascimento dos atingidos como critério de concessão nem impediu o acúmulo da pensão com indenização por dano moral concedida por lei específica, como faz a pensão da SCZ. Já a pensão concedida aos atingidos pela hanseníase (Lei nº 11.520/07), embora também não seja acumulável com indenizações, não impede o recebimento de qualquer benefício previdenciário como, por exemplo, o BPC. No caso das crianças com SCZ, como visto, a pensão substitui o BPC e não pode ser acumulada com ele (Art. 2º), sendo devida apenas a partir do primeiro dia de cessação do pagamento desse benefício pelo INSS. Ainda, a pensão destinada a familiares de vítimas da hemodiálise de Caruaru (Lei nº 9.422/1996), ao beneficiar justamente os familiares, garantiu sua provisão diante do falecimento das vítimas, algo vetado no caso das mães de crianças com SCZ. Na eventualidade do falecimento das crianças, as mães que deixaram seus trabalhos para cuidar dos filhos não terão como se manter.

No texto da lei, o único indício do caráter reparatório da pensão aparece no seu artigo 4º, que dispõe sobre vinculação orçamentária e estabelece que "as despesas decorrentes desta Lei correrão à conta da programação orçamentária Indenizações e Pensões Especiais de Responsabilidade da União". Os outros seis artigos indicam, diferentemente, uma vinculação muito mais clara da pensão com o universo dos direitos previdenciários do que com o direito à reparação, sobretudo ao delegar a gestão da pensão ao INSS e à Dataprev (Empresa de Tecnologia e Informações da Previdência), determinando inclusive que ela fica condicionada à realização de "exame pericial por perito médico federal [do INSS] para constatar a relação entre a síndrome congênita adquirida e a contaminação pelo vírus da zika" (Art. 2º, parágrafo único). Essa vinculação, vale notar, apareceu também na pauta da sessão do Senado Federal em que a Lei da pensão foi sancionada, que reuniu às discussões sobre a pensão da SCZ outra matéria considerada afim: a inclusão da fibromialgia na lista de doenças que asseguram a seus portadores a dispensa de carência para usufruto de dois benefícios previdenciários regulados pelo INSS, o auxílio-doença e a aposentadoria por invalidez.

Ao consolidar o deslocamento no caráter da pensão, que de um instrumento reparatório demandado pelas mães configurou-se finalmente em um benefício previdenciário em tudo semelhante ao BPC, a lei não alterou efetivamente a situação das famílias vitimadas pela epidemia de zika no Brasil — nem as que já recebiam o BPC, nem as que não o recebiam e por isso mesmo estão fora de seu escopo. Para compreender essa configuração tão restritiva da pensão, bem como o relativo desparecimento de seu desejado caráter reparatório, é especialmente produtivo examinar os termos nos quais o tema foi tratado em diferentes ocasiões pelo agente público, mais frequentemente apresentado pelas mães como central em todo o processo aqui descrito: o atual deputado federal pelo estado do Rio Grande do Sul e ex-ministro, Osmar Terra, filiado ao Movimento Democrático Brasileiro (MDB). Terra é médico de formação e atualmente exerce seu sexto mandato na Câmara dos Deputados.

Ainda em 2016, enquanto o Brasil encontrava-se oficialmente em estado de emergência, o deputado foi coordenador da "Comissão Especial da Câmara dos Deputados para o combate ao zika vírus". Nessa função, em diferentes eventos públicos Terra já se pronunciava em defesa de uma pensão vitalícia para crianças com SCZ. Os argumentos em que baseava essa defesa, contudo, passavam por outros caminhos que não a necessidade de reparação às famílias. Ao falar para uma plateia de magistrados no seminário "A mulher e os efeitos do zika vírus na saúde e na plenitude dos seus direitos", Terra defendeu a pensão articulando o desconhecimento que então se tinha sobre o número de casos no Brasil, o custo alto dos tratamentos de que as crianças necessitariam, a situação de crise financeira e ajuste fiscal em que o país se encontrava e, ainda, uma possível judicialização excessiva de demandas:

> Temos uma epidemia grave de zika vírus, que vai ter proporções impressionantes. Um por cento da população é gestante e terá filhos este ano, para ter ideia do número de casos. Não temos a informação adequada sobre o número de casos, não sabemos porque não tem exame. [...] Estamos diante de uma situação gravíssima, ainda mais com o Brasil em crise, com grandes cortes no orçamento. A Saúde teve um corte excepcional de R$ 20 bilhões. Os magistrados devem se preparar porque vai ter uma enorme judicialização, a partir do meio do ano. Haverá uma demanda gigantesca por medicamentos e tudo o que se precisa para cuidar de uma criança com microcefalia. (Terra apud Epidemia..., 2016).

Na ocasião, Terra apresentou a possibilidade de instituição de uma pensão como forma de evitar ou ao menos minimizar custos por ele mesmo projetados. Para o deputado, "uma criança [com SCZ] gasta em média R$ 35 mil anuais com acompanhamento médico e remédios" — o que, vale dizer, é quase o triplo do montante que cada família contemplada com a pensão receberá por ano, a julgar pelo valor atual do salário-mínimo no Brasil. Além dessas especulações de custos, o deputado também especulou em relação ao número de casos registrados no país, afirmando que "antes da epidemia, a média anual no Brasil era de 170 casos de microcefalia. Este ano, a estimativa é que sejam notificados 50 mil bebês com microcefalia. A cada semana, o número de registros aumenta de 5 a 10% o número de notificações". Contrariando essa estimativa, o boletim epidemiológico do Ministério da Saúde (2019) contabiliza o total de 3.474 casos confirmados no Brasil entre 2015 e 2019.

Mais de três anos depois dessas falas aos magistrados, ao se pronunciar em uma das audiências públicas realizadas no âmbito da Comissão Mista que analisou a MP nº 894/19 e já na condição de ministro, Osmar Terra manteve posição semelhante: "O nosso objetivo é um só: beneficiar o máximo que for possível, que a lei permitir, sem correr risco de irresponsabilidade fiscal, e beneficiar as mães, as famílias das crianças que foram vítimas dessa tragédia do Zika vírus" (Terra apud Osmar..., 2019). Embora afirmasse que o propósito da pensão seria "beneficiar o máximo que for possível", naquela ocasião o ministro defendeu a manutenção do menor intervalo temporal de nascimento das crianças a serem beneficiadas pela pensão (de 1º de janeiro de 2015 a 31 de dezembro de 2018), justificando a restrição com o seguinte argumento: "a pensão vitalícia para crianças com microcefalia é de extrema importância, mas não pode gerar prejuízo para os cofres públicos em momento de crise".

Cotejadas com os PLs sobre o tema, com documentos oficiais como a Nota Técnica do MPF e, sobretudo, com as falas e demandas das mães de crianças com SCZ, essas e outras falas e posicionamentos de Osmar Terra demonstram que a pensão foi publicamente tratada a partir de duas narrativas que, a julgar pelos termos definitivos em que ela foi instituída como lei, revelaram-se excludentes: a narrativa da negligência do Estado e da consequente necessidade de reparação e a narrativa da crise e da consequente necessidade de controle de gastos públicos.

Considerações finais

Como demonstra Freire (2019), narrativas de crise, especialmente quando acionadas no âmbito da saúde, constroem tanto contextos que justificam medidas de austeridade quanto recortes espaço-temporais que ao mesmo tempo ocultam e permitem manejar a precariedade e a escassez perenes com que as vidas de determinadas populações são administradas. Conforme argumenta o autor, a "crise" pode operar como ponto nodal de modos de governo que administram não *a* escassez de recursos disponíveis, embora assim se apresentem, mas sim administram *pela* escassez. Isto é, governam populações, relações, territórios e problemas por meio da alocação de poucos recursos para determinadas questões. Levar esse argumento a sério não implica, evidentemente, negar a materialidade de contextos de crise. Antes, implica entender que contextos de crise agudizam e intensificam quadros de escassez, precariedade e desigualdade. A meu ver, as falas públicas de Osmar Terra em relação à pensão para crianças com SCZ e sua ênfase não na necessidade de reparação das famílias, mas sim na importância do controle dos gastos públicos, podem ser interpretadas a partir dessas ideias, revelando assim ao menos parte de seus sentidos.

Mães de crianças com SCZ que também se pronunciaram nas audiências públicas no âmbito da Comissão Mista — que apreciou a Medida Provisória que criou a pensão — manifestaram seu descontentamento com a ênfase no controle dos gastos descrita acima, chamando a atenção para a desproporção entre o impacto da pensão no Orçamento Público e os impactos que a SCZ provocou em suas vidas. Thamires dos Santos, mãe de Miguel, afirmou: "Só falam de impacto orçamentário. Qual o impacto no orçamento se estamos há quatro anos com impacto na vida? Não podemos ver isso como uma esmola. A sociedade nos vê como oportunistas, nunca como guerreiras" (Familiares..., 2019). Também Germana Soares se pronunciou no mesmo sentido: "R$ 3,5 milhões por ano do Estado brasileiro para a mãe que sofre, que não tem apoio, que não tem o Estado do seu lado, não é nada. Um salário-mínimo às vezes é um jantar que acontece aqui em Brasília" (Idem).

Considerando o caráter restritivo da pensão tanto em relação às demandas das mães quanto em comparação com pensões semelhantes, é possível afirmar que a narrativa da crise foi capaz de se sobrepor à narrativa da reparação na construção da SCZ como problema público no Brasil. Se na denúncia dos problemas enfrentados em relação ao BPC e na negociação pela pensão vitalícia a experiência das mães de crianças atingidas pela síndrome foi marcada pela ambivalência, pareceria razoável inferir que o resultado final desse processo, a pensão propriamente dita, também se caracterizaria pela ambivalência. No processo, a ambivalência aponta para a coexistência entre esperança e decepção que descrevi a partir da noção de desamparo (Hoag, 2014), ao passo que, no resultado, veríamos a articulação entre as narrativas da crise e da reparação. Contudo, o que o material que tenho analisado sugere é que o resultado da disputa em que as mães de crianças com SCZ estiveram e ainda estão engajadas, com esperanças ciclicamente renovadas em meio à decepção, é marcado não pela coexistência entre essas narrativas, mas pelo desaparecimento daquela que sublinha a necessidade de reparação.

REFERÊNCIAS

ALVES, Raquel Lustosa da Costa. Um dia com Josi: uma fotoetnografia do cuidado e do cansaço. *Interface: comunicação, saúde e educação*, Botucatu, v. 2, n. 66, p. 975-80, 2018.

ALVES, Raquel Lustosa da Costa; FLEISCHER, Soraya. O que adianta conhecer muita gente e no fim das contas estar sempre só? Desafios da maternidade em tempos de Síndrome Congênita do Zika Vírus. *Anthropologicas*, Recife, v. 29, n. 2, p. 6-27, 2018.

ANIS. *Zika em Alagoas*: a urgência dos direitos. Relatório de pesquisa. Brasília, DF: ANIS; Instituto de Bioética, 2017.

ARAÚJO, Fábio. *Do luto à luta*: a experiência das Mães de Acari. Dissertação (Mestrado em Sociologia) — Programa de Pós-Graduação em Sociologia e Antropologia, Universidade Federal do Rio de Janeiro, Rio de Janeiro, 2007.

AROSI, Ana Paula. *"Lutar não é loucura"*: gestão de desastres, de crises psicológicas e movimento de familiares de vítimas após o incêndio na Boate Kiss. Tese (Doutorado em Antropologia Social) — Programa de Pós-Graduação em Antropologia Social, UFRGS, Porto Alegre, 2017.

BARBOSA, Maria Madalena M.; SILVA, Maria Odaniza da S. O Benefício de Prestação Continuada — BPC: desvendando suas contradições e significados. *Ser social*, n. 12, p. 221-224, 2003.

BRASIL. *Nota Técnica nº 18/2019-PFDC*. Brasília, DF: Ministério Público Federal, Procuradoria Federal dos Direitos do Cidadão, 7 out. 2019a. Disponível em: http://www.mpf.mp.br/pfdc/manifestacoes-pfdc/notas-tecnicas/nt-18-2019-pfdc-mpf. Acesso em: 10 out. 2020.

BRASIL. *Lei nº 13.985, de 7 de abril de 2020*. Institui pensão especial destinada a crianças com Síndrome Congênita do Zika Vírus, nascidas entre 1º de janeiro de 2015 e 31 de dezembro de 2019, beneficiárias do Benefício de Prestação Continuada (BPC). Brasília, DF: Palácio do Planalto,

2020. Disponível em: http://www.planalto.gov.br/ccivil_03/_ato2019-2022/2020/lei/l13985.htm. Acesso em: 9 abr. 2020.

BRASIL. *Lei nº 7.070, de 20 de dezembro de 1982*. Dispõe sobre pensão especial para os deficientes físicos que especifica e dá outras providencias. Brasília, DF: Casa Civil, 1982. Disponível em: http://www.planalto.gov.br/ccivil_03/leis/1980-1988/l7070.htm. Acesso em: 15 out. 2020.

BRASIL. *Lei nº 11.520, de 18 de setembro de 2007*. Dispõe sobre a concessão de pensão especial às pessoas atingidas pela hanseníase que foram submetidas a isolamento e internação compulsórios. Brasília, DF: Palácio do Planalto, 2007. Disponível em: https://legislacao.presidencia.gov.br/atos/?tipo=LEI&numero=11520&ano=2007&ato=5d8ITTE1ENRpWT91b. Acesso em: 15 out. 2020.

BRASIL. *Lei nº 9.422, de 24 de dezembro de 1996*. Dispõe sobre a concessão de pensão especial aos dependentes que especifica e dá outras providências. Brasília, DF: Casa Civil, 1996. Disponível em: http://www.planalto.gov.br/ccivil_03/leis/l9422.htm Acesso em: 15 out. 2020.

BRASIL. *Medida Provisória nº 894, de 4 de setembro de 2019*. Institui pensão especial destinada a crianças com microcefalia decorrente do Zika Vírus, nascidas entre 1º de janeiro de 2015 e 31 de dezembro de 2018, beneficiárias do Benefício de Prestação Continuada. Brasília, DF: Presidência da República, 2019b. Disponível em: Disponível em: http://www.planalto.gov.br/ccivil_03/_ato2019-2022/2019/Mpv/mpv894impressao.htm. Acesso em: 9 abr. 2020.

BRASIL. *PL nº 255/2016*, que concede às pessoas comprovadamente diagnosticadas com microcefalia causada pelo vírus da zica o direito ao recebimento de pensão especial, de caráter mensal e vitalício, em conformidade com as regras que especifica. Brasília, DF: Senado Federal, 2016.

CAMARGO, Thais Medina Coeli Rochel de. O debate sobre aborto e Zika: lições da epidemia de AIDS. *Cadernos de Saúde Pública*, São Paulo, v. 32, n. 5, p. 1-3, 2016.

CARVALHO, Layla Pereira. Vírus Zika e Direitos Reprodutivos: entre as políticas transnacionais, as nacionais e as ações locais. *Cadernos de Gênero e Diversidade*, Salvador, v. 3, n. 2, p. 134-157, maio/ago., 2017.

DINIZ, Debora. *Zika*: do sertão nordestino à ameaça global. Rio de Janeiro: Civilização Brasileira, 2016a.

DINIZ, Debora. Vírus Zika e mulheres. *Cadernos de Saúde Pública*, São Paulo, v. 32, n. 5, p. 1-4, 2016b.

EPIDEMIA do zika vírus custará R$ 3 bilhões por ano ao Brasil, diz deputado Osmar Terra em evento da AMAERJ. *AMAERJ*, Rio de Janeiro, 7 mar. 2016. Disponível em: https://amaerj.org.br/noticias/epidemia-do-zika-virus-custara-r-3-bilhoes-por-ano-ao-brasil-diz-deputado-osmar-terra-em-evento-da-amaerj/. Acesso em: 5 out. 2020.

FAMILIARES criticam MP que prevê pensão para crianças com microcefalia por zika. *Senado Notícias*, Brasília, 10 out. 2019. Disponível em: https://www12.senado.leg.br/noticias/materias/2019/10/10/familiares-criticam-mp-que-preve-pensao-para-criancas-com-microcefalia-por-zica. Acesso em: 5 out. 2020.

FLEISCHER, Soraya. Segurar, caminhar e falar: notas etnográficas sobre a experiência de uma "mãe de micro" no Recife/PE. *Cadernos de Gênero e Diversidade*, Salvador, v. 3, n. 2, p. 93-112, maio/ago., 2017.

FLEISCHER, Soraya; LIMA, Flávia. *Micro*: contribuições da Antropologia. Brasília: Editora Athalaia, 2020.

FREIRE, Jussara. Quando as emoções dão formas às reivindicações. In: COELHO, Maria Claudia; REZENDE, Claudia Barcellos (org.). *Cultura e sentimentos*: ensaios em antropologia das emoções. Rio de Janeiro: Faperj; ContraCapa, 2010. p. 168-196.

FREIRE, Lucas. *A gestão da escassez*: uma etnografia da administração de litígios de saúde em tempos de "crise". Tese (Doutorado em Antropologia Social) — Programa de Pós-Graduação em Antropologia Social do Museu Nacional, UFRJ, Rio de Janeiro, 2019.

FREITAS, Paula de Souza Silva et al. O surto de Zika vírus: produção científica após Declaração de Emergência Nacional em Saúde Pública. *Archives of Health Investigation*, Araçatuba, v. 7, n. 1, p. 12-16, 2018.

GUSFIELD, Joseph R. *The culture of public problems*: drinking-driving and the symbolic order. Chicago: The University of Chicago Press, 1980.

HOAG, Colin. Dereliction at the South African Department of Home Affairs: Time for the anthropology of bureaucracy. *Critique of Anthropology*, v. 34, p. 410-428, 2014.

JIMENO, Myriam. Emoções e política: a vítima e a construção de comunidades emocionais. *Mana*, Rio de Janeiro, v. 16, n. 1, p. 99-121, 2010.

LACERDA, Paula. As indenizações como política de direitos humanos e de justiça social no Brasil Contemporâneo. *Antropolítica: Revista Contemporânea de Antropologia*, Niterói, n. 48, p. 246-275, 2020.

LEITE, Márcia. As mães em movimento. In: BIRMAN, Patricia; LEITE, Marcia (org.). *Um mural para a dor*: movimentos cívico-religiosos por justiça e paz. Porto Alegre: Editora UFRGS, 2004. p.141-190.

LESSER, Jeffrey; KITRON, Uriel. A geografia social do zika no Brasil. *Estudos Avançados*, São Paulo, v. 30, n. 88, p. 167-175, 2016.

LIRA, Luciana C. de; SCOTT, Russell P.; MEIRA, Fernanda. Trocas, gênero e alinhamentos: experiência etnográfica com mães e crianças com síndrome congênita do Zika. *Anthropologicas*, Recife, v. 28, n. 2, p. 206-237, 2017.

LIRA, Luciana; PRADO, Helena. Nossos filhos não são cobaias: objetificação dos sujeitos de pesquisa e saturação do campo durante a epidemia de Zika. *Ilha: Revista de Antropologia*, Florianópolis, v. 22, n. 2, p. 96-131, dez. 2020.

MATOS, Silvana Sobreira de. Nada sobre nós sem nós: Associativismo e deficiência na Síndrome Congênita do Zika Vírus. In: *Reunião Brasileira de Antropologia*, n. 31. Anais da 31º Reunião Brasileira de Antropologia. Brasília: UNB, 2018.

MATOS, Silvana S. de; LIRA, Luciana C. de; MEIRA, Fernanda. Deficiência, ativismo, gênero e cuidado na Síndrome Congênita do Zika Vírus: entrevista com Germana Soares. *Anthropológicas*, Recife, v. 29, n. 2, p. 142-153, 2018.

MATOS, Silvana S.; QUADROS, Marion T.; SILVA, Ana Cláudia R. da. A negociação do acesso ao Benefício de Prestação Continuada por crianças com Síndrome Congênita do Zika Vírus em Pernambuco. *Anuário Antropológico*, Brasília, v. 44, n. 2, p. 229-260, 2019. Disponível em: https://periodicos.unb.br/index.php/anuarioantropologico/article/view/33441 Acesso em: 5 out. 2020.

MATOS, Silvana Sobreira de; SILVA, Ana Cláudia Rodrigues da. Nada sobre nós sem nós: associativismo, deficiência e pesquisa científica na Síndrome Congênita do Zika vírus. *Ilha: Revista de Antropologia*, Florianópolis, v. 22, n. 2, p. 132-167, dez. 2020.

MINISTÉRIO DA SAÚDE. Secretaria de Vigilância em Saúde. Síndrome congênita associada à infecção pelo vírus Zika: situação epidemiológica, ações desenvolvidas e desafios, 2015 a 2019. *Bol Epidemiol.*, v. 50, n. esp., p. 1-31, nov. 2019. Disponível em: http://www.saude.gov.br/boletins-epidemiologicos. Acesso em: 12 set. 2020.

MOREIRA, Martha C. N.; MENDES, Corina H. F.; NASCIMENTO, Marcos. Zika, protagonismo feminino e cuidado: ensaiando zonas de contato. *Interface: comunicação, saúde e educação*, Botucatu, v. 22, n. 66, p. 697-708, 2018.

NUNES, João; NACIF PIMENTA, Denise. A epidemia de zika e os limites da saúde global. *Lua Nova*, São Paulo, n. 98, p. 21-46, 2016.

OSMAR Terra diz que MP da microcefalia também deve considerar responsabilidade fiscal. *Senado Notícias*, Brasília, 14 out. 2019. Disponível em: https://www12.senado.leg.br/noticias/materias/2019/10/14/osmar-terra-diz-que-mp-da-microcefalia-tambem-deve-considerar-responsabilidade-fiscal. Acesso em: 5 out. 2020.

PINHEIRO, Diego Alano de Jesus Pereira; LONGHI, Marcia Reis. Maternidade como missão! A trajetória militante de uma mãe de bebê com microcefalia em PE. *Cadernos de Gênero e Diversidade*, Salvador, v. 3, n. 2, p. 132-163, maio/ago., 2017.

REIS-CASTRO, Luísa; FLEISCHER, Soraya; SEGATA, Jean. Apresentação. *Ilha: Revista de Antropologia*, Florianópolis, v. 22, n. 2, p. 7-20, 2020.

SCHUCH, Patrice. *Práticas de Justiça*: antropologia dos modos de governo da infância e juventude no contexto pós-ECA. Porto Alegre: Editora da UFRGS, 2009.

SCOTT, Russel Parry et al. A epidemia de zika e as articulações de mães num campo tensionado entre feminismo, deficiência e cuidados. *Cadernos de Gênero e Diversidade*, Salvador, v. 3, n. 2, p. 73-92, maio/ago. 2017.

SCOTT, Russel Parry et al. Itinerários terapêuticos, cuidados e atendimento na construção de ideias sobre maternidade e infância no contexto da Zika. *Interface: comunicação, saúde e educação*, Botucatu, v. 22, n. 66, p. 673-84, 2018.

SCOTT, Russell Parry. Fim da epidemia da síndrome congênita do zika: Pensão vitalícia e governança múltipla de domínios de cuidados. *Áltera*, João Pessoa, v. 3, n. 11, p. 52-78, jul./dez. 2020.

SCOTT, Russell Parry; LIRA, Luciana C; MATOS, Silvana (org.). *Práticas sociais no epicentro da epidemia do Zika*. Recife: EDUFPE, 2020.

VECCHIOLI, Virginia. Deserving victimhood: kinship, emotions and morality in contemporary politics. *Vibrant*, Florianópolis, v. 15, p. 1-22, 2018.

VECCHIOLI, Virginia; LEAL, Eduardo Martinelli. El activismo de las víctimas en contextos represivos y democráticos. Lecturas cruzadas. *Papeles del CEIC*, Espanha, v. 1, p. 1-11, 2017.

VENTURA, Deisy de Freitas Lima. Do Ebola ao Zika: as emergências internacionais e a securitização da saúde global. *Cadernos de Saúde Pública*, Rio de Janeiro, v. 32, n. 4, p. 1-4, 2016.

VIANNA, Adriana. Tempos, dores e corpos: considerações sobre a "espera" entre familiares de vítimas de violência policial no Rio de Janeiro. In: BIRMAN, Patricia et al. (org.). *Dispositivos urbanos e trama dos viventes*: ordens e resistências. Rio de Janeiro: Editora FGV; Faperj, 2015. p. 405-418.

VIANNA, Adriana; FARIAS, Juliana. A guerra das mães: dor e política em situações de violência institucional. *Cad. Pagu*, Campinas, n. 37, p. 79-116, 2011. Disponível em: https://www.scielo.br/j/cpa/a/VL8rMW8kJGpHgxBZwWt9bMt/abstract/?lang=pt. Acesso em: 1 out. 2020.

ZENOBI, Diego. *Família, política y emociones*: las víctimas de Cromañón entre el movimiento y el Estado. Ciudad Autónoma de Buenos Aires: Antropofagia, 2014.

WILLIAMSON, K. Eliza. Cuidado nos tempos de Zika: notas da pós-epidemia em Salvador (Bahia), Brasil. *Interface: comunicação, saúde e educação*, Botacatu, v. 22, n. 66, p. 685-96, 2018.

PARTE 5

PROBLEMAS PÚBLICOS E SOFRIMENTO

Territorios moralizados frente a las muertes violentas: conmemoraciones, desplazamientos y disputas (Córdoba, Argentina)

NATALIA BERMÚDEZ

Palabras introductorias

En contextos de violencias, tanto la literatura académica como también los movimientos sociales de América Latina vienen señalando la importancia de analizar los territorios y las demarcaciones espaciales, fundamentalmente en torno a la patrimonialización de la muerte (Flores Martos, 2014), y a los procesos de memorias colectivas (Halbwachs, 2013).

En Brasil, diversos trabajos vienen explorando las marcas materiales como actos políticos en las luchas de los familiares de personas muertas violentamente (Vianna y Farias, 2011; Birman y Pereira Leite, 2004; Lacerda, 2014, entre otros). Marcia Pereira Leite (2004 y 2013) aborda los llamados "rituais para a dor" que acompañan las señalizaciones en la ciudad. Retratos, cartas, documentos, carteles, ropas y tinta roja para representar la sangre, son dispuestos por las madres consiguiendo homenajear a las víctimas de violencia estatal. Por su parte, y desde una mirada puesta en las prácticas de memoria de los jóvenes en Medellín, Pilar Riaño Alcalá muestra los modos en que se busca resignificar a los muertos por la guerra entre bandas en Antioquia. Según sugiere, en diversos espacios se crean "epitafios 'polifónicos', producidos colectiva y progresivamente por amigos y parientes" (2006:123). Elsa Blair (2007) viene analizando las demarcaciones de la violencia en Colombia a partir de lo que llama una "teatralización del exceso". Por su parte, Arenas analiza la conformación de "altares espontáneos" y narrativas de luto en Medellín (2015).

Particularmente en Argentina, encontramos los aportes de los estudios sobre memorias vinculados a la última dictadura militar, que han sido pioneros en reafirmar la importancia de las espacialidades urbanas para la construcción de memorias colectivas (Jelin y Langland, 2003; Da Silva Catela, 2005; Feld, 2017, entre otros). Otra cantidad de trabajos marcan la significatividad que alcanza en el territorio para las juventudes —en especial las populares- tanto para su sociabilidad (Chaves y Segura, 2015, entre otros), como para marcar espacios de muerte y reclamar justicia (Pita, 2018; Cozzi, 2015; García Sotomayor, 2014, entre otros).

En mis propios trabajos (Bermúdez, 2018 y 2019), he venido señalando que las prácticas políticas movilizadas para visibilizar y demandar justicia frente a una muerte violenta -en especial las muertes producidas por parte de las fuerzas policiales-, no se reducen a la búsqueda de la justicia oficial ni a la organización de protestas o manifestaciones relativamente menos organizadas como escraches. Implican más bien un trabajo social, político y simbólico mucho más complejo atravesado por prácticas de moralización del territorio y que incluyen la construcción de altares, grutas, murales, grafitis; en temporalidades particulares vinculadas a conmemoraciones, ciclos de la vida, tiempos judiciales y que involucran recorridos y desplazamientos, tanto físicos como simbólicos.

Me interesa colocar esta discusión aquí, dado que en la mayoría de los estudios sobre moralidades suelen privilegiarse aspectos de un universo discursivo, abstracto, racional y especulativo. En el mejor de los casos solemos incluir el contexto que rodea las situaciones de nuestro trabajo de campo como escena o como marco de las justificaciones morales, dejando de lado materialidades y territorios y cómo pueden condensarse en ellos contiendas morales históricamente comprendidas.

En este artículo me gustaría explorar más profundamente las demarcaciones espaciales en torno a las muertes violentas desde las prácticas, los recorridos y los desplazamientos físicos y simbólicos que fundan lo que llamo territorios moralizados, en los que las muertes pueden ser leídas y reordenadas. Siguiendo a Ingold, "los lugares, entonces, son delineados por el movimiento, no por los límites externos al movimiento" (2015: p. 14).

Murales, graffitis, altares y grutas, tumbas y hasta los tatuajes, no pueden abordarse aisladamente entonces, sino como parte de un territorio moralizado donde las violencias y las muertes son resignificadas y relatadas desde las versiones locales, privilegiando ciertos valores morales por sobre otros o, en otras palabras y como veremos, materializando la moralidad convencional desde un carácter unívoco. Es decir que si bien las muertes presentan ambigüedades especialmente en torno a los contextos en los que las muertes se producen y a las reputaciones de las personas involucradas, el territorio no solo aparece como un espacio de disputas, conquistas, sino sobre todo es un espacio de "reconocimiento", como dice Segato (2006), en el que se cristalizan valores morales hegemónicos.

Es en esta dirección que sostengo que especialmente los altares y las grutas se establecen de alguna manera como portales de los "márgenes" (Das y Poole, 2008) donde se puede comprender de manera privilegiada cómo las clases subalternas pueden imaginar(se) y (re)crearse desde sus propias versiones y experiencias frente a la vida y a la muerte, en diálogo y confrontación con la sociedad más amplia.

El trabajo de campo etnográfico que vengo sosteniendo desde 2007 se vincula principalmente con el "estar allí", manteniendo charlas informales, colaborando con distintas actividades, y especialmente, efectuando recorridos y desplazamientos acompañada de familiares, allegados y vecinos de los jóvenes muertos producto de la violencia policial. Este escrito también forma parte de proyectos de intervención entre la universidad y distintas organizaciones con familiares de víctimas en torno a la creación de una muestra de imágenes. Titulada «Entre altares y pancartas.

Imágenes, luchas y memorias de la violencia institucional en Córdoba»[1], tiene una modalidad itinerante, y congrega casos producidos desde el retorno a la democracia hasta el presente.

Los recorridos y la *gruta* de un *trabajador*

No fue necesario bucear demasiado para averiguar qué había sucedido con Güeré. De gran repercusión mediática, las derivaciones de su muerte involucraron a autoridades policiales, periodistas, y otros actores políticos, por lo que su caso se había mantenido en la escena pública durante varios meses.

Un día de julio de 2014, Güeré se había reunido a cenar con dos amigos y su primo y luego, se habían ido a tomar algo a la casa de su abuelo que vive también en el barrio. Cerca de las dos de la madrugada, el Güeré y Emiliano fueron a comprar más bebidas a un almacén en motocicleta. Llegando a la casa se cruzaron con un móvil policial de frente y siguieron de largo.

---

1 Desde una perspectiva etnográfica y colaborativa, la muestra fue variando sus objetivos a lo largo del tiempo para conseguir potenciar de la mejor manera posible las propias prácticas de los familiares vinculadas a tornar una muerte denunciable y a colectivizar el dolor por los jóvenes asesinados. De manera que trabajamos articuladamente con organizaciones sociales, familiares, activistas familiares y antropólogas y antropólogos de CONICET y del Museo de Antropología (Universidad Nacional de Córdoba). El corpus de imágenes que compone la muestra se fue conformando por aquellas imágenes que los familiares nos van compartiendo y por fotografías tomadas por nuestro equipo de aquellos lugares que, en tanto memoriales, santuarios y/o espacios sacralizados resultan interpelados en distintas temporalidades de conmemoración y protesta. Asimismo, incluimos tarjetones que reúnen fragmentos escritos de los relatos sobre los casos desde las propias versiones familiares, usualmente menos conocidas y legitimadas en los medios masivos de comunicación que los discursos policiales y judiciales. Luego de imprimir las imágenes, realizamos un trabajo de selección conjunta de fotografías, acompañadas de charlas informales y entrevistas, y de un ejercicio reflexivo de devolución de aquello que los familiares van eligiendo para completar sus propios altares y álbumes. La muestra es instalada en espacios como la Legislatura, Colegios de abogados, Tribunales, escuelas, centros culturales, entre otros espacios.

El policía que conducía el patrullero disparó sin dar la señal de alto. El primo cayó al piso inmediatamente con una herida en la pierna, y Güeré siguió conduciendo. Nuevos disparos le terminaron por dar en la espalda hasta que también se desplomó y a los pocos minutos falleció. No asombró demasiado a sus vecinos la situación vivida dado que ese policía era conocido en la zona por maltratar a los jóvenes varones del barrio.

Según los vecinos presentes aquella noche ninguno de los dos policías atendió a los heridos, sino que regresaron tiempo después acompañados de otros móviles con gran cantidad de uniformados. Si bien tenían la intención de ingresar a la vivienda del abuelo, terminaron desistiendo cuando vecinos y familiares empezaron a tirarles piedras e insultarlos.

La versión oficial sostenía que los jóvenes habían estado robando armados en las inmediaciones, y que habían disparado contra el móvil policial. La prueba sería la marca en la parte trasera del auto de un supuesto disparo. Sin embargo, en el juicio en el que se sentenció a cadena perpetua a los agentes policiales como autores del homicidio, se probó que los jóvenes no habían disparado y que tampoco tenían armas.

De hecho, durante los días posteriores a la muerte de Güeré, un periodista del canal de la universidad recogió varias declaraciones que sostenían que los uniformados habían intentado conseguir un arma en un taller de la zona para "plantársela" a los jóvenes. A partir de la circulación de esta información, el periodista fue amenazado por un funcionario policial, situación que desembocó en una denuncia en la Justicia, y su posterior imputación y procesamiento.

Podríamos decir que Sonia, madre de Emiliano y tía del Güeré, se convirtió en "activista familiar" (Pita, 2010). Su trayectoria previa como militante y referente vecinal resultó crucial para movilizar la búsqueda de justicia. Dispuesta a mostrarnos el barrio con profundo detalle y aquellos espacios vividos por su sobrino, nos esperó una tarde en su casa.

Caminamos primero hasta un galpón semi-abierto donde algunos jóvenes fabricaban macetas de cemento. En la pared de enfrente se podía leer en un grafiti: Güeré x siempre. Preguntamos si allí había trabajado Güeré. Sonia nos respondió: *no, acá trabajaban sus amigos y uno de sus hermanos.*

IMÁGENES 1 Y 2 | Tomadas por Ayelén Koopman

Después continuamos rumbo a la gruta construida en el medio de espacios bien nutridos de gente y participación cotidiana, frente a la cancha de fútbol de tierra. Allí en esa gruta es donde los jóvenes se reúnen luego del trabajo. De esa demarcación todos los vecinos habían querido formar parte porque Güeré *era muy querido*. Ciertamente, la *gruta* vidriada deja entrever cantidad de imágenes religiosas, cartas, medallitas y objetos variados en los dos pisos que la estructuran.

En los últimos años, podemos observar una proliferación de grutas en las villas y barrios de sectores populares. Pero sólo algunas muertes y desapariciones consiguen ser inscriptas "puertas afuera" de las viviendas o en los espacios más significativos para la vecindad. Tales inscripciones barriales se producen cuando un asesinato confronta valores morales y la *indignación es barrial*. Las grutas entonces (re)sitúan a sus muertos en esas territorialidades fuertemente disputadas y apropiadas, es decir, en esa calle, en ese pasaje, en la canchita de fútbol.

Los *altares*, en cambio, se dirigen especialmente a (re) introducir a los muertos -o más bien a la nueva presencia de los muertos-, en el ciclo de la vida familiar. Resultan las primeras demarcaciones íntimas que siempre aparecen tras una muerte en el interior de las viviendas, ubicadas en los espacios más públicos de las mismas como comedores o cocinas. Sobre heladeras o aparadores desplazados de sus funciones habituales y acompañados por velas, flores y objetos religiosos, en estos altares las fotografías de los jóvenes muertos son interpeladas cotidianamente con diálogos y saludos. Prácticas como la renovación constante de objetos e imágenes nos remiten también a manifestaciones de atención y cuidado permanentes. Allí son colocadas tarjetas de aniversarios y cumpleaños, adornos de navidad, juguetes, dientes caídos de los más pequeños de la casa, perfumes, monedas, objetos de colección del muerto. Los altares acompañan entonces los tiempos de duelo familiar por lo que a lo largo de los años van ocupando distintos lugares dentro de las viviendas.

Mientras tomábamos fotografías según nos indicaran con mi compañera de trabajo, se acercó uno de sus amigos y nos fue explicando con detalle quiénes habían traído los objetos y por qué. Cada uno estaba anclado a una vivencia compartida con Güeré, a una anécdota, a un recuerdo que los unía. *Esta estampita la puso su mejor amigo, esta medallita la vecina de enfrente, este dibujo se lo trajo el nene de la esquina. Yo le traje un recuerdito de cuando éramos chicos....*

Sonia, preocupada porque viniera todo el grupo de jóvenes, se movía inquieta con el celular en la mano. Una y otra vez nos explicaba que a esa hora *los chicos todavía están trabajando* en los cortaderos, oficio que ha caracterizado al barrio por más de cincuenta años.

La caminata continuaría. Seguía a unas cuadras de la *gruta*, precisamente en uno de los cortaderos de ladrillos del barrio. Le pregunto —insistentemente- a Sonia, ¿acá trabajaba Güeré? Con paciencia me respondió una vez más: *no, trabajaba en otro más alejado. Pero yo quiero que vean este, quiero mostrarles cómo trabajan los chicos del barrio. Sobre todo porque la gente de afuera no sabe.*

¿Qué era aquello que Sonia se esmeraba en hacernos notar -y que a mí me costaba tanto entender-? Lejos de estar preocupada por ofrecernos la prueba documental que registrara cuáles habían sido los lugares significativos para Güeré, Sonia buscaba demostrarnos algo más relevante aún, en tanto universitarias, profesionales, venidas de "afuera". Con este recorrido, Sonia inscribiría a su sobrino Güeré, a los amigos de su sobrino, y en ese mismo acto, a su propio hijo, en aquellas moralidades legitimadas socialmente que vinculan la dignidad al *trabajo* y al *sacrificio*. Güeré había sido asesinado siendo-y a pesar de ser- *trabajador, bueno y querido por todos.*

Tanto el recorrido por el barrio como la *gruta* y los objetos allí ubicados -desde los que refieren a sus gustos, como a aquellos ligados a los sistemas de creencias de sus allegados -, no podrían ser escindidos de aquellos aspectos de la biografía del joven que los allegados y vecinos buscan hiperbolizar. En contraposición con las versiones policiales que lo señalaran como delincuente, es entonces en esos sentidos enlazados al Güeré como *trabajador* que las prácticas en torno a su muerte y el territorio materializan la continuidad de la relación (re) construida, sostenida, homenajeada, mantenida viva (Bermúdez, 2018). La *gruta*, como lugar de reunión, re-incorpora al joven en esta sociabilidad barrial cotidiana. Territorio "es siempre representación social del espacio, espacio fijado, y espacio de fijación", dice Segato (2006: p. 76). Reinscribir a los jóvenes muertos en lugares significativos para el barrio consiste entonces, en anclar la muerte y su sentido en los territorios de los jóvenes, desde sus propias memorias, valores, emociones y experiencias locales.

El *altar* "fuera de lugar"

Facundo desapareció una noche de febrero de 2012. Después de trabajar todo el día, cenó con su novia y su mamá. Se bañó y se fue a un baile de cuarteto. No llevó su celular, porque estaba descargado. Sus amigos lo vieron a la salida y no se supo más de él. Apenas Viviana, su mamá, se dio cuenta de que Facundo no volvía, sospechó de la policía porque ya había sido detenido tres veces por contravenciones. Portación de barrio, apellido, rostro y vestimenta, resultan etiquetamientos frecuentemente operados como mecanismos de exclusión sobre el uso y experimentación de la ciudad, de tal manera que gran parte de estos jóvenes no consiguen desplazarse sin ser detenidos por la policía o al menos sin perder el anonimato.

Desde el principio la versión que sostuvo la policía decía que Facundo era vendedor de drogas al menudeo, basándose en un mensaje de texto de su celular. Ahora bien, lejos de ser una mera descripción que pudiera aportar a desentrañar los entramados del "caso", este señalamiento le adjudica una condición moral, naturalizada y reproducida por gran parte de los medios de comunicación. Cuando se hace referencia a los jóvenes, especialmente varones provenientes de los sectores populares cordobeses, siempre aparece algún tipo de acusación moral que permite depositar en la propia víctima la culpa por lo ocurrido.

El juicio por la desaparición de Facundo se desarrolló en agosto del año 2015. El resultado de esta instancia judicial reflejó la prevalencia de las interpretaciones oficiales. Un joven de la zona este fue condenado a 12 años de prisión al ser considerado coautor y responsable del delito de homicidio, mientras que su hermano fue inimputable por tener 15 años de edad. Por su parte, un ex empleado municipal que estaba acusado de utilizar el horno del cementerio San Vicente para hacer desaparecer el cuerpo, fue absuelto. Hasta la fecha de escritura de este texto, no se han encontrado evidencias del cuerpo de Facundo.

Viviana se iría convirtiendo en una figura pública. Los días posteriores a la desaparición de su hijo, se había acercado a miembros de los organismos de derechos humanos, con los que ya tenía vínculos previos debido a que estaba en la búsqueda de un hermano y de su cuñada desparecidos durante el terrorismo de estado.

A partir de allí se comenzaron a articular numerosas acciones conjuntas que incluyeron al Archivo Provincial de la Memoria (APM)[2] ubicado en el ex centro clandestino de detención conocido como D2, donde algunos integrantes de estos organismos trabajan. Desde esos lazos establecidos es que también accedió al patrocinio de un reconocido abogado penalista especialista en derechos humanos, y que ha sido abogado querellante en las causas por Lesa Humanidad durante el terrorismo de Estado.

En ocasión de la inclusión del caso del Rubio a la Muestra "Entre altares y pancartas", Viviana nos invitó a su casa de un barrio del este de la ciudad de Córdoba. Sin demasiados preámbulos nos propuso fotografiar la habitación de Facundo, conservada tal cual como él la había dejado por última vez.

Junto a un compañero fotógrafo, entramos con sigilo tratando de no alterar nada. Me senté sobre la cama, al lado de Viviana y comenzamos a charlar y a tomar fotografías de aquellos espacios, imágenes y objetos que nos iba mostrando mientras acomodaba la gigantografía de su hijo en una de las esquinas del cuarto. Esa misma pancarta, que reconocimos inmediatamente por estar presente en diversas marchas y escraches.

---

2 Fue creado por Ley Provincial de la Memoria 9286 aprobada unánimemente por la Legislatura de Córdoba en marzo de 2006. Allí alojaron "dependencias policiales ligadas a la persecución y represión social, política, cultural y sindical; entre ellas el 'Departamento de Informaciones D2', que fue un engranaje central en la instauración del terrorismo de Estado en la provincia de Córdoba". Información disponible en: http://www.apm.gov.ar/apm/portada. Última consulta: 03/03/2021.

Recortes de diarios, revistas, un sinnúmero de afiches de Boca Juniors y escritos a su hija recién nacida apenas dejaban ver las paredes donde estaban colgados. A cierta incomodidad por tanta "presencia" del Rubio se sumó el olor a pintura que Viviana decía aún sentir en los pantalones de obrero que acondicionó sobre la cama frente a nosotros. Ese mismo que usaría horas antes de desaparecer.

Las imágenes fueron incluidas en la muestra itinerante "Entre altares y pancartas". Hasta el momento, teníamos solo fotografías de altares y de grutas, vinculadas a casos de violencia policial. Ahora bien, ¿cómo incluiríamos entonces a un *desaparecido*, sin altar, sin gruta, sin tumba? ¿Cómo mostrar la dolorosa experiencia de su ausencia?

Conjuntamente con Viviana dispusimos ubicar las imágenes de la habitación de Facundo y debajo de ellas una silla vacía, en alusión tanto a esa ausencia como a la espera de su familia. Las imágenes del Rubio, claramente no representaban un altar, como en los otros casos.

Recién casi cinco años después de aquel encuentro, Viviana, junto a los organismos de derechos humanos que la venían acompañando, decidieron armar un altar en la Plaza del barrio donde Facundo iba a jugar en su infancia, y al que actualmente concurre con su nieta para conmemorarlo y encenderle una vela. Cada vez que van, encuentran caramelos y bebidas, que han sido dejados por los amigos del barrio del joven en el altar. Ahora bien, ¿qué imágenes se incluyeron allí? ¿Por qué un altar?

Las fotos de su cuarto, de su lugar privado, que fijan la presencia/ausencia del Rubio en aquellas paredes, ocupan ahora el espacio público. En esta demarcación se produce un desplazamiento físico y simbólico, que invierte lo íntimo tornándolo público, corriéndolo puertas afuera, es decir colocándolo "fuera de lugar".

Y en ese mismo procedimiento en este altar se cuenta quién era el Rubio, fijándolo a valores legitimados socialmente: reciente padre, fanático del equipo de fútbol de Boca Juniors, trabajador, hijo querido. La falta de una tumba (da Silva Catela, 1998), no impide la construcción de un lugar para el luto. Pero ese lugar sólo puedo ser construido, ocupado, habitado, en una temporalidad específica en la que la desaparición puede ser duelada como "muerte inconclusa" (op.cit.). Es decir que el altar que sería solo íntimo, familiar, resulta en este caso despojado de lo privado, dislocado de ese hermetismo, y colocado en el ámbito más colectivo. Así expuesto, familiariza el reclamo y lo inscribe en el entramado de los lazos más primordiales ya consagrados.

Desde entonces, la habitación del Rubio, altarizada también en la Muestra, tiene su propia velita, que Viviana enciende en cada inauguración.

IMAGEN 3 | Tomada por Ayelén Koopmann

El *altar* “puertas adentro”

Conocí a Gabriela un día en que inauguramos la Muestra en la Legislatura. Se presentó y nos invitó a su casa porque quería sumar el caso de su hijo Rodrigo a “Altares y pancartas”.

Todo lo que yo pueda hacer para mantenerlo vivo a mi hijo lo hago. Yo no soy tonta, sé que mi hijo no está, pero para mí tenerlo en la calle es mantenerlo vivo... Rodrigo *vivió poquito*, así es como define su trayectoria y por eso todo lo que hace. *No voy a descansar, para mantenerlo vivo de alguna forma*, nos dijo ese día en que nos recibió en su vivienda.

Gabriela trabaja cuidando personas mayores en domicilios particulares. Tiene dos hijas. A la más pequeña le puso por nombre Milagro dado que su nacimiento fue entendido como un envío de Rodrigo, quien fuera asesinado por un policía vestido de civil a los pocos días de cumplir 17 años. Gabriela decía que él *se la había mandado para que estuviera mejor*.

Sobre la mesa había mantas, telas e hilados, que Gabriela hizo a un lado para acomodar la yerbera. Había empezado un curso para aprender a cocer y tejer en una escuela religiosa que le costeaba los pasajes del ómnibus. Cada vez que Gabriela abría alguna puerta del mueble del comedor para buscar los elementos del mate, se caían los más de veinte encendedores que su hijo coleccionaba y que ella disponía prolijamente una y otra vez en el altar que le había armado, donde además sobresalían flores, fotos, recuerdos y un perfume de una marca reconocida de venta por catálogo. El mismo perfume que usaba su hijo, y que vuelca todas las noches sobre la almohada antes de dormir para poder sentir su olor y soñar con él. Rodrigo tenía altar, no tenía gruta.

Gabriela buscaba desde entonces *repetir el nombre* del uniformado que habría asesinado a su hijo *vaya donde vaya*, como una forma de escrache y reparación. De hecho, todas las marchas y conmemoraciones que Gabriela organizaba incluían siempre, más allá del edificio de tribunales, alguna parada frente a la sede central de la policía, para gritar su nombre.

Gabriela entendía muy bien su posición desfavorecida en el mundo de tribunales. Primero porque su hijo fue asesinado mientras intentaba robar una billetera. Pero además porque si bien las "pruebas" acusaban al uniformado -al parecer marcaron alta dosis de cocaína en sangre-, también señalaban a su hijo por tener un arma en el momento del robo.

Cada vez que Gabriela presentaba su caso lo hacía desde esta posición de reconocimiento de la culpabilidad de su hijo: *se equivocó, lo reconozco, pero no por eso merecía que lo fusilen como a un perro. Por eso no soy de las Madres del Dolor, nosotras somos las Madres de los Delincuentes para todo el mundo, pero para mí tanto ellas como nosotras, somos madres*. Acusaciones morales tales como "algo habrán hecho" o "por algo será" no resultan novedosas en Argentina, más aún si exploramos nuestro pasado reciente. La violencia policial aparece legitimada para algunos sectores sociales, en tanto consideran que los jóvenes asesinados pudieron haber estado cometiendo algún delito. Es decir que las "víctimas" terminan siendo responsabilizadas por sus vínculos -no siempre reales- con actividades delictivas menores y a sus muertes se les adjudica cierto merecimiento.

IMAGEN 4 | Tomada por Evelin Muñoz.
Archivo Muestra "Entre altares y pancartas".

Gabriela hace referencia entonces a esas jerarquías morales que se construyen en ámbitos judiciales, comunicacionales, partidarios y que también se re (producen) al interior de las organizaciones vinculadas a estos temas. Además, por ese entonces se estaba llevando a cabo el juicio de Güeré, joven que, como vimos, personificaba la figura de la víctima *inocente y trabajadora*.

En una calle muy transitada de la ciudad de Córdoba el hijo de Gabriela, que iba en la parte trasera de la moto con un amigo, rompió el vidrio de un auto e intentó robar una cartera. El policía le pegó varios tiros a poca distancia y Rodrigo cayó al asfalto. El amigo huyó en la moto. El policía alegó que estaban armados, otros testigos lo niegan. La primera persona que se entera de lo sucedido es una tía de Gabriela que ve en las redes sociales una imagen de la cara de Rodrigo ya fallecido, con la leyenda: *ahí está muerta la rata de la Colón.*

Gabriela nos cuenta: *ese día cuando llego de trabajar me acuesto. Me golpean la puerta. "Pasó algo", me decían unas chicas. Una de ellas lloraba. "Decime que está preso, decime que está preso", le decía yo. Pero no me respondían nada. Salí vistiéndome, en el auto me iba poniendo la ropa. Llegamos, estaba todo vallado, un chico tirado, tapado. No me dejaban pasar a ver. Yo le daba las descripciones de cómo era mi hijo a la policía. Nadie me decía nada. Llamé a mi tía que vive cerca para que me venga a acompañar.*

Esa era la tía que ya sabía de lo ocurrido pero no se animaba a confirmar la noticia. Junto a otros parientes van de un lado para el otro. Hasta que varias horas después en la sede central de la policía le cuentan lo sucedido. Gabriela se orina encima y llora. Para ese momento la sede estaba toda vallada y con custodios.

Al dolor por todo lo vivido se le fueron sumando los requerimientos de su abogado. Buscar testigos, cámaras que hayan tomado imágenes y conseguir declaraciones, pasaron a ser parte de su vida cotidiana. Pero sobre todo Gabriela tendría que lograr que el amigo de Rodrigo hable, y que cuente que no tenían armas, porque eso *cambiaría la causa*. "La prueba es él, es él el testigo presencial", le dijo el abogado.

Algunos compañeros de Rodrigo le dijeron quién era el amigo de su hijo, dónde vivía y cómo ubicarlo. De hecho, pertenecía al mismo barrio de sus sobrinos, donde también Gabriela se había criado.

> Me tomé un taxi, dimos unas vueltas. Me bajé, caminé un par de cuadras, y lo encontré. Estaba pateando la pelota. Yo tenía el expediente en la mano para que se doliera de mí. Le pedí por favor que me acompañara al abogado. Después de mucho hablarle, fue. En el estudio contó que habían quedado en la noche anterior para ir a robar. Y remarcó varias veces que no tenían armas. Yo también fui aprendiendo de las otras madres, que en muchos casos la policía falsea las pruebas, así que le creo. Pero nunca más vino.

Al poco tiempo Gabriela lo vuelve a encontrar en un centro comercial.

> Ahí lo agarré. "¿Y? ¿qué pasó? Nunca viniste, nunca hablaste" — le dije.
> Y me contesta: "¿Y qué quiere? ¿Qué quiere que vaya en cana? No puedo presentarme".
> Yo le decía: "mi hijo está muerto, nada se va a comparar con la muerte. Yo no le echo la culpa a nadie porque me hijo sabía lo que hacía. Pero vos lo llevaste y no lo trajiste..."
> — "¿Y qué quiere? Si voy, me meten preso" Y la mujer le decía: "vámonos".
> — Empecé a gritar: "que era un hijo de puta, que ya va a pagar".
> — Y le decía: "sí andáte, porque donde te vea te voy a amargar la vida. Porque sos cómplice del asesino de mi hijo porque no hablar te hace cómplice. Está en tus manos".
> — "¡Como si tu hijo hubiese sido un santo!" Me dijo él.
> — "Sí, mi hijo no era ningún santo pero no merecía lo que le pasó. No merecía que lo dejes tirado. Asesino".
> Y se fue. Todo el mundo me miraba.

Gabriela no pretende desconocer las consecuencias judiciales que puede tener para este joven su declaración, pero aun así la espera. Mientras no declare, Gabriela lo posiciona del mismo lado que el asesino. En este caso, parece prevalecer la lógica de un compromiso de honor que se sigue de la amistad que los unía. Según la misma lógica, Gabriela no lo responsabiliza por "llevarlo a robar", sino por no haberlo traído consigo de vuelta. *Por haberlo dejado tirado ahí.* Por su parte el joven parece desentenderse de la promesa que le hace a Gabriela, presionado por las circunstancias. Y remite a esos códigos de amistad de otra manera. Argumenta que él no lo había llevado a robar engañado, por lo tanto, no lo había traicionado.

A un año de la conmemoración del asesinato de Rodrigo, Gabriela junto a familiares de varias organizaciones sociales marchan frente a tribunales. Posteriormente, Gabriela decide a ir de nuevo a la casa del amigo y todos deciden acompañarla.

> Pero ¿qué pasa?, dice Gabriela. Yo no sabía que exponía a esa gente. Si no, no la hubiese llevado. Fuimos con la bandera abierta de Rodrigo, 4 metros por 4. Enorme. Los chicos la llevaban abierta. No sé si él no estaba pero nos atiende la suegra muy mal. No sabés lo mal que me atendió. Y yo ya estaba por irme y una amiga, tomó la reja y le entró a decir de todo, y ahí nomás salió el cuñado y nos dijo:
> — "¿Qué vienen a hacer en mi casa con todo este circo?"
> — "Esto no es ningún circo, que no te extrañe que el día de mañana tengamos que alzar tu banderita también", le dijimos así porque vino muy agresivo a hablar con nosotras.
> — "¿A mí me vas a pegar?? ¿A mí? Que yo estoy sola con mi hija que vengo a pedir por favor que me ayuden... está en sus manos..."
> — "Ya le voy a hablar cuando venga".
> — "Llevalo" — le digo — "porque ahí a la vuelta está la casa de mis padres, ahora casa de mi hermana".
> — "Ya te lo llevo. Apenas venga te lo llevo".
> Pero nunca apareció...

Gabriela advierte que haber llevado a gente que no era del barrio implicó *exponerla* a las posibles agresiones y conflictos que se desataron. Pero aquí me interesa analizar otras *exposiciones* que se pusieron en escena con posterioridad a este acontecimiento y que nos remiten al carácter colectivo de los conflictos, involucrando a vecinos, parientes, amigos y que imbrican valores locales con tramas construidas históricamente en torno a formas locales de justicias.

Interpretar lo que sucedió tras la marcha resulta posible al remitirnos a las circunstancias del asesinato pero también a las diversas posiciones que fue ocupando Gabriela en su afán de conseguir pruebas.

Gabriela pasó la mayor parte de su vida viviendo en un barrio popular de Córdoba junto a sus padres y hermanos. Ahora en esa casa, próxima al amigo de su hijo, viven su hermana y sus sobrinos. Por eso Rodrigo pasaba tiempo en ese barrio.

Tanto su familia como la de su hermana tenían cierta reputación valorada en la zona, basada en esconder chicos en la casa para que la policía no los encuentre. Esta práctica, destinada a salvar aunque sea momentáneamente a los jóvenes de los abusos policiales, resulta bastante habitual en villas y barrios populares. Ahora bien, bajo estas nuevas circunstancias y a pesar de esta reputación, Gabriela fue acusada de *vigilante.*

> En esa parte del barrio se juntan los amigos de mis sobrinos, tengo uno de 15 años y uno de 17. Y otro de veinte. Los que viven ahí más grandes escucharon que le decían al amigo de su hijo: lo que hizo la Gabriela es zarparte la casa. Te zarpó la casa, te faltó el respeto. A vos y a tu mujer y a tu hijo. Vos tenés que hacer respetar a tu familia. Piensan así. Y le dijo que vos donde veas los sobrinos de la Gabriela los tenés que someter, los tenés que hacer cagar. Y me dice: ¿Qué yo le zarpé la casa? En todo caso el llevó a mi hijo a la muerte.

Gabriela, hace ese comentario conociendo las reglas de lo que podríamos llamar con Bourdieu las lógicas del desafío y la respuesta (1968), pero desde cierto posicionamiento exteriorizado. Ahora bien, la advertencia no sólo fue verbal, sino que a los cinco días golpearon a uno de sus sobrinos y le dijeron que no lo querían ver más ahí porque *lo que habíamos hecho era de vigilante, llevar toda esa gente ahí. Y mi sobrino se tuvo que ir porque eran más grandes. Saben además que somos mujeres solas, saben que no vamos a hacer nada. No me voy a defender igual que ellos. Entonces se abusan. Estoy preocupada porque mis sobrinos están dispuestos a pelear. Y no quiero otro muerto. Así que yo no puedo volver, ya sé que no va a declarar.*

El hecho de *zarpar* la casa del amigo de su hijo implicó que Gabriela y su familia resultaran reposicionados como *vigilantes* y su reclamo referido a un acto violento de invasión que incluso involucró a actores considerados externos. Pero además la convivencia cotidiana de sus sobrinos en el mismo barrio explica que las técnicas de evitación no serían suficientes para sortear las *broncas* por mucho tiempo. En esta lógica del desafío y la respuesta "solamente la puja, el desafío que responde al desafío, puede significar la elección de proseguir la correspondencia, la elección de jugar el juego" (Bourdieu, 1968: p. 187). Tal como hemos visto, marcada por vía de sus sobrinos, Gabriela y su familia cargan ahora con esta nueva reputación de *vigilantes*, que lleva a que finalmente deje de "responder", y que no busque más al amigo de su hijo.

Cabría decir entones que el amigo de Rodrigo fue posicionado por Gabriela del lado del policía asesino, primero por dejar tirado a su hijo en el piso, y posteriormente por no animarse a declarar según el código de honor implicado en una amistad. Curiosamente, Gabriela y su familia, tras habérseles adjudicado el cartel de *vigilantes* también serían colocados en esa posición, es decir, del lado en que son usualmente expuestos los policías, *vigilantes o buchones*. En el caso de Gabriela hemos visto otros entramados que nos llevan a problematizar las dificultades en su acceso a la condición social y jurídica de víctima. Por un lado, consideré aquellos valores que posicionaron a Rodrigo como una *rata*. Podríamos decir que para algunos sectores representa la contrafigura de la víctima *inocente y trabajadora* que representa la figura del Güeré.

Basado en valores locales legitimados en esos entramados a los que pertenece Gabriela y su familia, se plantea el segundo punto. Colgarle el cartel de *vigilante* a Gabriela por intermediación de sus sobrinos, la reinscribe en una posición social diferente a la que ella y su familia tenían según su reputación anterior. En esta operación se les recuerda los saberes locales heredados que regulan las relaciones y conflictos cotidianos con aquellos más "próximos". La lógica del vigilante si bien opera resguardando ciertas moralidades no hegemónicas dentro de los barrios, y que seguramente en algún momento hubiera amparado a Rodrigo, termina en estas circunstancias por reducir las posibilidades de reparación abarcadas por la justicia oficial. Gabriela no conseguía que el amigo de su hijo declare.

En este caso, me interesa marcar por último las condiciones y tensiones que atraviesan la moralización del territorio vinculado a la muerte de Rodrigo, y aún a pesar de que Gabriela devenga "activista familiar" en todo ese proceso, se conviertan en la principal causa por la cual su altar permanezca "puertas adentro".

Consideraciones finales

La *gruta* de un joven *trabajador*, el *altar* "fuera de lugar" y el *altar* "puertas adentro", fueron demarcaciones espaciales que usamos como prismas privilegiados para pensar en los procesos de moralización del territorio de muertes violentas. Tal como vimos, forman parte de territorios experimentados a partir de conmemoraciones, desplazamientos, pero también de tensiones y disputas, y que fundan lo que llamo territorios moralizados, en los que las muertes pueden ser leídas, relatadas y resignificadas. Esos territorios no solo abarcan grutas y altares, sino que además contienen y se entienden en relación a esos desplazamientos físicos y simbólicos que cuestionan los límites entre el "adentro" y el "afuera", entre lo "íntimo" y lo "público", lo "individual" y lo "colectivo" y que no sólo involucran a los familiares y vecinos, sino también a las víctimas, a testigos y culpables. Conforme a ello, los valores morales que se ponen en juego en cada caso, lejos están de dirimirse exclusivamente en torno a las instancias judiciales y sus temporalidades, sino que también se disputan en ese territorio afectado y resignificado por y a partir de una micropolítica de la muerte.

REFERENCIAS

ARENAS, S. (2015) "Luciérnagas de la memoria. Altares espontáneos y narrativas de luto en Medellín, Colombia". *Revista Interamericana de Bibliotecología*, 38(3), pp. 189-200.

BERMÚDEZ, N. (2018) "Muertos vivientes. Una etnografía sobre la proliferación de iconografías en torno a los jóvenes muertos violentamente en sectores populares de Córdoba (Argentina)". *Revista Sociedad y Religión* (CEIL), n. 49, vol. XXVIII (2018), pp. 49-72.

____. (2019) "Grutas y altares moralizados. O de cómo territorializar las muertes violentas en sectores populares (Córdoba, Argentina)". *Revista Corpus. Archivos virtuales de la alteridad americana*, vol. 9, n. 2, pp. 1-24.

BOURDIEU, P. (1968). "El sentimiento de honor en la sociedad de Cabilia". En: Peristiany J. G. *El concepto de honor en la sociedad mediterránea*. Barcelona: Editorial Labor.

BIRMAN, P. y PEREIRA LEITE, M. (2004) (orgs) *Um Mural para a Dor: movimentos cívico-religiosos por justiça e paz*. Porto Alegre: EdUFRGS.

BLAIR, E. (2007) "La teatralización del exceso. Un análisis de las muertes violentas en Colombia" en FLORES MARTOS, J. y GONZALEZ, A. (2007) (coords.) *Etnografías de la muerte y las culturas en América Latina*. Colombia: Ediciones de la Universidad de Castilla-La Mancha, pp. 209-233.

CHAVES, M. y SEGURA, R. (2015) *Hacerse un lugar. Circuitos y trayectorias juveniles en ámbitos urbanos*. Buenos Aires: Biblos.

COZZI, E. (2016) "De juntas, clanes y broncas: Regulaciones de la violencia altamente lesiva entre jóvenes de sectores populares en dos barrios de la ciudad de Santa Fe". *Delito y Sociedad*, 1(39), pp. 72-102.

DA SILVA CATELA, L. (2005) *No habrá flores en la tumba del pasado: la experiencia de reconstrucción del mundo de los familiares de desaparecidos*. La Plata: Ediciones Al Margen.

___. (1998) “Sin cuerpo, sin tumba. Memorias sobre una muerte inconclusa”. Historia, Antropología y Fuentes Orales, 20, 87-104.

DAS, V. & POOLE, D. (2008). “El Estado y sus márgenes. Etnografías comparadas”. En: Revista Académica de Relaciones Internacionales nº8, GERI-UAM.

FELD, C. 2017. “Preservar, recuperar, ocupar. Controversias memoriales en torno a la ex ESMA (1998- 2013)”. Revista Colombiana de Sociología; Lugar: Bogotá; Año: 2017 vol. 40.

FLORES MARTOS, J. (2014) “Iconografías emergentes y muertes patrimonializadas en América Latina: Santa Muerte, muertos milagrosos y muertos adoptados”. *AIBR Revista de Antropología Iberoamericana*, vol. 9, n. 2, pp. 115-140.

GARCÍA SOTOMAYOR, C. (2014). “La vida de los muertos. Una etnografía sobre relaciones sociales barriales y espacialidad en un barrio de Córdoba”. En: BERMÚDEZ, N. y PREVITALI, M. (orgs.) Merodear la ciudad. Miradas antropológicas sobre espacio urbano e “inseguridad” en Córdoba. Córdoba: Ediciones del IDACOR, pp. 241-269.

LACERDA, P. (2014) “O sofrer, o narrar, o agir: dimensões da mobilização social de familiares de vítimas”. *Horizontes Antropológicos*, 42, pp. 49-75.

NOEL, G. y SEGURA, R. (2016) “La etnografía de lo urbano, lo urbano en la etnografía”. *Etnografías Contemporáneas*, vol. 2, pp. 12-24.

HALBWACHS, M. (2013) *La Memoria Colectiva*. Buenos Aires: Miño y Dávila.

INGOLD, T. (2015) “Contra el espacio: lugar, movimiento, conocimiento”). Contra el espacio: lugar, movimiento, conocimiento”. En Revista Mundos Plurales, Flacso.

JELIN, E. y LANGLAND, V. (2003) (comps.) *Monumentos, memoriales y marcas territoriales*. Madrid: Siglo Veintiuno.

PEREIRA LEITE, M. (2004) “As mães em movimento” en BIRMAN, P. y PEREIRA LEITE, M. (2004) (orgs) *Um Mural para a Dor: movimentos cívico-religiosos por justiça e paz*. Porto Alegre: EdUFRGS, pp. 141-190.

____. (2013)"Dor, sofrimento e luta: fazendo religião e política em contexto de violência". Ciências Sociais e Religião, n. 19, pp. 31-47.

PITA, M. V. (2018) "La historia de un mural o acerca de la muerte, de los muertos y de lo que se hace con ellos. Muertes violentas de jóvenes de barrios populares en la Ciudad de Buenos Aires". *Revista M. Estudos sobre a morte, os mortos e o morrer*; vol. 3, n. 5, pp. 53-71.

____.(2010). *Formas de morir y formas de vivir: el activismo contra la violencia policial.* Buenos Aires: Ediciones del Puerto/CELS.

RIAÑO ALCALÁ, P. (2006) *Antropología del recuerdo y el olvido. Jóvenes, memoria y violencia en Medellín.* Bogotá: Editorial Universidad de Antioquia.

SEGATO, R. (2006). "En busca de un léxico para teorizar la experiencia territorial contemporánea". En: *Politika. Revista de Ciencias Sociales*, Universidad del País Vasco, Revista de Ciencias Sociales nº 2 / Diciembre 2006, pp. 129-148.

VIANNA, A. y FARIAS, J. (2011) "A guerra das mães: dor e política em situações de violência institucional". *Cadernos Pagu*, 37, pp. 79-116.

Sentimentos morais: o papel das emoções nas formas de mobilização coletiva e constituição de *problemas públicos*

NEIVA VIEIRA DA CUNHA

Introdução

Este artigo tem por objetivo analisar a importância dos *sentimentos morais* no processo de constituição de um *problema público*, visando à compreensão das formas de mobilização e ação coletiva em torno do caso de contaminação humana e ambiental ocorrido na Cidade dos Meninos, na Região Metropolitana do Rio de Janeiro, que se transformou no cenário do mais grave caso de contaminação humana e ambiental por inseticidas organoclorados[1] já ocorrido no Brasil. A partir de uma perspectiva etnográfica e pragmatista, busco aqui examinar como os moradores da Cidade dos Meninos, visando ao enfrentamento do problema, geriram sentimentos morais, se organizaram coletivamente, desenvolveram argumentos públicos e recorreram a instituições judiciárias para obterem reparações aos danos morais e materiais causados pelo processo de contaminação.

---

[1] Fazem parte do grupo dos inseticidas organoclorados o DDT, o BHC, o HCH, entre outros. Este grupo de inseticidas tem como características um prolongado efeito residual, tendo alta persistência no ambiente e grande capacidade de se acumular nos seres humanos.

Desta perspectiva, buscarei mostrar como as dinâmicas da ação coletiva e os dispositivos de ação pública são acionados quando se trata de fazer reconhecer as demandas por reparação a danos sofridos e o respeito a direitos civis e sociais (Honneth, 2000; Cefaï, 2009).

A discussão em torno da constituição de *problemas públicos* toma aqui como referência a perspectiva analítica apresentada por John Dewey (2010[1927]) em seu livro *Le public et ses problèmes*. Desta perspectiva, a problematização de uma situação, ou seja, sua constituição como um *problema público*, está diretamente associada à constituição de seus *públicos*. Neste sentido, a definição de uma *situação problemática* e a composição dos grupos que nela se engajam fazem parte de um mesmo processo. Segundo Dewey (2010[1927]), uma *situação problemática* é aquela que altera a dinâmica da vida social, produzindo uma interrupção do fluxo e da regularidade das ações cotidianas, exigindo um trabalho de análise e investigação visando à sua compreensão e ao seu esclarecimento. E como consequência, traz com ela uma reflexividade acerca da experiência vivida, por meio das questões que vão sendo colocadas e das respostas que vão sendo dadas pelos atores sociais implicados na busca de enfrentamento do problema.

Essa dinâmica que caracteriza os *problemas públicos* se faz a partir de sua definição pelos processos de *problematização*, ou seja, de sua própria identificação e caracterização enquanto um problema, e de sua *publicização*, no sentido das ações que possibilitam a constituição de seus *públicos*. Neste sentido, um *problema público* é sempre constituído e interpretado dentro de um quadro de interação e interlocução, a partir da produção e recepção de narrativas e propostas de resolução que se constroem em torno do problema na medida em que este mobiliza distintos atores a partir de diversos modos e graus de engajamento. Portanto, é preciso considerar os quadros da *experiência pública*, a natureza das organizações e instituições envolvidas e as interações que vão se estabelecendo no curso da ação de enfrentamento do problema (Goffman, 1991, 2001; Cefaï; Terzi, 2012). Também as noções de *experiência* e *ação* propostas por Dewey (2010[1927]) serão de grande valor heurístico para a análise aqui apresentada, que toma como ponto de partida as situações sociais vividas pelos atores em seus contextos de significado, associando a problematização da ação a uma reflexão sobre suas formas de engajamento cívico e político.

Apresentarei, inicialmente, o contexto em que ocorrem as ações aqui analisadas, buscando dar a profundidade histórica e analítica necessária à compreensão da situação vivida pelos moradores da Cidade dos Meninos. Esse contexto é aqui pensado como o *campo de experiência* no qual o *problema público* é identificado, definido, analisado, regulado e elucidado (Cefaï; Terzi, 2012). Através de uma espécie de *etnografia retrospectiva* (Cunha, 2005, 2016), busco reconstituir a origem e a formação da Cidade dos Meninos, assim como o processo de descoberta da contaminação e sua constituição como um *problema público*, chamando a atenção para as dinâmicas da ação coletiva que caracterizam esse processo e as clivagens e disputas que definem essa *situação problemática*. Em seguida, busco evidenciar a importância dos *sentimentos morais* (Cefaï, 2009; Quéré, 2012) para a compreensão das formas de mobilização e ação coletiva dos moradores da Cidade dos Meninos e de suas demandas por reparação e justiça.

A Cidade dos Meninos

Constituída por uma de área de 19,4 milhões de metros quadrados, a Cidade dos Meninos localiza-se no município de Duque de Caxias, que integra, juntamente com outros 12 municípios, a área denominada Baixada Fluminense, na Região Metropolitana do Rio de Janeiro. Abrigando atualmente cerca de 3.908.510 habitantes (IBGE, 2020), a ocupação da área denominada Baixada Fluminense foi originalmente destinada às atividades agrícolas. Mas, a partir do século XX, ela foi destinada à industrialização, e isso teve como consequência um intenso processo de urbanização não planificada, ocasionando uma concentração dos chamados "problemas sociais", do ponto de vista sociológico: altos índices de pobreza, carência de equipamentos e serviços públicos urbanos, precariedade do ponto de vista habitacional e de saneamento básico, altos índices de violência e criminalidade, além da poluição industrial e da acelerada degradação das condições socioambientais (Abreu, 1998; Lago, 2000; Alves, 2003; Fadel, 2009).

A história da Cidade dos Meninos teve início na década de 1930, no período da Era Vargas, quando a primeira-dama Darcy Vargas, ocupada com as questões sociais e de assistência aos pobres, decidiu construir na Baixada Fluminense um abrigo para "menores carentes"[2], oferecendo "abrigo e orientação para a vida adulta" e ocupando-se de sua "educação e formação para o trabalho". Para viabilizar a implantação do projeto, o governo federal doou uma grande área do Núcleo Colonial São Bento[3]. Após a Era Vargas, a implantação do projeto ficou a cargo da Fundação Abrigo Cristo Redentor[4], cuja origem era a associação civil que já prestava assistência a moradores de rua na cidade do Rio de Janeiro, desde os anos 1920. E foi esse projeto inicial de um grande abrigo para "menores carentes" que deu origem então à Cidade dos Meninos (Fundação Abrigo Cristo Redentor, s/d; Ministério da Saúde, 2001; Cunha, 2016).

O núcleo original do "abrigo para menores" da Cidade dos Meninos foi uma Escola Agrícola construída em 1946. Em seguida, foram construídos 40 pavilhões com capacidade para abrigar 50 crianças cada. Mas, como grande parte da área reservada ao projeto e das instalações construídas com esse fim não estavam sendo utilizadas pela Fundação Abrigo Cristo Redentor, em 1947 elas foram cedidas ao Ministério da Educação e Saúde para a criação do Instituto de Malariologia[5]. Essa instituição tinha por objetivo desenvolver

---

2 O projeto original visava construir uma "Cidade das Meninas", instituição que abrigasse "meninas desamparadas e desvalidas". Ver mais a esse respeito em Fundação Abrigo Cristo Redentor (s/d).

3 O Núcleo Colonial São Bento pertencia, naquele momento, ao município de Nova Iguaçu, que também faz parte da Baixada Fluminense. O município de Duque de Caxias só seria criado em dezembro de 1943 (Souza, 2014).

4 Decreto-Lei nº 9655, de 27 de agosto de 1946. Brasília: Senado Federal, 1946.

5 O Instituto de Malariologia foi criado no âmbito do Serviço Nacional de Malária, no Ministério da Saúde e Educação, sob a coordenação do médico sanitarista Mário Pinotti (Ministério da Saúde, 2001).

pesquisas sobre a malária e formas de combatê-la, e a escolha da Cidade dos Meninos para sua localização se deveu ao fato da Baixada Fluminense ser considerada área endêmica da doença naquele período.

Dois anos depois, em 1949, como anexo do Instituto de Malariologia, foi instalada uma fábrica de inseticidas do grupo químico dos organoclorados[6], especialmente o Clorohexacicloexano (HCH), popularmente conhecido no Brasil como "pó de broca"[7], além de outros pesticidas organoclorados como o BHC e o DDT. A produção da fábrica era destinada às campanhas nacionais de Saúde Pública visando, sobretudo, à erradicação dos vetores transmissores das doenças endêmicas que assolavam o interior do país naquele período, como a malária, a febre amarela e a doença de chagas (Cunha, 2005).

Em função da criação destas duas instituições públicas, a partir de 1950, várias residências foram sendo construídas para esses funcionários na Cidade dos Meninos. Assim, a região começou a se transformar não apenas em um espaço institucional, mas, sobretudo, residencial, que continuou a se desenvolver até os anos 1980 (Ministério da Saúde, 2001; Cunha, 2016). E como uma das formações propostas pela Fundação Abrigo Cristo Redentor se ocupava da produção agrícola e pecuária, a partir desse período ela passou também a concentrar grande parte de seu rebanho bovino na Cidade dos Meninos, cuja produção de carne e leite era destinada ao consumo dos menores internos e dos habitantes locais.

Em 1955, por ocasião de uma grande reestruturação do Ministério da Saúde[8], as atividades de pesquisa e os laboratórios do Instituto de

---

6 Construída com o apoio do engenheiro químico holandês Henk Kemp, a fábrica produzia o HCH, manipulando também a pasta de DDT e outros inseticidas (Oliveira, 1994).

7 Isso se deve ao fato de o HCH ser frequentemente confundido com o BHC, conhecido como "pó de broca", por ter sido utilizado no combate à broca nas lavouras de café.

8 A separação das pastas da Saúde e da Educação só ocorreria em 1953, com a criação do atual Ministério da Saúde. Como a fábrica havia sido instalada por determinação do então Ministério da Educação e Saúde, a responsabilidade por sua gestão foi atribuída ao atual Ministério da Saúde.

Malariologia foram transferidos para a sede da Fundação Oswaldo Cruz (FIOCRUZ), só permanecendo na Cidade dos Meninos a fábrica de inseticidas, cuja produção foi definitivamente interrompida somente em 1960, quando o uso desse tipo de inseticida começou a ser questionado e mesmo proibido em diversos países (Pereira, 2012). Mas, com o fechamento da fábrica, cerca de 400 toneladas de HCH foram abandonadas na Cidade dos Meninos. E, sem saber que se tratava de uma substância extremamente tóxica, os moradores utilizaram-na para diversos fins. Como nos informou uma das moradoras mais antigas da Cidade dos Meninos, "nós usávamos o pó de broca para tudo. Colocávamos nas casas para matar mosquito e se a criança tinha piolho, ou raspava o cabelo ou metia pó de broca"[9]. O resultado foi trágico e, ao longo dos anos que se seguiram, a substância contaminou não só o solo, como também todo o lençol freático, dando origem a um dos mais graves processos de contaminação humana e ambiental por inseticidas organoclorados.

A constituição de um *problema público*

Em 1988, praticamente 30 anos após o fechamento da fábrica de inseticidas e do abandono das substâncias tóxicas no local, o processo de contaminação foi finalmente descoberto e a primeira denúncia pública foi feita pela imprensa. No dia 20 de setembro de 1988, o jornal *A Última Hora* publicou a seguinte manchete: "Pó altamente tóxico põe em risco a vida dos moradores na Baixada Fluminense". Essa primeira reportagem denunciava a exposição da população aos resíduos tóxicos na Cidade dos Meninos, afirmando que os moradores conviviam permanentemente com um "cheiro insuportável" e apresentavam sintomas como "dificuldade de respirar, enjoo, vômito e cefaleia"[10]. A reportagem dizia tratar-se do

---

9 Entrevista realizada com Maria Sarmento, habitante local.

10 *A Última Hora*, 20 set. 1988.

HCH[11], inseticida extremamente tóxico e letal, popularmente conhecido como "pó de broca", afirmando que a substância havia sido abandonada em área pertencente à União Federal onde funcionava o Abrigo Cristo Redentor, que, naquele momento, acolhia 560 crianças.

Neste sentido, a reportagem chamava a atenção para a "negligência" do Estado e a "ameaça à vida" dos menores e das famílias que moravam próximos à área. A reportagem alertava ainda que o "pó de broca" estava sendo comercializado pelos moradores da Cidade dos Meninos, sem qualquer controle, nas feiras livres de Duque de Caxias, embora o produto já estivesse proibido pelo Ministério da Saúde desde 1983[12]. A partir de 1989, as denúncias se intensificaram e a mídia local e nacional passou a noticiar amplamente o problema da contaminação na Cidade dos Meninos, associando ainda a presença do "pó de broca" a vários casos de morte por câncer e abortos espontâneos que já haviam ocorrido entre os moradores e internos. E foi por meio dessas denúncias que se chegou às ruínas da antiga fábrica de inseticidas pertencente ao Ministério da Saúde, fonte e origem dessa espécie de infortúnio que se abateu sobre os moradores da Cidade dos Meninos. As notícias divulgadas pela mídia colocaram a população local em estado de alerta, e o poder público foi instado a explicar as causas da contaminação e apresentar uma solução para o problema e suas consequências.

Neste contexto de denúncia e controvérsia (Chateauraynaud, 1999, 2015) em torno das causas e responsabilidade pela contaminação, deu-se início a diferentes formas de investigação que foram realizadas por diversos atores sociais, como instituições técnicas e científicas federais, estaduais e municipais, jornalistas e moradores acompanhados de advogados, entre outros. A Secretaria Municipal de Saúde do município de

---

11 As primeiras denúncias falavam da contaminação por BHC (hexaclorobenzeno), um tipo de inseticida do grupo dos organoclorados. Mas os exames logo indicaram que a substância encontrada em maior quantidade era o HCH (hexaclorociclohexano). Ver mais em Oliveira (1994).

12 A *Última Hora*, set. 1988; O *Dia*, nov. 1988.

Duque de Caxias solicitou à Fundação Estadual de Engenharia do Meio Ambiente (FEEMA) a vistoria do local e a apresentação de um parecer sobre o grau e a extensão da contaminação. Paralelamente, o Ministério da Saúde emitiu um primeiro laudo técnico sobre a situação a partir dos dados levantados pela Secretaria Nacional de Vigilância Sanitária (SNVS) e, por se tratar de um problema de saúde pública em área de jurisdição Federal, o Ministério da Saúde solicitou ainda a colaboração da Fundação Oswaldo Cruz (FIOCRUZ) no esclarecimento dos fatos divulgados pela imprensa relativos à contaminação humana e ambiental na Cidade dos Meninos. Tais ações tinham por objetivo a identificação e a quantificação das substâncias tóxicas presentes em amostras do solo e da água, assim como nas amostras de sangue dos moradores que habitavam no entorno das instalações da antiga fábrica, com vistas à elaboração de um diagnóstico mais preciso da suposta contaminação por HCH, visando à apresentação de propostas para a solução do problema (Oliveira, 2008; Silva; Rohlfs, 2010).

Tanto o laudo emitido pela Fundação Estadual de Engenharia do Meio Ambiente quanto aqueles emitidos pela Secretaria Nacional de Vigilância Sanitária do Ministério da Saúde e pela Fundação Oswaldo Cruz indicaram, principalmente, a presença do HCH (Hexaclorociclohexano) em todas os materiais analisados, alertando que as consequências da exposição da população local a esta substância poderiam ser irreversíveis, na medida em que os resíduos tóxicos continuavam ativos na área da Cidade dos Meninos. Os laudos indicavam que a exposição ao HCH poderia causar irritações na pele e reações alérgicas, câncer, infertilidade e problemas neurológicos mais graves, confirmando algumas das informações inicialmente divulgadas pela imprensa. Ainda de acordo com os laudos realizados, os focos de contaminação já se espalhavam por cerca de 13 mil m^2 e, entre a população, já se registrava um número significativo de pessoas contaminadas pelo "pó de broca" (Ministério da Saúde, 2001; Braga, 1996; Cunha, 2016).

Em 1990, a FEEMA apresentou novo relatório técnico com um quadro demonstrativo da gravidade da contaminação ambiental, indicando à

Técnicos coletando amostras para a análise da contaminação ambiental.
FONTE: Ministério da Saúde (2001)

Secretaria Nacional de Vigilância Sanitária do Ministério da Saúde estratégias e ações práticas para o seu enfrentamento. De acordo com as recomendações preconizadas nesse relatório, a Defesa Civil do Estado do Rio de Janeiro ficou responsável pela retirada de 40 toneladas de HCH do entorno da antiga fábrica de inseticidas e interditou essa área. Esse material foi estocado na Refinaria de Duque de Caxias (REDUC-PETROBRAS), para posterior incineração. Nessa ocasião, cerca de 10 famílias, cujas residências se encontravam no perímetro da fábrica considerado como o foco principal da contaminação, foram retiradas e transferidas para imóveis alugados no centro do município de Duque de Caxias, que deveriam ser pagos com recursos do Ministério da Saúde.

Em 1991, o Centro de Estudos da Saúde do Trabalhador e Ecologia Humana (CESTEH-FIOCRUZ), atendendo a uma nova solicitação do Ministério da Saúde, apresentou um relatório baseado em estudo toxicológico realizado por meio de exames clínico-laboratoriais da população residente no entorno da fábrica de inseticidas, confirmando, mais uma vez, o grave quadro de contaminação na Cidade dos Meninos. Mas para a surpresa dos moradores examinados nessa ocasião, os resultados desse estudo foram divulgados pela imprensa com a identificação dos indivíduos contaminados, antes mesmo que eles fossem notificados. Este fato causou uma enorme indignação entre os moradores e mobilizou-os ainda mais a se organizarem coletivamente e reivindicarem seus direitos e a reparação pelos danos morais e materiais provocados pelo processo de contaminação (Ministério da Saúde, 2001; Oliveira, 2008).

Nesse mesmo ano, revoltados com a demora na resolução do problema, o presidente da Associação de Moradores da Cidade dos Meninos, José Miguel da Silva, e o líder do movimento ecológico "Os Verdes", Rogério Rocco, depositaram um saco com 20 quilos da substância tóxica sobre a mesa do gabinete do Presidente da FEEMA como forma de protesto contra a presença, há cerca de 30 anos, do HCH abandonado na Cidade dos Meninos. Também o *Greenpeace* entrou em ação, exercendo enorme pressão, encaminhando ao Secretário Nacional de Meio Ambiente uma solicitação oficial e exigindo ações urgentes visando à resolução do problema da contaminação na Cidade dos Meninos (Ministério da Saúde, 2001; Oliveira, 2008).

Em 1992, após a condução de várias análises e estudos ambientais, o Ministério da Saúde decidiu proceder, por intermédio da empresa privada Nortox S. A., à neutralização do HCH, numa tentativa de remediar a contaminação do solo por meio da aplicação de cal virgem. Tal procedimento acabou modificando a composição inicial dos resíduos tóxicos, gerando novos compostos contaminantes no local. Também em 1992, a Vara de Menores da Comarca de Duque de Caxias condicionou a matrícula das crianças na Fundação Abrigo Cristo Redentor a um laudo técnico conclusivo sobre a contaminação da área, emitido pela Secretaria Nacional de Vigilância Sanitária. O Ministério da Saúde solicitou então à FIOCRUZ a realização das análises de sangue dos internos, cujos resultados indicaram que 24,2% dos menores estavam contaminados (CESTEH/FIOCRUZ, 1993). Baseado nesse resultado, o Juizado de Menores de Duque de Caxias expediu um mandado judicial determinando o início da desativação das atividades educacionais no local, ação que só seria finalizada três anos depois (Ministério Público Federal, 1993; Braga, 1996).

Em 1993, como nenhuma das medidas preconizadas nos laudos e relatórios técnicos produzidos sobre o caso de contaminação na Cidade dos Meninos tinham sido implementadas pelo Ministério da Saúde, foi assinado, perante o Ministério Público Federal, o Termo de Compromisso e Ajustamento de Conduta (TAC). Nesse documento, assinado pelo Ministério da Saúde (MS), Ministério de Meio Ambiente (MMA), Instituto Brasileiro do Meio Ambiente e Recursos Renováveis (IBAMA), Fundação Estadual de Engenharia e Meio Ambiente (FEEMA), Pontifícia Universidade Católica do Rio de Janeiro (PUC-Rio), Fundação Oswaldo Cruz (FIOCRUZ), Prefeitura Municipal de Duque de Caxias (PMDC) e Legião Brasileira de Assistência (LBA)[13], o Ministério da Saúde foi obrigado a assumir a total responsabilidade pela descontaminação da área e pela permanente assistência à população atingida, sendo responsabilizado por todas as despesas necessárias para a implantação das propostas feitas pelos órgãos e instituições envolvidas na investigação do problema da contaminação e na busca por solução (Ministério Público Federal, 1993; Braga, 1996; Ministério da Saúde, 2001; Oliveira, 2008).

Em 1995, a Fundação Nacional de Saúde (FUNASA) procede finalmente ao isolamento de uma área de 40 mil m^2, no perímetro das ruínas da fábrica, considerada o foco principal da contaminação e, em 1996, por determinação do Ministério da Justiça, as unidades da Fundação Abrigo Cristo Redentor na Cidade dos Meninos foram definitivamente fechadas. Com o seu fechamento, cerca de 600 menores abrigados nessa instituição assistencial foram transferidos, por ordem judicial, para outras instituições (Ministério da Saúde, 2001), restando no local apenas as

---

13 Em 1987, problemas administrativos resultaram na incorporação da Fundação Abrigo Cristo Redentor pela Legião Brasileira de Assistência, para a qual foi transferido todo o seu patrimônio, incluindo a área de 19,4 milhões de metros quadrados correspondente à Cidade dos Meninos (Ministério da Saúde, 2001).

famílias remanescentes dos antigos funcionários da Fundação Abrigo Cristo Redentor e do Instituto de Malariologia, que ali haviam fixado residência ao longo do processo de implementação das duas instituições.

Em 1998, pela primeira vez depois da descoberta e denúncia da contaminação e por solicitação reiterada da Associação de Moradores, uma série de testes foi realizada em todos os moradores da Cidade dos Meninos. Esses exames ficaram a cargo de um laboratório da Universidade Estadual de Campinas (UNICAMP) e tinham por objetivo a construção de um quadro mais amplo e detalhado dos efeitos da contaminação sobre a saúde da população local. Com esse fim, foram coletados sangue, leite materno e amostras de placenta de mulheres grávidas para análise laboratorial. No entanto, os resultados destes testes nunca foram entregues aos moradores e, de acordo com o Ministério da Saúde, 1.200 exames, que correspondiam ao número de habitantes locais, foram descartados sob o argumento de que eles não haviam sido realizados a partir de critérios que permitissem avaliar o real grau de contaminação humana. O relatório apresentado pela UNICAMP foi simplesmente desconsiderado pelo Ministério da Saúde, sob a alegação de problemas na metodologia de coleta do material para análise, que nunca foram divulgados (Ministério da Saúde, 2001; Guimarães, 2009). Assim, a década de 1990 foi marcada por uma série de conflitos, disputas e investigações em torno da alocação de responsabilidades entre as várias instituições públicas envolvidas no processo de contaminação da Cidade dos Meninos (Cunha, 2016).

Em função das formas de mobilização coletiva dos habitantes locais, em 2003, novos testes foram realizados pela FIOCRUZ em toda a população da Cidade dos Meninos. Mas também desta vez foi preciso esperar mais de dois anos para que o resultado fosse finalmente divulgado. Para que isso acontecesse, em novembro de 2005, os moradores realizaram uma manifestação denunciando o atraso na liberação dos resultados, que só foram entregues um mês depois da manifestação. Os resultados indicavam uma taxa de contaminação por substâncias tóxicas de 97% da população. Deste total, 30% apresentavam nível elevado de contaminação, cerca de três vezes maior que o tolerável em seres humanos.

O GLOBO

BAIXADA

Shoppings já estão decorados para as festas de fim de ano • 26 e 27

DOMINGO, 27 DE NOVEMBRO DE 2005 ■ Nº 794

Dúvida atormenta Cidade dos Meninos

Governo avisa que só dia 15 de dezembro vai divulgar resultados de exames feitos em 2003 para detectar contaminação por pó-de-broca ■ 28 e 29

FONTE: O Globo (2005)

Nesse momento, a partir do protesto dos moradores e de outras instituições da sociedade civil, novas propostas visando o enfrentamento do problema foram feitas, tanto pelo Governo Federal, através do Ministério da Saúde, quanto pelo Governo do Estado do Rio de Janeiro e pela Prefeitura do Município de Duque de Caxias (Herculano, 2001). No entanto, apesar da assinatura do Termo de Compromisso e Ajustamento de Conduta, o Ministério da Saúde nunca disponibilizou os recursos financeiros necessários à implantação das propostas de ação visando à descontaminação da área e à assistência aos moradores. E quanto ao Programa Saúde de Família, embora tenha sido implantado um Posto de Saúde na Cidade dos Meninos, ele não visava ao atendimento das necessidades específicas dos moradores no que concerne ao controle e acompanhamento dos níveis de contaminação e suas consequências, funcionando apenas como um serviço básico de assistência à saúde, nos mesmos moldes daqueles já implantados em outros bairros e regiões da cidade.

E o silêncio por parte de Ministério da Saúde quanto à implementação dessas ações nas décadas que se seguiram acabou por reforçar nos moradores o sentimento de "abandono" e "esquecimento" por parte do Estado.

O *público* e seus *problemas*

Buscando construir aqui um quadro de análise a partir dos dados apresentados, podemos pensar esquematicamente o problema da contaminação na Cidade dos Meninos a partir de três momentos. O primeiro compreenderia o período entre 1988 e 1993, aqui considerado como o período de emergência e constituição do *problema público*. Diante da publicização da descoberta do processo de contaminação e de suas consequências nefastas, ameaçadoras e imprevisíveis, os habitantes locais se inquietaram e passaram a se interrogar e a investigar sobre as causas e a responsabilidade do problema ao qual se confrontavam, assim como passaram a buscar alternativas para a sua solução. Como nos sugere Dewey (2010[1927]), esse processo investigativo apresenta uma *dimensão normativa*, na medida em que busca simultaneamente "atribuir responsabilidades", "denunciar negligência" e "designar vítimas e culpados", implicando necessariamente julgamentos de "ordem moral, legal e política" (Cefaï, 2012; 2017). E foi assim, a partir desse confronto com uma situação que alterou radicalmente a dinâmica da vida social local, que os habitantes passaram a se mobilizar coletivamente, visando ao enfrentamento e à busca de solução para a *situação problemática* que se apresentava, reivindicando o reconhecimento e a reparação dos danos morais e materiais por eles sofridos.

Esse também foi um período marcado pelo engajamento de inúmeros e distintos atores, fazendo emergir um novo tipo de "coletivo" que não existia antes da *problematização* e *publicização* do processo de contaminação. Esse foi também um período marcado por uma série de acusações e alocação de responsabilidades entre as instâncias federal, estadual e municipal, assim como entre outros atores engajados em torno do problema da contaminação na Cidade dos Meninos. Nesse sentido, a dinâmica que caracteriza a problematização de uma situação, ou seja, sua constituição como um *problema público*, está diretamente ligada à constituição de seus *públicos* que acabam por constituir uma *arena pública* (Cefaï, 2001; 2002; 2011; 2017). E, no caso da contaminação na Cidade dos Meninos, a assinatura do Termo de Ajustamento de Conduta, em 1993, pelo Ministério da Saúde (MS), Ministério de Meio Ambiente (MMA), Instituto Brasileiro do Meio Ambiente e Recursos Renováveis (IBAMA), Fundação Estadual de Engenharia e Meio Ambiente (FEEMA), Pontifícia Universidade Católica do Rio de Janeiro (PUC-Rio), Fundação Oswaldo Cruz (FIOCRUZ), Prefeitura Municipal de Duque de Caxias (PMDC) e Legião Brasileira de Assistência (LBA), pode ser aqui considerado como o momento de institucionalização do *problema público* e de construção de um certo consenso em torno das ações necessárias ao enfrentamento do problema. Este acordo, assinado entre as instituições públicas implicadas no problema, ia ao encontro às reivindicações e à expectativa dos moradores da Cidade dos Meninos de uma resposta por parte do poder público à situação por eles vivida.

O segundo momento compreenderia o período entre 1994 e 1999, quando se inicia a fase de *regulação* do problema pelas tentativas de implementação das propostas de ação feitas pelos distintos atores engajados nessa *arena pública*. No caso aqui analisado, visto que o acordo firmado entre as instituições envolvidas e as tentativas de implementação das ações propostas não se efetivavam, não atendendo, portanto, à expectativa dos moradores quanto à resolução do problema, a *arena pública* constituída se atualizava à medida que os conflitos entre diferentes perspectivas, expectativas e interesses em jogo se acirravam, evidenciando novas controvérsias, clivagens e disputas em torno do problema (Chateauraynaud, 2015). Essa dinâmica se intensificava a partir das "indagações, experimentações e discussões" entre os distintos atores sociais que constituíam essa *arena pública*, que se engajavam na tentativa de definição e controle dessa situação problemática (Cefaï, 2017).

O terceiro momento compreenderia o período entre 1999 e os dias atuais, quando buscou-se colocar em prática o *gerenciamento* da situação. Podemos dizer que esse foi um período de estabilização e rotinização do *problema público*, por meio das tentativas de administração dos efeitos e consequências da descoberta da contaminação na Cidade dos Meninos. Durante esse período, nenhuma nova estratégia de enfrentamento do problema foi adotada por parte do poder público. No entanto, no que concerne aos moradores, podemos dizer que, ao longo desses anos, houve uma reconfiguração do *campo de experiência* e das modalidades de engajamento em torno do problema da contaminação. Por um lado, as consequências e os efeitos da experiência da contaminação sobre suas vidas cotidianas possibilitou uma "atitude de cognição" (Mead, 2006; Cefaï, 2014, p. 24) com relação às formas de ver, sentir e agir diante do problema, expressando assim a própria dinâmica constitutiva dos *problemas públicos*. Por outro lado, com o passar do tempo, as dinâmicas de publicização parecem ter perdido seu poder de denúncia e mobilização, se rotinizando a partir de sua institucionalização.

O quadro de análise aqui construído permite evidenciar o processo por meio do qual as denúncias veiculadas pela imprensa, desde 1988, quando a contaminação foi descoberta, acionaram uma série de instituições públicas e privadas no campo da saúde, do meio ambiente, da administração e do direito, além das associações civis, a partir de distintas formas de engajamento. Todos esses atores se manifestaram acerca do problema e se constituíram como seus *públicos*. Esse quadro permite ainda mostrar o processo de constituição do *problema público* em curso, em que cada um desses momentos reconfigura as etapas anteriores e permite novas perspectivas de reconfiguração futuras, tanto do ponto de vista da organização da *experiência pública* quanto das formas de ação e mobilização diante do problema. Neste sentido, os efeitos das propostas de enfrentamento do problema retornam sobre a própria definição de seu caráter problemático, produzindo um horizonte de inteligibilidade e normatividade no qual as novas etapas podem vir a se adequar (Cefaï; Terzi, 2012; Chateauraynaud, 2015). E será por meio das dinâmicas dessa *experiência pública* que a ação coletiva será definida.

Sentimentos morais e ação coletiva

A análise aqui proposta a partir do caso de contaminação na Cidade dos Meninos também permite evidenciar o papel dos sentimentos morais na constituição de um *problema público*. Tais sentimentos adquirem sua dimensão moral na medida em que são ancorados em valores e formas de condutas coletivas. Para Dewey (2010[1927]), é preciso que um problema seja sentido para que ele possa ser enunciado. Desta perspectiva, a apreensão sensível do caráter problemático de uma situação precede sua elaboração cognitiva e sua descrição. Assim, diante de uma *situação problemática* cujas consequências são percebidas pelos atores como ameaçadoras, sentimentos e emoções são suscitados como uma forma de resposta diante da incerteza e da indeterminação do problema e de seus desdobramentos futuros. Neste sentido, os sentimentos e emoções desempenham papel fundamental na definição das formas de ação e mobilização coletivas visando o seu enfrentamento (Dewey, 1993; Quéré, 2012; Cefaï, 2009).

De acordo com as narrativas dos moradores da Cidade dos Meninos, comigo compartilhadas ao longo de minha pesquisa, e também divulgadas pela mídia, a "indignação", o "medo" e a "incerteza sobre o futuro", o "abandono", a "humilhação", o "desprezo" e a "vergonha" são alguns dos sentimentos com os quais eles passaram a conviver desde a descoberta da contaminação. Para eles, esse processo revelou o "descaso", o "abandono" e o "esquecimento" por parte do Estado, colocando em risco a vida das pessoas que viviam e trabalhavam na localidade. Suas vidas e seus corpos ilustram os efeitos devastadores desse "abandono" e "esquecimento" por parte do Estado (Fassin, 2013). Assim, o sentimento de indignação dos moradores diante da constatação da responsabilidade do Ministério da Saúde pelo processo de contaminação por HCH desempenhou papel decisivo na constituição do *problema público*. Da perspectiva dos moradores, essa indignação se justificava pelo fato de o órgão que deveria garantir a saúde da população estar por trás do longo processo de contaminação ao qual acabaram sendo submetidos, sem nenhuma possibilidade de escolha. Concebendo a saúde como um direito social e universal, de acordo com a Constituição brasileira, para eles era inadmissível que justamente o Estado, por meio do Ministério da Saúde, aquele que deveria garantir esse direito, o desrespeitasse reiteradamente. Para eles, o "abandono" ou "esquecimento" do "pó de broca" na Cidade dos Meninos e a atitude do Ministério da Saúde diante do problema expressava o não reconhecimento de sua população enquanto cidadãos portadores de direitos (Taylor, 1994; Honneth, 2000).

Mobilizados pela descoberta e denúncia do processo de contaminação, os moradores da Cidade dos Meninos se organizaram coletivamente, inicialmente por meio da Associação de Moradores e Amigos da Cidade dos Meninos (AMACD), e passaram a demandar reparação por parte do Estado. As denúncias veiculadas pela imprensa e a mobilização dos moradores diante do problema motivaram a abertura de inúmeros inquéritos e ações judiciais contra a União Federal. Tais ações judiciais exigiam uma solução para a contaminação e a reparação dos danos morais e materiais por ela causados. Inicialmente, em 1990, a Procuradoria Geral da Justiça do Rio de Janeiro instaurou inquérito civil visando à apuração dos danos causados à saúde e ao ambiente pela exposição ao HCH. Nesse inquérito, a Procuradoria Geral reconheceu a responsabilidade do Ministério da Saúde pelo abandono de substâncias tóxicas e recomendou que fossem adotadas medidas urgentes visando à remedição do problema. A Procuradoria Geral da Justiça alertou ainda que caso tais medidas não fossem adotadas, seria imediatamente ajuizada uma Ação Civil Pública de responsabilidade contra a União Federal, encaminhada à Assessoria Criminal para a tipificação do crime (Ministério da Saúde, 2001; Oliveira, 2008; Silva; Rohlfs, 2010). Um ano depois, a primeira Ação Civil Pública foi protocolada pelo Ministério Público do Estado do Rio de Janeiro em 30 de julho de 1991, com entrada na 1ª Vara Federal do Rio de Janeiro. Nesse processo, o Ministério Público intimou a União Federal por danos morais e materiais e por crime de responsabilidade civil pelos problemas causados à saúde e ao meio ambiente pela exposição ao HCH na Cidade dos Meninos. A União Federal também foi intimada pela não apresentação, até aquele momento, de propostas efetivas visando ao acompanhamento dos moradores para assistência médico-hospitalar e de resolução do problema da contaminação. Esse processo foi simplesmente arquivado no dia 29 de maio de 2006, sem ter sido sentenciado.

Em 1992, três ações civis foram impetradas por moradores da Cidade do Meninos, exigindo do Estado, por meio da responsabilização do Ministério da Saúde, indenização consistente no pagamento de pensões mensais vencidas desde o início do processo de contaminação como forma de reparação aos danos morais e custeio dos tratamentos médicos, além de verba para construção de novas moradias. Esse foi um momento de consciência aguda da experiência coletiva da contaminação, como também de mobilização intensa dos moradores da Cidade dos Meninos, quando vários grupos começaram a entrar diretamente com ações na justiça, independentes da Associação de Moradores. Esses grupos de moradores se organizaram a partir de suas redes de relações próximas, agregando geralmente familiares e/ou vizinhos.

Todas essas ações tinham como réu a União Federal, e os autores pediam reparação por danos morais e materiais pelos "sofrimentos psicológicos" por eles sofridos após a descoberta da contaminação. Como fontes de sofrimento, os processos apontavam o "medo de desenvolver doenças graves", a "insegurança causada pela permanente exposição ao risco", o "medo e a incerteza pelo futuro", além da "discriminação social", do "preconceito" e das "humilhações" sofridas pelos moradores, que passaram a ser estigmatizados por causa da contaminação.

Considerações finais

A partir da análise aqui apresentada, podemos considerar que a ação coletiva produz experiências que vão permitir que os atores compreendam simultaneamente o que fazem e o que as circunstâncias fazem deles. Nesse sentido, as formas de ação coletiva se realizam a partir de um trabalho de cooperação e competição em que, correlativamente à defesa de seus interesses e à reivindicação de seus direitos, atores deliberam racionalmente e razoavelmente, configuram explicações e interpretações, mas também exprimem e simbolizam sentimentos e emoções. Por isso toda mobilização coletiva é pontuada por experiências de indignação, revolta, solidariedade, alegria ou decepção, e é a partir dos movimentos sociais que esses sentimentos e emoções adquirem alcance coletivo e ressonância pública. Desse ponto de vista, as reivindicações e demandas por direitos, justiça e reconhecimento expressam, antes de tudo, sentimentos morais (Cefaï, 2009, 2012).

A importância dos sentimentos morais na definição de uma situação problemática consiste na referência que eles fazem a um conjunto de valores e regras compartilhado pelo grupo social afetado pelo problema. Nesse sentido, a abordagem feita por Axel Honneth sobre as demandas por reconhecimento tem sido uma referência importante. Em seu livro *Luta por Reconhecimento: a gramática moral dos conflitos sociais*, Honneth (2000) discute a importância das relações intersubjetivas de reconhecimento para o entendimento das relações sociais e coloca a falta de reconhecimento na base dos conflitos interpessoais e sociais. Considerando os padrões de reconhecimento intersubjetivo, o autor propõe a distinção de três dimensões do reconhecimento: dos afetos e da autoconfiança; das leis e dos direitos; e da solidariedade social e da autoestima (Honneth, 2000).

Outra contribuição importante tem sido feita por Didier Fassin (2007, 2012, 2013). Retomando a noção de Thompson (1971, 1991) e parafraseando a própria definição de *economia política*, Fassin propõe considerar a *economia moral* como a produção, a repartição, a circulação e a utilização de sentimentos morais, de emoções e de valores, de normas e obrigações no espaço social, envolvendo o conjunto da sociedade e de mundos sociais, e impondo um limite ao que pode ou não ser aceito (Fassin, 2007). Desse modo, para além de sua referência ao sistema de trocas e prestações que caracterizava as sociedades tradicionais (Mauss, 2007 [1925]), o conceito de *economia moral* se define como um sistema de normas e obrigações morais que orienta os julgamentos e as ações nas sociedades, indicando um conjunto fundamental de direitos e deveres que devem necessariamente ser respeitados.

Assim, considerar que vivemos em uma *economia moral* significa dizer que, para além das regras econômicas, o que está em jogo na vida social são os princípios de justiça, de dignidade, de respeito e de reconhecimento (Honneth, 2000; Fassin, 2007 Cefaï, 2017). Trata-se, portanto, de tomar em consideração não apenas o domínio das normas e obrigações morais, mas, sobretudo, o domínio dos valores e dos sentimentos. Nesse sentido, a atitude de indiferença do poder público diante das reivindicações e demandas por direitos, justiça e reconhecimento, caracterizaria o rompimento com uma *economia moral*. E, do ponto de vista dos moradores da Cidade dos Meninos, o não respeito a esse conjunto de regras e obrigações morais foi e continua sendo considerado uma falta irreparável cometida pelo Estado, que nenhuma forma de indenização poderá compensar[14].

Atualmente, cerca de 1.400 pessoas ainda vivem na Cidade dos Meninos e as escavações no local ainda indicam grande quantidade de "pó de broca" ativo. Os moradores "nativos" continuam sendo, em sua grande maioria, pertencentes às famílias remanescentes de antigos funcionários da Fundação Abrigo do Cristo Redentor e do Instituto de Malariologia, além de alguns internos que resistiram à transferência para outras instituições e também fixaram residência no local, passando a ocupar as antigas instalações do "abrigo para menores", agora desativado. E recentemente, a Cidade dos Meninos vem recebendo novos habitantes, em consequência das recentes formas de ocupações da área. Segundo os antigos moradores, esses *outsiders* (Elias; Scotson, 2000), chegaram a partir da venda ilegal de terrenos e de invasões na Cidade dos Meninos, provocando novos conflitos e disputas na área. Mas todos, de algum modo, ainda alimentam expectativas quanto à resolução do problema e continuam mobilizados por meio de inúmeras ações coletivas visando ao seu enfrentamento.

---

14 Tema de um debate realizado em uma Assembléia dos Moradores da Cidade dos Meninos, em outubro de 2021.

REFERÊNCIAS

ABREU, Maurício de. *Evolução Urbana do Rio de Janeiro*. 2. ed. Rio de Janeiro: Zahar, 1988.

ALVES, José Cláudio Souza. *Dos barões ao extermínio*: uma história da violência na Baixada Fluminense. Duque de Caxias: APPH; Clio, 2003.

BRAGA, Ana Maria Cheble Bahia. *Contaminação ambiental e humana em escolares na Cidade dos Meninos, Duque de Caxias, Rio de Janeiro*. Dissertação (Mestrado em Saúde Pública) — Fundação Oswaldo Cruz, Escola Nacional de Saúde Pública, Rio de Janeiro, 1996.

CEFAÏ, Daniel. Qu'est-ce qu'une arène publique? Quelques pistes pour une approche pragmatiste. In: CEFAÏ, Daniel; JOSEPH, Issac (dir.). *L'Héritage du pragmatisme*. Éditions de l'Aube, 2002. p. 5-14; p. 51-82.

CEFAÏ, Daniel. Comment se mobilise-t-on? L'apport d'une aproche pragmatiste à la sociologie de l'action collective. *Sociologie et Société*, v. 41, n. 2, p. 245-269, 2009.

CEFAÏ, Daniel. L'enquête ethnographique comme écriture. l'écriture ethnographique comme enquête. In: MELLITI, Imed (ed.). *Écrire en sciences sociales*. Paris: Riveneuve, 2014.

CEFAÏ, Daniel. Públicos, problemas públicos, arenas públicas... O que nos ensina o pragmatismo (Parte 1). *Novos Estudos*, CEBRAP, São Paulo, v. 36.01, 2017.

CEFAÏ, Daniel. Públicos, problemas públicos, arenas públicas... O que nos ensina o pragmatismo (Parte 2). *Novos Estudos*, CEBRAP, São Paulo, v. 36.02, 2017.

CEFAÏ, Daniel; MELLO, Marco Antônio da Silva; VEIGA, Felipe Berocan; MOTA, Fábio Reis (org.). *Arenas públicas: por uma etnografia da vida associativa*. Niterói, RJ: EdUFF, 2011.

CEFAÏ, Daniel; TERZI, Cédric (dir.). *L'expérience des problèmes publics*: perspectives pragmatistes. Paris: Éditions de l'Ecole des Hautes Etudes en Sciences Sociales, 2012.

CEFAÏ, Daniel; TROM, Danny (dir.). *Les formes de l'action collective*: mobilisations dans des arènes publiques. Raisons Pratiques. Paris: Editions EHESS, 2001.

CHATEAURAYNAUD, Francis. *Les Sombres Précurseurs*: une sociologie pragmatique de l'alerte et du risque. Paris: Editions EHESS, 1999.

CHATEAURAYNAUD, Francis. Pragmatique des transformations et sociologie des controverses. Les logiques d'enquête face au temps long des processus. In: CHATEAURAYNAUD, F.; COHEN, Y. (dir). *Histoires pragmatiques*: Raisons pratiques. Volume 25. Paris: Editions EHESS, 2015.

CESTEH/FIOCRUZ. *Relatório Técnico do Centro de Estudos da Saúde do Trabalhador e Ecologia Humana*, 1991.

CESTEH/FIOCRUZ. *Relatório Técnico do Centro de Estudos da Saúde do Trabalhador e Ecologia Humana*, 1993.

CUNHA, Neiva Vieira da. *Viagem, experiência e memória*: narrativas de profissionais da Saúde Pública dos anos 30. Bauru, SP: Edusc, 2005.

CUNHA, Neiva Vieira da. Cidade dos Meninos: sentimentos morais, ação coletiva e novos conflitos no espaço público da Baixada Fluminense (RJ). In: CUNHA, Neiva Vieira da; FREIRE, Leticia de Luna; MACHADO-MARTINS, Maíra; VEIGA, Felipe Berocan. *Antropologia do conflito urbano*: conexões Rio-Barcelona. Rio de Janeiro: Lamparina; CNPq; LeMetro, 2016.

DEWEY, J. *Le public et ses problèmes*. Paris: Gallimard, 2010[1927].

DEWEY, J. *Logique*: Théorie de l'ênquete. Paris: PUF, 1993.

ELIAS, Norbert; SCOTSON, John L. *Os estabelecidos e os outsiders*: sociologia das relações de poder a partir de uma pequena comunidade. Rio de Janeiro: Jorge Zahar, 2000.

ERMEL, Luiza Helena Nunes. *Análise das representações práticas relativas ao trato com o contaminante, crenças e costumes na Cidade dos Meninos, Duque de Caxias (RJ)*. Relatório de Pesquisa — Núcleo de Estudos de Exclusão Social, Pontifícia Universidade Católica do Rio de Janeiro (PUC-Rio), 1997.

FADEL, Simone. *Meio Ambiente, Saneamento e Engenharia no período do Império a Primeira República*. Rio de Janeiro: Garamond; FAPERJ, 2009.

FASSIN, Didier. *Quand les corps se souviennent. Expériences e politiques du sida en Afrique du Sud*. Paris: La Découverte, 2006.

FASSIN, Didier *L'Empire du traumatisme. Enquête sur la condition de victime* (with Richard Rechtman), Paris: series La bibliothèque des savoirs, Flammarion, 2007.

FASSIN, Didier; LÉZÉ, Samuel. *La question morale*: une anthologie critique. Paris: PUF, 2013.

FUNDAÇÃO ABRIGO CRISTO REDENTOR. *25 anos de Trabalho Cristão*. FARC, s/d.

GOFFMAN, Erving. *Estigme*. Paris: Minuit, 1975.

GOFFMAN, Erving. *Les cadres de l'expérience*. Paris: Minuit, 1991.

GOFFMAN, Erving. *Ritual de Interação*: ensaios sobre o comportamento face a face. Petrópolis, RJ: Vozes, 2001.

GUIMARÃES, Patrícia Vaz. *Percepção de risco dos moradores da Cidade dos Meninos*. Monografia (Especialização em Saúde Pública) — Fundação Oswaldo Cruz, Escola Nacional de Saúde Pública, Rio de Janeiro, 2009.

GUSFIELD, J. *La culture des problèmes publics*. Paris: Économica, 2009[1981].

HERCULANO, Selene. Justiça ambiental. De Love Canal a Cidade dos Meninos, em uma perspectiva comparada. In: MELLO, M. P. D. (org.). *Justiça e sociedade*: temas e perspectivas. São Paulo: Letras, 2001. p. 215-238.

HONNETH, A. *La Lutte pour la reconnaissance*. Paris: CERF, 2000.

IBGE — Instituto Brasileiro de Geografia e Estatística. *Censo*, 2010.

JAMES, William. *Essais d'empirisme radical*. Paris: Flammarion, 2007[1912].

JOSEPH, I. *Goffman et la microsociologie*. Paris: PUF, 2000; tradução brasileira: Rio de Janeiro: Editora da FGV, 2000.

LAGO, Luciana. *Desigualdades e Segregação na Metrópole*: o Rio de Janeiro em tempos de crise. Rio de Janeiro: Ed. Revan, 2000.

MEAD, George-Herbert. *L'Esprit, le soi et la société*. Paris: PUF, 2006.

MINISTÉRIO DA SAUDE. *Atuação do Ministério da Saúde no caso de contaminação ambiental por pesticidas organoclorados na Cidade dos Meninos, município de Duque de Caxias, RJ*. Brasília, DF, 2001.

MINISTÉRIO PÚBLICO FEDERAL. *Termo de Ajustamento de Conduta*, 1993

MAUSS, Marcel. Essai sur le don. Forme et raison de l'échange dans les sociétés archaïques, PUF, coll. « Quadrige Grands textes », 2007 [1925].

OLIVEIRA, Rosália Maria de. *Estudo da contaminação do solo e pasto causada por hexaclorociclohexanos (HCH) na Cidade dos Meninos em Duque de Caxias, RJ*. Dissertação (Mestrado em Saúde Pública) — Escola Nacional de Saúde Pública, Fundação Oswaldo Cruz, Rio de Janeiro, 1994.

OLIVEIRA, Rosália Maria de. *Cidade dos Meninos, Duque de Caxias, RJ*: linha do tempo sobre a contaminação ambiental e humana. Tese (Doutorado em Ciências da Saúde Pública) —Escola Nacional de Saúde Pública, Fundação Oswaldo Cruz, Rio de Janeiro, 2008.

PEREIRA, Elenita Malta. Rachel Carson. Ciência e coragem. *Ciência Hoje*, set. 2012. Disponível em: https://cienciahoje.org.br/artigo/rachel-carson-ciencia-e-coragem/. Acesso em: 21 nov. 2021.

PONDE, Jayme. *Levy Miranda*: apostolo da Assistência Social no Brasil. Rio de Janeiro: Fundação do Abrigo Cristo Redentor, 1977.

QUÉRÉ, L. Le Travail des Émotions dans l'expérience public. CEFAÏ, Daniel; TERZI, Cédric (dir.). *L'expérience des problèmes public*: perspectives pragmatistes. Paris: EHESS, 2012.

SILVA, José Miguel da et al. *Livro de Atas das Assembleias*. Duque de Caxias, RJ: Associação de Moradores da Cidade dos Meninos (AMACR), 1987.

SILVA, Ellen Cristina Félix da; ROHLFS, Daniela Buosi. *Eficácia dos instrumentos jurídicos em áreas contaminadas*: Cidade dos Meninos, Rio de Janeiro, um estudo de caso. Goiás: PUC, 2010.

SOUZA, Jose Alberto de Porto. *O gerenciamento de riscos na Cidade dos Meninos*: um sítio contaminado por pesticidas organoclorados, no estado do Rio de Janeiro. Dissertação (Mestrado em Ciência da Saúde Pública) — Escola Nacional de Saúde Pública, Fundação Oswaldo Cruz, Rio de janeiro, 2003.

SOUZA, Maurício Santos de. *Escavando o Passado da Cidade*: história política da cidade de Duque de Caxias. Duque de Caxias: APPH-CLIO, 2014

TAYLOR, Charles. The politics of Recognition. In: GUTMANN, A. (org.). *Multiculturalism and the Politics of Recognition*. Nova Jersey: Princenton University Press, 1994.

THOMPSON, Edward P. The moral economy reviewed. In: *Customs in common*. Londres: The Merlin Press, 1991. p. 259-351.

THOMPSON, Edward P. The moral economy of the English crowd in the eighteenth century. *Past & Present*, v. 50, p. 76-136, 1971.

La hoguera de las responsabilidades: imputaciones morales y tensiones sociales en dos localidades de la provincia de Buenos Aires (Argentina) durante la pandemia de COVID-19

GABRIEL D. NOEL

Introducción

"*El virus no nos busca, nosotros buscamos al virus*", declaró el presidente Alberto Fernández en su conferencia de prensa del 23 de mayo de 2020, al justificar la prolongación de las medidas de confinamiento implementadas dos meses antes. La implicatura de las palabras del presidente[1] — repetidas en varias ocasiones ulteriores y reproducidas en campañas públicas gráficas y televisivas — aparece como relativamente clara: "*el virus*" — esto es el SARS-CoV-2, causante de la enfermedad infecciosa conocida como COVID-19 — es una influencia que, aunque potencialmente destructiva y perjudicial, carece de plena agencia. La adquiere solamente con la

[1] Fernández cita explícitamente como fuente de la expresión a Pedro Cahn, un infectólogo de renombre y gran presencia mediática en la Argentina durante la pandemia, en especial en sus primeras etapas.

complicidad voluntaria o involuntaria de sus portadores que, al activarla devienen sus circunstanciales aliados y lo transmiten a terceros a quienes afecta en virtud su intermediación y que sufren daño por su causa.

Aunque rara vez deliberada — salvo casos extremos, no puede suponerse que las personas deseen activamente contagiar a sus semejantes — esta complicidad admitiría grados de responsabilidad (y por tanto de culpabilidad) que pueden ser ordenados a lo largo de un *continuum*. Así, en un extremo tendríamos a quienes aún cumpliendo escrupulosamente con las medidas sanitarias y de cuidado recomendadas por las autoridades médicas y dispuestas por sus contrapartes políticas y administrativas lo contraen de manera asintomática y lo transmiten sin saberlo, mientras que en el otro se encontrarían quienes, ignorando toda precaución y transgrediendo las más elementales medidas precautorias, se ponen en ocasión de contraerlo y se exponen (y exponen a otros) al mismo riesgo sin mayor preocupación, incluso sabiéndose afectados. Como es de rigor la mayor parte de las situaciones efectivas de contagio (o de riesgo de contagio) se encuentran más acá o más allá de uno y otro límite, configurando toda una serie de escenarios que, combinando intensidades variables de conocimiento y de cuidado, requieren — y como veremos, efectivamente movilizan — una casuística compleja a la hora de adjudicarlos y esclarecer la imputabilidad moral de sus agentes.

Así las cosas, apenas puede extrañar que en los primeros meses de vigencia de las medidas de confinamiento[2], el escrutinio, la denuncia e

[2] La primera medida sanitaria desplegada por el gobierno nacional, denominada Aislamiento Social Preventivo y Obligatorio (ASPO) fue implementada a partir del 20 de marzo del 2020 y afectó a todo el territorio de la Argentina hasta el 26 de abril inclusive. A partir de ese momento las medidas sucesivas fueron aplicadas de manera particularizada para cada jurisdicción municipal, de acuerdo con su situación sanitaria. Más allá de las disposiciones formales — que en general las mantuvieron en condiciones menos restrictivas que las que afectaron a las principales regiones metropolitanas — los habitantes de los distritos de los que nos ocuparemos en el presente texto coinciden en señalar una observancia relativamente estricta del aislamiento hasta finales del invierno (meses de julio y agosto de 2020) y un relajamiento creciente a partir de septiembre, que alcanzaría su apogeo en los meses de verano, consistentes con la apertura turística a comienzos de diciembre.

incluso el vigilantismo — en una palabra, el control social en sus formas más explícitas y radicalizadas — hayan devenido comportamientos si no habituales al menos frecuentes y notorios entre los habitantes de las localidades afectadas o simplemente amenazadas por el contagio (Matta, 2020), en particular en aquellas de pequeño y mediano porte como las que constituyen el objeto de nuestra investigación[3]. Lo que estas operaciones revelan en un análisis más cercano es, en primer lugar, un esfuerzo permanente, deliberado y minucioso por evitar la contaminación (tanto en sentido médico como moral) (Douglas, 2007) y en segundo, cuando ésta se materializa a través del contagio, una serie de intentos por identificar y exponer las agencias involucradas y, de ser posible, adjudicar su grado de (ir)responsabilidad. En este sentido resultan muy sugestivas la indignación y la furia que en las redes sociales y en las secciones de comentarios de portales y medios de estas localidades — principales foros de interacción colectiva durante los meses de confinamiento estricto — acompañaban con frecuencia al reporte de los casos bajo manto de anonimato (en particular a los primeros). Los anuncios e informes oficiales al respecto eran inmediatamente interpelados con violentas exigencias por parte de comentaristas y foristas de que se identificara a las personas contagiadas o sospechosas de contagio con nombre y apellido. Tales exigencias solían encontrar su desenlace en una delación que terminaba por exponerlas públicamente, sobre todo tratándose de escenarios cuya escala vuelve imposible, en último término, cualquier forma de anonimato persistente (Prado, 1988). Asimismo, una vez consumada la identificación de los individuos afectados, el proceso solía coronarse con medidas de exposición y escarnio de grados variables de publicidad y amenaza (desde carteles en puertas y *lobbies* de los edificios hasta comentarios a las notas en los

---

3 Nuestro actual proyecto de investigación (Noel, 2017) tiene como escenario una serie de asentamientos de la costa meridional del Río de la Plata pertenecientes a los partidos de Magdalena y Punta Indio (provincia de Buenos Aires, Argentina). La región objeto de análisis se ubica entre 60 km y 100 del borde meridional de la Región Metropolitana de Buenos Aires y entre 110 y 150 de la Capital Federal.

medios masivos de comunicación, pasando por el vehículo favorito de estas operaciones: los *posts* y "escraches"[4] en las mismas redes sociales).

Al mismo tiempo, a medida que avanzaba el proceso de transmisión comunitaria y aumentaba la cantidad de casos — y por consiguiente la especificación y seguimiento pormenorizado de los mismos no siempre resultaba sencillo o incluso posible — estos procesos de acusación comenzarán a desbordar los límites de la exigencia de identificación, condena y exposición de afectados a título individual y particularizado. Así, con la creciente difusión del SARS-COV-2 hacen su aparición procesos de adjudicación de responsabilidad (Gluckman, 1972) predicados ya no sobre personas particulares, sino sobre diversos colectivos que comienzan a ser señalados, sucesiva o simultáneamente como los principales cómplices de la llegada y de la difusión del virus y de sus efectos. Más allá de su presencia relativamente constante a partir de la fase de contagios extendidos que terminará por denominarse "primera ola", estos procesos de identificación y acusación se vuelven particularmente visibles e incrementan su intensidad y vehemencia en una serie de coyunturas muy concretas, entre las que se destacan la llegada del primer caso reportado a una localidad, barrio o unidad residencial; la primera muerte adjudicada al COVID; los incrementos súbitos en la cantidad de casos; la aparición de casos de procedencia o volumen inusual; su acumulación desmedida más allá del promedio histórico de la pandemia para esa localidad o la persistencia de un alto número de contagios y la aparente imposibilidad de disminuirlos.

Ahora bien; como ya han sugerido *en passant* otros investigadores que han abordado esta coyuntura desde un punto de vista antropológico (Matta, 2020) el escenario que hemos descripto en escorzo se ajusta muy bien a una clase de procesos exhaustivamente analizados a lo largo la historia de la disciplina: más concretamente, reúnen muchos de los rasgos típicos de un ciclo de acusaciones de brujería (Evans-Pritchard,

---

4 El término "escrache" remite en la Argentina a la exposición, denuncia y acusación pública de una persona que ha cometido una falta moral que se considera oculta, impune o insuficientemente castigada.

1976; Gluckman, 1944, 2009; Douglas, 1970), como aún una recapitulación muy sucinta y estilizada permite ponerlo de relieve. Nos encontramos, en efecto, frente a un escenario en el cual, ante un infortunio[5] y en una operación de acusación retrospectiva, el origen y la responsabilidad del padecimiento de uno o más agentes es imputado a una persona que movilizó contra el o los afectados una influencia destructora preexistente y disponible (pero al mismo tiempo inerte de no ser por la complicidad activa de quien la hubo movilizado) que tuvo como efecto final causarle el padecimiento efectivamente sufrido. En consecuencia, resulta fundamental adjudicar su autoría, como preludio tanto a la confrontación con las partes responsables (si lo fueren, y en la medida en que lo fueren), como a su exposición en carácter de agentes destructores (y con frecuencia encubiertos) que polucionan una comunidad de "personas de bien" de la que deberían ser expulsados.

Ciertamente, la correspondencia no es del todo exacta, en particular cuando desde el principio podemos apresurarnos a señalar dos matices importantes que diferencian, al menos en parte, los procesos que hemos comenzado a exponer y analizar aquí de las caracterizaciones canónicas antes referidas. En primer lugar, como ya hemos adelantado — y como veremos con más detalle en lo sucesivo — encontramos que con frecuencia la acusación no se dirige tanto hacia una persona particularizada e individualizada, sino más bien a una o más personas en tanto partes y representantes de un colectivo sobre el que se proyecta y se distribuye *in toto* la acusación moral. Si es cierto, como ha señalado Gluckman (2009:126) que la brujería predica de "*una visión del universo a pequeña escala para una sociedad de pequeña escala*" en la cual los conflictos se establecen y dirimen entre personas identificables y en contacto habitual y cotidiano, resulta razonable pensar que en localidades como las que nos ocupan — las cuales,

---

5 Más concretamente, una enfermedad, que como sabemos a partir de los estudios clásicos, es una de las principales clases de eventos en relación con los cuales se aplican las acusaciones de brujería (aún cuando, huelga decirlo, nuestra caracterización está construida en clave de homología y no debe por tanto ser interpretada en forma literal).

aunque escenario de una sociabilidad más densa e interconectada que las de las metrópolis, están bastante alejadas de la escala de las aldeas africanas o las comunidades *folk* de los estudios clásicos (Noel, 2017) — estas modalidades particularizadas de confrontación y acusación tiendan a ser sustituidas en ocasiones por contrapartes en clave colectiva.

Por otro lado, la presunción de malicia implícita en toda acusación de brujería — esto es el de una relación preexistente potencial o efectivamente hostil que la habría "activado" — aparece sustituida aquí por una panoplia de imputaciones alternativas que suponen grados menores de deliberación (aunque no de culpa). Así, más allá de que como mencionáramos en los párrafos precedentes pueda establecerse en teoría un *continuum* que requeriría de una casuística compleja a la hora de asignar responsabilidad, en la práctica la adjudicación retrospectiva (y la acusación de brujería es, como sabemos, siempre retrospectiva) buscará fundamentar sus reclamos de adhesión en un conjunto de atribuciones que aunque no puedan (ni necesiten) suponer deliberación, la empujan de todos modos hacia el extremo de la condena, culpabilizando tanto la ignorancia — "*debió haber sabido*" — como la impericia — "*debió haberse cuidado más*" — la imprudencia — "*no puedo creer que hiciera eso*" — y por supuesto la temeridad — "*¡es una locura [hacer eso]!*". La malicia personalizada implícita en toda acusación canónica de brujería adquiere aquí, por tanto, un carácter más bien eufemizado: no se trata necesariamente de que deba imputarse o demostrarse animosidad explícita de quien contagia hacia el o los contagiados, sino que basta con que pueda adjudicársele una suerte de desinterés colectivo por la suerte de los semejantes, una suerte de indiferencia generalizada hacia un universo de *innocent bystanders* que se dejan librados a su propia suerte. Lo que se pone en cuestión en estas acusaciones es, por consiguiente, no tanto un vínculo individual de enemistad, envidia o rivalidad, sino más bien el desprecio por un **lazo moral colectivo** de pertenencia y de cuidado del bien común por la intermediación del cuidado de sí, que es ignorado, puesto entre paréntesis o vulnerado por todos aquellos que le anteponen su necesidad, beneficio o disfrute individual. La pregunta central a la que la brujería pretende dar respuesta — *"por qué precisamente me pasó esto a mí y no a otra persona"* — es transcripta a una escala ampliada — *"por qué está pasando[nos] esto precisamente acá"* — y respondida mediante una acusación colectiva a los responsables de que todos (y no sólo yo) hayamos podido ser afectados. Todo ocurre por tanto como si la interrogación acerca de las razones por las cuales una persona específica se hubiera contagiado fuera irrelevante respecto de una cuestión mayor y más crucial: por culpa de "gente como quién" es que las personas "como nosotros" se contagian[6].

Como sabemos a partir de la abundante literatura existente sobre el tema, las acusaciones, los procedimientos, el escrutinio y la compleja casuística ligados a los casos de brujería, analizados como un proceso desplegado a lo largo de un tiempo más o menos prolongado — esto es, en tanto caso extendido (Van Velsen, 2010; Evens y Handelman, 2006) — constituyen un recurso metodológico sumamente productivo para iluminar un conjunto de tensiones sociales subyacentes a los colectivos sociales que, en escenarios menos conflictivos, pueden resultar más elusivas y difíciles de capturar. Como bien lo mostrara el trabajo pionero y emblemático de Evans-Pritchard (1976) las acusaciones de brujería no se distribuyen en forma aleatoria: detrás y por debajo de las relaciones personales de enemistad sobre las cuales son enunciadas las imputaciones concretas, yace una lógica que a partir de un análisis sistemático de la posición social de los acusados, de la frecuencia con la que son objeto de denuncia y el éxito relativo de determinadas acusaciones respecto de otras (así como de la capacidad o incapacidad de determinados imputados de resistirlas o impugnarlas) nos permite revelar líneas estructurales de tensión en el grupo en cuestión que bien pudieran permanecer ocultas a los ojos de un observador de las dimensiones más aparentes

6 Agradecemos a Alexandre Werneck una observación que nos permitió desarrollar este punto.

y "civiles" del comportamiento colectivo[7]. Así, más allá del carácter inherentemente casuístico y concreto de los procedimientos dirigidos contra la acción de la brujería, su análisis sistemático habilita la reconstrucción de una sociología nativa que buscará culpables en colectivos *a priori* sospechosos — en especial en ausencia de la posibilidad de una adjudicación individualizada — para exponerlos, confrontarlos y, en el extremo — de ser posible — expulsarlos literal o metafóricamente de la comunidad moral de las personas de bien.

Sobre la base de estos supuestos y antecedentes, el presente capítulo se propone presentar, sistematizar y analizar en forma sinóptica[8] las principales modalidades que asumen las acusaciones y adjudicaciones de responsabilidad colectiva por la circulación del virus SARS-COV-2 y los contagios de COVID-19 en dos ciudades de partidos adyacentes de la costa fluvial de la provincia de Buenos Aires: Magdalena (11.093 habitantes) y Verónica (6.546 habitantes), ambas cabeceras de sus respectivos

---

7 Aunque la mayor parte de estas tensiones se asumen habitualmente como preexistentes, no puede ni debe descartarse *a priori* que una coyuntura como la del COVID — caracterizada insistentemente como "hecho social total" — haya hecho surgir nuevas líneas de fractura que no necesariamente estaban presentes en la vida social (particularmente cuando la irrupción de la pandemia y de las medidas destinadas a contenerla pone en crisis formas de la producción y de reproducción de la vida individual y colectiva a un nivel inédito y casi sin precedentes en la vida de las personas afectadas). Aún cuando la respuesta a esta cuestión deba ser establecida empíricamente por recurso a una investigación con mayor profundidad que la presentada en este texto preliminar, cabe señalar que en la enumeración de los principales colectivos categoriales (cf. *infra*) sobre los cuales se despliegan las acusaciones — y de los que nos ocuparemos oportunamente — no hay tanteo, deliberación ni vacilación; por el contrario emergen plenamente articulados y ganan inmediato consenso, adhesión y reconocimiento, lo que constituye un argumento persuasivo en favor de su preexistencia. Agradecemos a Virginia Vecchioli su comentario en este sentido.

8 Las limitaciones de extensión nos impiden presentar en detalle los datos empíricos que constituyen la evidencia y la fuente de las afirmaciones aquí vertidas. Las voces, expresiones y locuciones de nuestros interlocutores utilizadas en el texto aparecen marcadas en itálica y entrecomilladas.

distritos y aglomeraciones más pobladas de los mismos[9], en un primer intento por ordenar materiales y datos de investigación producidos y recogidos en el primer año de la pandemia de COVID-19[10]. Nuestro objetivo específico involucrará utilizar las acusaciones, adjudicaciones e imputaciones ligadas a la aparición, circulación y dinámica de los casos de COVID para mostrar como en ambas localidades, que tanto el trabajo etnográfico como la propia caracterización de los nativos mostraban como escenario de una sociabilidad apacible y en apariencia exenta de

9 La población total de los distritos respectivos es de 19.301 (Magdalena) y 9.888 (Punta Indio). Cabe señalar que todas las cifras corresponden al último Censo Nacional de Población disponible al momento de la redacción del presente texto, el del año 2010, y se encuentran por tanto desactualizadas. La realización del siguiente censo, prevista para el año 2020, debió ser postergada por la pandemia de COVID y fue reprogramada para el 2022.

10 El proyecto en cual se inserta el presente texto fue iniciado en 2015 y cuenta por tanto con seis años de trabajo etnográfico en la localidad de Punta Indio. La correlativa inserción en el vecino partido de Magdalena, prevista para marzo del 2020 debió ser postergada en virtud de la pandemia. Como consecuencia de las políticas de aislamiento, restricción del tránsito y confinamiento asociadas a la misma, la mayor parte de los materiales recogidos en el presente texto debieron ser obtenidos del seguimiento de *posts*, comentarios y debates en redes sociales (en particular *Facebook*, la más mencionada y utilizada por la población adulta de ambos distritos). Los datos relevados provinieron en su mayoría de los comentarios a las publicaciones en las páginas oficiales de ambos municipios (incluyendo las de prensa e información sanitaria), de las notas y comentarios en medios y portales periodísticos (entre los que se destacan *El Colono de Punta Indio*, *El Regional Costero*, *El Tribuno de Magdalena*, *Info Magdalena*, *Magdalena Urbana* y *Data Magdalena*) y en las radios locales, así como de foros y páginas destinadas explícitamente a quejas, denuncias y novedades de ambos distritos. A esto debe sumársele una decena de entrevistas por medios virtuales, realizadas entre abril y octubre de 2020. A partir de diciembre, cuando las localidades se abrieron al turismo, realizamos en ellas tres estancias breves de prospección etnográfica (en los meses de diciembre, febrero y julio) en las cuales tuvimos acceso a datos adicionales de observación y entrevistas ulteriores. La periodización cubierta por el presente análisis abarca, por tanto, los meses transcurridos entre el 20 marzo de 2020 y el 15 de julio de 2021.

conflictos y clivajes — al menos aquellos de base social o moral[11] (Noel y de Abrantes, 2020; Noel, 2020) — el surgimiento y la expansión de la pandemia revelaron la existencia de tensiones subterráneas que daban cuenta de una morfología social y una serie de alineamientos identitarios y morales mucho más complejos que los manifiestos en la superficie.

Magdalena y Punta Indio bajo la Pandemia

Antes de proceder al análisis de las principales modalidades de imputación relativas a los contagios de COVID-19 en ambas localidades, resulta imprescindible reseñar de manera sinóptica algunos rasgos importantes en relación con la pandemia y su desarrollo en ellas. Las principales diferencias entre uno y otro distrito serán desplegadas en dos dimensiones principales: una relativa a la evolución de la situación sanitaria y

---

11 La salvedad tiene que ver con la existencia visible y reconocida en ambas aglomeraciones de conflictos y tensiones ligados al escenario de tensa polarización política que en lenguaje nativo se denomina "*la grieta*". Esta división, que encolumna a buena parte de la Argentina urbana en dos campos políticos enfrentados y contrastantes en torno de la experiencia política desplegada entre 2003 y 2015, comenzó a consolidarse a partir del año 2008, encontrando su consagración definitiva a partir de la campaña electoral del año 2015, que habría de darle el triunfo a la alianza *Cambiemos* (Artese, Castro Rubel y Tapia, 2019).

epidemiológica y otra que atañe al alcance de las medidas de aislamiento y restricción a la circulación al interior de los distritos[12].

Aún cuando ambos municipios fueron afectados por la irrupción del COVID casi en simultáneo, su situación sanitaria a lo largo de la denominada "primera ola" (entre los inicios de la pandemia y finales de 2020) muestran algunos contrastes. En Magdalena los contagios ascendieron rápidamente, se estabilizaron en un pico relativamente alto — que oscilaba entre la veintena y el medio centenar de casos activos en simultáneo — y se registraron fallecimientos en forma comparativamente temprana (los tres primeros en rápida sucesión entre el 26 y el 29 de agosto), todo lo cual fue procesado por los habitantes del distrito en términos de alarma, con calificaciones de "*catástrofe*" "*desastre*", "*fracaso sanitario*" y situación

---

[12] Aún cuando, como hemos señalado, los datos objeto de análisis en el presente texto fueron recogidos para las ciudades cabecera, la información de la presente sección está presentada en forma agregada a nivel de distrito por razones tanto sustantivas como específicas. En primer lugar, más allá de que los reportes sanitarios presentados por la Municipalidad de Punta Indio discriminen por localidad (a diferencia de los de Magdalena, que no lo hacen), la evidencia etnográfica nos muestra que la información es procesada por los propios actores a partir de los números absolutos y agregados, esto es: es sobre la base de ellos que nuestros interlocutores realizan evaluaciones, comparaciones y diagnósticos. La distinción entre localidades sólo aparece mencionada para señalar que el virus "*finalmente llegó*" a tal o cual aglomeración o paraje hasta ese momento exento o para subrayar un crecimiento desmesurado de casos, pero queda normalmente subsumida y relegada en relación con el número global de incidencias. Al mismo tiempo, como es de esperar por estrictas razones estadísticas, las cabeceras concentran la mayor parte de los casos reportados, y prácticamente la totalidad de los fallecimientos. Respecto del segundo de nuestros ejes, apenas hace falta señalar que las políticas de acceso y circulación afectan a los distritos considerados como unidad, en cuanto jurisdicciones de la autoridad de aplicación de las mismas a nivel municipal (más allá de que como veremos hayan podido aparecer restricciones "autogestionadas" al interior de los mismos).

"*crítica*" o "*fuera de control*"[13]. En Punta Indio por su parte el número de casos se mantuvo relativamente bajo a lo largo de todo este período, la curva de casos activos se amesetó en números absolutos que iban de los cero a los cinco casos y la primera muerte llegó de manera comparativamente tardía y en circunstancias que permitían descartarla como atípica[14].

La situación de ambas jurisdicciones tendió a converger durante la "segunda ola" — a partir de marzo del 2021 — y en particular durante los meses de mayo y junio de ese año, cuando se alcanzaron los picos máximos de contagio y se incrementaron las víctimas fatales[15] y a raíz de la cual comienzan a aparecer en el partido de Punta Indio consideraciones en el mismo tono crítico y catastrofista que las previamente movilizada en su contraparte, así como aseveraciones entre resignadas e iracundas de que "*al final, tanto cuidarnos, tanto cuidarnos y terminamos como Magdalena*".

---

13 Cabe señalar que estas calificaciones se hacían casi siempre en clave comparativa con la situación del partido vecino. En efecto: en tanto se trata distritos adyacentes, los habitantes de Magdalena estaban a la vez conscientes y pendientes de la situación sanitaria en el vecino partido de Punta Indio y viceversa, y a partir de esta comparación es que se construiría — al menos durante la "primera ola" — la imagen de Punta Indio como un partido preservado y una "*burbuja*" en medio de la pandemia y la correlativa de Magdalena como un lugar donde "*se perdió la batalla contra el COVID*".

14 La inmensa mayoría de nuestros informantes en Verónica relativizaban el carácter de víctima del COVID de este primer fallecido, en función de tratarse de una persona afectada por un sinnúmero de condiciones preexistentes y graves de salud que implicaban que "*se murió de COVID pero igual se hubiese muerto de cualquier otra cosa... un resfrío o una gripe*". La serie de muertes en el distrito, por tanto, era inaugurada por nuestros interlocutores con la segunda muerte reportada, correspondiente al 21 de marzo de 2021 (esto es, transcurrido un año completo desde la declaración de la emergencia sanitaria).

15 Aún cuando los datos analizados en el presente texto corresponden, como hemos adelantado, al período comprendido entre marzo de 2020 y julio de 2021 cabe agregar que ambos distritos vieron descender sus casos activos por debajo de la media decena recién entre fines de agosto y mediados de septiembre del 2021, luego de un intenso despliegue de las campañas de vacunación, que alcanzaron temprana y amplísima cobertura entre la población adulta (particularmente en Punta Indio, que fue declarado el 10 de julio "*primer distrito protegido de la provincia de Buenos Aires*" en virtud de contar con el 100% de los mayores de 18 años vacunados con al menos una dosis).

TABLA 1 | **Algunos indicadores epidemiológicos de los partidos de Magdalena y Punta Indio (elaboración propia sobre la base de los datos oficiales provistos por los respectivos municipios)**

	MAGDALENA	PUNTA INDIO
Primer Caso Confirmado	14 de junio de 2020	19 de junio de 2020
Primer Fallecimiento	26 de agosto de 2020	5 de diciembre de 2020
Número Máximo de Casos Activos Registrados (al 31 de diciembre de 2020)	54 (agosto de 2020)	5 (diciembre de 2020)
Casos Acumulados al 31 de diciembre de 2020	513	54
Fallecimientos Acumulados al 31 de diciembre de 2020	7	1
Casos Activos al 15 de julio de 2021	74	2716
Casos Acumulados al 15 de julio de 2021	2.320	813
Fallecimientos Acumulados al 15 de julio de 2021	36	9
Número Máximo de Casos Activos Registrados (al 15 de julio de 2021)	200 (mayo de 2021)	151 (junio de 2021)

En lo que hace a las medidas de aislamiento y circulación, por su parte, encontramos también un contraste marcado entre ambas jurisdicciones, explicable al menos en parte por los alineamientos políticos de los respectivos ejecutivos municipales. Así, Hernán Y Zurieta, el intendente de Punta Indio — encolumnado con el oficialismo a nivel nacional y

16 Catorce (14) de los cuales corresponden a la localidad de Verónica.

provincial — puso en práctica una política de aislamiento estricto y riguroso, que prohibía la circulación desde y hacia el municipio, restringía y controlaba minuciosamente los accesos y monitoreaba en forma más o menos rigurosa los desplazamientos entre localidades a su interior. Como consecuencia de estas medidas el distrito permaneció relativamente aislado hasta la reapertura oficial del tránsito interjurisdiccional, en noviembre para los propietarios no residentes y en diciembre para el turismo interno. La circulación hacia y dentro de Magdalena, por su parte — con su intendente, Gonzalo Peluso, enrolado en las fuerzas de la oposición, militantemente movilizadas contra las políticas de aislamiento a partir de mediados de 2020 — nunca estuvo restringida del todo y los controles, aunque presentes, eran inequívocamente señalados por la población como escasos, insuficientes, irregulares y sumamente sencillos de eludir. A esto debe sumarse la notoria presencia y — más importante aún — la constante circulación del personal penitenciario (y en menor medida de las Fuerzas Armadas)[17] hacia y desde las áreas metropolitanas (en especial la capital provincial, La Plata, pero también el Área Metropolitana de Buenos Aires, fuente perenne y foco principal de los contagios durante la primera fase de la pandemia)[18].

Acusaciones, Tensiones Sociales y Modalidades de Imputación

Como hemos ya señalado, más allá de que toda imputación de responsabilidad acerca de la circulación del virus tenga en principio como destinatario

17 El distrito es sede del "Complejo Penitenciario Magdalena" (que incluye las Unidades Penitenciarias 28, 35, 36 y 51 del Servicio Penitenciario Bonaerense) así como del Regimiento de Caballería de Tanques 8 Cazadores "General Necochea".

18 De hecho el primer contagio registrado en Magdalena correspondió a un agente penitenciario residente de la localidad que lo habría contraído en el conurbano bonaerense, donde desempeñaba sus funciones.

último un agente individual que por impericia, insuficiencia, imprudencia o temeridad habría precipitado el contagio propio y *a fortiori* ajeno, con el avance de la pandemia estas agencias potencialmente identificables y rastreables comenzarán a ser leídas con frecuencia creciente en clave de sinécdoque y en términos de la pertenencia del contagiado a un colectivo más amplio, del que se predica de manera distributiva la responsabilidad por la aparición, el incremento, la incidencia o la persistencia de casos de COVID en la localidad en cuestión. De esta manera — como también hemos adelantado — a medida que la pandemia avanzaba y la procedencia de los contagios no siempre podía establecerse o identificarse con precisión individual, estos grupos comienzan cada vez con mayor asiduidad a ser asumidos por *default* — en virtud de su posición marginal, tensa, incómoda, liminal o disputada en el colectivo social — como responsables (esto es culpables) de los efectos deletéreos públicamente visibles y notorios y, una vez identificados, sometidos a procesos de avergonzamiento, exposición, estigmatización, pedidos de control, de represión o de censura y, en el extremo, de llamados a su expulsión metafórica o literal de la comunidad moral de los "ciudadanos de bien".

Esta clase de acusaciones, que podríamos denominar **categoriales**, están dirigidas hacia clases identificables y persistentes de personas cuya designación y delimitación preceden a la irrupción de la pandemia, y que circulaban por tanto como categorías de nominación, interpelación y reconocimiento socialmente disponibles y potencialmente movilizables. Todo ocurre aquí como si una animosidad latente por parte de determinados actores hacia estos colectivos hubiera encontrado en la pandemia el terreno para materializarse y manifestarse públicamente de manera visible y violenta en busca de adhesiones, a veces en forma unilateral, otras en forma recíproca. Es aquí donde encontramos aquellos grupos cuya posición tensa, marginal o liminal los transforma en blanco potencial (o incluso preferencial) de las acusaciones (Evans-Pritchard, 1976). En estos casos, y al ser tanto los propios colectivos como varios de sus principales atributos parte de repertorios identitarios (Noel 2013) fácilmente reconocibles y designables en tanto tales por la totalidad de la población, las acusaciones rara vez requieren de algún tipo de imputación, identificación o incriminación pormenorizada; por el contrario suele bastar con la mera mención para precipitar una serie de asociaciones cuya evidencia se propone implícitamente como apodíctica y cuya explicitación, cuando aparece, asume fines meramente retóricos, enfáticos o de complicidad entre pares.

Como es de esperar, el blanco de las primeras y principales acusaciones de este tipo en el partido de Magdalena — donde como hemos mencionado el cierre y el control pueden ser descriptos, en el mejor de los casos, como parciales, irregulares y poco eficaces — involucra diversas clases de **forasteros**, a los que se responsabiliza por *"haber(nos) metido el bicho"* o *"haber traído el virus"* de los grandes centros metropolitanos. Como nuestros lectores podrán fácilmente imaginar sobre la base de la caracterización expuesta en la sección precedente, ocupan aquí un lugar eminente todos los actores ensamblados por el **sistema penal-penitenciario** — en especial los **familiares** y **visitas** de los **internos** (y éstos mismos, claro está, por su intermedio), pero también el **personal penitenciario**, que como ya consignáramos circula cotidianamente entre la localidad y las áreas metropolitanas adyacentes (Ferreccio, 2017). En este sentido resulta relativamente sencillo explicar el lugar crítico que ocupan las Unidades Penitenciarias como fuente perenne de tensión en el escenario local. Así, si por un lado proveen empleo estatal y registrado con calificaciones relativamente bajas — rasgos considerados deseables en una región afectada por altos índices de informalidad, precariedad laboral y desempleo — y contribuyen directa e indirectamente a la sustentabilidad del distrito, por otra parte son leídas como fuente permanente de contaminación, tanto en un sentido moral (al fin y al cabo se trata de instituciones pensadas para castigar a quienes el sistema jurídico ha marcado como infractores) como social (y aparecen aquí una serie de omnipresentes quejas respecto de las ya mencionadas visitas, su putativo origen social degradado y sus comportamientos calificados de desordenados e inciviles en términos de la ocupación y uso del espacio público de la ciudad) y literal (las condiciones de hacinamiento y desprotección sanitaria de los internos las transformaron en uno de los vectores principales de la acumulación original de casos). Magdalena, como nos dijera uno de nuestros interlocutores, "*no podría vivir sin la[s] cárcel[es], pero tampoco es que se enorgullece de ella[s]*".

Un segundo grupo que resulta objeto habitual de imputación refiere a los diversos **visitantes**, lo cual incluye **familiares, allegados** y **amigos** de los pobladores permanentes, **propietarios no residentes** y, sobre todo, **turistas** (en especial los de fin de semana)[19]. En tanto se trata de actividades facultativas y consideradas inesenciales, todos ellos son censurados por poner por delante su disfrute egoísta por sobre la protección y el cuidado de la población local y en tanto tales señalados como vehículos preferenciales del contagio. Asimismo, como veremos en breve, estas acusaciones circulan con frecuencia acompañadas de aquellas dirigidas a las autoridades, que por acción u omisión, les permiten el acceso y que son señaladas como "*cómplices*" de estos actores y, *a fortiori*, del virus y su circulación[20]. También aquí las razones de la animadversión resultan bastante transparentes, en especial las dirigidas a turistas y propietarios no residentes: como muestran numerosos antecedentes, la tensión de los residentes permanentes respecto de ellos suelen ser sumamente habituales en aquellas localidades que en mayor o menor medida dependen de su aporte para su subsistencia (de Abrantes, 2021). En estos escenarios, al mismo tiempo que sus habitantes no pueden menos que reconocer la necesidad de estos visitantes regulares para garantizar la prosperidad (o

---

19 En virtud de su cercanía relativa a las áreas metropolitanas de Buenos Aires y — en especial — a la de La Plata (cf. Nota 3, *supra*), ambos distritos son destino habitual de turismo de cercanía y miniturismo por parte de sus habitantes.

20 Aunque no podemos extendernos aquí sobre el particular, la situación en Punta Indio presenta un marcado contraste a este respecto, en la medida en que las autoridades municipales prohibieron — y consiguieron sostener con relativo éxito — el acceso a turistas y propietarios no residentes bajo un discurso que se proponía integrador y conciliador, enunciado en términos de prácticas de cuidado en aras del bien común de sus habitantes permanentes. La respuesta de los interpelados sin embargo fue violenta, y reaccionaron a la exclusión desde las redes a través de un vendaval de declaraciones principistas que invocaban el carácter sacrosanto del derecho a la propiedad, insultos hacia los residentes del distrito "*que son unos muertos de hambre que no podrían vivir sin nosotros*" y llamados al boicot y a la venganza una vez restablecida la circulación (Noel 2021b).

aún la sustentabilidad económica) de sus lugares de residencia — y por consiguiente intentan atraerlos, los esperan ansiosamente y especulan con su llegada — a la vez no les ahorran su desprecio, calificándolos de "*plaga*" o "*invasores*", censurando sus prácticas consideradas disruptivas del orden edilicio, social y moral local y anhelando el momento en que éstos vuelvan a sus hogares y "*podamos recuperar este lugar para nosotros*".

También de manera previsible y consistente con lo reportado en varios de los mayores centros urbanos del país — y en particular con la proliferación de narrativas mediáticas metropolitanas en este sentido que acompañaron el recrudecimiento de la primera ola[21] — los jóvenes fueron parte de un proceso de denuncia, acusación y responsabilización colectiva ante su putativa falta de cuidados, en particular en sus usos del espacio público. Resulta interesante sin embargo, que estas denuncias apenas aparecieran en Magdalena y se concentraran sobre todo en Verónica, donde ocuparon un lugar central y por momentos casi exclusivo en los momentos en que la pandemia registraba algún tipo de inflexión. Las menciones a "*los jóvenes*"— en referencia a adolescentes y preadolescentes del ciclo secundario — "*sin barbijo*[22]*, apilados y haciendo cualquiera*" — esto es reuniéndose y socializando con un contacto físico más o menos estrecho en plazas, parques, calles y accesos — concitaron de manera casi exclusiva la atención, la ira y las denuncias de los adultos veroniquenses, a modo de síntoma de una sorda y hasta entonces eufemizada conflictividad intergeneracional en las que se vislumbran las tensiones recíprocas entre sensibilidades, estéticas, corporalidades, sociabilidades y disposiciones morales que muchos de los residentes adultos consideran "*de ciudad*", y por tanto impropias e inconsistentes con el *ethos* local, al que por su parte y en forma recíproca muchos jóvenes califican de "*amargo*", "*conservador*", "*milico*"[23], "*pueblerino*" y retrógrado (Noel, 2021a).

---

21 Véase https://www.eldiarioar.com/sociedad/coronavirus/fiestas-clandestinas-covid-jovenes_1_6734847.html (Fecha de última consulta: 10 de octubre de 2021).

22 Mascarilla o cubrebocas.

23 Militar, y por extensión, represivo.

Asimismo, volviendo a la ciudad de Magdalena, constatamos allí el surgimiento y la rápida escalada de una serie de acusaciones recíprocas entre dos facciones de la misma localidad que hasta entonces parecían cohabitar en coexistencia relativamente pacífica: los residentes del **casco urbano** de la ciudad, por un lado — *"los del centro"* — y los del **balneario** — *"los del río"* — por el otro. Así fue que como consecuencia de las medidas unilaterales de aislamiento y restricción de la circulación dispuestas por éstos[24] en el marco de una acusación de responsabilidad hacia *"los del centro"* por la pandemia, su "*descontrol*" e incumplimiento putativamente generalizado y su desborde, habría de desencadenarse una tormenta de descalificaciones morales recíprocas en redes y medios, que llegaron incluso a las amenazas, los enfrentamientos físicos y verbales y los recursos judiciales. Si bien en un comienzo estas imputaciones se circunscribían a los comportamientos y prácticas relativos a la pandemia y su (des)control, con el desarrollo tan rápido como virulento de la contienda procederán a ampliarse hasta abarcar la identidad social total de ambos grupos — en un ciclo que se complementa con las acusaciones de los *"del centro"* hacia *"los del rio"* en términos de parásitos, "*muertos de hambre*", *"villeros"* y en último término ajenos a la identidad y a la idiosincrasia magdalenense. Ahora bien: en el análisis de los intercambios articulados en torno de esta confrontación encontramos actualizados recursos sumamente familiares, tanto de un lado como del otro. Las acusaciones de *"los del rio"* movilizan de manera constante la oposición entre "sencillez", "autenticidad" y "pureza" por un lado, y "artificialidad", "pretenciosidad" y "corrupción" por el otro, de manera homóloga a la contraposición reconstruida por Elias (2000) entre *Kultur* y *Civilization*. "*El río*" aparece así como sinécdoque de una naturaleza preservada e incontaminada que se opone al hacinamiento y la insalubridad de *"el centro"*, causa próxima e inmediata de la difusión incontrolada del virus y la pandemia. Los "*del centro*", por el otro

24 Más concretamente, un grupo de "*vecinos*" del Balneario colocó en forma unilateral e inconsulta un vallado cerrado con candado en la vía de conexión que une a éste con el casco céntrico de la ciudad, erigiéndose en administradores y gestores del acceso.

recurren a varios de los tropos con que los habitantes de las secciones más favorecidas de los centros metropolitanos de la Argentina caracterizan a sus propias periferias y que remiten a un contrapunto entre "ciudad" y "campo" en clave de "progreso" y "atraso" (Noel, 2017), deudor a su vez de la oposición maestra entre "civilización" y "barbarie" (Svampa, 1994). Ambas visiones contrapuestas, en su yuxtaposición, parecen expresar las ambigüedades relativas a la caracterización de un espacio urbano no metropolitano como Magdalena en una matriz dualista en la cual encuentra dificultades para reconocerse inequívocamente en uno u otro de los polos de la oposición "urbano/rural" (Noel, 2017). En el proceso, una ciudad que antes de la pandemia era habitualmente enunciada en clave singular y totalizante, deviene objeto de una polarización abrupta y violenta en el marco de una oposición segmentaria que la rearticula (al menos temporalmente) como dual, fragmentada y enfrentada consigo misma (Evans-Pritchard, 1977).

Para concluir con la enumeración de estos principales colectivos de imputación que hemos denominados "categoriales", debemos agregar la que es quizás la más imprevista y sorprendente de las acusaciones colectivas de esta naturaleza: la que en la ciudad de Magdalena emergió, de forma tan súbita como exasperada en contra de los **comerciantes**, a los que un grupo notorio de ciudadanos responsabiliza de la circulación local del virus al mantener sus comercios abiertos incluso en flagrante violación de las disposiciones vigentes y en condiciones que habrían favorecido la propagación del mismo. Con un grado de violencia inusitado, estas acusaciones fueron acompañadas por deseos explícitos de enfermedad, penuria y ruina económica. Asimismo, ante las quejas y denuncias dirigidas a las autoridades por la situación crítica del sector por parte de varios de sus representantes, aparecen a modo de respuesta declaraciones públicas de regocijo ante lo que se considera y se celebra como la manifestación de una suerte de justicia poética que vendría a retribuir su putativa codicia y un aprovechamiento de posiciones muchas veces monopólicas u oligopólicas que se caracteriza como abusivo y que coloca a sus clientes en una posición inerme de víctimas o rehenes. Sobre esta base, los comerciantes de Magdalena son denunciados por diversos actores de la misma sociedad local como un actor parasitario, que no forma parte de un colectivo de intereses morales compartidos sino que, enquistado en ella, parasita el bien común en su propio beneficio y, en consecuencia, fomenta o despliega prácticas que lo vuelve cómplice de la circulación del virus.

Ahora bien, más allá de esta primera clase de acusaciones que, como mencionamos, representan colectivos en algún sentido "preexistentes" cuya posición tensa, liminal o precaria queda puesta de relieve por la pandemia a partir de su entronización como blanco preferencial de acusación, tenemos un segundo tipo de imputaciones de naturaleza diferente. Se trata en este caso de actores definidos ya no en términos de una putativa pertenencia categorial — es decir no comparten atributos "identitarios" definibles y delimitables — sino que constituyen colectivos exclusivamente en el sentido lógico del término (y ya no en el sociológico), esto es, en términos de su pertenencia a una clase definida por un atributo, en este caso su **comportamiento coyuntural** en relación con la pandemia y, más específicamente, con las medidas de cuidado. Una vez más, no se trata aquí de agrupamientos identificables sobre la base de atributos preexistentes a la situación de pandemia públicamente reconocidos y reconocibles, sino nuevas categorías de interpelación moral, construidos en directa relación con el nuevo escenario y respecto de los cuáles, por tanto, resulta mayor la ansiedad por su delimitación y por la identificación y especificación de sus miembros, constantemente renovada y sujeta a revisión y actualización. Como veremos en breve, el recurso más habitual y efectivo para producir esta delimitación es procurar corresponderla con colectivos categoriales, pero en otras ocasiones este recurso sencillamente no está disponible, y el conjunto debe por fuerza definirse por extensión, lo cual implica necesariamente un escrutinio perpetuo y un retorno a la especificación individual, a la particularización, a la vigilancia y a la denuncia análogo al de los procesos clásicos de atribución de brujería, (aunque en este caso el comportamiento denunciado no sea oculto, sino visible y manifiesto).

El *exemplum* y analogado principal de esta clase de adjudicación está ocupado inequívocamente por todos aquellos agentes que a ojos de sus denunciantes incumplen visible y deliberadamente las medidas de cuidado consideradas razonables y exigibles, tanto en el espacio público — plazas, parques y playas — como en el doméstico — reuniones familiares, visitas y fiestas clandestinas — así como en las interfaces entre uno y otro — eventos deportivos en clubes y canchas, fiestas y reuniones en salones o espacios alquilados. A ellos se les suman quienes se desplazan *"sin necesidad"* hacia los grandes centros urbanos[25]. Una vez más, al igual que en el caso de turistas y visitantes — que junto con los jóvenes representan los intentos más exitosos de anclar esta predicación a sus contrapartes categoriales — se considera que los participantes de estas actividades ponen por delante su disfrute o el ejercicio abusivo de sus derechos por sobre la protección colectiva del resto de la población. Sin embargo, a diferencia de los actores venidos de fuera — vulnerables a la objeción de *"por qué no se quedaron en sus casas en lugar de venir acá a jodernos la vida"* — quienes incumplen estas normas son muchas veces parte indiscutible de la comunidad local (o incluso, en el extremo, personajes o instituciones prominentes de ella) y por tanto doblemente peligrosos en la medida en que aunque es posible denunciarlos y exponerlos al escrutinio público, no puede expulsárselos ni mantenérselos a distancia en forma verosímil.

---

25 Tal como recordáramos en otras ocasiones (Noel, 2017), cuanto más pequeña sea una localidad más forzados estarán a desplazarse sus habitantes en busca de servicios que no pueden procurarse a nivel local. Así, sobre la base de la lista de "actividades esenciales" promulgada y actualizada por las autoridades sanitarias, las administraciones municipales implementaron un sistema de permisos que habilitaban a los pobladores a desplazarse en caso de necesidad, entre las que ocupaban un lugar eminente las necesidades ligadas a la provisión de servicios de salud. Sin embargo, como puede bien suponerse, la adjudicación de qué tan necesario sea un desplazamiento — en particular si como consecuencia del mismo quien se desplaza se contagia o aún peor introduce el virus, como sucedió en ambas localidades — está sujeta a escrutinio, impugnación y disputa, ya que la necesidad perentoria de quien se desplaza puede ser considerada "no tan necesaria" por quienes lo acusan, una vez más, de anteponer sus necesidades a las de *"la comunidad"*.

Complementariamente encontramos aquí a sus cómplices y partícipes necesarios: en primer lugar, como hemos ya adelantado, a las autoridades políticas que, debiendo controlar como parte de sus cargos y deberes los comportamientos y usos legítimos del espacio público, no lo hacen o lo hacen de manera insuficiente, laxa o venal — y que constituyen por lo tanto, un objeto de imputación categorial por derecho propio[26]. En segundo lugar a los anfitriones, instituciones y establecimientos que proveen de escenarios y sedes a reuniones, fiestas clandestinas, celebraciones o encuentros deportivos, en particular cuando lo hacen en aras del rédito económico, ocasión en que este comportamiento coyuntural se inscribe también en la imputación categorial ya reseñada hacia "*los comerciantes*".

Mas como ya señaláramos no todos los "*ignorantes*", "*imprudentes*" o "*incumplidores seriales*"[27] de normas pueden ser verosímilmente confinados en las consoladoras y bien delimitadas fronteras de los colectivos categoriales, y es por ello que incluso una vez identificados éstos y consignados como principales responsables de la difusión del virus y sus consecuencias individuales y colectivas se sigue requiriendo escrutinio, vigilancia, denuncia, exposición y escarnio respecto de quienes caen entre los intersticios de las mallas de las clasificaciones. Al fin y al cabo — como bien sabemos a partir de la frondosa y fecunda lección provista por la antropología de la brujería sobre la base de la cual construyéramos nuestro

---

26 Cabe señalar que aunque estas acusaciones existen en las dos localidades ya señaladas asumen mayor radicalidad, omnipresencia y virulencia en Magdalena, ciudad entre cuyos habitantes hemos encontrado llamados permanentes a la necesidad de radicalizar el control legal y social (y la correlativa exasperación ante su ausencia) a un nivel que solo puede calificarse de "obsesivo".

27 Las acusaciones hacia los agentes individuales y colectivos que están detrás de estos comportamientos moralmente censurables y censurados suelen hacer caso omiso de los motivos esgrimidos por quienes infringen las normas y las prácticas de cuidado: ya sea por negación (una posición que al menos en las localidades objeto de nuestro análisis aparece como marginal y minoritaria, cuando no inexistente), minimización de la posibilidad de contagio o de daño, exhibición de un posicionamiento político (en la medida en que el apoyo o la impugnación de las disposiciones sanitarias es resignificado como "oficialista" u "opositor" en el marco de la ya mencionada "grieta") o reivindicación de derechos individuales, la infracción es considerada igualmente digna de condena

propio argumento — los agentes y artífices del infortunio están entre nosotros y lucen como nosotros, pero no son como nosotros: dándole la espalda al bien común, sólo buscan su propio beneficio y al hacerlo, cometen un imperdonable delito de lesa comunidad moral.

La Adjudicación de Responsabilidad en el Marco de una Comparación por Contraste

Ahora bien: si colocamos estas modalidades de acusación en el marco de un análisis situado de su papel en la pandemia y en la perspectiva de una comparación entre ambas ciudades — ciudades que, como ya mencionáramos, se presentaban con orgullo en sus narrativas dominantes y a los ojos del etnógrafo pre-pandemia como relativamente apacibles y libres de conflictos abiertos por fuera de los explícitamente políticos ligados a "*la grieta*"— encontramos un contraste a la vez revelador y sugerente.

Magdalena, por su lado, se muestra como una localidad sujeta a fuertes tensiones internas, que la pandemia ha vuelto explícitas y que incluyen:

- Las que mantienen los residentes locales con sus "otros" externos (turistas, visitantes, familias de presidiarios) de los que dependen directa o indirectamente para su subsistencia, así como con sus residentes itinerantes (oficiales penitenciarios y en menor medida de las fuerzas armadas), que atravesando los límites enhebran el afuera y el adentro y los vuelven permeables a la contaminación (Douglas, 1970, 2007)[28].

---

[28] La tipología construida por Douglas (1970) en su análisis de las formas posibles de brujería distingue entre aquellos casos en el que el brujo es una persona venida del exterior y aquellos en los cuales es un "enemigo interno". El primer caso abarca tanto al "brujo no identificado y castigado" como al "brujo expulsado", mientras que el segundo incluye al "brujo miembro de una facción rival", al "brujo como desviacionista peligroso" y al "brujo como enemigo interior con contactos en el exterior". Aún cuando nuestra propia propuesta no coincida exactamente con la suya, la hemos tenido en cuenta a la hora de construir nuestras propias categorías en virtud de su fecundidad heurística, y nos ha servido de herramienta de entrada en una primera aproximación al ordenamiento de nuestros datos.

- Las que sostienen los residentes del casco céntrico con los del balneario, expresada en una oposición segmentaria que moviliza los recursos habituales en los que se disputa narrativamente la relación entre lo "*urbano*" y lo "*rural*" (Noel, 2017), así como entre las regiones más prósperas de los centros metropolitanos y sus periferias en la Argentina, en el marco de la posición ambigua e intercalar de la localidad en relación con esa dualidad y sus polos.

- Las que enfrentan a muchos de sus residentes con los comerciantes de la localidad, a quienes consideran sus victimarios y respecto de los cuáles se colocan argumentalmente en posición de víctimas o rehenes.

- La sospecha permanente, la vigilancia y la condena hacia los responsables por el putativo incumplimiento de las normas sanitarias, la complicidad o la inacción de las autoridades municipales, el egoísmo de quienes anteponen su propio disfrute al bienestar colectivo y de la codicia de aquellos particulares que las ignoran o violan en su propio beneficio.

- Todo ello en el marco de una obsesión inequívoca y omnipresente por el control, la identificación, la exposición y el castigo de los infractores a la salud colectiva, tanto fisiológica como moral[29].

Resulta evidente que a lo largo del primer año y medio de pandemia, el control social y sus mecanismos más críticos se han desplegado en esta ciudad de un modo exasperado y radicalizado, dando paso a una conflictividad social creciente al interior de la localidad que se manifiesta — al menos por momentos — como confrontación declarada y que se despliega en el registro de un lenguaje fuertemente punitivista.

Verónica, por el suyo, se caracteriza — en el contexto de un *ethos* que ya hemos reconstruido en otros sitios (Noel y de Abrantes, 2020; Noel, 2020) — como una localidad más preocupada por mantener sus conflictos en un grado mínimo de exposición pública.

---

[29] cf. Nota 21, supra.

- Aquí, la única acusación categorial que hemos visto desplegarse tiene como destinatarios a sus jóvenes, sobre quienes se proyectan las principales conductas deletéreas que tendrían como resultado la circulación del virus y sus principales inflexiones en el distrito. Aunque ciertamente se requiere de mayor investigación al respecto, todo sugiere que esta hostilidad expresaría y materializaría una serie de tensiones que se seguirían de una creciente divergencia intergeneracional entre sensibilidades y disposiciones contrastantes entre adultos y jóvenes en edad escolar.
- Asimismo, queda claro de los materiales que hemos recogido en nuestro trabajo de campo que la vigilancia y el interés por identificar, exponer y censurar el comportamiento de los infractores coyunturales de las normas sanitarias existe también aquí, pero el mismo se manifiesta en una forma menos exasperada, más eufemizada y en modalidades que rara vez llegan al punto de la identificación nominal, prefiriendo la alusión elíptica posibilitada por el interconocimiento y la sociabilidad abigarrada del "entre nos".
- Resulta sugerente el hecho de que rara vez las acusaciones recorren aquí el arco completo que culmina con la demanda de purificación — literal, ritual o moral — que encontramos en el partido vecino. Aunque carecemos de suficiente evidencia para sustanciar la oposición, varios elementos indiciales sugieren que donde los habitantes de Magdalena invocan la denuncia y el castigo para quienes violan las normas, los de Verónica prefieren suscitar la vergüenza, el arrepentimiento y la enmienda que posibilitaría la reabsorción en la comunidad moral por parte de quienes son señalados como infractores[30].

---

30 Quizás el mejor ejemplo de esta afirmación sea el hecho de que aún cuando el recrudecimiento de la situación sanitaria fuera inequívocamente adjudicado a un campeonato masivo de fútbol celebrado a finales del verano de 2021, esta constatación rara vez superara su fase diagnóstica en busca de prescripciones condenatorias o retributivas hacia organizadores o partícipes.

La situación en esta segunda ciudad parece por tanto una en la que los mecanismos del control social, aunque existentes, aparecen temperados por la necesidad de mantener — al menos como apariencia verosímil — una convivialidad mínima. Las tensiones por tanto, aparecen contenidas y como en sordina, incluso en momentos en que la "segunda ola" ha elevado a niveles preocupantes e inéditos el nivel de contagios.

Como quiera que sea y más allá de los particulares del caso, el análisis preliminar y extremadamente sinóptico que hemos intentado ofrecer aquí busca ofrecer un ejemplo de cómo la pandemia de COVID-19, analizada bajo el prisma de algunos debates e insumos teóricos centrales en nuestra disciplina — en particular los estudios sobre las acusaciones de brujería y la aproximación metodológica del análisis de caso extendido — puede servir para iluminar — y seguir iluminando — el modo en que la moral y su juego de imputaciones, culpabilizaciones, acusaciones y contraacusaciones configura y es configurada por las coyunturas problemáticas y por las modalidades en que son adjudicadas las responsabilidades por el sufrimiento colectivo.

REFERENCIAS

ARTESE, Matías; RUBELY, Jorge Castro; TAPIA, Hernán (2019) "Explorando 'la grieta'. Representaciones de la conflictividad social en miembros de la pequeña burguesía urbana" en Estudios Sociales, XXIX(56):131-154.

DE ABRANTES, Lucía (2021) *En los Senderos del Tiempo. Una Etnografía de las Experiencias Temporales de un Balneario Bonaerense* (*Villa Gesell 2015-2020*), Tesis de Doctorado en Antropología Social, Escuela Interdisciplinaria de Altos Estudios Sociales, Universidad Nacional de San Martín.

DOUGLAS, Mary (1970) "Introduction; thirty years after Witchcraft, Oracles and Magic" in Douglas, Mary (Ed.) *Witchcraft Confessions and Accusations*, London: Tavistock.

DOUGLAS, Mary (2007) [1966] *Pureza y Peligro*, Buenos Aires: Nueva Visión.

ELIAS, Norbert (2000) [1939] *The Civilizing Process*, Oxford: Blackwell.

EVANS-PRITCHARD, Edward. E. (1976) [1937] *Brujería, Oráculos y Magia entre los Azande*, Barcelona: Anagrama.

EVANS-PRITCHARD, Edward. E. (1977) [1940] *Los Nuer*, Barcelona: Anagrama.

EVENS, T. M. S. and Don Handelman (Eds.) (2006) *The Manchester School. Practice and Ethnographic Praxis in Anthropology*, NY: Berghahn Books.

FERRECCIO, Vanina (2017) *La Larga Sombra de la Prisión. Una Etnografía de los Efectos Extendidos del Encarcelamiento*, Buenos Aires: Prometeo.

GLUCKMAN, Max (1944) "The logic of African science and witchcraft: An appreciation of Evans-Pritchard's 'Witchcraft, oracles, and magic among the Azande' of the Sudan", Manchester: Manchester University Press.

GLUCKMAN, Max (ed.) (1972) *The Allocation of Responsibility*, Manchester: Manchester University Press.

GLUCKMAN, Max (2009) [1955] *Costumbre y Conflicto en África* (2002), Lima: Fondo Editorial UCH.

MATTA, Juan Pablo (2020) "Adjudicación, interpretación e inmunidad moral: Reflexiones antropológicas sobre prácticas acusatorias en el marco de la pandemia del COVID-19 en la Argentina" en *Atek Na* [*En La Tierra*], 9:333-342.

NOEL, Gabriel D. (2013) "De los Códigos a los Repertorios: Algunos Atavismos Persistentes Acerca de la Cultura y una Propuesta de Reformulación" en *Revista Latinoamericana de Metodología de las Ciencias Sociales*, (3)2.

NOEL, Gabriel D. (2017) "Ni lo uno ni lo otro sino todo lo contrario. Las Limitaciones del Dualismo Rural-Urbano en el Abordaje de la Región Costera del Río de la Plata y Algunas Propuestas de Reconceptualización en *Tessituras. Revista de Antropologia e Arqueologia*, 5 (1): 129-170

NOEL, Gabriel D (2020) "La Clase Media como Lenguaje y los Lenguajes de las Clases Medias en Tres Ciudades del Interior Bonaerense" en *Argentina y sus clases medias. Panoramas de la Investigación Empírica en Ciencias Sociales*, Buenos Aires: Biblos.

NOEL, Gabriel D. y Lucía de Abrantes (2020) "La Larga Sombra del Conurbano. Conflictos y Disputas en Torno de la "Conurbanizacion" en Dos Ciudades del Interior de la Provincia de Buenos Aires" en *Ponto Urbe. Revista do núcleo de antropologia urbana da USP*, 26:1-22

NOEL, Gabriel D (2021a) "Los pueblos y la vida moral. "Pueblo", "ciudad" y "campo" como categorías de la práctica en las localidades del partido de Punta Indio (Buenos Aires, Argentina)" en *Revista del Museo de Antropología*, 14 (1): 173-188.

NOEL, Gabriel D (2021b) "Todos los Parques, el Parque. Repertorios, Actores y Disputas en Torno del Parque Costero del Sur" en *El Parque Costero del Sur II*, Buenos Aires: Fundación Azara (en prensa).

PRADO, Rosane M. (1988) "Cidade Pequena: paraíso e inferno da pessoalidade" en *Cadernos de Antropologia e Imagem*, Rio de Janeiro, (4): 31-5.

SVAMPA, Maristella (1994) *El dilema argentino. Civilización o barbarie. De Sarmiento al revisionismo peronista*, Buenos Aires: El Cielo por Asalto.

VAN VELSEN, J. (2010) [1967] "A Análise Situacional e o Método de Estudo de Caso Detalhado" en Feldman-Bianco, Bela (Org.) (2010) *Antropologia das Sociedades Contemporâneas. Métodos*, Sao Paulo: FEU-UNESP.

As hierarquias da desgraça: a produção social de vítimas e os dilemas morais em torno do merecimento

VIRGINIA VECCHIOLI

A produção social de vítimas

"Temos ingressado na era das vítimas"

[WIEVIORKA, 2003, P. 28]

No relato produzido pelo movimento de direitos humanos, e reproduzido incessantemente pelos veículos de comunicação e, inclusive, pela própria academia, as vítimas da ditadura argentina e seus parentes conformam um espaço homogêneo e unificado, de fronteiras claras e distintas, que se contrapõe aos algozes em forma taxativa. A narrativa canônica se apoia centralmente nas figuras modelares das Avós e das Mães da Praça de Maio, que fazem visível a força dos laços de sangue na luta por verdade, justiça e memória. Novos atores surgidos em democracia — como os filhos de desaparecidos políticos reunidos em *Hijos por la Identidad, la Justicia, contra el Olvido y el Silencio* (HIJOS) — são incorporados dentro da mesma linhagem, participando das mesmas virtudes e atributos que suas antecessoras maternas. Todos eles compõem um mundo em conflito apenas com seus opositores históricos, aqueles vinculados ao mundo das forças armadas.

Um olhar mais de perto para este universo social permite distinguir uma série de tensões que perpassam ativistas, vítimas e familiares das vítimas, quebrando a ilusão de coesão e homogeneidade. Diversas imputações morais estruturam uma ordem hierárquica no interior do universo das vítimas, produzindo uma distinção crítica entre as boas e as más vítimas, as vítimas reconhecidas e as vítimas que não recebem o mesmo reconhecimento público ou, inclusive, que são desqualificadas e deslegitimadas apesar de todas elas compartilharem uma mesma condição objetiva.

A partir da descrição de várias cenas públicas vinculadas a parentes de desaparecidos políticos, pretendo mostrar a complexidade de julgamentos morais, de valores e critérios que compõem o status legítimo da vítima do terrorismo de Estado. Todas as cenas que serão descritas se referem a filhos de desaparecidos políticos que são, ao mesmo tempo, netos recuperados que nasceram em centros clandestinos ou foram roubados no momento do sequestro dos pais e se criaram sob uma identidade apócrifa. Apesar de todos eles compartilharem uma mesma condição objetiva, seu lugar no espaço público é muito diferenciado. Enquanto alguns são exaltados, outros são ignorados, qualificados como más vítimas ou, inclusive, rejeitam a adstrição a essa categoria. Trata-se de cenas que revelam tanto a proliferação da categoria vítima quanto as possibilidades de sua recusa ou negação.

Estas divergências nos colocam perante desafios que considero particularmente instigantes: como compreender o estabelecimento de fronteiras entre atores que compartilham, ostensivamente, a mesma condição objetiva? Como dar conta da existência de uma hierarquia moral do merecimento segundo a qual alguns netos adquirem uma condição de nobreza enquanto outros são considerados indignos de serem portadores da condição de vítima? Ao mesmo tempo, como fazer compreensível a posição daqueles netos que rejeitam se reconhecer como vítimas? Por que é importante colocar no centro da análise estas dimensões em vez de fazer menção a esses casos apenas em notas de rodapé, como é habitual na literatura especializada? Qual é a contribuição que uma antropologia da moral pode fazer na compreensão desses fatos tão desafiadores? Com base nesses interrogantes, o trabalho vai apresentar as modalidades por meio das quais o sofrimento das vítimas é produzido, instituído, problematizado, debatido e desacreditado no espaço público.

O objetivo deste trabalho é fazer compreensível — do ponto de vista sociológico — a conformação de uma hierarquia da desgraça como constitutiva desse universo de relações. O pontapé inicial desta análise consiste em afirmar a inexistência de um vínculo direto entre a morte violenta de uma pessoa e o seu reconhecimento enquanto vítima. A ausência de uma relação causal habilita o pesquisador a indagar os processos sociais que permitem criar vínculos entre o fato objetivo da morte e a multiplicidade de formas de se representar e ser representado no espaço público, entre os quais a figura da vítima é apenas uma possibilidade. Em vez de considerar a existência de vítimas simplesmente como um dado derivado automaticamente de condições objetivas, essa perspectiva salienta a importância de dar conta dos processos sociais de produção de vítimas para compreender a economia moral que organiza esse espaço de relações. Para existirem publicamente, as vítimas precisam ser produzidas ao longo de um processo social, que dizer, precisa-se de pessoas que consigam atribuir uma causalidade entre o sofrimento e um problema público, de indivíduos que outorguem reconhecimento a esse vínculo e do uso de uma série complexa de recursos como saberes expertos, provas, instituições estatais, afetos etc. (Vecchioli, 2013, 2018)[1]. Com vistas a dar conta desses processos, devemos inverter a análise e partir da pergunta acerca da economia moral que faz existir as diversas figuras da vítima, tal como elas são reconhecidas publicamente por meio das políticas de Estado e da retórica dos movimentos sociais ou cristalizadas pelo Direito. No caminho, como salienta Cynthia Sarti (2011, p. 54), devemos dar atenção

[1] O caso dos familiares das vítimas da tragédia da boate Kiss, na cidade de Santa Maria (RS), que, em 2015, foram colocados perante a justiça criminal pelos próprios promotores do caso, ilustra muito bem a condição socialmente construída da categoria vítima, um pleito que de maneira imprevisível colocou aos familiares na condição de réus e aos promotores na condição de vítimas dos delitos de calunia e difamação.

àquelas figuras deixadas nas sombras, já que isso nos permite compreender que o que está em jogo não é um fato jurídico, mas um processo político fundado em valores e categorias próprias da moral.

Esta análise converge com as discussões recentes da literatura acadêmica a respeito do lugar cada vez maior ocupado pelas vítimas e pelos sentimentos humanitários na política contemporânea (Alexander, 2002; Fassin, 2010; Sarti, 2011; Gatti, 2011; Wieviorka, 2003; Ferreira, 2013; Lacerda, 2015; Zenobi, 2014). Na análise destas cenas, vou considerar os discursos públicos como práticas significativas e atos performativos no entendimento que a moral pode ser analiticamente problematizada por meio das diversas formas de disposições afetivas presentes dentro deste universo de relações. A análise funda-se num levantamento exaustivo de fontes documentais públicas acerca da restituição dos filhos dos desaparecidos políticos em jornais, revistas, periódicos, livros, panfletos, pôster e redes sociais entre 2004 e 2017.

Antes de dar continuidade a este trabalho, vale a pena salientar que as discussões contidas aqui de modo algum pressupõem ignorar o tamanho da luta e das conquistas do movimento de familiares de desaparecidos políticos nem o grande sucesso das políticas de reparação às vítimas desenvolvidas pelo Estado desde o julgamento criminal na vara da justiça civil dos principais responsáveis do terrorismo de Estado desde 1985 até o presente.

O "Messi" dos netos

O encontro entre Estela de Carlotto — presidenta da associação civil Avós da Praça de Maio — e seu neto Ignacio, em agosto de 2014, identificado por teste de DNA depois de 36 anos de busca incessante, foi comemorado na Argentina como um acontecimento nacional. Sua restituição foi celebrada não apenas como um triunfo do movimento de direitos humanos, mas como uma conquista da nação toda. A alegria era tão grande que o evento foi equiparado ao fato de ganhar a Copa do Mundo no futebol, uma paixão nacional. Não por acaso, Ignacio foi batizado o "Messi" dos netos, uma qualificação que o colocou no topo da hierarquia da desgraça (Agier, 2008, p. 81). Essa atribuição se justificava não apenas pelo fato objetivo de ele ter nascido durante o sequestro da sua mãe, Laura, filha de Estela, assassinada poucas horas depois de dar à luz, mas pelo fato de Ignacio — ignorando a sua origem familiar — ter participado previamente da luta das Avós. Como artista, criou a música "Para a Memória"[2] e participou dos festivais "Música pela identidade", organizados pelas Avós para lembrar o 24 de março de 1976, dia do golpe de Estado. Embora todos os relatos sublinhassem a extraordinária semelhança física entre Ignacio e seu pai desaparecido, a narrativa que dominou o encontro se caracterizou por colocar em destaque suas qualidades morais: segundo avaliariam as avós, ele era um bom "garoto" que recebeu a novidade da sua identidade com alegria. No relato destacou-se incessantemente que Ignacio prontamente aceitou a verdade sobre as suas origens e acolheu as famílias biológicas como próprias e "sem ressentimento". Ignacio, o neto restituído nº 114, imbuído dessas qualidades morais críticas, encarna exemplarmente a condição modelar da vítima da ditadura. O impacto público da aparição de Ignacio se faz visível no mercado editorial, que lançou, poucos meses depois, o primeiro livro sobre ele (Seoane; Caballero, 2015). O caráter modelar da sua trajetória se exprime com clareza quando consideramos que sua vida foi recriada como desenho animado no seriado "Assim sou eu", transmitido pelo canal público, federal e infantil PakaPaka[3].

A exemplaridade da Avó

Ainda que Estela seja reconhecida como uma das principais lideranças do movimento de direitos humanos, no contexto da aparição de seu neto Ignacio, suas qualidades enquanto mãe e avó ganharam destaque. Ela

---

[2] Disponível em: https://www.youtube.com/watch?v=zCMIKsfBRco. Acesso em: 20 set. 2019.

[3] Así soy yo - Ignacio Montoya Carlotto - Canal Pakapaka. Disponível em: https://www.youtube.com/watch?v=MN35Bl9Zloo. Acesso em: 4 maio 2019.

foi descrita inúmeras vezes como "um exemplo de amor", segundo um conjunto de atributos com os quais muitos poderíamos nos identificar. Ela mesma fez questão de enfatizar sua devoção pela família, traçando um percurso que evoca as qualidades prototípicas de uma mãe de classe média urbana: nascida em uma família migrante e católica, tinha se casado com seu primeiro namorado. Ele era comerciante e ela professora de ensino básico, e os dois moraram sempre nos subúrbios da cidade de La Plata, capital do estado de Buenos Aires. Sem vocação para a política, dedicou-se por completo à criação dos quatro filhos. As fotos compartilhadas em público com o vestido de noiva, curtindo a praia com os filhos durante as férias ou vestindo o jaleco branco de professora reforçavam seu perfil enquanto mãe e esposa. Além de representar a exemplaridade do amor filial, Estela evoca a exemplaridade do engajamento público na causa dos direitos humanos. Diferentemente da avó paterna, Hortênsia Ardura de Montoya, que não teve compromisso público com o movimento de direitos humanos, e recebeu bem menos atenção pública; Estela — junto a Ignacio — foi recebida várias vezes pela então presidenta Cristina Kirchner e pelo Papa Francisco. Essa diferença entre as avós revela que os vínculos de sangue com as vítimas adquirem preeminência pública quando os atores conseguem reconverter seu sofrimento pessoal em engajamento político (Vecchioli, 2005).

A exemplaridade de Estela se explica não apenas em função de seu ativismo de mais de 40 anos, uma condição compartilhada com outras Mães e Avós da Praça de Maio, mas também pelas qualidades morais colocadas em prática, que a distinguem de outras lideranças consideradas como violentas e fanáticas (Folco, 2015). Ela mesma se diferencia cuidadosa e laboriosamente da presidenta da *Asociación Madres de Plaza de Mayo*, Hebe de Bonafini, fazendo apelo a seus atributos conciliadores, serenos e não agressivos, a ausência de ódio, ressentimento ou desejo de vingança. Os gritos, insultos e expressões extremas na boca de Hebe são considerados publicamente como traços ilegítimos para uma liderança em direitos humanos. Seus contrários — a serenidade, a calma, o amor — colocam Estela no topo da hierarquia do infortúnio e explicam a ampla repercussão que teve a aparição de seu neto Ignacio. A contraposição entre Estela e Hebe permite examinar os atributos que posicionam os familiares das vítimas como lideranças políticas legítimas. São essas condições morais que permitem explicar a proeminência de Estela no espaço público. Sua conversão em protagonista do desenho animado infantil Mundo Zamba[4], criado pela televisão pública federal argentina, é ilustrativa da exemplaridade da sua posição no espaço nacional. A queima de um boneco simbolizando a figura de Hebe pelo coletivo HIJOS La Plata durante os atos pelo aniversário do golpe de março de 2015 dá conta do lugar antitético que ela ocupa dentro deste âmbito de relações. Neste contraponto, a virtude está do lado de Estela, que se dedica intensivamente a deixar clara esta distinção. Esse contraste permite identificar a lógica emocional que vincula a condição moral das ativistas em direitos humanos, baseado nos valores familiares, no vínculo biológico com as vítimas com a forma como esses sentimentos são performados no espaço público.

O DNA compulsório

Eva Donda e Hilário Bacca nasceram no centro clandestino ESMA durante o sequestro das suas mães. Ambos foram criados sob uma identidade falsa, Eva pelo seu próprio tio paterno, um marino, e Hilário por uma família que o registrou ilegalmente como próprio. Eles fazem parte de um conjunto de netos que tiveram sua identidade biológica revelada depois de terem sido submetidos compulsoriamente a um teste de DNA e que rejeitam o vínculo com as famílias de origem, que os procuraram por mais de 30 anos.

Eva questiona a história de engajamento político de seus pais biológicos por considerar que "eles também fizeram coisas violentas". Ela reivindica seu apropriador como sua "figura paterna", visitando-o na prisão (Arenes; Pikielny, 2016, p. 48-52), pede pela reconciliação e o fim

4 Mundo Zamba. Derecho a la Identidad. Disponível em: https://www.youtube.com/watch?v=GD62fbDM2FI. Acesso em: 15 maio 2019.

dos processos por crimes contra a humanidade e participa ativamente da *Asociación de victimas y familiares de victimas del terrorismo en Argentina*, que luta pelo reconhecimento do caráter de vítima daquelas pessoas mortas pelos grupos armados da esquerda revolucionária nos anos setenta.

De sua parte, Hilário qualifica como uma "violação" a irrupção na sua casa dos integrantes do tribunal de justiça às três horas da madrugada, acompanhados por pessoal armado das forças de segurança, para retirar objetos pessoais contendo material genético. O procedimento é qualificado por ele como "análogo" aos procedimentos repressivos levados à frente na madrugada durante o terrorismo de Estado para o sequestro de militantes. Como resultado da aplicação compulsória do teste, se reconhece como uma "vítima do Estado" (Bacca, 2021).

Em concordância com essa percepção, se recusou a utilizar o nome Federico Canola Pereyra, atribuído pela família biológica e trocado pelo Estado também de forma compulsória. O neto restituído nº 95 continua se definindo como "filho de coração" dos pais que o criaram e reivindica o uso do nome Hilário Bacca, ainda que a certidão de nascimento apócrifa tenha sido destruída pelo Estado. Segundo ele, sua vida foi convertida em um "martírio" desde a chegada das Avós: "a partir daquele dia, me tornei uma vítima para a justiça, um número para as Avós e um troféu de guerra para o povo" (Bacca, 2015). Em uma reportagem questionou: "me sinto perseguido e [submetido] ao mesmo tipo de procedimento abusivo que Liliana e Eduardo [seus pais biológicos desaparecidos] atravessaram na ditadura". Paradoxalmente, utiliza a figura do desaparecimento para dar conta da sua situação: "o judiciário pretende me desaparecer como Hilário Bacca" (2015) e avalia negativamente a lei que permite o DNA compulsório, por produzir um "excesso na busca da verdade" e envolver um avassalamento da subjetividade e dos direitos dos netos recuperados (Bacca, 2013). Depois de nove anos de luta na justiça, foi aceito o pedido de Hilário de continuar usando o nome outorgado pelos apropriadores, que então cumpriam prisão pelo crime de substituição de identidade.

O silêncio

No mesmo dia e horário em que Ignacio era apresentado durante a coletiva de imprensa na sede das Avós da Praça de Maio, a neta restituída nº 53, Maria Victoria Moyano Artigas, era brutalmente detida por guardas fronteiriços fortemente armados pelo fato de participar de uma passeata na periferia de Buenos Aires contra o fechamento de postos de trabalho em uma indústria. Os guardas quebraram as janelas do carro onde ela se encontrava, jogaram gás de pimenta contra ela e a tiraram do interior do carro puxando seus cabelos. Finalmente, ela foi levada para uma delegacia de polícia. O procedimento todo esteve sob o mando do então ministro de Segurança Federal, Berni. Como muitos jovens netos de desaparecidos, Victoria integra o coletivo HIJOS, é militante política e faz parte de uma associação de direitos humanos. Assim, ela reúne as propriedades sociais que permitiram sua incorporação à comunidade legítima das vítimas. Porém, no contexto da campanha eleitoral para presidente de 2014, o evento envolvendo a neta foi ignorado. Perante a sua detenção, nenhum funcionário do governo federal encabeçado por Cristina Kirchner manifestou-se publicamente. No jornal *Página/12*, chamado "o jornal dos direitos humanos", não foi publicada nenhuma matéria sobre o caso. Foram publicadas apenas manchetes nas mídias opositoras ao kirchnerismo, colocando em destaque a brutalidade das forças repressivas. Não houve expressões de compaixão perante a violação dos direitos civis próprios de um Estado de Direito.

A expulsão

Mariana Eva Perez é filha de militantes montoneros desaparecidos. Diferentemente dos casos anteriores, ela foi criada pela sua família de origem. Foi seu irmão Guillermo quem nasceu na ESMA e foi criado sob uma identidade falsa por uma família de militares. Ele foi identificado em 2000 e restituído em 2004 como o neto nº 68. A procura pelo filho roubado engajou a família toda no ativismo do movimento de direitos humanos. A avó materna é a vice-presidenta das Avós da Praça de Maio. Mariana foi integrante de HIJOS, trabalhadora e militante das Avós. Apesar do seu compromisso, da sua "linhagem ilustre", Mariana foi expulsa desse espaço. Em 2012, publicou o livro *Diário de uma Princesa Montonera: 110 % verdade*, orientado a dar conta do processo pelo qual perdeu sua posição de "dignidade" para virar uma "plebeia". A publicação do livro — assim como sua posterior incorporação ao mundo acadêmico — pode ser pensada como o resultado de uma ruptura com a moralidade das associações de direitos humanos e uma forma altamente reflexiva de produzir um julgamento crítico sobre elas. Sua condição de *outsider* habilitou o recurso à sátira como forma narrativa dominante para o exercício da crítica. Trata-se de um questionamento fundado no sarcasmo e na ironia a respeito do universo de relações tecidas entre os familiares de vítimas e o espaço mais amplo dos militantes de direitos humanos, qualificado pela autora como "o vip do gueto portenho" (Pérez, 2012, p. 13). Mariana, como denunciante da moral desse universo de relações, mostra para a opinião pública que no interior desse espaço existem perseguidores, cúmplices e vítimas. No livro, os atores aparecem aludidos apenas com a letra inicial, a grandeza da luta pelos direitos humanos é reduzida à expressão "*el temita*" (o assuntinho), seu engajamento prévio com a luta é ridicularizado mediante o uso da expressão "*militonta*" (militante e boba) e o conteúdo das acusações recebidas é apenas sugerido. Como assinala Werneck, "esse processo permite a evitação do principal protocolo da crítica baseada no regime da justiça, a saber, o imperativo da comprovação" (2019a, p. 3). Mariana se defende das acusações morais recebidas afirmando que se sente "mais próxima daqueles que não estão no poder" que daqueles "hijes que se comportam bem", que hoje se tornaram legisladores e altos funcionários públicos (Pérez, 2012, p. 192), tentando reivindicar uma moralidade que parece ter sido perdida entre os filhos de desaparecidos políticos.

Boas e más vítimas

A expressão permite distinguir a hierarquia moral que existe entre "os hijes que se comportam bem" e aqueles que ousam "desafiar o senso comum do gueto" (Pérez, 2012, p. 98). Segundo Mariana, os primeiros são aqueles que cumprem "com patriotismo e lealdade" o que indica "o protocolo": odiar os militares, reverenciar aos pais ausentes, militar na busca dos netos desaparecidos, participar das audiências públicas nos processos por crimes contra a humanidade, depor como testemunha, participar de todas as homenagens aos "companheiros detidos desaparecidos e assassinados" e reivindicar Nestor Kirchner como o presidente que fez dos desaparecidos políticos "heróis da pátria" (Pérez, 2012, p. 29).

Os múltiplos desdobramentos do encontro entre Estela e Ignacio são uma encenação dessa vida exemplar. O ritual comunica uma lição clara e distinta: quem quiser se aproximar da exemplaridade e ser reconhecido como vítima, precisa adotar as disposições afetivas e morais contidas no "protocolo" sem questionamentos. A retribuição vem sob a forma de reconhecimento público, um reconhecimento que envolve desde a criação de desenhos animados que relatam para o público infantil suas histórias de vida, a produção de livros e documentários biográficos que são referência das políticas educativas, até a sua inclusão nas chapas eleitorais do Kirchnerismo. A conversão de alguns netos em políticos profissionais que ocupam hoje a alta função pública como ministros ou parlamentares federais permite compreender tudo o que está em jogo nesse ato de reconhecimento.

A associação Avós da Praça de Maio desqualifica publicamente os netos que se recusam a aceitar o vínculo com as famílias biológicas. A manutenção de qualquer vínculo com as famílias que os criaram ao longo de mais de 30 anos é vista como uma traição. Na disputa, o uso do nome dado pela família biológica passa a ser um indicador da lealdade à causa dos direitos humanos, mas quando o neto opta por manter o nome dado pelos apropriadores, forma-se uma trincheira. A querela se incrementa nos casos em que as Avós ocupam um lugar de destaque na hierarquia dos direitos humanos, como é o caso de Hilário, neto da presidenta de Avós da cidade de La Plata. A autorização dada pela justiça a favor do uso do nome Hilário — em vez de Federico — constituiu para as Avós uma "violação do direito das famílias de origem" e uma afronta à memória dos desaparecidos políticos (Abuelas de Plaza de Mayo, 2017). Do ponto de vista das Avós, casos como os de Hilário explicitam as marcas indeléveis da ditadura. Elas consideram que os netos continuam como escravos dos apropriadores: a permanência do vínculo os mantém cativos e impedidos de se libertar, mesmo conhecendo a verdade da sua filiação revelada pelo teste de DNA.

A gramática de sentimentos morais e as disposições afetivas que permeiam este espaço de relações permitem compreender os atributos que distinguem Ignacio de Hilário. Enquanto o teste habilitou ambos a fazer parte das famílias de origem, foram as qualidades morais que permitiram a integração de Ignacio e justificaram a exclusão de Hilário das respectivas famílias, entendidas como espaço moral e político. Se o teste de DNA produz a prova genética da pertença às famílias biológicas, a resposta do neto ao teste de DNA é o traço decisivo que permite a incorporação dele à família enquanto espaço moral. Encontra-se aqui a chave para entender como uma restituição pode virar uma celebração ou uma oportunidade para o litígio. Como a própria Estela assinala, existe um risco em cada caso de restituição: "cada caso tem sua própria particularidade [...] [depende] da resposta do neto. Quando eles chegam pela própria vontade é boa, mas quando não é o caso, às vezes se criam problemas. Em outras palavras, existe sempre um matiz" (Carlotto, 2014).

Entretanto, aqueles netos que reúnem as qualidades nobres que permitem qualificá-los como boas vítimas também podem ser objeto de uma avaliação negativa, como são os casos modelares de Victória e Mariana. Perante a brutal detenção de Victoria, predominaram tanto o silêncio das associações de direitos humanos quanto a indiferença pública, mesmo sendo ativista política — ela integra o *Partido de los Trabajadores Socialistas* (PTS), opositor ao Kirchnerismo, então no poder, — e integrante de uma associação de direitos humanos — ela participa do *Centro de*

Profesionales por los Derechos Humanos (CeProDH), criado em democracia (1997), que, diferentemente da maioria das associações de parentes de vítimas, questiona ativamente o governo nacional, chegando a denunciar os desaparecimentos de pessoas em democracia e protocolar na justiça um pedido de destituição do então chefe das forças armadas, Milani, pelas inúmeras denúncias acumuladas sobre ele pela responsabilidade no desaparecimento de pessoas durante a ditadura. Referindo-se à posição que ela ocupa no espaço político, Victoria argumenta que "muitas vezes, para aqueles netos que lutam e defendem os trabalhadores, recebemos repressão" (Moyano, 2014). Essa posição é radicalmente diferente da dos netos que participam da política profissional na alta função pública, que explicita magistralmente, pelo seu contraste com Victória, como a condição de vítima da ditadura não os legitima automaticamente no espaço público. É preciso conseguir performar essa condição segundo um conjunto de sentimentos e disposições morais tido como legitimo. A compaixão com o sofrimento das vítimas aparece quando se cria um vínculo entre esse estatuto moral dos ativistas em direitos humanos e os sentimentos e valores cultivados ao longo de quase 30 anos de democracia que colocam em destaque o lugar da família e do afeto no espaço público.

Trata-se de ações que colocam em cena a exemplaridade que deve existir entre as lideranças de direitos humanos. Trata-se de casos paradigmáticos que criam a oportunidade para avaliar o comportamento dos outros e expressar um julgamento crítico que permite exprimir o ideal de vida virtuoso que regula a vida das associações de direitos humanos. Destarte, a expulsão e o silêncio servem como recursos críticos na hora de mostrar — na interação social — as virtudes morais reunidas nas associações de familiares de vítimas enquanto bases para a ação política.

Moral e política

> “[...] *a sociologia da família, frequentemente abandonada aos bons sentimentos, poderia não ser outra coisa que um caso particular da sociologia política*”
>
> [BOURDIEU, 1980, P. 259]

A intensidade emotiva do encontro entre Estela e Ignacio expressa com contundência a força de uma comunidade política que se reconhece publicamente por vínculos de sangue com os desaparecidos políticos, a centralidade dos valores do parentesco na vida pública, assim como a força dos sentimentos humanitários que se mobilizaram em apoio às vítimas e que permitirem que uma grande parte da população se identifique com os protagonistas do encontro. As qualidades morais performadas por Ignacio e Estela explicam sua condição exemplar e revelam a economia moral que permeia o ativismo em direitos humanos. A apresentação pública de Ignacio virou o ritual que colocou em cena essa vida exemplar por meio da encenação de uma série de emoções e sentimentos humanitários cultivados ao longo de mais de quase 40 anos de vida democrática, que fizeram dos parentes das vítimas do terrorismo de Estado um símbolo da nação.

Se a descrição terminasse nesse encontro, o artigo somar-se-ia à inumerável quantidade de trabalhos acadêmicos centrados em exibir a bondade dos sentimentos morais que perpassam o universo de ativistas de direitos humanos e confirmar a intensidade dos sentimentos de compaixão com as vítimas na sociedade argentina. Contudo, o interesse deste texto é ir além do encantamento do pesquisador com seu objeto para explorar a complexa constelação de tipos de julgamentos morais, de valores e critérios que compõem o status da vítima do terrorismo de Estado. Assim, a descrição das outras cenas públicas nos coloca perante uma situação mais complexa: nem todos adquirem a condição de vítima e nem todos conseguem levar à frente uma vida exemplar. O que a análise apresentada aqui mostra é que existe um processo social não apenas de produção de vítimas, como também de produção de um espaço relacional de controversas em que os juízos morais ocupam um lugar-chave na construção de uma hierarquia do sofrimento e no estabelecimento das fronteiras do merecimento, fazendo com que a condição de vítima não seja nem de fácil acesso, nem necessariamente desejada, contrariamente às expectativas do senso comum (acadêmico). A existência de parentes qualificados como más vítimas mostra que nem todos pertencem à nobreza do sofrimento, apesar de todos participarem da mesma condição objetiva: serem filhos de desaparecidos políticos.

Em afinidade com a irônica figura de "princesa" de Mariana, poder-se-ia pensar na condição de vítima como um título que enobrece, habilitando o uso de símbolos, o lenço branco, a circulação pelas associações de direitos humanos, a política profissional, as indústrias culturais etc.; caminhos que são habilitados sob o pressuposto de tratar-se de atores cuja existência produz um bem à sociedade toda: trata-se de pessoas que exprimem magistralmente o conceito de bondade, virtude e retidão. A expulsão, o silêncio, a desqualificação pública e a abertura de litígios nos tribunais são os repertórios utilizados para distinguir os nobres daqueles *outsiders* que participam como plebeus deste universo de relações. A atenção às avaliações morais habilita o desafio de dar conta do ponto de vista daqueles que se recusam a receber essa distinção ou que perderam seu lugar de reconhecimento público pela impossibilidade de dar sustentação às suas ações no plano do bem comum, que é próprio da "linguagem dos direitos humanos, marcador da lógica hegemônica da modernidade", como afirma Alexander Werneck (2019b)[5].

---

5 Em um trabalho anterior, tenho me dedicado a analisar as demandas em favor do reconhecimento da condição de "vítima do terrorismo" daqueles que morreram em atentados armados produzidos pela esquerda revolucionária. Trata-se de grupos que demandam apoio público e empatia e denunciam que o único sofrimento reconhecido seja o das vítimas do terrorismo de Estado. Trata-se de atores privados de todas as formas do reconhecimento público. Ver Vecchioli (2020).

Por outro lado, aquele que é reconhecido pela sua exemplaridade encontra-se submetido às coerções próprias de uma vida devota: mesmo perante os pedidos de Ignacio de não punir os pais que o criaram, eles acabaram sendo submetidos a processo pelo crime de substituição de identidade. Na busca de justiça, Estela, como máxima figura das Avós, teve que habilitar o recurso da justiça criminal enquanto expressão dos valores éticos e morais aos quais todas as integrantes das avós subscrevem, mesmo que essa exigência entrasse em conflito com os desejos do neto procurado ao longo de toda uma vida, que, por sua vez, nunca aceitou ser chamado, nem oficial, nem informalmente, como Guido, o nome dado pela sua mãe biológica antes de ser assassinada. Compreendendo tudo o que está envolvido na posição pública de Estela, Ignacio consegue levar à frente um exercício colossal de reflexividade que coloca em evidência suas competências críticas ao afirmar: "como ela poderia não perseguir criminalmente os meus 'pais do coração' sendo ela a presidenta das Avós?" (Carlotto apud O´Donnell; Tenembaum, 2021). Ignacio se recusa a nomear esses pais como apropriadores e sente "a condena moral" das pessoas mais próximas por ter causado a esses pais que o criaram com "amor" um problema na justiça criminal.

As cenas descritas aqui não se validam em função da verdade estatística que elas trazem, mas pela significação que elas têm na hora de tornar visíveis as relações de poder que estão envolvidas na produção de uma hierarquia da desgraça em que apenas algumas vítimas e parentes de vítimas adquirem a condição de boas vítimas. No caminho, se faz uso de um conjunto de repertórios que serve para instituir um sofrimento como legítimo, assim como para produzir as formas de descrédito público daqueles que, pretendendo ser reconhecidos como vítimas, fracassam nessa tentativa, em especial, aqueles que buscam legitimar sua condição de vítimas das políticas de memória da democracia, como são os casos de Eva e Hilário.

A produtividade dos casos selecionados é compreendida à medida que revelam-se: a) a série de imperativos morais e recursos emocionais que vão intervir na definição dos atributos de uma boa vítima, em especial devido ao caráter controvertido das ações que obrigam os atores a realizar um exercício de explicitação e discussão desses imperativos; b) as diversas capacidades de julgamento crítico dos atores envolvidos nestes processos; c) as práticas acusatórias por meio das quais esses imperativos e sentimentos são instituídos com desigual sucesso; e d) a problematização desses imperativos morais por meio da discussão, da sátira ou da impugnação. Trata-se de fatos que tornam visíveis tanto as condições morais de proliferação da categoria de vítima quanto as possibilidades para sua recusa ou negação. A recusa ou impossibilidade de cumprir com as obrigações morais acaba excluindo os netos restituídos das famílias de origem e, em consequência, da comunidade legítima de vítimas. Esses julgamentos constituem a base de ações que, em forma de sanções morais, consagram alguns familiares como figuras modelares na luta pelos direitos humanos ao tempo que condenam outros ao desterro, ao descrédito, à degradação e à impugnação. Trata-se de recursos que fazem apelo à centralidade dos afetos e sentimentos, ao vínculo de sangue e à retórica dos direitos humanos. A crítica direta, o sarcasmo e o humor são formas de contestar a posição dominante das lideranças que detêm uma posição exemplar. Os casos selecionados são propícios para a explicitação das competências morais dos atores na medida em que elas proveem de interpelações que os incitam ou obrigam a se posicionar publicamente dentro de um cenário politicamente conflitante.

A vítima constitui um status altamente disputado justamente pelo lugar-chave que tem na conformação de uma representação política legítima. Se, por um lado, a maternidade e a filiação se converteram em princípios fundadores do ativismo em direitos humanos, por outro, a compreensão da dimensão política envolvida na conformação dessa comunidade moral exige ir além de um exame da moral das relações de família. A condição moral é crucial para a prática política, enquanto ela serve como base da construção da vítima legítima, uma condição que habilita a participação no espaço público.

Os casos apresentados ilustram que a condição de boa vítima depende da capacidade de reunir as provas necessárias por meio de um sistema concreto de tecnologias que fazem a mediação entre aquilo que as pessoas têm como verdade e o que sentem (Fonseca, 2015, p. 18). Assim, o teste de DNA não é suficiente — como mostra muito bem Cláudia Fonseca na sua análise dos filhos de pacientes de hanseníase separados compulsoriamente das suas famílias de origem —, é necessário também o cultivo das virtudes morais e políticas apropriadas, como aponta Fassin (2010). As avaliações morais vão fundar as condições de nobreza, de grandeza e de honorabilidade para as boas vítimas, em contraste com aquelas que vão ser ignoradas, desacreditadas ou degradadas, sendo acusadas de más vítimas ou expulsas à condição de plebeus. Esse tipo de análise envolve o desafio de compreender a administração do bem enquanto só alguns vão estar dotados das capacidades necessárias para instituir a distribuição desigual do merecimento, uma consequência que, em termos de Stoler (2007), resulta das "tecnologias de governo" fundadas em sentimentos e em princípios particularistas como o sangue (Vecchioli, 2018).

Reivindico a produtividade de uma antropologia pragmática da moral para compreender as formas como as pessoas administram suas visões do bem e analisar as querelas e tensões que constituem esse universo de relações enquanto habilita perguntas que se colocam por fora da grande vulgata acadêmica que domina esse âmbito de pesquisa. Como compreender a inexistência de trabalhos acadêmicos que indaguem em torno dos "maus" netos, quando existem milhares de pesquisas dedicadas aos "bons"? Quanto os pesquisadores contribuem para reificar as categorias e naturalizar as dimensões morais e afetivas envolvidas neste universo de relações? De que forma as próprias moralidades dos pesquisadores acabam convertendo os conflitos morais e políticos em torno da categoria de vítima em um tabu? A multiplicação de trabalhos em torno das vítimas de passados violentos trouxe a extensa propagação das mesmas perguntas de pesquisa que se caracterizam pela sua abordagem moralizante. A consequência é a omissão de tópicos sensíveis ou controversos, a abundância de pesquisas em que predomina o uso do eufemismo "memórias em conflito" apenas para colocar o foco no confortável par vítimas/algozes, pesquisas caracterizadas pelo estudo isolado de grupos e pela construção de problemas tidos como exclusivos e excludentes, sejam eles identificados como estudos sobre memórias coletivas, passado recente, trauma, direitas ou perpetradores. Muitas das vezes, o preço a pagar é um aplanamento ou simplificação da complexidade social, uma sub-representação de relações sociais e uma incompreensão das relações de poder que estão envolvidas (Ross, 2020, p. 1.023), junto a uma fadiga intelectual em relação aos novos estudos, reduzidos a produzir uma análise de casos cada vez menores, que não são outra coisa que a confirmação das máximas predicadas pela literatura consagrada.

Esta partição artificial da vida social — a toda a luz prejudicial para a compreensão — permite resguardar a conformidade do pesquisador com as justificações morais dos atores que ele visa compreender, garantindo, assim, a possibilidade de fazer parte tanto desse universo moral, expresso no engajamento com a causa dos direitos humanos, quanto da nobreza acadêmica que vigia e premia com o reconhecimento aqueles pesquisadores que garantem a posição moral adequada em relação a este campo minado de pesquisas. A tentativa de desnaturalizar as moralidades nativas e levar a sério o mandato do *ethical turn* (Fassin, 2014) de estudar as moralidades em jogo em forma descritiva e relacional pode ter como resultado imprevisto o silenciamento, a censura ou a expulsão do pesquisador da sua própria comunidade acadêmica, uma situação que apresenta algumas afinidades com aquela vivida pelos filhos de desaparecidos condenados ao ostracismo e ao desterro dentro da comunidade das vítimas. Nas discussões no interior do campo acadêmico, dever-se-ia problematizar as condições sociais que fazem possíveis (ou não) tornar as controvérsias morais como objeto de pesquisa, em especial quando os pesquisadores do assunto são ao mesmo tempo ativistas da própria causa.

REFERÊNCIAS

ABUELAS DE PLAZA DE MAYO. Abuelas sobre el caso Bacca: Constituye una afrenta a su memoria. *Perfil*, 7 jan. 2017. Disponível em: http://www.perfil.com/politica/abuelas-sobre-el-pedido-del-nieto-95-constituye--una-afrenta-a-su-memoria.phtml. Acesso em: 23 fev. 2022.

AGIER, Michel. *Gérer les indésirables*: Des camps des réfugiés au Gouvernement humanitaire. Paris: Flammarion, 2008.

ALEXANDER, Jeffrey. On the social construction of moral universals. The "Holocaust" from War Crime to Trauma Drama. *European Journal of Social Theory*, v. 5, n. 1, p. 5-85, 2002.

ARENES, Carolina; PIKIELNY, Astrid. *Hijos de los 70*. Historias de la Generación que heredó la tragedia argentina. Buenos Aires: Ed. Sudamericana, 2016.

BACCA, Hilário. Reportagem radial no programa Sin Corbata. *FM News 96.5*, Arrecirfe, 17 abr. 2013. Disponível em: https://soundcloud.com/sin-corbata/hilario-bacca. Acesso em: 20 fev. 2022.

BACCA, Hilário. Reportagem radial no programa El Ciudadano. *FM 91.9*, Mar Chiquita, 25 mar. 2021. Disponível em: https://ciudadanoweb.com.ar/nota_3867-25032021-arranque-el-proceso-judicial-con-un--juez-que-me-mintio-en-la-cara. Acesso em: 20 fev. 2022.

BACCA, Hilário. El nieto 95 denuncia desprotección del Estado y lucha por llevar el nombre que tuvo por 37 años. *Perfil*, 20 nov. 2015. Disponível em: https://www.perfil.com/noticias/sociedad/el-nieto-95-denuncia--desproteccion-del-estado-y-lucha-por-llevar-el-nombre-que-tuvo--por-37-anos-20151118-0008.phtml. Acesso em: 20 fev. 2022.

BARKER, John. Introduction: The Anthropological Study of Morality in Melanesia. In: BARKER, John (ed.). *The anthropology of morality in Melanesia and beyond*. Aldershot: Ashgate, 2007. p. 1-21.

BOURDIEU, Pierre. *El sentido práctico*. Madrid: Taurus, 1980.

CARLOTTO, Estela. No me quería morir sin abrazarlo. *Página/12*, 6 ago. 2014. Disponível em: http://www.pagina12.com.ar/diario/elpais/1-252359-2014-08-06.html. Acesso em: 20 mar. 2022.

CHAUMONT, Jean Michel. *La concurrence des victimes*: génocide, identité, reconnaissance. France: La Decouverte, 1997

FASSIN, Didier. The ethical turn in anthropology. Promises and uncertainties. *Hau: Journal of Ethnographic Theory*, v. 4, n. 1, p. 429-435, 2014

FASSIN, Didier. *La Raison Humanitaire*. Une histoire morale du temps présent. Paris: Gallimard; Seuil, 2010.

FERREIRA, Leticia Carvalho de Mesquita. Apenas preencher papel: reflexões sobre registros policiais de desaparecimento de pessoa e outros documentos. *Revista Mana*, Rio de Janeiro, v. 29, n. 1, p. 39-68, 2013.

FOLCO, Javier. *Estela*. La biografía de Estela de Carlotto. Buenos Aires: Editorial Marea, 2015.

FONSECA, Claudia. Time, DNA and Documents in family reckonings. *Vibrant*, v. 12, n. 1, p. 75-108, 2015.

GATTI, Gabriel. El lenguaje de las víctimas: silencios (ruidosos) y parodias (serias) para hablar (sin hacerlo) de la desaparición forzada de personas. *Revista de Antropología y Sociología*, Colombia, 2011.

KLENK, Michael. Moral Philosophy and the "Ethical Turn" in Anthropology. *ZEMO*, v. 2, p. 331-353, 2019.

LACERDA, Paula Mendes. *Meninos de Altamira*: violência, "luta" política e administração pública. Rio de Janeiro: Garamond, 2015.

MOYANO, Victoria. Victoria Moyano denuncia su detención en América 24. *PTS*, 9 ago. 2014. Disponível em: https://www.youtube.com/watch?v=RYX8394udPM. Acesso em: 20 mar. 2022.

O´DONNELL, M.; TENEMBAUM, E. Ignacio Montoya Carlotto cuenta su vida: la decisión de no llamarse Guido y la responsabilidad de ser el nieto de Estela Carlotto. *CNN Argentina*, 9 jul. 2021. Disponível em: https://cnnespanol.cnn.com/2021/07/09/ignacio-montoya-carlotto-guido-estela-conecta2-orix/. Acesso em: 20 mar. 2022.

PÉREZ, Mariana Eva. *Diario de una princesa Montonera*: 110% verdad. Buenos Aires: Capital Intelectual, 2012.

ROSS, Fiona. Rising tides and anthropological morals. *Hau: Journal of Ethnographic Theory*, v. 10, n. 3, p. 1022-1025, 2020.

RORTY, Richard. *Contingency, Irony and Solidarity*. Cambridge: Cambridge University Press, 1989.

SARTI, Cynthia. A vítima como figura contemporânea. *Cadernos CRH*, v. 24, n. 61, p. 51-61, 2011.

SEOANE, María; CABALLERO, Roberto. *El Nieto*: La trágica y luminosa historia de Ignácio "Guido" Montoya Carlotto robado por la dictadura y recuperado por Abuelas de Plaza de Mayo. Buenos Aires: Ed. Sudamericana, 2015

STOLER, Ann Laura. Affective States. In: NUGENT, David; VINCENT, Joan (ed.). *A Companion to the Anthropology of Politics*. Oxford: Blackwell, 2007. p. 4-21.

VECCHIOLI, Virginia. Deserving victimhood. Kinship, emotions and morality in contemporary politics. *Vibrant: Virtual Brazilian Anthropology*, Dossiê: Gramáticas da Pós-violência: identidades, guerras, corpos e fronteiras, Brasília, v. 15, n. 3, 2018.

VECCHIOLI, Virginia. Las Víctimas del Terrorismo de Estado y la gestión del pasado reciente en la Argentina. *Revista Papeles del CEIC*, n. 90, Marzo 2013.

VECCHIOLI, Virginia. La nación como familia. Metáforas políticas en el movimiento por los derechos humanos en la Argentina. In: FREDERIC, S; SOPRANO, G. (comp.). *Cultura y Política en Etnografías sobre la Argentina*. Buenos Aires: Ed. UNQ; Prometeo, 2005.

VECCHIOLI, V.; FIORAVANTI, E. Las demandas de memoria, verdad y justicia en el testimonio público de los responsables del terrorismo de Estado en Argentina. *Revista Desacatos*, Dossier Usos y destinos del testimonio en Latinoamérica, México, v. 21, n. 62, p. 54-71, enero 2020.

VIANNA, A.; FARIAS, J. A guerra das mães: dor e política em situações de violência institucional. *Cadernos Pagu*, v. 37, p. 79-116, 2011.

WERNECK, Alexandre. Política e ridicularização: uma sociologia pragmática da "graça" da crítica em cartazes das "Jornadas de Junho". *Interseções* [Online], p. 21-3, 2019a. Disponível em: http://journals.openedition.org/intersecoes/583. Acesso em: 20 abr. 2022.

WERNECK, A; TALONE, V. A "sociabilidade violenta" como interpretante efetivador de ações de força: uma sugestão de encaminhamento pragmático para a hipótese de Machado da Silva. *Dilemas: Revista de Estudos de Conflito e Controle Social*, v. 12, n. 1, 2019b.

WIEVIORKA, Michel. L'émergence des victimes. Sphera Publica, n. 3, p. 19-38, 2003.

ZENOBI, Diego. *Familia, política y emociones*. Las víctimas de Cromañon entre el movimiento y el Estado. Buenos Aires: Editorial Antropofagia, 2014.

SOBRE AS AUTORAS E OS AUTORES

ADRIANA VIANNA é professora do Programa de Pós-Graduação em Antropologia Social do Museu Nacional, da Universidade Federal do Rio de Janeiro (PPGAS/MN/UFRJ). Tem doutorado pelo PPGAS/MN/UFRJ. É bolsista de produtividade do CNPq nível 2.

ALEXANDRE WERNECK é professor do Departamento de Sociologia e do Programa de Pós-Graduação em Sociologia e Antropologia da Universidade Federal do Rio de Janeiro (PPGSA/UFRJ). Tem doutorado pelo PPGSA/UFRJ. É bolsista de produtividade do CNPq nível 2 e Jovem Cientista do Nosso Estado Faperj.

CALVIN DA CAS FURTADO é doutorando do Programa de Pós-Graduação em Antropologia Social da Universidade Federal do Rio Grande do Sul (PPGAS/UFRGS) e mestre em Políticas Públicas pelo Programa de Pós-graduação em Políticas Públicas da mesma universidade.

CAROLINE SILVEIRA SARMENTO é doutoranda e mestre pelo Programa de Pós-Graduação em Antropologia Social da Universidade Federal do Rio Grande do Sul (PPGAS/UFRGS).

DANIELA BIANCHI é mestranda do Programa de Pós-Graduação em Antropologia Social da Universidade Federal do Rio Grande do Sul (PPGAS/UFRGS).

FÁBIO REIS MOTA é professor do Departamento de Antropologia e do Programa de Pós-Graduação em Antropologia da Universidade Federal Fluminense (PPGA/UFF). É doutor pelo PPGA/UFF.

FRÉDÉRIC VANDENBERGHE é professor do Departamento de Sociologia e do Programa de Pós-Graduação em Sociologia e Antropologia da Universidade Federal do Rio de Janeiro (PPGSA/UFRJ). É Max Weber Distinguished Fellow do Max Weber Kolleg (2022-2023) na Universidade de Erfurt, na Alemanha. Tem doutorado pela Ecole des Hautes Études en Sciences Sociales (EHESS), em Paris. É bolsista de produtividade do CNPq nível 1D.

GABRIEL BAYARRI TOSCANO é doutorando em Sociologia e Antropologia pela Macquarie University e pela Universidade Complutense de Madri, em regime de cotutela, e é mestre pelo Programa de Pós-Graduação em Antropologia da Universidade Federal Fluminense (PPGA/UFF).

GABRIEL D. NOEL é pesquisador do Conicet e professor da Escuela Interdisciplinaria de Altos Estudios Sociales da Universidad Nacional de San Martin, na Argentina. Tem doutorado em Ciências Sociais pela Universidad Nacional de General Sarmiento.

LAURENT THÉVENOT é *directeur d'études* da Ecole des Hautes Etudes en Sciences Sociales (EHESS), em Paris, e pesquisador emérito do Centre Georg Simmel da mesma instituição. É doutor em Sociologia pela EHESS.

LETÍCIA FERREIRA é professora do Departamento de Antropologia Cultural e do Programa de Pós-Graduação em Sociologia e Antropologia da Universidade Federal do Rio de Janeiro (PPGSA/UFRJ). Tem doutorado pelo Programa de Pós-Graduação em Antropologia Social do Museu Nacional, da Universidade Federal do Rio de Janeiro (PPGAS/MN/UFRJ). É pesquisadora Jovem Cientista do Nosso Estado da Faperj.

LUCÍA EILBAUM é professora do Departamento de Antropologia, do Programa de Pós-Graduação em Antropologia (PPGA/UFF) e do Programa de Pós-Graduação em Justiça e Segurança (PPFJS/UFF) da Universidade Federal Fluminense. Tem doutorado pelo PPGA/UFF. É bolsista de produtividade do CNPq nível 2.

LUÍS ROBERTO CARDOSO DE OLIVEIRA é professor titular livre do Departamento de Antropologia e do Programa de Pós-Graduação em Direito da Universidade de Brasília, além de professor colaborador no Programa de Pós-Graduação em Justiça e Segurança da Universidade Federal Fluminense (PPFJS/UFF). Tem doutorado em Antropologia pela Harvard University. É bolsista de produtividade do CNPq nível 1A.

MARIA CLAUDIA COELHO é professora titular do Departamento de Antropologia e do Programa de Pós-Graduação em Ciências Sociais da Universidade do Estado do Rio de Janeiro (PPCIS/UERJ). Tem doutorado em Sociologia pelo Instituto Universitário de Pesquisas do Rio de Janeiro (IUPERJ). É bolsista de produtividade do CNPq nível 1D.

MONICA HEINTZ é professora da Université Paris Nanterre e membra do Laboratoire d'Ethnologie et de Sociologie Comparative da Maison de l'Archéologie et de l'Ethnologie, Nanterre. Tem doutorado em Antropologia pela University of Cambridge (Churchill College).

NATALIA BERMÚDEZ é pesquisadora do Conicet e professora do Instituto de Antropologia de Córdoba, Universidad Nacional de Córdoba, na Argentina. Tem doutorado em Ciências Sociais pela Universidad Nacional de General Sarmiento.

NEIVA VIEIRA DA CUNHA é professora do Programa de Pós Graduação em Educação, Cultura e Comunicação em Periferias da Faculdade de Educação da Baixada Fluminense da Universidade do Estado do Rio de

Janeiro (PPGECC/UERJ). Tem doutorado em Antropologia pelo Programa de Pós-Graduação em Sociologia e Antropologia da Universidade Federal do Rio de Janeiro (PPGSA/UFRJ).

PATRICE SCHUCH é professora do Departamento de Antropologia e do Programa de Pós-Graduação em Antropologia Social da Universidade Federal do Rio Grande do Sul (PPGAS/UFRGS). Tem doutorado pelo PPGAS/UFRGS. É bolsista de produtividade do CNPq nível 2.

SIMONE MAGALHÃES BRITO é professora do Departamento de Ciências Sociais e do Programa de Pós-Graduação em Sociologia da Universidade Federal da Paraíba (PPGS/UFPB). Tem PhD em Sociologia pela Lancaster University. É bolsista de produtividade do CNPq nível 2.

VIRGINIA VECCHIOLI é professora do Departamento de Ciências Sociais, do Programa de Pós-Graduação em Ciências Sociais (PPGCS/UFSM) e do Programa de Pós-Graduação em Patrimônio Cultural (PPGPC/UFSM) da Universidade Federal de Santa Maria. É também professora colaboradora do Doutorado em Antropologia Social da Universidade Nacional de San Martín, na Argentina. Tem doutorado pelo Programa de Pós-Graduação em Antropologia Social do Museu Nacional, da Universidade Federal do Rio de Janeiro (PPGAS/MN/UFRJ).

1ª edição	março 2023
impressão	eskenazi
papel miolo	pólen natural 80g/m^2
papel capa	cartão supremo 300g/m^2
tipografia	freight e amsi

Editora Charme

Meu crush

Tradução - Aline Sant'Ana

AUTORA BEST-SELLER DO *NEW YORK TIMES*

PENELOPE WARD

Para Brandon

Obrigada por fazer um **brainstorming** deste livro comigo, filho.

(P.S.: Você precisa cortar o cabelo.)

Prólogo

A vida pode mudar num piscar de olhos — até mesmo em circunstâncias que, à primeira vista, parecem as mais rotineiras.

Era um daqueles dias agitados no trabalho, em que o tempo parecia passar mais rápido do que o normal. O restaurante japonês onde eu trabalhava como garçonete estava lotado — tanto na área das mesas *hibachi* quanto nas mesas comuns. Eu precisava ficar indo e vindo de um lugar para o outro.

— Vou precisar que você atenda à mesa seis também — avisou o gerente.

— Claro, sem problema — respóndi, pegando um pedido de *sukiyaki* do balcão.

Eu estava trabalhando como garçonete no Mayaka para ajudar a pagar as contas enquanto bancava meus estudos. Aos 24 anos, demorei para enfim ingressar na universidade — depois de alguns anos difíceis —, mas finalmente estava colocando a vida nos eixos.

Hoje consegui ser escalada para um turno mais cedo. O que acabou sendo uma péssima ideia, porque atender à mesa seis mudou meu dia por completo... e talvez minha vida.

— Posso começar trazendo para vocês um pouco de... — As palavras sumiram. Meu coração quase parou quando meus olhos encontraram um rosto familiar, há muito tempo não visto. Um rosto que eu nem tinha certeza se um dia voltaria a ver.

Os olhos dele se arregalaram.

Meu bloco de notas caiu no chão.

Jace.

Ai, meu Deus.

Uma mulher estava sentada à sua frente.

Quem é ela?

Minha garganta se fechou.

A única coisa que me pareceu certa foi fugir — e foi o que fiz.

— Com licença. — Balancei a cabeça e me virei depressa, dirigindo-me para o outro lado do restaurante, passando pelas chamas das mesas *hibachi*.

Empurrando com força as portas vai e vem, entrei na cozinha.

— Tenho uma emergência, Mae. Preciso ir pra casa. Me perdoe por sair quando o restaurante está tão movimentado, mas tenho mesmo que ir.

— Está tudo bem? — ela perguntou.

— Espero que sim. — As palavras saíram apressadas. — Não posso entrar em detalhes agora. Preciso ir. Sinto muito.

Disparei para fora da cozinha. O sol me cegou assim que abri a porta da frente do restaurante e corri pelo estacionamento até a calçada, próxima à avenida principal. Sair do trabalho foi uma covardia? Sem dúvida. Arrisquei o emprego? É possível. Mas eu não estava pronta para encará-lo, de jeito nenhum. A última vez que vi Jace foi há três anos, e ele partiu meu coração em mil pedaços. Até aquele momento, meu coração só havia pertencido a ele — desde que eu era quase uma criança.

O que ele estava fazendo de volta à Flórida? Pensei que tivesse ido embora para sempre. Pela cara dele, não esperava me encontrar trabalhando no Mayaka. Quem era aquela mulher com ele? Por que ele tinha que estar ainda mais bonito do que eu lembrava?

Senti meu coração ficando pesado enquanto eu continuava a caminhar depressa. Claro que decidi ir a pé até o trabalho hoje para me exercitar. Um carro teria sido muito mais útil para fugir do meu passado.

Eu estava prestes a atravessar a rua movimentada quando senti uma palma da mão segurando meu ombro.

— Jesus, Farrah. Porra, vai mais devagar.

Estremeci, meu coração quase saltando do peito. Quando me virei, seus olhos azuis penetrantes me atravessaram, e me perguntei como havia pensado que poderia fugir de ter que enfrentá-lo.

Jace forçou um sorriso triste.

— Se eu não te conhecesse, pensaria que estava fugindo de mim.

Nós dois estávamos ofegantes. Dei um sorriso nervoso, sem saber se ria ou chorava.

A fala dele foi irônica.

Jace sumiu por três anos, e ainda teve a cara de pau de dizer que eu fugi dele? Foi ele quem foi embora.

Capítulo 1

Farrah

Três anos e meio atrás

— Uau. Onde você pensa que vai vestida assim? — A voz profunda de Jace me fez parar no meio do caminho.

Bingo.

Ele notou.

— Ao Iguana. — Um arrepio desceu pela minha coluna assim que respondi.

— Um bar. Interessante. Achei que as pessoas costumassem usar roupas por lá. — Jace deu um sorriso irônico de canto de boca enquanto abria um pistache. Ele colocou a noz na boca antes de jogar a casca de lado.

Olhei para o *cropped* que deixava minha barriga à mostra. Eu o tinha escolhido de propósito, para mostrar meu novo piercing no umbigo. O short jeans mal cobria meu bumbum.

— Que eu saiba, o que eu visto não é da sua conta, Jace — rebati, fingindo estar irritada.

— É da minha conta se eu tiver que dar uma *surra* em algum cara que ficou bêbado demais e colocou as mãos onde não devia.

Jace era protetor comigo, o que eu amava e odiava ao mesmo tempo. Só seria melhor se ele não me visse como uma irmã caçula. Seu comportamento era inocente, mas isso era exatamente o oposto do que eu queria. *Meus* sentimentos por ele não eram nada fraternais. Mas esse segredinho era todo meu, aparentemente.

— Vou ficar bem. — Dei de ombros, abri a geladeira e peguei a jarra. Despejei um pouco de água em um copo, arrepiada, porque ainda podia sentir os olhos dele em mim, mesmo que seu olhar fosse apenas de preocupação.

— Não posso te dizer o que fazer... mas, falando do ponto de vista de um babaca, se eu visse uma garota vestida assim, isso me daria sinais a respeito dela. Sabe do que estou falando?

Jace era ingênuo. Tão ingênuo. Mal sabia que *ele* era o único cara cuja atenção eu queria. Sempre que eu me vestia de um jeito mais sexy, era uma tentativa de provocá-lo.

Desde que ele se mudara, dois meses antes, chamar a atenção de Jace tinha se tornado um dos meus passatempos. Mas, ao contrário dos pistaches que ele mastigava, ele era uma noz difícil de quebrar. Claro, eu já o tinha pegado me olhando de vez em quando, mas nunca sabia o que ele realmente pensava a respeito. E, sendo sincera, eu nem sabia o que *eu* estava pensando ao tentar fazer com que ele me notasse. Jace não me tocaria nem com um cabo de vassoura — não apenas porque ele estava morando com a gente agora, mas porque eu era a irmã do melhor amigo dele. Por isso, ele também me via como uma irmã, o que eu odiava. Por mais que ele tivesse sido como um membro da minha família ao longo dos anos, eu nunca o vira como um irmão. Minha atração por ele era forte demais. Eu tinha uma queda por ele desde o momento em que o conheci, quando eu tinha uns 6 anos, provavelmente.

— Que eu saiba, as garotas com quem você sai não se vestem de um jeito mais conservador que esse.

Ele lambeu um pouco do sal de seus lábios.

— Bom, mas é... diferente.

Ergui uma sobrancelha.

— Por que é diferente?

A mandíbula de Jace se contraiu. Ele não tinha uma resposta.

Exatamente.

— Eu sei por que você acha que é diferente — tomei a liberdade de responder por ele. — Você parece se esquecer de que eu tenho 21 anos agora. Algumas das garotas com quem você sai têm quase a minha idade, mas você não me vê como uma mulher, porque quando foi para a faculdade, eu tinha 12 anos. Essa é a pessoa que você lembra. — Suspirei. — Eu não tenho mais 12 anos. É só inverter os números.

Meu irmão, Nathan, entrou na sala naquele momento.

— Não importa quantos anos você tem. Está vestida como uma vadia.

Revirei os olhos.

Jace o encarou.

— Não fala esse tipo de merda pra ela.

— É o meu trabalho dizer a verdade.

— Mas você não precisa usar essas palavras, seu idiota.

Eu ri.

— É. Jace me disse quase a mesma coisa, só que foi muito mais educado. — Engoli o resto da água e coloquei o copo no balcão. — De qualquer forma, dentro do Iguana faz um calor infernal. O ar-condicionado deles é péssimo. Todo mundo se veste assim — menti.

Eles me olharam ao mesmo tempo, ambos com expressões céticas.

Jace e Nathan eram melhores amigos desde a infância. Ele e meu irmão eram seis anos mais velhos do que eu. Passei a maior parte dos meus anos pré-adolescentes desejando Jace em segredo. Naquela época, ele vinha para nossa casa todo suado depois do treino de futebol, e meus hormônios saltavam como pipoca na panela. Sempre que ele falava comigo, minhas pernas ficavam bambas. Se alguém encontrasse meus diários, leria algo sobre Jace em quase todas as páginas. Querer alguém e saber que não pode tê-lo era uma tortura. Principalmente nos últimos anos antes de Jace ir para a faculdade, eu estava desesperada de tão apaixonada.

E então? Ele foi embora. Meu coração de 12 anos ficou devastado quando Jace se mudou para estudar na Carolina do Norte. E nos primeiros anos ele só voltava para casa durante o verão.

Ele ficou longe por nove anos no total e só recentemente tinha voltado para a Flórida. É claro que nunca imaginei que ele acabaria morando com a gente. Aos 27, Jace ainda era o garoto por quem eu me lembrava de ter me apaixonado, só que mais forte e mais bonito. Era um homem feito. E eu não era mais uma criança. Então, pode imaginar para onde a minha mente estava navegando nos últimos tempos.

Nathan me tirou dos meus pensamentos.

— É melhor levar o spray de pimenta se essa sua teimosia não te deixar trocar essa roupa por algo decente.

— Você sabe que eu sempre levo.

Às vezes, meu irmão não se segurava, mas eu não podia culpá-lo por ser protetor. Eu já era adulta, mas velhos hábitos são difíceis de mudar. Nathan se tornou responsável por mim depois que nossos pais foram assassinados durante um assalto, sete anos antes. Eu tinha 14 anos, e Nathan, 20, quando os perdemos. Jace estava em casa nas férias da faculdade naquele verão, trabalhando para a empresa de paisagismo do meu pai. Infelizmente, ele estava com meus pais quando eles faleceram. Isso ainda era difícil de aceitar. Até hoje, Jace não conseguia falar sobre o assunto. Eu sabia que ele sofria a culpa do sobrevivente. Ele também havia levado um tiro, mas teve sorte. Ainda assim, o trauma de ter testemunhado a morte dos meus pais deixou um tipo diferente de cicatriz eterna — não em seu corpo, mas na alma. Nenhum de nós falava sobre o que aconteceu. Nosso passado doloroso era como um fantasma que nos seguia, um que fingíamos não ver.

Pelo relatório da polícia, eu soube que meu pai e Jace estavam voltando de um trabalho de paisagismo. Eles pararam para buscar minha mãe na loja de conveniência em que ela trabalhava. Meu pai sentiu que estavam sendo seguidos desde o momento em que ele e Jace saíram do local do trabalho. O homem acabou tentando forçá-los para fora da estrada antes de sacar uma arma. Meu pai estava com muito dinheiro, já que seus clientes geralmente pagavam em espécie. Os investigadores acreditaram que o homem de alguma forma soubera sobre esse dinheiro, por isso estava seguindo a caminhonete deles. Talvez tivesse sido avisado por alguém que trabalhava para o meu pai.

De acordo com o relatório, as vítimas, Ronald e Elizabeth Spade, cooperaram, entregando o dinheiro, mas o homem, que estava drogado, atirou fatalmente nos meus pais mesmo assim. Uma bala atingiu Jace de raspão. Com base na descrição do veículo, a polícia encontrou o homem em seu apartamento mais tarde. Ele foi morto após um confronto com a polícia. E assim acabou. Nossas vidas mudaram para sempre, e a infância inocente e idílica que eu havia desfrutado se tornou uma lembrança.

Depois daquele verão, Jace nunca mais voltou para casa; o que era compreensível.

Embora já tivessem se passado sete anos desde a morte dos meus pais, sabia que eu não tinha lidado adequadamente com o luto. Em algumas manhãs, eu ainda acordava esperando que minha mãe e meu pai estivessem ali com a gente. Se não fosse por Nathan, eu não teria conseguido seguir em frente. Ele fez o que pôde para preencher o vazio que eles deixaram. Por mais miseráveis que nos sentíssemos no começo, ele tentou fazer a vida parecer o mais normal possível — como manter nossa tradição da noite de filmes em família, mesmo que agora fôssemos apenas nós dois. Até hoje, escolhemos uma noite por mês para assistir a um filme juntos.

Nathan e eu ainda morávamos no bairro onde crescemos, em Palm Creek, na Flórida. Depois que meus pais morreram, ficar na nossa casa de infância se tornara doloroso demais, então Nathan usara o dinheiro que herdamos para dar entrada em uma casa a algumas ruas de distância. Infelizmente, há pouco tempo, meu irmão foi demitido do emprego de vendedor de carros e precisou de ajuda para pagar as contas. Mais ou menos na mesma época, Jace voltou para casa para gerenciar temporariamente a empresa do pai dele. Nathan perguntou se Jace queria alugar o quarto vago da nossa casa e, assim, ajudar a pagar a hipoteca. Como Jace estava em um momento de transição, esperando para comprar um imóvel até saber se ficaria ou não na Flórida de forma permanente, mudar-se para nossa casa foi uma boa solução temporária. Ajudaria a todos. E foi assim que nos tornamos um grupo de três.

Virei-me para meu irmão.

— Você pode me dar uma carona até o bar?

— O que aconteceu com o seu carro dessa vez?

— Parece que agora é o alternador. Está na oficina de novo.

— Aquela lata-velha.

O velho Corolla que eu dirigia, de cor de ferrugem, sempre dava problema. Felizmente, nosso mecânico local — ironicamente chamado "Rusty"[1] — sempre me dava um bom desconto. Nathan estava convencido de que Rusty tinha segundas intenções comigo, mas eu aceitava de bom grado o desconto sem questionar o motivo.

— Estou economizando para comprar um melhor — assegurei a ele. — Até lá, tenho que lidar com o problema. Não vou conseguir dinheiro algum se tentar vender aquela lata-velha.

— Da próxima vez, não leve para Rusty — disse Jace. — Eu posso tentar consertar.

A ideia de Jace suado e sem camisa embaixo do meu carro não era nem um pouco desagradável.

— Obrigada. Eu não tinha pensado em te pedir. Valeu por ajudar.

— Que horas você precisa estar no Iguana? — Nathan perguntou.

— Tenho que sair agora. Só preciso de uma carona até lá. Kellianne disse que pode me trazer.

Ele olhou para o relógio.

— Não consigo te levar agora. Uma pessoa vai passar aqui em dez minutos para ver o cortador de grama que estou vendendo. Posso te levar depois.

Franzi a testa.

---

1 Rusty é ferrugem em inglês, em tradução livre. A cor do carro dela. (N.T.)

— Vou perder o começo se não sair agora.

— Por que é tão importante? — Nathan perguntou. — É só um monte de gente bêbada falando besteira.

— Não é besteira. É cativante.

Uma vez por semana, o Iguana fazia a noite do microfone aberto, chamada Abra Seu Coração, e ultimamente eu estava obcecada em ir. Os clientes — na maioria, um pouco bêbados — eram incentivados a subir no palco e revelar qualquer coisa que quisessem para um ambiente cheio de estranhos. Podia ser algo que eles precisassem desabafar ou o segredo mais profundo e obscuro. Você nunca sabia o que poderia acontecer. Algumas confissões eram tristes, algo com o que eu me identificava depois de anos guardando a dor pelo assassinato dos meus pais. Outras vezes, era um segredo picante. Algumas pessoas não seguravam a língua. Sem dúvida era para maiores de 18 anos. Embora eu adorasse ouvir tudo aquilo, ainda não tive coragem de subir no palco. *Quem sabe um dia.*

— Eu posso levá-la — Jace interrompeu.

Fiz uma dancinha por dentro.

— Obrigado, cara. Valeu mesmo — disse Nathan.

Jace se levantou da mesa e jogou no lixo as cascas de pistache que tinha guardado em um guardanapo de papel. Pegou as chaves no balcão e as jogou para cima.

— Vamos lá.

Uma onda de adrenalina percorreu meu corpo enquanto eu seguia Jace até sua caminhonete preta e brilhante, estacionada na entrada. Eram quase oito da noite, e o calor da Flórida começava a diminuir. Uma brisa morna agitava as palmeiras em frente à nossa casa. Morávamos em uma rua tranquila, com casas com revestimento claro e janelas amplas, bem parecidas entre si. Nossa casa tinha apenas um andar, mas era relativamente grande em comparação às outras. Tínhamos três quartos e uma piscina boa, com tela de proteção nos fundos. Como a associação de moradores era muito rígida, todas as casas eram bem-cuidadas. Caso contrário, teríamos que pagar uma multa. De tempos em tempos, os membros da associação enviavam notificações bastante irritadas se vissem sequer uma lasquinha na tinta. Por sorte, Nathan sabia consertar praticamente tudo.

O banco de couro preto estava quente contra minha pele. A caminhonete era enorme, grande demais para a nossa pequena garagem, onde Nathan estacionava seu pequeno Hyundai. Jace sempre tinha que estacionar do lado de fora, no calor.

Ele ligou o motor, mas não deu ré de imediato. Ao invés disso, olhou para meu umbigo. Por um segundo, achei que ele poderia estar me secando.

— Coloca o cinto de segurança.

E aí eu me senti uma idiota.

— Ah. — Peguei o cinto e o passei na frente do meu peito antes de travá-lo. — Desculpa.

Me encolhi quando ele passou o braço pelo encosto do meu banco ao dar ré para sair da entrada.

Você pensou que ele ia te tocar, Farrah?

Tive que rir.

— Do que está rindo? — ele perguntou enquanto dirigia.

— Sabe o que dizem sobre homens com caminhonetes grandes, né? — respondi, tentando inventar qualquer coisa.

Ele revirou os olhos.

— Que seus carros são proporcionais ao tamanho da sua masculinidade? Sim. Escuto o tempo todo.

— Não foi bem o que ouvi. Mas se você diz… — Dei uma piscadinha.

— Espertinha. — Ele riu.

O cheiro do perfume dele, misturado com um leve aroma de charuto, preencheu o ar. Ele nunca fumou na minha frente, mas eu sabia que gostava de fumar ocasionalmente enquanto dirigia. Eu adorava o cheiro da caminhonete dele, porque era basicamente o cheiro *dele* condensado em um pequeno espaço. Era o paraíso.

Se eu parecia um pouco desesperada por esse homem... Sim, eu era mesmo. Mas vamos contar com o fato de que ele foi o meu primeiro crush. *O crush*. Meu único crush. Muitos anos de desejo não correspondido me trouxeram até aqui. Além disso, é bom levar em consideração que ele está dez vezes mais atraente agora, tendo se transformado em um homem por inteiro. O fato adicional de que hoje em dia eu tinha idade suficiente para alimentar minhas fantasias não ajudava. Eu não *desejava* querê-lo. Eu só o queria. Ele era a última pessoa em quem eu deveria estar interessada, porque não daria em nada. Mas a gente não escolhe por quem sente atração.

Ele dirigiu em silêncio por alguns minutos.

— Obrigada pela carona — falei. — Agradeço de verdade mesmo.

Ele me olhou de relance.

— Sem problema.

Respirei fundo.

— O que você vai fazer hoje à noite?

Ele hesitou.

— Provavelmente vou à casa da Linnea.

Linnea era uma garota com quem eu sabia que ele estava saindo. Eu o ouvi conversando com Nathan sobre ela e a vi na caminhonete dele uma vez.

— As coisas estão ficando sérias?

Ele deu de ombros.

— Não costumo ter nada sério com ninguém. Só passo mais tempo com certas pessoas do que com outras.

Assenti devagar.

— Entendi.

Embora isso me fizesse sentir um pouco melhor, também significava que provavelmente havia mais de uma garota com quem ele estava "passando um tempo".

— Você se arrepende de ter voltado para Palm Creek? — perguntei.

— Por que acha isso? — ele questionou depois de um momento.

— Não é óbvio? Na Carolina do Norte, você tinha a sua própria casa. Pelo que sei, tinha um ótimo emprego. Agora está morando com Nathan e comigo e trabalhando para seu pai. É uma grande mudança. — Fiz uma pausa para pensar. — Além disso... sei que nem todas as memórias daqui são boas. Só achei que...

— Está tudo bem — ele me interrompeu. — Meu pai precisava de mim para administrar a empresa por um tempo. Não tive escolha. Mas estar na cidade me fez perceber o quanto eu sentia falta daqui. Não é tão ruim.

O pai de Jace, Phil, era dono da Construtora Muldoon. Phil Muldoon estava em tratamento contra um câncer de garganta e precisava de ajuda para cuidar dos negócios por um tempo. Como Jace tinha se formado em administração, ele era o mais capacitado entre os irmãos para assumir o posto. Na verdade, os meios-irmãos mais velhos de Jace não eram capazes de nada, considerando que ambos eram viciados em drogas e desempregados. Então Jace largou o emprego de gerente de imóveis em Charlotte para voltar para cá.

— Você acha que vai ficar permanentemente?

— Isso depende de muitas coisas. Estou vivendo um dia de cada vez.

— Eu sei que Nathan gosta de verdade do fato de você ter se mudado pra cá. Ele nem sempre é bom com as palavras e não sabe expressar gratidão. O orgulho atrapalha. Mas ele dorme melhor à noite sabendo que conseguimos pagar a hipoteca. Fico feliz que ele não ficou com receio de te pedir para se mudar.

— Para ser honesto, meio que sinto que devo isso a ele.

— Por que acha isso?

Ele fez uma pausa.

— Quando as coisas... aconteceram... eu desapareci. Fui direto pra faculdade. Você sabe...

Essa foi a primeira vez que Jace sequer mencionou o que havia "acontecido". Eu nunca tinha percebido que ele se sentia culpado por ter voltado para a Carolina do Norte depois que meus pais morreram. Fazia sentido, eu acho. Mas nunca o culpei por essa decisão. O que ele deveria fazer? Abandonar a faculdade, ficar em Palm Creek e sofrer junto com a gente? Na época, eu invejava o fato de ele ter outro lugar para ir. Deus, eu teria ido com ele se pudesse.

— Você precisava voltar para a faculdade, continuar sua vida. Não teve escolha...

— Sempre há uma escolha. E me arrependo de não ter ficado ao lado dele... do seu lado. Agora tenho a oportunidade de compensar isso. — Ele olhou para mim. — Vocês são como a minha família.

Uma parte minha gostava de ouvir isso, mas gostar de ser como uma irmã significava que eu andava tendo muitos pensamentos incestuosos com ele.

Ele pigarreou.

— O que é que você gosta tanto nesse lance das confissões no bar?

Dei de ombros.

— Acho que, quando você guarda seus sentimentos, inveja aqueles que têm coragem de externá-los.

— Nunca subiu lá, então?

— Não... ainda não. Talvez um dia.

Ele ergueu as sobrancelhas.

— O que está esperando?

Eu ri.

— Coragem.

— Do que você tem medo, exatamente?

— De perder a capacidade de falar ou, pior ainda, de falar coisas sem sentido, isso se eu conseguisse dizer alguma coisa... Desmaiar, desabar, ser levada para um hospital psiquiátrico com paredes acolchoadas. Coisas assim.

— Que catástrofe. — Ele riu. — Mas eu entendo. Não é fácil fazer qualquer coisa na frente de uma plateia. Não posso te culpar.

— É. Prefiro só ouvir por enquanto. Acho muito inspirador, embora eu gostaria de ter coragem de fazer.

— Não tem pressa. Quando você estiver pronta, vai conseguir. Falar em público exige coragem, mas imagino que seja ainda mais difícil quando se está compartilhando um assunto pessoal.

Assenti.

— Exato. E eu também precisaria ter algo interessante para confessar. Às vezes, as pessoas falam sobre coisas dolorosas que aconteceram com elas, mas eu preferiria não tocar nessas feridas. Eu preferiria confessar algo engraçado ou picante, em vez de começar a chorar na frente de estranhos.

— Não faça nada idiota só para ter uma história pra contar. Vai infartar o seu irmão.

— Não precisa muito para deixar Nathan irritado.

Ele se virou para mim.

— Você não conversa muito com ele, né? Ele me disse que nunca sabe o que você está pensando.

Meu irmão falou com Jace sobre mim?

— Ele disse isso?

— Sim. Acho que ele gostaria que você se abrisse mais com ele.

— Não sou boa em falar certas coisas com ninguém. Eu escrevo pra me expressar, ou às vezes escrevo uma história de ficção em que os personagens passam pelo que passei. Mas mantenho tudo só pra mim. Até ouvir certas músicas que ressoam comigo me ajuda a liberar as emoções. Também medito e faço yoga às vezes. Mas falar nunca foi meu forte.

— Contanto que você tenha um meio de extravasar.

— Qual é o *seu* escape?

— Nada tão respeitável quanto escrever ou fazer yoga.

— Sexo e charutos? — sugeri.

— Não fumei charuto essa semana. — Ele deu uma piscadinha.

Jesus. Então acho que é sexo.

— Talvez eu devesse aprender a meditar — ele acrescentou. — Quando você medita?

— Sempre que tenho tempo. Uso um aplicativo no meu celular para meditações guiadas. Ajuda a me acalmar quando estou estressada. Também sinto que ajuda a me conectar com meu subconsciente.

Ele me lançou um sorriso.

— Você é muito mais profunda do que a garotinha que costumava mastigar o cabelo.

Senti minhas bochechas esquentarem.

— Não acredito que você se lembra disso.

— Algumas coisas são difíceis de esquecer.

— Com certeza a vida era mais simples naquela época. — Suspirei. — Ainda bem que parei com esse hábito. Hoje em dia, se eu mastigasse meu cabelo sempre que ficasse estressada, já não teria mais nem um fio.

— Você é boa em não parecer estressada o tempo todo. Acho que dá para esconder muito atrás de um sorriso, né?

Dei de ombros.

— É só fingir até que seja verdade.

Ele se virou para mim por um instante antes de seus olhos voltarem à estrada.

— O que está te estressando?

— Nada específico. É mais a incerteza geral sobre o futuro. Quero fazer algo significativo com a minha vida, mas não faço ideia do quê. Sinto como se estivesse presa no limbo. Acordo todos os dias para o mesmo trabalho monótono de secretária, mas sinto o tempo passando.

— Você é tão jovem. Ainda tem muito tempo.

— Não sou *tão* nova assim. — Senti a necessidade de dizer.

— Sei que você não é mais uma criança, mas ainda é jovem.

— Já deveria ter me formado na faculdade, e nem comecei. Com a minha idade, minha mãe já era casada e tinha um filho.

Ele fez uma careta.

— Você não ia querer estar casada e com um filho agora.

— Não, mas quero um propósito, um significado mais profundo na minha vida. É frustrante não ter encontrado isso ainda.

— Não existe um cronograma, Farrah. Você já passou por muita coisa, bem mais do que a maioria das pessoas da sua idade. E, para ser sincero, tenho orgulho de como você e Nathan lidaram com tudo. Vocês têm uma casa e cuidam um do outro. Estão indo muito bem, mesmo que às vezes pareça que as coisas não estão no lugar que deveriam. No fim das contas, todos nós estamos só tentando sobreviver a mais um dia, sabe? Não seja tão dura consigo mesma.

Admirando as lindas maçãs do rosto dele e a forma como as luzes da rua refletiam em seu cabelo preto como azeviche, eu sorri.

— Vou tentar ver as coisas assim.

Finalmente nos aproximamos do centro comercial onde o Iguana estava localizado.

Jace diminuiu a velocidade da caminhonete.

— É aqui?

— Aham.

Ele parou em frente. O restante da luz do dia havia sumido durante o trajeto, e a placa de néon azul em cima do bar iluminava a noite.

— Você disse que já tem carona para voltar? — Ele colocou a mão no encosto do meu banco.

Mais uma vez, meu corpo ficou totalmente ciente da proximidade dele.

— Sim. Kellianne vai me encontrar aqui e depois vai me levar para casa.

Jace me observou com o canto do olho.

— Ela bebe?

— Não se preocupe. Ela vai tomar só um drinque se estiver dirigindo.

— Certo. Se algo mudar e você precisar de carona, me manda uma mensagem.

Era tentador criar uma situação mais tarde que justificasse esse cenário.

— Pode deixar.

— Se cuida — ele avisou.

Sem pressa de sair da caminhonete, fiquei ali por um momento. Eu queria passar a noite inteira com ele, conversar mais sobre a vida, descobrir o que o inspirava, o que ele desejava. Eu queria saber tudo sobre ele, decifrá-lo camada por camada.

Em vez disso, me obriguei a abrir a porta.

Antes de sair, me inclinei e dei um abraço rápido nele.

— Obrigada de novo.

Seu corpo ficou tenso, mas ele envolveu o braço ao redor das minhas costas. Saboreei aqueles poucos segundos antes de me afastar. Aparentemente, foi um gesto inocente. Mas por dentro, eu estava em chamas. Não tinha muitas oportunidades de "agradecer" a ele dessa maneira.

Jace esperou eu entrar antes de dar a partida e ir embora.

Assim que a porta se fechou atrás de mim, fui direto para o bar. Odiava ser a primeira a chegar. Kellianne vinha direto do trabalho.

Depois de encontrar um lugar em uma mesa de frente para o palco, eu me sentei sozinha e tomei meu *mojito*.

Cerca de dez minutos depois, vi minha amiga correndo em minha direção.

Eu tinha conhecido Kellianne no escritório de advocacia onde trabalhava como assistente administrativa. Ela já tinha mudado de emprego, mas mantínhamos contato. Fisicamente, éramos opostas. Kellianne era baixinha, com cabelos loiros e cacheados. Eu tinha um metro e setenta e longos cabelos lisos e castanhos.

— Desculpe o atraso. O trânsito estava horrível — ela explicou.

— Sem problema. — Levantei o copo. — Como você pode ver, já comecei.

— Alguém já subiu no palco?

— Não, ainda não começaram.

As confissões geralmente começavam às nove e duravam cerca de uma hora, às vezes mais, dependendo de quantas pessoas estavam dispostas a se abrir.

— Seu irmão te trouxe?

— Não. Jace me deu carona.

— Ah... Jace. — Ela suspirou. — Ele é tão gostoso. Eu o vi abastecendo o carro outro dia. Bom, ele não me viu. Tinha uma garota na caminhonete com ele.

Revirei os olhos.

— Ruiva?

— Acho que sim.

— É a Linnea. Ele está saindo com ela há algumas semanas. Está com ela hoje à noite.

Ela ergueu a sobrancelha.

— Isso te incomoda?

Dei de ombros.

— Um pouco, sim.

Eu nunca tinha falado com Kellianne sobre meus sentimentos por Jace. Ela só sabia da minha paixonite por ele de quando eu era pré-adolescente. Uma paixão platônica era compreensível, até bonitinha, aos 12 anos. Mas aos 21? Nem tanto.

Mas ela não pareceu surpresa com minha resposta.

— Eu já imaginava...

— Não quero falar sobre isso.

— Mas *eu* quero ouvir.

— Não tem muito o que dizer. Você já sabe que eu tinha uma queda por ele quando era mais nova. Estar perto dele de novo trouxe alguns desses sentimentos de volta.

Ela ergueu o dedo indicador.

— Espera aí. Preciso de uma bebida pra ouvir isso.

Ela correu até o bar. Quando voltou com um drinque de rum e Coca Cola, retomou o assunto.

— Certo... então alguns dos sentimentos por ele voltaram... ou você quer dizer que, na verdade, nunca foram embora?

Tomei o último gole da minha bebida e chacoalhei o gelo no copo.

— Quando Jace morava na Carolina do Norte, era mais fácil não pensar nele, mas agora que ele está aqui de novo, não consigo evitar o que sinto. Parece que minhas emoções só retomaram de onde pararam. E agora que ele está morando com a gente, estou conhecendo-o de uma maneira diferente. A gente nunca conversava muito quando eu era criança. Naquela época, era só eu o admirando de longe. Agora somos mais maduros, então é diferente.

Seus olhos brilharam de empolgação.

— Você acha que existe alguma chance de uma coisa acontecer?

— Não. Acho que não, de verdade. Ele me trata do mesmo jeito que Nathan, como uma irmã. É uma merda.

— Bom, nunca se sabe. Continue se vestindo como hoje à noite e tudo pode mudar.

— Não sei. Ele se importa comigo. Tenho certeza disso. Acho que é exatamente por isso que ele nunca tentaria nada. — Coloquei um pouco de gelo na boca. — Sinceramente, não sei o que faria se ele correspondesse à atração. Nathan mataria nós dois.

— Certo, então, hipoteticamente, se surgisse uma chance... você não deixaria rolar?

— Não sei. — Suspirei. — De qualquer forma, é uma fantasia, não vai acontecer.

— É estranho saber que a pessoa por quem é obcecada se importa com você, só não da maneira como você quer. É uma situação bem fora do comum.

O uso da palavra *obcecada* me incomodou. Achei que tinha minimizado meus sentimentos em relação a Jace, mas aparentemente ela conseguiu ver além das minhas palavras.

Brincando com o canudo, olhei para o meu copo vazio.

— Ele se importa comigo. E eu me importo com ele também. Não é só desejo. Ele foi uma parte importante da minha vida por muitos anos. Passava muito tempo com nossa família. Quando o time dele perdia um jogo de futebol, ele lamentava conosco no jantar. Eu fiquei na primeira fila e acompanhei muitos momentos importantes da vida dele, como quando ele e Nathan foram ao baile de formatura e se formaram no ensino médio. Eu o vi crescer. — Fechei os olhos. — E, claro, como já te contei, ele estava lá quando meus pais morreram. Ele estava *com* eles porque estava trabalhando para o meu pai naquele verão.

Kellianne balançou a cabeça.

— Isso é muito louco.

— Pois é. Ele não fala sobre isso. E não o culpo. — Soltei um longo suspiro. — Não consigo nem imaginar o quão traumático foi. Me machuca só de pensar. — Enxuguei uma lágrima. — Tá, precisamos mudar de assunto, urgente.

Kellianne bateu palmas.

— Tudo bem, então. Eu sei do que podemos falar. O que eu tenho que fazer pra te convencer a subir lá hoje e confessar sua paixão platônica pelo melhor amigo do seu irmão?

Essa não era a mudança de assunto que eu esperava.

— Nem que a vaca tussa.

Capítulo 2

Farrah

Em nossa casa, cada um cuidava da própria roupa. A máquina de lavar e a secadora ficavam em um canto da garagem, já que não tínhamos uma área separada só para a lavanderia. Por volta de uma vez por semana, eu lavava minhas roupas depois de voltar do trabalho, antes de Nathan ou Jace chegarem em casa.

Em uma dessas tardes, levei as roupas em uma cesta até a garagem e notei uma pilha de roupas de Jace em uma sacola ao lado da máquina de lavar. Sobre as outras peças, reconheci a camisa vermelha que ele havia usado no dia anterior. Ele estava com um cheiro incrível enquanto estava sentado à mesa, bem na minha frente. Ainda devia estar com o mesmo perfume hoje.

Por impulso, peguei a camiseta e a levei até o nariz, mantendo-a sobre o rosto enquanto inspirava profundamente por vários segundos. Inalar o perfume amadeirado misturado ao delicioso cheiro que era todo do Jace era uma tortura maravilhosa. Isso me permitia imaginar como seria ter seu corpo colado ao meu. Fechando os olhos, esfreguei o rosto contra o tecido macio, fingindo que ele estava dentro dela. Era o mais perto que eu chegaria dele, então me permiti aproveitar.

— Que porra você está fazendo? — perguntou em uma voz ríspida.

Meu coração quase parou. A camisa caiu no chão quando ergui o queixo para encontrar o olhar de Jace. Parece que ele havia entrado pela porta lateral da garagem enquanto eu estava imersa fantasiando com o cheiro dele.

— Ah... oi — eu disse, tentando disfarçar. — Você está em casa.

— Sim. Tive que levar meu pai a uma consulta, então saí do trabalho mais cedo. É... *isso* que você faz quando não estamos aqui? Fica cheirando a roupa suja?

Sua expressão confusa era uma mistura de raiva e diversão.

— Eu tenho esse... estranho hábito de cheirar coisas que não são minhas. — Inventei a desculpa mais absurda de todas. — É meio que uma... compulsão.

Meu coração retumbou *mentirosa, mentirosa, mentirosa* repetidas vezes.

— Então você decidiu cheirar a minha camisa entre todas as coisas que estão aqui?

Engoli em seco.

— É, acho que sim. Era tão vermelha e... chamativa. Sem contar que a colônia que você usa é... boa.

Ele riu.

— Você é estranha, Farrah.

— Nunca disse que não era.

Suas sobrancelhas se ergueram.

— Aliás, como estava o cheiro?

Soltando um suspiro trêmulo, balancei a cabeça.

— Bom. Sem odores estranhos ou coisa parecida. Bem diferente das camisas do Nathan. As dele cheiram a tacos.

Jace gargalhou.

— Então eu acho que, se ficar na dúvida sobre jogar uma peça de roupa na máquina de lavar ou não, devo te consultar de agora em diante?

— Poderia ser pior, né? Eu poderia estar, sei lá, cheirando sua cueca ou algo assim. Não sou *tão* estranha. — Soltei uma risada e fechei os olhos, morrendo de vergonha.

— Porra, que bom, né? — Após uma pausa constrangedora, ele seguiu. — Eu... vou deixar você voltar ao que estava fazendo, seja lá o que for.

Acenei um tchauzinho e sorri.

— Obrigada.

Depois que ele saiu, eu me virei e soltei um grito silencioso de horror.

Após colocar minha roupa na máquina, decidi dar uma volta no quarteirão para queimar um pouco da energia ansiosa que cresceu dentro de mim e evitar ter que encará-lo. Quanto mais tempo passasse na rua, melhor.

Depois de passear, fui até o quintal, pensando em pegar um abacate da nossa árvore. Ao passar pela lateral da casa, vi Jace pela janela do quarto dele. O suor brilhava em suas costas enquanto ele levantava peso. Como ele não estava de frente para mim, aproveitei alguns segundos para admirar seu corpo. Aqueles lindos músculos definidos. Bumbum redondo e firme. Pele perfeitamente bronzeada. Jace sempre teve um corpo bonito, mas aos 27, ele estava com o melhor físico de sua vida.

Um jato d'água surgiu de repente sob meus pés. Se ao menos o susto não tivesse me feito gritar. *Pelo menos isso.* Se ao menos Jace não tivesse se virado para me encontrar ali, parecendo uma idiota — uma idiota encharcada que nem se deu conta de que Nathan tinha instalado um novo irrigador naquela parte do jardim.

Jace correu até a janela e a abriu.

— Que merda você está fazendo? Está molhada?

Hum... melhor nem entrar nesse assunto.

— Está tão... quente hoje. Achei que seria bom deixar a água me molhar um pouquinho — respondi, cobrindo meus seios encharcados.

— Achei que tinha ouvido você gritar.

— Não esperava que estivesse tão fria.

Ele estreitou os olhos.

— Você está bem, Farrah? Parece meio estranha hoje.

— Sim, claro que estou bem. — Ri, nervosa, enquanto ele continuava me olhando. — Estou bem. Juro.

— Sabe que pode conversar comigo se estiver acontecendo algo, né?

— Uhum. — Assenti com força.

— Certo. — Seus olhos se demoraram em mim por um momento. Então ele fechou a janela e voltou a malhar.

Quatro da tarde é muito cedo para uma vodca?

Na noite seguinte, Nathan e eu havíamos combinado uma noite de cinema em família. De alguma forma, ele havia convencido Jace a ficar em casa e se juntar a nós. Nosso único item indispensável para a noite de cinema era sorvete e, como meu carro ainda estava na oficina de Rusty e Nathan ainda estava no trabalho, Jace me levou até o mercado para comprarmos.

A viagem até o supermercado foi um pouco tensa. Imaginei que talvez Jace estivesse mais quieto porque ainda podia estar pensando naquela cena do dia anterior, em que eu estava cheirando sua camisa, ou no incidente do irrigador de jardim em frente à janela do seu quarto. Talvez eu estivesse pensando nisso porque ser pega no flagra *duas vezes* agindo como uma idiota era o único motivo em que eu podia pensar.

Quando chegamos ao corredor de congelados do supermercado, peguei um pote de Rocky Road e o cheirei. Sabe... só para confundi-lo.

Uma expressão de horror cruzou o rosto de Jace.

— Você está fazendo isso de novo.

— Você me pegou. Viu? Eu disse que gosto de cheirar coisas — menti. — Se respirar fundo o suficiente, consegue sentir o gosto.

Ele balançou a cabeça e riu.

— Você é aquele tipo de pessoa, não é?

— Que tipo?

— O tipo que é flagrada pelas câmeras de segurança das lojas, abrindo potes de sorvete, provando e colocando de volta. Os guardas vão ficar de olho em você, sabia?

— Culpada — brinquei. — Na verdade, acho isso muito nojento. Nunca faria uma coisa dessas.

Continuei vasculhando os potes, cheirando os diferentes sabores como uma idiota.

— Desculpe se estou demorando — eu disse. — É difícil decidir.

Depois de mais alguns minutos, Jace estendeu a mão por cima de mim.

— Vou acabar com seu sofrimento. — Uma onda de seu perfume dominou qualquer outra coisa que eu estivesse fingindo cheirar. — Não existe sabor melhor do que massa de cookies. — Ele jogou um pote no carrinho. — Pronto.

— Tenho que discordar, mas tudo bem. Se você gosta tanto, vamos levar esse.

Fomos até o caixa, e os olhos da atendente dançaram por Jace. Essa era uma reação típica. Mulheres de todas as idades sempre olhavam para ele. Era engraçado, porque as pessoas provavelmente presumiam que eu era a namorada. Mas é claro que isso não impedia ninguém de olhar.

Antes de sairmos, lancei à atendente um sorriso malicioso que dizia: *aham, olha só esse homem que é todo meu e não seu.* E mesmo que estivesse longe de ser verdade, me deu uma sensação de prazer.

Voltamos para a caminhonete de Jace, que mais uma vez cheirava divinamente.

— Coloca o cinto.

Eu estava ocupada demais encarando suas mãos enormes enquanto seus dedos se dobravam no volante.

— Obrigada por me lembrar.

— Por que eu sempre tenho que te lembrar? Isso já deveria ser automático.

Porque você me distrai.

— Desculpa, mandão. Vou tentar me lembrar da próxima vez. — Cliquei o cinto no lugar e me acomodei. — Ah, esqueci de te avisar, alguém passou lá em casa para te ver.

Ele saiu do estacionamento.

— Quem?

— O nome dele era James... Moore? Ele disse que te mandaria uma mensagem, então talvez você já tenha falado com ele, não?

— James Moore? — Ele elevou a voz.

— Sim. Ele não pareceu muito amigável.

Jace bateu no volante.

— Porra. James está atrás do dinheiro que a empresa deve a ele por um trabalho de pavimentação que fez para nós. Ele não tem paciência nenhuma. Não tinha que ter vindo à nossa casa.

— Não foi nada de mais. Eu disse que você não estava, e ele foi embora logo em seguida.

— Não gosto da ideia de ele ter falado com você. O mesmo vale para muitos dos caras que trabalham para nós. Por que você abriu a porta, afinal de contas?

Jace provavelmente tinha razão em ficar um pouco alarmado, mas parecia uma reação exagerada.

— É a minha casa. Por que eu não abriria a porta? Não sou uma criança que foi largada sozinha em casa depois da escola.

— Não, mas você é uma mulher atraente que pode chamar a atenção do cara errado, alguém que busca vingança. Você não seria capaz de se defender. Isso não tem nada a ver com idade. Não importa quantos anos você tenha, nunca deve abrir a porta para um desconhecido se estiver sozinha.

Mulher atraente.

Ele me chamou de mulher atraente, e eu praticamente não ouvi mais nada depois disso. Essa foi a primeira vez que ele deu a entender que me achava atraente.

— Vou tentar ser mais cuidadosa.

— Você precisa ser, Farrah. O mundo está cheio de pessoas ruins. Se alguém bater à porta e você não souber quem é, deixe a pessoa ir embora. Não vale a pena arriscar sua segurança. — Ele soltou um suspiro exasperado. — Nem sei como ele conseguiu nosso endereço. Não coloquei em lugar nenhum.

Jace continuou praguejando baixinho.

— Já entendi o recado. Não vou atender à porta quando estiver sozinha, a menos que seja uma escoteira vendendo biscoitos ou algo assim.

— Eu nunca me perdoaria se algo acontecesse com você — murmurou.

Senti aquelas palavras atingirem o fundo do meu coração.

— O que a gente decidiu, afinal de contas? — perguntei.

Nathan estava usando meu celular para procurar opções de filmes.

— Estamos entre o filme do Pete Davidson ou aquele com The Rock — disse meu irmão, deslizando o telefone no balcão. — A propósito, Farrah, por que você estava pesquisando "vaginas vibrantes"?

Meu rosto congelou. *Merda*. Acho que não fechei aquela aba.

Os olhos de Jace se arregalaram enquanto ele espiava por cima do notebook. Qualquer desculpa que eu inventasse soaria provavelmente mais estranha do que a verdade. Então, decidi ser honesta.

— Eu tive um sintoma estranho esta manhã. Parecia que tinha um celular vibrando na minha calcinha, como se estivesse no modo vibrar. Acho que era uma contração muscular. Fiquei preocupada que fosse algum tipo de problema neurológico. Aparentemente, não sou a única pessoa no mundo que já passou por isso. Uma garota na Índia postou sobre a mesma coisa.

Nathan jogou a cabeça para trás, rindo.

— Vocês combinaram de ligar uma para outra qualquer dia desses?

Lancei um olhar fulminante para Nate.

Ele continuou me provocando, rindo cada vez mais.

— Sério, quando toca, você atende?

Jace balançou a cabeça.

— Deixe Farrah em paz, idiota. Você nem devia estar fuçando no histórico de pesquisas dela.

— Eu não procurei essa merda! Apareceu na minha cara assim que peguei o celular para encontrar um filme.

— Imagina se ela olhasse o *seu* histórico, todas as coisas que ela encontraria. E depois te confrontasse sobre isso?

— Com certeza não seria nada bom. — Nathan riu.

Felizmente, Nathan mudou de assunto, e fui me ocupar preparando a sobremesa. Esses últimos dias tinham sido *cheios* de momentos embaraçosos.

Abrindo o pote de sorvete, decidi deixá-lo de lado um pouco para amolecer. Peguei três tigelas e comecei a vasculhar a gaveta dos talheres.

Então, a campainha tocou. Virei-me para Nathan.

— Está esperando alguém?

— É a Linnea, eu a convidei para se juntar a nós — avisou Jace, indo em direção à porta.

Meu coração despencou. Ótimo. Até agora, ele não a tinha trazido para casa. Eu tinha esperanças de que continuaria assim.

— Você sabia que ele tinha a convidado? — perguntei.

— Sabia. — Nathan pegou uma das colheres e começou a tomar o sorvete. — Qual é o problema? Essa casa também é dele.

— É uma tradição familiar. Não gosto de incluir estranhos.

— Bom, ela *não* é uma estranha para ele. — Nathan arqueou as sobrancelhas.

Revirei os olhos o máximo que pude.

Alguns segundos depois, Jace e Linnea entraram na cozinha.

— Linnea, você já conhece Nathan, mas acho que não conhece a irmãzinha dele, Farrah.

Puta merda.

Irmãzinha.

Vai se ferrar.

Ela me olhou de cima a baixo e jogou o cabelo ruivo para trás.

— Prazer em te conhecer. Farrah é um nome tão bonito. Sua mãe devia gostar de *As Panteras*.

— Por quê?

— Farrah... Fawcett? A atriz? Ela era uma das Panteras. Era um programa de TV de anos atrás. Ela é icônica. Infelizmente, já faleceu.

— Ah. — Eu conhecia a atriz. Também sabia que minha mãe pensou nela quando escolheu esse nome. Mas tinha me esquecido do programa em que ela atuara.

Jace esboçou um sorriso travesso.

— Meu pai costumava ter um pôster vintage da Farrah Fawcett pendurado na nossa garagem. Com certeza foi uma das minhas primeiras... inspirações.

Inspirações? Demorou alguns segundos para cair a ficha. *Ah*.

E agora eu estava com ciúmes de uma atriz falecida porque Jace tinha se masturbado olhando para o pôster dela?

— Eu me lembro daquele pôster! — Nathan riu. — Ela estava muito gostosa.

— Naquela vez que nos conhecemos, Nathan — Linnea disse —, acho que não tinha me dado conta de que você e Jace cresceram juntos.

Nathan suspirou de um jeito exagerado.

— Sim. Estou preso com esse cara a minha vida toda.

— Que legal. É raro ter amizades tão longas. — Ela se virou para mim. — Você é bem mais nova do que eles, né? Está no ensino médio?

Não, ela não perguntou isso.

Jace riu baixinho.

— Ensino médio? Não. Eu tenho 21 anos.

— Ah. Desculpe. Você parece mais nova.

Tanto esforço para me vestir de um jeito provocante e parecer mais velha, e essa garota com certeza estava *procurando* maneiras de me insultar.

— E você? Tem 30? — perguntei, inclinando a cabeça para o lado.

A expressão dela murchou.

— Vinte e seis.

— Ah.

Jace desapareceu no banheiro ao lado da cozinha, deixando Nathan e eu sozinhos com Linnea.

Ela se sentou em um dos banquinhos da pequena bancada que ficava no centro da cozinha.

— Você faz faculdade por aqui?

Realmente não era da conta dela, mas eu expliquei, de qualquer maneira.

— Fiz algumas aulas no Palm Creek Community College por um tempo, mas estou dando uma pausa. Espero conseguir me inscrever em alguma faculdade no ano que vem. Não quero perder tempo até ter certeza do que quero cursar. Estou pensando na área de Educação.

— Você deveria ser professora de inglês — disse Jace, saindo do banheiro e me surpreendendo por trás.

— Por que diz isso?

— Porque você falou que gosta de escrever. Pode ser uma matéria que goste de ensinar.

Assenti.

— Sem dúvida está na minha lista de possibilidades. Embora, se eu for ensinar um dia, acho que tenho que superar o meu medo de falar em público.

Linnea concordou com a cabeça.

— Ah... eu odeio falar em público.

Ninguém te perguntou, mas tudo bem.

Como agora tínhamos mais uma pessoa para alimentar, resolvi ser cordial, mesmo que a presença dela me incomodasse, e fui até o armário.

— Vamos tomar sorvete. Você quer?

— Adoraria — respondeu.

Eu quase queria que ela recusasse "porque estava de dieta", assim eu teria mais um motivo para detestá-la.

Depois de distribuir a mesma quantidade de sorvete em cada tigela, peguei a minha e deixei as outras no balcão.

Fui a primeira a ir para a sala, me joguei no sofá e comecei a selecionar as opções do streaming. Nathan se sentou no divã, o que significava que os únicos lugares disponíveis para Jace e Linnea eram ao meu lado no sofá. Eu me movi para o lado quando eles se aproximaram. Para minha alegria, Jace sentou perto de mim. Ponto positivo? Pelo menos, com três pessoas no sofá, fui forçada a ficar mais perto dele do que se estivéssemos só nós dois.

Escolhemos o filme do Pete Davidson, e todos pareceram entretidos. O filme se passava em Staten Island, Nova York. Eu adorava qualquer filme ambientado em ou perto de Nova York. Um dos meus sonhos sempre foi morar lá, nem que fosse por alguns anos, para experimentar uma vida completamente diferente da Flórida.

Em algum momento no meio do filme, Jace se levantou e pegou a tigela vazia de Linnea, empilhando-a sobre a dele. Ele estendeu a mão para mim, e eu lhe entreguei minha tigela também. Ele era atencioso assim às vezes. Jace, no entanto, não se preocupou em pegar a tigela de Nathan, que estava no chão ao lado dos pés do meu irmão.

Jace voltou segurando duas garrafas de cerveja e entregou uma para Linnea. Desta vez, quando se sentou, estava muito mais perto de mim do que antes. Na verdade, eu podia praticamente sentir o calor emanando de seu corpo. Os pelos finos das minhas pernas se arrepiaram. Se eu mexesse minha coxa apenas alguns centímetros na direção dele, minha perna estaria encostada na dele.

Então, cerca de meia hora depois, Jace esticou a perna. Agora, seu joelho estava roçando na minha coxa. Eu nem ousei me mexer. Em vez disso, aproveitei a sensação de seu joelho firme através do jeans. Estava tudo bem, eu disse a mim mesma, afinal, foi ele quem se moveu na minha direção.

Do lugar onde ela estava, do outro lado, eu não sabia se Linnea tinha notado que minha perna estava tocando a de Jace. Foi coincidência quando ela reposicionou o corpo para ficar mais perto dele? Talvez eu fosse mais corajosa do que pensava, porque assim que ela fez isso, eu fiz o mesmo — movi-me um pouquinho mais perto, de modo que mais da minha perna tocasse a dele. Se ele não tinha percebido antes, agora certamente tinha notado. E ainda assim, não se afastou de mim.

O fato de ele ter ficado na mesma posição provavelmente não significava nada. Mas era alguma coisa. Ele permaneceu assim por dez minutos. Tentar entender o que isso significava provavelmente ia me consumir mais tarde, mas por enquanto, eu fingi assistir ao filme, fingi que meu corpo inteiro não estava em chamas.

Depois que o filme terminou, Jace pegou as chaves.

— Pronta para ir?

Linnea se espreguiçou e bocejou.

— Sim.

— Você vai voltar esta noite? — perguntou Nathan.

— Não. Provavelmente vou dormir na casa dela.

Engoli o nó que se formou na minha garganta.

Linnea se despediu, mas Jace não fez contato visual comigo antes de sair. Minha mente delirante começou a criar uma história em que ele se sentia culpado por ter gostado do contato da minha perna.

Acho que eu deveria estar feliz que ele foi para a casa dela. A última coisa que eu queria era ouvir ruídos vindo do quarto dele. Mas durante toda a noite, a lembrança da perna de Jace pressionada contra a minha continuou a me atormentar. E não consegui parar de pensar no que ele poderia estar fazendo com Linnea. Ela podia deitar ao lado dele, ser abraçada por ele. Por mais atraída que eu estivesse por Jace, se tivesse que escolher entre transar com ele uma vez ou ser abraçada por ele a noite inteira, eu não saberia o que escolher.

Tudo bem, é provável que o sexo venceria.

Eu já tinha dormido com duas pessoas, mas nenhuma delas significou algo de verdade. Talvez por isso eu nunca tivesse fantasiado em ser abraçada por nenhum deles. Minha primeira vez foi com meu par do baile de formatura, no meu primeiro ano do ensino médio. Foi uma experiência horrível e dolorosa, e nunca mais saímos depois disso. A segunda pessoa com quem dormi foi meu único namorado sério, Jordan. Terminamos alguns anos atrás, quando ele ganhou uma bolsa para uma faculdade em outro estado. Não podia culpá-lo por ir embora, mas doeu do mesmo jeito.

Meus pensamentos voltaram para Jace, e me revirei na cama a noite toda — meu corpo ainda queimando.

Capítulo 3

Farrah

Encontrei Jace novamente alguns dias depois. Ainda estava no meio da tarde, então fiquei surpresa ao vê-lo em casa tão cedo.

Ele estava com a cabeça entre as mãos, olhando para a mesa da cozinha.

Tinha alguma coisa errada.

— Oi — eu disse.

Ele ergueu o olhar, as pálpebras cansadas.

— E aí.

Eu não me lembrava da última vez que ele tinha parecido tão abatido. Meu coração ficou pesado.

— Você está bem?

Ele balançou a cabeça.

— Não.

Puxei uma cadeira e me sentei em frente a ele.

— O que aconteceu?

Jace soltou um longo suspiro exasperado, que senti contra a minha pele, mesmo do outro lado da mesa.

— Problema no trabalho.

— Bom, às vezes falar a respeito ajuda.

Ele riu com raiva.

— Infelizmente, esse não é o tipo de problema que se resolve desabafando.

— Por que não?

— Porque preciso de cem mil dólares. Dá pra resolver isso conversando?

Meu queixo caiu, mas logo me controlei e voltei ao normal, tentando não o deixar ainda mais nervoso.

— Provavelmente não — respondi.

Ele riu.

— Mas tudo bem, Jace.. Vamos pensar. — Fiz uma pausa. — Primeiro... vamos tentar ser positivos.

Ele arregalou os olhos.

— Ah, é? Então, se eu pensar positivo o suficiente, o dinheiro vai aparecer num passe de mágica?

— Coisas mais loucas já aconteceram nesse mundo. — Suspirei. — Sério... o que está rolando? Por que você precisa de tanto dinheiro?

Ele balançou as pernas, nervoso.

— Você lembra quando aquele cara, James Moore, apareceu cobrando o dinheiro que devíamos a ele?

— Sim.

— Bom, parece que aquilo fazia parte de um problema maior que só descobri recentemente.

— Que problema?

— Parece que James está esperando esse dinheiro há muito mais tempo do que me disseram. Meu pai deixou de pagar várias pessoas que contratou para trabalhar para a Muldoon.

— Por que ele não pagou? Achei que a empresa estivesse indo bem.

— Essa é a pior parte. Os negócios *estão* indo bem, mas parece que meu pai tem um problema com jogos de azar. Ele gastou o dinheiro com apostas, dinheiro que deveria ter sido usado para pagar os fornecedores.

Fechei os olhos.

— Merda.

— Não foi para isso que vim quando concordei em administrar a empresa enquanto meu pai fazia o tratamento. Não faço ideia de como resolver isso agora. Meu velho nem me contou porra nenhuma. Se ao menos ele tivesse me avisado. Agora, tem um monte de gente mal-encarada *me* pressionando por causa do que ele fez.

— Tem como explicar a situação para quem estão devendo? Talvez entrar em um acordo para pagar com juros e a longo prazo?

— Ainda não cheguei nessa parte. — Ele balançou a cabeça. — Mas sei que tem muito mais gente irritada com meu pai e comigo do que eu pensava. E o pior é que, quando todo mundo descobrir que não estamos pagando, ninguém mais vai querer trabalhar para nós. Não vamos conseguir acompanhar a demanda sem pessoal.

Minha imaginação correu solta. Será que alguém poderia tentar machucar Jace se ele não conseguisse arranjar o dinheiro?

Tentei me livrar desse pensamento.

— Sinto muito. Sei que pode parecer desesperador, mas no fim tudo dá certo. Você tem que acreditar. Agora que você sabe disso, pode encontrar uma solução. — Franzi o cenho. — Sei que meu conselho não ajuda muito. Só quero fazer você se sentir melhor.

Ele abriu um sorriso relutante, e meu coração doeu um pouco.

— Não, você foi bem. — Ele esfregou as têmporas. — Obrigado por tentar me animar. Não é sua responsabilidade fazer eu me sentir melhor. Mas você estava certa. Contar para você tirou um pouco do peso, mesmo que não mude nada. Então, obrigado por ouvir.

Assenti.

— Você já superou obstáculos antes. Mesmo que esse pareça impossível, você vai superar também. — Sorri. — Afinal, estamos falando do mesmo menino que levou seu time à vitória naquele jogo da liga infantil depois de cinco derrotas consecutivas, o rapaz que tirou a maior nota na prova final de Álgebra II depois de tirar um 6,0 na anterior. O garoto que aprendeu código Morse sozinho por causa de uma aposta...

Ele balançou a cabeça.

— Como se lembra de tudo isso?

Opa. Essa seria a parte da conversa em que eu teria que admitir meu mestrado secreto na vida de Jace.

— Eu... sempre admirei você e Nathan. Eu prestava muita atenção, ouvia todas as conversas à mesa de jantar. Assistia e aprendia. Você estava ocupado demais sendo o garoto popular e arrasando no futebol para notar meu sorriso metálico naquela época.

— Bom... — Ele sorriu. — Eu lembro de um certo resgate de um gato no quintal.

Nossa.

— Não acredito que você se lembra *disso*.

— Nathan e eu chegamos em casa e encontramos você pendurada por um fio, tentando pegá-lo. — Ele riu. — Você era tão doce naquela época, e continua sendo. Percebi como se preocupa e vai dar uma olhada na menininha da casa ao lado. Você continua sendo a mesma garota gentil que sempre foi. — Ele olhou diretamente nos meus olhos. — Também percebi que adota uma postura de mulher corajosa todos os dias, mas eu sei que sua vida não tem sido fácil. Você foi forçada a crescer muito mais rápido do que deveria.

Essa foi a conversa mais sincera que Jace já teve comigo até hoje.

Dei de ombros.

— Você tem razão. *Não* foi fácil. Mas eu sou sortuda. Pelo menos tenho Nathan.

— Ele é quem tem sorte de ter *você*.

Fiz uma pausa, mas decidi continuar.

— E agora eu também tenho você. Fico feliz por você estar aqui.

— Também estou feliz por estar aqui — ele respondeu depois de alguns segundos de silêncio.

Meu coração deu um salto.

— O que quer que faça, nunca acredite que é impossível arranjar esse dinheiro, Jace. Estou lendo um livro. Ele fala sobre o poder do pensamento positivo. Mesmo que pareça loucura, você precisa acreditar que pode resolver essa situação. Isso vai ajudar a manifestar a solução.

Ele riu.

— Manifestar? Você quer que eu acredite que uma espécie de mágica vai resolver essa confusão que meu pai causou?

— Juro pra você, manifestar não é feitiçaria nem nada. É mais como uma visualização. Qual é a alternativa? Ficar desesperado? Energia negativa só atrapalha. Você tem que imaginar um resultado positivo e realmente acreditar nele. Isso é o que significa manifestar.

— E o que você anda manifestando ultimamente? — ele perguntou.

Tenho manifestado você. Bastante.

— Estou trabalhando em algumas coisas.

— Ah, é? E como está indo?

— Indo. — Corei.

Ele pareceu querer dizer algo, mas permaneceu em silêncio.

— Na verdade, tenho outra lembrança sua — ele finalmente falou. — Algo que nunca vou esquecer. Não sei se vai se lembrar dessa. Você era muito pequena.

Inclinei a cabeça.

— Qual?

Ele olhou para as mãos.

— Você se lembra de que eu tinha um problema de gagueira quando era criança...

— Lembro vagamente, sim.

— Quando conheci você e Nathan, meus pais já tinham pagado por um tratamento com uma fonoaudióloga, mas eu ainda gaguejava quando ficava nervoso ou estressado. Enfim... acho que eu tinha uns 14 anos. Nathan e eu nos metemos em um problema com seus pais por termos quebrado uma das janelas. Foi minha culpa. Eu que joguei a bola de beisebol que quebrou o vidro. — Ele esboçou um leve sorriso. — Seu pai estava furioso. Eu tentei me explicar, mas não consegui falar sem gaguejar. Isso me deixou tão assustado que saí correndo para o quintal no meio da conversa. Você veio atrás de mim. Devia ter uns 8 anos, mas era tão perceptiva. De alguma forma, você sabia por que eu tinha fugido. E disse a coisa mais fofa do mundo pra mim.

— O que eu disse?

— Você disse: "Não se preocupe. O Gaguinho é meu personagem favorito do *Looney Tunes*".

Meu Deus.

— Porque ele gagueja? — Eu ri. — Não me lembro de ter dito isso, mas ainda concordo. Ele sempre foi meu favorito. Sinceramente, acho que era justo *por causa* da gagueira. Isso dava personalidade a ele.

— O que você disse me acalmou naquele dia. Voltei para dentro e me expliquei aos seus pais. Ainda gaguejei, mas consegui falar. Ninguém mais pareceu perceber por que eu tinha saído. — Jace abriu um sorriso encantador. — De qualquer forma, quando olho nos seus olhos, às vezes ainda vejo aquela menininha doce. Mesmo que você esteja bem longe de ser uma garotinha agora.

Senti meu corpo todo esquentar. Não sabia se era porque ele me chamou de menininha doce ou porque reconheceu que eu havia crescido.

De repente, ele se levantou e foi até o armário de petiscos, abrindo-o e examinando as opções. Ele passou a mão pelos cabelos escuros antes de fechar o armário. Então, se virou para mim.

— De qualquer forma, obrigado pela conversa — ele disse.

— Sempre que precisar.

Eu estava prestes a ir para o meu quarto quando ele me parou.

— Tem planos para o jantar?

— Não.

— Que horas Nathan volta hoje?

— Ele disse que só vai chegar mais tarde. Teve uma entrevista de emprego à tarde, e depois ia encontrar uma garota que conheceu na internet. Ela mora a umas duas horas daqui. É uma viagem bem longa. Espero que ela valha a pena. — Dei uma risadinha.

— Ah. Que bom que ele está se abrindo mais. Estava começando a me preocupar. — Jace coçou o queixo antes de pegar as chaves. — Estou com vontade de comer alguma coisa do Checkers. Quer que eu traga algo?

Meu estômago roncou.

— Quero. — Fui até minha bolsa no balcão. — Deixa eu só pegar o dinheiro.

Ele estendeu a mão.

— Não, não, não. Eu pago.

— Você precisa arrumar cem mil dólares. Não vou deixar você pagar meu jantar.

— Eu dou um jeito. Guarda o dinheiro. O que você quer?

Peguei o cardápio virtual no celular.

— Vou querer um sanduíche de frango Mother Cruncher e uma Coca Zero.

— Só isso? Sem batatas?

— Não. Vou roubar algumas das suas.

— Vou pegar uma só pra você. — Ele deu uma piscadinha. — Já volto.

Fiquei parada na janela, observando-o sair. De repente, não soube o que fazer. Desde que Jace havia se mudado, nós dois não tínhamos jantado juntos sem Nathan. Disse a mim mesma para não me empolgar demais. Pelo que eu sabia, Jace poderia pegar o lanche e ir comer sozinho no quarto. Não estava me chamado para um encontro. Ele só perguntou se eu queria algo de um fast-food, já que ia lá de qualquer forma.

O dia estava bem quente, então, enquanto esperava, fui até meu quarto e troquei a roupa por um biquíni. Independentemente de Jace se juntar ou não a mim para o jantar, decidi que ia comer na mesa perto da piscina depois de nadar um pouco. Peguei uma toalha e a estendi em uma das espreguiçadeiras na área coberta da piscina. Era a parte mais bonita da nossa casa. Cercada por palmeiras que balançavam ao vento; era como estar ao ar livre — mas sem mosquitos ou chuvas repentinas. Era o melhor dos dois mundos: estar ao ar livre, mas *dentro de casa*.

Mergulhei na piscina e comecei a nadar algumas voltas, uma das minhas maneiras favoritas de gastar energia. Acho que perdi a noção do tempo, porque quando finalmente saí da água, jogando o cabelo molhado para trás, olhei para cima e vi Jace parado à beira da piscina. *Há* quanto tempo ele estava me vendo nadar?

— Oi. — Apertei o cabelo para tirar o excesso d'água. — Não percebi que você tinha voltado.

— Acabei de chegar.

Subi pela escada. De um jeito estranho, me senti um pouco constrangida e logo fui me enrolar na toalha. Eu gostava de tentar parecer sexy perto de Jace, mas essa era a primeira vez que ele me via de roupa de banho. E usar um biquíni era quase como estar de calcinha e sutiã. Por mais ousada que eu tivesse sido com minhas escolhas de roupa nos últimos dias, me surpreendeu perceber que eu não era *tão* ousada assim.

Jace havia colocado a comida na mesa onde eu planejava comer. Parece que ele havia decidido se juntar a mim do lado de fora.

— Obrigada de novo. Estou faminta. Nadar sempre me dá fome.

— É, parece que foi um ótimo jeito de abrir seu apetite.

— Eu amo nadar. Foi essa piscina que me convenceu a comprar a casa quando Nathan e eu estávamos procurando.

— Hoje está um calor dos infernos. Talvez eu entre depois.

Puxei uma cadeira.

— Você deveria mesmo. Ainda não te vi nadar desde que se mudou.

Jace e eu desembrulhamos nossos sanduíches e começamos a comer. Fui até a cozinha pegar mais ketchup, e quando voltei, Jace arregalou os olhos quando me observou despejar o molho sobre minhas batatas até que elas ficassem completamente cobertas.

— Vai aceitar algumas batatas pra acompanhar esse ketchup aí? — ele brincou.

— Eu coloco em tudo. Adoro ketchup.

— Estou vendo.

Olhei para o hambúrguer dele.

— O que você pediu?

— Um hambúrguer de *jalapeño*. Quer uma mordida?

— Claro. — Eu não ia recusar a oportunidade de colocar minha boca onde a dele tinha estado. Além disso, parecia gostoso.

Inclinei-me quando ele estendeu a mão, me oferecendo uma mordida. Uma das pimentas caiu no meu peito, bem perto de onde a toalha estava enrolada ao redor do meu biquíni. Não querendo parecer gulosa, dei apenas uma mordida pequena e mastiguei, lambendo o canto da boca.

— Humm... está muito gostoso.

Jace observou enquanto eu pegava a pimenta e a colocava na boca. Quando nossos olhares se encontraram, ele rapidamente desviou para o sanduíche antes de se levantar.

O que foi isso?

— Vou pegar uma cerveja — avisou. — Quer uma?

— Quero, sim.

Ele riu.

— É estranho que eu tenha tido que pensar por um segundo se você pode beber legalmente? Parece errado te dar álcool, por algum motivo.

— Você já me deixou no bar! Como pode pensar nisso?

— Eu sei. É maluco. — Ele riu enquanto caminhava de costas para dentro da casa. — Já volto.

Um minuto depois, Jace voltou com duas garrafas geladas de Miller Lite. Ele abriu uma e me entregou.

— Obrigada. — Dei um longo gole, que desceu maravilhosamente bem.

Terminamos de comer, e quando acabei a cerveja, já me senti um pouco tonta. Entre a brisa suave que trazia o perfume de Jace e o leve efeito do álcool, eu estava nas nuvens.

Jace tomou a iniciativa de limpar tudo, jogando os papéis e guardanapos na sacola de papel.

— Quer mais uma cerveja? — perguntou, antes de ir à cozinha.

— Adoraria.

Assim que voltou, colocou a garrafa na minha frente e se sentou de novo. Ele apoiou os pés em uma cadeira vazia e inclinou a cabeça para trás, fechando os olhos.

Jace suspirou.

— Era exatamente disso de que eu precisava... relaxar em casa.

Isso me deixou feliz.

— Deixe sua cabeça descansar hoje. Amanhã você pode se preocupar com o trabalho.

— É. Acho que vou seguir seu conselho.

Enquanto ele mantinha os olhos fechados, aproveitei para admirar seu perfil — o maxilar forte e anguloso, a covinha no queixo, o nariz perfeito e os lábios que pareciam convidar a um beijo, e como o sol destacava um tom avermelhado em seu cabelo preto. Jace era ainda mais bonito sob a luz do sol. Acabei fechando os olhos também, aproveitando a brisa que aliviava um pouco o calor. Meus olhos se abriram de repente quando ouvi a cadeira dele arranhar o cimento.

— Foda-se. — Ele se levantou. — Já volto.

Meu coração disparou um pouquinho. *O que ele vai fazer?*

Alguns minutos depois, Jace voltou vestindo um calção de banho azul com pequenas âncoras, em um padrão náutico. Não que eu estivesse prestando muita atenção à parte inferior do corpo dele, claro. Estava encarando seu tórax quando ele mergulhou na piscina, o corpo forte e lindo submergindo na água azul-clara.

Ele emergiu, sacudindo a cabeça para tirar a água do cabelo.

— Vai entrar ou não?

Senti um arrepio. Não estava nos meus planos, mas não consegui resistir ao convite.

— Claro. — Levantei e tirei a toalha.

Jace observou enquanto eu entrava na piscina. Mas no que ele estava pensando?

Mergulhei e nadei até ele, me sentindo mais à vontade com o biquíni, agora que estava submersa.

Ele abriu um sorriso travesso.

— Quer competir?

Joguei água nele.

— Por quê? Acha que pode me vencer só porque suas pernas são mais longas?

Ele ergueu uma sobrancelha.

— Só tem um jeito de descobrir, não é?

Nos minutos seguintes, Jace e eu nadamos lado a lado de uma ponta da piscina à outra. Às vezes, ele chegava primeiro, e em outras vezes, eu vencia.

Acabamos nos envolvendo em uma guerra na água. Antes que eu percebesse, ele estava me perseguindo, depois me levantando e jogando na água várias vezes. Foi a diversão mais pura que eu tive em muito tempo. Era como se não houvesse preocupação nenhuma no mundo.

Então ele me levantou de novo, e eu estava certa de que ia me jogar na água como nas outras vezes. Mas, em vez disso, ele simplesmente me segurou.

Nossos olhares se encontraram enquanto minhas pernas se enrolavam ao redor da cintura dele. Ele teria que me soltar, porque eu com certeza não sairia por vontade própria. Enquanto ele continuava a me segurar, o mundo pareceu parar. Pude ver o reflexo das palmeiras nos olhos dele, iluminados pelo sol. Aqueles olhos então desceram até meus lábios. Eu vi seu peito subindo e descendo. Ele engoliu em seco. *Puta merda.* Alguma coisa estava acontecendo. Meu coração estava a mil por hora.

E então...

— O que estão fazendo?

Jace me soltou como se eu fosse uma batata quente ao som da voz de Nathan. Meu corpo caiu na água com um grande estrondo.

O que ele veio fazer aqui?

— O que... por que você está em casa? — Minha voz saiu trêmula enquanto eu tirava a água dos olhos. — Achei que ia para um encontro com aquela garota.

— Ela cancelou, então voltei depois da entrevista de emprego. — Os olhos de Nathan foram de mim para Jace, parecendo desconfiado.

— Ah. — Soltei o ar, tirando uma mecha de cabelo da boca. — E... como foi a entrevista?

— Foi tudo bem. Difícil dizer se vão me ligar de volta. — Ele olhou diretamente para Jace. — Parece que vocês estavam se divertindo. Não sabia que estava perdendo uma... festa na piscina.

Jace ficou em silêncio.

Senti a necessidade de me intrometer.

— Jace decidiu mergulhar pela primeira vez na piscina. A gente estava só brincando.

Nathan olhou entre nós de novo.

— Entendi.

— Está um calor dos infernos hoje — falou Jace, finalmente. — Então...

— Vocês topam jantar se eu cozinhar? — Nathan perguntou.

— Na verdade, a gente já comeu — respondi. — Jace foi ao Checkers.

Nathan se virou para o amigo.

— Desde quando você janta tão cedo?

Jace pigarreou.

— Eu estava morrendo de fome.

— A gente não achou que você voltaria — expliquei. — Senão, teríamos te esperado.

— Essa eu vou deixar passar.

Jace saiu da piscina, se secou e se deitou em uma das espreguiçadeiras, exibindo seu corpo bronzeado e reluzente em toda a sua glória. Seus pés estavam pendendo no final da espreguiçadeira.

Nathan estalou os dedos na minha frente.

— Perguntei se o correio entregou alguma coisa. Terra chamando Farrah.

Jesus. Nem tinha ouvido ele falar da primeira vez.

— Ah. Não, não chegou nada pra você.

— Merda. Estou esperando uma peça pra consertar o vaso do banheiro da suíte.

— Que chato — eu disse, ainda querendo olhar de novo para Jace.

— Acho que vou ter que arrumar alguma coisa pra jantar, já que vocês não vão comer comigo.

Quando Nathan entrou em casa, senti alívio. Em vez de me enrolar na toalha, fui até onde Jace estava deitado e me acomodei na espreguiçadeira ao lado dele.

— Como você está se sentindo? — perguntei.

Ele abriu os olhos e se virou para mim.

— Bem. E você?

— Ótima. — Sorri.

— Enquanto a gente estava nadando... — ele disse. — Eu realmente me esqueci de tudo por um tempo. Mas assim que Nathan chegou, toda aquela merda voltou pra minha cabeça.

— Nathan é um estraga-prazeres? — brinquei. — É isso o que está dizendo?

Ele riu.

— Basicamente. Foi uma boa válvula de escape enquanto durou.

— Vai contar para Nathan o que está acontecendo no trabalho?

— Em algum momento, eu vou. Mas não quero que ele se preocupe agora. Ele já tem muita coisa na cabeça com a busca por um emprego e tudo mais. Então, se não se importar, não mencione nada sobre o dinheiro. Deixa que eu conto pra ele, tudo bem?

Assenti.

— Ok. Sem problemas. Não vou.

— Obrigado.

— Você... vai à casa da Linnea hoje?

Ele balançou a cabeça.

— Não. Preciso de um tempo.

— É. Você tem passado bastante tempo com ela. Mas, se precisa de uma pausa logo no início da relação, talvez não seja uma coisa boa, né?

— Não é um relacionamento. — Ele foi rápido em esclarecer.

— Algo me diz que ela não vê dessa forma.

— Bom, eu nunca prometi nada. Não enganei ninguém. Não posso fazer nada se ela tirou as conclusões erradas.

— Se você sai com alguém várias noites seguidas, a pessoa vai tirar certas conclusões, mesmo que você não defina nada. Eu sou mulher. Sei como a gente pensa.

— Obrigado por me lembrar que você é uma mulher.

Eu ri.

— Engraçadinho.

Ele suspirou.

— Por isso estou tirando a noite de folga. Já estava ficando demais. E eu… não estou pronto pra isso.

Virei-me um pouco mais em direção a ele.

— Posso te fazer uma pergunta pessoal?

— Depende.

— Você acha que um dia vai estar pronto para um relacionamento sério? Ou se vê ficando casualmente pelo resto da vida, pulando de uma garota pra outra?

Ele suspirou.

— Não posso responder.

— Porque você não tem certeza?

— Porque nunca quis estar com apenas uma mulher, mas sinto que talvez exista alguém capaz de me fazer não querer mais ninguém. Só que ainda não encontrei essa pessoa. Então, a resposta depende de algo que está fora do meu controle.

E, ali, eu fiquei morrendo de ciúmes de uma mulher fictícia e perfeita que um dia teria Jace só para ela — alguém que faria com que ele não precisasse de mais ninguém. Ela provavelmente parecia uma jovem Farrah Fawcett.

— Acho que é uma resposta justa.

Ele rebateu a pergunta.

— E você? Por que eu não precisei bater em nenhum cara por aqui ultimamente?

— Bom, você perdeu a chance há alguns anos. Eu teria adorado se você tivesse batido nele.

Ele franziu a testa.

— Quem?

Suspirei.

— Jordan Rhodes, meu namorado do colégio. Ele terminou comigo quando conseguiu uma bolsa de basquete para uma faculdade em outro estado. Não que eu esperasse que ele fosse ficar aqui por mim. Mas me fez acreditar que poderíamos tentar fazer dar certo, e então, pouco antes de ir embora, ele terminou.

— Ele te iludiu com promessas falsas até a hora de ir embora.

— Exato.

Jace fez uma careta.

— Ainda dá tempo, sabia?

— De quê?

— De eu dar uma surra nele. Ele volta pra casa no verão?

Sorri.

— Eu te aviso.

— Falando sério, pouquíssimas pessoas acabam ficando com o namorado ou namorada do colégio. Você se lembra da Grace?

Grace.

Aff.

Como eu poderia me esquecer da namorada do colégio do Jace? *Jace e Grace. Me poupe.* Ela foi minha inimiga número um por muito tempo — o foco de grande parte da minha angústia na pré-adolescência. Como eu queria ser Grace Wethers naquela época.

— Aham. Eu me lembro dela.

— Aposto que ela está aliviada de não ter ficado comigo. Terminar com ela foi a melhor coisa que fiz. Agora, ela está casada com um cirurgião plástico e acabou de ter um bebê.

— Tudo graças ao fato de você ter terminado com ela?

— Basicamente. Ela estava apaixonada por mim e não teria sido a primeira a terminar. Fiz com ela o que aquele babaca fez com você, eu terminei antes de ir para a faculdade porque não queria me sentir preso. Mas ela foi provavelmente a pessoa que mais cheguei perto de amar.

O ciúme tomou conta de mim ao ouvir ele mencionar que *quase* amou alguém.

— E, mesmo assim, você a deixou ir…

— Sim. Eu a respeitava. Sabia que eu não seria fiel na faculdade. Mas, no fim das contas, tudo deu certo pra ela.

Acho que tive que respeitar essa decisão dele.

— E pra você? Nenhum arrependimento mesmo? — Me preparei para a resposta.

— Sobre não estar com ela? Não. Nenhum. Não era pra ser.

Por um lado, fiquei grata que Jace não estivesse casado com sua namorada do colégio — mesmo que eu não tivesse a menor chance com ele. Pelo menos ele ainda estava disponível.

Fechei os olhos, aproveitando o último restinho de sol.

Quando os abri, alguns minutos depois, fiquei surpresa ao perceber que os olhos de Jace não estavam fechados — estavam em mim.

Capítulo 4

Jace

Nathan realmente precisava sair de casa e ganhar dinheiro, então o contratei para me ajudar com a limpeza em um dos nossos canteiros de obras no sábado. Quando fui conferir como estavam as coisas, ele disse que ainda não tinha comido, então decidi buscar o almoço e levar para ele.

No caminho para o restaurante, percebi que tinha esquecido a carteira em casa. Então, não tive escolha, a não ser passar lá para pegá-la.

Quando abri a porta, Farrah estava sentada no chão da sala de estar com as pernas cruzadas. Ela usava uma calça justa de yoga e um top de academia roxo. Seu piercing no umbigo brilhava contra sua barriga tonificada. Eu estava tentando esquecer a "coisa" que rolou entre nós na piscina alguns dias antes. Mas vê-la assim não estava me ajudando.

Ela se levantou do tapete de exercícios.

— Achei que você tinha saído para ver Nathan.

— Sim. Fui buscar o almoço para ele e percebi que esqueci a carteira. Só vou pegar e voltar. — Tentei desviar o olhar. Meus olhos queriam desesperadamente explorar as curvas suaves que apareciam sob o top dela, mesmo sabendo o quanto isso era errado.

Ela passou a mão pelo cabelo.

— Ah.

Uma música suave estava tocando na televisão, onde eu podia ver o menu do DVD de yoga dela. Uma dupla de velas acesas estava sobre a lareira, uma de cada lado da TV.

— É isso que você faz quando não estamos em casa? Transforma este lugar no seu próprio santuário Zen?

— Às vezes. — Seus olhos brilharam. — Provavelmente vocês assistem à pornografia quando têm a casa só para vocês. Eu faço yoga para aliviar o estresse.

Não vou nem comentar sobre isso.

— Isso funciona mesmo? — Pigarreei e perguntei. — Yoga? Para te acalmar?

— Sim. Quero dizer, não é só para reduzir o estresse. Esse tipo específico é para ativar a energia espiritual na base da sua coluna. É para ajudar a se livrar do ego. Chama-se yoga de cunilíngua.

O que ela acabou de dizer?

— O quê?

— Yoga de cunilíngua — repetiu.

Que porra?

— Tenho certeza de que não é assim que se chama, Farrah.

Seus olhos se arregalaram.

— O que eu acabei de dizer?

— Você disse yoga de *cunilíngua.*

Ela pegou a capa do DVD no sofá e balançou a cabeça.

— Kundalini! — Seu rosto ficou vermelho como um tomate. — Kundalini! Não era para eu ter dito *cunilíngua*. Nem sei de onde saiu isso.

— Foi um deslize da *língua.*

— Merda. — Ela riu.

— Embora, tenho que dizer, yoga de cunilíngua seria bem interessante.

Ok, eu precisava parar. Essa daí era a irmã mais nova do meu melhor amigo, e eu iria direto para o inferno só por esse comentário.

Ela enxugou a testa.

— Ai, Deus.

— De qualquer forma, é melhor eu achar a carteira.

— Você... quer tentar fazer comigo?

Tentar o quê? Cunilíngua?

— Hã... yoga? — perguntei como um idiota.

Ela sorriu, tímida.

— Sim.

— Eu tentaria... mas Nathan está esperando o almoço.

— Aposto que ajudaria com todo o estresse pelo qual você está passando. Experimente por cinco minutos. Veja se você gosta.

Olhei para as velas e de volta para ela.

Estava louco por considerar isso?

— Que se foda. Cinco minutos não vão me matar.

O rosto de Farrah se iluminou.

— Sente-se no chão, bem atrás de mim para que possa ver o que eu faço. Cruze as pernas. Respire fundo e apenas ouça as instruções.

Eu devia estar delirando de febre, porque quando ela pediu para que eu me sentasse no chão, continuei pensando em coisas indecentes. Uma visão de puxar sua calça de yoga e me abaixar sobre ela passou pela minha mente. *Yoga de cunilíngua.*

Estamos falando da Farrah. Pare com essa merda.

Sentado, cruzei as pernas conforme o cara no DVD instruiu. Farrah se virou para verificar como eu estava, exibindo seu sorriso deslumbrante. Ela era naturalmente linda. Não tinha um pingo de maquiagem no rosto, e certamente não precisava. E eu estava feliz que ela não usava, porque preferia ver como a pele suave dela mudava de cor quando ela ficava envergonhada. Isso acontecia muito. Especialmente perto de mim. Definitivamente, eu tinha um efeito sobre ela, e estaria mentindo se dissesse que não gostava nem um pouco. Mas levaria isso para o túmulo.

Segui o vídeo, acompanhando os movimentos de Farrah por um tempo que eu sabia que tinha ultrapassado os cinco minutos combinados. Ela estava certa. Ao me inclinar para a posição *balasana*, pude sentir que aquilo estava me acalmando.

O curto momento de paz acabou no instante em que o cara na TV nos instruiu a fazer uma posição chamada *trikonasana*. Foi aí que me meti em problemas. Farrah se inclinou à minha frente, proporcionando uma visão clara da sua bunda praticamente na minha cara. Sua calça era tão apertada que parecia que ela não estava usando nada, e eu podia facilmente distinguir o contorno do seu bumbum.

Jesus.

Ainda bem que eu estava atrás dela, porque percebi que não tinha controle sobre a reação do meu corpo. Eu estava tão relaxado antes disso que não me preparei, e meu pau ficou completamente duro antes que eu tivesse a chance de impedir. Eu precisava sair dali antes que ela se virasse. Já era ruim o suficiente ter ficado excitado por causa da irmã de Nathan. Não ia deixar que ela percebesse.

Corri para a cozinha.

— Você está bem? — ela gritou à distância.

— Sim. Acho que o yoga, na verdade, te faz querer ir ao banheiro — gritei do corredor.

Assim que entrei no banheiro, tranquei a porta. Joguei um pouco de água no rosto e olhei para o meu reflexo no espelho.

O que há de errado com você?

Continuei esperando meu "problema" desaparecer, mas não aconteceu.

Não havia como voltar lá assim.

Meu celular vibrou. Era uma mensagem do Nathan.

Nathan: Caralho, onde você está?

Sentindo-me péssimo, digitei uma resposta.

Jace: Preso no trânsito. Desculpe.

Olhei para baixo e decidi que, a menos que fizesse algo a respeito, ficaria preso no banheiro pelo resto do dia. Abaixei o zíper da calça e tirei o meu pau ereto. Posicionei-me em frente ao vaso sanitário e pensei na imagem que me trouxe até aqui — Farrah inclinada à minha frente — e levou apenas dez segundos para que eu gozasse. O orgasmo foi rápido, mas intenso. Aparentemente, eu precisava transar. Enquanto isso, Farrah provavelmente achava que eu estava no banheiro, com uma diarreia induzida por yoga.

Dei descarga, lavei as mãos e eliminei todas as evidências da minha transgressão antes de sair. Com a cabeça ainda nas nuvens, quase esqueci o motivo pelo qual voltei para casa. Mas não esqueci. Parando no meu quarto, peguei a carteira em cima da escrivaninha antes de voltar para a sala de estar.

Farrah levantava o pé atrás das costas enquanto se alongava.

Ao me ver, abaixou a perna.

— Você está bem?

— Sim. É melhor eu ir.

— Foi bom ter companhia enquanto durou. — Ela sorriu. — Devíamos repetir isso algum dia.

Nem fodendo, a menos que você vende meus olhos e corte meu pau fora.

Assenti.

— Até mais.

Quando finalmente cheguei ao local de trabalho para entregar o almoço do Nathan, já havia se passado mais de uma hora.

— O que houve? Foi buscar o almoço na África ou algo assim?

Dei de ombros.

— Desculpe.

A verdade não seria interessante?

Bom, Nathan, eu fui para casa pegar a carteira e, em vez disso, acabei fazendo yoga de cunilíngua com sua irmã. Depois, me tranquei no banheiro e me masturbei. Aqui está seu sanduíche. Bom apetite.

No dia seguinte, meu pai teve alta do hospital após sua última sessão de quimioterapia. Decidi não o incomodar com questões de trabalho enquanto ele estava internado, mas precisava conversar agora que ele estava em casa.

Quando cheguei, minha mãe estava fora, resolvendo algumas coisas, então fiquei feliz por ter um tempo a sós com ele. Era nossa primeira oportunidade de realmente conversar desde o dia em que descobri o verdadeiro motivo dos problemas financeiros da empresa.

Andando de um lado para o outro no quarto do meu pai, respirei fundo e disse exatamente o que pensava sobre o que ele tinha feito. Depois, repeti, só para tirar tudo do peito. Quando enfim parei para respirar, ele pareceu um pouco chocado.

— Sinto muito por ter te decepcionado, filho. Sinto muito por não ter sido uma pessoa mais forte. E sinto muito por ter colocado a empresa em risco.

— Não é nem tanto o jogo, mas o fato de você ter escondido isso de mim. — Embora eu tivesse tentado não gritar, não consegui evitar a aspereza no meu tom. — Você me fez largar a minha vida para vir aqui te ajudar. Eu não sabia que estava entrando em uma confusão dessas. — Passei a mão pelo cabelo, jogando-o para trás. — Cacete, como vamos conseguir esse dinheiro?

— Temos opções. Temos a casa.

A casa?

— A mamãe vai ter que sofrer por causa dos seus erros? Não vou deixar você vender a casa da nossa família. Não é uma opção.

— Quando expliquei o que fiz, ela ficou chateada, mas aceitou meu pedido de desculpas. Ela disse que estaria disposta a vender esta casa e se mudar para um lugar menor.

Suspirei.

— Então, vamos manter isso como última opção. Tenho uma reunião no banco amanhã para falar sobre um empréstimo empresarial. Se for aprovado, essa será a solução. Mas minha pergunta é: como posso saber que isso não vai acontecer de novo quando você estiver saudável o suficiente para sair por aí?

— Eu prometo que vou procurar terapia. Nem vou retomar minha posição até ter certeza de que não causarei mais danos à empresa. Sei que você sacrificou muito para vir até aqui. E sinto muito por ter te arrastado para isso.

Era difícil ficar bravo com ele quando parecia tão fraco.

— Só queria que você tivesse me contato antes para poder te ajudar.

— Eu também, filho. — Ele me observou. — Como *você* está?

— O que quer dizer com "como eu estou"? Não é óbvio? Estou puto pra caralho.

— Não estou falando dessa situação. Sei que você está chateado. Quero dizer, no geral.

— Não sei. — Dei de ombros. — Estou bem. Acho.

— Ainda está morando com Nathan?

— Sim. Principalmente para ajudá-lo, mas, para ser honesto, é o melhor por enquanto. Não quero me comprometer com nenhuma propriedade até saber se vou ficar. Depois dessa confusão, talvez eu compre uma passagem só de ida e dê o fora daqui com um grande foda-se.

— Você sabe que pode fazer isso, certo? Ninguém está te obrigando a ficar.

— E depois? — Minha voz subiu o tom de novo. — Quem vai administrar a empresa enquanto você estiver doente? Quem vai ajudar minha mãe? Nem Kenny nem Thomas vão assumir essa responsabilidade. Só sobrou eu.

Meus dois irmãos mais velhos, Kenny e Thomas, eram filhos do meu pai do casamento anterior. Eles tinham dez e onze anos a mais do que eu, e ambos haviam se envolvido com drogas ao longo dos anos. Nenhum dos dois terminou a escola, e a única vez que eu os via era quando tentavam arrancar dinheiro dos meus pais. Eu era praticamente filho único. E tinha jurado nunca ser como eles, então sempre me destaquei na escola e nos esportes, e, quando saí de casa para ir para a faculdade, prometi fazer algo de útil da vida, não ser um peso para meus pais. Antes de sair de Charlotte, eu estava prosperando no meu cargo de gerente de imóveis. Era um emprego em que eu poderia ter crescido ainda mais. Mas meu tempo lá terminou quando decidi fazer a coisa certa ao voltar para casa para ajudar meu pai. Sem dúvida, ele me fez questionar essa decisão.

— Você não deveria carregar sozinho a responsabilidade de nos tirar da bagunça que criei — disse meu pai. — Poderia deixar tudo explodir.

Ele me conhecia bem o suficiente para saber que eu não faria isso.

— Eu não conseguiria viver tranquilo com isso. Você sabe que pode contar comigo, e é provavelmente por isso que não foi mais cuidadoso. Ao contrário de algumas pessoas desta família, eu realmente tenho consciência das coisas.

Ele bufou.

— Obrigado, Jace.

— Você merece o que está passando, meu velho. — Balancei a cabeça. — Eu te amo, mas você merece.

Minha mãe apareceu na porta.

— Aí está meu filho lindo!

— Oi, mãe. — Caminhei até ela e dei um beijo em sua bochecha.

Ela colocou uma sacola de compras na mesa de cabeceira do meu pai.

— Eu trouxe sua sopa favorita do bistrô. Espero que esteja se sentindo bem o suficiente para tomá-la.

— Isso depende do nosso filho decidir me perdoar ou não por sabotar meu próprio negócio.

— Perdoando ou não, não muda o fato de que precisamos de uma solução, pai. A última coisa que eu quero é uma dúzia de fornecedores furiosos na minha cola por causa do dinheiro.

— Ninguém vai atrás de você.

Será que ele era tão ingênuo?

— Você está brincando? James Moore foi à minha casa para cobrar o dinheiro. Farrah atendeu à porta. Se ele tivesse feito algo com ela, eu nunca me perdoaria.

— Merda. — Meu pai fechou os olhos por um momento. — Eu não sabia disso.

— Ela está bem? — minha mãe perguntou.

— Sim. Ele não fez nada, mas estava muito irritado. Eu disse a ela para nunca mais abrir a porta assim.

Minha mãe inclinou a cabeça.

— Como *está* Farrah?

— Ela está bem... doce como sempre.

— E muito bonita — meu pai acrescentou.

Virei a cabeça para ele.

— Como você sabe disso, seu velho safado?

— Eu a vi no mercadinho há alguns meses. Quase não a reconheci com aquelas pernas longas. Mulher linda.

Cerrei os dentes.

— Pare de pensar besteira.

— Ainda não estou morto. Notar a beleza de uma mulher não é crime.

— É, sim, quando ela é praticamente uma criança — respondi.

Isso soou um pouco hipócrita vindo de mim. Mesmo antes desses últimos e desconfortáveis eventos, eu já havia olhado para Farrah de maneira inapropriada muitas vezes — mais do que eu poderia dizer em voz alta. Mais preocupante ainda era o fato de que eu me sentia inexplicavelmente atraído por ela. A doçura nos olhos dela. O jeito como me olhava como se eu fosse perfeito. O jeito como ela fazia eu me sentir. Talvez eu estivesse zangado comigo mesmo, não com meu pai, quando se tratava de Farrah.

— Mande lembranças para ela, está bem? Situação difícil pela qual ela está passando — disse minha mãe. — Ter que crescer sem os pais.

Senti uma dor no peito ao ouvir a menção dos pais de Farrah.

— Ela está indo bem, considerando tudo — falei, pigarreando. — Ela é independente e parece feliz. É Nathan quem me preocupa. Não sei onde ele estaria sem a irmã por perto. O cara precisa arrumar um emprego. Não tem tido sorte. Eu estava pensando em oferecer um trabalho em tempo integral com a gente, mas isso foi antes de eu perceber que não temos dinheiro para pagá-lo. — Lancei um olhar severo ao meu pai. — O melhor que pude fazer foi contratá-lo para ajudar na limpeza do antigo shopping ontem.

Minha mãe me olhou com compreensão.

— Para tudo se encontra um jeito. Vou perguntar no grupo da igreja se alguém sabe de alguma vaga para Nathan.

— Isso seria ótimo. Sei que ele ficaria muito agradecido.

— É o mínimo que posso fazer. Nathan sempre foi como um irmão para você.

— Sim, especialmente porque os irmãos que eu *tenho* estão sempre perdidos por aí.

Peguei as chaves na mesa ao lado da cama.

— De qualquer forma, tenho que ir. Combinei de jantar com Nathan. Ainda não contei a ele sobre nossa situação financeira, mas acho que vou contar hoje. Ele precisa ficar ligado, caso alguém apareça por lá e queira causar problemas de novo. Já adiei isso por tempo demais.

Olhei para o meu pai e neguei com a cabeça.

Minha mãe colocou a mão no meu braço.

— Tente pegar leve com seu pai. Ele está doente. O estresse vai piorar as coisas.

— Talvez se *você* não fosse tão mole com ele, não estaríamos nessa situação, para começo de conversa.

Ela me abraçou.

— Desculpe. Eu sei. Eu te amo.

— Também te amo. — Olhei para o meu pai. — Eu te amo, meu velho. Se cuida. Vou tirar a gente dessa confusão. Mas se eu souber que você está jogando dinheiro fora mais uma vez, vai ter que se virar sozinho. Entendeu?

Meu pai assentiu, sua voz fraca:

— Entendi, filho.

Nathan e eu planejamos nos encontrar em casa para o jantar. No caminho de volta da casa dos meus pais, parei em um restaurante mexicano para pegar comida para viagem. Farrah aparentemente havia saído com suas amigas, então seríamos só nós dois.

Nathan estava me esperando na cozinha quando cheguei.

Coloquei o saco de papel com as *tortillas* no balcão.

— Desculpe a demora, a fila estava enorme.

— Sem problema, cara. — Nathan abriu o outro saco e começou a tirar o conteúdo, examinando o que estava escrito nos burritos para identificar qual era o dele. — Como está seu pai?

— Em termos de saúde? Parece estável. Mas o resto está uma bagunça.

Ele parou de mexer na comida.

— O resto? O que está acontecendo?

— Tem algo que não te contei — admiti.

Seus olhos se estreitaram.

— Está tudo bem?

— Vamos levar a comida para a mesa.

Fizemos isso, e passei os minutos seguintes contando a ele sobre a situação em que meu pai havia colocado a Construtora Muldoon.

Ele sacudiu a cabeça.

— Cara, sempre achei que Phil fosse sensato. Acho que o vício às vezes vence, né? Quer dizer, olha seus irmãos.

— Pois é. — Trinquei os dentes. — Todos os homens da minha família têm problemas, parece.

— Então, o que vai fazer?

— Amanhã vou ao banco ver se conseguimos o empréstimo. Só quero pagar esses caras e depois lidar com o resto.

Ele concordou com a cabeça.

— Olha, eu queria poder te ajudar, mas como sabemos, estou quebrado pra caralho agora.

— *Há* uma maneira de você ajudar.

— Como?

— Ficando de olho aberto. — Respirei fundo. — Um dos caras a quem devemos dinheiro apareceu outro dia aqui atrás de mim. Farrah atendeu à porta.

O rosto dele ficou vermelho.

— Isso não é bom.

Exalei.

— Eu sei. Disse a ela para nunca mais atender à porta se um de nós não estiver em casa.

Eu sabia que nada era mais importante para Nathan do que a irmã dele. Ela era a única família que ele tinha.

— Preciso contar a Farrah o que está acontecendo com o seu pai — ele disse.

— Eu já contei.

Seus olhos se arregalaram.

— Você contou? Quando?

— Outro dia, quando jantamos juntos. Ela entrou na cozinha e me viu arrasado. Foi logo depois que descobri tudo. Ela me perguntou o que estava acontecendo, então eu contei.

— Espera... você contou para Farrah naquele dia, e eu só estou descobrindo isso agora?

Merda.

— Não é que eu estivesse escondendo de você. Só não queria preocupá-lo. Você parecia estar de mau humor naquele dia. Então achei melhor esperar.

— Talvez eu estivesse de mau humor porque cheguei em casa e encontrei você agarrado na minha irmã. — A voz dele aumentou.

O quê? Que porra? Fingi estar chocado. Eu precisava.

— Do que está falando?

— As coisas pareciam meio comprometedoras quando encontrei vocês dois na piscina. Suas mãos estavam em cima dela. E ela estava praticamente nua.

Minha pulsação disparou.

— Não sei o que você pensou que era aquilo, mas nós só estávamos brincando.

Alguns momentos de silêncio se passaram. Foi incrivelmente constrangedor, e eu odiei cada segundo. Então, Nathan recuou e deu de ombros.

— Beleza. Se você diz.

Fiz o possível para acreditar no que eu disse a seguir:

— Não tem nada acontecendo, Nathan. Eu amo Farrah... como uma irmã. Ela me ajudou a esquecer de tudo naquele dia. Estávamos nos divertindo, como duas crianças na piscina. Só isso. Entendeu?

Ele me encarou por alguns segundos.

— Entendi.

Reconheci no seu olhar uma confiança cautelosa, o que significava que eu precisava ter cuidado dali em diante.

— Ótimo — falei.

O silêncio que se seguiu enquanto terminávamos o jantar me disse que Nathan ainda estava pensando a respeito. Isso era péssimo. Eu me senti um lixo. E estava suando. Pois, lá no fundo, sabia que o que estava acontecendo entre mim e Farrah ultimamente não era nada inocente.

Capítulo 5

Farrah

Meu turno no escritório de advocacia ia das sete às três. Era um trabalho tranquilo, e do tipo que algumas pessoas diriam ser uma perda de tempo. Eu não estava indo a lugar algum na vida, apenas arquivando papéis e digitando correspondências. Mas o salário era razoável, e eles não se importavam se eu tinha ou não um diploma universitário, o que tornava difícil largar o emprego. Eu já trabalhava lá havia quase um ano. O horário era ótimo, porque nunca tinha trânsito às três da tarde.

Uma das primeiras coisas que eu fazia ao chegar em casa era dar uma olhada na garotinha da casa ao lado. A mãe de Nora a deixava sozinha depois da escola. Sempre me sentia mal por ela, porque conseguia entender. Sabia muito bem como era voltar para uma casa vazia quando se precisava de um abraço ou de alguém para conversar.

A mãe dela tinha me dado uma chave para que Nora nunca precisasse atender à porta — para evitar abrir para a pessoa errada sem querer (como eu fiz outro dia). Nora estava fazendo a lição de casa quando entrei.

Ela largou o lápis ao me ver.

— E aí, tudo bem?

— Tudo tranquilo. Só vim ver como você está.

— Ainda estou viva.

— Eu sei. Achei que poderia ver se você precisava de alguma coisa.

— Ingressos para o show do Shawn Mendes — ela disse.

Aquilo me fez rir.

— Eu quis dizer algo para comer. Mas ele vai fazer show por aqui?

— Vai. Eu quero muito vê-lo. Estou desesperada.

Sentei-me à mesa ao lado dela.

— Sua mãe vai comprar os ingressos para você?

— Ela disse que não tem dinheiro.

— Talvez eu possa perguntar por aí e ver se encontro ingressos mais em conta.

Para minha surpresa, ela começou a chorar.

— Ai, meu Deus. Isso seria incrível.

Eu quase havia me esquecido de como era ter uma paixão na infância. *Ah, pensando bem...*

Ela fungou.

— Esqueci de te contar, eu te vi na piscina outro dia com Jace.

Falando em estar apaixonada...

— Eu ouvi uns barulhos de água e olhei pela janela. E vi vocês.

Assenti.

— É... Jace e eu estávamos nadando.

— Você gosta dele?

Eu não sabia como responder.

— Sabe que Jace é como um irmão mais velho para mim, né? Ele é o melhor amigo do Nathan... Mas... — hesitei. *Eu realmente estava considerando contar meu segredo mais cabeludo para uma menina de 11 anos?* — Aqui entre nós, eu tenho uma queda por ele.

Ela arregalou os olhos.

— Ele é bonito.

— Sim. Ele é.

— Mas não tão lindo quanto o Shawn. Acha que ele gosta de você?

— Sabe… até pouco tempo atrás, eu diria que não. Mas senti um clima diferente da parte dele quando estávamos juntos. Então, digamos assim… se ele gosta de mim, acho que ele não *quer* gostar. E isso é meio deprimente, porque acho que nunca vai acontecer nada entre nós.

Tudo bem, isso foi informação demais para se compartilhar com uma criança.

Ela suspirou.

— Isso é tipo eu e o Shawn. Eu o amo, mas nunca vai acontecer nada porque ele é superfamoso. Pelo menos Jace sabe que você existe.

— Acho que isso pode ser um consolo. — Eu ri, mas logo fiquei paranoica. — Por favor, nunca conte a ninguém o que acabei de te dizer, tá? É segredo.

— Não vou falar nada.

— Tudo bem. Estou confiando em você. — Sorri.

Ela voltou a escrever em sua folha de tarefas antes de se virar para mim mais uma vez.

— Por que você sempre vem aqui me ver?

Dei de ombros e suspirei.

— Acho que consigo simpatizar com a sensação de estar sozinha. Sei que gosto quando as pessoas vêm ver como estou, então pensei em fazer o mesmo por você.

— Sinto muito que sua mãe não esteja aqui. Quer dizer, sinto muito que ela tenha morrido. Seu pai também.

Uma tristeza momentânea tomou conta de mim.

— Obrigada.

— Foi um acidente, né? Minha mãe me contou.

— Foi, mais ou menos. Não gosto muito de falar sobre isso, tudo bem?

Ela espremeu os lábios um no outro.

— Tudo bem. Eu também não ia gostar de falar sobre isso.

Ficamos um tempinho em silêncio.

— Tem certeza de que não quer nada? — perguntei. — Posso fazer um sanduíche pra você.

— Não, tem Coca na geladeira e umas balinhas de goma. Vou ficar bem.

— Olha, *você* pode ficar bem, mas seus dentes talvez não pensem o mesmo.

— Eu tenho uma cárie.

Arqueei as sobrancelhas.

— Não me diga...

Fiquei por lá mais uns quinze minutos antes de me preparar para ir para casa.

— Bom, se precisar de mim, você tem meu número. É só ligar, que eu chego aqui em trinta segundos.

— Literalmente trinta segundos. Que legal, né? — Ela riu.

— Sim. *Literalmente.*

— Boa sorte com Jace! — ela gritou enquanto eu saía pela porta.

Virei-me e coloquei o dedo indicador sobre os lábios.

— Shh... lembra do que eu disse. Esquece que te contei isso.

— Desculpe — ela sussurrou.

Eu devia estar maluca por ter contado a uma criança sobre meus sentimentos por Jace.

Quando voltei para casa, ironicamente, a caminhonete dele estava na entrada. Assim como no outro dia, quando ficamos na piscina, ele tinha chegado mais cedo do trabalho.

Senti uma onda de empolgação até entrar em casa e notar um par de sapatos femininos embaixo da mesinha no hall de entrada. Ouvi risadas abafadas no quarto de Jace, no final do corredor.

Minhas bochechas queimaram.

Ele trouxe uma garota para casa no meio do dia?

Ele nunca tinha feito isso.

Além do ciúme extremo, me senti uma completa idiota. Desde o nosso momento na piscina e a nossa breve sessão de yoga, eu estava muito animada para a próxima oportunidade de ficar sozinha com ele. Me convenci de que talvez ele tivesse sentido algo ao me segurar nos braços por alguns instantes. *Deus, como eu sou otária.*

De jeito nenhum eu podia ficar em casa naquela tarde. E ele sabia que eu chegava do trabalho por volta dessa hora, então nem teve a decência de trazer a garota quando a casa estivesse vazia. Por que ele não estava trabalhando, caralho?

Peguei minhas chaves e voltei para o meu carro velho. Isso me irritou porque eu estava tentando economizar gasolina, e agora teria que dirigir para algum lugar só para sair de lá. Liguei a ignição — ou tentei, pelo menos. Meu carro horrível tinha outros planos. Ele não quis ligar. Continuei tentando, sem sucesso. Para piorar, meu carro estava bem ao lado da janela do quarto do Jace. Então eu sabia que ele podia me ouvir tentando dar partida.

E agora?

Jace estava dentro de casa, provavelmente transando com alguma mulher, e eu estava presa aqui, a menos que quisesse sair andando. Eu podia, quem sabe, voltar para a casa da Nora...

Assim que tive esse pensamento, Jace saiu de casa. Seu cabelo estava bagunçado, e ele parecia tão incrivelmente sexy naquela camiseta branca justa e nos jeans rasgados que me deu vontade de gritar. Eu estava mortificada por tê-lo feito sair do quarto.

Ele passou a mão pelos cabelos escuros.

— O carro pifou de novo, né? Você não acabou de pegar ele de volta com Rusty?

Saí do carro e bati a porta.

— É... eu, hum, preciso sair, mas parece que não vai dar.

— Não leva mais o carro para aquele pervertido. Vou dar uma olhada hoje à noite.

— Tudo bem. Bom, não quero te incomodar. Você com certeza está ocupado hoje. Sei que tem uma amiga aqui. Vi os sapatos dela. — Bufei. — Ela tem uns pés bem grandes.

Jesus, Farrah. Dá pra ser mais óbvia sobre estar chateada?

Ele ignorou meu comentário.

— Como eu disse, vou dar uma olhada no seu carro hoje à noite.

O sol brilhava nos seus olhos lindos, fazendo-os reluzir.

Olhei para os meus sapatos.

— Obrigada.

— Aonde você precisa ir agora?

— Eu, hum, ia encontrar um amigo no centro comercial aqui perto para tomar um café — menti.

— Quer uma carona?

Olhei para ele.

— Como você vai me dar uma carona se tem alguém no seu quarto?

— Vou falar pra ela que já volto.

Concluí que interromper o sexo de fim de tarde de Jace não era a pior coisa do mundo. Dei de ombros.

— Ok. Uma carona seria ótimo.

— Beleza. — Ele foi em direção à porta. — Espera aí.

Enquanto esperava na calçada, percebi que essa era uma ideia idiota. Mas foi isso que ganhei por fingir que tinha algo importante para fazer. Eu não ousaria segui-lo para dentro da casa. Ver *aquela* garota me deixaria mais chateada.

Jace reapareceu e apertou o botão para destravar a caminhonete.

Eu entrei.

— Então, com quem você vai se encontrar? — ele perguntou enquanto colocava o cinto de segurança.

Eu também coloquei o cinto.

— Um cara.

De onde saiu isso?

Ele franziu o cenho.

— Quem?

— Só um cara que conheci pela internet.

Seus olhos se estreitaram.

— Ele não tem nome?

— É… Sheridan.

Sheridan? Você não poderia ter pensado em um nome mais comum?

— Seja lá o que fizer, *não* entre no carro dele. Você não conhece esse cara.

— Eu já sou bem grandinha. Não se preocupe.

— Não vou me preocupar, contanto que você fique no café. Não entre no carro de qualquer estranho. Tá me ouvindo?

Me senti culpada porque sua preocupação genuína era em vão. Mas agora eu não tinha escolha além de continuar com a encenação.

— Jace, não se preocupe. Se eu sentir uma *vibe* estranha, não entro.

Ele pisou no freio e parou no meio da rua.

— Tudo bem, não sei como posso ser mais claro. Eu não me importo com a *vibe* que ele te passar. Não entre no carro dele, porra. — Seu rosto ficou vermelho enquanto ele voltava a dirigir devagar.

Eu odiava o quanto amava ver Jace bravo. Odiava que ele estivesse bravo por motivo nenhum — porque não existia nenhum cara. Mas, acima de tudo, odiava que ele fosse descontar sua raiva naquela mulher no quarto dele, e não em mim. Só podia imaginar como seria incrível ser fodida com raiva por esse homem.

Eu não consegui me segurar.

— Quem é a mulher que está lá em casa?

Depois de alguns segundos de silêncio, ele decidiu me dar uma resposta.

— O nome dela é Alyssa.

— Ah. Uma novata? — Olhei pela janela, querendo arrancar meus olhos.

— Acho que sim.

— Então, você se cansou da Linnea e partiu para... Alyssa?

Seus olhos me fitaram.

— Parece que você está meio que me julgando.

— Não. Eu quase sinto pena delas, sabe... eu consigo facilmente me colocar no lugar delas. Linnea gostava muito de você. Eu percebia. E tenho certeza de que essa garota também gosta. Ainda assim, você a deixou no seu quarto para me dar uma carona. Ela deve estar furiosa. E vai ficar ainda mais quando você parar de ligar para ela porque encontrou outra pessoa.

— Uau. Tá bom. Então é assim. — Ele balançou a cabeça. — Por que você não diz logo o que quer e me chama de cafajeste?

— Desculpe. Eu... estou irritada... por causa do meu carro.

— Me diz, Farrah, o que eu deveria estar fazendo a essa altura da vida? Não namorar ninguém? Como você vai saber se dá certo com alguém se não tentar? Estou fazendo o que deveria estar fazendo na minha idade. Eu não prometo nada a ninguém, e não preciso que você me julgue por uma coisa que não é da sua conta.

Aff. Fui longe demais.

— Eu não quis dizer que te acho um babaca. Só acho...

— Que sou um babaca. — Ele riu.

Suspirei. Deixei meu ciúme sair do controle. O pior? Minhas emoções estavam prestes a vir à tona. Eu estava a um passo de admitir algo de que me arrependeria.

— Não. Eu não acho que você seja um babaca. Você tem todo o direito de viver sua vida. Você tem sido um amigo incrível para mim e para o meu irmão. Não está fazendo nada de errado. O problema sou eu. Eu queria muito não me importar com nada disso. Se estou agindo estranho, é porque...

Ah, não.

Não, não, não.

O que eu estava prestes a confessar? Eu precisava colar uma fita na boca porque aparentemente eu não tinha mais controle sobre ela.

Sua mandíbula se apertou.

— O que você ia dizer?

— Nada. — Meu coração disparou. — Esquece.

— Me diz — ele insistiu.

— Por favor, deixa pra lá, tudo bem? — sussurrei.

Ele deixou. Não disse mais nada, e eu fiquei grata. A tensão preencheu o ar durante o resto do caminho.

Jace enfim ligou o rádio para colocar um tipo de barreira entre nós, mas, pelo menos na minha perspectiva, isso não ajudou. Aliás, nem um pouco, porque a música que começou a tocar era *Drive*, da Halsey. Sobre uma garota que estava apaixonada por alguém e não sabe como contar. Enquanto eles estavam dentro do carro juntos, ela esconde seus sentimentos, que a consomem por dentro. *Ótimo*. O universo sabia mesmo como brincar com a gente.

Jace finalmente parou no shopping onde ficava o café.

Ele colocou a caminhonete no estacionamento e se virou para mim.

— Se cuida.

— Ok — eu disse, saindo o mais rápido possível.

Jace esperou eu entrar no café antes de ir embora.

Uma vez lá dentro, pedi um café e me sentei sozinha à mesa, remoendo o fato de que quase tinha confessado o que sentia por ele. Eu tinha certeza de que meus sentimentos não seriam surpresa, afinal, por qual outro motivo eu teria agido daquele jeito? Eu o tratei injustamente por algo que homens fazem todos os dias.

Cerca de uma hora depois, enquanto eu ainda refletia no café, meu celular vibrou.

Jace: Você tá bem?

Meu coração acelerou enquanto eu digitava.

Farrah: Aham.

Os três pontinhos apareceram enquanto ele respondia.

Jace: Como você vai voltar para casa?

Jace me mandou uma mensagem alguns minutos depois de Kellianne. Então, eu realmente tinha uma carona. Falei a verdade.

Farrah: Kellianne vai me buscar aqui. Vamos jantar e depois ir ao Iguana para o Abra Seu Coração.

Jace: O que aconteceu com o cara que você conheceu?

Aff. Eu odiava mentir.

Farrah: Um idiota.

Depois de mais ou menos um minuto, ele respondeu.

Jace: Se cuide hoje à noite.

Farrah: Você também.

Minha cabeça girava. Eu precisava dar um rumo para a minha vida, precisava superar esses sentimentos por um homem que não podia retribuí-los. Sentindo-me um pouco fora de controle, sabia que precisava fazer algo hoje à noite para gastar toda essa energia — e rápido. Eu precisava de uma distração.

Capítulo 6

Jace

Nathan chegou em casa no início da noite e pareceu surpreso ao ver que eu estava acompanhado.

— Ah, e aí? Fiquei em dúvida se você estaria em casa ou não — ele disse.

— Sim. Só estávamos passando o tempo.

O fato de Nathan chegar em casa e me pegar com Alyssa era *exatamente* o que eu tinha planejado — era a única razão pela qual a trouxe aqui à tarde. Depois do outro dia, quando ele me confrontou sobre o tempo que passei na piscina com Farrah, eu precisava despistá-lo. Queria que tanto Nathan quanto Farrah me vissem com Alyssa. Eu sabia que Nathan tinha conseguido um trabalho temporário ajudando um amigo a pintar uma casa para alugá-la, então garanti que Alyssa e eu ainda estaríamos ali quando ele voltasse.

O clima com Alyssa sem dúvida ficou estranho depois que saí para levar Farrah ao café. Quando voltei, ela começou a agir diferente. Ela devia ter olhado pela janela do meu quarto e visto Farrah. E me perguntou se havia algo acontecendo com minha "colega de casa". Fiz o possível para explicar que Farrah era como uma irmã para mim, mas não consegui convencer Alyssa muito mais do que consegui convencer a mim mesmo.

Não consegui tirar Farrah da cabeça a tarde inteira. Minha reação ao saber que ela se encontraria com um cara foi um tanto exagerada, mas me recusei a ponderar o motivo de ter levado aquilo tão a sério. Esses sentimentos estranhos que eu vinha tendo em relação a ela precisavam parar. Sério, que porra era essa? Por que, de repente, eu estava pensando tanto na irmã mais nova de Nathan? Não fazia sentido. E isso precisava terminar.

Depois que apresentei Nathan a Alyssa, nós três nos sentamos do lado de fora, perto da piscina, e abrimos algumas cervejas. Acendi um charuto pela primeira vez em séculos e tentei relaxar. Eu provavelmente precisava de algo bem mais forte do que um charuto.

— Onde está Farrah? — Nathan perguntou.

Alyssa me lançou um olhar enviesado.

— Parece que ela foi a um encontro — respondi. — O carro dela quebrou de novo, então eu a levei até o café, ali no centro comercial.

Soltei uma baforada de fumaça.

Nathan estreitou os olhos.

— Um encontro com quem?

— Um cara. O nome dele é Sheridan. Ela disse que o conheceu pela internet. Mandei uma mensagem depois, para ver se estava tudo bem, e ela disse que o cara era um idiota.

— Como ela vai voltar pra casa?

— Kellianne vai buscá-la. Eu disse para ela não entrar no carro do cara. Espero que ela esteja dizendo a verdade.

Nathan ficou olhando para a piscina.

— Melhor que esteja mesmo.

— Acho que ela é inteligente o bastante para não fazer nenhuma besteira — eu disse, soltando mais fumaça e me sentindo aliviado por Nathan parecer preocupado com esse *outro* cara.

De repente, Alyssa se levantou da cadeira.

— Vocês se importam se eu for nadar?

— Você trouxe roupa de banho? — perguntei.

— Não. Mas posso entrar de sutiã e calcinha, se não se importar.

— Faça o que quiser — garanti, soltando anéis de fumaça.

Alyssa tirou o vestido, e seus seios balançaram no sutiã. Os olhos de Nathan quase saltaram das órbitas enquanto ele a encarava. Antes que ele pudesse olhar por muito tempo, ela mergulhou na piscina e começou a nadar de um lado para o outro. Ficamos observando-a até que Nathan quebrou o silêncio.

— Não queria perguntar na frente da Alyssa, mas como foi no banco?

Uma coisa que consegui fazer hoje foi tirar minha mente dos problemas no trabalho.

— Parece que temos boas chances de conseguir a aprovação do empréstimo. Eles só precisam verificar alguns relatórios e dar uma olhada mais detalhada nos nossos gastos. O cara com quem falei disse que devo ter uma resposta em uma semana.

— Que bom. Estou torcendo por você.

— Valeu.

Ele olhou mais uma vez para Alyssa, que ainda nadava de um lado para o outro na piscina.

— Qual é a dessa loira gostosa? Ela é um espetáculo.

Dei de ombros.

— Dei match no app. É um caso recente. Muito cedo pra dizer qualquer coisa.

Ele riu.

— E Linnea já está fora da jogada?

— Sim. Não deu certo.

— Por quê?

— Ela… queria mais do que eu poderia oferecer agora.

— Bom, depois que você desencanar, pode me desenrolar uma delas, especialmente essa aí. — Ele sorriu por trás da garrafa de cerveja. — Brincadeira. Sei que nossa regra ainda vale.

Ele estava se referindo ao nosso acordo de nunca ficar com as ex-ficantes um do outro. Só uma vez Nathan e eu realmente brigamos por causa de uma garota, e isso foi no ensino fundamental, por causa de Kaylee Little. Quase perdemos a amizade por causa disso. Acho que os hormônios naquela idade tornavam tudo mais louco do que deveria.

Nathan com certeza não tinha a mesma sorte que eu com as mulheres. Ele sempre comentava sobre como eu podia conquistar qualquer uma que eu quisesse. Achava que ele tinha razão, mas, sinceramente, às vezes eu gostava mais do jogo de sedução. Havia algo empolgante em querer alguém que não se pode ter.

E agora estava pensando na Farrah de novo. Balancei a cabeça. Me forçando a focar em outra coisa, lembrei de algo que precisava dizer a Nathan.

— Ah, queria te contar que minha mãe pode ter arranjado uma vaga pra você. Ela falou com uma mulher da igreja. O marido dela é dono da concessionária na Route One.

— Sério?

— Aquela da Ford.

— Sim, Billings Ford. É uma das grandes. — Sua expressão se iluminou. — Cara, isso seria incrível.

— Ela vai me passar os detalhes. Assim que eu tiver, te aviso.

— Uau. Valeu. Por isso e... por tudo.

Então me senti culpado de novo.

— Você não precisa me agradecer mais uma vez por estar aqui. Está sendo tão bom pra mim quanto pra você, porque ainda não estou pronto para comprar nada. Além disso, não quero nem pensar em morar com meus pais.

— Você acha que vai ficar em Palm Creek? Digo, se o Phil melhorar e não precisar mais de você, você volta pra Carolina do Norte, né?

Dei outra tragada no charuto e exalei devagar.

— Não sei. Tem algumas coisas que sinto falta na Flórida. Só estou tentando viver um dia de cada vez, sem me preocupar muito com o futuro.

— Queria ser como você — ele disse.

— O que quer dizer?

— Queria conseguir não me preocupar com o futuro. Me preocupo com tudo. Talvez seja a instabilidade de estar sem emprego que esteja me deixando assim. Me preocupo com isso, e também com Farrah, muito mais do que deveria.

Engoli em seco.

— Por que você está preocupado com Farrah? Ela parece estar mais centrada do que nós dois.

— Não sei. Às vezes sinto... como se estivesse segurando-a. Como se a prendesse a mim e à Flórida. Quando era mais nova, ela sempre dizia que ia fazer faculdade fora. Mas não fez mais do que algumas aulas na faculdade. Está presa em um limbo, e não consigo deixar de pensar no que ela estaria fazendo se as coisas fossem diferentes. Ao mesmo tempo, não sei o que faria sem ela aqui.

— Ela se importa com você. Eu concordo que ela hesitaria muito em te deixar e se mudar, mas ninguém está impedindo-a. No fim das contas, ainda é escolha dela. Nada está proibindo Farrah de se matricular na faculdade quando estiver pronta. Ela vai tomar essa decisão quando for a hora.

Ele olhou para a piscina.

— Ela esconde muito da dor dela, sabia? Eu a vejo escrevendo à noite com frequência. Quando passo pelo quarto dela, ela fecha o caderno rápido, como se não quisesse que eu visse. O que está escondendo de mim? Ela não *fala* comigo sobre como está se sentindo. Só se faz de forte e guarda tudo para si. Eu sei que parte disso é culpa minha, porque mal consigo lidar com esses sentimentos também. É uma merda que ela não tenha mais ninguém da família pra se abrir, só a mim. E sou péssimo nisso.

— Não se cobre tanto. Eu não sou melhor do que você quando se trata de falar sobre assuntos difíceis.

— É. — Ele sorriu. — Nós dois somos péssimos.

Alyssa saiu da piscina, com os mamilos totalmente visíveis atrás do sutiã molhado. A boca de Nathan se abriu de novo. Foi um pouco constrangedor.

— Isso foi incrível. Estou me sentindo renovada. — Ela se enrolou em uma toalha, e, assim, o "show" de Nathan acabou.

Nós três acabamos preparando alguns cachorros-quentes para o jantar, e Alyssa fez uma salada com os vegetais que encontrou na geladeira. Comemos perto da piscina enquanto o sol se punha.

Eu percebia que Alyssa ainda estava irritada porque nosso tempo juntos mais cedo, no meu quarto, não rendeu em nada. Ela continuou insinuando que não tinha para onde ir naquela noite, mas eu não estava no clima. Então, inventei uma desculpa.

— Na verdade, disse aos meus pais que passaria na casa deles hoje — contei e me levantei. — Posso te levar para casa no caminho.

Seus cílios subiram e desceram.

— Ah... pensei que íamos passar a noite juntos.

— Sim, desculpe. Fica pra próxima.

Alyssa pegou seus pertences e pareceu silenciosamente irritada enquanto entrávamos na minha caminhonete. Ela também não disse muita coisa quando a deixei em casa.

Depois que saí da casa dela, por acaso passei pelo quarteirão onde ficava o bar Iguana. Farrah tinha me dito que iria para lá esta noite. Fiquei me perguntando se ela mentiu a respeito para que eu não reclamasse por ela entrar no carro do tal Sheridan.

A curiosidade foi mais forte. Eu sabia que me arrependeria, mas, impulsivamente, estacionei em uma vaga do lado de fora do bar. Se ela não estivesse lá, eu saberia que estava mentindo. Convenci-me de que isso não tinha nada a ver com ser um stalker, que verificar como ela estava era para o bem dela. Não haveria mal nenhum em dar uma espiada para ver se conseguia encontrá-la. Depois, eu iria embora. Não sabia o que faria com essa informação — não podia mandar uma mensagem dizendo: *Sei que você não está realmente no Iguana.* De qualquer forma, teria que guardar para mim. Mesmo assim, senti que precisava fazer isso.

No entanto, nada poderia ter me preparado para o que vi quando entrei no bar. Ao invés de ser um lugar barulhento, o ambiente estava quase completamente em silêncio. No centro do palco, sob o holofote, estava Farrah.

Meu coração disparou ao perceber que ela estava prestes a dizer alguma coisa. Se alguém me visse assim, ia pensar que era eu quem estava lá em cima, de tão nervoso que fiquei. Senti como se tivesse parado de respirar por um momento, até que sua voz finalmente ecoou pelo salão.

— Meu nome é Farrah.

— Oi, Farrah — o público respondeu em uníssono.

— Isso não vai ser uma daquelas histórias engraçadas ou constrangedoras. Então, peço desculpas por isso. Acreditem, eu tive muitas situações constrangedoras ultimamente. Talvez eu confesse uma delas qualquer dia desses. — Ela pigarreou. — O motivo pelo qual estou abrindo meu coração hoje... — ela fez uma pausa de vários segundos — ... é porque meus pais foram assassinados.

Algumas pessoas suspiraram de surpresa, seguidas de sussurros abafados.

Meu peito se apertou em choque.

Farrah respirou fundo e continuou:

— Acho que nunca disse isso em voz alta. Quero dizer, quantas pessoas perderam os dois pais por assassinato? Tenho certeza de que pessoas como eu existem... tipo, você vê por aí, nas notícias. Mas somos raras. Na maioria dos dias, me sinto como a única pessoa no mundo nessa situação, embora eu saiba que não é verdade.

Ela passou a mão pelos cabelos.

— As pessoas normalmente não sabem o que dizer quando descobrem o que aconteceu com meus pais. Pra mim, é difícil ver as reações de choque como as de vocês. Falar sobre isso é um lembrete indesejado da realidade, algo que me tira da negação necessária para sobreviver dia após dia. Eu sei que talvez esperem que eu dê mais detalhes sobre o que aconteceu, todos os detalhes sórdidos... porque é isso que fazemos aqui, certo? Abrimos nossos corações? Mas, às vezes, simplesmente não há palavras. Então, não vou conseguir falar sobre isso esta noite.

Farrah soltou um suspiro, amplificado pelo microfone.

— Eu venho aqui toda semana, principalmente para ouvir vocês. Não apenas pelas confissões engraçadas, mas pelas tristes. São essas que me fazem voltar. Elas me fazem sentir menos sozinha. Ouvir alguns de vocês me ensinou que está tudo bem em não estar bem, que o sofrimento humano é uma experiência coletiva. Todos nós passamos por *algo*. Ninguém sai do mundo ileso. Talvez não estejamos aqui para ter uma vida fácil. Talvez a vida seja sobre aprender a sobreviver à dor e ao luto, duas coisas que atingem todo mundo em algum momento. Minha vez chegou aos 14 anos, quando minha vida mudou para sempre.

"Quem não me conhece, nunca saberia que passei por algo tão horrível. Porque sou muito boa em esconder a dor por trás do meu sorriso. Então, da próxima vez que vir alguém e pensar que essa pessoa tem uma vida melhor do que a sua, lembre-se de que você não sabe pelo que ela está passando só de olhar para ela. Essa pessoa pode ter passado por algo agonizante e ainda assim ter encontrado uma maneira de sorrir. E eu espero que, seja o que for que você esteja enfrentando, saiba que não está sozinho. E espero que também encontre um jeito de sorrir."

Ela assentiu uma vez.

— Obrigada.

Farrah saiu do palco sob uma salva de palmas.

Uau. Eu estava tão orgulhoso dela por ter superado seus medos. Eu deveria ter ido embora logo depois. Deveria ter dado meia-volta e saído correndo de lá. Mas, em vez disso, congelei. Eu estava tão imerso no que ela disse que não percebi que tinha me aproximado do palco o suficiente para que ela me visse.

Quando ela me avistou, eu soube que estava fodido.

Caralho, como eu ia explicar isso?

Capítulo 7

Farrah

A princípio, achei que estivesse alucinando. *Que merda Jace estava fazendo aqui?* Tive que piscar várias vezes para confirmar que não estava vendo coisas. *Meu Deus.* Ele ouviu o meu discurso inteiro? Ele ouviu cada verdade nua e crua? Como isso pôde acontecer justo na noite em que decidi me abrir?

Jace trocou o peso de um pé para o outro.

— Farrah… isso foi…

— O que você está fazendo aqui?

Ele ficou buscando as palavras.

— Não tenho uma resposta boa pra isso — ele disse, por fim.

Virei para olhar para Kellianne, que estava radiante. Ela me deu um sinal positivo, com certeza se divertindo com a situação mais do que deveria.

— Como você poderia imaginar que eu ia falar esta noite?

— Aí é que entra a parte estranha. Eu não fazia ideia. Te ver lá em cima foi pura sorte.

— Mas por que você veio?

Jace mordeu o lábio inferior.

— Sendo sincero? Estava levando aquela garota de volta pra casa dela e passei por aqui no caminho. Resolvi dar uma olhada… ver por que você gosta tanto desse lugar.

Achei isso meio esquisito.

— Ainda estou confusa. Você sabia que eu estava aqui. Então... ia me cumprimentar?

— Talvez. Mas quando entrei, você tinha acabado de subir no palco. Eu ia sair logo depois que você terminasse, mas aí você me viu.

— Por que ia embora?

— Porque não tinha certeza se você se sentiria confortável sabendo que ouvi tudo.

— Entendi... — Balancei a cabeça. — Você vai ficar?

Seus olhos penetraram os meus.

— Você quer que eu fique?

Engoli em seco.

— Quero.

— Tudo bem — ele disse, olhando ao redor.

— Eu preciso de uma bebida. Quer alguma coisa? — ofereci.

Ele levantou a mão.

— Não posso. Estou dirigindo.

Minhas pernas pareceram bambas enquanto eu caminhava até o bar — e eu nem tinha bebido nada ainda.

Jace estava conversando com Kellianne quando voltei para a mesa com um *mojito* para mim e uma água com gelo para ele. Eu ainda estava confusa, mas também animada, já que Jace tinha aparecido. Ele ficou nos meus pensamentos o dia todo, e isso significava que, de alguma forma, ele também estava pensando em mim. Eu não tinha certeza se estava exagerando, mas como poderia não pensar nisso? Afinal, eu vinha tentando *manifestar* a atenção de Jace há semanas. Será que finalmente estava funcionando?

— Então... — Kellianne começou. — Jace estava me contando que estava *passando* por aqui e decidiu dar uma olhada. — Ela me lançou um olhar que me fez querer mandá-la parar com aquilo.

Eu sabia o que ela estava pensando. Mas também sabia que isso podia ter mais a ver com Jace agindo como um detetive a mando de Nathan do que qualquer outra coisa.

Jace ficou olhando ao redor do ambiente, inquieto, como se estivesse esperando que a polícia da moral e dos bons costumes aparecesse a qualquer momento para levá-lo para a cadeia.

Eu estava tão emotiva mais cedo, enquanto estava sozinha naquele café, frustrada com minha incapacidade de controlar meus sentimentos, incapaz de seguir em frente com essa situação impossível de querer alguém que eu não podia ter. Minhas emoções me deixaram um pouco louca, acho. (Bem, mais do que o normal, pelo menos.) Durante o jantar com Kellianne, decidi que subiria no palco naquela noite, de uma maneira ou de outra, e cumpri minha promessa. Mas, como demorei para me decidir, acabei sendo a última a falar. Jace de alguma forma chegou bem a tempo.

Em certo momento, Kellianne se levantou da cadeira.

— Vou indo. Você vem comigo ou...?

— Eu a levo pra casa — Jace disse.

— Imaginei. Só não quis presumir — ela falou, balançando as sobrancelhas para mim.

Queria que ela não fosse tão óbvia.

Depois que Kellianne foi embora, Jace se virou para mim.

— Pronta pra ir?

— Sim.

Terminei de beber até que o canudo fizesse aquele som de copo vazio. Então, Jace abriu caminho até a porta.

O tempo tinha esfriado bastante, e uma brisa rápida soprou meu cabelo. Jace destravou a caminhonete e abriu a porta do passageiro para mim. Me acomodei no banco e coloquei o cinto de segurança.

Ele ligou a caminhonete e deu ré para sair da vaga. Parecia estar dirigindo mais devagar do que o normal quando se virou para mim.

— Não quero que Nathan saiba que estive com você esta noite, tudo bem? Vou te deixar na esquina da nossa rua para ele não ver a caminhonete.

— E você, vai para onde?

— Vou dar umas voltas.

— Por que não quer que Nathan nos veja juntos?

Jace suspirou.

— Ele me disse que não gostou de nos ver juntos na piscina naquele dia. No fundo, ele não confia em mim quando se trata de você. Embora eu tenha conseguido acalmá-lo, não acho que ele vai me dar uma segunda chance se nos pegar juntos de novo.

Uau.

— Então, espera. Ele te confrontou?

— Não especificamente sobre isso. Surgiu no meio de outra conversa.

— O que você disse para ele?

— Que ele não tem nada com que se preocupar.

Aquilo doeu.

— Essa é a verdade? Ele *realmente* não tem nada com que se preocupar?

Jace cerrou os dentes.

— Ele *não* tem porra nenhuma com que se preocupar. Ele só acha que tem. Por causa do meu histórico com mulheres, ele acha que *todas* são iguais para mim. — Jace passou a mão pelos cabelos. — Mas com você é diferente.

Cruzei os braços quando paramos no sinal vermelho.

— Sério… o que me faz ser tão diferente? Você não esteve perto de mim nos últimos nove anos. Agora não sabe se deve me tratar como a garotinha que você conhecia ou como a mulher que eu *sou*. Mas isso não muda o fato de que agora sou uma mulher, e não mais aquela menina.

Ele soltou um longo suspiro enquanto acelerava de novo.

— Não é uma questão de idade… é uma questão de respeito. Eu nunca tentaria nada com você só pelo fato de ser a irmã do Nathan, e isso arrasaria com ele. Fim da história.

— Mas você tentaria, se as coisas fossem diferentes?

Ele mordeu o lábio inferior.

— Tentaria o quê?

— Dar em cima de mim... se eu não fosse a irmã do Nathan.

— Isso é irrelevante. Não importa se eu teria vontade ou não.

— Importa pra mim. Eu quero saber.

Ele estava certo. O que importava, afinal, se ele nunca agiria de acordo com essa vontade? Mas eu queria saber se ele me desejava, talvez para poder me deleitar com essa ideia, fantasiar sobre os "e se", e simplesmente ter a satisfação de saber que meu desejo era correspondido.

Em busca da resposta de que eu precisava, reformulei a pergunta.

— Por que você veio ao Iguana hoje à noite?

Ele fechou os olhos por um breve instante e soltou um suspiro.

— Não sei, Farrah. Gostaria de te dar uma resposta que fizesse sentido. Foi uma decisão impulsiva. Não estava planejando ficar. Acho que estava curioso para saber se você estava me dizendo a verdade sobre não entrar no carro de algum cara.

— Não tinha nenhum cara — falei, de repente.

Ele estreitou os olhos.

— Como assim, não tinha nenhum cara?

Meu rosto esquentou.

— Eu menti.

Ele elevou a voz.

— Porra, por que você faria isso?

Eu não tinha escolha senão ser honesta. Qualquer outra explicação me faria parecer uma mentirosa compulsiva. Eu já havia colocado tudo em jogo ao subir naquele palco...

Lá vai.

— Me senti muito desconfortável ao voltar para casa e te encontrar com aquela mulher. Eu estava saindo de casa para não ter que ficar lá enquanto vocês faziam sabe-se lá o quê no quarto ao lado. Tentei sair de uma forma discreta, mas a porcaria do meu carro não ligou. Quando você me perguntou com quem eu ia me encontrar, só disse a primeira coisa que me veio à cabeça.

Jace não respondeu. Meu coração disparou mais e mais a cada segundo que passou.

Diga alguma coisa.

Seu olhar suavizou.

— Você não precisava mentir. Podia ter dito que estava desconfortável. Eu teria saído de casa e ido para outro lugar.

— Por que você deveria fazer isso? A casa também é sua.

— Bom, agora que sei que isso te incomoda, vou tentar ser mais cuidadoso.

— Não fiquei brava porque você trouxe uma garota para casa. Não foi *só* isso. — Respirei fundo. — Foi o momento. Fiquei chateada porque senti algo entre nós quando estávamos na piscina. E você trazer uma garota logo depois me deixou com ciúmes.

Todo o meu corpo ficou tenso.

A caminhonete fez uma curva brusca quando Jace saiu da estrada principal e entrou em uma rua lateral.

Para onde ele está indo?

Ele enfim estacionou em um parque vazio.

Parecendo atormentado, desligou o carro e relaxou a cabeça no encosto. Então, se virou para mim.

— Você precisa tirar da cabeça aquele clima que rolou entre nós, tá bom?

— Está dizendo que *houve* um clima? Você também sentiu? Não foi coisa da minha cabeça?

— Se eu senti ou não é irrelevante. — Ele encarou os meus olhos. — Nathan me mataria se eu sequer tentasse tocar em você.

— Aquele clima que tivemos tem algo a ver com o fato de você ter vindo ao Iguana hoje à noite? — Minha respiração acelerou. — Foi mais do que só ver se eu estava mentindo?

Dava para ouvir um alfinete cair dentro da caminhonete enquanto Jace olhava fixamente para o parquinho vazio.

Então, ele se virou completamente para mim.

— Tá, escuta. Sendo sincero... você é linda. Não dá pra negar isso. E sim, *houve* um clima. Mas foi *só* isso, tudo bem? Um deslize da minha parte. Assim como aparecer aqui esta noite foi. Aquele dia na piscina... eu estava me divertindo tanto com você. Me senti mais em paz e despreocupado do que me sentia há muito tempo. Não sei se é porque você me lembra de um período feliz da minha vida, da minha juventude, ou se é mais do que isso. Mas não posso ficar pensando a respeito. Esse é o problema. — Ele fez uma pausa. — Se as coisas fossem diferentes, seria muito natural me sentir atraído por você.

Meu coração quase explodiu.

— É surreal ouvir você dizer isso. Por tanto tempo, pareceu que você ainda me via como aquela garota de 12 anos que ficou para trás quando você foi para a faculdade.

Ele riu, olhando para cima.

— Vou colocar dessa forma: eu *desejaria muito* ainda ser capaz de te ver como uma garotinha.

— Eu tinha uma paixão enorme por você naquela época — admiti.

Ele assentiu.

— Eu sei.

— O quê? Como assim, *você* sabe?

— Eu sabia dessa... sua paixonite por mim. — Ele sorriu, meio hesitante.

Me ajeitei no banco.

— Como? Eu nunca contei para ninguém. Só escrevia sobre isso no meu diário.

Uma expressão culpada cruzou o rosto dele.

— Jace... o que você não está me contando?

Ele colocou a cabeça no volante por um momento e murmurou:

— Merda.

— Você leu o meu diário?

Ele riu, erguendo o olhar.

— Não. Eu juro que não.

— Então como soube? Eu achava que tinha disfarçado bem.

— Sua mãe me contou.

— Minha mãe? — Pisquei, atônita. — O quê? Isso não faz sentido. Minha mãe nunca trairia minha confiança.

— Tá, antes de você ficar brava, tenta entender que ela estava pensando no seu bem quando deixou escapar.

— Como contar isso pode, de alguma forma, ter sido pensando no meu bem?

— Acho que foi numa época em que comecei a trazer Grace com mais frequência. Convidei-a para jantar na casa dos seus pais mais de uma vez. Eu não fazia ideia de que você sentia algo por mim. Uma noite, acho que sua mãe tomou um pouco mais de vinho depois do jantar. Você tinha ido para o quarto, e Grace tinha acabado de ir embora. Eu estava na mesa com Nathan e seus pais, estávamos nos preparando para jogar cartas. — Ele olhou para o nada. — Nunca vou me esquecer. Ela disse: "Você se importaria de tirar a minha filha dessa angústia e parar de trazer Grace para jantar tantas vezes?". Eu não tinha ideia do que ela estava falando. E então ela explicou.

— Aff.

— Sua mãe só estava cuidando de você. — Ele sorriu. — Seu pai só ficou lá, revirando os olhos.

Olhei para o céu estrelado.

— Não sei como me sentir sobre essa história. Por um lado, é um pouquinho gentil, e por outro, quero matar minha mãe... postumamente. — Balancei a cabeça. E então me dei conta. — Você quase nunca menciona eles.

Jace assentiu.

— É... Acho que ouvir você falar hoje me deu coragem.

Os grilos estavam cantando enquanto eu pensava no que dizer a seguir. Tinha que tomar cuidado para não reabrir velhas feridas.

— Sempre presumi que falar sobre isso te machucava demais, então nunca falei deles na sua frente, nem perguntei nada... sobre, você sabe.

— É uma merda, porque sinto que deveria ser capaz de falar sobre isso... por você e pelo Nathan... mas não consigo. Sinto muito.

Coloquei a mão sobre o joelho dele.

— Ninguém espera que você se abra sobre o assunto se isso for doloroso demais. Tudo bem se nunca quiser falar a respeito.

Ele exalou.

— Sem dúvida foi mais fácil estar em Charlotte todos esses anos. Se você está tentando evitar uma situação, a distância ajuda.

— Você não *precisa* falar sobre isso, mas se algum dia *quiser*, pode falar comigo. Sabe disso, né? Não é fácil pra mim também, mas eu estaria disposta a enfrentar essa barra com você.

Sua boca se curvou em um sorriso.

— Como você ficou tão forte?

— Tento ser forte pelo Nathan, mas isso não significa que minha mente não viaje para lugares sombrios.

— Por isso que hoje à noite foi tão incrível. O que quer que tenha me levado àquele bar... nunca esperei te ver no palco. Estou orgulhoso de você por ter superado seus medos.

Eu senti o sorriso se espalhar na minha boca.

— Obrigada.

— Sua mensagem, aquela de que está tudo bem *não* estar bem, com certeza ajudou alguém na plateia hoje. Ajudou a mim, inclusive. — Os olhos de Jace se demoraram nos meus.

— No que você está pensando agora? — perguntei.

Ele olhou para o relógio no painel.

— Estou pensando que é melhor eu te levar para casa. Nathan vai ficar preocupado se você se atrasar. Ele acha que Kellianne vai te trazer, e ela já teria te deixado em casa a essa altura.

— Ele teria me mandado uma mensagem se estivesse tão preocupado. — Fiz uma pausa, olhando para o parque no escuro. — Gosto de conversar com você, Jace.

— Eu também gosto de conversar com você — ele sussurrou. Apesar do que ele tinha acabado de dizer, parecia estar dividido.

Ergui a sobrancelha.

— Mas...

— *Mas* isso não pode ser mais do que uma conversa.

De jeito nenhum eu ia parecer desesperada e discutir a respeito. Mas me recusava a perder a esperança. *Não* imaginei coisas naquele dia na piscina. Foi real. Sem dizer mais nada, ele ligou a caminhonete e começou a dirigir pelas ruas ladeadas de palmeiras em direção à nossa casa.

Como prometido, Jace parou na esquina.

— Te vejo daqui a pouco.

— Obrigada pela carona, *Kellianne* — brinquei enquanto abria a porta.

— Engraçadinha — ele resmungou.

Jace ficou parado até que eu virasse a esquina. Ao longe, ouvi o motor da caminhonete arrancando. Esperava que ele não estivesse indo para a casa de outra garota.

Pelo visto, ele estava certo, porque assim que entrei pela porta, Nathan estava lá, com uma expressão preocupada. Eu não conseguia imaginar o que ele pensaria se Jace e eu tivéssemos entrado juntos.

— Você me deixou preocupado — ele acusou. — O bar fechou há meia hora. Achei que você tivesse sofrido um acidente.

— Por que não me mandou uma mensagem se estava preocupado? — perguntei.

— Eu estava prestes a fazer isso.

— Não precisava se preocupar.

— Jace contou que você tinha saído com um cara que conheceu pela internet mais cedo. Não tinha certeza se você estava realmente com ele e não com Kellianne.

Me senti péssima por mentir para o meu irmão. Então, tentei evitar o assunto.

— Eu *estava* com Kellianne no Iguana. E você não vai acreditar no que aconteceu.

— O quê?

— Finalmente subi no palco e falei.

— Sério?

— Sim.

— O que te fez fazer isso hoje à noite?

— Minhas emoções estavam meio fora de controle o dia todo, e eu precisava desabafar de alguma forma. Falei sobre o que aconteceu com a mamãe e o papai, mas sem entrar em detalhes. Sendo sincera, fiquei surpresa comigo mesma.

— Uau. — Ele me puxou para um abraço. — Estou muito orgulhoso de você. Queria ter visto.

Conversamos por uns quinze minutos antes de a porta da frente se abrir.

Nossos olhares se voltaram juntos para ele assim que Jace entrou.

Nathan pareceu surpreso.

— Ei. Não esperava que você voltasse. Achei que tivesse ido para a casa da sua mulher depois de visitar seus pais. Que gata, hein?

Senti meu rosto esquentar. Eu não a tinha visto, e agora fiquei feliz por isso.

— Não. E ela não é minha mulher. Vou ficar aqui esta noite.

Os olhos de Jace encontraram os meus por um momento, e a culpa ficou estampada em seu rosto. De um jeito estranho, isso me deu esperança de que o que quer que estivesse acontecendo entre nós estava longe de acabar.

No meio da noite, eu não conseguia parar de pensar em Jace. Peguei o telefone e cliquei no nome dele.

Farrah: Está acordado?

Fiquei encarando a tela, esperando pela resposta.

Jace: Por que você está me mandando mensagem?

Farrah: O que quer dizer?

Jace: Você sabe que seu irmão vive pegando a porra do seu telefone toda hora. Você não devia estar me mandando mensagem.

A lógica dele fazia todo sentido, mas a resposta brusca me irritou.

Farrah: Você pode me stalkear, mas não posso te mandar mensagem?

Ele não respondeu, então, depois de alguns minutos, digitei de novo.

Farrah: Desculpe por te chamar de stalker. O fato de você ter aparecido hoje à noite me deixou muito feliz. Mas eu fui de feliz a chateada depois da nossa conversa, e agora não consigo dormir.

Os três pontinhos indicando que ele estava digitando ficaram piscando por um tempo. Finalmente, a resposta chegou.

Jace: Tente dormir. E apague essa conversa do seu celular, tá?

Revirei os olhos e resisti à vontade de gritar de frustração.

Farrah: Vou apagar.

Deslizei o dedo sobre o nome dele no celular e apaguei nosso histórico.

Capítulo 8

Jace

Eu havia prometido ficar longe de casa o máximo possível naquela semana. Consertei o carro da Farrah e o coloquei para funcionar de novo, mas fiz o que pude para evitá-la. Depois de cruzar o limite com ela na outra noite, não ia arriscar fazer ou dizer algo imprudente de novo. Já tinha sido ruim o bastante ter ido ao Iguana para vigiá-la, e também praticamente ter admitido que a desejaria se ela não fosse irmã de Nathan. Eu me encolhia só de lembrar. Nunca deveria ter admitido minha atração por ela.

Apesar de Farrah ser tão bonita quanto uma modelo da Victoria's Secret, minha atração por ela ia além do físico. Eu me sentia muito conectado a Farrah — não apenas porque compartilhávamos algumas das mesmas dores, mas também porque, sempre que eu olhava nos olhos dela, via inocência, paixão e tudo que havia de bom no mundo. Eu sempre sentia que ela enxergava o lado bom em *mim*, mesmo quando eu não conseguia ver. Durante anos, soube que eu era o crush dela, mas nunca me senti merecedor dessa atenção, ou do jeito como ela me olhava — antes ou agora. Mas, *especialmente*, agora.

Eu não ia estragar tudo de novo. Precisava manter meus sentimentos bem guardados — e, falando nisso, meu pau também.

Hoje, depois do trabalho, forcei-me a ir visitar meus pais para evitar cruzar com Farrah. Sabia que não podia ficar longe de casa para sempre, mas ia tentar administrar até que a tensão entre nós diminuísse um pouco. Talvez fosse ingênuo achar que isso desapareceria por si só, mas eu tinha esperança.

Meu pai estava sentado na cama quando cheguei.

Bati levemente à porta dele.

— E aí, meu velho? Como está se sentindo?

— Vou me sentir melhor se você me disser que conseguimos a aprovação do empréstimo.

Sentei-me na cadeira ao lado da cama, esfregando as têmporas.

— O banco está demorando uma eternidade para nos dar uma resposta. Pediram mais algumas informações, e eu pedi para Kristy reunir o que eles precisavam. Espero que possamos resolver isso logo.

— Não sei como te agradecer por tudo que você tem feito.

Assenti.

— Vou perguntar de novo... — falei. — Como você está se sentindo?

— Tenho me sentido pior à noite, mas, no geral, não posso reclamar. Sua mãe cuida bem de mim.

— A comida dela cura qualquer coisa.

— Não é só a comida dela. — Ele deu uma piscadinha.

— Com licença, acho que vou vomitar.

— Você sabe que seu pai é um safado — disse minha mãe atrás de mim. Parece que ela esteve parada na porta o tempo todo.

Tal pai, tal filho. Não foi o meu pau que me levou ao Iguana na outra noite? A paixão é como um vício.

Claro, eu não caracterizaria meus sentimentos por Farrah como um vício no nível do meu pai. Mas, até agora, não consegui tirá-la da cabeça. Gostaria que fosse mais fácil esquecê-la.

— Ei, pai. Preciso te perguntar uma coisa.

— O que é, filho?

— Eu sei que você tem as melhores intenções quando diz que vai parar com as apostas, mas *como* exatamente pretende fazer isso? Quero dizer, você diz que vai procurar ajuda e não vai apostar de novo, mas se é algo tão difícil de resistir, como *sabe* que pode parar?

Perguntando porque um amigo tem essa mesma dúvida.

Ele suspirou.

— Não tenho garantia nenhuma de que não vou escorregar. Só rezo para que eu consiga. O principal é me manter longe do ambiente que me levaria a isso. O que significa nunca mais pisar em um cassino. Claro, ainda há jogos de azar on-line, mas nunca foi a minha praia. Não tem nada como a adrenalina de estar nas mesas. Sem dúvida, não vai ser fácil, mas acho que você tem que chegar ao ponto de estar disposto a sofrer um pouco para fazer o que é melhor para a sua família.

Assentindo em silêncio, absorvi as palavras do meu pai. Elas me lembraram de um programa que eu costumava assistir, chamado *Intervenção,* em que viciados em drogas eram confrontados pelos familiares para buscarem tratamento. Em pelo menos cinquenta por cento dos casos, a pessoa recaía. Vícios são difíceis de largar, mesmo quando muita coisa está em jogo. E eu me perguntava se minha necessidade de proteger Nathan seria suficiente para me manter longe de Farrah. Eu entendia bem a tentação de se envolver em comportamentos autodestrutivos, mesmo que isso machucasse os outros. Mas meu pai tinha razão sobre se afastar do ambiente. Talvez eu precisasse considerar me mudar da casa assim que Nathan arranjasse um emprego.

Minha mãe interrompeu meus pensamentos.

— Nathan já ligou para Jack McGrath sobre a vaga na concessionária Ford?

Falando no diabo.

— Passei o recado. Ele disse que ia ligar. Espero que dê certo. Ele anda bem para baixo por estar sem trabalho.

— Diga a ele para pensar positivo e vai dar certo.

Eu ri.

— Você fala igualzinho a Farrah.

— Por quê?

— Quando contei para ela sobre a situação financeira do Muldoon, foi exatamente o que ela me disse, que eu deveria imaginar que conseguir o dinheiro seria fácil e de alguma forma eu poderia *manifestar* o desejo.

— Garota esperta — elogiou minha mãe. — Parece que ela aprendeu a transformar limões em limonada ao longo dos anos. Essa é a diferença entre alguém que se faz de vítima quando se vê diante de uma injustiça e uma pessoa que persevera. Como se comportar diante disso significa tudo.

— É, sei que ela esconde muitas dores. Mas faz o melhor que pode. Ela tenta ser forte por Nathan.

— Você disse que ela não está na faculdade, né?

— Não, ela não está.

— Você deveria incentivá-la a se matricular.

Isso mesmo, Jace. Você deveria estar orientando-a, tentando convencê-la a voltar para a universidade... e não stalkeando a garota e fantasiando sobre como seria dormir com ela.

— Talvez eu faça isso. Sei que ela fez algumas aulas na faculdade comunitária, mas não é a mesma coisa. Ela trabalha como secretária em um escritório de advocacia que paga razoavelmente bem, considerando que não tem um diploma. É o suficiente para ela se virar, mas acho que sabe que está limitando seu potencial por não continuar os estudos.

Minha mãe assentiu.

— Imagino que, com Nathan desempregado, ela vai ficar ainda mais relutante em sair do trabalho por enquanto.

— Sim, mesmo que ele não devesse ser responsabilidade dela, acho que influencia muitas das decisões que ela toma. Provavelmente, ela já teria se mudado para fazer faculdade se não fosse por querer estar aqui por ele.

— Talvez agora *você* possa estar lá por ele, para que ela não precise tanto. — Ela sorriu. — Sou suspeita em dizer isso, mas sempre fiquei feliz que você tenha tido a chance de sair da Flórida por um tempo. Mas espero que considere ficar por aqui dessa vez. Não consigo imaginar viver longe do meu único filho para sempre.

Lá vem a chantagem emocional.

— Não posso prometer nada, mãe.

— Eu entendo. Sei que você amava sua vida em Charlotte.

— Bom, não subestime a importância de estar perto da família. Por mais que eu goste de Charlotte, estava sozinho lá. — Ri. — Mas se a família for uma dor de cabeça, isso pode ser uma coisa boa. — Olhei para o meu pai e levantei uma sobrancelha.

— Espero que possamos te convencer a ficar — ela disse.

— Acho que muito disso vai depender de como vou me comportar — acrescentou meu pai.

— Isso mesmo, meu velho.

Eu estava mais preocupado com a sobrevivência dele ao câncer. Mas não queria que ele soubesse o quanto eu estava angustiado. Não importava como as coisas com a empresa se desenrolassem, eu não sairia de Palm Creek até saber que ele estaria bem.

As obras na estrada me obrigaram a pegar outro caminho para casa naquela noite. Isso não teria sido um problema, exceto que me forçou a passar por uma rota que eu evitava a todo custo — a estrada onde o assalto aconteceu sete anos atrás. Consegui evitar aquele trecho todo esse tempo, e agora um desvio cruel me levou para lá.

Minhas mãos começaram a tremer quando passei pelo local onde os pais de Farrah foram assassinados. Pisei no acelerador para sair dali o mais rápido possível. O suor começou a escorrer da minha testa enquanto eu apertava o volante.

Quando finalmente saí, meu coração desacelerou.

Tantas coisas na vida se encaixavam no ditado "o que os olhos não veem, o coração não sente". De alguma forma, consegui compartimentalizar tudo, mesmo morando com Nathan e Farrah. Talvez fosse mais fácil porque eles não moravam mais na casa em que cresceram. Mas dirigir naquela estrada trouxe aquela terrível memória à tona. Todas as coisas que eu nunca quis lembrar passaram pela minha cabeça: os gritos de Elizabeth enquanto seu marido era morto. O cheiro da pólvora quando ela foi morta logo depois. O terrível desfecho enquanto eu ligava para a polícia. Não desejaria essa experiência nem para o meu pior inimigo.

Quando cheguei em casa, meus nervos estavam à flor da pele. Parecia que eu havia corrido uma maratona carregando sacos de cimento nas costas.

Entrei, mas fiquei na cozinha, olhando para a parede por um tempo. Meu humor melhorou um pouco quando vi o sorriso de Nathan ao entrar em casa. Ele estava vestindo uma camisa social e gravata, o que era estranho.

— O que houve? — perguntei.

Ele girou, animado.

— Você está olhando para o mais novo vendedor da Billings Ford.

Abri um sorriso.

— Você conseguiu?

— Consegui.

Dei um tapa no ombro dele.

— Parabéns, cara. Minha mãe acabou de me perguntar sobre isso, e eu disse que nem sabia se você tinha ligado.

— Liguei de manhã, e eles me chamaram para uma entrevista à tarde. Me contrataram na hora.

— Essa é a melhor notícia do dia.

Ele olhou para o meu rosto, examinando-o.

— Você está bem?

— Sim. Por quê?

— Parecia meio pra baixo quando entrei.

— Estresse do trabalho — menti. — Só isso.

Imagine se eu contasse tudo o que estava me incomodando hoje — não só o fato de ter passado pelo local onde os pais dele foram assassinados, mas também a culpa por ter gozado com força na noite passada, imaginando a bunda da irmã dele. Isso provavelmente não cairia muito bem.

— Vamos comer algo, distrair a cabeça — ele sugeriu. — E comemorar meu novo emprego. Não sei onde Farrah está, mas não precisamos esperar por ela.

Por mais que eu quisesse fugir, porque estar perto de Nathan me deixava nervoso, me forcei a fazer o oposto. Nathan merecia mais do que um amigo que não comemoraria seu novo emprego com ele. Além disso, seria mais tempo longe de casa e uma maneira de evitar Farrah por mais uma noite.

Sorri.

— Sabe de uma coisa, cara? Isso parece bom demais. Vamos.

Nathan e eu fomos ao Applebee's, onde comemos hambúrgueres e bebemos cervejas. Relembramos nossa infância. Até fiz questão de flertar com a garçonete para desviar a mente do que estava acontecendo na minha cabeça em relação à Farrah. Pelo menos, na superfície, parecia que tudo estava normal. Mas, por dentro, eu ainda sentia que estava à beira de fazer uma merda.

Quando voltamos para casa, Farrah estava esparramada no sofá assistindo à TV, vestindo apenas um top de biquíni e short curto.

Não me fode.

Sério? Eu passo dias evitando-a, e é assim que ela está vestida na primeira vez que a vejo de novo?

— Seria bom se você colocasse uma roupa — comentou Nathan.

Engoli em seco.

— Achei que estivesse sozinha — ela disse, se levantando. — Onde vocês estavam?

— No Applebee's. Comemorando — ele respondeu com um sorriso.

— Comemorando o quê?

— Consegui o emprego na concessionária!

Os seios dela balançaram quando ela se levantou do sofá. *Jesus.*

Desviei o olhar com esforço.

Ela puxou Nathan para um abraço.

— Estou tão orgulhosa de você. Essa é a melhor notícia de todas. Poderiam ter me dito que iam sair para comemorar. Eu teria ido junto.

— Você não estava em casa, e foi uma decisão de última hora — ele contou.

— Estou tão feliz! — Ela deu um tapinha nas costas dele.

— Valeu. Preciso ir ao banheiro — Nathan falou, passando por ela para ir até a cozinha.

Demorei alguns segundos para perceber que ainda não tinha me mexido e que estava encarando-a fixamente de novo. Farrah sorriu enquanto estava na minha frente, parecendo apreciar minha admiração pelo corpo dela. Eu sempre tinha sido tão óbvio? No passado, pensei que só olhasse de relance, mas talvez eu não tivesse sido tão discreto. Talvez ela tivesse notado o tempo todo.

— Você deveria colocar uma roupa — eu disse, pigarreando.

O peito dela subiu e desceu com a respiração.

— Porque você gosta de me olhar?

Sim.

— Não importa do que eu gosto.

— Não consigo parar de pensar em você — ela sussurrou.

O som dos passos de Nathan se aproximando me fez sair depressa dali. Desviei de Farrah e fui direto para o banheiro principal. Arranquei as roupas e liguei a água fria. Entrei, deixando a água cair sobre mim, rezando para que levasse minha culpa junto com ela.

Capítulo 9

Farrah

Eu tinha acabado de chegar em casa do trabalho quando a campainha tocou. Espiando pelo olho mágico, vi Nora segurando uma pilha de pães sírios.

— Isso é pra mim? — perguntei logo que abri a porta.

— Queria alguma coisa para passar nos pães. Não temos nada em casa. Minha mãe precisa ir ao supermercado.

— Entra aí.

O tio de Nora era dono de uma padaria árabe que ficava aqui pertinho. Ela me contou que ele acordava por volta das duas da manhã para assar pães e, como sempre assava muitos, deixava uma pilha na porta da casa dela algumas vezes por semana. Nora costumava dividir comigo, porque o freezer da casa dela sempre estava lotado. Mas ela nunca tinha nada para comer junto com o pão.

Fui até a geladeira.

— O que você está pensando? Cream cheese… pasta de amendoim?

— Que tal manteiga?

— É, boa escolha. Podemos aquecer o pão primeiro, deixá-lo bem quentinho e crocante.

Ela esfregou a barriga enquanto se sentava ao balcão.

— Humm.

— Achei que sua mãe tinha dito pra você não sair de casa — comentei, abrindo o pacote de pão.

— Ela disse, mas acho que não se importaria de eu estar aqui.

— Certo, mas pode mandar uma mensagem dizendo que está aqui, só pra ela saber?

Nora assentiu e pegou o celular. Peguei alguns pães e coloquei no forno elétrico.

— Como foi a escola hoje?

Nora deu de ombros.

— Foi normal.

— Aprendeu algo interessante?

— Não muito — murmurou.

Ri baixinho. Eu costumava dar essa mesma resposta para minha mãe quando ela me perguntava. Ela sempre insistia que eu pensasse em pelo menos uma coisa que tinha aprendido e nunca aceitava a resposta "nada importante".

— Por que você parece triste? — Nora perguntou.

— Eu? Não percebi que estava com o semblante triste. Só lembrei de uma coisa que me deixou meio nostálgica. — Balancei a cabeça, tentando afastar o pensamento. — Enfim, alguma novidade?

— Nada. Como está Jace?

Eu ainda me arrependia de ter contado sobre minha paixonite, então tentei mudar de assunto.

— E o Shawn?

— Ele ainda nem sabe que existo.

— É, bem, às vezes isso é até melhor do que a realidade. Ele nunca pode te magoar se não souber que você existe.

Ela olhou para o forno elétrico.

— O pão vai queimar.

Merda! Dei um pulo.

— Você está certa. Obrigada.

Tirei o pão bem a tempo e passei a manteiga. A sensação de comer aquele pão quentinho com manteiga derretida era exatamente do que eu precisava.

— Está delicioso — falei de boca cheia. — Obrigada por trazer.

— Obrigada por estar em casa, assim não precisei comer sozinha. — Nora sorriu. — E pela manteiga também.

— Você sabe que é sempre bem-vinda aqui. Só prefiro que peça permissão à sua mãe antes.

— A gente pode nadar?

Parei de mastigar por um instante.

— Acho que sim, mas você precisa perguntar à sua mãe se ela deixa.

Ela mandou outra mensagem para a mãe. Depois de um momento, o celular apitou com uma resposta, e Nora fez uma careta.

— Minha mãe quer que eu volte e faça a lição de casa. Ela disse que não quer ficar preocupada comigo nadando enquanto está no trabalho.

Fiquei com pena de Nora, mas entendi a preocupação da mãe dela.

— Quer saber? Talvez possamos convidar sua mãe para vir aqui com você em um fim de semana. Aposto que ela ficaria mais tranquila se estivesse por perto para te observar na piscina.

— É, talvez — ela disse, ainda triste, enquanto descia do banco. — Bom, melhor eu ir.

— Anime-se! Faça logo sua lição, assim você pode descansar depois.

Ela acenou.

— Tchau, Farrah.

Assim que a porta se fechou atrás dela, soltei um longo suspiro. Nora não tinha uma vida fácil, sendo deixada sozinha tantas vezes; ela merecia um pouco de diversão.

Alguns segundos depois, houve uma batida à porta. Olhei para o resto do pão na bancada e imaginei que Nora tivesse voltado para buscar. Meu coração afundou no instante em que abri, porque não era Nora — era aquele homem furioso, James, o cara que já tinha vindo aqui antes para cobrar o dinheiro que a Construtora Muldoon devia a ele.

Meu coração acelerou enquanto eu fechava a porta pela metade, deixando apenas a cabeça para fora.

— Como posso te ajudar?

— Você pode me ajudar me dizendo onde Jace se meteu, caralho. Acabei de ir ao escritório dele, mas ele não está lá. Eu quero a porra do meu dinheiro, e não vou esperar nem mais um dia por isso.

— Olha... — Minha voz tremeu. — Entendo completamente como você se sente. A empresa está numa situação complicada, e sei que ele está fazendo tudo o que pode para...

— Eu disse que quero a porra do meu dinheiro! — ele gritou. — E não vou sair daqui até conseguir.

— Certo, tudo bem, mas não posso te deixar entrar, então...

— Não importa. Vou esperar bem aqui até ele voltar.

O medo me consumiu. O que exatamente ele faria se Jace não conseguisse arranjar o dinheiro?

Naquele instante, a caminhonete de Jace apareceu, freando bruscamente em frente à casa. Ele nem se deu ao trabalho de estacionar direito antes de bater a porta e correr em nossa direção.

Primeiro, sua raiva foi direcionada a mim.

— Eu te disse para não abrir a porra da porta! — Ele arfou.

— Achei que fosse a Nora. Ela estava aqui há pouco. Foi o único motivo pelo qual não vi quem era.

Ele se virou para James.

— Você não tem o direito de vir aqui.

— Não vou embora até conseguir meu dinheiro.

Jace passou a mão no rosto e soltou um longo suspiro.

— Entre no seu carro e me siga até o banco da Rua Wheeler.

James bufou e, relutante, voltou para a caminhonete. A adrenalina tomou conta de mim enquanto os dois partiam, porque eu ainda não sabia o que estava acontecendo. Jace ia tirar dinheiro da própria conta? James faria alguma coisa se não conseguisse todo o valor?

Passei a próxima meia hora preocupada, perguntando-me o que estava acontecendo no banco.

Quando a caminhonete de Jace finalmente entrou na garagem e eu vi que ele estava bem, soltei um grande suspiro de alívio. Abri a porta da frente e esperei por ele na soleira.

— Está tudo bem? — perguntei enquanto ele se aproximava.

Ele ignorou a pergunta e me lançou um olhar furioso ao entrar em casa.

— O que eu te disse sobre abrir a porta quando está sozinha, Farrah?

— Já falei, só abri porque Nora tinha acabado de sair. Achei que ela tinha voltado porque esquecera alguma coisa. Foi falta de sorte. Se eu soubesse que era ele, não teria aberto.

— Ele não encostou em você, né?

— Não. Ele não tocou em mim. — Suspirei. — Desculpe por ter aberto a porta.

Jace soltou um longo e lento suspiro e pareceu se acalmar.

— Tudo bem. Desculpe por ter gritado com você.

— O que aconteceu no banco?

— Já cuidei disso.

— Como?

— Dei vinte mil dólares para ele.

— Da sua própria conta? — perguntei.

— Sim. É uma merda, mas quero que ele nos deixe em paz.

Não me surpreendeu que Jace tivesse dinheiro suficiente para pagar

James. Eu sabia que ele tinha um bom emprego em Charlotte, e não parecia gastar dinheiro à toa.

— Eu estava tão preocupada com você — confessei enquanto estendia a mão para tocar seu rosto. Passei o polegar pela barba por fazer.

Ele fechou os olhos enquanto sua respiração acelerava.

Quando os reabriu, me encarou com intensidade. O calor de seu corpo era palpável. Me aproximei um pouco mais e senti sua respiração nos meus lábios.

— Por favor, me diga que não sou a única que está sentindo isso — murmurei.

— Você não é, Farrah — ele sussurrou, me surpreendendo.

Deslizei os dedos pelos seus lindos cabelos pretos enquanto ele murmurava algo e fechava os olhos de novo. Inclinei-me e, antes que pudesse piscar, ele colou a boca na minha.

Desfrutando da sensação deliciosa e quente de seus lábios, me derreti nele. Jace gemeu. Eu não conseguia acreditar que aquilo estava acontecendo. Ao pressionar meu corpo contra o dele, percebi de imediato sua ereção e senti o calor através de sua calça jeans. Minha calcinha já estava molhada. Sua boca desceu pelo meu rosto até o pescoço, onde ele sugou a pele da minha clavícula. Inclinei a cabeça para trás e soltei um som desesperado, incapaz de conter minha excitação. Jace puxou meu cabelo, inclinando ainda mais minha cabeça para trás, sugando meu pescoço com mais força.

— Puta merda, Farrah... o que você está fazendo comigo? Isso é tão errado, mas não consigo parar.

— Você não precisa parar.

— Porra, eu preciso, sim — ele murmurou sobre a minha pele.

Jace me puxou ainda mais forte contra ele enquanto sua boca subia mais uma vez para encontrar a minha. Seu beijo era áspero e faminto. Ele tinha um gosto melhor do que eu poderia imaginar, como açúcar e especiarias. Eu podia sentir meu corpo ficando ainda mais excitado a cada segundo. Nunca me senti tão viva assim. Rezei para que ele não parasse.

Quando senti que ele estava se afastando, agarrei sua camisa e o puxei de volta. Ele devorou minha boca, mais rápido e com mais intensidade. Levantei a perna para envolvê-la em sua cintura, na esperança de que ele me pegasse no colo e me levasse para o quarto. Aparentemente esse foi o limite para ele.

Jace se afastou bruscamente, saindo do transe em que estava.

— Não posso fazer isso — falou, exasperado.

Eu respirava com dificuldade, ainda sem fôlego, enquanto o observava: o cabelo que eu havia bagunçado, os lábios que eu havia deixado vermelhos e inchados, a ereção que eu havia causado. Meu corpo permanecia em êxtase, frenético.

Ele passou os dedos pelos próprios lábios. Minha boca se encheu de água. Eu queria que ele me beijasse de novo.

— Isso não pode acontecer nunca mais, Farrah. Eu passei do limite agora. Nem sei que porra deu em mim.

— Somos adultos — retruquei.

Ofegante, ele me encarou nos olhos.

— Você realmente acha que Nathan conseguiria lidar com isso? Seja honesta.

Eu não achava que Nathan *deveria* reagir mal à ideia de Jace e eu, mas sabia que ele não aceitaria. Eu teria que bater de frente com ele por causa disso. Se Nathan descobrisse, isso arruinaria o relacionamento dele com Jace, uma das únicas pessoas no mundo em quem Nathan confiava. Jace tinha razão. Eu só não sabia *como* apagar meus sentimentos, especialmente agora que sabia que ele sentia algo também... mesmo que fosse ao menos atração física.

— Tudo bem. Admito que ele reagiria muito mal — confessei.

— Você viu como ele reagiu quando estávamos na piscina. Nós não estávamos fazendo nada, e ele surtou comigo por causa daquilo.

Nessa situação, não tinha esperança nenhuma. Continuei apenas assentindo, porque não havia como argumentar. Isso destruiria Nathan.

Mas, ainda assim, para mim, era um dilema, porque eu queria Jace mais do que já quis qualquer outra coisa na vida — e eu não estava exagerando.

— Entendo que seria um pesadelo se ele descobrisse. Mas não sei como parar de sentir o que sinto por você. Eu já era louca por você antes mesmo de saber que tinha um interesse por mim. Mas agora que sei que sente algo também, eu...

— Esqueça o que acha que sabe, tá bom? Sim, eu me importo com você, e isso acontece há anos. E, sim, estou inapropriadamente atraído por você agora. Você se tornou uma mulher linda, e eu sou homem... não consigo evitar essa atração. Mas *posso* controlar as minhas ações. Preciso fazer o que é melhor para todos nós.

— O que isso significa, então? — perguntei.

— Significa que... nós vamos fingir que o erro que cometi agora, sob uma quantidade incrível de estresse, nunca aconteceu. Eu me deixei levar. Estava preocupado com você e estressado, e voltei pra cá tão feliz de te ver, tão aliviado que você estava bem. Tudo o que você precisou fazer foi olhar pra mim, e eu perdi completamente a noção da realidade. Eu não tinha o direito de ceder aos meus impulsos. — Ele deixou a cabeça cair, e seus lábios quase tocaram os meus. — O foda disso tudo é que... eu sei o quão errado é, mas ainda estou aqui, querendo fazer tudo de novo, e isso me apavora pra caralho. Porque isso precisa parar.

Sua fraqueza me deu esperança.

— Você não confia em si mesmo...

— Não. E você também não deveria confiar em mim.

— Por que eu não deveria confiar em você? Pelo que vejo, você é um homem decente, trabalhador e uma das poucas pessoas neste mundo em quem *realmente* confio.

Ele puxou o cabelo e olhou frustrado para o teto.

— Mesmo que Nathan não estivesse no meio disso, Farrah, não sou o cara certo pra você. Você merece alguém que seja bom em relacionamentos. E eu não sou. Nunca fui. E você, com certeza, merece alguém que fique em

Palm Creek. Eu não me vejo nessa cidade por muito tempo.

— Isso mudaria se você sentisse que encontrou a pessoa certa. Acho que só está tentando inventar uma desculpa, quando nós dois sabemos que, se não fosse por causa do Nathan, é provável que você estivesse dentro de mim agora.

Os olhos dele se arregalaram.

Caramba, minhas palavras também me chocaram. Mas era a verdade. Jace rangeu os dentes e olhou para o chão. Interpretei isso como um sinal de que ele concordava comigo.

Meu olhar desceu.

— Você ainda está duro. Você me quer.

— Não importa o que meu pau quer, Farrah. — Seu tom foi severo. — Nada pode acontecer. Entendeu? Você sabe disso. E eu sei disso. Tivemos um gostinho de como seria. Agora só precisamos esquecer.

Eu não queria só um gostinho. Eu queria me entregar, experimentar tudo — e não só o sexo. Eu queria Jace de todas as formas, e parecia tão injusto ter que guardar esses sentimentos para sempre. Parecia uma tarefa impossível.

Senti as lágrimas se formarem nos meus olhos, mas não as deixaria cair. *Merda*. Eu não queria chorar, mas isso tudo era demais para mim. Eu sabia que ele estava certo, mas me sentia desesperada.

— Não podemos nos encontrar em segredo por um tempo?

Ele soltou um suspiro trêmulo e balançou a cabeça.

— Não podemos fazer isso.

— Quem disse? Se Nathan não descobrir, qual é o problema?

Seus olhos se levantaram bem rápido para encontrar os meus.

— Ele *descobriria* em algum momento. Sem contar que você está esquecendo que moramos todos juntos. Se alguma coisa der errado entre a gente, mesmo que Nathan não soubesse, seria impossível lidar com a situação morando sob o mesmo teto.

Era loucura eu estar disposta a ficar com ele em segredo, só para poder vivenciar aquilo. Mas eu estava. Se ele tivesse concordado, eu teria aceitado em um piscar de olhos.

Esfreguei meus braços.

— Tudo bem... então... acho que não temos mais nada para conversar — falei.

Senti uma lágrima finalmente cair enquanto olhava para os meus pés, tão frustrada e desesperançosa.

— Por favor, não chore, Farrah. Porra. Eu não valho suas lágrimas.

— As coisas deveriam simplesmente voltar ao normal agora? Vou ter que lidar com você trazendo garotas pra cá de novo... depois de me beijar?

— Não vou trazer ninguém para cá. Te dou minha palavra. — Seus olhos suavizaram, cheios de arrependimento, enquanto ele segurava meu rosto. — A última coisa que quero é te machucar.

O som do portão automático da garagem soou, e Jace se sobressaltou. Nathan tinha chegado mais cedo.

Enxuguei meus olhos.

— Merda — murmurei, saindo rapidinho de lá para que Jace ficasse sozinho quando Nathan entrasse.

Corri para o banheiro e me olhei no espelho. Notei uma marca no meu pescoço deixada por Jace. Tracei a marca com o dedo, ainda muito excitada por causa dele. Nem tinha percebido o quanto eu sentia falta de sexo. Ali estava eu, parada, chorando, mas ainda sentindo aquela pulsação entre as pernas, ansiando por Jace — era uma combinação estranha. Mas o desejo dentro de mim era incansável. Era patético o quanto eu era fraca. Lambi os lábios, ainda conseguindo sentir o gosto dele, me lembrando de como ele gemeu quando nos beijamos.

Os sons abafados de Jace e Nathan conversando chegaram aos meus ouvidos, mas eu não conseguia entender o que estavam dizendo. Não tinha certeza se Jace contaria ao meu irmão o que aconteceu com aquele tal de James antes de ele chegar.

Depois de alguns minutos no banheiro, fui até meu quarto, apliquei um pouco de maquiagem na marca do pescoço e cobri com o cabelo. Olhei para mim mesma no espelho e prometi agir com a maior naturalidade possível quando visse meu irmão.

Quando finalmente entrei na cozinha, Jace estava sentado à mesa, de frente para Nathan. Ambos segurando suas cervejas.

— Contei a Nathan o que aconteceu hoje — avisou Jace.

Decidindo ser sarcástica, inclinei a cabeça.

— Sobre o quê exatamente?

Ele me lançou um olhar duro.

— Sobre James ter aparecido.

— Ah, é. — Dei de ombros. — Não foi nada de mais.

Nathan se virou para mim.

— Olha, nem preciso dizer o quanto fico chateado por você ter aberto a porta, e espero que tenha aprendido a lição. Você precisa olhar pelo olho mágico sempre. Pelo menos esse imbecil não vai voltar mais, agora que conseguiu o dinheiro.

— Ele não vai — garantiu Jace. — Mas ela ainda precisa ficar atenta. Porque essa história não acabou. Existem outras pessoas.

Abri a geladeira e bebi suco de laranja direto do gargalo. Não era do meu feitio, mas minha cabeça estava em outro lugar.

Guardei o suco de volta e me virei para Nathan.

— Como está indo o novo emprego?

— Está indo bem. — Ele sorriu. — Hoje quase vendi um carro, mas aí a esposa do cara o convenceu a ir amanhã à concessionária que fica do outro lado da cidade antes de tomar a decisão. Uma merda.

Fiz uma careta, empática com a situação.

— Talvez ele volte.

— É, espero que sim.

— Isso é legal, cara — Jace falou. — Vou torcer para que dê tudo certo.

— Valeu. Estou precisando de uma grana extra.

— Vou dar uma volta no quarteirão. Preciso me exercitar — avisei. Eu também precisava de um tempo para respirar.

— Divirta-se — meu irmão falou enquanto eu saía, sem olhar para Jace.

Quando a brisa morna do início da noite bateu no meu rosto, fechei os olhos e respirei fundo. Eu estava tão aérea que quase trombei com uma mulher que passeava com seu cachorro.

— Desculpe! — gritei.

Incapaz de controlar mais meus sentimentos, eu precisava contar a alguém sobre o que aconteceu hoje. A única pessoa em quem confiava o suficiente era Kellianne. Ela conhecia a história com Jace, e eu não teria que explicar tudo desde o começo.

Peguei o celular e procurei o número dela.

— E aí? — ela disse quando atendeu.

— Jace me beijou — anunciei. — E estou fodida...

— Meu Deus. O quê? — ela gritou, quase estourando meu tímpano. — Comece do início, por favor.

Contei a história toda para ela, voltando à conversa que Jace e eu tivemos na noite em que ele me levou para casa, depois do Iguana, e terminando com o beijo de hoje, depois do incidente com James.

— Meu Deus, Farrah. Isso é tão sexy. Ele perdeu o controle total.

— Eu fiquei surpresa, de verdade. Achei que toda esperança tinha acabado depois do que ele disse na caminhonete naquela noite. Mas quando ele me beijou hoje, percebi o quanto estou ferrada. Eu teria feito de tudo para continuar o beijo. Mas Jace parou e ficou insistindo que nada mais pode acontecer entre nós. Como vou simplesmente... esquecer?

— É uma situação difícil. — Ela suspirou. — Mas acho que não tem escolha. Você sabe que seu irmão surtaria. Jace está tentando fazer o que é certo. Não importa o que aconteça, você e Nathan ficarão bem. É o relacionamento de Jace com ele que estaria em risco.

Parei de andar e olhei para o céu.

— Eu devo ser uma pessoa horrível por querer esconder isso do Nathan.

Ela suspirou.

— Não, você não é uma pessoa horrível. Está apenas um pouco apaixonada... e muito excitada... por um homem por quem tem uma quedinha desde que era criança. Mesmo que esconder não fosse certo, eu entendo que a ideia de ficar com ele seja tentadora. Acho que a única chance que você tem é se Jace perder o controle de novo. Ele teria que pensar com o pau, e não com a cabeça. Mas ele não vai *decidir* agir dessa forma. Teria que só acontecer.

— Não quero que Jace tenha que viver com essa culpa. Não vou provocá-lo para que perca o controle. Só queria que as coisas fossem diferentes.

— Sim, mas não são. Sabendo como tudo está, tente encontrar uma maneira de se afastar. Não é fácil porque ele mora com você, mas você precisa fazer um esforço para seguir em frente.

— E como faço isso? — perguntei.

— Você precisa conhecer outra pessoa e tirar Jace da cabeça. Lembra daquela história fictícia de namoro on-line que você contou pra ele? Talvez a gente precise colocar isso em prática e transformar em realidade.

Isso parecia horrível, mas eu realmente precisava encontrar uma maneira de desviar meu foco do homem inalcançável que vinha consumindo minha mente e meu coração há tanto tempo.

Depois da nossa conversa, agradeci à Kellianne e continuei a caminhada pelo quarteirão.

Quando voltei para casa, a caminhonete de Jace não estava mais lá. Em casa, Nathan estava sozinho na cozinha, preparando o jantar.

— Jace foi embora? — perguntei.

Ele bateu uma colher de metal na panela.

— Sim.

— Pra onde ele foi?

— Não sei. Provavelmente pra casa daquela garota, Alyssa.

O ciúme queimou minha garganta.

— Entendi.

Nathan arqueou a sobrancelha.

— Por quê? Você precisa dele pra alguma coisa?

Olhei para baixo e balancei a cabeça.

— Não.

Voltei para o meu quarto e passei a próxima hora remoendo essa história, até que Nathan me chamou para comer um pouco do macarrão que ele havia feito.

Depois do jantar, voltei para o meu quarto e fiquei ouvindo música pelo resto do tempo.

A pior parte? Jace não voltou para casa naquela noite.

Capítulo 10

Jace

Desde o dia em que perdi o controle com Farrah, passei todas as noites na casa dos meus pais. Já era ruim o suficiente não conseguir mais olhar Nathan nos olhos, mas estava claro que eu também precisava ficar longe de Farrah. Já fazia duas semanas, e eu ainda não tinha tido coragem de voltar para a casa deles.

Inventei uma história de que minha mãe precisava de ajuda com meu pai em casa, então eu teria que morar com eles por um tempo. Enquanto isso, meus pais não entendiam o motivo de eu, de repente, querer passar tanto tempo ali. A boa notícia era que, embora minha vida pessoal estivesse uma bagunça, as coisas no trabalho finalmente estavam se estabilizando. O banco aprovou o empréstimo, então a Muldoon ia conseguir quitar todas as dívidas. Eu também colocaria os vinte mil dólares que dei a James de volta na minha conta.

A saúde do meu pai estava melhor do que nunca. Depois do último exame, os médicos tinham quase certeza de que o câncer estava em remissão. Era só questão de tempo até ele voltar ao trabalho. Então, eu poderia decidir se queria procurar um emprego aqui ou voltar para Charlotte e tentar recuperar meu antigo trabalho. Estava mais inclinado a escolher a segunda opção.

— Quanto tempo você ainda vai nos agraciar com sua presença antes de voltar para a casa do Nathan? — perguntou minha mãe em uma manhã, durante o café.

— Acho que vou voltar pra lá hoje à noite.

— Não vou reclamar desse tempo extra que tive com você, mesmo que eu não entenda o porquê. Você se recusou a morar com a gente quando voltou para a cidade, então esses dias que ganhei de presente foram bons.

Minha mãe fazia minhas panquecas favoritas todas as manhãs. Eu não me sentia digno de tanto mimo. Em vez disso, me sentia um traidor desprezível. Nathan continuava me mandando mensagens aleatórias, e eu precisava me esforçar para responder de forma despreocupada. Sentia-me culpado, não apenas pelo que aconteceu com Farrah, mas porque ainda não confiava em mim mesmo perto dela, apesar de saber das consequências.

Minha mãe colocou mais uma panqueca quente no meu prato.

— Está tudo bem entre você e Nathan?

— Sim. Por que a pergunta? — Despejei calda sobre a panqueca.

— Só achei que poderia ter algo a ver com o fato de você estar aqui.

— Por que tem alguma coisa errada em querer visitar meus pais?

— Porque sei que aqui não é um dos seus lugares favoritos, mesmo que nos ame. — Ela voltou para o fogão e, então, se virou. — Ah, esqueci de mencionar que vi Farrah.

Meus ouvidos se aguçaram.

— Ah, é?

— Ela estava com um rapaz. Parecia que estava em um encontro.

Parei de mastigar.

— O que você quer dizer?

— O que mais ela estaria fazendo sentada com um homem bonito no Dean?

O Dean era um restaurante perto da casa dos meus pais, que também ficava próximo do trabalho da Farrah.

A calda revirou no meu estômago.

— Quando foi isso?

— Ontem.

Fiquei irritado comigo mesmo por sentir uma onda de ciúme, e soltei o ar com força.

— Você parece chateado — ela disse.

— O quê? — Senti meu rosto ficar vermelho. — Não! Ela só... às vezes, não tem o melhor julgamento.

— Como sabe disso?

Porque ela quer transar comigo, por exemplo. Ignorei a pergunta.

— Como era esse cara?

— Mais velho.

Deixei o garfo cair da minha mão.

— Mais velho?

— Talvez da sua idade, provavelmente no início dos trinta.

— Você está brincando?

— Qual é o problema? Seu pai é dez anos mais velho do que eu.

— Ela é quase uma criança. Há uma grande diferença entre 21 e o início dos 30.

Parecia que minha cabeça ia explodir. Queria correr para o meu carro e ir atrás dela, mas tirei esse pensamento insano da cabeça.

— O que acabou de dizer sobre Farrah vai contra tudo o que você já me falou antes. Achei que a achasse madura.

Esfreguei as têmporas.

— Ela é... mas é porque teve que lidar com muitas coisas desde criança. Isso não significa que esteja pronta para se envolver com um cara de trinta e poucos anos. Ela não teve muitos namorados.

Minha mãe inclinou a cabeça e sorriu de lado.

— Você parece especialmente preocupado com o bem-estar dela.

— Eu estou, porque me importo com ela — falei, e me senti como se tivesse sido pego no flagra.

Minha mãe não era boba.

— Tem certeza de que não tem mais nada acontecendo aí? — ela perguntou.

Uma coisa que eu nunca conseguia fazer era mentir para minha mãe. Então tive que sair daquela situação o mais rápido possível. Não ia admitir que tinha sentimentos inapropriados pela irmã de Nathan, mesmo que fosse verdade.

— O café estava delicioso. — Minha cadeira deslizou contra o chão quando me levantei. — Obrigado.

— Ah, o famoso "come e sai correndo". Me lembro disso de quando te confrontei sobre fumar maconha no ensino médio ou quando quis saber se você já estava transando.

— Deixa pra lá, tá? — Saí correndo para o trabalho, quase atravessando a porta.

É. Ela sabe.

Naquela noite, forcei-me a aparecer na casa de Nathan. Eu não podia desaparecer para sempre, então teria que encarar a situação e sobreviver à minha primeira noite de volta lá.

Ele tinha acabado de retornar da concessionária quando cheguei. Não vi o carro de Farrah do lado de fora, então presumi que ela não estivesse em casa.

Ele abriu a geladeira e pegou uma cerveja.

— Parece que não te vejo há séculos. Como estão as coisas com seus pais?

Uma onda de culpa me atingiu.

— Meu pai está bem melhor agora.

— Que bom saber disso.

— E o trabalho, como está indo? — perguntei.

— Muito bem. Vendi um Escape hoje.

— Isso é incrível, cara.

— É, nunca imaginei que acabaria fazendo algo que gostasse mais do que meu último emprego, mas isso prova que tudo acontece por uma razão. — Ele riu. — Agora estou parecendo a Farrah.

A menção do nome dela fez meu coração acelerar. Fiz o possível para agir com naturalidade.

— Como ela *está*?

— Não a vi muito nesta última semana.

Humm...

— É provável que esteja por aí com algum cara.

Ele franziu a testa.

— Que cara?

Era errado contar, mas meu lado egoísta queria que Nathan soubesse. Além do fato de que *eu* provavelmente era o homem mais perigoso com quem Farrah quase se envolveu, precisávamos garantir que ela não estivesse se metendo em problemas.

— Minha mãe disse que a viu com um cara no restaurante do Dean.

— Sério? Bom, ela não falou nada, mas é possível que eu seja a última pessoa para quem ela contaria.

— Só estou te contando para você ficar de olho, garantir que ela não esteja se envolvendo com gente errada.

— Te agradeço por isso. Pode deixar que vou ficar de olho.

Assenti. Apesar de tentar ao máximo evitar isso, eu também ficaria de olho.

Capítulo 11

Farrah

A dra. Stein rabiscou algo em um pedaço de papel.

— Por que você acha que decidiu conversar com alguém neste momento da sua vida? Já faz um tempo que seus pais faleceram. Por que não antes?

Eu não tinha certeza do que dizer, mas me esforcei para encontrar a melhor resposta.

— Sempre achei difícil me abrir com alguém — comecei. — Mas, recentemente, minhas emoções e ações estão bem fora de controle. Sinto que preciso de alguém para me manter no eixo. Nunca me senti assim, nem mesmo logo após a morte dos meus pais. Estive perto de tomar umas decisões impulsivas que poderiam prejudicar muito algumas pessoas que amo.

Cerca de uma semana depois do meu último encontro com Jace, decidi marcar uma consulta com a terapeuta. Eu já tinha adiado muito, era uma coisa que deveria ter feito logo após a morte dos meus pais. Mas sempre tive medo do que aconteceria, de que as emoções seriam avassaladoras se viessem à tona. Mas depois da minha apresentação no Iguana, ganhei uma nova confiança.

A dra. Alicia Stein foi recomendada por uma colega de trabalho. Ela parecia gentil e era muito paciente. Eu já estava na terceira sessão com ela. Nas primeiras, discutimos sobre a morte dos meus pais e trabalhamos algumas dessas emoções. Hoje, ela havia mudado o foco para o meu estado atual.

— Me conte o que está acontecendo com você agora. Da última vez que conversamos, você tinha acabado de conhecer um cara pela internet.

— Sim... Colton. Na verdade, ele me deu carona até aqui hoje. Ele é muito gentil. Mas estamos saindo há apenas algumas semanas.

— Você com certeza criou um vínculo com ele em pouco tempo, se ele está te trazendo para suas sessões de terapia.

— Para falar a verdade, meu carro é uma lata-velha e parou de funcionar de novo, então ele foi um cavalheiro e me ofereceu carona. Não dependo dele nem nada. A gente nem tem esse tipo de relação. Mas ele tem me apoiado bastante, e contei que estava vindo te ver.

— Como está a situação em casa? — Ela olhou para as anotações. — Com seu irmão, Nathan e... Jace? Esse é o nome dele, certo? O amigo do seu irmão.

— Sim. Boa memória.

— É, eu anotei. — Ela sorriu. — Só estava tentando ler minha própria caligrafia.

— Sim. Claro. — Remexi-me no assento. — Eu não mencionei isso antes, mas há uma história com Jace. Tenho certeza de que tem muito a ver com o motivo de eu ter vindo te ver. Algo aconteceu entre nós.

Seus olhos se arregalaram.

Passei os próximos quinze minutos contando à dra. Stein sobre meus sentimentos por Jace ao longo dos anos e terminei na parte em que nos beijamos. Além de Kellianne, eu não havia falado sobre ele com ninguém — exceto com minha mãe antes de ela morrer.

— Então... — continuei. — Estou me questionando se entrar direto em um relacionamento com Colton é uma boa ideia, considerando que tudo o que aconteceu com Jace é tão recente. O problema é que sei que nada pode acontecer entre nós dois. Jace deixou isso bem claro. Eu não tinha outra escolha senão seguir em frente.

— Você conversou com Jace sobre seus sentimentos desde o dia em que se beijaram?

— Não. Na verdade, não o vi muito nas últimas semanas e, da minha parte, foi intencional. Ele ficou na casa dos pais por algumas semanas depois que nos beijamos, e, para ser sincera, sei que a desculpa que ele deu a Nathan era mentira. Jace disse que precisava ajudar os pais, mas ele só quis me evitar mesmo. É compreensível. Foi melhor que não nos víssemos por um tempo.

— Agora ele voltou para a sua casa?

— Sim, mas ainda o tenho evitado. Não quero lidar com o clima pesado.

— Ele sabe que você está saindo com Colton?

— Parece que sabe, apesar de eu não ter contado. Nathan disse que Jace mencionou que a mãe dele me viu com Colton. Então, ele sabe que estou saindo com alguém.

— Por que acha que seu irmão seria tão contra algo acontecer entre você e Jace?

Era difícil explicar Nathan para alguém que não o conhecia.

— Meu irmão não é próximo de muitas pessoas. Basicamente, ele só tem Jace e a mim. Antes de Jace voltar para a cidade, Nathan era um pouco solitário. Jace é seu único amigo de verdade. Se algo acontecesse entre mim e Jace, e não desse certo, Nathan teria que escolher um lado. Eles sempre foram competitivos e, por mais que Nathan ame o melhor amigo, sei que não acharia que Jace é a pessoa certa para mim. Ele acha que Jace gosta de se divertir com várias garotas. Não confiaria nele.

A dra. Stein assentiu.

— Jace é proibido. Isso alimenta sua atração por ele.

Dei de ombros.

— Meus sentimentos por Jace vêm desde a infância. É muito mais do que o fato de ele ser inatingível. Existem muitas coisas nele que me atraem: sua vulnerabilidade, apesar da aparência austera... seu senso de humor. Desde o momento em que o conheci, quando éramos crianças, fiquei atraída por ele. Ele voltou para a Flórida depois de nove anos longe, e percebi que o que eu sentia por ele não mudou muito, exceto que agora o admiro por outras razões. Seu desejo em ajudar o pai, seu jeito trabalhador. Claro, a atração física só aumentou. Homens parecem melhorar com o tempo, não é?

— Tenho que concordar com você nisso. É muito injusto. — Ela sorriu e voltou a olhar para as anotações. — Tudo bem, Farrah. Pelo que posso perceber, você está no caminho certo. Sabe que um relacionamento com Jace seria tóxico, não apenas porque machucaria seu irmão, mas porque acho que seus sentimentos por ele estão à beira da obsessão. Acredito que trabalhar no desenvolvimento de algo genuíno com esse novo rapaz é a escolha mais saudável para você agora.

O uso da palavra *obsessão* me pegou de surpresa e me fez questionar se eu estava parecendo uma louca, apesar de me esforçar para não parecer. Kellianne também já havia se referido aos meus sentimentos por Jace como obsessão.

A sessão durou mais quinze minutos antes de a dra. Stein se despedir de mim, e saí do consultório e encontrei Colton me esperando do lado de fora.

— Obrigada mais uma vez por me buscar — falei ao entrar no seu Jeep azul-elétrico.

— Sem problema. — Ele se inclinou para me beijar na bochecha. — Como foi? Quer dizer, não precisa me contar sobre o que conversaram, mas tem sido proveitoso pra você?

— Sim... com certeza tem sido bom pra mim.

— Fico feliz. — Ele colocou a mão no meu joelho. — Já sabe para onde quer ir? Estou com fome, e você?

Meu estômago roncou.

— Estou com fome também. Só preciso passar em casa rapidinho. Tenho que ver se chegou um envelope que estou esperando. É importante e não quero que fique na caixa de correio.

— Posso perguntar o que é? Ou é algo pessoal?

— São ingressos para o show do Shawn Mendes.

Ele riu.

— Você gosta das músicas dele?

— Na verdade, não. Bem, ele é legal, mas os ingressos não são pra mim. São para a minha vizinha, Nora. Ela tem 11 anos e é obcecada por ele.

E parece que sei um pouco sobre obsessões.

— Você comprou pra ela?

Dei de ombros.

— Nora não tem dinheiro, e ela tem uma mãe solo que está tentando pagar as contas. Eu quis fazer algo legal. Só espero que a mãe a deixe ir. Ela é um pouco rígida, mesmo que deixe a filha sozinha todas as tardes para trabalhar.

— Poxa. Seria uma pena se ela não deixasse a garota ir. Essa menina vai te amar por causa dos ingressos.

Assenti. Só de pensar na reação de Nora, eu já ficava empolgada.

— Esse vai ser o ponto alto do ano para ela. Contei com a sorte para conseguir esses ingressos. Uma colega é casada com um cara que trabalha na bilheteria e conseguiu dois para mim.

Colton esticou a mão e me beliscou na bochecha.

— Você é tão doce, Farrah.

O toque dele fez minha pele arrepiar. Me sentia atraída por ele. Com seu cabelo loiro e olhos azuis, ele era o extremo oposto de Jace. Considerando toda a situação, era uma coisa boa. Jace era meu cavaleiro sombrio e proibido, e Colton era mais como um anjo da guarda.

— É bom fazer algo legal por alguém.

— Com certeza, tudo que você emana para o mundo volta para você — ele disse, estacionando em frente à minha casa.

— Volto já.

E lá estavam os ingressos, exatamente como eu esperava, então foi uma boa decisão ter passado em casa. Verifiquei dentro do envelope para garantir que tudo estava certo antes de guardá-los com segurança na minha bolsa.

Quando estava prestes a voltar para o carro de Colton, a caminhonete de Jace apareceu. Meu coração disparou. Seus olhos encontraram os meus. Agora que ele me viu, eu não podia simplesmente sair sem dizer oi. Infelizmente, dizer oi também significava ter que apresentá-lo a Colton. Seria muito constrangedor, mas teria que acontecer em algum momento.

Continuei parada ao lado da caixa de correio e esperei Jace sair da caminhonete.

— E aí... como você está? — eu disse, enxugando as palmas suadas no short.

Jace bateu a porta com força e seus olhos se voltaram para Colton, que esperava no Jeep.

Ele inclinou a cabeça.

— Esse é seu novo namorado?

— Ele não é meu namorado. Mas, sim, estou saindo com Colton.

Sem dizer mais nada, Jace caminhou até o Jeep, o que fez Colton abaixar o vidro.

Jace estendeu a mão.

— Sou Jace.

Eles se cumprimentaram com um aperto de mãos.

— Colton.

— Onde você mora?

— Hyacinth.

— Qual é seu sobrenome?

— Sterns.

Jace assentiu uma vez e voltou para mim.

— Se cuida.

Soltei o ar.

— Eu vou.

Meu coração doeu. Eu sentia tanta falta dele.

Jace desapareceu para dentro da casa, e voltei para o Jeep de Colton, acomodando-me no banco do passageiro.

Após um breve silêncio constrangedor, ele ligou o carro.

— Esse cara é o seu colega de casa?

Pigarreei.

— Sim, é Jace. Ele é o melhor amigo do meu irmão e está morando com a gente temporariamente.

— Sem querer ofender, mas ele parece um idiota.

Eu podia entender por que ele teve essa impressão, mas ainda assim isso me deixou um pouco na defensiva.

— Ele só está sendo protetor comigo. Não é diferente de Nathan nesse sentido.

— Dá pra entender por que você não me trouxe aqui antes.

— É, bem, isso precisa mudar. Eu tenho o direito de trazer quem eu quiser pra minha casa, e meu irmão vai ter que lidar com isso.

Mas, se eu realmente acreditasse nisso, por que não o trouxe antes? Por que não o convidei para jantar conosco *esta noite*? Claro que eu não podia admitir que a razão tinha mais a ver com o "idiota" que ele acabou de conhecer do que com meu irmão.

Colton suspirou.

— Olha, se conhecer esse cara foi tão divertido assim, só posso imaginar como vai ser conhecer Nathan.

Franzi o cenho.

— Desculpe. Não é fácil quando a única família que você tem é seu irmão rabugento e o amigo mal-humorado dele. A testosterona domina a minha casa.

Eu sabia que as coisas seriam diferentes se meus pais ainda estivessem vivos. Nathan se importaria menos com minha vida pessoal. E minha mãe, em particular, teria adorado a personalidade doce de Colton.

— Tudo bem. Eu aguento o tranco. — Ele pegou minha mão. — Vale a pena.

Naquela noite, Colton me levou para casa depois de termos saído para jantar. Me despedi dele na porta, e a última coisa que esperava ao entrar em casa era encontrar Jace sentado sozinho à beira da piscina.

Empurrei a porta de vidro, e ele se virou para mim.

— Oi... — eu disse.

— Oi. — Sua voz soou baixa.

— Onde está Nathan?

— Ele saiu para beber com uns caras da concessionária. Acho que vendeu outro carro hoje e eles foram comemorar.

— Uau, isso é incrível. Estou muito feliz por ele.

— Sim. Nem me fale. É bom vê-lo feliz.

Fui até uma espreguiçadeira, ficando a três lugares de distância de Jace, hesitante em me aproximar muito.

— Estou surpresa por te ver aqui. Você geralmente está fora de casa.

— Hoje não tenho para onde ir, eu acho. Só quis sentar aqui sozinho com meus pensamentos.

Eu pagaria para saber quais pensamentos rodopiavam na cabeça de Jace.

— Não há nada de errado em relaxar a cabeça.

— Faz tempo que a gente não se vê, né?

— Sim. — Exalei, surpresa. — Fico feliz que nos encontramos mais cedo. Já estava na hora.

Jace me encarou por alguns segundos.

— Você gosta desse cara?

Dei de ombros.

— Gosto. Ainda é muito cedo para saber se é mais do que algo casual. Ele é muito legal. Você não tem nada com o que se preocupar, se é o que está pensando. Ele é um cara bom.

— Eu sei. Puxei a ficha de antecedentes dele.

Sorri.

— Imaginei que fosse por isso que você pediu o sobrenome.

— Pode apostar. — Ele ficou em silêncio por um momento. — Pode se aproximar. Não vou te morder.

O pensamento dele me mordendo me causou um arrepio na espinha.

Levantei e me sentei na espreguiçadeira ao lado dele.

— Senti sua falta.

Ele anuiu.

— Eu também senti sua falta.

— Quando você ficou na casa dos seus pais, fiquei pensando se voltaria algum dia. Mas quando voltou… eu não estava pronta para te enfrentar, por isso fiquei mais distante.

— Desculpe por te colocar nessa posição. Esta é a sua casa. Você não deveria se sentir desconfortável.

— Aí é que está… *eu* me sinto confortável perto de você. Eu adoro quando você está em casa. Mas acabei sentindo que tenho *te* deixado desconfortável ultimamente.

— Não é nada disso, Farrah. Você me faz sentir o oposto de desconfortável. São meus *sentimentos* que me deixam desconfortável. Quando estou perto de você… fico feliz. E é isso que me deixa em conflito.

Esse homem, sem dúvida nenhuma, sabia como fazer meu coração disparar. Ele também sabia como me confundir completamente.

Olhei para o céu escuro da noite.

— Estou fazendo terapia.

— Sério? Isso é um grande passo. Desde quando?

— Desde que você foi para a casa dos seus pais. Uma colega de trabalho me indicou uma terapeuta há um tempo, e decidi enfrentar. Ela tinha disponibilidade na agenda, então deixei meus receios de lado e comecei.

— Que bom pra você. Fico feliz em ouvir isso. Acha que está ajudando?

— É sempre bom extravasar sentimentos reprimidos, então eu diria que está ajudando nesse sentido. Ainda é cedo para dizer qual será o benefício a longo prazo.

— Entendo.

Eu hesitei.

— Ela parece achar que meus sentimentos por você são… doentios. Ela chamou de obsessão.

Ele estreitou os olhos.

— Você concorda com isso?

— Não sei.

— Que besteira, Farrah. Você se sente atraída por mim porque é da natureza humana sentir atração por alguém do sexo oposto com quem você também tem uma história profunda e se dá bem. Não há nada de errado nisso. Não deixe ela te fazer acreditar que é errado sentir essas coisas.

— Estou surpresa de ouvir você dizer isso. Pensei que achava que o que estava acontecendo entre nós era errado.

Ele negou com a cabeça.

— Pode ser errado *agir* diante da situação, mas não há nada de errado em como nos *sentimos*. Não podemos evitar. Querer você me parece muito natural, mesmo que nada possa acontecer.

Embora suas palavras validassem meus sentimentos, também era doloroso ouvi-lo repetir o fato de que nada poderia acontecer entre nós.

— Colton achou que você foi um babaca hoje.

— Ótimo. Que sirva de aviso. Se tentar te machucar, eu vou ser o maior pesadelo da vida dele.

Nós sorrimos um para o outro.

— Ele é... muito legal. Eu só não consigo relaxar o suficiente para deixar as coisas avançarem. — Parei. — Nós não... fizemos sexo nem nada.

Ele engoliu em seco.

— Você não quer?

— Acho que minha cabeça não está no lugar certo para começar isso com ele agora.

Ele inspirou fundo e depois soltou o ar.

— Vai apresentá-lo a Nathan?

— Estou pensando.

— Vou estar na primeira fila, com pipoca, quando isso acontecer. — Ele riu.

— Muito obrigada. — Eu ri também.

— Sério, Farrah, se você está feliz, eu estou feliz. Por favor, não ache que tem que me evitar ou que não pode contar comigo.

— Eu nunca me senti assim. Sei que se preocupa comigo, não importa o que aconteça. E respeito o fato de você não querer correr o risco de me machucar ou machucar Nathan. Eu só queria...

— Queria o quê?

— Que eu não tivesse mais esses sentimentos.

O luar brilhou nos olhos dele enquanto me encarava profundamente.

— Posso te perguntar uma coisa? — ele disse.

— Sim.

— Seus sentimentos por mim... — Ele mordeu o lábio. — São o que está te impedindo de seguir em frente com esse cara?

Era impossível olhar para ele e negar.

— Acho que sim.

Jace fechou os olhos por um momento, absorvendo minha confissão.

— Por que você não está com ninguém hoje à noite? — perguntei.

— O que você acha? Que eu fico com uma mulher diferente toda noite ou algo assim? Não é assim que funciona.

— Sendo sincera, não sei.

— Não é. Não fico com ninguém há mais de três semanas.

— Desde que nos beijamos?

Ele assentiu.

— Por quê? — perguntei.

— Porque você não é a única que ficou balançada, Farrah.

— Eu imaginei que você continuaria... fazendo o que faz... independente disso.

— Pois é, acho que não consigo separar as coisas tão bem quanto você pensa.

— Está dizendo que o que você sente por mim é *mais* do que só atração sexual?

— Claro que é. Por que ainda precisa perguntar?

— Não sei. — Dei de ombros. — Não entendo como você me vê.

— Você não entende como eu te vejo? — Sua voz aumentou de volume. — Eu te vejo como alguém gentil, amorosa, atenciosa, trabalhadora... e linda. Não há absolutamente nada que eu não goste em você, Farrah. — Ele desviou o olhar. — Não consegui olhar nos olhos de Nathan. Ainda não consigo. Por isso fiquei na casa dos meus pais por um tempo. Não sei o que fazer com essa energia entre nós. É fácil dizer que vamos esquecer, mas não é tão fácil quando estou perto de você.

— Nem me fale.

Eu não conseguia acreditar que ele estava se abrindo assim. Mas, ao fechar os olhos de novo, parecendo atormentado, tive a sensação de que havia algo mais.

— Está tudo bem? Você parece meio pra baixo hoje. Quando cheguei, você estava pensativo. Tem a ver com a Muldoon?

Ele balançou a cabeça.

— Está tudo ótimo no trabalho, na verdade. Conseguimos o empréstimo. Então não é isso. — Ele fez uma pausa. — Tenho que passar pela Lincoln Road todo dia porque tem uma obra acontecendo. Tem um desvio.

Meu coração afundou.

— Ah...

— Toda vez que passo por lá, as lembranças me atingem como um soco. Mas me recuso a procurar outro caminho, porque preciso encarar esses sentimentos em algum momento. Nunca fui bom em lidar com eles.

Partia meu coração saber que ele estava guardando tudo isso dentro de si.

— Já te disse antes, mas você sabe que pode falar comigo sobre isso a qualquer hora, né? Eu consigo lidar.

Seus olhos brilharam.

— Se eu puder falar com *qualquer pessoa* sobre isso, é com você. Não com Nathan. Mas ainda não consigo. Isso não significa que não esteja na minha mente o tempo todo. Não dá para fugir dos próprios pensamentos. Parte do motivo de eu não hesitar em voltar para cá foi porque achei que finalmente me faria bem enfrentar todas as coisas das quais eu estava fugindo.

— Estou orgulhosa de você por ter conseguido passar por lá, mesmo que seja doloroso.

Ele respirou fundo.

— Obrigado.

Ele disse que não estava pronto para falar sobre isso, mas havia algo que eu precisava desabafar.

— Às vezes me pergunto se você se sente culpado por ter sido o único sobrevivente. Esse tipo de culpa pode ser muito tóxica. Você sabe que não foi sua culpa, certo? Você não tinha controle sobre nada daquilo.

Jace colocou a cabeça entre as mãos. Será que ele ia chorar? Eu não o via expressar esse tipo de emoção desde que tinha voltado.

— Não quis te deixar chateado — falei. — Só queria que você soubesse que entendo. Mesmo que eu não estivesse lá... eu entendo.

Ele me olhou.

— Está tudo bem.

Levantei.

— Posso te deixar sozinho, se preferir.

Ele segurou meu braço.

— Eu não quero que você vá. Fique.

Não havia nada que eu quisesse mais do que ficar.

Capítulo 12

Jace

Ela estava tão linda sob a luz da lua. Às vezes era difícil acreditar que essa era a mesma garota que costumava mastigar o cabelo. Farrah tinha se transformado em uma mulher tão graciosa e madura. Apesar de suas esquisitices, seus ideais e visão de mundo estavam mais alinhados aos meus do que os da maioria das mulheres que conheci na vida. Ela não era crítica, e eu nunca me sentia desconfortável perto dela, apesar de não estar à vontade com a atração que sentia. Agora, eu adorava passar um tempo com Farrah.

— O que você quer da vida, Farrah? — perguntei.

Ela sorriu e se inclinou para frente para me olhar, seus olhos penetrantes.

— Acho que quero recriar a paz que eu tinha antes de os meus pais morrerem. Só não tenho certeza de como fazer isso. Não sei se algum dia vou me sentir normal de novo; completamente segura. Também não quero depender de ninguém financeiramente. Quero ter segurança econômica e emocional. Mas estou bem longe disso. — Ela olhou para as estrelas. — Então, minhas três respostas são paz, felicidade e segurança financeira. — Farrah ergueu o queixo. — Sinto que você já conquistou tanto. Gostaria de estar no mesmo nível que você em algum momento. Sabe, me formar na faculdade, fazer uma pós-graduação, ter experiência suficiente para conseguir um bom emprego e cuidar de mim mesma.

Dei de ombros.

— Posso ter um bom currículo, mas estou longe de onde quero estar na vida. Grande parte disso se deve ao fato de que fugi quando as coisas ficaram difíceis e não lidei com os problemas. Então, apesar de parecer que tenho tudo sob controle, é mais uma ilusão.

— Você já conversou sobre seus sentimentos com alguém?

— É o que estou fazendo agora. — Sorri. — Isso é o mais longe que eu chego. — Suspirei. — Não sei o que deveria estar fazendo, para ser sincero. Não posso mudar o que aconteceu. Falar sobre isso vai *realmente* me ajudar? Não sei. Sempre me escondia atrás dos estudos e do trabalho.

— Temos isso em comum, não lidar com as coisas. Tenho focado no meu emprego sem sentido e em estar presente para Nathan, mas não sinto que estou vivendo a vida da maneira que quero. Honestamente, os últimos sete anos foram um borrão.

Assenti.

— Também sinto como se tivesse vivido duas vidas diferentes: antes e depois. Sabe do que estou falando?

Ela assentiu.

— Sei *exatamente* do que você está falando. — Nossos olhares se encontraram.

— Eu sei que você sabe.

— Apesar de ter sido muito difícil — ela disse —, quando você voltou para a Flórida, me senti muito bem. Foi como se eu tivesse recuperado um pouco do que era antes. Não tive muitas coisas enquanto eu ainda era uma criança. Tinha os meus pais, Nathan, e honestamente, Jace… eu tinha *você*. Porque você estava sempre por perto. A sua volta foi a melhor coisa que me aconteceu em muito tempo. — Ela ficou um pouco emocionada. — Sei que compliquei as coisas ao mostrar meus sentimentos por você, mas espero que saiba que, não importa o que aconteça… Eu sempre vou torcer por você.

Um sentimento indefinível borbulhou no meu peito — uma sensação quente misturada com uma culpa intensa.

Eu queria muito me inclinar e beijá-la.

— Você é incrível, sabia?

— Também te acho incrível — ela sussurrou.

— Quando minha mãe me contou sobre ter te visto com aquele cara, o Colton, acho que ela sentiu uma *vibe* estranha vinda de mim. Ela perguntou se isso me incomodava.

Mesmo na escuridão, pude ver suas bochechas corarem.

— Você ficou com ciúmes?

Eu assenti.

— Sabe aquele ditado: se não aguenta o tranco, cai fora? Foi o que fiz. Saí da cozinha. Eu literalmente me levantei da mesa porque nunca consegui mentir pra minha mãe.

— Por que você teve medo de contar para ela?

— Não queria que ela me convencesse a fazer a coisa *errada*. Minha mãe não é uma boa influência. Ela é muito romântica, e adora você. Acho que adoraria se ficássemos juntos. Ela tem muito respeito por você.

A expressão de Farrah ficou triste.

— Mas ela não conhece Nathan como nós.

— Sim — murmurei.

Ela pigarreou.

— Sua mãe é muito doce. Eu sempre gostei dela. Seus pais são ótimos.

— Quando passei aquelas duas semanas com eles, percebi como sou sortudo por tê-los. — Imediatamente me arrependi do que eu tinha acabado de dizer. — Desculpe. Foi insensível da minha parte. Eu só quis dizer...

— Não, não, não. Está tudo bem. Eu tive meus pais pelo tempo que pude, e fui muito sortuda durante 14 anos. — Ela olhou para a piscina. — Ainda consigo ouvir minha mãe falando comigo, às vezes. É como se eu soubesse o tipo de conselho que ela me daria para certas situações, mesmo que ela não esteja aqui. Não tenho a mesma conexão com meu pai. Ele era um pouco mais difícil de entender. Mas o fato de ainda conseguir sentir a presença da minha mãe quando preciso dela é uma coisa boa. — Ela se virou para mim. — De qualquer forma... eu fico muito feliz que ficou aqui esta noite. Faz séculos que não tenho a chance de conversar com você. Estou aliviada que não esteja bravo depois daquele encontro estranho que tivemos mais cedo.

— Não tenho motivo para ficar bravo com você. Só quero que seja feliz.

Ela deu de ombros.

— Estou tentando. — Ela olhou para as próprias mãos. — Olha... aquela promessa que você me fez um tempo atrás... sobre não trazer garotas aqui... isso não é justo. Se eu vou trazer Colton, você também deveria poder trazer quem quiser pra casa.

A ideia de Colton estar aqui me incomodava. Não seria fácil, mas eu tinha que apoiar, porque Farrah precisava esquecer a ideia de ficar comigo.

Ergui a sobrancelha.

— Tem certeza disso?

— É... Não posso garantir que não vou odiá-la, mas não tenho o direito de dizer como você deve viver sua vida. Além disso, pareceria estranho para Nathan se você nunca mais trouxesse ninguém aqui. Não acha?

Outras mulheres eram a última coisa em que eu pensava naquele momento. Tudo o que eu queria era provar os lábios de Farrah de novo.

— Você vai trazer esse cara na próxima noite de filmes? — perguntei.

Ela piscou algumas vezes.

— Talvez. Ainda não pensei nisso.

Decidindo ser um ciumento idiota, ergui a sobrancelha.

— Onde você vai se sentar?

O rosto dela ficou vermelho.

— O que quer dizer com isso?

Eu era um idiota por mencionar isso, mas não consegui me segurar.

— Você vai tentar sentar do meu lado mesmo que ele esteja lá?

O rosto dela ficou ainda mais vermelho.

— Você percebeu meu joguinho de pernas. Parabéns.

— Foi meio óbvio, sim. Principalmente quando sua perna encostava na minha por *acidente*.

— É... mas você também não se afastava quando isso acontecia, né?

— Não, não me afastava mesmo. E provavelmente eu deveria ir para o inferno por isso.

— Bom, pelo menos nós sempre teremos as noites de filmes. — Ela deu uma piscadinha.

Meu corpo reagiu só de pensar em ficar tão perto dela de novo. Farrah não tinha ideia de quanto aquela brincadeira com nossas pernas tinha mexido comigo.

Mudei de assunto antes que ficasse duro só de pensar naquilo.

— Então é assim que vamos lidar? Você traz o seu cara, e eu trago umas garotas. Fingimos que nada aconteceu entre a gente... e superamos todo o constrangimento?

— Acho que sim. — Ela mordeu o lábio inferior, sem parecer muito convencida.

Assenti, ainda sentindo ciúmes.

— Certo.

— Me prometa uma coisa.

— O quê?

— Prometa que não vai me evitar daqui pra frente. Eu vou fazer o mesmo.

Suspirei, mas prometi a mim mesmo que agiria como um adulto dali em diante.

Eu consigo fazer isso.

— Parece um ótimo plano.

Minha promessa de não evitar Farrah foi posta à prova na semana seguinte, quando Nathan me informou que a irmã dele traria o novo *namorado* para um churrasco à beira da piscina. Eu não sabia por que ele usou esse termo. Farrah tinha dito que as coisas não eram sérias. Algo tinha mudado? Porra, por que eu estava tão interessado em saber?

Nathan e eu estávamos na cozinha, preparando a comida, quando ele começou a me interrogar antes que Farrah chegasse.

Ele jogou alguns temperos sobre uma bandeja de asinhas de frango.

— Você disse que esbarrou com esse cara, né?

— Sim.

Ele limpou o excesso de tempero das mãos.

— Como ele é?

Enrolei um pouco de carne moída em uma bola e a achatei com força — eu estava mais era *socando* a carne.

— Ele pareceu legal. Respeitoso. Acho que ela poderia arranjar alguém melhor no quesito aparência, mas isso sou eu sendo superficial. Não tenho nenhum motivo para não confiar nele. Fiz uma checagem de antecedentes. Não apareceu nada suspeito. Ele mora em Hyacinth. Ainda com os pais, o que é bem patético.

Nathan esfregou o frango.

— Ele pode ser meio bobão.

— Provável — concordei.

— Obrigado por ter investigado. Vou tentar não pegar pesado com ele, a menos que eu tenha motivos.

— Tenho certeza de que Farrah vai gostar disso.

Nathan lavou as mãos e pegou uma cerveja da geladeira.

— Se esse cara for decente, não tenho com o que me preocupar, mesmo que ele more com os pais. Minha preocupação com Farrah sempre foi que ela acabasse com a pessoa errada. Ela é muito frágil, mesmo que tente não demonstrar. Depois de tudo o que passamos, ela precisa de alguém em quem possa confiar. E não suportaria ser traída. Aquele cara que ela namorou no ensino médio partiu o coração dela. Ele não a traiu, mas terminou com ela antes de ir para a faculdade. Farrah precisa encontrar alguém que só queira estar com uma pessoa, alguém que a trate bem e esteja lá por ela quando precisar.

Exatamente. O oposto de mim.

— Concordo. Esse é o tipo de pessoa de que ela precisa.

E é por isso que, mesmo que ela e eu não tivéssemos tanto medo de machucar Nathan, eu ainda não seria a pessoa certa para ela. Meu histórico era péssimo.

Quando a porta da frente se abriu, fiquei na cozinha, socando a carne sem pensar, embora devesse estar moldando hambúrgueres. Farrah e o amiguinho dela estavam conversando na sala. Não sabia para onde Nathan tinha ido, talvez tivesse ido trocar de roupa e vestir a bermuda de banho. Eu realmente queria que ele voltasse logo. Ele deveria ser o meu escudo.

Passos se aproximaram da cozinha e antes que eu percebesse, Farrah apareceu com um vestido de verão tão fino que seus mamilos apareciam através do tecido. Agora que o namorado dela estava na minha frente, pude ver que ele era bem baixinho. Isso, de uma forma muito perversa, me deixou feliz.

— E aí, como estão as coisas? — Farrah perguntou.

— Bem — respondi, indo até a pia para lavar as mãos. Quando terminei, engoli o orgulho e estendi a mão para ele. — Como vai, cara?

— Tudo bem. Legal te ver de novo. Você chegou a encontrar alguma coisa na minha ficha? — ele perguntou.

— Não. Você está limpo como uma folha em branco. É o único motivo pelo qual está aqui.

— Bom saber. Respeito o fato de você cuidar dela.

Olhei diretamente nos olhos dele.

— Sempre vou cuidar dela.

Farrah sorriu para mim, e nossos olhares se encontraram. Então, Nathan entrou, e minha atenção se voltou para ele.

— Nathan, este é Colton — disse Farrah, com a voz um pouco trêmula. — Colton, este é meu irmão, Nathan.

Colton estendeu a mão.

— Prazer em te conhecer.

Nathan apertou sua mão.

— Igualmente.

Farrah olhou de um para o outro.

— Nathan me garantiu que vai se comportar hoje.

— Desde que ninguém me dê motivos para agir de outra forma — brincou Nathan.

Forçando-me a ser amigável, perguntei:

— Quer uma cerveja, Colton?

— Seria ótimo.

— Miller ou Heineken?

— Vou de Miller. Obrigado.

Enquanto eu caminhava até a geladeira, ouvi Farrah dizer:

— O quê? E eu, sem cerveja?

Preferia que Farrah não bebesse hoje. Ela ficaria mais solta e talvez fizesse algo com esse cara que normalmente não faria. Eu sabia bem como isso funcionava. No entanto, engoli o orgulho mais uma vez.

— Quer uma Miller, né? — Eu sabia que era a favorita dela.

— Sim. E eu estava só brincando, Jace. Posso pegar sozinha.

O jeito como ela piscou os olhos me fez querer pegá-la no colo e sair correndo dali. Eu tinha sérios problemas. Eu sabia que ela ia preferir estar comigo agora, em vez de com esse sujeito. E, de algum jeito estranho, eu gostava disso.

Forçando-me a tirar os olhos dela, fui até a geladeira para pegar as cervejas.

Depois de entregar as garrafas para Farrah e seu *amigo*, abri a minha e tomei um longo gole.

Farrah saiu para a área da piscina com Colton, e eu fiquei na cozinha, mas meus olhos estavam fixos nela através da porta de vidro. Quando ela tirou o vestido, meu coração disparou. Foi difícil me segurar para não correr até lá e cobri-la com uma toalha. Eu sempre soube que ela tinha um corpo lindo, mas, por algum motivo, parecia dez vezes mais perfeito para mim agora — provavelmente porque o ciúme estava amplificando cada pensamento e emoção.

Que porra a minha vida tinha se tornado? Há alguns meses, eu estava vivendo na Carolina do Norte, cuidando da minha própria vida e com uma carreira promissora. Agora eu estava de volta à Flórida, lidando com os problemas que meu pai criou e desejando a irmã mais nova do meu melhor amigo. Pior ainda, eu não conseguia parar de *pensar* nela, mesmo quando ela não estava por perto. E eu criticava a minha família por ter vícios? Ser viciado em uma pessoa trazia o risco adicional de machucá-la.

Farrah pulou na piscina e seu brinquedinho a seguiu. Continuei na cozinha, fatiando tomate e cebola de forma agressiva, enquanto lançava olhares para a água. Era um milagre eu não ter cortado o dedo.

Nathan apareceu atrás de mim.

— Ele parece legal.

Quase pulei com o som da voz dele. Merda, eu estava tenso.

— É muito cedo pra dizer — respondi, enquanto massacrava um tomate.

Ele olhou para a piscina e depois se virou para mim.

— Já que vamos passar o dia aqui, você devia convidar alguém pra vir.

— Por que eu faria isso? Não seria você o desprivilegiado em números?

— Na verdade... — Ele deu um sorriso. — Uma garota do trabalho vai passar aqui. Então...

— Uma garota? — Sorri. — Quem é? E por que não me contou sobre ela?

— O nome dela é Crystal. Trabalha na recepção da concessionária. Ela é legal.

— Que bom. Já estava na hora.

— O que aconteceu com aquela garota, a Alyssa? — ele perguntou.

Alyssa era a última coisa na minha mente.

— Nada. Ela tem me mandado muitas mensagens. Só não a vi ainda.

— Por que não a convida para vir?

Não consegui pensar em nenhum motivo para não fazer isso, mesmo que a ideia não me empolgasse. Poderia parecer estranho se eu insistisse em ficar sozinho enquanto Nathan teria uma garota por perto. Eu certamente não queria ficar segurando vela. E não podia simplesmente fugir, por mais que quisesse pular essa festa na piscina.

Relutante, peguei o celular e mandei uma mensagem para Alyssa.

Jace: Oi. O que você está fazendo?

A resposta dela veio quase imediatamente.

Alyssa: Só fazendo compras. Por quê?

Jace: Quer vir comer uns hambúrgueres na beira da piscina? Vamos fazer uma pequena social em casa.

Alyssa: Eu adoraria! Quem vai?

Jace: Nathan, a irmã dele e alguns amigos.

Alyssa: Ah. Legal. Parece divertido.

Jace: Beleza. Passo para te pegar em uma hora?

Não havia dúvida de que ela diria sim, considerando que me mandava mensagem quase todos os dias desde que nos conhecemos, apesar de eu não ter demonstrado muito interesse.

Alyssa: Estou indo para casa agora. Então, perfeito.

Se Alyssa conseguisse me distrair de Farrah, nem que fosse por um minuto, já valeria a pena convidá-la.

Capítulo 13

Farrah

Ela era tão bonita que me dava vontade de arrancar os cabelos — ou talvez mastigá-los, como nos velhos tempos. No momento em que Jace entrou com Alyssa, me arrependi de ter dito a ele que poderia voltar a trazer mulheres para casa. *Em que merda eu estava pensando?* Eu disse isso para ser justa, mas a situação atual era a prova de que eu não conseguia lidar com isso.

Alyssa me encarou tanto quanto eu a encarei. Estávamos praticamente em uma guerra de olhares. Eu a peguei olhando para os meus seios. Ela me pegou admirando seu nariz perfeito e seu cabelo loiro e sedoso. Então, ela moveu a mão até a perna de Jace, e meus olhos seguiram o movimento como uma forma de autotortura. O fato de minha atenção ter mudado tão dramaticamente de Colton para o que estava acontecendo entre Alyssa e Jace foi uma revelação. Achei que talvez estivesse virando a página, encontrando uma maneira de seguir em frente com Colton. Minha incapacidade de me concentrar, induzida pelo ciúme, provava o contrário.

Coitado do Colton. O cara não poderia ser mais legal. Ele só não me balançava como Jace fazia. Eu não sentia aquela necessidade incontrolável de agarrá-lo, não sentia a intensa atração que sempre surgia quando Jace estava por perto.

Jace pegou a garrafinha vazia de Alyssa ao se levantar.

— Quer mais uma cerveja? — ele perguntou.

— Adoraria — ela respondeu.

O fato de ele estar servindo Alyssa e me ignorando não deveria me incomodar, já que eu estava sentada ao lado do cara com quem estava saindo. Colton olhava para mim com adoração enquanto eu remoía meus sentimentos confusos.

Nathan e Crystal estavam brincando na piscina, enquanto o restante de nós continuava sentado nas espreguiçadeiras. Fiquei forçando uma conversa com Colton, tentando controlar meus sentimentos.

Foi exaustivo. Pedi licença para ir ao banheiro, prometendo pegar uma cerveja para Colton na volta. Quando cheguei lá, joguei um pouco de água no rosto.

Ao abrir a porta para sair, vi que Jace estava vindo pelo corredor na minha direção.

Ele parou.

— Estou só... indo pegar mais uma toalha.

Seu corpo estava a poucos centímetros do meu, e eu podia sentir seu calor. Meu olhar percorreu o peito esculpido dele antes de subir para o rosto. Ficamos nos encarando por alguns segundos tensos, enquanto ele me olhava de cima. Finalmente, me forcei a colocar um pé à frente do outro e voltar para a área da piscina.

Quando me sentei de novo ao lado de Colton, meu corpo ainda estava tremendo por causa daquele encontro.

— Esqueceu minha cerveja? — Colton perguntou.

Merda.

— Me desculpe. Esqueci mesmo.

— Sem problema. — Ele se levantou. — Vou pegar. Quer uma?

Limpei o suor da testa.

— Não, obrigada.

Mais tarde, depois que o sol se pôs, Nathan achou que seria uma boa ideia se todos nós fôssemos assistir a um filme juntos. Após muita discussão, decidimos ver um dos filmes antigos da série *Bourne* com Matt Damon, porque Crystal nunca os tinha visto.

Jace e Alyssa estavam fazendo pipoca na cozinha, enquanto Nathan procurava o filme na TV. Nathan cedeu seu lugar habitual na poltrona para Crystal, e pegou um travesseiro para sentar no chão ao lado das pernas dela. Eu me acomodei no sofá ao lado de Colton, que escolheu se sentar na ponta. Isso significava que havia uma chance de eu acabar sentada ao lado de Jace.

Meu Deus. Tudo o que eu conseguia pensar era na possibilidade de me sentar ao lado de Jace?

Quando Alyssa e Jace finalmente voltaram para a sala, me ajeitei no assento, tentando parecer indiferente enquanto Jace se aproximava. Então ele se sentou ao meu lado, sem dar escolha a Alyssa, que teve que sentar na outra ponta do sofá. Será que tinha feito isso de propósito? Essa seria a primeira vez que eu me sentaria perto dele sabendo como era beijá-lo. Sabendo que ele se sentia atraído por mim. Sabendo que ele me desejava. Reconhecendo que ele sabia o tempo todo do meu joguinho com as pernas na última noite de filmes. Com nós quatro sentados lado a lado, o espaço estava mais apertado do que o normal, então nem precisei mover a perna para mais perto da dele; estávamos naturalmente espremidos como sardinhas enlatadas.

Nathan deu início ao filme, mas não consegui me concentrar. Eu gostava do calor do corpo de Jace e me preocupava em como iria lidar com Colton depois. Como poderia continuar com ele quando todo esse dia tinha solidificado o fato de que ainda estava completamente obcecada por outra pessoa?

Cerca de vinte minutos depois do início do filme, movi a perna para a esquerda, encostando ainda mais em Jace. Eu devia ser uma pessoa desprezível, porque, quase no mesmo instante, Colton segurou minha mão, e ainda assim não afastei a perna. Eu queria todo o contato que estava recebendo do meu lado esquerdo. Meu corpo estava em chamas. E, se havia alguma dúvida de que tudo isso era mútuo, quando movi minha perna sem querer, Jace inclinou a dele de volta para a minha. Já nem parecia mais discreto.

Senhor.

Isso tinha que acabar. Naquele momento, eu soube que estava tudo acabado com Colton, porque aquilo era errado. Mesmo que nada pudesse acontecer entre mim e Jace, esta noite era uma prova de que também não estava acontecendo muita coisa com Colton. Eu queria gostar dele... mas não conseguia me apaixonar.

Enquanto fingi assistir ao filme, senti como se fosse explodir. Havia uma chance de Jace ir embora com Alyssa esta noite — ou pior, de que ela dormisse aqui. Eu não faria nada além de me revirar na cama pensando nisso. Sabia que Colton também estava esperando que eu fosse embora com ele esta noite. Ele havia sugerido reservarmos um quarto de hotel, já que morava com os pais e nunca tinha privacidade. Eu estava inventando desculpas, porque não estava pronta para dar esse passo. Agora sabia que nunca estaria — pelo menos não com ele.

Depois que o filme terminou, nós fomos para a cozinha. Alyssa se afundou em uma das cadeiras à mesa e colocou os pés para cima. Sua linguagem corporal deixava claro que ela não estava nem um pouco pronta para ir embora. Eu tinha certeza de que ela estava determinada a ficar, esperando conseguir ir para o quarto de Jace. Aquilo me deixava louca.

Colton passou o braço ao meu redor e sussurrou no meu ouvido:

— Quer dar o fora daqui? Dar uma volta? Talvez ir para algum lugar?

Foi a minha deixa. Por mais difícil que fosse machucá-lo, eu precisava fazer a coisa certa.

— Podemos dar uma volta lá fora? — devolvi, com a garganta seca.

Ele franziu a testa, sem dúvida percebendo algo no meu tom.

— Claro.

Colton me seguiu até a frente da casa. Estava tudo quieto na nossa rua, exceto pelo som dos grilos cantando.

— O que foi? — ele perguntou. — Parece que algo está te incomodando.

Olhei para os meus pés.

— Colton... me desculpe. Eu sei que você queria que ficássemos sozinhos e déssemos o próximo passo, mas não estou pronta. E... acho que nunca vou estar. — Olhei de volta para ele. — Isso entre nós não está dando certo.

Ele me olhou de um jeito estranho.

— Desculpe... eu perdi alguma coisa? Você me trouxe aqui para conhecer seu irmão porque nosso relacionamento estava ficando mais sério. Tivemos um ótimo dia, todo mundo pareceu se dar bem, assistimos a um filme, e em algum momento no meio disso, você decide que não quer mais ficar comigo? Estou entendendo certo?

— Eu sei que parece repentino, mas venho lutando com isso há um tempo. — *Não diga isso.* — Não é você... sou eu.

Aff, eu disse.

Eu merecia ser fuzilada por isso.

Ele inclinou a cabeça para trás e olhou para o céu.

— Só faltava essa, porra. Você vai me dar essa desculpa esfarrapada depois de tudo? Deveria ter só me mandado embora e batido a porta na minha cara. Teria sido menos doloroso.

Apesar do tom agressivo, me senti mal por ele. Eu merecia aquela resposta porque o havia enganado.

— Eu sinto muito, Colton. De verdade. Você é um cara maravilhoso e merece o mundo. Por isso, não quero desperdiçar mais nenhum minuto do seu tempo precioso.

Ele soltou um longo suspiro antes de me encarar nos olhos.

— Tem certeza?

Sentindo-me péssima, apenas assenti.

Levou alguns segundos para ele processar.

— Então... se cuida, eu acho. Não sei mais o que dizer.

— Você também.

Fiquei parada na calçada enquanto ele entrava no carro. Um sentimento horrível se formou no fundo do meu estômago enquanto eu, por um momento, questionava a decisão. Será que cometi um erro? Ele era um cara tão legal. Balançando a cabeça, lembrei a mim mesma que precisava seguir minha intuição — e meu coração. Eles estavam me dizendo para seguir em frente, e que eu precisava falar com Jace esta noite. Urgentemente.

Quando voltei para a cozinha, todos se viraram para mim. O olhar de Jace pareceu me atravessar.

— O que aconteceu com Colton? — perguntou Nathan.

— Ele... foi pra casa.

Meu irmão pareceu confuso.

— Achei que você fosse embora com ele.

— Não, ele tinha algumas coisas para resolver.

Não parecia o momento certo para jogar a bomba de que eu havia terminado com o cara legal que todos eles conheceram hoje. Não haveria uma explicação que fizesse sentido para eles.

Alyssa colocou o braço em volta de Jace, e eu me contorci. Ainda assim, os olhos dele estavam fixos nos meus. Me virei e peguei um copo de água, tentando me ocupar na cozinha. Depois de um momento, Alyssa se levantou para ir ao banheiro.

Um alívio me consumiu. Parecia minha única chance de falar com Jace.

Assim que ela saiu de vista, me virei para ele e falei sem emitir som *"por favor"*.

Ele engoliu em seco.

Eu não sabia *exatamente* o que minha súplica significava, não tinha certeza do que estava implorando.

Por favor... me tire desse sofrimento?

Por favor... não a leve para seu quarto esta noite?

Por favor... vamos embora daqui?

Não era como se Jace pudesse me perguntar que merda eu quis dizer.

Nathan se levantou e levou Crystal para a sala de estar. Agora éramos apenas Jace e eu. Eu estava prestes a dizer algo quando Alyssa saiu do banheiro.

Para minha surpresa, Jace de repente se levantou.

— Preciso te levar para casa — ele falou para Alyssa.

Ela pareceu surpresa.

— Ah… você tem um compromisso?

— Tenho que acordar cedo amanhã.

Eu não sabia aonde aquilo ia dar até que ele se virou para mim.

— Você disse que precisava de uma carona até a casa da Kellianne, né?

Puta merda.

— Ah… sim. Meu carro quebrou de novo.

Os olhos dele pareceram afiados.

— Eu te levo.

Meu coração acelerou enquanto eu assentia.

— Ok… obrigada.

Alyssa revirou os olhos.

— Seu carro nunca parece estar funcionando.

Jace foi até a sala.

— Prazer em te conhecer, Crystal. — Ouvi ele dizer.

— Para onde você vai? — questionou Nathan.

— Vou levar Alyssa em casa e deixar Farrah na casa da Kellianne.

— Você vai para a casa da Kellianne a essa hora? — ele perguntou para mim.

— Ela… está passando por uns problemas. Só quer companhia.

Ele pareceu aceitar.

— Ah… tudo bem.

Nathan estava tão focado em Crystal que eu provavelmente poderia ter começado um incêndio na cozinha e ele nem perceberia.

— Muito prazer, Crystal — eu disse.

— O prazer foi meu, Farrah. Quem sabe a gente tome um café qualquer dia.

— Eu adoraria.

Sorri e pisquei discretamente para Nathan, mostrando minha aprovação.

Senti arrepios pelo corpo enquanto seguia Jace e Alyssa até a caminhonete dele. Ela sentou no banco da frente, ao lado dele, e não tive escolha a não ser ficar no banco de trás. Mas eu disse a mim mesma para ser paciente, porque assim que ele a deixasse em casa, eu teria Jace só para mim. Meu corpo estava vibrando de empolgação e nervosismo. Não podia acreditar que ele tinha entendido aquele *por favor* tão vago. Ele havia traduzido o que pedi como se eu quisesse um tempo a sós com ele.

A viagem foi silenciosa e desconfortável. Eu podia praticamente sentir o desprezo de Alyssa emanando do encosto do banco. Jace ligou o rádio, talvez para quebrar o silêncio.

— Vai deixá-la primeiro? — ela finalmente perguntou.

— Faz mais sentido deixar você primeiro.

Quando chegamos à casa dela, Alyssa se virou para ele ao sair do carro.

— Me liga depois?

— Sim — ele respondeu, sem compromisso.

Ela inclinou a cabeça na minha direção.

— Tenha uma boa noite, Farrah.

— Você também.

Por consideração, esperei até que ela entrasse em casa antes de sair do banco de trás e ir para o da frente. Quando me sentei no banco de couro, me senti mais relaxada do que a noite toda. Estar ao lado de Jace de novo era como estar em casa.

Ele não olhou para mim enquanto dirigia.

— Para onde estamos indo? — perguntei depois de alguns minutos de um tenso silêncio.

Ele riu, quase com raiva.

— Não faço ideia.

— Obrigada por reservar um tempo pra mim. Sei que o que eu disse foi bem vago.

Os olhos dele se voltaram para mim.

— Eu sabia o que você queria.

Isso me provocou arrepios.

Meus olhos se fixaram nas mãos dele segurando o volante.

— O que aconteceu com você e Colton hoje? — ele perguntou.

— Eu disse a ele que não podia mais vê-lo.

Ele prendeu a respiração.

— Achei que você gostasse dele.

— Não do jeito como gosto de você — eu disse com simplicidade.

Jace suspirou profundamente.

— Isso é tão errado, Farrah. Você estava com aquele cara, e eu deveria estar com Alyssa, mas tudo o que eu queria era sentar ao seu lado durante aquela porra de filme só para poder te tocar.

As palavras dele fizeram os músculos entre as minhas pernas se contraírem.

Jace finalmente parou no mesmo estacionamento do parquinho deserto a que já havíamos ido antes.

Ele desligou o motor.

— Você perguntou para onde estávamos indo. — Depois de uma pausa que durou vários segundos, ele continuou: — Tenho certeza de que é para o inferno.

Então ele se inclinou e me beijou como eu nunca havia sido beijada antes.

Capítulo 14

Jace

Minha língua estava praticamente no fundo da garganta de Farrah; eu nunca tinha me sentido tão fora de controle na vida. Todos os motivos pelos quais eu sabia que não deveria estar fazendo isso foram jogados pela janela no segundo em que minha boca tocou a dela. A única coisa que importava agora era sentir o seu gosto. Estive faminto por Farrah o dia todo, e prestes a perder a cabeça por causa de ciúmes. E essa era minha recompensa por toda a tortura que passei ao ter que vê-la com outro cara.

Cada gemido que escapava dela fazia meu pau inchar ainda mais. Puxei seu cabelo para inclinar a cabeça para trás e chupar seu pescoço, como se eu estivesse tentando extrair o néctar doce de sua pele.

— Por que você tem que ser tão linda? — sussurrei, abaixando minha boca em direção aos seus seios.

Farrah fez um som ininteligível enquanto eu sugava seus mamilos sensíveis através do tecido do vestido.

Ela não estava usando sutiã. Eu disse a mim mesmo que não iria despi-la, mas assim que ela puxou a parte de cima do vestido para baixo, eu avidamente levei minha boca ao seu seio nu. Se eu achava que o gosto do pescoço dela era bom, isso não se comparava. Eu sabia que havia outras partes dela ainda mais doces — partes que eu realmente precisava evitar tocar essa noite, antes que não houvesse mais volta. Afastei a boca de um seio e dei atenção ao outro, enquanto ela passava os dedos pelo meu cabelo.

A cada puxão de sua mão, a cada gemido que escapava, eu sentia como se estivesse espiralando para fora do meu corpo. Não havia mais um pingo de autocontrole em mim.

— Eu quero você, Jace. Por favor... eu quero você dentro de mim.

— Não — respondi. Eu tinha que fazer de tudo para resistir.

O que ela disse a seguir quase me desarmou completamente.

— Eu quero provar o seu pau. Me deixa te chupar.

— Porra, Farrah. — Afastei-me, com meu pau latejando em protesto. — Não vamos transar hoje à noite. Não vamos fazer *qualquer* tipo de sexo. Não me diz essas coisas.

Ela pareceu corar.

— Ok.

Eu não conseguia dizer se ela estava envergonhada ou desapontada, ou ambos.

— A gente só... precisa ir com calma, tá?

Ela umedeceu os lábios, e foi o que bastou. Apesar das minhas palavras, o desejo de devorar sua boca de novo me venceu quando a puxei para mim, dessa vez beijando-a com raiva — raiva dela, por me provocar tanto; e raiva de mim mesmo, pela minha incapacidade de resistir.

— Que porra eu vou fazer com você? — murmurei, com a língua quase no fundo da sua garganta.

— O que você quiser.

Mordi seu lábio inferior de leve.

— Pare de dizer essas coisas.

— Por quê?

— Porque isso me faz querer fazer de tudo com você.

Ela sorriu sobre meus lábios.

— Ótimo.

— Você é má, Farrah. — Ri um pouco. — Acha que não quero te foder agora? Nunca quis tanto algo na minha vida.

— Não me importo com mais nada, Jace. Eu só quero você. Você inteiro — implorou. — Por favor.

Abaixando minha boca para o pescoço dela de novo, falei contra sua pele:

— Caralho… pare de implorar.

Então, eu simplesmente precisei saber. Abaixei minha mão, deslizando-a por baixo do vestido. A calcinha dela estava encharcada, e o calor úmido da sua boceta era incrível sob meus dedos.

Ela arfou.

— É uma loucura o que você faz comigo, o quanto me deixa molhada.

Movi meus dedos dentro e fora enquanto meu pau latejava para substituí-los. Nesse ritmo, eu sabia que inevitavelmente estaria dentro dela. Se não fosse hoje à noite, seria amanhã ou no dia seguinte. Ainda assim, eu permanecia firme de que não seria hoje. Ela merecia bem mais do que ser fodida em um estacionamento. Estávamos aqui apenas porque não tínhamos outro lugar para ir. Eu precisava fazê-la gozar para que ela parasse de me provocar.

— Goze na minha mão — sussurrei com rouquidão, longe demais para parar, e empurrei os dedos mais fundo.

Ela diminuiu o movimento dos quadris.

— E quanto a você?

— Não se preocupe comigo.

— Deixa eu te chupar — repetiu o pedido anterior. — Eu quero sentir o gosto da sua porra.

Aquelas palavras quase fizeram meu pau explodir.

Eu a beijei mais forte.

— Eu não vou deixar você me chupar no meu carro como uma vadia.

— Me trate como uma dama, se quiser, mas pode me foder como uma vadia.

Porra.

— Você é teimosa demais, Farrah.

Tirei os dedos de dentro dela e lambi seu prazer deles. Seu gosto doce me enlouqueceu. Envolvi a mão atrás da sua cabeça e a puxei para mais perto, desta vez levantando-a até o meu colo, de forma que ela pudesse me montar. Esse seria o meu maior teste de resistência, porque tudo o que eu queria era colocar meu pau para fora e deixá-la me cavalgar tão forte quanto eu sabia que faria. Mas, em vez disso, eu a pressionei contra minha calça, onde meu pau estava estourando as costuras. A umidade dela se infiltrou na calcinha, fazendo o meu pau latejar, enquanto ela me cavalgava por cima da calça. Farrah moveu os quadris, pressionando o clitóris contra mim enquanto eu a segurava pelas costas. Nossos olhares estavam presos um no outro até que o desejo de beijá-la superou a minha vontade de ver o prazer nas íris dela. Chupei sua língua enquanto ela continuava a se esfregar contra mim. Me segurei com todas as forças, tentando não explodir.

— Eu amo a sensação de ter você entre minhas pernas. — Sua voz saiu trêmula.

— Me mostre o quanto ama. Goze no meu pau.

Farrah inclinou a cabeça para trás e respirou fundo. Parecia que ela estava tentando prolongar o inevitável, tentando segurar o orgasmo — até que não conseguiu mais. Ela soltou um gemido alto de prazer, alto o suficiente para que qualquer um por perto pudesse ouvir. Felizmente, estávamos em um estacionamento vazio. Quando ela se apertou contra mim, não aguentei mais. Perdi o controle e gozei forte por baixo dela, revirando os olhos. Os movimentos diminuíram até não sobrar mais nada.

Quando voltei a olhar para ela, Farrah me deu um sorriso malicioso — parecendo satisfeita por ter me feito perder o controle.

— Está feliz agora, Farrah? — eu disse, segurando seu cabelo. — Nunca gozei na calça antes. Essa foi a primeira vez.

— Estou feliz que você gozou. Só queria que tivesse sido dentro de mim.

— Você vai acabar comigo — sussurrei, sentindo aquilo com toda a minha alma.

— O que acontece agora? — Ela se afastou e voltou para o banco do passageiro.

— Porra, eu não sei.

Ela estava tão linda com o cabelo todo bagunçado e os lábios vermelhos dos nossos beijos.

— A gente pode não tentar descobrir isso agora? — ela perguntou, ainda ofegante. — Eu só quero um tempo com você.

— E depois? O que acontece quando o nosso tempo acabar?

— Aí lidamos com isso quando acontecer.

— Isso é implorar por um desastre. — Encostei a cabeça no banco. — Você merece algo melhor do que ter que ficar escondida com alguém.

— Eu mereço o que eu *quero*. E o que quero é você.

Isso era perigoso. Ela não sabia o que estava dizendo; mesmo que quisesse dizer.

— Você vai se apegar a mim, Farrah. Isso não é saudável. Não sou o cara certo pra você.

— Acha mesmo que já não estou apegada a você? Eu só penso em você. Desde o primeiro momento em que me beijou, você me possuiu. Você me possuiu inteira, e esses sentimentos não vão desaparecer num passe de mágica só porque eu quero.

Ouvi-la dizer que eu a possuía mexeu comigo. Minha mente correu em busca de uma solução. Eu continuava tentando colocar a culpa nela, quando sabia muito bem que não conseguiria parar, mesmo se tentasse. Eu a estava provocando tanto quanto ela me provocava. A parte realista do meu cérebro sabia que era um beco sem saída, mas minha cabeça ainda tentava encontrar qualquer desculpa para seguir em frente com o que meu corpo precisava.

Então tive um momento de clareza, provavelmente provocado pelo meu desejo: talvez fosse melhor ceder e resolver isso de uma vez. Talvez houvesse uma maneira de fazer isso sem que Nathan precisasse saber. Fiz a proposta antes que pudesse mudar de ideia.

— O fato de não conseguirmos manter as mãos longe um do outro não muda a realidade de que não teremos um futuro juntos, Farrah. — Quando ela olhou para baixo, coloquei a mão em seu queixo para que ela me encarasse. — Olhe para mim. Isso nunca vai funcionar a longo prazo. Se escolhermos continuar brincando com fogo, temos que fazer isso conscientes de que há um ponto final.

Um olhar de preocupação cruzou o rosto dela.

— Ponto final?

— Temos que terminar antes que Nathan descubra. Ele nunca mais vai falar comigo, e vai te tratar mal. — Eu deveria estar louco pelo que estava prestes a sugerir. — Talvez a gente possa passar o próximo mês... resolvendo a situação. Depois que o mês acabar, eu me mudo, assim teremos espaço para processar tudo. Agora que Nathan tem um emprego, me sinto melhor em ir embora. Ele não precisa mais de mim.

Ela parecia magoada, e eu não podia culpá-la. Mas não sabia como lidar com isso de outra forma.

— Então... — Farrah finalmente falou. — Vamos ficar juntos em segredo por um mês e depois você vai embora? Isso não parece um acordo muito bom.

— Vamos ver como estarão as coisas até lá. Mas, de qualquer forma, vou me mudar da casa, porque acho que é o melhor para todos nós.

Farrah ficou olhando para o nada por um tempo.

— Não quero que você vá embora, mas entendo. É melhor ter um plano assim, já que não sabemos como isso vai acabar.

— Concordo.

Ela olhou pela janela, parecendo pensar na minha proposta. Depois, virou-se para mim e assentiu.

— Tudo bem. Um mês. — Ela pegou minha mão e entrelaçou seus dedos nos meus. — Para onde vamos hoje à noite?

— Acho que não deveríamos ficar sozinhos hoje. Nathan acha que você está na casa de Kellianne. Quais são as chances de ela te deixar dormir lá de verdade?

— Bem altas... a menos que ela tenha levado um cara pra casa, o que é raro.

— Eu vou para os meus pais. Deixe Nathan pensar que mudei de ideia e decidi dormir na casa de Alyssa. Tenho quase certeza de que ele queria ficar sozinho com Crystal, de qualquer forma.

Cara, eu parecia não ter problema nenhum em mentir esta noite — mentir para Nathan sobre meu paradeiro e mentir para mim mesmo, porque, no fundo, eu sabia que não havia a mínima chance de terminarmos tranquilamente depois de um mês juntos. Um de nós sairia muito machucado. Provável que as duas pessoas que eu me importava. Tudo por causa do meu egoísmo.

Era como um trem desgovernado. Eu só esperava que ele não descarrilasse e explodisse, levando nós três junto.

Pensei que talvez eu tivesse sorte e conseguisse entrar na casa dos meus pais sem que nenhum dos dois estivesse acordado. Tudo o que eu precisava era chegar até a gaveta de roupas íntimas do meu pai. Mas, depois de usar minha chave para entrar, infelizmente encontrei minha mãe sentada no sofá da sala, assistindo televisão.

Ela abaixou o volume.

— O que você está fazendo aqui?

Sem dizer nada, passei direto por ela e fui para o quarto deles. Meu pai se mexeu na cama enquanto eu abria a gaveta o mais silenciosamente possível para pegar uma cueca dele. Estava escuro demais para encontrar a calça, então me contentaria com aquilo. Eu não podia deixar minha mãe saber por que precisava trocar de calça. Se ela perguntasse, eu inventaria alguma desculpa esfarrapada.

No caminho de volta para a sala, joguei minha calça suja em um canto do quarto de hóspedes, onde eu ia dormir.

Os olhos da minha mãe se arregalaram quando me viu vestindo apenas uma camiseta e a enorme cueca do meu pai.

— O que houve?

Me joguei no sofá.

— Vou passar a noite.

— E achou necessário tirar a calça assim que chegou?

— Está cheia de graxa de motor. Estava consertando minha caminhonete. Queria ficar confortável.

Os olhos dela se estreitaram.

— Em que tipo de problema você se meteu?

— Já te disse o que aconteceu.

— Não estou falando da calça. Quero saber *por que* você vai passar a noite aqui.

— Não quero falar sobre isso.

— Tem a ver com a Farrah, não é?

Porra.

Coloquei os pés em cima da mesa de centro e passei a mão pelo cabelo.

— O que quer que eu diga? Você já sabia, desde a última vez que começou a me pressionar, que tinha alguma coisa acontecendo...

— Nathan sabe?

Cruzei os braços.

— Não. E nunca vai saber.

— O que exatamente aconteceu?

— Qual parte de "eu não quero falar sobre isso" você não entendeu, mãe?

Ela sorriu.

— Sabe, quando eu era mais jovem, tive um caso com o melhor amigo do seu tio Rod, o Stephen.

Isso me surpreendeu.

— Sério?

— Seríssimo. Eu tinha só 18 anos, e Stephen era alguns anos mais velho. Seu tio nos pegou juntos, escondidos no galpão que ficava atrás da casa da vovó.

— Porra. O que ele fez?

— Ele deu uma surra no Stephen.

Eu ri.

— Parece muito coisa do tio Rod mesmo.

— Foi assim que a amizade deles acabou.

— Não me surpreende. E você e Stephen?

— Continuamos nos encontrando em segredo por um tempo. Ele era muito doce comigo, mas, em algum momento, meus sentimentos esfriaram, e era estressante demais continuar deixando meu irmão irritado quando eu já não via um futuro para nós.

Encostei a cabeça no sofá e fiquei olhando para o teto.

— Sua história só confirma o que já sei. Se Nathan descobrir sobre o que está rolando entre mim e Farrah, nossa amizade vai acabar.

— Bom, aí é que está. Pode acabar por um tempo. Mas, anos depois, Rod admitiu que se arrependeu da reação que teve. Então foi um desperdício de tempo e energia. Eu sei que o jeito que ele descobriu foi chocante. Mas se tivesse se permitido superar e olhado de maneira objetiva, teria visto duas pessoas loucas uma pela outra e que nunca quiseram machucar ninguém.

— Há uma grande diferença entre a sua situação e a minha. Você disse que Stephen era um cara legal e provavelmente te trataria como uma princesa, se você deixasse. Eu nunca fui bom em relacionamentos. Farrah acabaria se machucando se eu a fizesse acreditar que existe um futuro para nós.

Essa não era a única razão pela qual eu não a merecia, mas era a única que eu estava disposto a admitir para minha mãe naquela noite.

— Então, se você está tão certo de como as coisas devem ser, por que não confia em si mesmo? Por que está dormindo aqui esta noite? Está se sentindo culpado por algo que já aconteceu, estou certa?

— Acho que finalizamos a conversa por esta noite. — Beijei sua testa. — Te vejo amanhã de manhã.

No quarto de hóspedes, me ajeitei na cama e levei os dedos ao nariz. Ainda podia sentir o cheiro de Farrah. *Puta merda.* Meu pau ficou duro enquanto eu revivia tudo o que aconteceu na minha caminhonete — o jeito como ela disse que queria me chupar, o gosto dos lábios e dos seios dela, a forma como ela esfregou a boceta em mim até que nós dois gozássemos. Eu estava completamente pilhado de novo.

Talvez Farrah tenha sentido minha energia, porque uma mensagem dela chegou alguns segundos depois.

Farrah: Ainda está acordado?

Meu primeiro instinto foi, mais uma vez, avisá-la para não pensar em mim, para não criar expectativas. Mas, no fim das contas, relaxei no travesseiro e digitei o que realmente sentia.

Jace: Ainda sinto seu cheiro em mim,
e isso não me deixa dormir.

Farrah: Quando vou poder te ver de novo?

Jace: Acho que precisamos ir com calma.
Vamos dar alguns dias. Aí a gente vê.

Aí a gente vê. Eu sabia que essas seriam minhas famosas últimas palavras. Os pontinhos se mexeram enquanto ela digitava. Enquanto isso, mandei outra mensagem.

Jace: Não esquece de apagar as mensagens.

Um segundo depois, a resposta dela chegou.

Farrah: Boa noite.

Consegui sentir sua decepção. Ela provavelmente queria uma mensagem mais entusiasmada da minha parte. Acredite, um lado meu queria dizer que a pegaria amanhã de manhã para levá-la para casa, para podermos terminar o que começamos esta noite, enquanto Nathan estivesse no trabalho. Mas, da próxima vez que nos entregássemos aos nossos sentimentos, eu sabia que acabaríamos indo longe demais. Isso marcaria o começo do momento em que eu inevitavelmente a machucaria, o que eu não tinha pressa nenhuma em fazer.

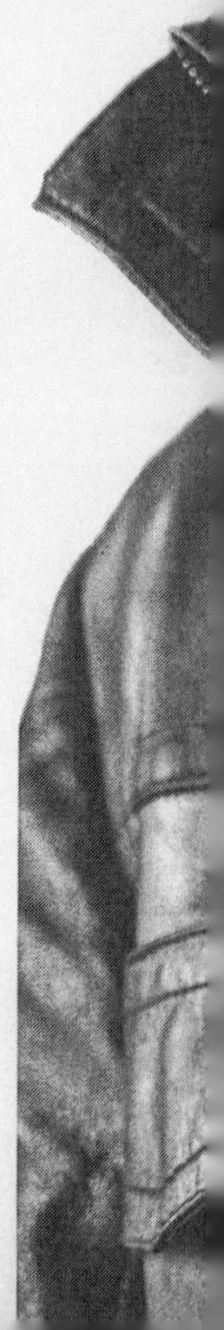

Capítulo 15

Farrah

Dois dias depois do meu encontro com Jace em sua caminhonete, recebi uma mensagem às cinco da manhã.

Jace: Nathan vai sair às 8h45. Você pode ligar para o trabalho e inventar uma desculpa de que está doente?

Fiquei toda arrepiada.

Meu turno normalmente começava às sete horas. Seria melhor avisar meu chefe com mais antecedência se eu não fosse aparecer, mas não havia como recusar a oportunidade de ficar sozinha com Jace.

Farrah: Vou fazer isso.

Enviei uma mensagem ao meu supervisor, avisando que estava "doente" e pedindo desculpas por avisar em cima da hora.

Nas horas seguintes, não consegui voltar a dormir. Revirando-me na cama, permaneci deitada até ouvir o som do carro de Nathan sendo ligado.

Depois que ele saiu, me levantei para ir em busca de Jace. Mas, antes que eu pudesse sair do meu quarto, ele apareceu na porta.

Sem camisa, ele me olhou de cima a baixo.

Engoli em seco. Meus olhos escorregaram até a linha fina de pelos que sumia dentro de sua calça de moletom cinza. Ele já estava duro.

— Oi — sussurrei.

— Oi — ele disse, ofegante.

Dei um passo à frente e perguntei:

— O que você quer f...

Seus lábios tocaram os meus antes que eu pudesse terminar a frase. O corpo de Jace se pressionou contra o meu enquanto ele buscava minha língua. Pude sentir seu pau enorme pulsando contra mim.

— Ai, meu Deus — murmurei.

Ele desceu a boca até o meu pescoço e me beijou.

— Eu vou para o inferno por isso.

— Vou estar lá com você.

Jace deu passos para trás, seus olhos viajando por todo o meu corpo.

— Tire a roupa — ordenou. — Eu quero te olhar primeiro.

Meus mamilos endureceram enquanto eu arrancava cada peça de roupa, sem prestar atenção em onde jogava as coisas no chão. Quase perdendo o equilíbrio, tirei o short antes de deslizar a calcinha pelas pernas.

Endireitando os ombros, fiquei diante dele totalmente nua, os pelos loiros das minhas pernas se arrepiando. Jace me encarou por vários segundos, suas pupilas dilatadas. Só o olhar faminto dele já me deixou molhada. Eu nunca tinha sido admirada enquanto estava nua, mas havia algo muito excitante em se despir enquanto assiste a alguém te devorar com os olhos. Meus mamilos praticamente viraram aço.

— Se toque — ele exigiu.

Abaixei a mão. Quando comecei a massagear meu clitóris, Jace tirou a calça e a deixou cair no chão. Sua cueca boxer saiu em seguida. Observei seu pau gigantesco saltar para frente. Era perfeito — enorme e brilhante —, exatamente do jeito que eu tinha imaginado. Salivei, querendo colocá-lo na boca.

— Puta merda — murmurei. — Você é lindo.

Eu não consegui ver nada em detalhes, porque ele começou a se masturbar enquanto me encarava. Meus dedos esfregaram meu clitóris com mais força. Fiquei incrivelmente excitada com o desejo em seus olhos.

— Tenho pensado nesse momento todas as noites durante o último mês — ele confessou.

Ficamos no mesmo lugar por vários minutos, um de frente para o outro enquanto nos dávamos prazer. Meu nível de excitação era insuportável.

— Deite na cama e abra as pernas.

Meus joelhos tremeram quando andei até a cama e me deitei, afastando os joelhos o máximo que pude.

Ele se tocou várias vezes antes de ir para a cama e pairar sobre mim.

— Encontrei sua pílula no banheiro uma vez. Você ainda toma?

Assenti.

— Ótimo. Quero te foder sem camisinha, Farrah. Tudo bem? Estou limpo. Usei camisinha em todas as outras vezes.

Não havia nada que eu quisesse mais.

— Sim.

De quatro na cama, Jace se abaixou para tomar minha boca na sua.

— O quanto você me quer dentro de você?

— Eu quero muito. — Exalei fundo.

— Me diz. Me diz o quanto você quer que eu te foda agora.

— Eu te quero desde sempre. Não há nada que eu queira mais do que sentir você dentro de mim, e que você me foda com mais força do que jamais fodeu alguém. — Soltei um longo suspiro. — Por favor... por favor, me fode com força.

Ele deu uma mordida na minha clavícula.

— Tem certeza de que me quer com força?

— Sim.

— Eu posso te machucar.

— Não me importo.

Ele recuou para me encarar, e seus olhos escureceram de desejo. Fiquei feliz em saber que Jace tinha chegado ao ponto em que todas as suas dúvidas e inibições foram obliteradas.

Ele abriu mais as minhas pernas, e senti sua glande na minha entrada.

— Me coloque dentro de você — ele pediu.

Colocando minha mão em volta de seu pau rígido, senti o quão molhado ele estava na ponta. Circulei a cabeça em volta da minha abertura, amando a sensação de seu pré-gozo contra a minha pele. Era uma validação. Comecei a acariciar seu comprimento.

— Continue fazendo isso e eu vou gozar na sua mão, e não na sua linda boceta. Porra, me coloque dentro de você, Farrah, antes que eu exploda.

Eu não sabia se prolongava sua agonia ou cedia à minha própria necessidade. No fim das contas, não consegui esperar mais. Esfreguei a ponta do seu pau na minha abertura mais algumas vezes e o empurrei para dentro.

Um longo gemido escapou dele enquanto se afundava em mim.

— Ai... porra...

Cerrei meus olhos.

— Pelo amor de Deus, Jace.

— Não se mova, caralho, ou eu vou gozar. Juro, nunca me senti assim antes. — Ele fechou os olhos com força por um momento. Exalou e começou a se mover dentro e fora.

O fato de que ele parecia estar lutando para se manter sob controle me fez quase *querer* que ele o perdesse. Mas eu também queria prolongar tudo isso o máximo possível.

Entramos em um ritmo quando ele começou a me foder de uma forma que combinava com as estocadas ansiosas dos meus quadris. Ele não poderia estar mais profundamente dentro de mim.

— Você é o primeiro cara a transar comigo sem camisinha, e vai ser o primeiro a gozar dentro de mim.

— Mal posso esperar — ele confessou com a voz áspera.

Ele se moveu mais rápido, se empurrando para dentro de mim com tanta força que minha cabeça bateu contra o encosto da cama. Não sei como explicaria para Nathan se um buraco aparecesse na parede de repente.

Minhas mãos agarraram sua bunda, minhas unhas cravando em sua pele.

— Me fode com mais força, Jace. Me destrói — eu ofeguei.

Ele empurrou com mais força e riu um pouco.

— Cuidado com essa língua, Farrah, ou eu vou gozar.

— Ótimo.

Ele acelerou os movimentos, e não aguentei mais. Meu clitóris começou a pulsar enquanto eu perdia o controle sobre meu corpo. Minha voz ecoou pela casa enquanto meu orgasmo me rasgava. Foi, sem dúvida, a sensação mais intensa que já tive.

Assim que cheguei ao clímax, o corpo de Jace tremeu quando ele gozou. Ele soltou um gemido alto e ininteligível quando levantei meus quadris para encontrar cada uma de suas estocadas.

Seu corpo tremeu quando ele voltou a si. Meu clitóris ainda estava latejando, eu com certeza aguentaria um segundo round, e só tinha se passado um minuto desde que gozei.

Empurrei seu pau ainda mais fundo em mim, querendo cada gota de seu esperma lá dentro, sem nunca querer sair daquele lugar.

— Isso foi... tudo. — Eu exalei.

A respiração de Jace ainda estava entrecortada.

— Não tenho certeza se algum dia serei capaz de me afastar de você.

Isso me encheu de imensa esperança, mas eu disse a mim mesma para não levar a sério nada que era dito imediatamente após o sexo.

— Não importa o que aconteça, eu nunca vou me arrepender disso, Jace.

Ele envolveu suas mãos ao redor do meu rosto.

— Nem eu, linda.

Meu coração ficou apertado.

Ele me abraçou por vários minutos enquanto o sol da manhã brilhava pela janela.

Eventualmente, Jace se levantou e vestiu as calças. Ele sorriu.

— Vem tomar o café da manhã quando estiver pronta.

Parecia um sonho.

Depois que me limpei e coloquei um vestido, eu o encontrei na cozinha. Suas costas lindas e esculpidas estavam de frente para mim enquanto ele estava diante do fogão, fritando ovos. Inspirei profundamente o cheiro amanteigado.

Não pude evitar envolvê-lo com meus braços enquanto ele cozinhava. O choque de realidade me atingiu naquele instante. Um mês? Um mês e eu deveria desistir dele? Isso era impensável. Agora eu me sentia mais conectada a ele do que nunca. Eu nunca mais iria aguentar ver Jace com outra mulher de novo.

— Eu menti... — soltei. — Não acho que posso fazer isso. Não posso simplesmente terminar com você depois de um mês. Você vai partir o meu coração.

Seu corpo enrijeceu antes de ele se virar.

— Não quero partir o seu coração, linda. — Ele abaixou a espátula. — Você não é a única que está confusa.

Ele me levantou em seus braços. Enrolei as pernas ao redor dele e me senti desesperada para senti-lo dentro de mim mais uma vez.

Os ovos chiaram, prestes a queimar.

— Podemos esquecer o café da manhã? — falei sobre sua boca.

Ele resmungou e se virou para desligar o fogo. Jace abaixou a calça enquanto ainda conseguia me carregar. A próxima coisa que eu soube foi que senti seu pau quente e molhado na ponta da minha calcinha já encharcada. Ele moveu a calcinha para o lado e entrou em mim com uma estocada forte. Jace gemeu enquanto balançava os quadris e começou a me foder em pé. Foi ainda melhor do que da primeira vez. Enquanto eu passava os dedos pelos seus cabelos, saboreei o gosto da sua boca, sua respiração, incapaz de me cansar dele.

Foi uma maravilha que eu não tenha caído, dado o quão forte ele estava me fodendo enquanto me segurava ao mesmo tempo. Minhas unhas cravaram em suas costas enquanto eu me agarrava com força. A força da penetração dessa vez foi ainda mais intensa.

Inesperadamente, cheguei ao clímax, meus músculos se contraindo ao redor dele. Olhando profundamente em seus olhos, ondas de prazer percorreram meu corpo. No meio do meu orgasmo, seu corpo tremeu quando ele perdeu o controle. Decidi que não havia nada mais sexy do que olhar nos olhos de um cara enquanto ele gozava dentro de você. Nada se comparava.

— Você vai ser a minha morte. — Ele enterrou o rosto no meu pescoço e riu. — Mas não consigo pensar em uma maneira melhor de morrer.

Jace me deu um longo beijo antes de me colocar no chão.

Dei uma fugidinha para o banheiro e, quando voltei para a cozinha, ele já estava no fogão de novo, refazendo os ovos.

A visão de Jace sem camisa, fazendo o café da manhã para mim, me deu arrepios. O cheiro do café sendo coado era quase tão bom quanto o dele... Quase.

— Espero que esteja com fome... de comida. — Ele piscou.

— Depois da maratona desta manhã, estou morrendo de fome.

Ele nos serviu ovos e torradas. Comemos em um silêncio confortável à mesa, devorando a comida depressa.

— Você tem que ir trabalhar? — perguntei.

— Infelizmente, sim... Pelo menos por um tempo. Mas por que não nos encontramos aqui por volta das quatro? Assim teremos mais um tempo juntos antes de Nathan chegar em casa.

Nathan vinha trabalhando na concessionária quase todos os dias até as seis.

— Eu adoraria.

— Vou tentar chegar mais cedo.

Ele levou nossos pratos para a pia. Peguei as canecas e as coloquei na lava-louças.

Quando me virei, percebi que ele estava me olhando.

— O que foi?

Ele ajeitou uma mecha do meu cabelo atrás da orelha.

— Você é tão linda, sabia? Nem sei como vou conseguir manter as mãos longe de você quando ele chegar mais tarde.

— Então, teremos que encontrar outro lugar para ir. Não importa onde, desde que eu possa estar com você.

Jace pareceu um pouco perdido por um momento, então me deu um beijo na testa.

— Quero que saiba que não estou lidando com o que aconteceu hoje de forma leviana. Sei que faz muito tempo desde que você esteve com alguém. Também sei que confia em mim, e não vou ignorar isso. Não se trata só de sexo para mim, por mais que eu tenha sugerido que deveríamos... resolver essa atração. Meus sentimentos por você vão muito além do físico. Eu confio em você também. E te respeito totalmente. Não sentia isso por uma mulher há muito tempo. O que aconteceu hoje significou muito para mim.

Meu coração acelerou. Por mais que eu tenha gostado do sexo, precisava ouvir isso.

— Agradeço por dizer isso, embora eu ainda não saiba o que vou fazer quando nosso mês acabar.

— Vamos tentar não pensar nisso agora. — Jace me levantou no ar para um último beijo. Depois, me colocou no chão. — Me espere aqui às quatro, tudo bem?

— Claro.

Ele desapareceu no quarto para se vestir e, quando voltou, me deu um selinho.

— Até logo.

Observando pela janela enquanto ele entrava na caminhonete, soltei um suspiro alto.

Passei o resto do dia limpando a casa como uma louca. Não tinha um dia de folga no meio da semana há muito tempo, então aproveitei para fazer aquela limpeza pesada que eu já estava querendo há um bom tempo. Não havia maneira melhor de gastar a energia nervosa que corria pelo meu corpo.

Quando deu três da tarde, eu mal podia esperar para Jace voltar. Decidi matar a última hora indo até a casa de Nora para ver como ela estava. Melhor ainda, resolvi finalmente entregar a ela os ingressos do Shawn Mendes que eu tinha guardado. Depois da manhã eufórica que tive, sentia vontade de comemorar e de trazer a alguém mais um pouco da alegria que eu estava sentindo.

Usei minha chave para entrar na casa dela e bati, como sempre fazia, do lado de dentro da porta.

— Iu-ruu! É a Farrah!

Estava tudo quieto, e me perguntei se talvez ela não estivesse em casa, embora isso não fosse bom, já que a mãe dela sempre a instruía a vir direto para cá depois da escola.

Nora finalmente saiu do quarto. Ela pareceu um pouco abatida.

— O que foi? — perguntei. — O que houve?

Quando ela não disse nada imediatamente, insisti:

— Aconteceu alguma coisa?

Ela balançou a cabeça.

— Não.

— Você parece triste.

Nora hesitou.

— Eu vi algo hoje e estou com medo de te contar. Não quero me meter em problemas.

Meu coração disparou.

— Tudo bem... olha... não fica com medo. Eu consigo lidar com o que quer que seja que você tenha visto.

— Eu vi você e Jace.

Ah.

Caiu a ficha.

Ai, não.

O quê?

Engoli em seco.

— Ah... eu e Jace. Você quer dizer... o que... o que acha que viu?

— Eu estava com febre hoje de manhã, então minha mãe me deixou ficar em casa. Nós ficamos sem ter o que colocar no pão sírio. Eu vi seu carro, mas não tinha certeza se você estava em casa ou se o carro estava quebrado. Então fui até o meu quintal e espiando pela tela perto da piscina, eu vi você e Jace na cozinha através da porta de vidro.

Merda.

Eu não precisava mais imaginar o que ela tinha visto. Fiquei absolutamente mortificada.

— Sinto muito que tenha nos visto. Eu queria que você não tivesse espiado dentro da nossa casa, mas não é culpa sua. — Finalmente olhei para ela. — Quer falar sobre isso?

— Na verdade, não. — Ela deu de ombros. — Eu sei o que era. Uma vez vi minha mãe e o ex-namorado dela juntos.

— É óbvio que eu não sabia que você estaria em casa naquele horário. Nem imaginei que dava para ver tão claramente dentro da minha casa. Me desculpe.

— Achei que talvez você fosse ficar brava comigo.

— Não, claro que não. Você estava me procurando. Não esperava ver nada.

— Ele é seu namorado agora?

— Nós estamos... passando um tempo juntos. Meu irmão não sabe, e é importante que continue assim. Vou tomar mais cuidado. Obrigada por me ensinar uma lição tão importante hoje.

Vários segundos de silêncio constrangedor se passaram, e me perguntei se esse ainda era o melhor momento para pegar os ingressos.

Eu posso ter te traumatizado, mas aqui estão uns ingressos para o Shawn Mendes para compensar?

No fim, decidi que mudar de assunto seria bom para tirar o foco de um dos momentos mais constrangedores da minha vida.

Respirei fundo.

— Sabe o que seria ótimo?

— O quê?

— Se nós duas esquecêssemos essa coisa que você viu e focássemos em algo que é, *com certeza*, para você ver.

— O que quer dizer?

— Tenho uma surpresa.

— Sério?

— Sim. É por isso que vim. Estava esperando o momento certo para te dar isso. — Coloquei a mão no bolso e peguei o envelope.

Nora o pegou de mim.

— O que é?

Esfregando as mãos, sorri.

— Vá em frente e descubra.

Ela abriu o envelope e, quando as palavras pareceram se registrar, seus olhos se arregalaram.

Então ela começou a tremer.

— Isso está mesmo acontecendo?

— Está. — Mordi o lábio. — Você vai vê-lo.

— Ingressos para o Shawn? — ela gritou. — Como? Quando?

— Tenho um amigo que trabalha na bilheteria — eu disse, orgulhosa.

Nora começou a chorar antes de me envolver em um abraço. Essa distração realmente ajudou a mudar o clima, graças a Deus.

— Meu Deus! — Ela ficou dando pulinhos. — Não acredito! Vou estar no mesmo lugar que ele!

— Acha que sua mãe vai deixar você ir, né?

— Ela tem que deixar. Vou morrer se ela não deixar.

— Tenho certeza de que ela vai querer te levar, mas se por algum motivo ela não puder, eu ficaria feliz em te levar.

— Obrigada, obrigada, obrigada, Farrah! Essa é a melhor coisa que já aconteceu comigo em toda a minha vida!

Era incrível fazê-la tão feliz. Eu podia me identificar com essa sensação de alegria depois da minha manhã com Jace — conseguir algo que você sempre quis, mas nunca achou que teria. Eu ainda estava em um estado de euforia, mesmo que o fato de Nora ter nos visto tenha diminuído um pouco o clima.

— Coloque os ingressos em um lugar seguro, tá? E não se esqueça de me contar o que sua mãe disser, e se ela quer que eu te leve.

— Tá bom!

Grata pelos ingressos terem dissipado a tensão no ar, fiquei na casa de Nora por mais uns vinte minutos antes de voltar para a minha.

Jace chegou exatamente às quatro. Uma onda de excitação passou por mim enquanto eu o via sair da caminhonete. Teríamos apenas algumas horas sozinhos em casa antes de Nathan chegar, mas eu planejava aproveitar cada segundo. Primeiro, porém, eu precisava contar a ele sobre Nora.

Antes que eu pudesse dizer qualquer coisa, ele entrou pela porta e veio direto até mim, beijando minha boca como se estivesse morrendo de vontade de me beijar o dia todo. O coração dele batia forte contra o meu, a intensidade daqueles batimentos me dando esperança.

Quase perdi a linha de raciocínio, mas por melhor que o beijo tenha sido, eu precisava falar com ele sobre o que aconteceu com Nora. Relutantemente, me afastei.

— Eu tenho que te contar uma coisa, e você não vai gostar.

Um olhar de preocupação cruzou seu rosto.

— O que aconteceu?

— A garotinha que mora na casa ao lado, Nora, nos viu mais cedo... quando estávamos na cozinha.

Seus olhos se arregalaram.

— Ela nos viu... transando?

— Sim.

— O quê? Caralho, como isso aconteceu?

— Ela ficou em casa hoje porque estava doente. Viu o meu carro e imaginou que eu estivesse em casa. Ela espiou pela área da piscina e parece que conseguiu ver direto a cozinha através da porta de vidro.

Ele fechou os olhos.

— Porra. — Ele balançou a cabeça. — Isso é péssimo. É o primeiro dia que nos esgueiramos por aí e alguém já nos pegou?

— Eu sei.

Ele mordeu o lábio.

— Você pode confiar que essa garota não vai dizer nada?

— Ela não vai. Não me pergunte como eu confio em uma criança de 11 anos... mas eu confio.

— É melhor você estar certa. — Jace esfregou a mão no rosto. — Bom, isso foi um baita choque de realidade. Nós a traumatizamos?

— Espero que não. Ela disse que pegou a mãe e um ex-namorado uma vez, mas é óbvio que essa não é a maneira certa para uma criança aprender sobre sexo.

— Não acredito que não fui mais cuidadoso... te pegando daquele jeito no meio da cozinha em plena luz do dia. O que há de errado comigo? — Ele estendeu a palma da mão. — Espera, não responda. Tenho deixado meu pau tomar todas as decisões ultimamente.

— Eu entendo. Mal podia esperar que você chegasse em casa. Por isso fui à vizinha. Eu estava inquieta.

— Pensei em você o dia todo. Quase sofri um acidente por dirigir tão rápido só pra voltar pra casa. — Ele exalou fundo. — Você já almoçou?

— Não. Estou muito pilhada pra comer.

— Eu também. Por que não cozinho algo para nós?

Se ele estava com mais fome de comida do que de mim, é claro que Jace não estava no clima para sexo. Agora que eu tinha contado a notícia de que Nora nos viu, eu também não me sentia muito diferente.

Acabamos fazendo sanduíches e levando-os para a sala. Depois de comer, Jace me abraçou no sofá enquanto víamos TV. Mesmo em silêncio, eu pude sentir os pensamentos passando pela cabeça dele. Ele estava preocupado — preocupado com suas decisões, preocupado que fôssemos pegos. Da janela da sala, tínhamos uma visão clara da frente da casa, se Nathan chegasse mais cedo.

Olhei para o relógio.

— Nathan deve chegar em meia hora.

Por mais que eu soubesse que era arriscado, ainda meio que esperava que Jace tomasse a iniciativa pra alguma coisa a mais. Mas ele não tomou. Quanto mais o horário de Nathan se aproximava, mais sábia aquela decisão parecia.

Quando o carro do meu irmão finalmente apareceu, Jace se levantou do sofá como um raio. Tive que rir da rapidez com que ele desapareceu para o lado oposto da casa. Será que agora sempre seria assim quando Nathan chegasse? Jace e eu agiríamos como dois pássaros assustados?

— Oi... — meu irmão disse ao entrar, jogando as chaves na mesinha perto da porta da frente.

Me espreguicei enquanto me levantava do sofá.

— Oi! Como foi seu dia?

— Bom. Vendi mais um carro.

— Meu Deus. Sério? Isso é incrível!

— Eu sei. Estou numa fase boa. — Ele fez uma pausa. — O que aconteceu com você hoje?

Essa foi uma maneira meio estranha de fazer a pergunta. Cheia de culpa, respondi:

— Nada de mais. O trabalho foi meio chato.

Ele franziu a testa.

— Não, não foi.

Achei que fosse fazer xixi nas calças.

— Humm?

— Você não foi trabalhar hoje.

Meu estômago afundou.

— Do que está falando?

— Passei na farmácia no caminho de casa e encontrei aquela sua colega de trabalho... Acho que o nome dela é Denise. Ela disse que você estava de atestado hoje e perguntou se estava bem.

Meu coração disparou no peito.

— Ah. — Olhei para os meus sapatos, me sentindo incrivelmente culpada por mentir. E ele nem sabia a metade.

— Por que você mentiu para mim?

Minha mente procurou uma resposta.

— Eu... tirei um dia para cuidar da minha saúde mental.

— Isso tem a ver com aquele cara? Ele fez alguma coisa?

Piscando, tive que pensar por um segundo.

— Colton? Não. Nós não estamos mais saindo, mas foi minha escolha.

Isso não tem nada a ver com ele. Eu só precisava de uma pausa hoje e não te contei porque não queria que você pensasse mal de mim por mentir para o meu chefe.

A expressão dele suavizou.

— Você sabe que eu não pensaria nada disso. Está tudo bem? Você está com algum problema?

Enquanto a preocupação genuína dele por mim crescia, também crescia meu arrependimento por ter mentido para ele.

— Não. Estou bem. Só me senti estranha em admitir pra você que faltei ao trabalho.

Ele franziu o cenho.

— Bom, acho isso meio preocupante, pra ser honesto.

— Desculpe, Nathan. Tudo bem?

Jace entrou naquele momento.

— O que está acontecendo?

— Minha irmã acha que está tudo bem mentir para mim. É isso que está acontecendo.

O rosto de Jace ficou branco.

Falei antes que ele entrasse em pânico.

— Nathan encontrou uma colega minha na farmácia. Ela perguntou sobre mim, já que liguei avisando que estava doente. Eu disse a Nathan que fui trabalhar porque me senti mal em matar o trabalho. Não devia ter mentido.

Os olhos de Jace se moveram entre mim e Nathan. Ele pareceu tão culpado quanto eu me sentia.

— Sim, concordo. Foi besteira mentir — ele finalmente disse.

Nathan se virou para mim.

— Não é o fato de você ter ficado em casa. Não dou a mínima pra isso. É o fato de achar que está tudo bem olhar na minha cara e mentir. Isso me faz pensar em outras mentiras que você pode estar me contando.

Jace engoliu em seco.

— Certo, cara. Vai com calma. Todo mundo conta uma mentirinha de vez em quando.

Eu sabia que ele sentia a necessidade de me defender porque não pôde assumir parte da culpa. Sorri, mas a paranoia começou a se instalar. Se minha mentira sobre o trabalho o deixou tão irritado assim, eu só podia imaginar como ele reagiria se soubesse o verdadeiro motivo de eu ter ficado em casa hoje.

Nathan saiu da sala abruptamente.

— Vou pegar uma cerveja.

Quando ele se foi, Jace e eu nos olhamos. Não foram necessárias palavras. Nós dois sabíamos que estávamos fodidos.

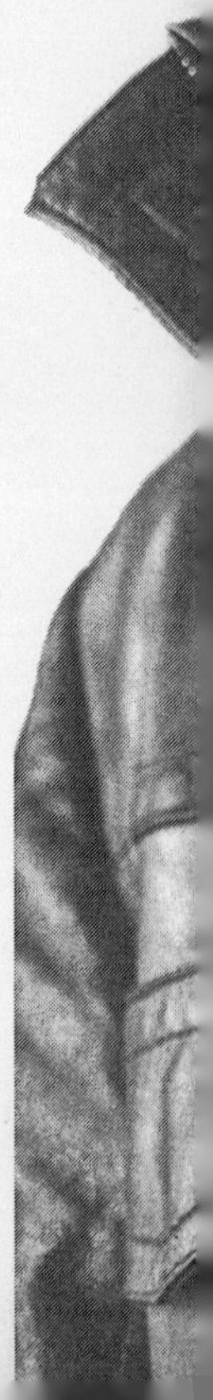

Capítulo 16

Jace

Quinze dias.

Há quinze dias eu estava agindo pelas costas do meu melhor amigo, dormindo com a irmã dele e com medo de admitir que estava amando cada minuto disso.

Também fazia quinze dias que eu havia desistido de todos os meus princípios para ficar com uma garota que eu desejava com tudo de mim, mesmo sabendo que não era o cara certo para ela.

E bastaram quinze dias para eu começar a me perguntar se estava, na verdade, começando a me apaixonar por Farrah. O que eu antes presumia ser um encantamento passageiro, agora parecia algo mais forte do que nunca. Você morreria por alguém por quem está tendo uma paixonite? Sem dúvida eu morreria por Farrah. *Encantamento* não parecia mais a palavra certa para descrever o que tínhamos.

Ela era a primeira coisa em que eu pensava ao acordar e a última antes de dormir. E ficava deprimido toda vez que lembrava do limite de um mês que eu mesmo havia imposto, quando seria a hora de esquecer tudo o que aconteceu entre nós e me mudar. Como eu conseguiria abrir mão desses sentimentos e fingir que nunca existiram? Sim, eu queria proteger Nathan. Mas a que custo?

Enquanto isso, Farrah e eu tínhamos sido muito cuidadosos para não sermos descobertos. Nada de faltar ao trabalho ou fazer qualquer coisa fora do comum que pudesse fazer Nathan suspeitar de algo. Nós íamos para o trabalho todos os dias, mas à noite, ela dizia que ia sair com Kellianne. Sua amiga era a única que sabia sobre nós e servia de álibi. Farrah até deixava o carro na casa de Kellianne, caso Nathan passasse por lá. Eu a encontrava na casa da amiga e a buscava de caminhonete. Depois, dirigíamos pelo menos uma hora para longe — para algum lugar onde não fôssemos reconhecidos — e íamos a um hotel. Perto da meia-noite, eu a levava de volta para o carro estacionado na casa de Kellianne, e ela ia para casa. Então, eu voltava ao hotel e passava a noite lá, ou retornava para casa depois, dependendo do dia, para variar um pouco. Repetimos esse padrão todos os dias por mais de duas semanas.

Mas essa noite foi um pouco diferente. Nathan havia marcado uma noite de filmes em família. Eu preferiria estar a sós com Farrah, sem ficar sob o escrutínio de Nathan, mas não dava para cancelar. Nathan tinha convidado Crystal, então isso servia como uma distração extra de qualquer olhar ou qualquer clima inadequado que pudesse rolar entre mim e Farrah.

Crystal preparou uma macarronada para todos nós e, depois do jantar, ficamos na área da piscina antes de nos prepararmos para assistir ao filme. Farrah e eu fomos cuidadosos, mantendo-nos em cantos opostos do quintal, mas eu não conseguia parar de olhar para ela. Quando ela saía da piscina, eu ficava maravilhado com sua beleza e me perguntava como eu tinha a sorte de estar com ela todas as noites. Então, eu a pegava me encarando de longe, e sorria. Ela ficava corada, e eu precisava me controlar para não correr até ela e beijá-la sem parar. Me sentia como um adolescente de novo, sem nenhuma preocupação no mundo. Não queria que essa sensação acabasse.

Como era justo que Nathan pudesse ser livre para ser carinhoso com a sua garota, e eu não pudesse com a minha? A percepção de que, internamente, eu a chamava de *minha garota* nem me surpreendeu. Ela *era* minha, não era? Mesmo que eu não pudesse anunciar isso ao mundo.

Em certo momento, enquanto Nathan e Crystal estavam aos beijos em uma das espreguiçadeiras, Farrah se levantou para ir até a cozinha. Ela me deu um olhar provocante antes de sumir dentro de casa. Eu sabia o que ela estava tentando fazer. Normalmente, eu não correria esse risco bem debaixo do nariz de Nathan, mas estava louco para beijá-la.

Esperei alguns minutos depois que ela entrou para segui-la. Dando uma última olhada em Nathan e Crystal, imersos um no outro, finalmente me levantei e fui em direção à casa.

Meu pau estava duro enquanto eu procurava Farrah. Como em um jogo de esconde-esconde, vasculhei cada cômodo até finalmente encontrá-la no meu quarto, que ficava no canto mais afastado da casa. Ela estava encostada na cômoda. Seus olhos estavam pesados, cheios de desejo, enquanto seu peito subia e descia.

Minha ereção já estava quase explodindo por trás do tecido da bermuda de banho. Pressionei meu corpo contra o dela para que sentisse o quão duro eu estava, querendo que ela soubesse o que seu comportamento lá fora tinha feito comigo. Então, eu a beijei com tanta força que achei que poderia machucar seus lábios.

Quando o som da porta de correr soou à distância, Farrah se afastou de repente e saiu correndo do quarto. Não havia como eu sair com essa ereção, então decidi atravessar o corredor e entrar no chuveiro.

A água caiu sobre mim enquanto eu me masturbava, imaginando todas as coisas que queria fazer com ela. Meus olhos se fecharam com força quando gozei intensamente, ejaculando contra os azulejos.

Lavei meu cabelo e meu corpo, planejando como fugiria com Farrah mais tarde.

Depois de me vestir no meu quarto, eu a encontrei na cozinha, ainda usando o biquíni. Fiquei duro de novo ao vê-la. Nossos olhares se encontraram, e ela me lançou um sorriso malicioso. Eu tinha certeza de que ela sabia o porquê de eu ter demorado tanto no banheiro.

Nathan e Crystal já estavam na sala de estar preparando o filme, deixando Farrah e eu sozinhos na cozinha.

— Como foi o banho? — ela perguntou.

— Muito... imaginativo.

— Aposto que sim.

— Você estava lá comigo em espírito. — Sorri.

Ela olhou para o próprio corpo.

— Acho melhor eu colocar uma roupa antes do filme.

Meus olhos se fixaram em sua boca.

— Precisa mesmo? Eu meio que gosto do jeito que você está.

— Melhor, para o seu próprio bem.

Olhei para a sala, para garantir que Nathan ainda estivesse entretido na conversa, e sussurrei:

— Vou te foder com tanta força mais tarde.

Ela umedeceu os lábios.

— Não espero menos do que isso.

Eu adorava como ela se excitava tão rápido, como sempre estava molhada para mim no segundo em que eu a tocava. E lá estava eu, duro de novo. *Que banho inútil, hein?*

Quando Farrah saiu para se trocar, abri a geladeira para tentar me esfriar — literalmente enfiei a cabeça lá dentro.

Então, fui para a sala e me ofereci para fazer pipoca para todo mundo — você sabe, para tentar compensar o fato de que eu estava traindo Nathan por dormir com a irmã dele. Pipoca devia ser suficiente para compensar esse tipo de traição, certo?

De volta à cozinha, comecei a estourar a pipoca e a coloquei em quatro tigelas individuais.

Farrah já estava encolhida em um canto do sofá quando voltei para a sala. Distribuí as tigelas e me sentei no canto oposto. Seria muito óbvio se eu me enfiasse bem ao lado dela. Tentei me concentrar na minha pipoca e não no fato de que eu queria sentir o corpo dela ao lado do meu.

Durante o filme, aos poucos, Farrah foi se aproximando de mim centímetro a centímetro. Por mais que isso me doesse, a cada vez, eu me afastava um pouco mais. Então, ela se aproximava de novo. Era como um jogo. Aos olhos de Nathan, não havia razão para eu me sentar bem perto dela se não houvesse uma terceira pessoa no sofá. Havia espaço de sobra para nós nos espalharmos. Farrah sorriu para mim, seus olhos brilhando.

Finalmente, ela parou, e nós voltamos a atenção para o filme por um tempo. Estava quase no fim quando meus olhos se desviaram na direção dela. Farrah estava atenta à cena final, mas tudo em que eu conseguia pensar era em sua beleza inocente e no perfil delicado. Por mais arriscadas que tivessem sido as últimas semanas, esses dias tinham sido os melhores da minha vida. Não era apenas o sexo que era incrível; era o fato de que eu sentia que podia contar qualquer coisa para ela. Nós nos entendíamos. Queríamos as mesmas coisas da vida. Queríamos paz. Queríamos ser felizes. E queríamos estar juntos.

Transando pra caralho.

Meu olhar deve ter demorado demais nela, porque quando voltei para Nathan, seus olhos encontraram os meus.

Naquela noite, Farrah saiu meia hora antes de mim para ir até a casa de Kellianne.

Mais tarde, nos encontramos no estacionamento em frente ao apartamento de sua amiga.

Assim que ela entrou na minha caminhonete, confessei o que estava pesando sobre meus ombros durante todo o caminho até lá.

— Seu irmão me pegou olhando para você hoje.

Ela fechou a porta e colocou o cinto de segurança.

— O que você quer dizer?

— Eu estava te olhando no final do filme, só pensando em como você é linda, em como me faz feliz... e me perdi nos pensamentos. Olhei para Nathan, e ele estava me encarando. Ele estava me assistindo enquanto eu observava você. Deus sabe há quanto tempo eu estava daquele jeito. Ele me lançou um olhar. Foi óbvio. Ele sabe de alguma coisa, Farrah. Provavelmente pensa que tenho uma queda por você. Acho que não desconfia de mais nada. Mas, mesmo assim, senti que ele percebeu algo. E sabe o que é mais surpreendente?

— O quê?

— Não me importei nadinha. — Peguei a mão dela. — Estou começando a me sentir ressentido. Lá estava ele hoje, curtindo a vida com uma garota de quem gosta, e não posso ficar com quem gosto porque isso pode... o quê? Machucar os sentimentos dele? Enquanto isso, ele está feliz, e eu me sentindo péssimo.

Farrah apertou minha mão com força.

— O que você está dizendo?

Olhei para nossos dedos entrelaçados.

— O que eu quero dizer é que... talvez a gente precise contar pra ele.

Os olhos dela se arregalaram.

— Sério?

— Não sei. O que você acha?

— Eu acho... que as últimas duas semanas mudaram as coisas. Me sinto mais próxima de você do que jamais pensei que poderia, e não consigo imaginar me afastar desse relacionamento. Tenho receio de magoar meu irmão. Mas tenho ainda mais medo de te perder.

Assenti.

— Não tem como desistir de você, Farrah. De jeito nenhum. Bem que tentei me convencer disso o suficiente para enfrentar essa situação com você, mas foi tudo uma grande mentira.

Os olhos dela se encheram de esperança.

— Nunca pensei que ouviria você dizer isso. Me sinto da mesma forma.

Finalmente, liguei o carro e seguimos pela estrada. Ainda perdido em pensamentos sobre como lidar com o que parecia ser uma situação impossível, acabei dirigindo pela estrada onde os pais de Farrah tinham morrido.

— Você pode parar aqui? — ela pediu, me surpreendendo.

Depois de um dia longo, tudo o que eu queria era chegar ao hotel. Mas não podia negar o pedido dela.

Reduzi a velocidade.

— Tem certeza?

Ela assentiu.

A estrada ficava ao lado de um campo vazio. Estacionei na grama, e saímos do carro.

— Quero que me mostre o exato lugar onde aconteceu — ela pediu.

Todos os músculos do meu corpo tensionaram. Reviver o momento mais traumático da minha vida não era algo que eu esperava fazer hoje à noite. Mas eu faria qualquer coisa por ela, mesmo que significasse ter que enfrentar essa situação.

Ela segurou minha mão enquanto eu a levava até onde me lembrava que a caminhonete do pai dela estava estacionada naquele dia.

Parei quando comecei a passar mal.

— Foi mais ou menos aqui.

Ficamos juntos à beira da estrada enquanto alguns carros passavam depressa. Observei Farrah fechar os olhos e entrar em um estado quase meditativo. Muitas emoções borbulharam dentro de mim. Acima de tudo: culpa. Ela não sabia toda a verdade sobre o que havia acontecido. Na verdade, se soubesse, provavelmente não iria querer ficar comigo. Estar ali era um lembrete de que o certo a fazer seria tê-la deixado. Mas, infelizmente, era tarde demais para isso.

— Eu consigo senti-los aqui — ela disse. — Sinto a presença deles. É incrível. — Ela abriu as pálpebras e olhou para mim. — Sinto que eles podem nos ver também.

Meu estômago revirou. No fundo do coração, eu sabia que, se os pais de Farrah pudessem nos ver agora, não iriam querer que estivéssemos juntos. Tudo o que eu podia fazer era torcer para que, de alguma forma, eles pudessem me perdoar. E também para que, um dia, eu encontrasse coragem suficiente para contar a verdade a Farrah.

Ela me puxou para perto, encostando a cabeça no meu peito, onde meu coração batia descompassado.

— Eu quero que você se liberte dessa dor, Jace.

Soltei o fôlego que estava segurando desde praticamente o momento em que paramos ali.

— Não sei se consigo fazer isso.

— Eu sei que você vive com a culpa do sobrevivente, mas está na hora de deixar isso para trás. Eu quero te ajudar. Acho que precisamos vir aqui mais vezes, passar um tempo e nos acostumar com a dor. Podemos superar isso juntos. Na verdade, minha terapeuta recomendou exatamente isso, mas não acho que consigo fazer sozinha. Quero você comigo.

Voltar repetidas vezes ali parecia uma tortura, mas talvez o que ela disse fizesse sentido. Talvez eu pudesse superar se ela estivesse ao meu lado.

Começou a chover, então voltamos para a caminhonete e entramos. Eu estava prestes a ligar o carro quando Farrah colocou a mão no meu braço.

— Vamos só passar um tempo aqui e ouvir a chuva.

Olhei as horas e tentei convencê-la do contrário.

— Já passou da meia-noite. Tem certeza de que não quer ir para o hotel? Podemos fazer isso outro dia.

— Só mais um pouco? Não estou pronta para ir embora.

Assenti. Se era isso que ela precisava agora, eu não ia discutir.

Nos minutos seguintes, me acomodei em um estado de relaxamento enquanto ouvia a chuva batendo na caminhonete. Farrah se encostou no meu peito enquanto eu beijava o topo de sua cabeça.

— Nunca me senti tão em paz na minha vida — ela disse. — Sei que deveria me sentir o oposto, considerando que temos que nos esconder, e isso é meio perigoso, mas me sinto muito segura quando estou com você.

— Por que você gosta tanto de mim?

A resposta dela foi imediata.

— Não gosto.

— Você não gosta? — Eu ri.

Ela se virou para mim.

— Eu não gosto de você... Eu te amo.

Meu coração ficou apertado.

— Eu te amo, Jace — ela repetiu em um sussurro.

Eu deveria ter dito que também a amava, mas congelei. Não queria que ela pensasse que eu estava dizendo só porque ela havia dito primeiro.

Farrah se endireitou e me encarou nos olhos.

— Não sinta que precisa dizer de volta, tá bom? Só queria que soubesse como me sinto.

— Não sinto que mereço o seu amor — respondi. — Mesmo anos atrás, quando descobri que você tinha sentimentos por mim, sempre percebi o jeito como me olhava e sentia que não merecia aquela admiração. Quando voltei pra cá, depois de todos esses anos, e vi que você ainda me olhava do mesmo jeito, senti menos ainda que te merecia. — Coloquei as mãos em seu rosto, tentando ao máximo expressar o que eu sentia. — Você disse que te faço se sentir segura... olha, você me faz sentir o mesmo. Quando estou com você, não quero mais nada nem ninguém. Nunca senti isso na vida. Eu...

O som de batidas interrompeu meu discurso. Um clarão de luz atingiu meus olhos. No começo, foi difícil ver através das gotas de chuva. Pensei que fosse um policial. Mas quando olhei para o rosto dele depois de abaixar o vidro, desejei, mais do que tudo, que *fosse* a polícia. Virei-me para Farrah. Por mais assustado que eu estivesse, nada era pior do que ver o medo nos olhos dela.

— Ai, não... — A voz dela tremeu.

Como isso estava acontecendo?

Caralho, como ele sabia que estávamos aqui?

— Vai ficar tudo bem — garanti, esperando que fosse verdade.

Decidido a ser forte, abri a porta e saí. Farrah fez o mesmo.

— Que porra está acontecendo? — Nathan gritou na minha cara.

— O que você está fazendo aqui? — perguntei, tentando ao máximo manter a calma.

Nathan pareceu possuído, os olhos arregalados, cheios de raiva, sob a chuva torrencial.

— O que estou fazendo aqui? Essa é uma boa pergunta. Que tal... eu não sou tão burro quanto vocês pensam! Vocês dois sumindo todas as noites de casa? O jeito como trocam olhares? Eu não quis acreditar nisso por muito tempo. Mas, hoje à noite, caiu a ficha e pensei: "Como você pode ser tão idiota, Nathan?". — Ele voltou sua atenção para Farrah. — Juntei dois e dois, especialmente depois que você mentiu para mim sobre ter faltado ao trabalho naquele dia. Decidi passar na casa da Kellianne depois de deixar Crystal. Claro, seu carro estava lá, mas ninguém estava em casa. Então, tudo bem... achei que talvez eu estivesse errado. Dei o benefício da dúvida e imaginei que talvez você estivesse com ela em uma porra de noitada qualquer. Decidi voltar para casa, e o que vejo no caminho? Uma caminhonete que se parece muito com a de Jace estacionada na beira da estrada... *Neste* lugar, logo aqui?

Ela limpou a chuva do rosto.

— Íamos te contar, Nathan. — A voz de Farrah saiu trêmula.

— Ah, é? Fácil dizer agora que peguei vocês, né? Você passou metade da vida se jogando pra cima dele. Finalmente deu certo, né?

— Não fale assim com ela — exigi, colocando o braço em volta dela de forma protetora.

— Não tenho nada pra dizer a você — ele quase cuspiu em mim quando falou. — Você pode ter qualquer vagabunda da cidade, e vem mexer logo com a minha irmã? Sério, quão baixo você pode chegar? Se muda pra minha casa para me ajudar, e é assim que age? Transando com minha irmã, sabendo muito bem que não vai ficar em Palm Creek?

— Eu ficaria por ela — respondi de imediato.

— O quê? Você não pode estar falando sério.

— Estou falando sério, Nathan. Não esperava que isso acontecesse, mas me apaixonei pela sua irmã.

Os olhos de Farrah encontraram os meus, e o medo neles pareceu diminuir um pouco. Não era como eu queria dizer isso, mas era o que tínhamos no momento.

Eu a amo.

— Você se apaixonou? — Nathan zombou. — Só pode estar brincando. Você não sabe nada sobre amor! — ele gritou. — Luxúria, talvez...

Erguendo a voz, gritei de volta:

— Entendo que esteja bravo porque escondemos isso de você, mas precisávamos descobrir como nos sentíamos um com o outro antes de te contar.

— Não há nada para descobrir, porque isso não vai acontecer. — Ele se virou para Farrah. — Se você se importar com a nossa relação, não vai.

Farrah ficou cara a cara com ele.

— Você vai mesmo me fazer escolher entre ele e você?

Nathan me lançou um olhar diabólico.

— Você não faz ideia de com quem está se envolvendo, irmãzinha.

Suas palavras foram como um soco no estômago. O medo tomou conta de mim. E eu sabia. Eu sabia o que estava por vir. Meu instinto foi abaixar o rosto, para não ter que ver a dor nos olhos dela quando descobrisse.

— Claro que sei quem ele é! — Farrah continuou a me defender. — Confio no Jace mais do que confio na maioria das pessoas. Ele é seu melhor amigo, pelo amor de Deus. Você deveria confiar nele também.

— Ah, é? Então me diga, você sabia que o cara com quem está transando é provavelmente o motivo de nossos pais não estarem mais aqui?

Farrah apertou a minha cintura, minha camisa já encharcada.

— Como você ousa dizer isso?!

Ela não tinha ideia de quem estava defendendo.

— Nathan, pare — exigi.

Ela não podia descobrir assim.

— Por que ele diria algo tão cruel? — Ela olhou para mim.

Senti o mundo desmoronando sobre mim. Não consegui encontrar as palavras certas.

— Por que eu diria isso? — Nathan respondeu. — Porque é a verdade. A única razão pela qual o atirador disparou contra nossos pais naquele dia foi porque *Jace* reagiu. O cara nunca teria atirado em nossos pais se Jace não o tivesse provocado. — Ele me encarou nos olhos. — Ele é a razão de nossos pais não estarem mais aqui.

Ele despejou aquelas palavras da pior forma possível, me deixando sem fala para me defender.

Mas Farrah nem pestanejou, nem hesitou em me defender.

— Que porra você sabe sobre isso, Nathan? Você nem estava lá.

— Nem precisei estar. Jace me contou.

Os olhos dela cintilaram enquanto se virava para mim.

— Isso é verdade?

Mal consegui articular as palavras. Mas tentei, por ela.

— Sim... eu... pensei que poderia derrubá-lo. Eu tentei... e... — Minha voz falhou, incapaz de explicar o meu erro de julgamento naquele dia.

Ao ver a expressão de dor no rosto de Farrah, me arrependi profundamente do dia em que, anos atrás, decidi abrir meu coração para Nathan sobre o que aconteceu. Ele nunca saberia se eu não tivesse contado. Mas, cerca de um ano após o acidente, a verdade estava me consumindo. O fato de eu ter avançado no agressor nunca apareceu no relatório policial, porque nunca contei a ninguém. A decisão de tentar pegar a arma dele me assombrou todos os dias da minha vida. E agora, meu segredo havia sido exposto para todo mundo — ou, pelo menos, para todo o meu mundo: Farrah.

Para minha total surpresa, em vez de chorar ou me atacar com ódio, Farrah me abraçou de novo.

— Não foi sua culpa, Jace. O que quer que tenha feito... você pensou que iria protegê-los.

Mas Nathan não ia deixar isso passar.

— Se ele realmente acha que não fez nada de errado, por que não te contou? Ele escondeu a coisa mais importante de você para não atrapalhar as chances de se aproveitar de você.

Meus punhos se cerraram.

— Isso não é verdade, Nathan.

Eu sabia que ele estava magoado, mas queria socá-lo mesmo assim.

— Você é só mais um troféu para ele, Farrah.

Eu não sabia o que era pior: o fato de Farrah ter descoberto dessa maneira, Nathan estar magoado, ou de, no fundo, eu temer que ele estivesse certo sobre mim, sobre tudo isso. O fato de Farrah me defender só reforçava que ela estava sendo muito condescendente comigo. Não havia demorado nem um minuto para ela colocar toda a sua confiança em mim. Eu não merecia o perdão dela tão fácil assim.

Nathan apontou o dedo para mim.

— Achei que poderia te perdoar por aquele erro porque não foi intencional. Mas isso? Esconder que estava saindo com minha irmã? Isso foi premeditado. Você passou do limite. Não vou perdoar o que fez agora, e também não vou *esquecer* todo o resto.

Farrah ainda não tinha me soltado.

— Nathan, por favor. Podemos todos ir para casa e discutir isso?

— Casa? Ele não vai pra casa. E você pode decidir se quer ir com ele ou voltar para casa comigo. Não vai poder ter os dois.

— Você só pode estar brincando. — Ela chorou.

— Não estou brincando nem um pouco. — Ele me encarou. — Amanhã, enquanto eu estiver no trabalho, pode ir pegar todas as suas merdas.

Nathan não disse mais nada enquanto entrava no carro e acelerava, com os pneus derrapando no cascalho molhado ao sair.

Continuamos parados na chuva, ambos em choque. Quando puxei Farrah para os meus braços, me senti impotente. Depressa, eu a conduzi de volta à minha caminhonete. Estávamos encharcados.

Esse era o meu pior pesadelo: Farrah tendo que escolher entre mim e o irmão. Além disso, eu sabia que não *havia* uma escolha. Ela me escolheria, se eu deixasse. Se eu a levasse comigo esta noite, as coisas talvez nunca mais fossem as mesmas entre os dois. Eu não tinha certeza se conseguiria viver com essa culpa. Já me culpava pela morte dos pais deles, e agora iria destruir a família deles de outra maneira?

Beijei sua testa com suavidade e disse:

— Vou te levar até seu carro. Depois, vou para a casa dos meus pais. Ele precisa de um tempo para esfriar a cabeça, mas se você for embora comigo hoje, a situação vai piorar muito.

Ela pareceu dividida.

— Tudo bem... acho que você tem razão.

Fiquei aliviado por ela não ter discutido.

— Talvez de manhã ele tenha se acalmado um pouco, mas não posso voltar lá com você hoje à noite.

— Sinto muito que isso tenha acontecido. — Uma lágrima escorreu por sua bochecha.

Eu a enxuguei.

— Eu também, linda. Eu também.

A viagem de volta foi assustadoramente silenciosa. A culpa estava me sufocando. O que eu tinha feito claramente ainda não tinha sido processado por Farrah. Quando o choque passasse e a ficha caísse, as coisas ficariam feias.

Capítulo 17

Farrah

Quase uma semana se passou até que eu visse Jace de novo. No dia seguinte ao que Nathan nos pegou, Jace veio em casa para buscar suas coisas, mas fez isso enquanto estávamos trabalhando. Ele me ligou algumas vezes para saber como eu estava, mas não passou disso. Disse que era melhor ficarmos afastados por um tempo. Parecia um pesadelo.

A princípio, eu achava que ele só estava evitando Nathan, mas, a cada dia que passava, me preocupava que ele também estivesse *me* evitando. Eu não queria perder meu irmão, mas o medo de perder Jace superava qualquer outra coisa.

Nas inúmeras discussões que tivemos na última semana, Nathan deixou claro que não voltaria atrás em relação à traição de Jace. Ele não conseguia perdoar Jace, não apenas por ter se envolvido comigo, mas porque a discussão havia reaberto uma ferida antiga. Isso explicava o motivo de o assalto sempre ter sido um tema tão difícil para eles conversarem a respeito. Mesmo sabendo que Jace talvez tivesse provocado o tiro do assaltante, não podia culpá-lo. E não entendia como Nathan conseguia. Me entristecia saber que Jace carregara essa culpa por tanto tempo. Eu temia que ele tivesse passado a última semana se punindo novamente pelo que havia acontecido. Eu estava preocupada conosco, mas ainda mais com ele.

Na tarde de sexta-feira, quando saí do trabalho, minhas orações finalmente foram atendidas. A caminhonete de Jace estava estacionada do lado de fora do prédio.

Finalmente.

Ele saiu e fechou a porta antes de vir até mim.

Eu esperava que ele me beijasse, mas ele não fez isso.

Um sentimento inquietante se instalou no meu estômago.

— Podemos dar uma volta? — ele perguntou.

Algo na voz dele fez meu coração despencar. A esperança rapidamente se transformou em pavor. Caminhamos pela rua, passamos por uma fileira de lojas e viramos a esquina para um bairro residencial.

— Entendo não ter ido ver Nathan, mas por que você está me evitando? — perguntei.

— Eu precisava de um tempo para pensar, não apenas sobre o que eu queria, mas, mais importante, o que seria melhor para você. E, infelizmente, essas duas coisas não se encaixam. — Ele parou de andar por um momento e encarou meus olhos. — Eu não tinha o direito de esconder de você o que realmente aconteceu no dia em que seus pais morreram. Deixei você se apaixonar por mim sem te contar uma coisa que você tinha todo o direito de saber e algo que, sinceramente, *deveria* ter mudado a sua opinião sobre mim.

— Por quê? Por que isso deveria ter mudado minha opinião? Você agiu em legítima defesa. Achou que estava fazendo o certo. Como eu poderia te culpar por isso?

— Farrah, há uma grande chance de que a escolha que fiz tenha levado a esse desfecho. Você não enxerga isso? — Ele olhou para o céu e, depois, voltou a me encarar. — Você pode não me culpar agora, mas quando essa névoa de amor passar, a verdade vai te atingir. Um dia, vai acordar, olhar para mim e enxergar apenas o homem que é, em parte, responsável por ter destruído todo o seu mundo.

Neguei com a cabeça.

— Sinto muito, mas eu *nunca* vou ver dessa forma.

— Mesmo que não veja, Nathan deixou claro que *ele* vê. Ele não consegue superar. E isso era algo que eu não tinha percebido até aquela noite. Não sabia que ele ainda guardava tanta raiva e culpa em relação a mim. Saber disso muda muita coisa.

Comecei a tremer, em pânico.

— O que quer dizer com isso? Fale logo, Jace.

— Estou dizendo que não quero ser o responsável por você perder o único membro da sua família que lhe resta, quando já me sinto responsável por você ter perdido os seus pais. Não posso viver com isso. — Ele fechou os olhos. — Por mais que eu queira que a gente dê certo, e, meu Deus, Farrah, por mais que eu te ame, não posso te colocar nessa situação. Seria o maior ato de egoísmo. — Jace levou as mãos à cabeça. — Me afastar de você é a coisa mais difícil que já tive que fazer.

Afastar? Aquilo quase arrancou o ar dos meus pulmões.

— Se afastar... — repeti.

A dor nos olhos dele era palpável.

— Eu preciso ir embora, Farrah.

Uma onda de calor subiu para a minha cabeça.

— Você está cometendo um erro — implorei.

— É a última coisa que quero, mas é o melhor para você, mesmo que não perceba isso agora.

Eu quis chorar, mas o choque me impediu de fazer qualquer coisa.

— Para onde você vai?

— Vou voltar para a Carolina do Norte. Para ser honesto, esse sempre foi o meu plano. Não pertenço a este lugar.

Sempre foi o plano dele?

A devastação que eu estava sentindo se transformou em raiva.

— Então é isso? Você ia embora desde o começo? E agora vai fingir que nada aconteceu entre nós? Que não se apaixonou por mim?

Jace cobriu o rosto com as mãos.

— Eu não disse isso. Nunca vou esquecer nada do que vivemos. Nunca. — Ele me olhou. — Pelo resto da minha vida, Farrah. Eu só espero que você possa *me* esquecer. Essa não é uma decisão que quero tomar. É a decisão que *preciso* tomar. Tem uma diferença.

Eu me senti traída. E, mais do que isso, me senti decepcionada por ele não lutar mais por nós, por não estar disposto a arriscar tudo para ficar comigo. Apesar disso, ainda estava tentada a implorar para ele não ir embora. Mas e depois? Isso não era mais só sobre Nathan. Era sobre a ferida que havia se aberto no peito de Nathan quando ele jogou aquela bomba, e a incapacidade de Jace de lidar com isso.

Jace voltou a fugir da culpa, como sempre fazia. Estar comigo significaria ter que enfrentá-la, algo que ele não parecia estar disposto a fazer. Eu, por outro lado, estava disposta a abrir mão de tudo por ele, mas só se isso trouxesse felicidade para nós. Agora, ele estava infeliz e com medo. Isso estava bem claro. Se ele não estivesse disposto a deixar o passado para trás e se permitir ser feliz, como isso poderia dar certo?

— Eu não sei o que dizer, Jace. Estou em choque.

— Você não precisa dizer nada. Não há palavras. Toda essa situação é uma merda. Juro por Deus, eu nunca quis te machucar. Só sinto que preciso impedir isso antes que cause um dano irreparável a vocês dois.

Eu não queria contar a ele que o estrago já estava feito. Eu nunca ia superar a partida dele. Se Jace acreditava nisso, claramente subestimava os meus sentimentos. E eu não sabia se algum dia conseguiria perdoar meu irmão por nos colocar nessa situação.

Ele colocou a mão no meu queixo.

— Farrah, olhe para mim. Eu preciso que você ouça isso. — Ele suspirou. — Eu não consigo viver no pedestal em que você sempre me colocou. Não mereço isso. Essa é a verdade. Se eu ficar e arruinar sua relação com seu irmão, nunca vou me perdoar. Ainda estou tentando me perdoar por todo o resto. Não estou nem perto de chegar lá ainda. Além de tudo, eu nunca fui capaz de manter um relacionamento. Há muitas formas que eu poderia te machucar.

Ele não percebeu que já tinha me machucado?

— Você realmente vai embora? — falei, com a voz falhando.

Ele assentiu.

— Sim.

— Quando?

— Hoje à noite.

— Hoje à noite? — Enxuguei uma lágrima e balancei a cabeça. — Meu Deus. Estou surpresa que você tenha ao menos se incomodado em dizer adeus.

— Estou indo embora hoje porque não consigo ficar aqui nem mais um minuto sabendo que não vai ter volta. É doloroso demais. Mal consigo olhar pra você agora.

Reuni coragem para dizer uma última coisa.

— Quero que saiba que, apesar de você acreditar que está me protegendo, na verdade, está tomando a decisão errada. Eu não preciso que você me proteja. Preciso que confie em mim, que me escute. Porque eu te amaria, não me importaria com o que fosse acontecer. Tudo isso, toda essa dor, toda essa merda com Nathan, teria valido a pena. Mas não sei como te convencer disso.

Os olhos dele ficaram marejados, mas ele não chorou.

— Por favor, siga com sua vida. Eu sempre vou me lembrar desse tempo que tive com você como os dias mais felizes da minha vida.

Por mais que eu quisesse dizer o mesmo — porque era verdade —, me recusei a falar mais uma palavra. Vazia por dentro, eu não tinha mais nada. Não conseguia mais suportar olhar para ele. Me virei e comecei a caminhar de volta para o prédio onde nossos carros estavam estacionados, e ele caminhou alguns passos atrás de mim.

Quando cheguei ao meu carro, parei em frente a ele e me virei para olhar em seus olhos uma última vez.

— Sinto muito, Farrah.

Com lágrimas escorrendo pelo rosto, entrei no carro e liguei o motor. Assim que acelerei, olhei no retrovisor e vi que ele ainda estava no mesmo lugar, me observando ir embora. Jace ficava cada vez menor conforme eu me distanciava, mas a dor que eu sentia só aumentava. E se agora não me restasse mais nada?

Três anos depois

Capítulo 18

Jace

Minha namorada, Kaia, pareceu compreensivelmente chateada quando voltei para a nossa mesa no restaurante japonês. Ela me fuzilou com os olhos.

— Você se importaria em me dizer que porra foi essa?

Não havia uma maneira fácil de contar.

— Era ela.

— Era… — Ela piscou. — Era… *Farrah*?

— Sim.

Seu rosto ficou vermelho.

— De todos os lugares onde poderíamos almoçar, você me traz justo ao restaurante onde ela trabalha? Que merda, Jace!

— Pelo amor de Deus, Kaia. Eu não sabia. Não fazia ideia de que ela trabalhava aqui. Você acha que eu te colocaria nessa situação de propósito?

O olhar de Kaia suavizou.

— Jura que não sabia?

— Claro que juro.

Esse restaurante nem existia da última vez que eu estive em Palm Creek. Pelo que eu sabia, Farrah nunca tinha trabalhado como garçonete na vida, então vê-la aqui não fazia o menor sentido. Eu só queria um almoço tranquilo depois de uma semana horrível. Em vez disso, fui surpreendido pelo maior choque da minha vida.

Ainda atordoado pelo encontro com Farrah lá fora, enxuguei o suor da testa.

— Ela é linda — disse Kaia. — Sabe aquela expressão, "o rosto que lançou mil navios"? Acho que é da Helena de Troia. Aquela garota é o rosto que te fez dirigir para longe dessa cidade.

Não havia uma maneira segura de concordar com aquilo. Kaia já estava prestes a explodir. Então, fiquei em silêncio.

— Bom, não que eu não esperasse que ela fosse bonita — continuou Kaia. — Por que mais você teria arriscado tudo por ela?

Também não podia discordar. Mais uma vez, era o momento certo para ficar calado. Farrah estava tão linda como sempre, embora com uma frieza nos olhos que eu não reconhecia.

Kaia sacudiu o guardanapo de pano de maneira quase violenta.

— O que ela disse pra você?

— Não conversamos muito. Basicamente… ela saiu do restaurante. Eu a alcancei na avenida principal depois que ela atravessou o estacionamento. Ela perguntou o que eu estava fazendo na cidade, e eu disse que minha mãe tinha morrido. Ela pareceu abalada ao ouvir isso. Me deu os pêsames… perguntou como meu pai estava. Depois disse que precisava ir embora e continuou andando. Foi isso.

— Por que ela fugiu, então? Não podia só dizer oi? — Kaia riu com raiva. — Ou pelo menos poderia ter feito o trabalho dela e anotado nosso pedido.

Aquilo me matava: o fato de Farrah ter fugido daquele jeito. Mas ela não esperava me ver sentado ali. Fugir foi uma reação automática. Eu sabia bem como era.

— Acho que ela só ficou em choque e não soube como lidar com a situação.

— Olha, você deve mesmo ter ferrado com a vida dela para ela ter saído correndo daquele jeito.

Eu torcia para que Kaia não tivesse razão. Esperava que Farrah já tivesse superado o que eu fizera com ela. Mas todos os sinais apontavam para o fato de que não, ela não havia superado. De qualquer forma, mais uma vez, escolhi não responder aos comentários da minha namorada.

Tudo isso era uma merda. Kaia não deveria ter visto Farrah. Aliás, nem eu deveria ter visto Farrah. Kaia e eu estávamos em Palm Creek havia uma semana. Ela iria pegar um avião de volta para Charlotte, enquanto eu ficaria para ajudar meu pai após a súbita perda da minha mãe, que teve um ataque cardíaco.

Kaia e eu estávamos juntos há um ano. Ela nunca entendeu por que eu não queria voltar para casa, por que eu nunca a levava para a Flórida, para conhecer meus pais. Meus pais tinham ido a Charlotte algumas vezes para me visitar no primeiro ano após minha partida, mas isso foi antes de eu conhecer Kaia. Então, ela nunca teve a chance de conhecer minha mãe.

Tudo o que minha mãe queria era que eu voltasse para a Flórida, e não consegui realizar esse desejo… até ela morrer. Ninguém esperava aquele ataque cardíaco. Não me lembrava da minha mãe ter ficado doente uma única vez. Não era para acontecer desse jeito. Meu pai é quem teve câncer. Agora, meu pai estava bem, e minha mãe, que era a cola que mantinha nossa família unida, se foi. Cinquenta e nove anos de idade. Não que eu desejasse que meu pai, que tinha quase setenta, tivesse morrido, mas a vida era tão injusta. Perder minha mãe foi provavelmente a única coisa capaz de desviar minha atenção de todos os outros motivos que tornavam voltar para casa tão traumático. A dor da sua morte era tão profunda que nada mais conseguia se comparar.

Até a semana anterior, minha vida estava indo muito bem. Depois de passar alguns anos me sentindo perdido, me obriguei a seguir em frente e, no último ano, consegui encontrar uma vida confortável ao lado de Kaia. Nós nos conhecemos através de um amigo em comum. Eu me importava com ela, mas estávamos chegando ao ponto em que ela queria um compromisso mais sério, e eu ainda não tinha dado esse passo. Estávamos conversando sobre a possibilidade de morarmos juntos, mas eu continuava adiando.

Depois que meu pai ligou para me contar sobre minha mãe, Kaia insistiu em vir para Palm Creek comigo. Quando ela percebeu o quanto eu estava desconfortável, me pressionou até que finalmente contei as circunstâncias em que deixei a cidade três anos antes. Contei tudo para ela — desde o assassinato até meu relacionamento com Farrah e o desentendimento com Nathan.

O caminho até aqui, saindo de Charlotte, tinha sido tenso. Kaia queria conversar o tempo todo, analisando tudo o que eu tinha confessado. Enquanto isso, eu estava entorpecido porque, pelo amor de Deus, minha mãe tinha acabado de morrer; eu não estava com cabeça para analisar nada.

Kaia acreditava que eu ainda tinha sentimentos não resolvidos por Farrah. Não precisava ser um gênio para perceber isso. Mesmo assim, me recusava a admitir minhas emoções, porque, desde o dia em que fui embora, fiz de tudo para bloquear dos meus pensamentos a bagunça que eu tinha causado, o que significava tentar esquecer Farrah. Eu não *sentia* nada há três anos. E agora, com a morte da minha mãe, eu tinha coisas mais importantes para lidar do que revirar dores antigas. Mas, merda, meu peito estava doendo depois de revê-la. Todos os sentimentos que eu havia enterrado pareceram me atingir de uma vez só.

Minha mente estava em todos os lugares enquanto eu encarava Kaia do outro lado da mesa no restaurante. Alguém finalmente percebeu que a nossa garçonete tinha desaparecido e veio até nós para anotar o pedido. Trouxeram duas águas e colocaram uma chaleira de chá quente no centro da mesa. Kaia pediu frango teriyaki. Meu cérebro estava tão exausto que não consegui pensar no que queria — sem contar que havia perdido o apetite —, então pedi à garçonete que me trouxesse o mesmo.

Kaia serviu um pouco de chá e, em vez de beber, ficou olhando para a xícara fumegante. Ela tamborilou os dedos na porcelana.

— Olha, eu tenho pensado muito a respeito disso... e depois do que aconteceu agora, tenho ainda mais certeza.

Eu tinha começado a me servir o chá, mas parei.

— O quê?

— Acho que precisamos dar um tempo.

— Você está terminando comigo…

— Não. Não exatamente. Só acho que você precisa resolver todas as coisas que te impedem de seguir em frente. E acho que precisa fazer isso sem estar preso a alguém. — Seus olhos ficaram marejados. — Eu te amo. Mas agora percebo que há muita coisa que você ainda não resolveu. Até fazer isso, não tenho certeza se pode ser o homem de que preciso.

— Não acha que isso se parece muito com um término?

— Bom, não é um término. É um tempo. Uma separação. Eu não vou te culpar se algo acontecer enquanto você estiver resolvendo as suas coisas aqui. Faça o que precisar fazer. Mas se voltar para mim, seu passado não vai poder voltar com você.

O que exatamente ela queria que eu resolvesse?

— Não há nada para eu resolver aqui além de cuidar do meu pai por um tempo.

— Não é assim que enxergo as coisas. Especialmente depois do que aconteceu agora. — Ela deu um longo gole no chá. — Olha, você nem consegue me dizer quando vai voltar para Charlotte. Entendo que precisa ficar aqui por um tempo, pelo seu pai, mas também acho que tem que lidar com as outras coisas das quais fugiu. — Ela fez uma pausa. — Por mais que eu te ame, preciso te deixar ir agora.

Eu não sabia como me sentir. Decepcionado? Aliviado? Me senti quase entorpecido.

O último namorado de Kaia a deixou para voltar para a ex-esposa. Então eu podia entender o medo dela quando se tratava de se envolver com um cara que tinha sentimentos mal resolvidos pela ex.

Assenti.

— Se é isso que você sente que precisa fazer, não vou tentar te impedir.

Nosso pedido chegou, interrompendo a conversa no pior momento possível.

Começamos a comer em silêncio.

Mesmo que a decisão de dar um tempo tivesse sido dela, ela parecia chateada. Acho que esperava que eu lutasse mais por nós. Mas isso nunca ia acontecer. Aquela semana tinha sugado toda a força de dentro de mim.

Meu pai estava sentado sozinho na sala de estar quando voltei para casa naquela noite. Ele só tinha deixado uma pequena luminária acesa, então a maior parte da casa estava no escuro. Tão deprimente.

— Meu velho, sou eu. — Joguei as chaves em cima de uma mesa.

— Você voltou mais cedo do que pensei. Disse que não voltaria até amanhã.

— Kaia foi embora. Ela adiantou o voo. Eu a levei ao aeroporto e fiz o checkout no hotel para vir ficar com você.

Kaia não se sentiu confortável com a ideia de ficar na casa do meu pai durante essa semana, então tínhamos escolhido um hotel mais próximo.

— Ela parece ser uma boa garota.

— Ela era mesmo… até me dar um pé na bunda. — Ri.

— O quê? — Meu pai se ajeitou na poltrona marrom. — Ela quer sair com outras pessoas?

— Não. Acho que é mais uma forma de se proteger, porque ela acha que não vou voltar para Charlotte tão cedo.

— Você não precisa ficar aqui, filho.

Não queria que meu pai se sentisse culpado.

— Isso não está em discussão, pai — expliquei depressa. — É o que a mamãe ia querer. É o mínimo que posso fazer.

— Ela não ia gostar que você terminasse com uma boa namorada só para cuidar de mim. Tudo o que ela sempre quis foi que você fosse feliz. Ela sempre se sentiu péssima pelo motivo de você ter ido embora. Por isso nunca te deu uma bronca por ter ido tão de repente três anos atrás. Ela entendia. Quando você nos contou sobre Kaia, ela ficou feliz… mesmo que desejasse que as coisas tivessem dado certo entre você e Farrah.

Assim que ele mencionou o nome de Farrah, meus nervos ficaram à flor da pele.

— Falando em Farrah... acho que a mamãe pode estar brincando com a gente lá do céu hoje.

— É mesmo?

— Levei Kaia para almoçar naquele restaurante japonês na Seminole Highway. Adivinha quem trabalha lá agora? Farrah. Ela foi atender à nossa mesa e fugiu quando me viu.

— Você está brincando? Ela trabalha no restaurante japonês?

— Parece que sim. Corri atrás dela e tivemos uma conversa rápida. Contei sobre a mamãe. Foi surreal.

— Bom, isso explica as flores que chegaram hoje.

Isso me surpreendeu.

— Sério?

— Estava prestes a te contar. — Ele apontou. — Estão ali na mesa.

Caminhei até um buquê de rosas brancas misturadas com outras flores e peguei o cartão.

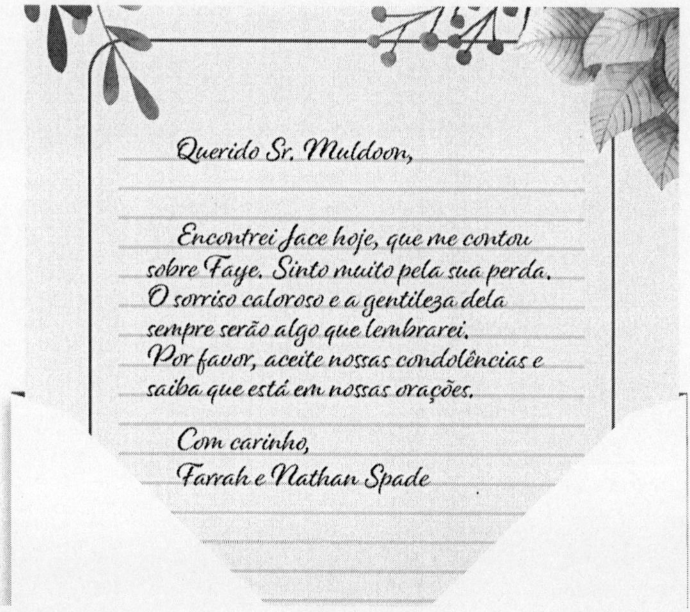

Querido Sr. Muldoon,

Encontrei Jace hoje, que me contou sobre Faye. Sinto muito pela sua perda. O sorriso caloroso e a gentileza dela sempre serão algo que lembrarei. Por favor, aceite nossas condolências e saiba que está em nossas orações.

Com carinho,
Farrah e Nathan Spade

— Ela deve ter encomendado essas flores assim que fugiu de mim — eu disse, ainda lendo o cartão.

— Olha, foi um gesto muito bonito.

Tive que concordar. Fiquei tocado que Farrah tivesse feito isso, apesar de como eu a tratei. Isso dizia muito sobre o tipo de pessoa que ela era.

Eu não tinha conseguido parar de pensar nela o dia todo, apesar do drama da minha namorada em me deixar... ou me forçar a dar um tempo — seja lá o que fosse. Mas era um alívio que Kaia não estivesse aqui para continuar analisando cada uma das minhas expressões e reações à menção do nome de Farrah.

O fato de Farrah ter fugido me assombrava. Eu ficava repetindo a cena na cabeça — não só a forma como ela fugiu, mas o quão rápido todos os sentimentos que eu havia reprimido vieram à tona assim que me deparei com os olhos dela. Era perturbador, mas não surpreendente, considerando que eu só havia enterrado minhas emoções, em vez de lidar com elas. Esse era o meu jeito.

Finalmente coloquei o cartão de volta no envelope e o deixei em cima da mesa.

— Você já comeu, pai?

— Estou bem.

— Então não comeu, né?

Ele hesitou.

— Não.

Meu pobre pai parecia um peixe fora d'água. Não sabia se ele não tinha comido porque não estava com fome ou porque minha mãe não estava mais lá para cozinhar para ele.

Abri o armário.

— Quer panquecas?

— Só se for fazer para você também.

— Na verdade, estou começando a ficar com fome de novo — menti.

Meu pai foi até a mesa e se sentou, colocando a cabeça entre as mãos. Peguei a frigideira antiaderente e liguei o fogo. Partia meu coração vê-lo tão triste e desamparado. Encontrei uma tigela e comecei a misturar os ingredientes. Enquanto despejava a massa na frigideira e ouvia o chiado, lágrimas começaram a se formar nos meus olhos. Pela primeira vez desde que voltei para casa, deixei-as cair. Era a primeira vez que eu chorava desde o momento em que peguei a I-95 indo para o norte, três anos antes.

Uma coisa tão simples — fazer panquecas — era algo que eu tinha visto minha mãe fazer centenas de vezes. Passei a semana apenas cumprindo a rotina, e nesse momento tão comum da vida, encarando a frigideira, finalmente caiu a ficha de que ela se fora.

Na semana seguinte, passei os dias ajudando meu pai a cuidar das coisas da minha mãe, decidindo o que guardar e o que doar. Vasculhar os pertences de uma pessoa amada que morreu, que ainda cheiravam a ela, era pura tortura. Meu pai desmoronou várias vezes durante o processo.

Em uma tarde, precisei de uma pausa dessa rotina, então decidi ir ao supermercado e resolver algumas pendências. Não planejava passar pela casa de Farrah, mas, de alguma forma, acabei passando pela avenida que precisaria pegar para voltar para casa. Antes que eu percebesse, estava chegando ao bairro dela e de Nathan, e decidi virar na rua deles.

Meu coração disparou ao ver uma criança pequena brincando em frente à casa deles. A garotinha estava em um daqueles carrinhos de plástico vermelho e amarelo. Um pico de adrenalina me atingiu. *De quem era essa criança?* De Nathan? Farrah? Eu havia especificamente pedido à minha mãe que não buscasse informações, e pelo que eu sabia, ela nunca tinha esbarrado com eles nos três anos em que estive fora; ela teria me contado se tivesse. Eu não fazia ideia do que tinha acontecido com os dois, fiz um esforço bem grande para ficar fora da vida deles.

Completamente assustado, saí da caminhonete e me aproximei da garagem.

Jesus Cristo.

Quanto mais eu olhava para a garotinha, mais preocupado ficava. Ela não podia ter mais do que quatro anos, talvez menos. Fiz as contas na minha cabeça e um pensamento aterrorizante me ocorreu. Ela poderia ser *minha* filha? O cabelo dela era quase preto, como o meu. Talvez esse pensamento fosse louco, mas não era impossível.

Antes que meus nervos explodissem em um pânico total, uma mulher saiu correndo e levou a criança para dentro da casa pela garagem. Ela olhou para trás uma vez e me lançou um olhar alarmado. Acho que eu tinha chegado perto demais e fui confundido com um intruso.

Quem é essa mulher?

A mãe?

Uma babá?

Uma amiga de Farrah, talvez?

Em um segundo, eu fui da possibilidade de ter uma filha para um completo estado de confusão.

Enquanto continuava parado em frente à casa, encarando-a sem reação, uma voz à minha esquerda disse:

— Ei, eu te conheço.

Me virei e vi uma adolescente que me parecia vagamente familiar. Então, me dei conta. *Nora*. A garota de 11 anos que morava na casa ao lado agora era uma adolescente.

Nossa, estou ficando velho.

— Oi. — Caminhei em sua direção. — Nora, né?

— Sim. Você é Jace. Eu me lembro. Você morava ali. — Ela inclinou a cabeça. — Estava procurando Farrah?

— Hum... não exatamente. Eu só estava passando por aqui e... fiz uma parada.

— Eles não moram mais aqui.

Meus olhos se arregalaram.

— Não?

— Não. Eles se mudaram há uns dois anos.

Meu estômago ficou apertado.

— Onde eles moram agora?

— Em Tamarind.

Era um bairro bem mais modesto em comparação àquele.

— Você ainda tem contato com Farrah?

Ela franziu a testa.

— Infelizmente, não. Perdi o contato depois que ela se mudou. Farrah sempre foi tão doce comigo, sabe. Sinto muita saudade.

É. Sinto o mesmo.

Nora sorriu.

— Nunca vou me esquecer do dia em que ela me comprou os ingressos para o show do Shawn Mendes. Hoje, já superei minha quedinha por ele, mas naquela época? Ele era tudo. — Ela riu. — Me lembro de ter ido à casa dela um dia para dizer que minha mãe tinha deixado que ela me levasse ao show. Eu estava toda empolgada para convidá-la. Mas a peguei em um momento ruim. Ela estava chorando e chateada. Perguntei o que tinha acontecido, e ela disse que você tinha deixado a cidade. Nunca vou me esquecer disso. Ela não queria falar sobre o assunto. Depois disso, fiquei com medo de pedir para ela ir comigo porque achei que ela não estaria de bom humor. Acabei indo com minha mãe, mas teria preferido ir com Farrah.

Jesus. Eu precisava sair dali antes que ela me contasse mais alguma coisa que eu não quisesse ouvir.

— Obrigado por me avisar que eles se mudaram.

— De nada.

Ela desapareceu dentro de sua casa.

Meu coração continuou acelerado e permaneci naquela calçada. Ia demorar um tempo para superar aquele longo minuto em que pensei que poderia ter tido uma filha. O quão fodido isso teria sido?

Voltei para a caminhonete e descansei a cabeça no encosto do banco, tentando me acalmar por alguns minutos antes de ir para casa.

Os pensamentos sobre Farrah me atormentaram pelo resto daquela noite. Eu tinha perguntas. Muitas. Porra, por que eles se mudaram para um bairro simples? Farrah adorava aquela casa, aquela piscina. Suspeitei que sair de lá não tinha sido escolha dela.

Na tarde seguinte, meu pai estava tirando um cochilo enquanto eu trabalhava no meu notebook na sala de estar. Eu tinha sorte de que meu trabalho como gerente de imóveis me permitia fazer a maior parte das minhas funções remotamente. Precisava delegar mais enquanto estava fora, mas até agora tinha conseguido administrar tudo daqui. Era provável que eu teria que voar para Charlotte uma ou duas vezes durante minha estadia, caso precisassem de mim lá. Entre lidar com meu emprego e ajudar meu pai na Construtora Muldoon, eu ficava bem ocupado.

A campainha tocou, interrompendo meu trabalho. Levantei para ver quem era — provavelmente mais um vizinho trazendo uma caçarola. Ou talvez alguém da igreja da minha mãe, para ver como meu pai estava. Já haviam se passado algumas semanas desde que minha mãe falecera, mas as pessoas ainda apareciam de vez em quando.

Quando abri a porta, congelei.

Merda.

Na minha frente estava a última pessoa que eu esperava ver. Pisquei várias vezes.

— Nathan...

Seu olhar foi penetrante.

— Oi, Jace.

Engoli em seco.

— Oi.

— Faz tempo, né?

Meu corpo ficou tenso. Eu não sabia se o abraçava ou se me preparava para levar um soco.

— Posso entrar? — ele perguntou.

Ainda em choque, balancei a cabeça várias vezes antes de responder:

— Ãh... claro.

Dei um passo para trás, para deixá-lo entrar, e imediatamente percebi que ele estava mancando. Uma de suas pernas estava praticamente arrastando a outra. Nathan também tinha ganhado peso e parecia... acabado, por falta de um adjetivo melhor.

— O que aconteceu com você? — indaguei.

Ainda lutando para chegar ao outro lado da sala, ele respondeu:

— Sofri um acidente dois anos atrás.

Me encolhi por dentro.

— Acidente? Que tipo de acidente?

— Eu estava bêbado e dirigi. A coisa mais idiota que já fiz na vida. Mas tive sorte; não matei ninguém. Mas me ferrei e estou de licença por invalidez desde então.

Merda. As coisas começaram a fazer sentido. Meu peito doeu. Me machucou o fato de eu não ter ideia do que ele tinha passado.

— Cara, eu sinto muito.

— A culpa foi minha. Nada pelo qual você deva sentir muito. — Ele olhou ao redor. — De qualquer forma, vim aqui para te dizer que *eu* sinto muito pela sua mãe. Fiquei chocado quando soube.

— Obrigado. Nós ainda estamos em choque também.

Ele foi até o sofá.

— Posso sentar?

— Sim, claro.

Por mais cordial que ele estivesse sendo, eu esperava a bomba explodir, esperava que ele perdesse o controle. No entanto, esse cara não parecia o mesmo Nathan que tinha gritado comigo da última vez que o vi.

Depois que ele se acomodou, sentei-me na cadeira à sua frente. Fiquei em silêncio até ele falar.

— Onde está seu pai? — perguntou.

— Está cochilando.

Nathan assentiu, esfregando as palmas das mãos.

O tique-taque do relógio no canto da sala era o único som no ambiente. Aquilo era constrangedor pra cacete.

— Tenho certeza de que você está… surpreso por eu estar aqui — disse ele, por fim.

— Surpreso é pouco.

— Quando Farrah me contou que te viu, não pude acreditar que você estava de volta à cidade, e quando ela me falou o motivo, me senti péssimo. — Ele fechou os olhos. — Bom, já me sinto péssimo em relação a você há muito tempo. — Ele soltou um longo suspiro e começou a balançar os joelhos para cima e para baixo.

— Ei, relaxa, podemos conversar com calma agora.

Ele parou de balançar as pernas.

— Eu agi errado com você, Jace. Cometi um erro gigante, e preciso me desculpar.

Nossa. Eu não sabia como responder. Minha primeira reação foi dizer que estava tudo bem, porque parecia que ele tinha passado por mais do que o suficiente para compensar o que fez comigo. Mas outra parte de mim queria mandá-lo à merda. Eu nunca estive tão confuso na vida.

— Nathan, não sei…

— Me escuta — ele interrompeu.

— Tudo bem…

— Eu nunca deveria ter usado o que aconteceu com meus pais contra você na noite em que te peguei com Farrah. Eu te prometi que nunca contaria a ninguém o que você me confessou e, ao invés disso, usei como munição.

Estava com raiva de você por estar com a minha irmã. O que fiz foi cruel. Quero que saiba que não te culpo de forma alguma pelo que aconteceu com eles.

Mais uma vez, eu não sabia se deveria ficar com raiva ou aliviado por ouvir ele dizer isso. Parecia ser tarde demais.

— Teria sido bom saber disso três anos atrás, porra. — Minha voz soou alta. Acho que a raiva venceu.

— Eu não tinha isso muito claro para mim naquela época. Demorei para enxergar as coisas. Meu maior medo era perder Farrah. Eu tinha certeza de que você acabaria magoando a minha irmã. Ou, pior, que a levaria para Charlotte com você. Fui egoísta mais do que qualquer outra coisa. Quando peguei vocês dois ficando às escondidas, me senti traído. Mas, com o tempo, percebi que minha raiva era um reflexo da minha própria luta, não algo que você ou ela tenham feito.

— Quando percebeu tudo isso? — perguntei.

— Infelizmente, faz tanto tempo que não trabalho, que tive bastante tempo ocioso para pensar e refletir sobre a minha vida. Comecei a ir à igreja, acredite se quiser.

— Sério? Pelo que lembro, você nunca tinha pisado em uma igreja...

Ele riu.

— Eu sei. Fiquei deprimido e desesperado. Um dia, só entrei em uma no meio da semana. Era só eu e um monte de idosos. Mas eles foram amigáveis, e continuei indo aos domingos depois disso. Conheci um conselheiro da paróquia que oferece os serviços dele como voluntário. Tive muitas conversas com ele. Não é um médico nem nada, mas virou um bom amigo e me ajudou a perceber que todas as minhas ações vinham do meu medo de ficar sozinho, de ser abandonado. Minha dependência em relação a Farrah não era saudável, nem minha atitude com você. Não era só raiva por você ter feito isso às escondidas. Tudo vem desde a infância.

Eu me perdi um pouco no assunto.

— O que você quer dizer com a nossa... infância?

— Sempre senti inveja de você. Da sua facilidade em se destacar em tudo que fazia, em conquistar garotas, em construir sua vida. Na minha cabeça, você tinha tudo. E parecia que estava tirando a única coisa que eu valorizava, a única família que eu ainda tinha, quando você podia ter qualquer outra coisa no mundo. Eu não conseguia entender por que também precisava da Farrah. Foram anos de ciúmes e ressentimento acumulados. Isso, somado ao fato de eu nunca ter lidado com a morte dos meus pais, acabou me fazendo surtar.

Esfreguei as têmporas. Parecia que minha cabeça estava prestes a explodir, enquanto minhas emoções oscilavam entre alívio e raiva por ter desperdiçado os últimos três anos. Apesar do meu silêncio, ele continuou:

— Precisei quase morrer naquele acidente para começar a trabalhar as minhas emoções e enxergar tudo com mais clareza. Quis entrar em contato com você tantas vezes, mas nunca tive coragem, porque fiquei envergonhado com a forma como lidei com toda a situação. — Ele suspirou. — Mas quando soube da sua mãe e que você estava de volta, percebi que não podia adiar mais.

Suspirei.

— Entendo que você tenha ficado decepcionado por termos agido pelas suas costas, mas eu nunca quis te machucar. Meus sentimentos por ela eram verdadeiros.

— Acho que não percebi o quão profundo eram os sentimentos da Farrah por você até você ir embora. Isso a destruiu. Ali entendi que não foi só uma aventura. Não tinha nada a ver *comigo*, mas fiz parecer que tinha.

Meu coração ficou apertado. Não queria ouvir o quanto eu tinha devastado Farrah, mesmo sabendo que era verdade.

— Ela ficou muito mal — ele repetiu. — Mas, depois de um tempo, as coisas mudaram. Não sei como te explicar. Ela pareceu ter superado, mas, ao mesmo tempo, ficou com uma personalidade mais rígida. E está assim desde então. — Ele balançou a cabeça. — Eu me culpo por isso.

— Como ela está lidando com as coisas... depois do seu acidente e tudo mais? — perguntei, embora não tivesse certeza se queria saber. — Como ela está, de modo geral?

— O acidente aconteceu cerca de um ano depois que você foi embora. Fiquei um tempo em um centro de reabilitação. Quando fui liberado, Farrah teve que cuidar de mim até eu me recuperar. Foram vários meses em que mal conseguia andar. Ela chegava do trabalho e tinha que lidar com a situação. Foi um milagre ela não ter enlouquecido.

— Tudo isso... Por isso que vocês se mudaram...

— Sim. Como você soube?

— Passei de carro por lá. Vi outra família morando na casa. A menina que era a vizinha de vocês confirmou que não moravam mais ali.

— Tive que parar de trabalhar e comecei a receber auxílio por invalidez. Não podíamos mais pagar aquela hipoteca. Sabia que, se vendêssemos a casa e comprássemos uma menor, sobraria algum dinheiro para a faculdade de Farrah.

— Suponho que ela não trabalhe mais no escritório de advocacia.

— Ela finalmente começou a faculdade no ano passado. — Ele sorriu. — Como muitas das aulas são de manhã, ela largou o antigo emprego e agora trabalha como garçonete no Mayaka. Usamos o resto das economias, que é o dinheiro que conseguimos vendendo a casa grande, para quitar o lugar simples onde vivemos agora. Então, o que ela ganha vai direto para a faculdade.

Fiquei orgulhoso de saber que Farrah finalmente estava estudando. Parecia a única coisa boa em tudo o que ele tinha me contado.

— Sinto muito que as coisas tenham sido tão difíceis.

— Chega de falar de mim — disse Nathan. — Como você está? Quanto tempo vai ficar?

— Não sei. Pelo menos um mês ou dois. Talvez mais. Quando minha mãe morreu, meu pai estava no processo de vender a empresa e se preparando para se aposentar. Ele tem um comprador interessado, mas o negócio não foi fechado. Nada está certo ainda. Não sei o que fazer com ele... se o ajudo a vender a casa e o levo comigo para a Carolina do Norte ou o quê. Ele está perdido sem a minha mãe.

— Posso imaginar. Seus pais eram o exemplo de um casamento feliz.

Fiquei alguns momentos absorvendo a visão de Nathan à minha frente.

— Tenho que dizer, é bem surreal estar sentado aqui tendo uma conversa de verdade com você. Nunca achei que viveria isso de novo.

— Posso estar na pior forma física da minha vida, mas, mentalmente, estou bem mais lúcido. O problema é que já estraguei muita coisa e isso inclui o meu relacionamento com Farrah. Não sei como consertar. — Ele balançou a cabeça. — Três anos atrás, eu jamais pensaria em dizer isso, mas gostaria que ela tivesse ficado com você, em vez do babaca com quem está agora.

Meu corpo todo ficou tenso.

— Por quê? O que está acontecendo?

— Ele é um idiota condescendente. A família dele é dona da rede de lojas de bebidas Bianchi. Ele acha que, só porque tem dinheiro, é melhor que todo mundo.

O sangue subiu à minha cabeça.

— É mesmo?

— Lembra da Crystal?

— Lembro… — Eu queria que ele tivesse falado mais sobre a situação de Farrah.

— Não durou nada. Não tive uma namorada de verdade desde então. Difícil impressionar alguém quando você manca. — Ele suspirou. — Mas não posso reclamar. Tenho sorte de estar vivo.

Assenti.

Nathan ficou aquela tarde e conversou comigo até meu pai acordar. Ele prestou suas condolências ao meu pai e, antes de sair, me deu o novo endereço deles, dizendo que eu deveria passar lá qualquer dia desses.

Eu não sabia como me sentia em relação a isso. Não queria chatear Farrah. Mas ela era a única coisa que rondava meus pensamentos.

Capítulo 19

Jace

Já havia passado uma semana desde a visita surpresa de Nathan, e eu ainda não tinha conseguido processar a mudança de opinião dele. Entre o trabalho e lidar com meu pai, consegui me manter ocupado o suficiente para não fazer nenhuma besteira. No entanto, à medida que os dias passavam, a necessidade de ver Farrah foi se tornando cada vez mais urgente. Mas, dado o que eu tinha descoberto e como nosso primeiro encontro tinha acontecido, eu não tinha ideia do que esperar se aparecesse na casa dela.

Apesar disso, o fato de Nathan ter deixado o passado para trás e ter vindo falar comigo me deu coragem para tomar a iniciativa. Mandei uma mensagem para Nathan perguntando se eu podia passar lá para falar com Farrah. Ele respondeu que teria fisioterapia naquela manhã, mas que Farrah não teria aula. Disse que ela provavelmente estaria em casa até o horário do trabalho, às três da tarde. Pedi para ele avisá-la de que eu passaria por volta das duas. Ele confirmou o encontro, mas não mencionou nada sobre a reação dela. Interpretei isso como um sinal de que ela estava de acordo. Pelo menos, assim eu esperava.

Enquanto dirigia para a casa deles, não fazia ideia do que diria a ela. Em vez de ensaiar qualquer discurso que eu provavelmente estragaria, passei o dia todo refletindo. A nova postura de Nathan em relação a tudo ainda me deixava um pouco irritado. Qual foi o sentido de eu ter ido embora, de ter partido o coração da irmã dele, se no fim ele me perdoaria com tanta facilidade? Era impressionante o que uma experiência de quase-morte podia fazer com alguém. Eu supunha que nunca saberíamos exatamente como as coisas teriam se desenrolado se eu tivesse ficado; talvez poderiam ter acabado pior do que já estavam.

Minhas mãos estavam suadas quando estacionei em frente à pequena casa deles. A casa nova tinha um terço do espaço da antiga. Doía pensar que Farrah não tinha mais a piscina que tanto amava. Mas, pelo menos, eles haviam quitado a casa e não precisavam se preocupar com a hipoteca.

Saí da caminhonete e andei até a porta da frente. Com os nós dos dedos rígidos, bati à porta.

Depois de um momento, Farrah abriu. Meu coração ficou apertado. Eu esperava um sorriso, mas não recebi nada além de um olhar vazio. Mesmo assim, de alguma forma, ela estava ainda mais bonita do que eu me lembrava. Seus cabelos castanhos, caindo sobre os seios, estavam mais longos do que antes. Ela havia contornado os olhos de uma maneira que destacava o lindo tom avelã de suas íris com alguns pontos de luz dourada.

Sentindo-me instantaneamente indesejado, acenei.

— Oi.

Ela engoliu em seco e deu uma resposta quase inaudível:

— Oi.

Olhei brevemente por cima do ombro.

— Você vai correr de mim de novo? Estou de tênis dessa vez. Vim preparado.

— Para ser honesta, eu realmente quero correr.

Essa doeu. Fiquei brincando com os polegares.

— Posso entrar?

Ela se afastou, abrindo passagem.

— Claro.

Olhei em volta e notei que alguns dos móveis ainda eram os mesmos, como o velho sofá onde costumávamos nos sentar para ver filmes. Era a única coisa que parecia familiar agora.

— Como você está? — perguntei.

— Já estive melhor.

— Entendo.

Ela olhou para os pés, e eu fiz o mesmo, notando a cor vermelha pintada em seus dedos.

Farrah finalmente levantou o olhar para mim.

— Eu saí correndo no outro dia porque minha reação ao te ver me assustou um pouco. Sua partida me machucou muito, mas eu superei. Não quero ser refém dos meus sentimentos, como já aconteceu. Eu teria feito qualquer coisa para estar com você. Era patética.

— Patética? Eu nunca te vi dessa forma.

— Por que você quis me ver, Jace? — Sua voz ficou mais alta.

Passei as mãos pelos cabelos.

— Só quero saber se você está bem.

— Pra quê? Para você se sentir melhor sobre a decisão de ter ido embora? O que passou, passou. A vida continua. Eu sobrevivi. Segui em frente. Não gosto de ser lembrada de uma época que prefiro esquecer.

A dor estava refletida nos olhos dela. Por mais que ela tentasse me convencer de que tinha seguido em frente, não era essa a sensação que eu tinha, mesmo que ela parecesse diferente da garota que deixei para trás.

Havia tanto que eu queria dizer, mas tudo o que saiu foi:

— Desculpe.

— Como está seu pai? — ela mudou de assunto.

— Bem perdido.

— Sinto muito por isso. Sei o quanto ela significava para você. Foi devastador saber que Faye se foi tão de repente.

— Obrigado. — Dei alguns passos em direção a ela, notando que ela recuou a mesma distância. — E obrigado pelas flores.

— Não foi nada — respondeu baixinho.

A postura rígida de Farrah me disse para eu não ficar à vontade, então optei por não me sentar. Continuei em pé, mantendo uma distância respeitosa.

— Fiquei surpreso quando Nathan foi me ver — eu disse. — Significou muito. Nunca esperei que ele quisesse falar comigo de novo, muito menos que tomasse a iniciativa de me visitar.

— É... bom, ele mudou muito depois do acidente... encontrou Jesus e tudo mais.

— Dá pra perceber.

— De certa forma, parece que trocamos de lugar. Ele está mais disposto a perdoar e esquecer. Enquanto eu, bom, estou bem mais desconfiada do que costumava ser.

Nossa, entendi o recado. Por um momento, o silêncio foi ensurdecedor. Toda vez que nossos olhares se encontravam, ela desviava para qualquer outro lugar. Meus olhos, no entanto, continuaram fixos nela.

— Quem era a mulher com você no restaurante naquele dia? — ela perguntou.

— Minha namorada... Quer dizer, ex-namorada agora. Não sei muito bem em que pé estamos. Demos um tempo enquanto estou por aqui.

Farrah se mexeu, parecendo desconfortável.

— Entendi. — Ela olhou para o relógio. — Olha, eu realmente preciso ir. Vou me atrasar para o meu turno.

Merda. Eu mal tive a chance de falar com Farrah e, com ela tão fria desse jeito, não me senti à vontade para insistir.

— Você... precisa de uma carona?

— Não.

Foi uma pergunta idiota, mas me vi desesperado por mais tempo com ela.

— Certo. Você estava a pé no outro dia. Não sabia se tinha um carro.

— Eu escolhi andar naquele dia para me exercitar. Tenho um carro. — Ela apontou para a janela. — Aquele Focus estacionado do outro lado da rua é meu.

Virando-me, avistei o pequeno veículo azul. Era muito melhor do que a lata-velha que ela costumava dirigir.

— Certo... então... acho que vou te deixar ir.

Farrah cruzou os braços.

— É...

Derrotado, me forcei a ir embora. A conversa superficial me deixou inquieto. Não era assim que deveria acontecer. Não disse tudo o que queria dizer. Ela estava na defensiva. Eu sempre me perguntei como seria um reencontro com Farrah. Isso não foi nem de perto o que eu tinha imaginado.

Um sentimento insistente permaneceu enquanto eu voltava para o carro e dirigia. Finalmente tive a oportunidade de encará-la e estraguei tudo.

Quanto mais eu dirigia, mais sentia que precisava voltar e abrir meu coração — dizer o quanto estava arrependido por ter ido embora, o quanto me arrependia de tê-la magoado. Não importaria se ela não dissesse nada. Eu deveria ter dito mais.

Incapaz de aceitar minha covardia, dei meia-volta e dirigi mais uma vez até a casa dela. Ao diminuir a velocidade, pude vê-la entrando em seu carro à distância. Parei um pouco antes de onde ela estava estacionada. Farrah não me viu porque estava com a cabeça apoiada no volante. Observei enquanto ela permanecia ali por um momento, parecendo angustiada.

Isso mudou as coisas. Era a prova de que sua postura fria era uma fachada, que minha visita a havia afetado. Qualquer coisa a mais que eu dissesse agora só a deixaria mais abalada. Ela tinha o direito de ter esse momento sozinha, e parecia errado interrompê-la, especialmente sendo eu o culpado. Por mais que me doesse não a confortar, fiz o que sabia que ela queria — fui embora devagar para que ela nunca soubesse que voltei.

Alguns dias depois, fiquei surpreso ao ver o nome de Nathan na tela do meu celular.

— E aí, cara? — atendi.

— E aí? Tá ocupado?

— Não. — Cocei a cabeça. — O que houve?

— Estava me perguntando se você teria tempo de passar aqui. Meu carro não quer ligar. Não acho que seja a bateria, deve ser outra coisa. Eu poderia levar ao mecânico, mas não confio muito nele. Da última vez que fui lá, gastei uma grana e o serviço foi uma porcaria.

Suspeitei que ele estivesse procurando uma desculpa para nos encontrarmos e ver como as coisas estavam entre nós.

— Claro. Posso passar aí.

— Não precisa ser agora. Sei que deve estar trabalhando a essa hora do dia.

— Sem problema. Meu trabalho é bem flexível. Estou mesmo precisando de uma pausa da tela do computador.

— Legal.

Havia uma coisa que eu precisava saber antes.

— Farrah está em casa?

— Não. Ela está na faculdade e hoje o turno de trabalho dela no restaurante é só à noite. Geralmente, ela vai direto da faculdade para o trabalho. Não vai estar em casa.

— Certo, que bom. Não quero aborrecê-la. — Fiz uma pausa. — Ela mencionou algo depois que fui vê-la?

— Perguntei como tinha sido, mas ela disse que não queria falar sobre isso. E não insisti.

— É, foi meio tenso. Não fiquei muito tempo. — Suspirei. — De qualquer forma… logo estarei aí.

Depois de duas horas, consegui fazer o carro de Nathan voltar a funcionar. Ele ficou a maior parte do tempo por perto, apenas me observando enquanto eu trabalhava. Nós relembramos algumas coisas do passado, mas nada do que aconteceu três anos antes.

Em um momento, ele entrou em casa e voltou com um pequeno cardápio de papel.

— Vou pedir uma pizza, se você estiver com fome — ele disse.

— Estou morrendo de fome, na verdade. Parece uma boa.

Vinte minutos depois, a pizza e os breadsticks chegaram. Ele pagou e levamos a comida para dentro.

Nathan colocou a caixa de pizza na mesinha de centro da sala e trouxe dois refrigerantes da cozinha. Enquanto eu estava consertando o carro, Nathan tinha me contato que estava sóbrio desde o acidente, então imaginei que ele não me ofereceria uma cerveja. Ele colocou a última corrida de Fórmula 1, que tinha sido no final de semana anterior, para assistirmos. Eu havia dito a ele que não tinha tido a chance de ver ainda. Assistir Fórmula 1 juntos era uma das nossas coisas favoritas.

Mesmo que isso lembrasse os velhos tempos, eu sabia que as coisas nunca mais seriam as mesmas. Mas talvez isso fosse o começo de uma nova realidade.

No meio da corrida, olhei pela janela e vi um carro entrando na garagem.

— Está esperando alguém? — perguntei.

— Não — ele disse, inclinando a cabeça para ver melhor. — Merda.

— O quê?

— É a Farrah e aquele babaca do namorado dela.

Meu coração acelerou enquanto eu entrava em modo de sobrevivência: fugir ou lutar.

— Achei que você tivesse dito que ela não viria pra casa.

— Ela me disse que não viria.

Porra.

Nunca, em toda a minha vida, desejei tanto ter o poder de desaparecer magicamente. Eu teria ido embora se soubesse que isso poderia acontecer. Levantei do sofá, me preparando. Meu coração pareceu prestes a pular do peito quando a porta se abriu.

Farrah foi a primeira a entrar. Quando me viu, congelou.

Ela lançou um olhar irritado para Nathan enquanto falava comigo:

— O que você está fazendo aqui?

— Nathan precisava de ajuda com o carro. Não achei que você fosse voltar pra casa.

— Por que não está na aula? — Nathan perguntou.

— Meu professor ficou doente. Cancelaram a aula. Niles me encontrou na faculdade e me levou para almoçar.

Quando o namorado dela entrou, todos nós viramos a cabeça para ele ao mesmo tempo. Ninguém disse nada. Ele era alto, com cabelo castanho e um nariz aquilino — aparência comum, no máximo. Para mim, ninguém jamais seria bom o suficiente para ela, mas depois do que Nathan tinha me dito sobre ele, eu já não gostava do cara antes mesmo de ele abrir a boca.

— O que está rolando? — ele questionou. Antes que alguém pudesse responder, ele se abaixou para pegar a última fatia de pizza da caixa.

Que idiota.

— Niles, esse é o amigo do meu irmão, Jace — Farrah quebrou o silêncio.

— E aí? — ele disse com a boca cheia. — Aquela caminhonete lá fora é sua?

— É, sim.

— Você deve adorar o quanto ela economiza combustível, né? — Ele riu.

Esse cara só pode estar brincando.

Estreitei os olhos para ele, sem me dignar a responder ao seu comentário grosseiro. Imediatamente entendi por que Nathan odiava o cara. Mesmo que ele não fosse condescendente, eu provavelmente o odiaria de qualquer forma. Mas, agora, eu *realmente* o odiava.

Farrah desapareceu na cozinha, mas Niles — *que nome pomposo* — decidiu ficar na sala.

— Então, Nate, já pensou sobre a minha oferta de emprego?

Nathan e eu trocamos olhares. Ele odiava ser chamado de *Nate*. Algo me dizia que ele já havia corrigido esse cretino várias vezes antes.

— Eu já disse o motivo de não aceitar o emprego.

— Porque prefere viver às custas do governo?

Uau. Cerrei os punhos. Se eu não achasse que isso irritaria Farrah, talvez o tivesse socado.

— Você sabe que não bebo álcool. Porra, por que eu trabalharia numa loja de bebidas?

— Porque você deveria deixar de lado suas fraquezas por uma boa oportunidade. Já te falei, eu poderia conseguir uma vaga de gerente pra você.

— E eu já te falei que não quero. Por que continua insistindo?

Farrah voltou, parecendo irritada.

— Pare de incomodar meu irmão.

Ele falou com a boca cheia de novo:

— Só estou tentando ajudar.

Os olhos de Farrah encontraram os meus. A vontade de ficar a sós com ela, de conversar, de ter certeza de que ela estava bem — especialmente com esse babaca por perto — me dominou. Tudo o que eu precisava ter dito a ela no outro dia parecia estar me sufocando.

Então, fiz algo que esperava que ela entendesse, falando sem emitir som uma mensagem que ela mesma já havia me dito uma vez. *Por favor.*

Farrah piscou. Eu era maluco de pensar que ela poderia aceitar isso. Fiquei um longo tempo sem resposta.

Mas então...

Ela se virou para o namorado:

— Niles, acho que vou tirar uma soneca antes de ir trabalhar. Não estou me sentindo muito bem.

— Quer que eu me deite com você?

Só de pensar nisso, meu estômago embrulhou.

— Não — ela garantiu. — Você deveria ir ajudar a sua avó com aquele negócio sobre o qual ela te ligou.

É, vai lá ajudar sua avó, otário.

— Certo. — Ele se levantou, jogando a borda da pizza de volta na caixa. — Tenha uma boa noite no trabalho, amor.

Quando ele se aproximou para beijá-la, tive que desviar o olhar.

O alívio me inundou no segundo em que a porta se fechou atrás dele.

Capítulo 20

Farrah

— Jace e eu vamos conversar.

Nathan olhou de Jace para mim, como se tivesse perdido alguma coisa. E ele tinha, claro. Porque não houve conversa, apenas uma mensagem secreta da qual ele não tinha ideia.

Meu irmão se levantou.

— Quer que eu saia? Para dar a vocês um pouco de privacidade?

— Não — eu disse. — Vamos dar uma volta. — Olhei para Jace. — Vamos.

Ele me seguiu para fora. Uma brisa suave fez meu cabelo balançar enquanto eu respirava fundo, sentindo-me incrivelmente nervosa e despreparada para ficar sozinha com ele.

— Para onde você quer ir? — ele perguntou.

— Só dar uma volta no quarteirão está bom — respondi, colocando uma mecha de cabelo atrás da orelha.

Nós começamos a caminhar pela rua.

Jace enfiou as mãos nos bolsos.

— Obrigado por entender o que eu estava pedindo.

— É, você me plagiou. — Forcei um sorriso.

— Plagiei mesmo. — Ele sorriu, parecendo aliviado.

Por mais que eu tentasse lutar contra meus sentimentos, a reação física que eu tinha ao estar perto dele não era diferente do que costumava ser. E era exatamente por isso que eu precisava cortar esse mal pela raiz.

— Nathan não gosta muito do seu namorado — ele disse. — E agora entendo por quê.

— Nathan não gosta de ninguém que tire a minha atenção dele.

— Acho que, nesse caso, é mais do que isso. Mas contanto que você esteja feliz… — Ele procurou o meu olhar. — Você *está* feliz, né?

Eu não tinha certeza de como responder a isso. Não estava infeliz, mas a verdadeira felicidade era algo que eu não sentia há muito tempo. Também não era algo pelo qual me esforçava ou esperava mais.

— Estou em paz. A paz é mais importante para mim do que a felicidade. Depois que você foi embora, prometi a mim mesma que não permitiria que minha felicidade dependesse de outras pessoas. Tem que vir de dentro. Ainda estou trabalhando nisso, mas não espero que ninguém me faça feliz… muito menos um homem.

— Você está dizendo que esse cara não te faz feliz, então…

Suspirei.

— Niles não é perfeito. Mas é o que preciso agora. É fácil estar com ele. Não quero estar ao lado de alguém que vai me deixar devastada e levar meu coração e minha alma quando for embora.

Jace prendeu a respiração.

— Então você está dizendo que está com esse cara porque não se importa se vai dar certo ou não?

— Parece seguro. — Dei de ombros. — É o que é.

Jace me encarou.

— Olha, não pedi para a gente ter essa conversa para minar suas decisões. Só queria te dizer o que eu precisava ter dito no outro dia antes do nervosismo tomar conta de mim.

Parei de andar.

— O que mais há pra dizer? Nada vai mudar o que aconteceu.

Frente a frente, o sol refletia os olhos azuis de Jace.

— Eu só... queria que você soubesse que, se pudesse fazer tudo de novo, eu teria ficado. Sei que não é o que você quer ouvir. E é tarde demais. Mas ainda quero me explicar. — Ele chutou o chão, parecendo atormentado. — Eu sentia uma culpa imensa naquela época. Deixei isso guiar minhas decisões. E, claro, achei que Nathan não tinha a capacidade de me perdoar. Olhando para trás, só consigo sentir mais arrependimento ainda, e pensar que devia ter seguido meu coração e ficado com você. Não havia nenhuma parte de mim que quisesse ir embora. Na época, achei que estava te fazendo um favor. Sei que é tarde demais para mudar o passado, mas quero que saiba o quanto sinto por ter te magoado.

Os olhos dele estavam cheios de arrependimento. Eu realmente acreditava que ele estava arrependido. Mas isso não mudava nada para mim. Eu podia perdoá-lo, mas não podia *confiar* nele.

— Sei que não quis me machucar, e não guardo rancor de você, Jace. — Cruzei os braços e olhei para a rua antes de voltar a encará-lo. — Mas eu tive que trabalhar muito para sair da escuridão que me enfiei depois que você foi embora. Eu estava de coração partido. A maneira que encontrei para superar foi treinar a mim mesma ao ponto de não sentir nada. Quando você pratica ser indiferente por tempo suficiente, isso acaba se tornando quem você é. E é meio que como eu sou agora.

— Ouvir isso quebra a porra do meu coração — ele disse.

— Olha, o meu se partiu há muito tempo. Mas sabe o que descobri? Que você não precisa de um coração para continuar vivendo.

Jace balançou a cabeça.

— Nathan me contou como as coisas foram difíceis depois do acidente dele. A forma como você o ajudou a superar e ainda conseguiu se reerguer é admirável. Tenho orgulho de você por isso e por ter se matriculado na faculdade também.

— Não tem nada de admirável em começar a faculdade tão tarde. — Eu ri. — Mas obrigada.

Jace suspirou, parecendo frustrado.

— Farrah, me diga o que devo fazer. Me diga do que você precisa de mim. Quer que eu não apareça mais por aqui? Eu só aceitei vir hoje porque pensei que você não estaria em casa. Não quero te chatear.

Não havia uma resposta simples para essa pergunta, mas dizer para ele se afastar não parecia certo.

— Não quero que você deixe de estar perto do Nathan, mesmo que seja difícil te ver. Meu irmão precisa de você. Ele precisa dessa amizade de volta. — Fiz uma pausa, me lembrando do acidente de Nathan e de como achei que o perderia. Minha voz tremeu. — Ele quase morreu. E por mais que você diga que tem orgulho de mim, eu tenho dez vezes mais orgulho *dele*. Eu o perdoei pelo que fez comigo, com a gente. E também te perdoo por ter ido embora, tá bom? Mas uma coisa que não posso fazer é ser a menininha que eu era quando você me deixou. Ela não existe mais.

Ele me olhou por um longo tempo, processando minhas palavras.

— É justo. — Ele assentiu, olhando para os próprios sapatos. — Entendo, Farrah. Obrigado por dizer que me perdoa. Isso significa mais para mim do que você pode imaginar.

Quando ele encontrou meus olhos de novo, a intensidade de seu olhar me fez desviar.

— Você ainda não sabe quanto tempo vai ficar? — perguntei.

— Não sinto que estou pronto para voltar. Meu pai não está bem mentalmente. Ele precisa da minha ajuda. Para ser sincero, todas as coisas que me fariam voltar para Charlotte estão mais destruídas do que o que está aqui. E isso já diz muito.

Havia tantas perguntas que eu gostaria de fazer sobre aquela namorada dele, sobre sua vida nos últimos anos.

— Você disse que sua namorada... terminou com você?

— Ela acha que tenho assuntos inacabados aqui. Disse que não vou conseguir seguir em frente com a minha vida até resolver. Ela decidiu me dar um passe livre para fazer isso.

Isso me deixou ansiosa. O que restava para ser resolvido? Eu precisava terminar essa conversa.

— Acho melhor eu voltar. Vou me atrasar para o trabalho.

— Claro. Também preciso ir para casa dar uma olhada no meu pai.

Caminhamos de volta para a casa em um silêncio tenso. Quando paramos em frente à caminhonete de Jace, ele encarou profundamente os meus olhos mais uma vez. Fiquei aterrorizada com a ideia de ele tentar me abraçar, e rezei para que não fizesse isso, porque eu não queria sentir todas as emoções que sabia que despertariam ao simples toque dele.

Ele manteve distância.

— Bom trabalho hoje à noite — ele disse simplesmente.

— Obrigada.

Eu me virei e caminhei em direção a minha casa, sem olhar para trás.

Lá dentro, meu irmão ainda estava sentado no sofá.

— O que foi aquilo? — ele perguntou.

— Nada com que você precise se preocupar. Jace e eu não nos vimos muito desde que ele voltou. Precisávamos conversar. Ele queria só ter certeza se eu me sentia confortável com ele aparecendo aqui para te ver.

— O que você disse?

— Eu disse que tudo bem. Não vou impedir vocês de reconstruírem a amizade. Sei o quanto ele significou para você em um momento, mesmo que a escolha de ter acabado com essa amizade tenha sido sua.

Uma expressão de tristeza genuína passou pelo rosto de Nathan.

— Escuta... eu sei o quanto ele significou para você também. E estraguei tudo. Já te pedi desculpas inúmeras vezes pela maneira como reagi. Mas, te vendo hoje, percebi o quanto a presença de Jace aqui está te afetando. Se isso te incomodar, eu não o trago mais.

Meus músculos ficaram tensos. Não gostei que Nathan tivesse percebido o quanto Jace tinha me *afetado*, quase tanto quanto não gostava do fato de Jace ainda ter um efeito sobre mim.

— O que passou, passou, Nathan. Vocês reconstruírem a amizade não vai mudar nada entre mim e ele.

E eu estava bem determinada a manter dessa forma.

— Você pelo menos promete ser honesta comigo? — ele pediu. — Não quero estragar a sua vida de novo. Merda, se você me dissesse hoje que quer tentar algo com Jace, eu ficaria mil vezes mais feliz de te ver com ele do que com aquele idiota com quem você está namorando.

Fiquei surpresa ao ouvi-lo confessar isso. Também me deixou um pouco amargurada. Na verdade, *muito* amargurada. Mas eu não ia admitir.

— Dá pra não chamar o Niles de idiota? — questionei, ao invés. — Eu sei que ele nem sempre acerta, e com certeza não entende o que você está passando, mas ele me tirou do fundo do poço. Ninguém é perfeito.

Três semanas haviam se passado desde aquela volta que dei com Jace. Eu não o tinha visto nem ouvido falar dele, embora soubesse que ele e Nathan tinham saído algumas vezes. Eles tinham feito isso quando eu estava trabalhando ou não estava em casa — não que eu estivesse prestando atenção, mas esperava encontrá-lo pelo menos uma vez nesse tempo todo.

O hiato de Jace terminou em uma noite no trabalho. Era uma noite particularmente movimentada no Mayaka, e tivemos que colocar pessoas de grupos diferentes nas mesmas mesas de *hibachi*. Num minuto havia uma família com três crianças na mesa dez; no minuto seguinte, olhei e encontrei Jace e o pai dele sentados na outra ponta, ao lado deles. Jace parecia muito deslocado, espremido entre o pai e uma garotinha que estava tentando fazer com que ele mostrasse como usar os hashis. Apesar do nervosismo repentino, a cena aqueceu meu coração um pouco.

Criei coragem, endireitei os ombros e fui até eles.

— Sr. Muldoon, que bom te ver.

— Igualmente, linda. — O pai de Jace sorriu. — E, por favor, me chame de Phil.

Jace deu um tapinha no ombro do pai.

— Sossega, meu velho.

Soprando uma mecha de cabelo para o alto; perguntei:

— O que trouxe vocês dois aqui?

— Meu filho disse que estava com vontade de comer comida japonesa, mas acho que ele estava mesmo era com vontade de olhar seu rostinho bonito.

— Jesus... — Jace revirou os olhos. — Não posso levar esse cara a lugar nenhum.

Por mais que a presença deles me deixasse desconfortável, tive que rir ao ver o rosto de Jace ficando vermelho depois do comentário.

Peguei o pedido de toda a mesa e o entreguei ao chef, aproveitando a pausa para ir até a cozinha buscar água para todos.

Quando voltei, o chef já havia começado a cortar os legumes e a fazer sua mágica de sempre: jogando um ovo no ar antes de ele cair na chapa e grelhando todas as carnes e frutos do mar com uma precisão bela e impressionante. Além das chamas que saltavam, pude ver o sorriso de Jace, o que fez meu peito apertar. Seu pai também estava sorrindo, e fiquei feliz em ver isso. A garotinha parecia estar incentivando o chef, e sugeriu que Jace tentasse pegar comida com a boca. Jace aceitou o desafio. Depois de três tentativas, ele finalmente pegou um pedaço de frango, levantando os braços em vitória enquanto toda a mesa aplaudia. Depois, ele fez um "bate aqui" com a garotinha. Meu coração disparou, porque eu nunca tinha visto Jace interagir com uma criança. Isso me fez imaginar como ele seria como pai, e se isso era algo que ele sequer queria. Nós nunca conversamos sobre isso. Perguntei-me o quão perto ele chegou de se casar com a namorada que teve na Carolina do Norte, o que poderia ter acontecido se ele não tivesse sido forçado a voltar para cá. Afugentei esses pensamentos da cabeça, lembrando-me de que essas questões eram irrelevantes. Eu não deveria me preocupar tanto com as respostas.

Embora ele trocasse olhares comigo de vez em quando, não parei para conversar com Jace e seu pai. Fiquei feliz por estar muito ocupada naquela noite. No fim, a outra família que estava na mesa pagou a conta e foi embora. Jace e seu pai ficaram, então me forcei a ir até lá para ver se queriam mais alguma coisa.

— Posso trazer a sobremesa para vocês?

— Meu filho com certeza quer um pedaço seu, docinho, mas é orgulhoso demais para pedir.

Jace fechou os olhos, mortificado.

Pigarreei.

— Vocês aceitam a torta de maçã à moda da casa?

— O que você tiver. — Phil deu uma piscadinha.

— Já trago.

Na cozinha, separei um pedaço da torta, colocando uma quantidade generosa de chantilly em cima, lembrando que Jace costumava comer o chantilly direto da lata quando morava com a gente.

Levei a fatia da torta até a mesa deles e a coloquei no meio, com dois garfos.

— Espero que aproveitem. — Também deixei a conta em cima da mesa. — E sem pressa. Só quis deixar aqui para quando estiverem prontos.

Antes que eu pudesse sair de novo, senti a mão de Jace no meu pulso. Foi como se uma onda de choque tivesse passado pelo meu corpo.

Ele me encarou nos olhos.

— Obrigado.

Jace soltou meu pulso com suavidade. Assenti, desejando que fosse o calor das chamas perto de nós que tivessem me deixado tão quente. Senti-me desequilibrada enquanto caminhava até o outro lado do restaurante.

Depois disso, foquei tanto em atender outra mesa que nem percebi quando Jace e seu pai foram embora. Olhando para as cadeiras vazias, senti uma mistura de alívio e, estranhamente, um vazio. Talvez a partida dele tenha me lembrado de outra saída repentina, três anos antes. De qualquer forma, eu estava me sentindo melhor agora que ele tinha ido. Poderia me concentrar no trabalho.

Quando fui até a mesa deles para pegar a conta, notei que Jace tinha deixado dinheiro, junto com uma gorjeta absurdamente generosa.

Isso não me surpreendeu, mas a mensagem escrita no recibo, sim.

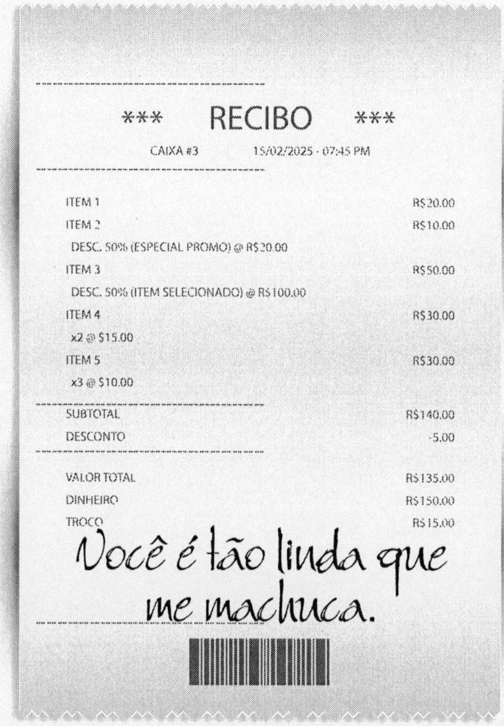

*** RECIBO ***

CAIXA #3 15/02/2025 - 07:45 PM

ITEM 1	R$20.00
ITEM 2	R$10.00
DESC. 50% (ESPECIAL PROMO) @ R$20.00	
ITEM 3	R$50.00
DESC. 50% (ITEM SELECIONADO) @ R$100.00	
ITEM 4	R$30.00
x2 @ $15.00	
ITEM 5	R$30.00
x3 @ $10.00	
SUBTOTAL	R$140.00
DESCONTO	-5.00
VALOR TOTAL	R$135.00
DINHEIRO	R$150.00
TROCO	R$15.00

Você é tão linda que me machuca.

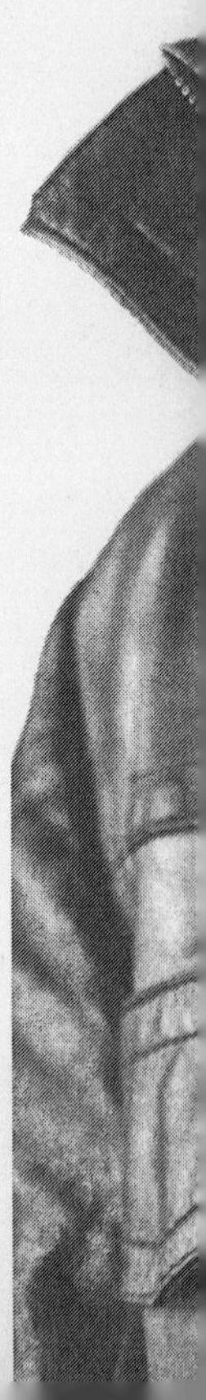

Capítulo 21

Farrah

Depois da aula, fui para casa e Nathan me encontrou na cozinha.

— O que vamos fazer para o Dia de Ação de Graças? — ele perguntou.

— O de sempre. Eu faço o peru e encomendamos os acompanhamentos no restaurante da Regina. Fiz o pedido há um tempo. Depois, você come tanta sobremesa que fica alisando a barriga pelo resto da noite. Por quê?

Ele deu um tapinha na barriga.

— Bom, pretendo manter a tradição até aí, mas estava pensando se poderíamos adicionar algumas cadeiras à mesa esse ano.

Ergui uma sobrancelha.

— Para quem?

— Jace e o pai dele. Vai ser o primeiro Dia de Ação de Graças deles sem a Faye. Nenhum dos dois sabe cozinhar nada além de panquecas. Perguntei a ele onde iam comer, e Jace disse que estava planejando levar o pai a um restaurante. Achei que seria legal se pudessem comer uma refeição caseira conosco… ou pelo menos um peru caseiro.

Minha mente começou a girar. Eu estava ansiosa por um dia tranquilo, afogando minhas mágoas na comida sem nenhum estresse adicional. Mas como eu poderia dizer não, sabendo o quão difícil o feriado seria para Phil e Jace? Pensar nisso trouxe de volta lembranças do meu primeiro Dia de Ação de Graças sem meus pais. Nathan tinha tentado cozinhar um peru para nós e queimou tudo. Eu desabei em lágrimas, e acabamos comendo no McDonald's porque era o que menos nos lembraria de uma refeição de Ação de Graças. E foi exatamente do que precisávamos — simplesmente esquecer o feriado naquele primeiro ano.

Não tive coragem de recusar.

— Acho que seria bom se eles se juntassem a nós.

— Tem certeza?

— Bom, você sabe que vou ficar um pouco desconfortável, é claro, mas não o suficiente para dizer não.

Os lábios de Nathan subiram em um sorriso.

— Você é a melhor. Obrigado.

— Nem vou precisar encomendar mais comida do restaurante da Regina. Só não vamos ficar uma semana comendo as sobras como de costume.

— Não convidou Niles, né?

— Ele vai ficar com os pais durante a refeição principal. Eles nos convidaram, mas eu sabia que você não ia querer ir. Niles vai passar aqui depois, para a sobremesa.

— Acho que tudo bem, então.

Sorri e reprimi um suspiro. Agora eu só teria que lidar com esse sentimento incômodo no estômago até o Dia de Ação de Graças acabar.

No início da tarde do Dia de Ação de Graças, a campainha tocou. Chegou a hora. Precisaria me recompor e *manter* a postura por aproximadamente três horas, talvez mais.

Quando abri a porta, Jace e o pai dele estavam atrás de um buquê gigantesco de flores amarelas e laranja.

— Uau. Não precisavam ter trazido flores — eu disse, pegando o arranjo de Jace.

Ele colocou as mãos nos bolsos.

— Bom, eu não tinha nada para contribuir para o jantar, então achei que as flores seriam a melhor opção.

Evitando a todo custo encarar os olhos de Jace, abracei Phil antes de ir para a cozinha colocar as flores na água.

Quando voltei, consegui dar uma boa olhada em Jace. Ele usava um suéter marrom justo, com as mangas dobradas, e cheirava a almíscar e couro. O perfume dele trouxe uma infinidade de lembranças, fazendo meu corpo despertar de uma maneira indesejada. Pedi mentalmente para que meus hormônios se acalmassem.

Phil deu uma volta pela casa e espiou a pequena sala de jantar antes de se sentar à mesa.

— Que espaço bonito vocês têm aqui.

Sorri.

— Felizmente, somos só nós quatro. Acho que não conseguiríamos acomodar muitas pessoas a mais à nossa mesa.

Os olhos dele pareceram marejados, como se fosse chorar.

— Não sei como agradecer a vocês por nos receber. Eu não suportaria ficar em casa. Minha esposa sempre convidava amigos e fazia uma grande festa neste feriado. Hoje... o silêncio estava ensurdecedor.

Era difícil saber o que dizer.

— Tenho certeza de que ela está com você em espírito. Eu sempre sinto meus pais conosco durante as festas de fim de ano, mesmo que não estejam fisicamente aqui.

Ele assentiu.

— Você entende o que estamos passando, não é? Muitas pessoas fingem entender a perda, mas, se você nunca perdeu alguém que era o seu mundo inteiro, realmente não compreende.

Ah, e eu não sei? Dei um sorriso cheio de simpatia.

Jace e Nathan entraram na sala de jantar.

— Coloque o meu filho para trabalhar, Farrah — disse Phil.

— Na verdade, não há muito o que fazer. Só estou preparando o peru e o molho. Todos os acompanhamentos vêm do restaurante da Regina.

— Bom, tenho certeza de que Jace ficará feliz em provar seu molho. — Phil sorriu.

— Ouvi dizer que o centro comunitário está oferecendo comida de graça hoje. Talvez eu devesse te deixar lá? — brincou Jace.

Todos nós rimos. Pelo menos ter Phil conosco quebrou um pouco o gelo.

Sentindo o rosto corado, fui para a cozinha.

— Preparei alguns aperitivos — avisei. — Vou buscá-los.

Cerca de um minuto depois, a voz grave de Jace me fez dar um pulinho.

— Posso ajudar?

Quando me virei, ele estava perto demais, ultrapassando minha zona de conforto.

Caramba, ele está tão lindo.

— Não, obrigada.

Passando por ele, levei bolinhas de queijo cobertas de lascas de amêndoas e um prato de vegetais crus com molho. Coloquei-os na mesa de centro da sala.

— Não seria feriado sem as bolinhas de queijo bregas da minha irmã — disse Nathan, pegando uma torrada.

— Bom, eu amo bolinhas de queijo. — Sorri. — Diferente de você, elas são bregas só no feriado, não o ano todo.

Jace se juntou ao pai no sofá. Virei-me para Phil.

— Posso te oferecer algo para beber? Não temos nada alcoólico em casa, mas temos praticamente todo o resto. Refrigerante, água com gás, sidra?

— Eu adoraria uma sidra — ele disse.

— A gente se diverte muito aqui com a sidra, graças a mim — falou Nathan.

Jace deu de ombros.

— Pra mim está ótimo.

Fui à cozinha servir as bebidas.

Quando voltei, olhei a hora no meu celular.

— Na verdade, preciso buscar os acompanhamentos no restaurante. Planejei que o peru ficasse pronto quando eu voltasse.

Jace se levantou do sofá num instante.

— Eu dirijo e ajudo você a carregar tudo.

O que eu deveria dizer... não?

Dei de ombros.

— Claro, se você quiser.

Jace jogou as chaves no ar.

— Nathan, cuida do meu velho enquanto eu estiver fora, tá bom?

Phil ergueu o copo.

— Pretendo me embriagar com isso aqui.

Jace e eu saímos juntos. Ele desativou o alarme da caminhonete, e no momento em que entrei, o *déjà vu* tomou conta de mim — o cheiro do perfume dele, o couro contra minhas costas, sua proximidade ao se sentar ao meu lado. A única coisa que faltava era o cheiro do charuto. Não era o mesmo carro de três anos atrás, mas poderia muito bem ser. Parecia que tinha sido ontem que eu era uma jovem de 21 anos apaixonada, desejando o amigo de 27 anos do meu irmão. Agora eu tinha 24, tentando com todas as minhas forças lutar contra o mesmo desejo pelo mesmo homem, que agora estava com 30. A única coisa que parecia ter mudado eram nossas idades.

— Coloque o cinto. Quantas vezes vou ter que te lembrar? — Ele deu uma piscadinha.

— Estou um pouco distraída com as memórias de estar de novo na sua caminhonete.

— Espero que a maioria seja boa. — Com um tom sedutor, ele acrescentou: — Sei que tivemos bons momentos na minha antiga caminhonete.

— Todos, exceto um.

— Sim... — ele sussurrou.

A noite em que Nathan nos pegou era uma das piores lembranças da minha vida.

Ele girou a chave e deu marcha à ré na entrada da garagem.

Cerca de um quilômetro depois, olhou para mim.

— Não consigo te dizer o quanto estou grato por você ter nos recebido. Sei que te deixo nervosa. Mesmo que tente não demonstrar, Farrah, eu consigo perceber pela sua linguagem corporal. Você abriu mão de um feriado tranquilo por pura bondade. Eu devia ter recusado, mas não pude perder a oportunidade de distrair meu pai. — Ele fez uma pausa. — E de te ver.

Me remexi no banco, inquieta.

— É um prazer. Também significa muito para Nathan.

— Tenho muita sorte por tê-lo como amigo de novo. Mas ele sempre foi mais como um irmão pra mim.

— Ele é um bom irmão, apesar de todos os defeitos.

Jace assentiu.

— Onde está o seu namorado?

— Jantando com a família dele. Ele vem depois, para a sobremesa.

Ele engoliu em seco.

— Entendi.

Meus olhos se detiveram no pomo de adão dele, depois subiram até a covinha no queixo... e depois nos lábios.

— Há quanto tempo vocês estão juntos? — ele perguntou.

— Pouco mais de um ano.

— Como se conheceram?

— Ele puxou conversa um dia, na loja de bebidas da família. Eu estava comprando vinho para levar para a casa de uma amiga, já que não bebo mais perto do Nathan. — Pigarreei. — Nathan e Niles não se dão muito bem, como você sabe. Não insisto muito pra ele vir à nossa casa. Eu poderia ter ido à casa da família do Niles hoje, mas prefiro passar o Dia de Ação de Graças com meu irmão. É uma tradição.

— Sei que tradições são importantes pra você. Vocês ainda têm a noite do filme?

— Na verdade, essa é a única coisa em que temos falhado um pouco. Agora a gente faz mais ou menos a cada dois meses.

— Bom, pelo menos vocês tentam.

Enquanto nos aproximávamos do restaurante, ele diminuiu a velocidade da caminhonete.

— É aqui?

— Sim.

Jace estacionou, e saímos do veículo.

Depois de dar meu nome à atendente, ela me informou que o pedido ainda não estava pronto, que estavam com um pequeno atraso porque um dos fornos havia quebrado. Ela sugeriu que voltássemos em trinta minutos.

— Acho que vamos ter que matar tempo — eu disse. — Vamos ficar em cima do prazo para o peru ficar pronto. Talvez eu tenha que pedir para Nathan tirá-lo do forno. Mas não vale a pena voltar para casa e depois vir para cá.

— Sem problema. Parece que tem uma cafeteria aberta aqui do lado. Vamos tomar um café ou algo assim.

Jace e eu pedimos dois chocolates quentes e os levamos para o carro. O clima na Flórida finalmente estava fresco o suficiente para justificar uma bebida quente.

Ele ligou o som em um volume baixo enquanto bebíamos em silêncio. Fiquei olhando pela janela, mas pude sentir os olhos dele sobre mim.

Ele acabou quebrando o silêncio.

— Você ainda vai naquele bar para ouvir as confissões?

Neguei com a cabeça.

— Parei de ir ao Iguana faz um tempo, mas, pelo que ouvi, eles ainda fazem, sim, uma vez por semana.

— O que aconteceu com a sua amiga, Kellianne?

— Ainda somos ótimas amigas. Ela se casou e acabou de ter uma menininha.

— Uau. Que loucura.

— Pois é.

— Você ainda escreve à noite, como costumava fazer?

Olhei para o meu copo.

— Faz um bom tempo que não escrevo algo só para mim. E, mesmo que a criatividade surja, ando muito ocupada agora entre a faculdade e o trabalho.

— Sei que a gente nunca falou sobre isso, mas Nathan me contou que você está fazendo bacharelado em Justiça Criminal. Acho isso tão foda.

Assenti.

— Por muito tempo, eu não sabia o que queria fazer. Mas, quando chegou a hora de decidir, Justiça Criminal pareceu certo, provavelmente por causa do que aconteceu com meus pais.

Os olhos de Jace se fixaram nos meus. Ele girou a bebida no copo.

— Você acha que vai fazer Direito depois?

— Não descartei essa possibilidade. Tem muita coisa que ainda não decidi.

— Descobrir o que você quer fazer da vida não é uma decisão fácil. Eu ainda estou tentando descobrir também. Tenho oscilado muito ultimamente.

— Como assim?

— Então, a decisão do meu pai de vender a empresa teve muito a ver com a minha mãe. Quando se aposentassem, eles iam viajar pelo mundo juntos. Agora que ela se foi, ele acha melhor não se aposentar ainda. Precisa de algo para se distrair.

— Ele está pensando em desistir de vender?

— Sim. Mas o problema é que ele não consegue mais lidar com tudo sozinho. Não me pediu ajuda, mas sinto que é o que quer: que eu fique aqui e administre a empresa com ele.

Um sentimento de ansiedade tomou conta de mim com a possibilidade de Jace ficar em Palm Creek.

— É isso o que *você* quer?

— Sei que não quero sair da Flórida agora. Ele precisa de mim. Também estou um pouco preocupado, para ser sincero. Como a minha mãe se foi, ele pode voltar aos velhos hábitos.

— Quer dizer, o vício em jogos.

— Aham. — Ele suspirou. — Ele nunca voltou a apostar, e eu gostaria que continuasse assim.

— Entendo esse receio.

— Então, estou quase certo de que vou ficar de forma permanente desta vez. — Seus olhos se fixaram nos meus.

Fiquei ali, com o rosto impassível, sem saber o que dizer. A ideia de ele ir embora mais uma vez me assustava ainda mais do que ele ficar. Eu não ia ficar pensando muito sobre o que isso significava.

— E sua vida em Charlotte? — perguntei.

Ele suspirou e colocou o copo no porta-copos.

— Não tem muito para o que voltar. Kaia e eu tínhamos um relacionamento razoável, mas eu não estava apaixonado por ela. Ficar longe dela me fez perceber isso ainda mais. Tive muito tempo para refletir. Era uma relação que eu deveria ter terminado antes de ter se tornado séria. Mas estava confortável com ela, e foi o suficiente por um tempo. — Ele se virou para mim. — Talvez você possa se identificar com isso. Você disse que se sentia… segura… com seu namorado. Foi mais ou menos assim com a Kaia. — Ele fez uma pausa. — Sentir-se seguro nem sempre significa que é o relacionamento certo.

Respirei fundo enquanto continuava olhando para a rua, recusando-me a encarar seus olhos para que ele não percebesse minha fraqueza.

— Sabe — ele continuou —, quando voltei pela primeira vez, quase tive um ataque cardíaco quando passei pela sua antiga casa bem antes de saber que vocês tinham se mudado.

Franzi a testa.

— Por quê?

— Havia uma menininha brincando lá fora. Ela tinha o cabelo preto, como o meu. Por um momento, pensei que, quando fui embora, eu tivesse deixado para trás bem mais do que só o meu coração.

Demorei alguns segundos para entender o que ele queria dizer.

— Você pensou que era sua filha?

— Só por uns dois minutos, e foram os dois minutos mais longos da minha vida. Então a mãe dela saiu e a puxou para dentro, achando que eu era um pedófilo por ficar olhando para a menina da calçada.

Fiquei boquiaberta.

— Uau. Acho que consigo entender por que você pensou isso. — Olhei para meu colo. — Depois que você foi embora... minha menstruação atrasou.

Os olhos dele se arregalaram.

— O quê?

— Achei que estava grávida.

— Merda — ele disse. — Deve ter sido assustador.

— Foi.

— Mas você *não* estava... grávida, certo?

— Não. Provavelmente foi o estresse ou algo assim. Isso pode bagunçar o ciclo. Mas entendo seu mini ataque cardíaco. Embora o meu tenha durado mais de uma semana.

— Porra. — Ele recostou a cabeça e olhou para mim. — Se tivesse acontecido, eu teria voltado. Sabe disso, certo? Eu nunca teria deixado você passar por isso sozinha.

— Na época, eu com certeza não ia acreditar nisso.

Jace se virou para mim e fechou os olhos, preparando-se para dizer algo.

— Cometi um erro enorme, Farrah. Fui embora acreditando que você ficaria melhor sem mim por causa de como eu me sentia em relação a mim mesmo. Eu me sentia tão culpado pelo que aconteceu com seus pais. Nunca lidei com essa culpa. E quando Nathan revelou meu maior segredo daquele jeito, aquilo me desmoronou. Te deixar foi uma forma de autopunição. Eu fugi para não ter que enfrentar a culpa e a vergonha. Se eu pudesse voltar no tempo, teria ficado, suportado a dor. Teria enfrentado Nathan e me defendido. Teria feito de tudo para que ficássemos juntos. Mas é o tipo de coisa que só dá pra entender depois que já passou. Agora estou pagando o preço, porque dói olhar para você e não ver a alegria que costumava ter nos seus olhos. Dói ainda mais sentir que tirei isso de você.

Por mais que ele estivesse certo em partes, não era justo deixá-lo carregar todo o peso dessa responsabilidade.

— Eu sou uma pessoa mais forte por causa disso — contei a ele. — Eu precisava te perder para encontrar a mim mesma, a minha força interior. Sou mais resistente do que antes. E não vou deixar ninguém destruir meu coração desse jeito de novo.

A expressão de Jace se fechou, minhas palavras pareciam tê-lo atingido onde doía, embora não fosse minha intenção.

Sentindo a necessidade de fugir, olhei para o relógio.

— A comida deve estar pronta agora.

Ele olhou para o restaurante.

— Ah, sim. Você tem razão. Já passou bem mais de meia hora.

Jace e eu voltamos para pegar duas tortas e cinco bandejas de alumínio com comida — batata-doce, caçarola de vagem, purê de batatas, pão de milho e farofa. Eu carreguei duas bandejas de volta para o carro, e Jace empilhou o resto nos braços.

A viagem de volta para casa foi silenciosa. A tensão no ar ainda era palpável, mas eu me sentia mais à vontade perto dele depois da conversa que tivemos. Foi bom poder desabafar um pouco. Por mais difícil que fosse falar sobre o que aconteceu entre nós, de uma maneira estranha, eu ainda sentia que podia contar qualquer coisa para Jace.

Em casa, o peru estava pronto para sair do forno. Jace se ofereceu para tirar a ave pesada para mim. Depois, o fatiou e me ajudou a colocar na mesa, enquanto Nathan continuava entretendo Phil na sala de estar.

Mais tarde, Jace se aproximou de mim para colocar os talheres nos lugares enquanto eu arrumava os acompanhamentos. O contato me deu arrepios. Eu vinha lutando contra a atração física que tinha por ele o dia todo. Era fácil me convencer de que ele não era a pessoa certa para mim, já que havia quebrado minha confiança. Mas tentar impedir o meu corpo de reagir sempre que ele estava por perto era outra história.

Quando finalmente nos sentamos, Nathan e eu ficamos de um lado da mesa, de frente para Jace e seu pai, com Jace bem à minha frente.

— Antes de comermos, nós devemos dizer pelo quê somos gratos — Nathan anunciou. — Mamãe ficaria desapontada se não fizéssemos isso.

— Acho que Faye concordaria — disse Phil.

Cada um de nós falou. Nathan falou sobre como estava grato por ter se reconectado com Jace, por sua recuperação contínua após o acidente e, como sempre, por mim. Phil foi o próximo e admitiu que era difícil ser grato por muita coisa este ano, mas ele *estava* grato por acreditar que sua esposa estava cuidando dele e por estar compartilhando uma refeição com pessoas boas.

Então chegou a vez de Jace.

Meus olhos se fixaram nele quando começou a falar.

— Este ano trouxe muitas coisas inesperadas para a minha vida. Perdi a minha mãe, que significava o mundo para mim. Esse com certeza foi o ponto mais baixo. Mas também foi um grande alerta sobre como a vida pode mudar num instante. Você não tem a eternidade para fazer as pazes ou dizer às pessoas que as ama. — Seus olhos encontraram os meus por um momento antes de viajarem até Nathan. — Nunca poderia imaginar que voltar para casa, em um dos momentos mais sombrios da minha vida, me traria uma paz inesperada e uma segunda chance de amizade. Os últimos três anos longe não foram fáceis, mas aprendi muito sobre mim mesmo, sobre como deixei a culpa e o medo dominarem minha vida por tanto tempo. Cometi erros... mas nunca quis magoar ninguém. Tenho trabalhado em me perdoar. — Ele continuou olhando para o meu irmão. — Nathan, sua capacidade de me perdoar ajudou nesse processo. — Ele fez uma pausa. — Então, pelo que sou grato? Sou grato por ter meu irmão de volta. — Os olhos de Jace percorreram a mesa. — Sou grato por estar sentado aqui com as três pessoas que mais importam pra mim no mundo. — Ele olhou para Phil. — Pai, você me ensinou muito sobre força desde que a mamãe morreu. Você se levanta todos os dias e segue em frente, mesmo sabendo que não é fácil. — Ele se virou para mim. — Nathan e Farrah, vocês me ensinaram sobre humildade e sobre deixar o orgulho de lado em nome do perdão. Obrigado novamente por nos receberem em sua casa. Não importa o que tenha acontecido no passado, eu sempre estarei aqui pra vocês, se precisarem de mim.

Uma mistura conflitante de emoções me atravessou. Odiava sentir que a muralha que eu havia erguido estava começando a ruir. Isso me aterrorizava.

Quando todos se voltaram para mim, meu coração disparou, e a primeira coisa que saiu foi:

— Sou grata pelos ansiolíticos.

Todos riram.

— Agora sério, sou grata por, mesmo sendo sempre só Nathan e eu, hoje podermos sentir essa conexão familiar através das nossas perdas mútuas. Não importa o que aconteceu no passado, sou grata por este dia e por este momento de paz com vocês. — Sorri timidamente. — É isso.

Nathan pegou minha mão e a apertou.

— Senhor, abençoe esta mesa e esta família. Obrigado por tudo que nos deste.

— Amém — dissemos os quatro juntos.

Soltei um suspiro e comecei a relaxar agora que Nathan e Phil estavam servindo seus pratos. Jace, no entanto, ainda não tinha tocado na comida. Eu ainda podia sentir seus olhos em mim, mesmo fingindo estar concentrada em encher meu prato.

Capítulo 22

Jace

Apesar do meu nervosismo inicial, o Dia de Ação de Graças se transformou em um feriado bem tranquilo. Depois do jantar, Nathan, Farrah e eu limpamos tudo enquanto meu pai assistia ao futebol na sala de estar.

Quando Nathan saiu para se juntar a ele, Farrah e eu ficamos sozinhos na cozinha. Agora eu tinha certeza de que meus sentimentos por ela eram tão intensos quanto na época em que fui embora. Tentei ao máximo não ser pego no flagra olhando, mas não conseguia tirar os olhos dela. Farrah estava deslumbrante em um vestido justo, de cor nude, e saltos altos que a deixavam ainda mais alta do que já era. Seu cabelo castanho longo ia quase até a bunda. E que bunda gostosa era aquela... do tamanho perfeito. Eu tinha muitas lembranças bem boas daquela bunda.

Notei que ela estava cantarolando algo. Era familiar. Semicerrei os olhos, escutando com atenção, determinado a reconhecer a música. Então, me dei conta.

— É uma música da banda *Evanescence*.

— Hum? — Ela pareceu assustada com minha interrupção e parou de limpar o balcão abruptamente.

— A música que está cantando.

— Eu nem percebi que estava cantarolando.

— Estava. Era aquela música da *Evanescence*. Como é que chama?

Ela desviou o olhar.

— *My Immortal.*

— É isso. Ela é linda.

Ela não deu bola para o meu comentário. Em vez disso, se virou e continuou o que estava fazendo.

Porra, como eu ia ficar em Palm Creek e guardar esses sentimentos dentro de mim? A pressão para contar o que eu sentia era enorme. Quando estava em outra cidade, era aquela coisa de "o que os olhos não veem, o coração não sente". Mas esta noite? Eu tive que me segurar com toda a força para não confessar sobre como me sentia. As palavras estavam na ponta da língua enquanto eu colocava o último dos alimentos em um pote.

Me deixa te fazer feliz, Farrah. Me dê outra chance de ser o tipo de homem que você merece. Eu juro que preferiria morrer a te machucar de novo.

Quando a campainha tocou, meu estômago afundou. Eu sabia que ela estava esperando o *namorado* para a sobremesa. Fiquei torcendo para que ele não aparecesse.

Farrah saiu da cozinha para atender à porta. Relutante, eu a segui até a sala.

Nathan já havia deixado Niles entrar.

— E aí, como foi o seu jantar? — ela perguntou.

— Foi bom — ele respondeu. — Senti sua falta.

Quando ele se inclinou para beijá-la, tive que desviar o olhar. Doeu mais do que da última vez.

Parecendo nervosa, Farrah se virou para mim.

— Você deve se lembrar do amigo do meu irmão, Jace. — Então, ela apontou para o meu pai. — E esse é o pai dele, Phil.

Ele estendeu a mão para meu pai.

— Prazer em conhecê-lo, senhor. — Depois, fez um aceno de cabeça para Nathan. — E aí?

— E aí? — murmurou Nathan, parecendo tão feliz em ver aquele cara quanto eu.

Niles nem sequer fez contato visual comigo. Isso me fez pensar se Farrah havia mencionado nosso passado. De qualquer forma, isso não me impediu de lançar um olhar mortal para ele. Não consegui evitar. Queria que ele fosse embora.

Ele a abraçou por trás, o que me fez estremecer.

— Ei, boas notícias... — ele contou para ela. — Durante o jantar, decidimos passar o Natal na Carolina do Norte. É melhor tirar alguns dias de folga. Você vem com a gente.

Farrah piscou, parecendo não saber o que dizer. Que gentil da parte dele não dar opção nenhuma a ela.

— Onde exatamente na Carolina do Norte? — perguntei, forçando-o a admitir a minha presença.

— Ao norte. Nas montanhas. Temos uma casa lá. — Ele olhou para Nathan. — Você também devia ir. Sei que ela não vai querer deixar você aqui sozinho.

— Não, valeu — disse Nathan. — Vou ficar bem aqui. Não se preocupe comigo, Farrah, se você quiser ir.

Farrah mordeu o lábio inferior.

— Não sei. Vou ter que pensar.

Eu sabia que devia ser difícil para Nathan aceitar que ela fosse passar o Natal fora do estado com esse cara. Tinha certeza de que a ideia de ela passar as festas longe o deixava triste.

— Você não vai ficar sozinho — falei. — Meu pai e eu vamos precisar de um lugar para ficar de novo. O Natal não vai ser mais fácil para nós do que o Dia de Ação de Graças. Você está preso com a gente.

A expressão de Nathan se iluminou.

— Parece ótimo.

Farrah apontou para a cozinha.

— Vou servir as sobremesas.

Depois que ela saiu, Niles se virou para Nathan.

— Posso falar com você lá fora por um minuto? — Sua voz estava baixa.

Nathan deu de ombros e se levantou, relutante.

— Ãh... claro.

Que porra foi essa?

Era melhor ele não estar pressionando Nathan a aceitar aquela porra de emprego na loja de bebidas de novo. Interessante que ele esperou Farrah sair para a cozinha, como se não quisesse que ela soubesse que estava incomodando Nathan. Meus punhos se fecharam. Eu queria socá-lo.

Fiquei observando a conversa dos dois pela janela. Nathan pareceu tenso enquanto ouvia o que quer que Niles estava dizendo. Fiquei tentado a ir lá fora, mas me contive.

Depois de alguns minutos, eles voltaram para dentro. Conhecia Nathan tempo suficiente para perceber que algo que Niles disse lá fora o incomodou. Assim que tivesse chance, perguntaria o que aconteceu.

Niles se sentou ao lado do meu pai e eles começaram a conversar sobre o jogo.

De onde estava, eu era capaz de ver Farrah na sala de jantar organizando os pratos de sobremesa. Eu estava tão distraído que nem tinha me lembrado de checar se ela precisava de ajuda. Nenhum outro preguiçoso na casa havia se oferecido para ajudá-la.

— Posso fazer alguma coisa? — perguntei, enfiando a cabeça para dentro da sala.

Ela nem olhou para mim.

— Não. Vá se sentar. Só estou esquentando as tortas. Chamo todos quando estiver pronto.

Farrah olhou ao redor, como se tivesse esquecido onde tinha colocado algo. Ela pareceu apressada e tensa. Eu queria abraçá-la, tirar todo o seu estresse. Em vez de sair da porta, continuei a observá-la. Acho que nem percebi que não tinha me mexido até ela dizer:

— O que foi?

— O que você quer dizer? — perguntei.

— Você está me olhando como se quisesse dizer alguma coisa.

Balancei a cabeça.

— Desculpe. Não. Eu só... — E eu não disse mais nada.

Todas as palavras não ditas continuaram a borbulhar no meu peito. Mas, se eu não consegui dizê-las mais cedo no carro, agora sem dúvida não era o momento certo, com Niles no cômodo ao lado.

Assim que todos se reuniram ao redor da mesa, ficou claro que alguém teria que ficar de pé, já que não havia cadeiras suficientes. Niles era o intruso que havia interrompido nosso pacífico jantar familiar de quatro pessoas, mas me ofereci para ficar em pé, em silêncio, levando minha tortinha para o canto da sala e me escorando na parede. Observei Niles como um falcão enquanto ele se virava para falar com meu pai.

— Então, Phil, o que a sua empresa faz?

— Eu sou dono da Construtora Muldoon.

— Sério? Vocês que transformaram o antigo shopping em um prédio residencial, né?

Meu pai assentiu com orgulho.

— Sim, fomos nós.

— Meu primo mora lá. Ele vive reclamando da madeira barata da cozinha.

Os olhos de Farrah se estreitaram.

— Niles...

Que porra é essa?

Era um milagre eu ainda não ter dado um soco nele.

A resposta do meu pai não poderia ter me deixado mais satisfeito.

— Bom, diga ao seu primo que, a menos que ele queira pagar um aluguel mais caro para morar na melhor área da cidade, é melhor ele dar um beijo naquela madeira barata e agradecer.

Niles encheu a boca com a torta de maçã e, felizmente, ficou quieto depois disso.

Que merda ela vê nesse cara?

— Ei, Jace. Você se importa se eu te mostrar aquela coisa no meu carro que falei? — Nathan perguntou de repente.

Semicerrei os olhos antes de perceber que ele estava inventando isso só para me tirar de lá. Coloquei meu prato no canto da mesa.

— Claro. — Dei um tapinha no ombro do meu pai. — Já volto.

— É tão urgente assim a ponto de você precisar sair no meio da sobremesa, Nathan? — Farrah perguntou.

— É porque não quero esquecer. Desculpe. Isso está me incomodando. Não vai demorar.

Assim que saímos, fiz questão de nos afastarmos da janela para que Niles não pudesse nos ver.

— O que está pegando, cara? — questionei baixinho.

— Precisamos fazer algo a respeito desse cara.

— Niles?

— Sim.

— O que aconteceu?

— Ele está tentando me convencer a ir para a Carolina do Norte no Natal com eles porque acha que Farrah não vai querer me deixar aqui sozinho.

— Então é só dizer não para ele.

— O motivo de ele querer garantir que ela vá é porque ele está planejando pedi-la em casamento lá.

De repente, o mundo começou a girar.

— Caralho — murmurei, passando a mão no cabelo.

— Jace, seja honesto comigo, tá?

Engoli em seco e assenti.

— Tá bom.

— Você ainda ama a minha irmã? Eu vejo como vocês se olham...

Essa era uma pergunta que eu ainda não tinha respondido em voz alta até agora. Mas sabia a resposta.

— Nunca deixei de amá-la. Só tentei esquecer isso.

— Eu só quero que ela seja feliz. — Sua voz falhou. — Se eu achasse que *ele* a faz feliz, não lutaria contra esse relacionamento. Mas parece que ela é... sei lá... apática com ele. Só seguindo a rotina. Não acredito nem por um segundo que ele a faça realmente feliz. Ele talvez dê a ela um senso de segurança. Mas isso é diferente.

— Não sei se Farrah algum dia poderia voltar a confiar em mim depois do que fiz, Nathan. Você não esquece alguém que te abandona assim, com tanta facilidade.

— Sei o papel que tive nisso. Mas não posso deixar minha irmã se casar com alguém que não ama só porque está com medo demais de ter o coração partido de novo.

A porta se abriu de repente.

Farrah colocou as mãos nos quadris, parecendo furiosa com nós dois. Por mais que eu não quisesse que ela estivesse brava, o brilho em seus olhos era melhor do que o vazio que eu tinha visto antes. Eu aceitaria de bom grado qualquer emoção dela agora — até mesmo irritação.

— O que estão fazendo?

— Nada. Já acabamos. Estávamos voltando — disse Nathan.

Os olhos dela se moveram entre nós dois antes de ela voltar para dentro.

Fiquei tenso pelo resto da noite. Nem terminei a sobremesa e, embora todos tenham ido para a sala assistir a um filme, eu não conseguiria me lembrar de nenhuma cena que passou na TV.

Faltava apenas um mês até o Natal. E se Farrah decidisse ir para a Carolina do Norte e aceitasse o pedido de casamento dele?

Eu tinha que, pelo menos, tentar reconquistá-la, recuperar sua confiança. Mas isso não seria possível até que eu aprendesse a confiar em mim mesmo.

Antes de meu pai e eu irmos embora, Farrah me parou na garagem.

— Sabe aquela música que eu estava cantarolando na cozinha mais cedo? Ouça a letra. Eu a ouvi muito depois que você foi embora. Ela me lembra de você... e deles... de tudo.

Ela correu de volta para dentro antes que eu pudesse pedir que me explicasse melhor. Pensei nisso durante todo o caminho para casa, mas não quis tocar a música com meu pai no carro, no caso de ser demais para eu lidar.

Assim que cheguei em casa, fui direto para o meu quarto e procurei a letra de *My Immortal*, desesperado para decifrá-la enquanto tocava a música. Fala sobre sentimentos de abandono e raiva — amor incondicional por alguém que não é capaz de retribuir. Dependendo de como você interpreta, a música pode ser sobre alguém que morreu ou alguém que foi embora inesperadamente.

Você e eles.

Eu e os pais dela.

Coloquei a música em repetição contínua, e ela me assombrou a noite inteira.

Capítulo 23

Farrah

Ninando a bebê de Kellianne nos meus braços, olhei para o rostinho dela. A pequena Karma tinha acabado de completar três meses. Eu só a tinha visto no hospital até então. Era a primeira vez que visitava minha amiga desde que ela havia dado à luz. Também foi a primeira vez que contei para ela sobre o retorno de Jace à cidade.

— Quanto tempo ele vai ficar? — ela perguntou.

— Aí é que está. Ele voltou para a Carolina do Norte alguns dias depois do Dia de Ação de Graças e está lá agora.

— Já?

— Nathan disse que não sabe quando ou se ele vai voltar. Jace não foi muito claro.

Ele estava fora há uma semana, e nem se deu ao trabalho de se despedir, ainda que tivesse ligado para Nathan para dizer que estava indo embora.

— Você está chateada?

— Não sei como me sinto, Kellianne — respondi, ajeitando a bebê nos meus braços. — Estou confusa desde que ele voltou. Mas o fato de ele ter ido embora de repente de novo me trouxe algumas lembranças ruins.

— Como você sabe que ele não vai voltar?

— Eu não sei. Mas o maior problema é... *por que* estou tão preocupada?

Por muito tempo o retorno dele foi meu maior pesadelo. Acho que estava começando a me acostumar com a ideia de tê-lo de volta na cidade. Amei o fato de que ele e meu irmão encontraram uma maneira de refazer a amizade. Isso fez com que o estresse da volta dele valesse a pena.

Ela estava dobrando algumas roupas da filha, tiradas de uma cesta de lavanderia.

— Você contou ao Niles sobre o seu passado com Jace?

— Sim. Faz um tempinho. Foi um erro. Ele foi um idiota com o pai de Jace no Dia de Ação de Graças.

— Por que você contou ao Niles?

— Ele ficava me cobrando, dizendo que eu estava agindo de forma estranha. Achava que eu estava traindo ele. Estou cansada de mentir sobre as coisas. A vida é curta demais. Nada de bom vem de esconder a verdade. Contei tudo e garanti que não significava mais nada, que foi há muito tempo. Mas acho que isso o deixou inseguro. Para piorar, estou um caos desde que Jace foi embora. Niles percebeu isso também.

Kellianne suspirou.

— Você ainda tem sentimentos pelo Jace. Isso é tudo o que sei.

Não tinha como negar.

— A volta dele me fez perceber que, não importa o que tenha acontecido entre nós dois, antes de qualquer coisa, Jace ainda é minha família. E, embora sua volta não tenha sido fácil para mim emocionalmente, foi como se eu tivesse recuperado uma parte da minha família. É nisso que me sinto segura com Jace agora, colocando-o nesse lugar, e não...

— Não dando seu coração para ele.

— Ele quebrou meu coração. Mas ainda me importo muito com ele. Só não o suficiente para confiar nele *desse* jeito de novo.

— Sim. Eu entendo. — Ela pegou a pequena Karma, que começou a se mexer, e a colocou no peito, ajustando-a com a ajuda de uma almofada de amamentação. A bebê imediatamente começou a mamar.

Sorri ao ver minha amiga amamentando a filha.

— Ela é tão preciosa, Kel.

Kellianne olhou para Karma.

— Um dia você terá uma.

— Espero que não tão cedo. Preciso terminar a faculdade de uma vez por todas. Mas, sim... um dia. — Suspirei. — Quero dar a uma criança o tipo de vida que tive na minha infância. Quero reviver aqueles dias pelos olhos dos meus filhos. Só preciso colocar a vida em ordem primeiro.

Ela sorriu.

— Você vai conseguir.

Meus pensamentos foram para o que Jace tinha me contado sobre achar que aquela garotinha do lado de fora da minha antiga casa poderia ser nossa. Por um momento, me perguntei como seria a vida se aquilo *tivesse* sido verdade. Me perguntei muitas coisas enquanto caía em um devaneio. Será que Jace estava se reconciliando com a ex-namorada lá em Charlotte? Além disso, por que eu me importava tanto? No caminho de volta para casa, a música *So Cruel*, do U2, tocou no rádio. Ouvi a letra e fiquei me perguntando se o fato de ter sido tão fria com Jace desde que ele voltou finalmente o tinha afastado.

Conforme os dias passavam, eu me sentia cada vez mais obcecada com a ideia de que Jace nunca voltaria para Palm Creek. Eu tentava agir o mais normal possível perto de Niles, mas ele não estava nada feliz, porque eu ainda não tinha me comprometido a ir para a Carolina do Norte no Natal.

Em uma sexta-feira à noite, ele estava bem irritado porque eu disse que estava muito cansada para sair. Era a verdade. Eu tinha uma noite de folga do trabalho e só queria relaxar em casa. Nathan e eu estávamos vendo TV quando o som de um carro entrando na garagem chamou minha atenção para a janela.

— Quem chegou? — perguntei, levantando-me.

— Não sei. Não estou esperando ninguém.

Era uma caminhonete preta, muito familiar. Meu coração começou a disparar.

Ele voltou.

Abri a porta antes que Jace tivesse a chance de bater. Ele vestia uma jaqueta de couro preta e cheirava a sândalo. As luzes de Natal que adornavam a frente da casa brilhavam em seus lindos olhos. Fiquei emocionada.

— Você... está aqui.

— Estou. — Ele procurou algo nos meus olhos, sem dúvida percebendo uma coisa que eu esperava que ele não notasse.

Mas era tarde demais.

Jace deu alguns passos para dentro da casa, então estendeu a mão e gentilmente enxugou a lágrima que escorreu dos meus olhos.

— Bom te ver, cara — Nathan falou enquanto se levantava do sofá. — Estou com vontade de comer um calzone da Berretti. Tenho meia hora antes de fechar, às nove. Vocês querem alguma coisa?

— Não, obrigado — Jace disse, sem tirar os olhos de mim.

— Já volto, tá? — Nathan saiu mancando da casa.

O silêncio preencheu a sala.

— Por que você está chorando? — ele perguntou.

— Eu só... — Minha voz tremeu. — Não achei que você fosse voltar.

Sem hesitar, ele me puxou para seus braços, me envolvendo em seu calor. Resisti por um momento, mas aquilo parecia... o meu lar. Sentir o coração dele bater contra meu rosto me fez desabar. Deixei tudo sair — tudo o que eu tinha mantido dentro de mim pelos últimos três anos. Tinha me esforçado tanto para não sentir nada, mas naquele momento falhei miseravelmente. Ali, nos braços dele, eu senti *tudo*. Cada instante de saudade, cada batida de coração acelerada, cada pedacinho da dor... e amor me atingiram de uma só vez.

— É tão bom te abraçar — ele sussurrou perto do meu cabelo.

Me afastei para olhá-lo.

— Não consegui entender por que você foi embora tão de repente. Achei que tinha mudado de ideia sobre ficar.

Jace colocou as mãos no meu rosto.

— Eu te disse que estava voltando pra ficar. Como você achou que eu ia trazer todas as minhas coisas? Eu tinha que voltar para pegá-las.

Me sentindo meio boba, enxuguei os olhos e ri.

— Não sei. Nem pensei nisso.

— Dá pra ver. — Ele deu um leve beliscão na minha bochecha. — Tinha muitas coisas para resolver.

Engoli em seco.

— Você viu a Kaia?

— Tive que encerrar formalmente as coisas com ela, sim. Ela já tinha terminado comigo, mas eu precisava conversar, encerrar o relacionamento da maneira certa e me desculpar.

— Como ela reagiu?

— Ela disse que sabia que tinha tomado a decisão certa quando eu a deixei ir para a Flórida tão fácil depois que minha mãe faleceu. Ela já aceitou há algum tempo que acabou, então não foi uma surpresa quando confirmei que não voltaria.

— Bem, eu sinto muito... por ela. Sei como é.

Ele assentiu.

— Eu sei que você sabe. — Ele olhou para os próprios sapatos. — Porra.

— Estou irritada por não ter conseguido controlar minhas emoções hoje à noite — eu disse, secando as lágrimas.

Ele negou com a cabeça.

— Eu, não. Assim pude ver como você realmente se sente. — Ele se inclinou. — Sabe... pensei em você durante todo o caminho para cá. Sei que está com outra pessoa, mas não consegui evitar a sensação de que, a cada quilômetro que eu me aproximava de você, chegava mais perto de onde deveria estar. É meio complicado, mas, mesmo que eu não possa estar com você, ainda quero estar onde você está. Pelo menos, aqui, sei que posso te proteger.

Ele colocou a mão no meu queixo.

— Olhe para mim. — Ele fez meus olhos encontrarem os dele. — Eu nunca vou te deixar de novo. Entendeu?

De repente, um barulho na janela me assustou. Parou por um momento, depois recomeçou, ainda mais forte.

A voz de Niles veio através do vidro:

— Você é uma mentirosa do caralho!

Meu coração afundou. Olhei para Jace.

— Ai, não.

Ele permaneceu calmo como se nada tivesse acontecido.

— Está tudo bem. Não estávamos fazendo nada.

Mesmo detestando a ideia, eu sabia que precisava abrir a porta. Quando o fiz, fui recebida pelo olhar furioso de Niles.

— Que porra é essa, Farrah?

— Não é o que você está pensando — implorei.

— Sério? Vim aqui te surpreender porque você disse que não estava se sentindo bem. Vejo a caminhonete *dele* do lado de fora. O carro do Nathan não está em lugar nenhum. Então, olho pela sua janela e vejo esse cara praticamente te beijando, e você quer me dizer que nada está acontecendo? Acha que sou idiota?

— Nós não nos beijamos — insisti. — Estávamos conversando de perto, só isso.

Jace interveio.

— Ela não me pediu para vir. Ela nem sabia que eu viria esta noite. Acabei de chegar.

Niles olhou entre nós dois.

— Não sei no que acreditar agora. Tudo o que sei é o que vi. E parecia que não se importou de tê-lo tão perto de você.

— Desculpe. — Decidi ser honesta. — Estou muito confusa agora.

Ele ignorou meu comentário e se virou para Jace.

— Acha que pode se esgueirar de volta para a vida dela? Ela me contou como você a manipulou quando era mais jovem e depois a deixou. Agora que você voltou e viu que ela seguiu em frente, está brincando com ela de novo.

Jace permaneceu calmo.

— Eu nunca quis machucá-la, mas não finja que sabe alguma coisa sobre nossa história. Você não sabe de nada.

Niles apontou para a porta.

— Pode nos deixar a sós?

— Na verdade, não — Jace falou. — Não vou deixar Farrah sozinha com você enquanto está tão nervoso.

Isso não me surpreendeu, especialmente depois da promessa de Jace de me proteger.

— Niles, vamos para o meu quarto para conversar em particular por um minuto, tudo bem?

Com os braços cruzados, Jace permaneceu no mesmo lugar, como um guarda, enquanto eu me afastava com Niles. Fechei a porta do quarto e meu namorado furioso começou a despejar tudo em cima de mim.

— Eu não acredito nisso. Que porra é essa, Farrah?

— Não aconteceu nada além do que você viu. Estávamos conversando, e as coisas ficaram um pouco intensas. Eu não esperava que ele viesse aqui. Jace não teve nada a ver com o fato de eu ter ficado em casa hoje à noite. Não menti pra você.

Niles não fez nenhum esforço para baixar o tom de voz.

— Eu não entendo. Esse cara acabou com o seu coração. Por que você ainda está falando com ele, até permitindo que ele te manipule?

— Meu passado com Jace não é algo que espero que você entenda. Mas é uma parte de mim que não posso apagar. Ele mora aqui em Palm Creek agora. Ele é o melhor amigo do Nathan, e isso significa que sempre fará parte da minha vida.

Ele bateu a mão na minha cômoda.

— Não vou viver à sombra de um cara com quem você costumava transar.

— O que está querendo dizer?

— Estou dizendo que é ele ou eu. Não vou aceitar ele por perto, te enganando debaixo do meu nariz, fingindo que está tentando te proteger quando tudo o que quer é te levar pra cama de novo.

Inclinei a cabeça. Talvez esse fosse o empurrão de que eu precisava para dar um tempo de Niles. As coisas não estavam perfeitas entre nós há muito tempo, mesmo antes de Jace voltar.

— Acho que precisamos dar um tempo — forcei as palavras a sair.

Niles esfregou as têmporas.

— Não acredito nisso. — Ele balançou a cabeça, olhando para o chão. Após um longo silêncio, ele me olhou. — Eu ia te pedir em casamento no Natal. Espero que você esteja feliz. Agora pode ficar nesse buraco com seu irmão fracassado para sempre. Eu teria te dado uma vida boa. Você nunca teria que se preocupar com mais nada.

Minha cabeça girou. Esqueci a bomba do pedido de casamento, mas a audácia dele de chamar meu irmão de fracassado me deixou furiosa.

Ele sempre menosprezou Nathan, e isso já deveria ter sido motivo suficiente para eu terminar com ele meses atrás. Mas agora? Eu não ia tolerar esse desrespeito tão descarado. Não depois de todo o esforço que meu irmão fez para melhorar de vida.

Sorri friamente.

— Olha, agora você acabou de tornar a minha decisão muito mais fácil.

Ele abriu a porta e saiu furioso.

— Me liga quando cair na real, mas nem fale comigo de novo se deixar ele te tocar.

Eu o segui até a entrada e o observei bater a porta ao sair.

Os pneus do carro chiaram enquanto ele acelerava pela rua.

Como uma estátua protetora, Jace permaneceu no mesmo lugar onde eu o havia deixado.

— Ele não encostou a mão em você, né?

Balançando a cabeça, esfreguei meus braços.

— Não, mas ele não ficou nada feliz.

Ele se aproximou.

— Isso é culpa minha. Mas não estou nem um pouco arrependido, Farrah. Ele não é bom para você. E além de tudo, é um babaca. Eu ouvi cada palavra do que ele disse, e foi difícil não entrar lá e dar um soco nele. Você tem ideia de quantas vezes tive que me segurar para não socar esse cara desde que o conheci?

Assenti.

— Eu precisava de um tempo do Niles.

— Você está bem?

— Eu estava incerta sobre ele havia um tempo. Acho que não devo continuar em um relacionamento se estou tão confusa. Ele chamar Nathan de fracassado foi a gota d'água. Preciso ficar sozinha, sem nenhum relacionamento, por um tempo.

Jace soltou um suspiro de alívio.

— Siga seu instinto.

— Não sei se você ouviu... mas ele disse que ia me pedir em casamento no Natal. Não estou pronta pra isso. Então, fico feliz que essa bagunça tenha acontecido, porque eu teria que dizer não. Teria sido um desastre, especialmente se ele tivesse me pedido na frente da família dele.

— É. — Jace rangeu os dentes. — Eu sabia do plano dele de te pedir em casamento.

— Você sabia? Como?

— Ele chamou Nathan de lado no Dia de Ação de Graças, tentando convencê-lo a ir para a Carolina do Norte para que você fosse também. Isso me fez sentir um pouco de pena do cara.

— Eu sei que Niles pode ser um idiota, mas tenho certeza de que ele está muito magoado agora.

O olhar de Jace parecia em chamas.

— Esqueça como ele está se sentindo. Pense em você, Farrah. Você não deve nada a ninguém... nem a mim, nem a Niles. Quando decidir ficar com alguém, deve ser porque é isso que *você* quer. Tudo o que quero é que você seja feliz. Eu digo isso de todo o coração. Se ele te fizesse feliz, eu apoiaria totalmente a sua decisão de ficar com ele, mesmo que eu quisesse matá-lo metade do tempo.

Minha discussão com Niles tinha drenado toda a energia que me restava naquela noite. Quando esfreguei as têmporas, Jace entendeu o recado.

— Acho que vou embora.

— Não. — Coloquei a mão em seu braço. — Nathan vai querer te ver quando voltar.

Ele colocou a mão sobre a minha e a apertou.

— Posso te pedir um favor?

— Claro...

— Me deixa ser seu amigo? Prometo que não vou ultrapassar nenhum limite, só se você me implorar. — Ele deu uma piscadinha. — Mas, sério, só quero poder te ver.

Sorri.

— Eu ia gostar disso.

— Sinto falta das nossas conversas à noite, perto da antiga piscina. Sinto falta de tudo daqueles dias.

Nathan interrompeu nosso momento quando entrou carregando uma caixa de pizza.

— Tudo tranquilo por aqui? — ele perguntou.

— Agora está — respondi. — Mas você perdeu um dramalhão.

Ele colocou a caixa na mesa de centro.

— O quê?

— Niles apareceu e fez um escândalo quando me encontrou com Jace. Ele me deu um ultimato, e basicamente terminamos.

— Você tá brincando? — O rosto de Nathan se iluminou como uma árvore de Natal. — Isso é, tipo, a melhor notícia de todas. — O sorriso dele sumiu um pouco. — Ah, desculpe, você está bem?

— Acho que foi o melhor a fazer. — Suspirei. — Eu já estava precisando de um tempo dele. — Inclinei a cabeça. — Você sabia que ele pretendia me pedir em casamento, não é?

— Sabia. Não vou mentir, eu estava pirando com isso.

— Eu nunca gostei de como ele te tratava, Nathan. Ignorei isso por muito tempo. Desculpe por ter feito isso. No fim, ele nunca *me* fez feliz de verdade.

— Sinto muito, irmãzinha. De verdade.

Jace deu um tapinha nas costas de Nathan.

— Escuta, vou deixar vocês dois a sós. Já causei problema demais por uma noite.

— Mas foi um ótimo problema, irmão. Um problema excelente. — Nathan sorriu.

— Meu pai está ansioso pela minha chegada, de qualquer forma. Tenho certeza de que ele está vivendo de Pop Tarts e panquecas todo esse tempo que eu estive fora — Jace disse.

Ele me deu um sorriso caloroso e saiu. Fui dormir mais aliviada, como se um peso tivesse sido tirado de mim. Mas agora eu estava ansiosa pelo que o amanhã traria.

Capítulo 24

Jace

Se eu quisesse reconquistar a confiança de Farrah, teria que começar do zero. Três anos atrás, o sexo foi o que impulsionou nosso relacionamento. Eu não tinha dúvidas de que aquela atração intensa ainda existia, mas isso não resolveria nada agora. Se eu quisesse ganhar sua confiança, teria que me abrir sobre assuntos difíceis, assim como eu esperava que ela fizesse também. A cada ano que passava, guardar tudo para mim se tornava mais tóxico. Por isso, comecei a fazer terapia pela primeira vez na vida. Ainda era cedo para dizer, mas eu tinha esperanças de que isso ajudasse.

Farrah esteve ocupada com os estudos durante o fim do semestre. Passei a maior parte do meu tempo trabalhando na transição para o meu novo cargo à frente da Construtora Muldoon, sob a tutela do meu pai. Meu plano era não ver Farrah até o Natal, embora, todas as noites, eu ficasse tentado a enviar-lhe a música *No One's Gonna Love You,* de Band of Horses. Eu queria que ela soubesse que ninguém a amaria tanto quanto eu. *Sim, estou indo muito bem com essa coisa de "vamos ser só amigos"*. Mesmo assim, prometi a mim mesmo dar espaço a ela, guardando tudo dentro de mim por enquanto.

Alguns dias antes do Natal, imagine minha surpresa quando abri a porta e encontrei uma linda morena parada ali. Uma de quem eu estava morrendo de saudades.

— Oi. — Um sorriso largo se espalhou pelo meu rosto.

— Espero que não tenha problema eu aparecer sem avisar.

— Acredite em mim — meu pai falou de trás de um jornal. — Você acabou de fazer o dia dele.

— Obrigado por me entregar, meu velho — respondi, me virando para Farrah. — Oi, Farrah.

— Oi, Phil. — Ela acenou.

Sem que eu precisasse pedir, meu pai dobrou o jornal, piscou para mim e foi para o quarto, nos dando privacidade.

Farrah entrou.

— Eu só pensei em passar por aqui para ver como você está.

— Fico feliz que tenha vindo. Eu estava tentando te dar um espaço depois de todo o drama da última vez que nos vimos, mas senti sua falta.

— Como estão as coisas no trabalho? — ela perguntou. — Nathan me contou que você pediu demissão do emprego na Carolina do Norte e está mergulhando de cabeça no ramo da construção.

— Sim. Agora que tomei essa decisão oficialmente, sinto que fiz a escolha certa. E as coisas estão muito melhores na Muldoon do que há três anos. Nenhum problema muito grande para ter que lidar dessa vez.

— Que bom.

— Preciso muito de um lugar só meu. — Abaixei a voz. — Amo meu pai, mas sinto falta da minha privacidade.

— Você está pensando em comprar uma casa?

— Em algum momento, sim. — Senti uma necessidade desesperada de levá-la para algum lugar. — Quer sair daqui? Dar uma volta? Depois te levo de volta para o seu carro.

Ela hesitou por um momento.

— Sim, claro.

Isso!

— Certo. Vou pegar minhas chaves.

Acabamos indo para um lago que descobri recentemente, a uns trinta minutos de distância. Eu ia lá algumas vezes por semana para esvaziar a mente no meio do dia. Levei-a para o meu lugar favorito, debaixo de uma árvore, com vista para a água.

Farrah se sentou em uma rocha e olhou para a paisagem deslumbrante.

— Isso aqui é muito bonito.

— É o meu esconderijo secreto, mas não mais tão secreto assim agora.

— Obrigada por compartilhar comigo. — Ela respirou fundo, sentindo o ar fresco. — Vocês vêm passar o Natal com a gente, né?

— Se ainda nos quiserem.

Ela sorriu.

— Nathan está ansioso por isso.

Ergui a sobrancelha.

— E você? Está ansiosa ou com receio?

Depois de uma pequena pausa, que me deixou inquieto, ela respondeu:

— Eu também quero que você esteja lá.

Sorri.

Ficamos um tempo em silêncio, ouvindo apenas o canto dos pássaros e o farfalhar das folhas.

— Então... eu tenho cuidado de mim mesmo ultimamente — contei. — Finalmente comecei a ver um terapeuta, o que sei que já estava mais do que na hora.

Ela segurou minha mão. Eu não tinha percebido o quanto estava precisando daquele contato até ela me tocar.

— Isso é maravilhoso, Jace. Sabe, parei de ir à terapia há uns dois anos, mas preciso voltar. Está sendo útil para você?

— Até agora, sim. Só fiz duas sessões, mas já começamos pelos assuntos difíceis. Falamos sobre como minha saída da cidade, três anos atrás, não foi por medo de Nathan ou por medo de machucá-lo. Foi a culpa que eu sentia que me fez acreditar que eu não te merecia, por causa da responsabilidade que coloquei sobre mim mesmo. Até que eu esteja disposto a encarar essas memórias e meu papel em tudo, não vou começar a me curar.

Ela soltou minha mão.

— Por que acha que consegue enfrentar isso agora e não três anos atrás?

— Ironicamente, foi a perda de um dos meus pais que me fez perceber que não tenho a vida toda para resolver tudo.

Meu terapeuta me encorajou a falar com Farrah sobre algumas das coisas que eu vinha guardando — memórias específicas. Por mais difícil que fosse, decidi pôr isso em prática.

Olhei para o céu.

— Sua mãe estava segurando minha mão naquele dia. Acho que, de certa forma, ela sentiu que precisava me proteger como faria com um filho. — Fechei os olhos com força. — Foi durante aqueles segundos, segurando a mão dela, que decidi que precisava protegê-los. O cara estava apontando a arma para o seu pai, e eu contei até cinco antes de me lançar para frente. A arma caiu da mão dele, mas ele a pegou antes que eu pudesse. E foi quando ele...

Não consegui terminar a frase.

Com lágrimas nos olhos, ela segurou minha mão de novo.

— Está tudo bem.

— Eu tenho que aceitar que posso ter causado o que aconteceu. Mas, quando tomei aquela decisão, senti que ele iria puxar o gatilho. Não queria que sua mãe tivesse que presenciar aquilo. Não sei o que teria mudado se eu não tivesse avançado. Não sei se o desfecho teria sido outro ou apenas as circunstâncias. Mas guardar tudo isso dentro de mim, tentar bloquear, tem sido tóxico. Quando não lida com algo assim, acaba crescendo dentro de você como um câncer. E, eventualmente, vai te destruir. A culpa e as emoções negativas *podem* te matar.

— Você está certo — ela disse. — Passei a maior parte da minha adolescência tentando me manter firme, sem nunca querer mostrar minha dor ou sobrecarregar os outros com ela. Mas a verdade é que, às vezes, até hoje, eu sinto tanta raiva do mundo que só quero gritar.

Olhei ao redor, observando o vasto lago.

— Aqui parece um lugar perfeito para perder o controle. Não tem ninguém por perto. — Arqueei as sobrancelhas. — Eu grito, se você gritar.

— Sério?

— Sim. — Sorri. — No três, pode ser?

— Sim. — Ela apertou minha mão.

— Um... dois... três...

Gritamos juntos o máximo que conseguimos, como dois loucos. Nossas vozes ecoaram ao ar livre. Pode ter parecido uma coisa maluca de se fazer, mas foi lindo. Estávamos nos libertando... juntos. Cada vez que parávamos, um de nós gritava de novo. Provavelmente gritamos por uns três minutos sem parar.

Quando finalmente nos calamos, uma calma indescritível tomou conta de mim. Era como eu imaginava que um piloto de corrida se sentia quando finalmente parava o carro e saía. Senti a mesma serenidade em Farrah enquanto voltávamos a nos sentar em silêncio, olhando para o lago.

Cerca de cinco minutos depois, nossa paz foi interrompida quando um carro de polícia parou na estrada de cascalho atrás de nós. O policial saiu e se aproximou. Nós dois nos levantamos, e Farrah tirou um pouco de grama da parte de trás da sua calça.

— Está tudo bem, oficial? — perguntei.

Ele ignorou minha pergunta e foi direto até Farrah.

— A senhorita está bem? Alguém relatou gritos vindos desta área. Foi você?

Acho que esse lago não era tão isolado quanto eu pensava.

A véspera de Natal na casa de Farrah e Nathan foi tranquila e exatamente o que eu precisava. Não deixei Farrah ficar com todo o peso da preparação da comida desta vez, então insisti em cuidar de tudo. Fiz um pedido de uma refeição completa, com tender e todos os acompanhamentos, no restaurante da Regina. Meu pai e eu pegamos a comida a caminho da casa deles.

Tivemos uma refeição agradável, sem drama. Farrah e eu nos divertimos contando para meu pai a história de como quase fomos presos por causar uma perturbação pública lá no lago. A melhor parte da noite? Quando Farrah anunciou que havia encerrado em definitivo qualquer possibilidade de reconciliação com Niles. Ela se encontrou com ele para trocar alguns pertences e deixou claro que as coisas entre eles tinham terminado de vez. Essa notícia foi o melhor presente de Natal possível. Mesmo que ela nunca quisesse ficar comigo de novo, pelo menos eu sabia que aquele idiota não seria o cara a ficar com ela. Farrah merecia muito mais.

A única coisa que me impedia de relaxar totalmente naquela noite era a vontade constante de dizer a ela como me sentia. Era como o Dia de Ação de Graças de novo, mas dez vezes pior. Ainda não sabia se ela algum dia estaria pronta para me dar outra chance. Será que ela preferia me manter como amigo para sempre, evitando o risco de se machucar de novo? Ela tinha acabado de sair de um relacionamento, então não era exatamente o melhor momento para se envolver com outra pessoa. A incerteza de tudo isso me deixou inquieto e incapaz de aproveitar a noite por completo. Eu precisava desabafar esses sentimentos, mas não queria ouvi-la me dizer que nunca haveria outra chance para nós. Então, guardar meu coração para mim mesmo, por enquanto, parecia a opção mais segura.

Depois do jantar, fomos todos para a sala assistir ao filme *A Felicidade Não Se Compra*. Meus pais sempre insistiam para assistirmos a esse filme todo Natal. Este ano, era ainda mais importante manter a tradição, porque significava muito para minha mãe.

Meu pai se sentou na ponta do sofá, eu no meio, e Farrah do outro lado. Pensei um pouco sobre nossos jogos de sedução com as pernas no passado, mas não fiz nenhum movimento. No meio do filme, no entanto, algo incrível aconteceu: Farrah apoiou a cabeça no meu ombro. Pode ter sido um gesto casual, mas, para mim, foi um sinal de conforto e confiança. Era um grande avanço — significava tudo. Mesmo assim, adverti a mim mesmo para não interpretar aquilo como um sinal para tomar uma atitude. Decidi apenas aproveitar o momento sem tentar descobrir o que significava para o futuro. Encostei a cabeça na dela e respirei fundo, sentindo seu perfume.

Quando o filme acabou, meu pai pareceu ansioso para ir, embora eu não estivesse nem um pouco pronto para sair.

Meu pai pôs o casaco.

— Farrah e Nathan, foi um prazer, mas este velho precisa descansar a beleza. — Ele sorriu.

— Obrigado por esta noite — eu disse, puxando Farrah para um abraço e saboreando cada segundo do toque de seus seios suaves contra meu peito. Sentir seu coração batendo contra o meu foi um bônus. — Esta foi a melhor véspera de Natal que poderíamos ter.

Inclinei-me para beijar sua bochecha e notei a mudança na cor de sua pele. Ela ainda reagia fisicamente a mim com a mesma intensidade de antes. Mas eu sabia que não poderia tomar uma atitude com base nisso.

— Dirija com cuidado — ela pediu.

— Bons sonhos, linda — sussurrei em seu ouvido.

Meu pai e eu abraçamos Nathan e seguimos caminho para casa.

Mais tarde, naquela noite, meu pai pareceu ter ganhado um novo ânimo e se recusou a ir para a cama. Em vez disso, decidiu fazer um chá e me confrontar sobre meus sentimentos por Farrah.

Ele colocou o saquinho de chá para infusão.

— Agora que o idiota do namorado dela caiu fora, quando você vai para o ataque?

— Não é assim que funciona, pai. Eu parti o coração dela. Não posso me aproveitar da primeira oportunidade que surgir. Ainda não reconquistei a confiança dela. Para ser sincero, isso pode nunca acontecer.

Meu pai tomou um gole de chá.

— Ainda estou perplexo com algumas coisas quando se trata de você e ela.

Sentei-me em frente a ele.

— O que você não entende?

— Por que você teve tanto medo de Nathan três anos atrás? Por que deixou ele te expulsar da cidade?

Eu nunca tinha contado ao meu pai o que realmente aconteceu no dia em que o sr. e a sra. Spade foram mortos. Meus pais sabiam que eu estava com eles e que saí ileso, mas era só isso. A véspera de Natal talvez não fosse o melhor momento para confessar tudo ao meu pai, mas ele havia aberto a porta para termos essa conversa. Meu coração começou a bater mais rápido.

Nas próximas horas, contei tudo: desde os gritos desesperados da mãe de Farrah até o momento em que corri em direção ao agressor. Pela primeira vez, chorei pelo que aconteceu, algo que sempre evitei. Acho que todo mundo tem seu ponto de ruptura.

Compreensivelmente, meu pai ficou em choque.

— Filho, sinto muito. Não consigo acreditar que nunca soube que você estava sofrendo por causa disso. Por que achou que não podia me contar?

— Acho que só não queria que você ou a mamãe carregassem a culpa que eu sentia. Não teria ajudado ou mudado nada se vocês soubessem.

— Nós teríamos ficado felizes em carregar parte desse fardo e poderíamos ter te ajudado a enxergar a situação com mais clareza. Eu teria feito de tudo para te convencer de que fazer o que você acha certo é sempre a melhor decisão, mesmo que o resultado não seja o esperado. As mortes deles não foram sua culpa, Jace. Você era apenas um menino. Seguiu o seu instinto, e suas ações foram bem-intencionadas. Sinto muito que tenha passado por isso, mas agora entendo muito melhor por que você ficou afastado todos esses anos.

— Não estou mais fugindo, pai. Perder a mamãe me fez perceber que não tenho a vida inteira para lidar com meus problemas. Então estou aqui, enfrentando-os de frente. Só queria não estar perdidamente apaixonado por alguém que ainda me sinto culpado por ter machucado.

— Farrah não te culpa. Nathan também não te culpa por nada. Parece que o mais difícil vai ser aprender a não se culpar. Perdoar a si mesmo é o mais complicado. Mas se você conseguir isso, filho, pode conseguir qualquer coisa.

— Estou tentando... — Hesitei.

— E fico feliz que você esteja procurando ajuda — ele acrescentou.

— Eu também. Conversar com o terapeuta me fez lembrar de uma coisa, mas ainda não contei para Farrah nem para Nathan.

— O quê?

— O sr. Spade não quis entregar o dinheiro naquele dia. Não tenho ideia do porquê. Elizabeth implorava para ele entregar. Eu também. Mas ele se recusou. Era como se não acreditasse que o cara fosse realmente fazer alguma coisa. Eu sabia que sim, e foi por isso que tentei pegar a arma. Agora me pergunto se tudo isso poderia ter sido evitado se ele simplesmente tivesse entregado a porra do dinheiro.

— Com certeza. — Meu pai soltou um suspiro. — Isso é inacreditável.

— Mas acho que nunca poderia mencionar isso a eles.

Ele concordou com a cabeça.

— Você não quer que eles pensem mal do pai.

— Exatamente. Qual seria o sentido? Quem sabe no que ele estava pensando? E só faria com que eles se sentissem pior. Não quero isso.

— Concordo. E estou muito orgulhoso de você. Agora que sei de toda a história, percebo tudo que guardou para si mesmo por tanto tempo. Por favor, não deixe de me contar as coisas se precisar. Sei que não sou perfeito, mas você é meu maior orgulho. Sua mãe teria ficado devastada ao saber que você manteve isso tudo em segredo por tanto tempo. Tenho certeza de que ela está olhando por você agora, tão orgulhosa quanto eu.

— Obrigado, pai.

Depois que meu pai foi para o quarto, fiquei surpreso ao ver que tinha perdido uma mensagem de Farrah, enviada uns trinta minutos antes.

Farrah: Alguma chance de você voltar aqui hoje à noite?

Como é que é?

Meu coração acelerou.

Porra, com certeza.

Digitei o mais rápido que pude.

Jace: Desculpe, não vi sua mensagem. Estava no meio de uma longa conversa com meu pai. Finalmente contei tudo a ele... sobre o que aconteceu há dez anos.

Farrah: Meu Deus. Caramba. Por que hoje à noite?

Jace: Ele não ia dormir de jeito nenhum. Aí começou a cutucar sobre nós dois. Antes que percebesse, eu estava chorando e falando sobre o passado.

Farrah: Sinto muito que você tenha chorado... mas é bom colocar tudo isso para fora. Fico feliz que tenha conversado com ele.

Jace: Agora, de volta à sua pergunta original.

Farrah: Deixa pra lá. Foi por impulso. Sei que está tarde.

Jace: Ah, a resposta é "com certeza". Nunca é tarde demais para te ver. Posso chegar aí em vinte minutos. Nathan está dormindo?

Farrah: Sim.

Jace: Exatamente o que ele deveria estar fazendo mesmo.

Farrah: Hahahaha. Não que eu me importe com o que ele pensa agora, mas me mande uma mensagem quando chegar, para eu abrir a porta. Prefiro que ele continue dormindo.

Jace: Estarei aí logo, logo.

Meu pai finalmente começou a roncar, então deixei um bilhete explicando onde eu tinha ido, caso ele acordasse e não me encontrasse. Eu já podia imaginar os comentários sarcásticos que ele faria no dia seguinte. Mas ficaria feliz por mim; disso eu tinha certeza.

A viagem de volta para a casa de Farrah pareceu interminável. Quando finalmente estacionei em frente à casa deles, mandei uma mensagem.

Jace: Cheguei.

Sentindo como se estivesse flutuando, fui até a porta e esperei.

Alguns minutos depois, ela abriu e colocou o dedo indicador sobre os lábios, pedindo silêncio.

Meu coração disparou enquanto Farrah me guiava.

Assim que entramos no quarto dela, percebi que ela estava inquieta. Pegando sua mão, fiz com que se sentasse ao meu lado na cama.

— O que está acontecendo, linda? Eu até pensei que isso poderia ser um convite para uma foda casual, mas você parece nervosa *demais* pra isso.

— *Estou* nervosa...

— Não precisa ficar nervosa. Fale comigo.

— Quando você foi embora, foi torturante, porque tudo o que eu queria era estar perto de você esta noite. Isso me assusta um pouco.

— Não tenha medo de me dizer o que quer, Farrah. Porque eu quero exatamente a mesma coisa.

— Eu não o chamei aqui para conversar. Mas me sinto estranha dizendo isso... pedindo isso.

Meu corpo inteiro ficou em alerta.

— Deixe-me tentar decifrar o que você quer dizer, então, para que não tenha que dizer nada. Posso?

— Sim. — Ela sorriu. — Seria ótimo.

— Certo, então... é o seguinte. — Respirei fundo. — Você me quer. Mas não quer me dar a ideia errada... porque, claro, eu ainda não reconquistei sua confiança. Você ainda não tem certeza se me deixar fazer parte da sua vida desse jeito é a coisa certa. Mas, quando está perto de mim, seu corpo se lembra. Ele se lembra de que me pertence. Você me quer dentro de você, mesmo que sua mente esteja lhe dizendo o contrário. Você pode sentir o quanto eu te quero também. E isso só piora tudo. Estou certo?

Farrah umedeceu os lábios e assentiu.

— Sim.

— E você me chamou aqui esta noite porque quer que eu te foda como antes, sem tirar conclusões sobre o que isso significa. Você quer aquela foda intensa, desenfreada e sem conversa. Só quer se perder em mim, sem se preocupar, pelo menos uma vez.

Ela fechou os olhos.

— Sim — sussurrou.

— Eu posso fazer isso, Farrah. Posso fazer isso *tantas* vezes... o quanto você precisar. Só quero te fazer sentir bem. Esqueça a ideia de colocar um rótulo. Nós nem precisamos rotular, se você não quiser.

Seu peito subiu e desceu de forma pesada.

— Temos de ser silenciosos. Não que eu esteja escondendo isso de Nathan, mas prefiro que ele não acorde e te encontre aqui.

— Bom, na última, a gente foi reconhecido pelos nossos gritos. — Dei uma piscadinha. — Mas posso ser silencioso se você conseguir.

Ela não teve chance de responder, porque, antes que pudesse dizer qualquer coisa, minha boca estava na dela. O calor de sua respiração e o gosto familiar eram meu paraíso pessoal.

— Esqueça todos os motivos pelos quais isso é uma má ideia — pedi, sobre seus lábios. — Apenas esteja comigo. Relaxe seu corpo e deixe que eu faça o trabalho.

Ela caiu de costas na cama, e eu me posicionei sobre ela, abrindo suas pernas.

— Ai, meu Deus — ela murmurou quando baixei a cabeça e enterrei o rosto na sua boceta.

Ela se contorceu de prazer, puxando meu cabelo.

— Sim. — Ela suspirou. — Sua boca é tão boa. Eu tinha me esquecido de como é incrível.

— Você ainda não viu nada — eu disse enquanto brincava com minha língua em seu clitóris.

Recuando, circulei o polegar pelo seu ponto túrgido antes de deslizar meus dedos dentro dela. Ela soltou um som que quase foi alto demais. Eu gemi antes de levar seu delicioso sabor de volta à minha boca, saboreando cada parte de seu gosto.

— Eu senti tanta falta disso — sussurrei sobre sua carne macia.

Ela passou os dedos pelo meu cabelo e puxou para guiar meus movimentos.

Enfiei a língua mais fundo dentro dela, movendo-me para dentro e para fora enquanto ela se mexia debaixo de mim.

— Me diz o que você quer, linda.

Farrah levantou os quadris.

— Eu quero você dentro de mim.

Beijando o caminho até sua boca, eu estava morrendo de vontade de sentir sua boceta molhada ao redor do meu pau.

Nos beijamos freneticamente enquanto eu abria o zíper da calça e a chutava para longe. Afastei suas pernas antes de me afundar nela, maravilhado com o quão apertada ela estava.

— Nossa, eu tinha me esquecido do quanto isso era bom — ela ofegou.

Eu tinha dito a mim mesmo que iria devagar, faria amor com ela, mas parece que isso era impossível. A ideia de ir devagar e suavemente não durou muito tempo. Não aguentei mais e comecei a acelerar as estocadas. Tentei controlar a respiração para não gozar logo, querendo prolongar o momento. Mas não era nada fácil, já que fazia tanto tempo e ela estava tão molhada. Fodi-a mais forte enquanto ela cravava as unhas na minha bunda, a fricção de sua boceta apertada quase me desmanchando em cada vai e vem.

Um pouco antes, pensei que talvez ela não estivesse pronta para isso, mas a maneira como segurava meu corpo, me instigando a ir mais rápido, mais forte, mais fundo, acabou com todas as dúvidas.

Fechei os olhos e agradeci silenciosamente a Deus por me permitir a oportunidade de estar de novo dentro da mulher que amo. Nunca mais subestimaria isso, nunca mais a machucaria. A única parte difícil seria convencê-la disso.

Em determinado momento, ela soltou um suspiro alto, o que me fez cobrir sua boca para que não acordasse Nathan. Seus músculos se contraíram ao meu redor, e também me liberei, esvaziando-me dentro dela.

Ficamos juntos, em êxtase, satisfeitos, enquanto eu beijava suavemente seu rosto.

— Eu menti — sussurrei.

— Sobre o quê?

— Sobre isso não significar nada. Significa tudo para mim, Farrah. E você também significa. Eu te amo tanto e nunca deixei de te amar.

Ela ficou quieta enquanto eu continuava:

— Quando você disse que me amava, três anos atrás, me pediu para não dizer de volta. Não queria que eu me sentisse obrigado. Eu te amava tanto naquela época, e te amo ainda mais hoje. Mas você não me deve essas três palavras nem qualquer validação agora. A única coisa que quero é te mostrar, todos os dias, com minhas ações, o quanto eu te amo. Quero que me deixe compensar o tempo perdido.

Ela não disse nada, mas seus olhos se encheram de lágrimas. E isso foi o suficiente para mim.

Ela acordou e me encontrou observando-a. Eu tinha levantado cedo e não consegui voltar a dormir.

— O que você está olhando? — ela brincou.

— Só estou pensando em como sou sortudo por estar aqui com você na manhã de Natal. É o melhor presente que eu poderia ter pedido.

Seus dedos delicados traçaram minha barba por fazer.

— Você precisa voltar para o seu pai?

— Não estou com pressa. Tenho certeza de que ele vai ficar feliz quando acordar e perceber para onde fui. Deixei um bilhete para ele. — Beijei sua testa. — Quer que eu vá embora antes que Nathan acorde?

Ela envolveu o braço ao redor da minha cintura e me puxou para mais perto.

— Não. Quero que você fique aqui.

— Ótimo. Porque não estou pronto para te deixar. — Beijei-a firmemente nos lábios. — Pode me deixar lidar com qualquer situação estranha com Nathan esta manhã. Tudo bem? Não quero que você se estresse.

— Eu vou adorar deixar você lidar com isso. — Ela riu.

Ficamos juntos por mais meia hora até nos obrigarmos a levantar e nos vestir. Então ouvi Nathan na cozinha.

— Está pronta? — Estendi a mão. — Vamos lá...

— Sim. — Ela entrelaçou os dedos nos meus e suspirou.

Nathan estava no balcão, servindo uma caneca de café, quando saímos juntos do quarto de Farrah.

Seus olhos se arregalaram.

— Ah... então tá, né? — Ele riu.

— Bom dia — eu disse.

Seus olhos foram dos de Farrah para os meus.

— Bom dia...

Farrah ficou quieta enquanto servia café para si mesma. Ela estava nervosa, mesmo que o medo não fosse o mesmo de antes.

Nathan puxou uma cadeira e se sentou.

— Eu, hum, não sabia que você tinha voltado aqui ontem à noite — ele falou, tomando um gole do café.

Assenti.

— Voltei, sim. Sua irmã queria minha companhia.

Sentei de frente para ele, olhei diretamente em seus olhos e fui direto ao ponto.

— Eu a amo demais. Nunca deixei de amá-la. — Fiz uma pausa e olhei para Farrah, que parou o que estava fazendo para me ouvir. — E não vou embora desta vez, Nathan. Na verdade, não quero passar mais nenhuma noite longe dela. Como ainda moro com meu pai, isso significa que você vai ver muito a minha cara por aqui até eu conseguir um lugar. Eu te perguntaria se está tudo bem, mas, para ser sincero, não importa. Não vou cometer o mesmo erro duas vezes. Não me importo com o que você ou qualquer outra pessoa vai pensar. Eu só me importo com ela. Se tiver alguma pergunta, pode fazer.

Nathan assentiu várias vezes.

— Tenho uma pergunta, sim.

Cerrei o maxilar.

— Tudo bem...

Ele riu.

— O que você vai preparar para o meu café da manhã?

Capítulo 25

Jace

Seis meses após o Natal, eu havia mantido a minha promessa — passei todas as noites com Farrah. Essa era a única constante, apesar das muitas outras coisas que mudaram.

Eu havia feito a transição completa para meu novo papel como presidente da Construtora Muldoon, com meu pai deixando de ser a figura central na empresa. Se eu o tivesse encorajado a vender, ele provavelmente teria me ouvido, mas, no fundo, eu queria isso. Continuar o legado do meu pai era algo do qual eu sempre me orgulharia, e dirigir os negócios da família me ajudava a me sentir ancorado aqui — não que eu precisasse de outro motivo para ficar em Palm Creek. Farrah sempre seria o principal motivo. Mas agora que eu sabia que estava aqui para ficar, era hora de criar raízes. Isso significava ter um lugar onde Farrah e eu pudéssemos ter privacidade de verdade, um lugar só nosso. Eu havia tomado uma decisão com a qual esperava que ela não se chateasse. Enquanto dirigíamos pelo bairro onde Farrah cresceu, eu estava prestes a descobrir.

— Por que estamos no meu antigo bairro?

— Traz memórias, não é?

Um minuto depois, estacionei a caminhonete em frente a uma casa diagonalmente oposta à casa em que Farrah e Nathan cresceram.

Farrah franziu o nariz.

— Por que vamos visitar o Velho Dickie?

Dick Lombardi — "Velho Dickie" — não morava mais lá, mas aparentemente Farrah não sabia disso. Dickie era um rabugento que costumava gritar comigo e com Nathan por várias razões quando éramos mais jovens. Se fosse por estarmos passando rápido demais com nossos skates ou jogando ovos na casa dele, demos a Dickie muitos motivos para não gostar de nós. Ele era mal-humorado, mesmo sem provocá-lo, mas bem que merecíamos parte da sua raiva.

— Essa não é mais a casa do Dickie — anunciei.

— Ele faleceu?

— Sim.

— Ah, não. Que triste. Por mais malvado que ele fosse, sinto muito pelos filhos dele.

— Na verdade, conheço o filho dele, Major. É um cliente meu.

— Ele mora aqui agora? Vamos visitá-lo?

Destravei as portas do carro.

— Vamos dar uma olhada por dentro.

Farrah saiu da caminhonete depois de mim, e usei minha chave para entrar na casa.

A casa de Dickie havia sido completamente reformada. Os velhos carpetes foram arrancados, revelando um lindo piso de madeira por baixo. A cozinha havia sido totalmente renovada, com novos armários instalados sobre bancadas em Corian branco. Basicamente, a casa de Dickie era só a casca, e tudo por dentro era completamente novo.

Farrah percorreu o lugar, maravilhada.

— Isso aqui está totalmente diferente do que eu imaginava.

— Depois que ele faleceu, Major reformou tudo antes de colocar a casa à venda.

— Meu Deus. Eu amei.

— Que bom. Porque… agora é minha. — Sorri. — Quero dizer, espero que seja nossa um dia.

Ela ficou boquiaberta.

— Você comprou a casa? Como conseguiu pagar? As casas nesse bairro não são baratas.

— Economizei muito nos últimos cinco anos, e a Muldoon está indo bem agora. Então eu mesmo aumentei o meu salário.

Farrah passou a mão pelo sofá bege na sala de estar.

— Não consigo acreditar que isso é tudo seu. — Ela foi até a janela. — Dá pra ver a minha antiga casa daqui.

— Eu sei. Esse é um dos motivos pelos quais escolhi este lugar. Mesmo que a gente tenha tentado esquecer certas coisas, há muito mais que prefiro me lembrar desse bairro.

De pé atrás dela, na janela, envolvi os braços em sua cintura e apoiei o queixo em sua cabeça.

— Há muito tempo, você me disse que um dos seus maiores desejos era recuperar a paz que tinha antes da morte dos seus pais. Quero recriar essa vida idílica com você, um dia de cada vez.

Ela se virou para me encarar.

— Eu deveria me mudar pra cá com você?

Eu ri.

— Então, eu não tinha chegado lá ainda. Não queria jogar tudo isso no seu colo e fazer você se sentir obrigada a dizer sim. Claro que eu quero você aqui comigo, mas não precisa ser hoje. Por enquanto, este pode ser nosso refúgio, um lugar onde finalmente podemos ficar sozinhos, sem ninguém nos incomodando. Aí, qualquer dia desses, quando se sentir confortável, acho que… talvez você só não vá mais embora.

Farrah balançou a cabeça, incrédula.

— Não consigo acreditar.

Sentindo-me como uma criança animada, peguei sua mão.

— Vem. Eu nem te mostrei a melhor parte ainda.

A única coisa que Dickie nunca teve era uma piscina. Eu não ia comprar uma casa sem uma, então, nos últimos meses, mandei instalar.

Farrah ficou boquiaberta quando viu a piscina coberta.

— Parece igual à que Nathan e eu tínhamos...

— Eu sei. Foi por isso que a projetei assim. A piscina é completamente nova. É a única coisa que não veio com a casa.

Radiante, Farrah caminhou ao redor da piscina. De repente, tirou o vestido e pulou na água, me molhando completamente. *Mas que porra?* Arranquei a camisa e puxei a calça antes de pular atrás dela. Passamos os minutos seguintes brincando na água como fazíamos antigamente. Este seria meu novo lugar feliz.

Quando finalmente saímos da piscina, Farrah torceu o cabelo para tirar a água.

— Acho que posso me acostumar com isso.

Corri para dentro para pegar toalhas. Quando voltei, entreguei uma a ela.

— Talvez, se Nathan for bonzinho, a gente o convide para um churrasco. Meu pai também. A beleza disso é que nós escolhemos quem vem e quando, e não vai ter ninguém mais invadindo nosso espaço.

Farrah enrolou a toalha na cintura.

— Para ser sincera, é a primeira vez na vida que tenho privacidade.

— Podemos transar o quanto quisermos, do jeito que quisermos. Fazer o Dickie se revirar no túmulo.

— Aquele velho safado provavelmente vai gostar de nos observar. — Ela riu.

— O fantasma de Dickie...

Ela suspirou e olhou para a piscina.

— Isso pode parecer um comentário estranho depois de toda essa conversa sobre nosso novo ninho de amor, mas sinto que meus pais estão com a gente agora. E sua mãe também. Eles estão abençoando esta casa.

Eu esperava que isso fosse verdade, mas ainda me perguntava se eu teria mesmo a aprovação dos pais de Farrah. Mas não importava. Apesar da dúvida que ainda existia em mim, eu não deixava mais a culpa dominar minha vida.

A menção aos nossos pais me lembrou de outra coisa que ela ainda não tinha visto.

— Vista-se. Ainda não te mostrei os quartos.

A caminho dos quartos, parei no corredor para mostrar uma foto emoldurada na parede.

Era a única foto que conhecia que apareciam Farrah, Nathan e nossos pais juntos. Foi tirada no dia em que Nathan e eu nos formamos no ensino médio.

— Nossa — ela sussurrou, passando o dedo pela moldura. — Aquele foi o dia mais triste da minha vida, porque eu sabia que logo você iria embora para a faculdade.

— Pendurar isso aqui não foi fácil para mim. Faz parte da minha terapia. Quanto mais eu paro para olhar, mais consigo ver a felicidade daquele dia, em vez da tristeza dois anos depois disso.

— Nunca tinha visto essa foto. — Farrah continuou olhando para ela. — Eu adorei. Obrigada por emoldurá-la.

Envolvi o braço ao redor dela, apertando-a de lado.

— Me deixa te mostrar os quartos...

— Tem um motivo especial pra isso?

— Só se você quiser — eu disse, beijando o topo de sua cabeça.

Mostrei primeiro o quarto principal, que era suíte. Os outros dois eram menores. Transformei um deles em uma suíte para hóspedes, e o outro em algo que esperava que ela adorasse.

Os olhos dela se arregalaram quando viu o último quarto.

Dois tapetes de yoga estavam no meio. Coloquei plantas e velas estrategicamente pelo espaço, junto com espelhos de parede e decorações exóticas penduradas.

— Este é seu oásis particular, uma sala de yoga ou o que você quiser que seja.

Ela cobriu a boca.

— Isso é incrível. Como você montou tudo isso?

— Literalmente arranquei uma página de uma revista sobre como decorar um espaço para yoga e copiei à risca.

— Eu vou usar muito esta sala! — Ela ficou na ponta dos pés e deu um beijo demorado na minha boca. — Sério, essa é a coisa mais atenciosa que alguém já fez por mim.

Levantei-a no ar.

— Talvez possamos tentar aquela posição de yoga juntos de novo. Aquela que você me obrigou a fazer uma vez. Como se chamava?

— Kundalini. — Ela riu.

— Não. Acho que não era isso. Acho que era... *cunilíngua*, não era?

Ela cobriu o rosto.

— Fiquei tão envergonhada naquele dia.

— Eu adorei. E amei te ver com aquela calça de yoga. Amei até demais. Não era para eu estar sentindo essa atração naquela época. Foi por isso que precisei fugir para o banheiro, se é que você me entende.

Ela riu alto.

— Não acredito! Eu me lembro disso. Achei que você realmente precisava ir ao banheiro.

— Não. Não consegui conter minha empolgação. — Puxei-a para perto. — De qualquer forma... prefiro o yoga *cunilíngua*.

— Você construiu um lugar especial para fazer isso comigo, não é? — Ela deu uma piscadinha.

— Não consigo pensar em melhor uso para esta sala do que dar prazer à minha vagina vibrante e linda.

Farrah enterrou o rosto no meu peito.

— Não acredito que você se lembra disso.

— Como poderia esquecer?

Farrah olhou para mim.

— Ela não vibra mais, a propósito.

— Me dá cinco minutos para mudar isso.

Ela abaixou a mão, apertou o volume em minha calça e riu sobre meus lábios.

— Você com certeza está bem empolgado agora.

Epílogo

Farrah

Jace e eu estávamos voltando para casa depois de jantar fora uma noite, quando ele me surpreendeu ao entrar no estacionamento do Iguana.

Nossa, de volta ao passado.

— O que estamos fazendo aqui?

Ele colocou a caminhonete em ponto-morto.

— Você não vem aqui há anos, não é?

— Sim. Faz uma eternidade.

— Bom, eu liguei para confirmar, e hoje à noite tem os desabafos do Abra Seu Coração. Nem acreditei que eles ainda faziam isso. Então pensei que talvez devêssemos dar uma olhada.

Sorrindo, tirei o cinto de segurança e saí da caminhonete.

Era primavera e meu penúltimo ano na faculdade. Esta semana havia sido estressante, trabalhando nas minhas inscrições para a faculdade de Direito. Eu mal podia esperar para relaxar e tomar uns drinques no meu antigo refúgio.

Uma onda de nostalgia me atingiu no momento em que entramos no Iguana. Até o cheiro era familiar — álcool misturado com uma combinação de vários perfumes e suor.

Encontramos uma mesa, e Jace foi até o bar pegar um *mojito* para mim e uma cerveja para ele.

Quando voltou, nos sentamos em frente ao palco. Assim que as confissões começaram, todos os meus sentimentos daquela vez em que coloquei meus medos de lado e subi no palco voltaram. As confissões desta noite estavam repletas de emoção — desde uma garota que ainda não havia contado à família que estava grávida, até um homem que admitiu ter roubado as calcinhas da colega de quarto. Por mais que eu adorasse ouvir, algumas confissões me faziam lembrar da sorte que eu tinha de estar em um relacionamento estável e saudável.

Cerca de seis meses depois que Jace me mostrou sua nova casa pela primeira vez, eu me mudei para lá. Já estávamos morando juntos há mais de um ano. No início, hesitei em deixar Nathan, mas acabou sendo a melhor decisão, não só para mim, mas para ele também. Morar sozinho forçou meu irmão a se abrir e começar a namorar de novo. Quem diria que o que Nathan precisava o tempo todo era viver longe de mim?

Vi Jace acenar com a cabeça para um homem no canto.

— Quem é aquele? — perguntei.

— Ninguém.

Jace estava sacudindo muito as pernas e se mexendo inquieto naquela noite. Pareceu tão tenso.

De repente, ele se levantou.

— Aonde você vai? — perguntei.

— Sou o último da noite. — Ele deu uma piscadinha.

O quê? O que ele está fazendo?

Já no palco, Jace ajustou o microfone à sua altura. Algumas mulheres gritaram para ele.

Sério?

Ele bateu no microfone algumas vezes.

— Oi, eu sou Jace.

— Oi, Jace — a plateia respondeu em uníssono.

Cobri minha boca com as mãos.

— Estou aqui no palco para confessar esta noite... que tive a audácia de seduzir a irmãzinha do meu melhor amigo.

Uma mistura de aplausos, gritos e assobios encheu o ar. Meu rosto ficou quente.

— Parece uma história simples, né? — Ele olhou para mim. — Mas está longe de ser simples.

Senti um arrepio enquanto continuava a observá-lo.

— Farrah era seis anos mais nova do que seu irmão, Nathan, e eu. Quando todo mundo é jovem, é uma diferença imensa. Mas ela era uma daquelas crianças com uma alma velha. Você olhava nos olhos dela e via compaixão e compreensão muito além da idade. Eu sabia sobre a quedinha pré-adolescente que ela tinha por mim. Eu achava... fofa. — Ele riu. — Quando fui para a faculdade, ela ainda era uma criança. E aquele foi o fim.

Ele fez uma pausa enquanto a plateia esperava com expectativa.

— Então, vamos dizer que algo muito doloroso aconteceu, e isso me manteve longe da cidade por vários anos. Durante esse tempo, Farrah perdeu os pais, e eu só fiquei... perdido. Quando voltei para Palm Creek, sete anos depois, aquela doce menininha havia crescido. Aos 21, Farrah estava mais bonita do que nunca. Acabei me mudando para morar com ela e o irmão dela para ajudá-los a pagar o aluguel. — Ele fez uma pausa. — Aposto que vocês já sabem onde isso vai dar.

Olhei ao redor enquanto a plateia ria.

— A atração sexual é uma vadia, né? Ela tem um jeito de te agarrar pelas bolas e não te soltar até você ceder. Resistir à atração por alguém que não só te atrai fisicamente, mas que também te faz sentir bem por dentro, alguém com quem você se identifica... olha, não é fácil. E eu falhei. Cedi à tentação e fiz isso pelas costas do meu amigo. Foi o sexo mais gostoso da minha vida, aliás, e valeu cada segundo do risco que corremos.

Meu rosto ficou ainda mais quente quando a plateia reagiu com grande entusiasmo.

— No início, nós dois dissemos que não iríamos nos apegar. Como vocês acham que isso acabou?

Todos caíram na gargalhada.

— É. Isso mesmo — ele continuou. — Não conseguimos parar de nos ver porque estávamos viciados um no outro. — Ele suspirou no microfone. — Vou encurtar uma longa e complicada história. Nathan nos pegou e surtou. Aconteceu um monte de merda. E de algum jeito, eu convenci a mim mesmo que ela ficaria melhor sem mim. Então fui embora da cidade e não a vi por três anos.

Quando algumas pessoas ofegaram, percebi o quão maluca nossa história parecia. Mas também vi o quanto havíamos passado juntos.

Os olhos de Jace encontraram os meus.

— Nem um dia se passou sem que eu pensasse nela. Você pode arrancar alguém da cidade em que mora, mas não pode dizer a ela quem deve amar. Me joguei em um relacionamento sem sentido com outra pessoa para tentar esquecer. Quando fui forçado a voltar para casa depois desses três anos, muita coisa havia mudado. Farrah mal conseguia me olhar. Eu não a culpava. Ela havia perdido o brilho de que eu me lembrava. E eu sabia que fui eu quem tirei isso dela. Nathan já havia me perdoado a essa altura, o que foi inesperado. Nunca pensei que a pessoa que mais me machucou seria quem me ensinaria sobre perdão. Mas a pessoa mais difícil de perdoar é sempre a si mesmo. Demorei um tempo. Quando você consegue fazer isso, muita coisa se torna possível.

Jace fez uma pausa.

— Então, qual é a moral de tudo isso? É que, às vezes, histórias sórdidas… se tornam histórias de amor. Você pode ter tudo contra você, e no final, ainda assim dar certo, porque era para ser. O amor não é uma escolha. Não deixe ninguém te dizer que você não deve amar alguém. Às vezes, a voz negativa que precisa ignorar é a sua própria voz.

Algumas pessoas aplaudiram, e pensei que ele havia terminado, até que disse mais uma coisa.

— Na verdade, nunca subi em um palco na minha vida. Este bar sempre foi um dos lugares favoritos de Farrah. Ela não vinha aqui há anos, mas está sentada ali, na plateia, me assistindo esta noite. — Ele apontou, e de repente, todos os olhos se voltaram para mim ao mesmo tempo. — Ela provavelmente vai me matar, porque não fazia ideia de que eu ia fazer isso. Obrigado por ouvirem e que Deus os abençoe...

Jace recebeu uma grande salva de palmas. Enquanto ele voltava para a mesa, abri um sorriso enorme.

Esfreguei seu ombro.

— Você foi incrível. Obrigada por isso. Nunca vou esquecer.

Ele se inclinou e me beijou nos lábios.

— Achei que você ficaria surpresa.

— Você foi maravilhoso.

Enquanto terminávamos nossas bebidas, Jace continuava checando o celular. Eu havia presumido que sua ansiedade mais cedo estava ligada ao fato de ele ter planejado falar no palco, mas por que ainda parecia tão inquieto?

Ele olhou para o relógio.

— É melhor irmos.

Terminei o último gole do meu *mojito* antes de nos levantarmos e irmos em direção à porta. A última coisa que eu esperava ver era Nathan entrando no bar justo quando estávamos saindo.

— Merda — disse meu irmão.

O que está acontecendo?

Jace balançou a cabeça como se estivesse dizendo para Nathan parar de falar. Nathan estava quase ofegante.

— O que você está fazendo aqui? — perguntei. — E por que está tão sem fôlego?

— Sem motivo... ãh... Jace me disse para encontrá-los aqui.

Olhei de um para o outro.

— Vocês dois estão agindo de maneira muito estranha.

— Porra — Jace murmurou.

— Me desculpa, Jace — Nathan pediu. — Eu tentei.

Meus olhos se estreitaram.

— Tentou o quê?

— Com licença um segundo — Jace falou, levando Nathan para o lado.

Eles caminharam alguns metros à minha frente, de forma que eu não conseguia ouvir o que diziam. Depois, meu irmão foi embora sem nem se despedir.

— O que está acontecendo? — perguntei quando Jace voltou. — Onde está Nathan?

— Ele precisou ir embora.

— Por quê?

Ele colocou a mão nas minhas costas e me guiou em direção à porta.

— Vou te explicar em um minuto. Vamos dar uma volta.

Ainda confusa, segui Jace até a caminhonete. Enquanto ele dirigia, fiquei apenas olhando para ele.

— Você precisa me contar o que está acontecendo!

— Por favor, não se preocupe. Não é uma coisa ruim. Vou te explicar quando chegarmos em casa. Prometo que tudo vai fazer sentido.

Quando chegamos em casa, Jace me levou até a área da piscina. A noite estava linda e o ar estava fresco.

— Fique aqui. Já volto.

Mais confusa do que nunca, esperei em uma das espreguiçadeiras, olhando para o céu estrelado.

Um minuto depois, ele voltou com um prato. Quando se aproximou, percebi que eram morangos cobertos de chocolate, minha sobremesa favorita.

— O que é tudo isso?

— Esse é o Plano B. — Ele colocou o prato na beirada da espreguiçadeira. — Pegue um.

Peguei um dos morangos e dei uma mordida. Falando com a boca cheia, disse:

— Isso é tão gentil, mas...

— Mas você está confusa pra caralho. Eu entendo. — Jace suspirou. — Farrah, esta noite deveria ser perfeita. Liguei para o gerente do bar há um tempo e combinei para ter certeza de que seria o último a subir no palco. Eu... deveria te pedir em casamento naquele palco hoje à noite, na frente de todas aquelas pessoas.

— Ai... Meu Deus. O quê?

— Sim.

— Você desistiu?

— Não. — Ele riu. — Eu não tinha a porra do anel!

— Você perdeu?

— Vou voltar um pouco a história.

Peguei sua mão.

— Certo...

— Antes da minha mãe morrer, ela disse ao meu pai que, se algo acontecesse com ela, ele deveria guardar o anel de casamento para que eu o usasse com a mulher com quem eu me casasse. O único problema é que, tá, isso vai soar meio superficial, mas o anel da minha mãe é bem pequeno. Eu queria algo maior para você, mas sem ferir os sentimentos do meu pai. Fui pedir o conselho de Nathan sobre como lidar com isso, e algo estranho aconteceu. Ele saiu da sala e voltou com um anel de diamante exatamente do tamanho do da minha mãe. Era o anel da *sua* mãe.

Meus olhos se arregalaram.

— Sério? Eu sabia que Nathan o tinha, mas pensei que era para ele.

— Ele queria que *eu* o usasse com você. E aí pensei... o que vou fazer com dois anéis? Sou um homem de uma mulher só. — Ele deu uma piscadinha. — Mas então... tive uma ideia. Eu poderia pegar as duas pedras e colocar uma do lado da outra. Fui até aquele joalheiro, o Fred Seales. Ele me ajudou a desenhar o anel perfeito para você. Ele disse que ficaria pronto esta semana, então planejei tudo ao redor desse prazo. O problema é que, quando fui buscar o anel, a joalheria tinha fechado mais cedo.

Não consegui segurar a risada.

— Ah, não.

— Eu quase cancelei meus planos no Iguana, mas então Nathan teve a brilhante ideia de conseguir o número de telefone da casa do dono. Acontece que a esposa dele entrou em trabalho de parto, então ele fechou a loja antes que eu pudesse pegar o anel.

— Meu Deus.

— Eu já estava com você a essa altura, mas ele concordou em sair do hospital rapidinho para encontrar Nathan e abrir a loja, para que eu ainda pudesse te pedir em casamento no palco esta noite. O tempo todo em que eu estava lá, rezava para que Nathan entrasse por aquelas portas com o anel no último segundo.

— Então por isso Nathan apareceu? Ele tinha o anel, mas chegou tarde?

— Ele *ainda* não estava com o anel! — Jace riu. — O cara teve que voltar porque o bebê começou a coroar. Era pegar o anel ou perder o parto do filho. Nathan não queria que eu ficasse sem nada para te dar esta noite. Então, ele foi ao Walmart e comprou um anel temporário de zircônia, achando que chegaria a tempo. Mas, claro, ele chegou tarde.

— Pobre Nathan. — Cobri o rosto. — Desculpe por ter te pressionado. Estraguei tudo.

— Não se sinta mal. Não acho que teria conseguido segurar essa história por nem mais um segundo. O estresse quase me matou.

Fomos interrompidos por batidas fortes à porta.

Jace correu para atender, e eu o segui.

Quando ele abriu, Nathan estava lá, com a boca aberta, parecendo com medo de dizer qualquer coisa.

Jace o tranquilizou.

— Está tudo bem. Ela já sabe.

Os ombros de Nathan relaxaram.

— Desculpe, irmãzinha. A gente fodeu tudo.

Balancei a cabeça.

— Por que você está se desculpando? Não percebe como me sinto sortuda esta noite? Não só porque meu namorado tentou com todas as forças fazer esta noite especial, mas porque meu irmão se importou o suficiente para correr por aí como um louco. — Comecei a chorar. — Eu amo tanto vocês dois.

— O joalheiro ligou do hospital e me disse para encontrá-lo lá. — Nathan entregou a caixa do anel para Jace. — Aqui está, cara. Parabéns.

Um arrepio percorreu minha espinha.

— Não me dê parabéns ainda. Ela não disse sim.

Nathan deu um tapinha no ombro de Jace.

— Antes de você fazer isso, eu preciso contar uma coisa incrível para vocês dois. — Ele fez uma pausa. — Adivinhem qual nome eles deram para a bebê?

— Qual? — Jace perguntou.

Ele pareceu prestes a chorar.

— Elizabeth.

— O nome da mamãe — eu sussurrei.

— Isso mesmo.

Jace envolveu sua mão ao redor da minha cintura.

— Eu orei pela aprovação deles e pedi um sinal. Talvez esse seja o sinal.

Nathan olhou para nós e perguntou:

— Devo ir agora?

— Não. — Jace acenou com a mão. — Pode ficar. É apropriado que você esteja aqui, como sempre.

Nathan deu um passo para trás e sorriu. Quando olhei de novo para Jace, ele já estava de joelhos.

— Farrah, isso não saiu nada como deveria, mas, para ser sincero, alguma coisa que vivemos juntos foi conforme o planejado? É assim com a gente. Eu te amo tanto. Você vai ser a melhor advogada que já existiu. E mal posso esperar para estar ao seu lado em cada passo do caminho. Vou estar com você, não importa para onde a vida nos leve. Eu te amo mais do que tudo nessa vida. Quer ser minha esposa?

Ele abriu a caixa preta do anel. Lágrimas encheram meus olhos ao olhar para a linda joia. Uma grande pedra central era adornada de cada lado pelos dois diamantes que pertenciam às nossas mães, que simbolicamente protegeriam nossa união para sempre.

— Eu te amo tanto — consegui dizer entre as lágrimas.

— Isso é um sim? — Ele sorriu.

— Sim! — Eu ri. — Claro!

Nathan comemorou com o punho fechado.

— Sim!

Jace se virou para ele.

— Está me dizendo sim também?

Enxuguei as lágrimas dos meus olhos.

— Acho que essa proposta saiu exatamente como deveria.

— Sabe de uma coisa? — Jace sorriu. — Eu concordo.

Nathan bateu palmas.

— Podemos comemorar?

— Tenho sidra na geladeira que sobrou do Dia de Ação de Graças — eu disse.

— Então vamos beber!

Jace me deu um beijo na bochecha.

— Eu pego.

Eu não conseguia parar de olhar para o anel. Jace voltou com três taças e a garrafa. Depois de estourar a rolha, ele nos serviu um copo.

Nathan foi o primeiro a fazer um brinde.

— Ao meu irmão de outra mãe e à minha irmã. Que vocês tenham um casamento longo e feliz. E à mulher sortuda que eu ainda não conheci, que um dia será a orgulhosa dona de um solitário de zircônia de cinquenta dólares. Saúde!

Nós caímos na gargalhada. Esta noite… nossa, foi perfeita.

Puxando meu *noivo* para perto, levantei a taça e fiz meu próprio brinde.

— À família… a que você nasce e a que você constrói.

Agradecimentos

Este livro foi escrito em 2020, durante um ano realmente desafiador para todos nós. Em tempos sem precedentes, estou muito feliz por poder ajudar a fornecer uma fuga para você. Me considero a mulher mais sortuda do mundo por ter leitores ao redor do mundo que continuam a apoiar e divulgar meus livros. O entusiasmo de vocês e a sede por minhas histórias são minha maior motivação diária. E a todos os blogueiros literários que trabalham incansavelmente para me apoiar, por favor, saibam o quanto eu agradeço a vocês.

Para Vi, por ser sempre a minha dupla dinâmica. Espero que não se canse de eu te homenagear. A cada ano, nossa amizade se torna mais inestimável para mim. Eu não poderia fazer nada disso sem você. A melhor parte desta carreira tem sido as nossas parcerias e poder trabalhar com a minha amiga todos os dias.

Para Julie, a minha vigia da madrugada. Obrigada pela sua amizade e por sempre me inspirar com sua escrita incrível e atitude.

Para Luna, obrigada por estar ao meu lado dia após dia e, especialmente, por ser uma inspiração durante esse ano. O melhor ainda está por vir.

Para Erika, obrigada por sempre alegrar os meus dias com as suas mensagens diárias e seus sorrisos virtuais. Sempre será uma coisa tão sua isso!

Para Cheri, uma amiga e apoiadora incrível. Obrigada por sempre cuidar de mim. Mal posso esperar pelo dia em que possamos todos nos reunir de novo.

Para o meu grupo de leitores no Facebook, *Penelope's Peeps*. Adoro vocês. Vocês são o meu lar e onde mais gosto de estar.

Para minha agente extraordinária, Kimberly Brower, obrigada por tudo o que você faz e por levar meus livros para todos os lugares do mundo.

Para minha editora, Jessica Royer Ocken, é sempre um prazer trabalhar com você. Estou ansiosa para muitas experiências futuras.

Para Elaine, da *Allusion Book Formatting and Publishing*, obrigada por ser a melhor revisora, diagramadora e amiga que uma garota poderia pedir.

Para a minha assistente, Brooke. Obrigada pelo trabalho árduo em lidar com todas as coisas que Vi e eu nunca conseguimos fazer. Nós te valorizamos muito!

Para Kylie e Jo, da *Give Me Books*, vocês são incríveis! Obrigada pelo trabalho incansável de divulgação. Eu estaria perdida sem vocês.

Para Letitia, da *RBA Designs*, a incrível designer das capas dos meus livros. Obrigada por sempre trabalhar ao meu lado até que o produto final esteja exatamente perfeito.

Para o meu marido, obrigada por sempre dar conta de muito mais do que deveria para que eu consiga escrever. Eu te amo muito.

Para os melhores pais do mundo; eu tenho tanta sorte de tê-los! Obrigada por tudo o que já fizeram por mim e por sempre estarem ao meu lado.

Por último, mas não menos importante, para a minha filha e o meu filho, a mamãe ama vocês. Vocês são minha motivação e inspiração!